来自李可染故乡的书画名家·书法卷

LAIZI LIKERAN GUXIANG DE SHUHUA MINGJIA·SHUFAJUAN

马 亚

MAYA

凤凰出版传媒集团
凤凰出版社

图书在版编目（CIP）数据

来自李可染故乡的书画名家／刘明主编.—南京：凤凰出版社，2008.5

ISBN 978-7-80729-176-3

Ⅰ.来… Ⅱ.刘… Ⅲ.①书法家—简介—徐州市—现代 ②画家—简介—徐州市—现代 Ⅳ.K825.72

中国版本图书馆 CIP 数据核字（2008）第 073992 号

书　　名　来自李可染故乡的书画名家
主　　编　刘　明
策　　划　徐州凤凰文化发展有限公司
责任编辑　高思源
出版发行　凤凰出版传媒集团
　　　　　凤凰出版社（原江苏古籍出版社）
　　　　　南京市中央路 165 号　邮编 210009
　　　　　发行部电话 025-83223462
集团网址　凤凰出版传媒网　http://www.ppm.cn
印　　刷　徐州市今日彩色印刷有限公司
　　　　　江苏省徐州市青年东路 62 号　邮编 221003
开　　本　889×1194 毫米　1/16
印　　张　48
字　　数　100 千字
版　　次　2008 年 5 月第 1 版　2008 年 5 月第 1 次印刷
标准书号　ISBN 978-7-80729-176-3
全套定价　288.00 元
　　　　　（凤凰出版社图书凡印装错误可向承印厂调换）

前　言

ForeWord

有着5000年光辉历史的历史文化名城徐州，是楚汉文化的集萃地。历史上这里有英雄豪杰叱咤风云，文人墨客各领风骚，他们创造了许多震古烁今的历史事件，咏叹出荡气回肠的光辉篇章。尤其近百年间，在中国传统艺术领域内，徐州强势书画群体令世人刮目相看。从清末民初的李兰、张伯英，到开创中国山水画新里程碑的一代宗师李可染，从入选中国大百科全书之国际艺术界名人录的王子云，到有着法兰西艺术学院院士桂冠的艺术家朱德群，从享誉海内外的大家朱丹、王肇民、萧龙士等，再到目前扬名全国的徐州籍著名书画家，可谓群星璀璨，熠熠生辉。而最具代表性的李可染，其艺术成就成为中华民族和世界绘画艺术的瑰宝。徐州人民为家乡有李可染先生这样的艺术大师而深感光荣和自豪。将李可染艺术元素绵延到一个与他历史活动息息相关的地域景观中去考量，作为李可染先生的故乡，徐州的现在和未来需要更多的艺术家和艺术精品。

前贤的文采风流，如长江之水，流淌不绝，泽被后人。生活在这块“千古龙飞地”的徐州书画家们，秉承前贤深厚之文化底韵和素养，拥有开放之视野、包容之心态，更有传承古典艺术之功力。近年来，无论是徐州的书法、篆刻，亦无论是徐州的绘画创作，一直保持着向高层次、高水平发展的态势，引起了国内美术界、书法界的高度赞誉和广泛关注。目前，徐州的中国书法家协会会员、中国美术家协会会员达１１０多人，在地市级城市中名列前茅。在各项国家级大赛中，由于徐州书画家频频获得大奖、金奖，引得行内同仁惊呼为“徐州集团军现象”。

徐州人对书画的热爱由来已久。论成因，是“千古龙飞地、一代帝王乡”的本土基因，使徐州人大气酣畅，乐诵大风，追求艺术的表达；而不南不北、倚东面西的地理位置，又使徐州涵盖了兼收并蓄的秉性。2000多年来，徐州这块古老的土地，文化之脉搏从来就没停止过跳动。千百年书风墨韵的沉淀和影响，使徐州的书画艺术渐入佳境。云龙山水这块广袤而深厚的土地，随处可以感受和触及彭城书画那云蒸霞蔚的灵动。收入这套丛书的书画家仅是一部分，那些默默耕耘的书画家们，正以前所未有的勤奋和努力，去实践着书画徐州所赋予他们的历史重任。

值此李可染先生百年诞辰之际，编撰出版《来自李可染故乡的书画名家》系列丛书，旨在充分挖掘和利用徐州书画人才辈出、书画作品享誉海内外的优势，并把它作为徐州走向世界的一张亮丽名片，进一步推进书画徐州和文化名市建设，提升徐州的文化软实力。

谨以此书献给一切关心徐州、珍爱徐州文化的人们！

徐州市市长 

地域文化的光彩

——徐州书画现象(代序)

程大利

徐州,古为九州之一。它是长江、黄河之间的一片沃土,兼有南北地域文化的特征。黄河十三次改道流经此地,积淀泥沙的同时也积淀下了文化,一种坚忍耐劳、朴实敦厚的文化,一种崇文尚武、入世进取的文化,一种心思缜密而不流琐屑、不入极端但又是非分明的处世风习很容易造就一批高旷冲淡又豁达温厚、有情有义的文人,而这又是传统书画艺术家必备的品质。

地理的特殊影响着文化生态。5000年以来,这里留下先秦文化的光彩,更留下两汉文化的辉煌。已经开掘和没有开掘的汉墓,无疑给这块土地添上了许多故事,成为极为厚重的遗珍。画像石是造型艺术的最好教材,《大风歌》而下的诗文传统展现着酣畅淋漓的气度,多姿多彩的民间艺术陶冶了一代又一代的少年,优美的自然风光和千载不泯的民间传说,都为艺术家的成长铺就了温床。近百年来,这里走出了一批杰出人士。以书画为例,民国以来的张伯英、李可染、刘开渠、王子云、萧龙士、王肇民、朱德群、朱丹等书画家成为20世纪的一个现象,不同于江南的“松江派”、“华亭派”等等,却是风格各异地竞相峥嵘。在现代美术史上闪现着光辉,李可染在中国山水画上的贡献已成定论,在历史上留下了充实的一页。

中国传统艺术是中国文化现象。书画是传统文化的瑰宝,它既可以“成教化、助人伦”,也可以“涤烦襟、破孤闷、迎静心、释燥气”,是“祛病增寿的良药”。书画发达地方人们的心态会趋于平和,社会风气会趋于文明。书画家在徐州特别受尊敬也是“崇文”风尚使然,这促使着艺术家更趋努力,为家乡做出新贡献。

文化,因传承而厚重,书画文脉传到今天似乎更为壮丽,一代书画家产生了新的影响,有的人已成为当代艺术的领军人物。徐州的书画事业也从来没有像今天这样繁盛。许多理论家朋友已注意到徐州出书画家的现象,这一地域现象必将被展开并深入探讨。可染先生的“实者慧”形象地总结了自己,更为一代书画家开启了修炼的明灯。在中华民族艺术的大花园里,徐州书画的奇葩必将更为绚烂,徐州的书画事业前程似锦。是为序。

戊子初于京华

势来不可止 势去不可遏

——赏马亚草书有感

彭丽娟

书家选择书体创作是由其个性、修养、环境等诸多因素决定的。因为他要表达自己的情感，抒发自己的情怀。内敛、俊秀的马亚，书法却是“势来不可止，势去不可遏”：气概雄浑奔放，笔姿纵横捭阖，势态恣肆宏伟。通过大静大动，大开大合，大收大放，在强烈的跌宕起伏中，释放出豪放与洒脱，倜傥与旷达。

历代书法家对“势”都有深刻的探索与研究，并给后人留下了许多精彩的论述。书圣“王羲之”对“势”尤为重视，认为这既是学习书法的妙诀，又是追求书法美学的旨趣。因而，撰著了被他视为“家宝家珍”的《笔势论》。从王羲之对“势”的态度，不难看出“势”在书法作品中所占的重要地位。

有书评家就马亚书法的“势”曾这样评论：其字形变幻无常，缥缈无定，时而若狂风大作，万马奔腾；时而似低昂回翔，翻转奔逐，充满着‘忽魂悸以魄动，恍惊起而长嗟’的变化，这是艺术家豁达潇洒、真诚率意的品格特征的直接映现。

从这段对马亚书作“势”的描述中，我们似乎看到，马亚在深刻理解和掌握了前人所论的“势”之后，凭借灵性，按其要领习练，日渐显现出非凡的功力。马亚笔下的点画，或洒落、或波动、或刚强、或迅猛。线条浑圆韧健，体势峭劲秀丽，通篇神清气爽。挥毫之际，善于运肘，长于用锋。从其内含筋骨的圆笔，不露圭角的方笔，以及婉转畅达，穿插精巧，断续有致，摇曳多姿等等表现，可见他对于草法、草势、草情均有较好的悟性及把握。使其作品更加经得起推敲，耐得起咀嚼。

草书是书法家在各书体中追求的崇高境界，倘若没有深厚的书法功力，要在草书上有所作为，如同痴人说梦。马亚是在习行书、隶简等各体扎实的功底上专攻草书的。成就最大的也是草书。他认为在各种书体当中，草书最能表现书写者的个性，于笔法、墨法、字法、章法上都有着自己更大的调动空间；创作中还常常可将诗文中获得的情感用笔墨呈现出来，以追求如诗如画一般的意境，陶醉其中。他常说，书法的时代性不是笔画间的歪斜偏扭，故作姿态，作为书法家，要能通过笔墨将自己胸臆之真和天地自然之真融为一体，充分体现时代之精神。

马亚在书坛上一向被称为年轻的老书家，其草书作品多年来在各类书法大展中均获得骄人的成绩。无怪乎书界名家尉天池、马世晓、王冬龄等对其大加赞叹：线条或凝炼浑厚，或飘洒纵逸，浓淡混融而富有“屋漏痕”般的质感，枯笔处涩凝而极具“锥划沙”般的张力，点画与线条的合谐组合，构成了一幅自然生动、雄伟壮阔的画卷；其草书笔致清健遒劲，骨肉气血控制得当，笔势洒脱、奔放、畅达而凝重；体势险峻纵逸，朝揖多姿，连绵相属，气贯整行；行间茂密充盈，浑然成篇。从意象上可以看出，他在作书之际，随着心理节律的活动能准确地把握线条的游走，稳健而自如地挥运出一幅幅以明快、高昂为主旋律的乐曲，一种蓬勃之气，阳刚之美溢于字表。书风真率自然、无矜持造作之态。

特别难能可贵的是他将魏碑质朴的风骨化入草书，使自己的作品具有质朴峻拔的鲜明个性，潇洒之中更增添了一股峻拔崎岖的气概。他的草书逐渐挣脱了前人的藩篱，并初步形成了自己的风格。下笔浓重不失灵性，饶有金石韵味；运笔以方带圆，圆中见方，流畅自如中见抑扬顿挫；虽无剑拔弩张之势，但力藏点画之中，刚中有柔，柔中藏巧，纯朴天籁中又寓朴茂遒丽；得气酣墨畅、淋漓尽致之妙；给人一种苍坚跌宕之势和雄豪激越之情。其书体势峻险峭丽、幻变多姿；行气布白虚实分明、自然顺畅；通篇生机勃勃，颇具大家气度。

可以这么说，马亚的字，是浪漫主义艺术风格中的一曲荡气回肠的交响乐。

近年来，由于笔者常与徐州书画界朋友广泛交好，对马亚其人其作都甚为了解。马亚习字伊始，便对颜、柳及魏碑《张猛龙碑》、《嵩高灵庙碑》朝夕临池不辍。继而又对孙过庭、黄山谷、米芾、王觉斯、黄道周等作品作过深入的临习与研究。魏碑积淀了马亚书法笔势的雄健、体势的朴素，王觉斯造就了马亚的跌宕起伏，二王成就了马亚风格成因中的洒脱奔放。

在名家看来，真草隶篆行五种书体中，笔法最丰富者当属草书……草书的“点画”在“使转”中运行，被“使转”带动，草书对各种书体的笔法要无所不悟，则是草书表现力丰富的奥秘，也是草书创作中难度大的一个原因。对于草书笔画的不可替代性，刘熙载如是说：“移易位置，增减笔画，以草较真有之，以草较草亦有之。学草者移易(音叶)易知，而增减每不尽解。盖变其短长肥瘦，皆是增减，非止多一笔少一笔之谓也。”

马亚正因为做到了学古不泥古，感悟自然，法中取道，博取众长且经过长期的修炼，才达到了今天的成就。

欣赏马亚书法的书势美，是一种艺术和精神的享受，这种享受直观地说，是从其所书的字体、字形和对人的视觉刺激所引起的。具体地说，是从其书写的笔画构成、发生顺序和行笔的方位、方向，对人的欣赏习惯和欣赏定势上所产生的。愿马亚先生在今后的书法艺术探索上，以更加饱满的激情，再攀书法艺术之高峰。

草书对联　273cm×34.5cm×2

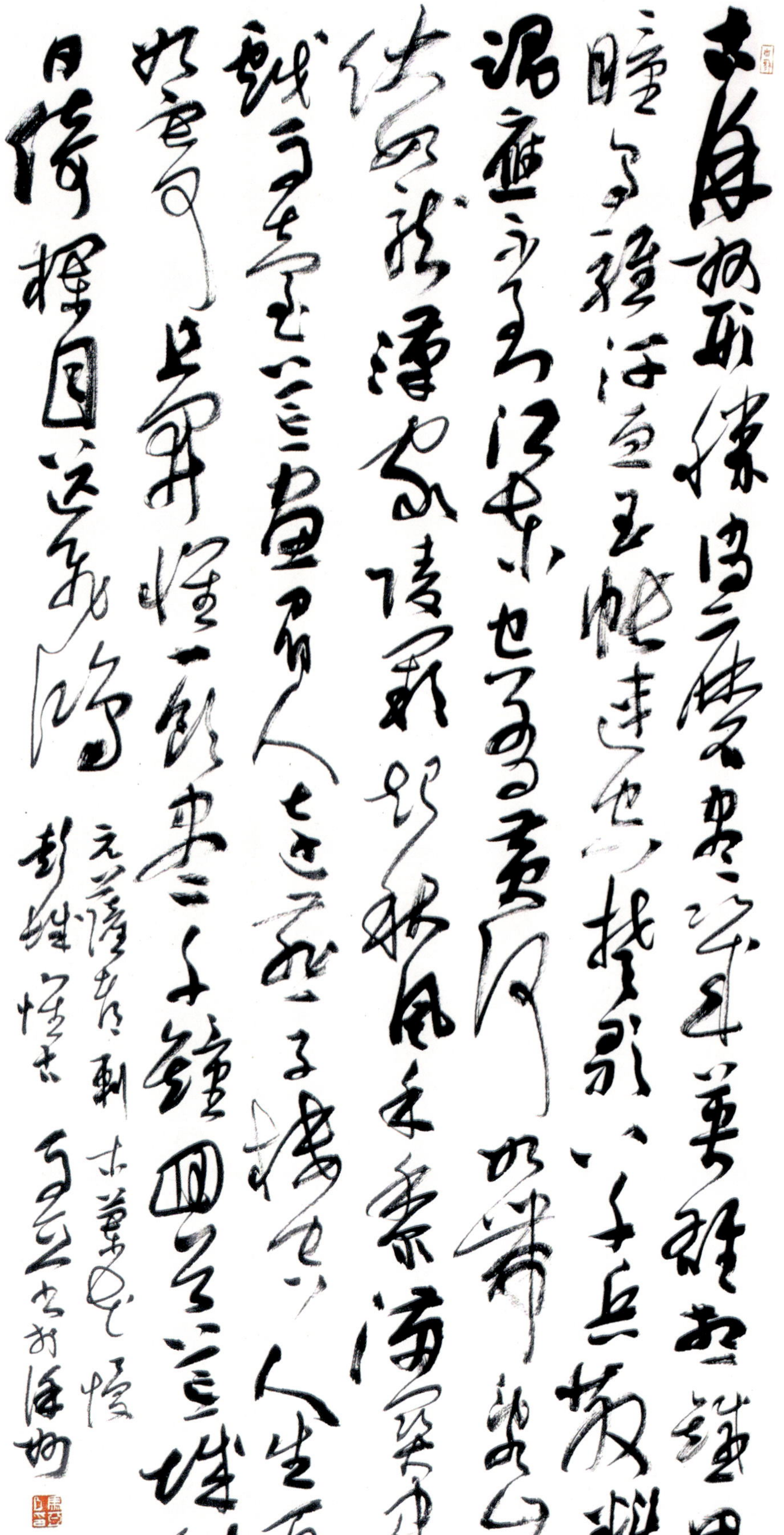

元·萨都剌《木兰花慢·彭城怀古》 137cm×67cm

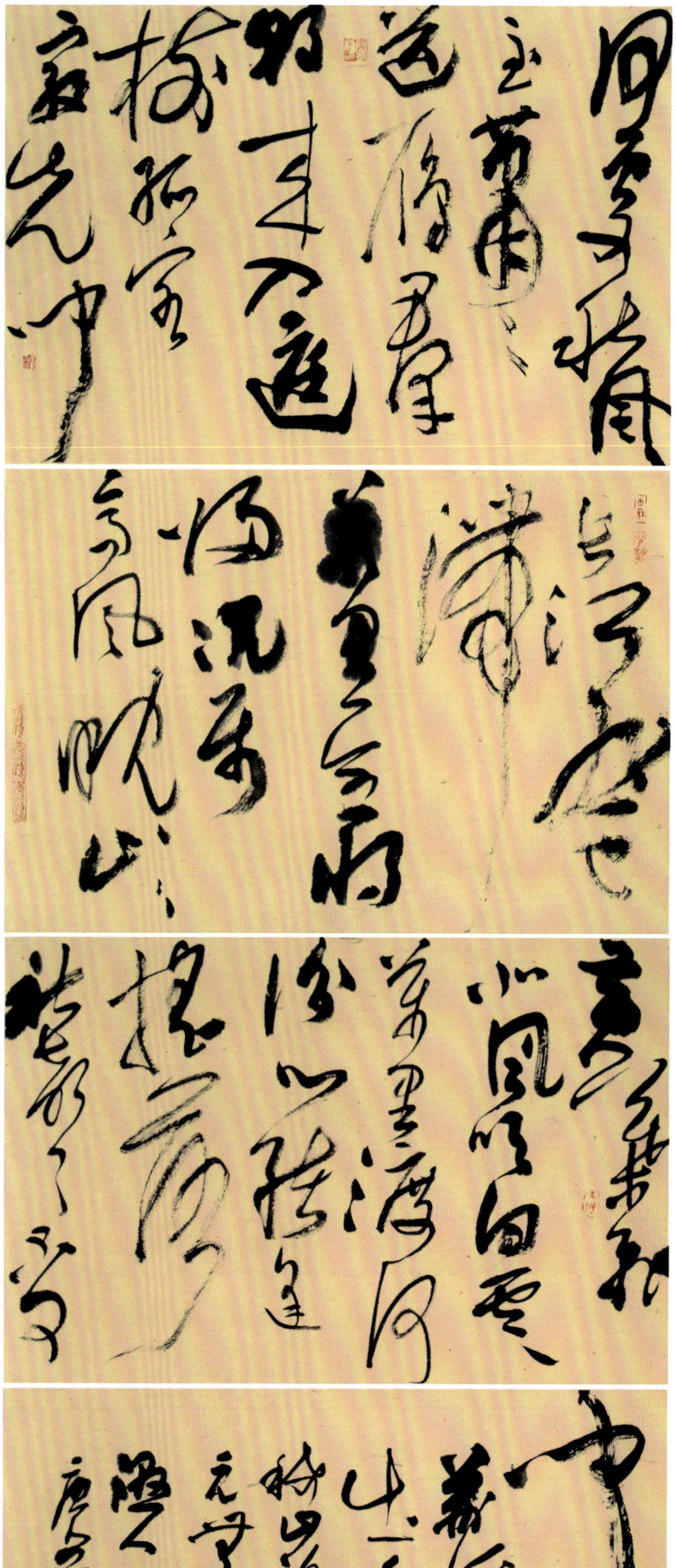

唐诗四首　200cm×69cm×4

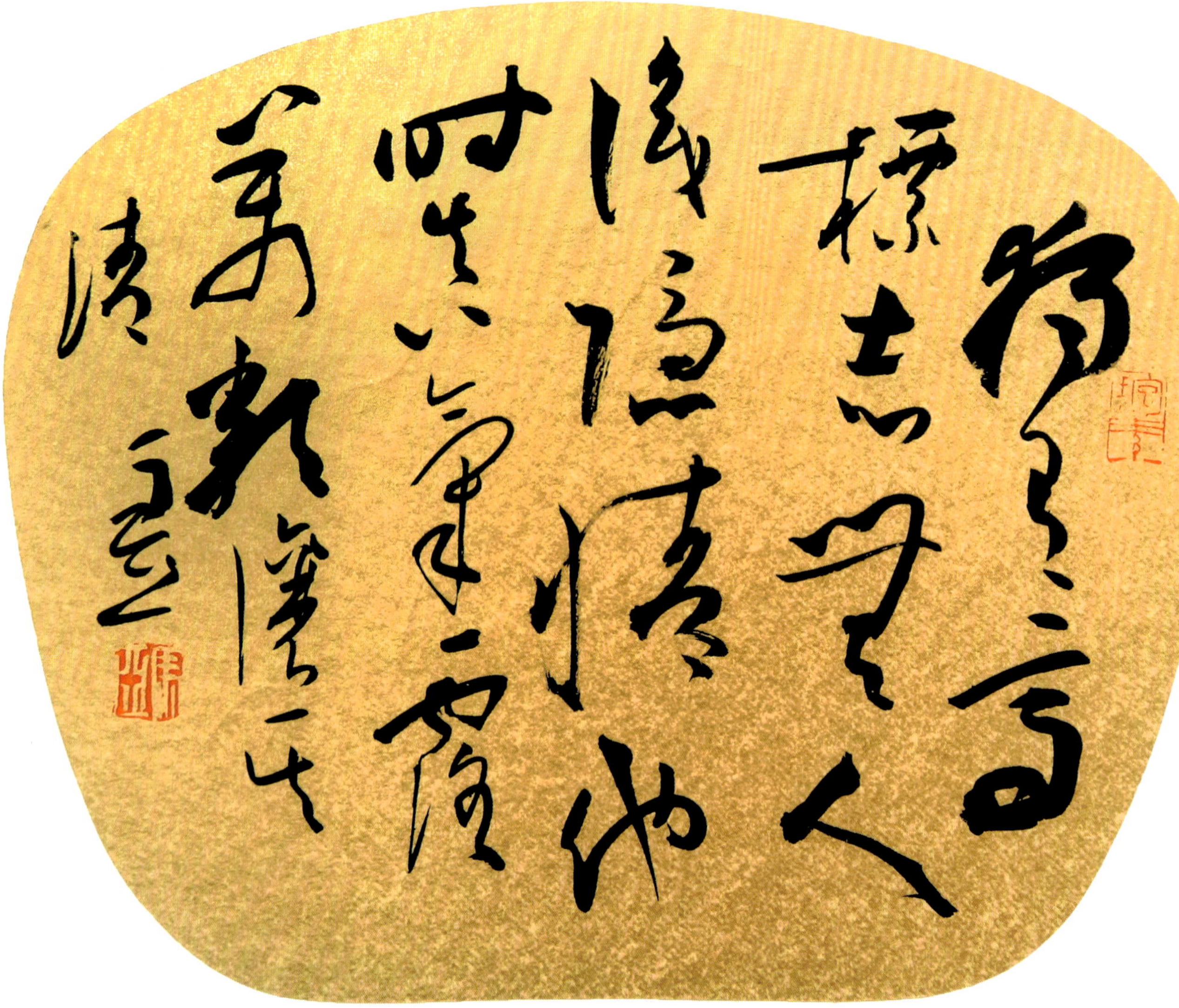

禅诗　　22cm×18cm

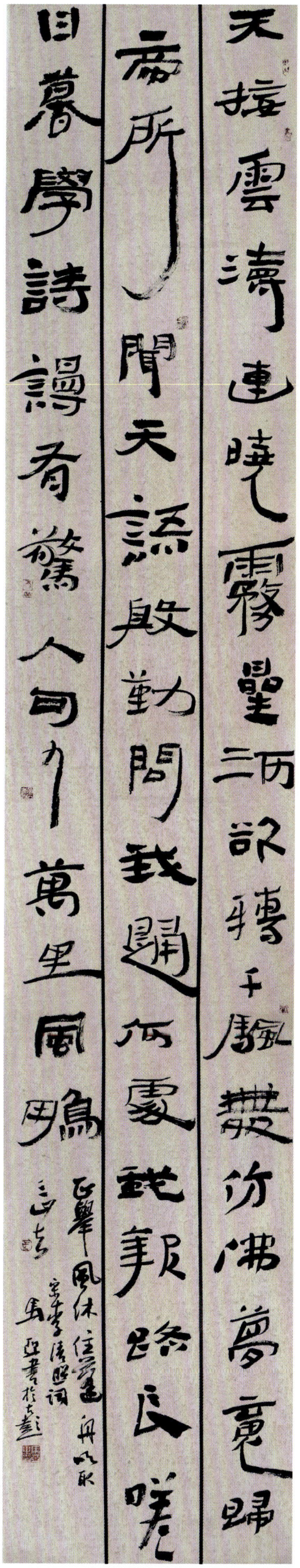

宋·李清照《渔家傲》 273cm×54cm

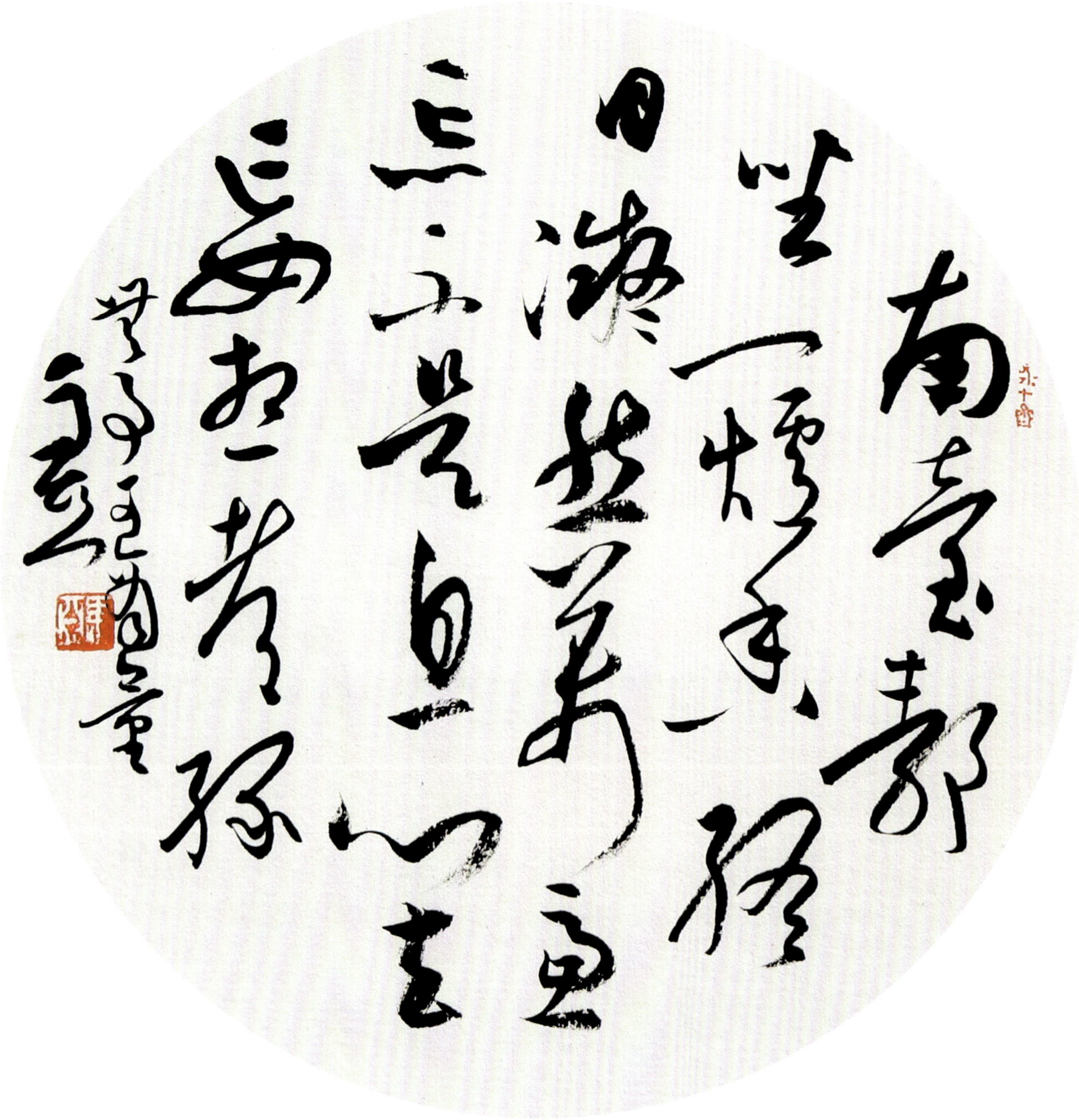

禅诗　　22cm×22cm

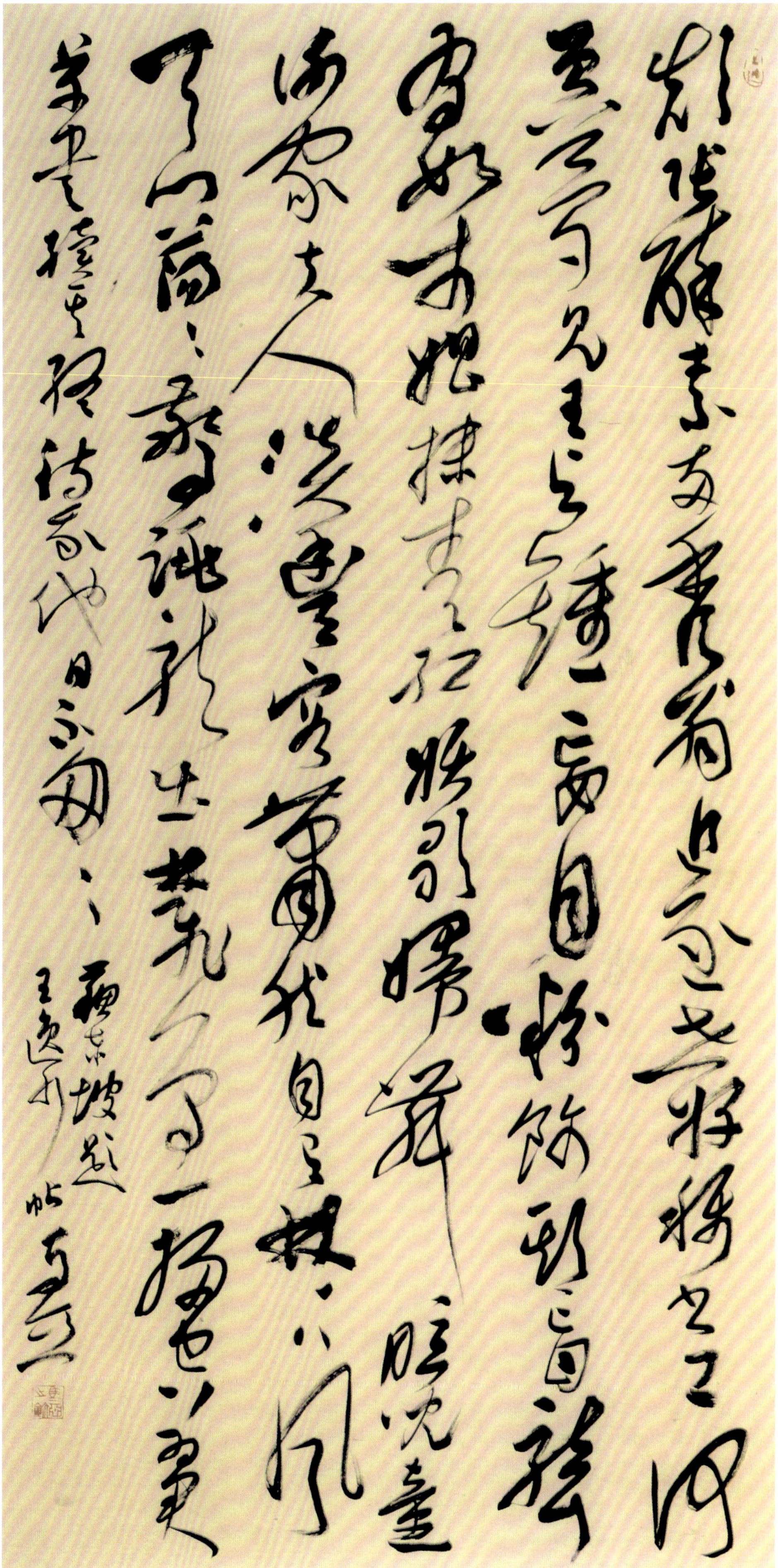

宋·苏轼《题王逸少帖》 137cm×67cm

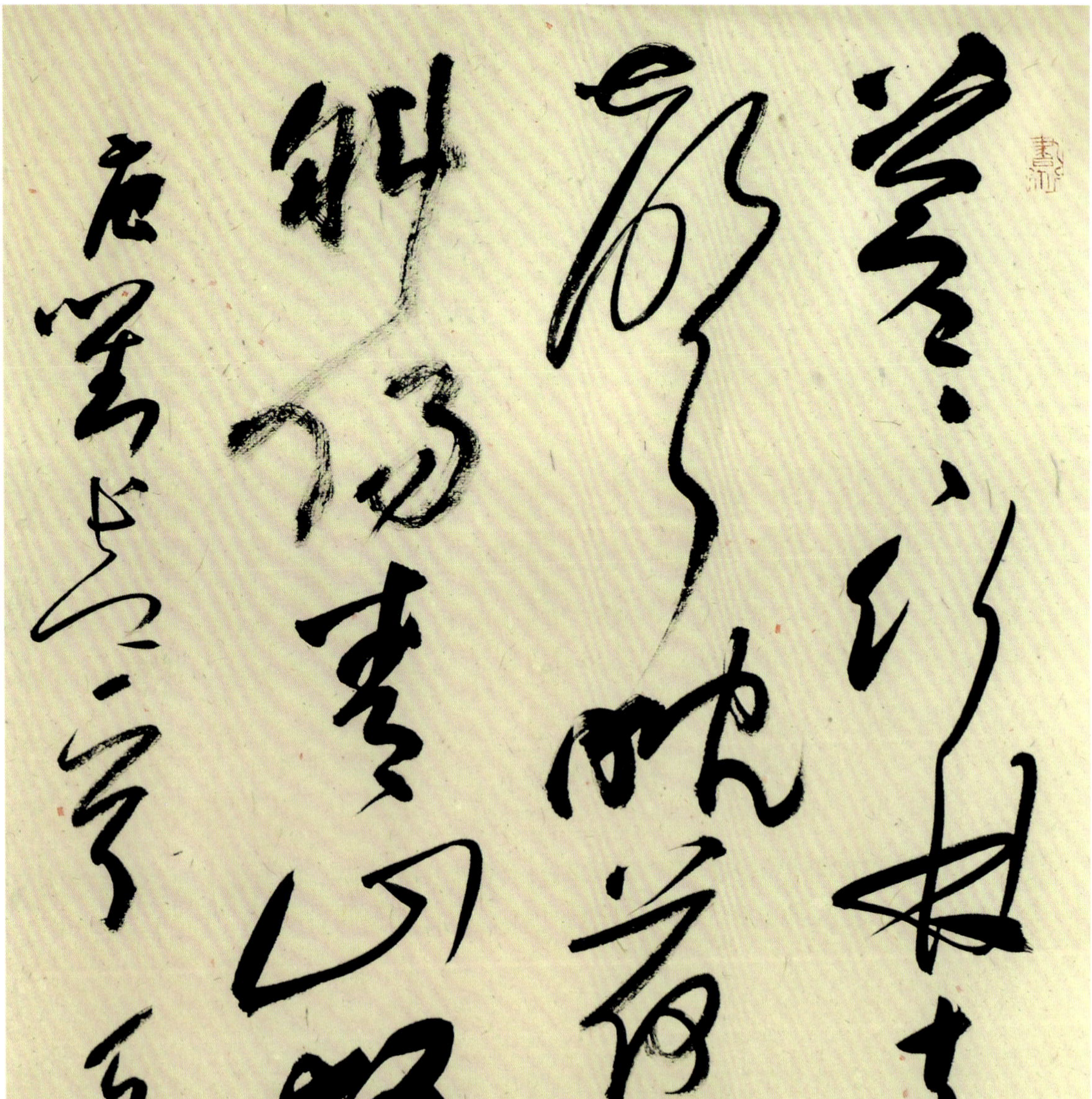

唐·刘长卿《送灵澈上人》 68cm×45cm

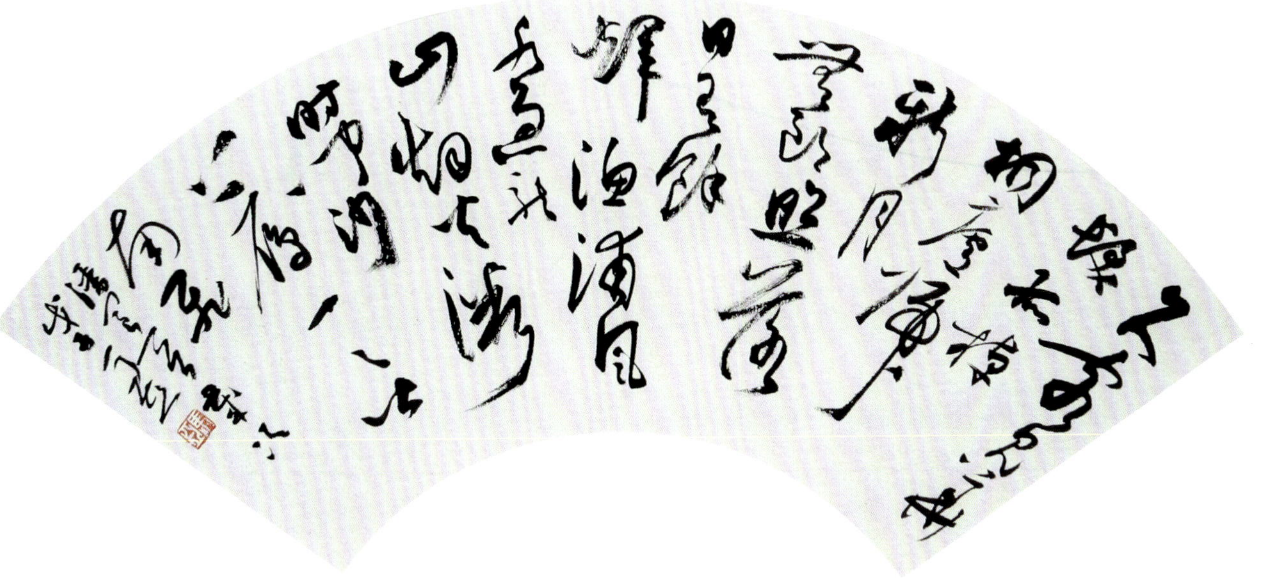

宋·潘阆诗　50cm×25cm

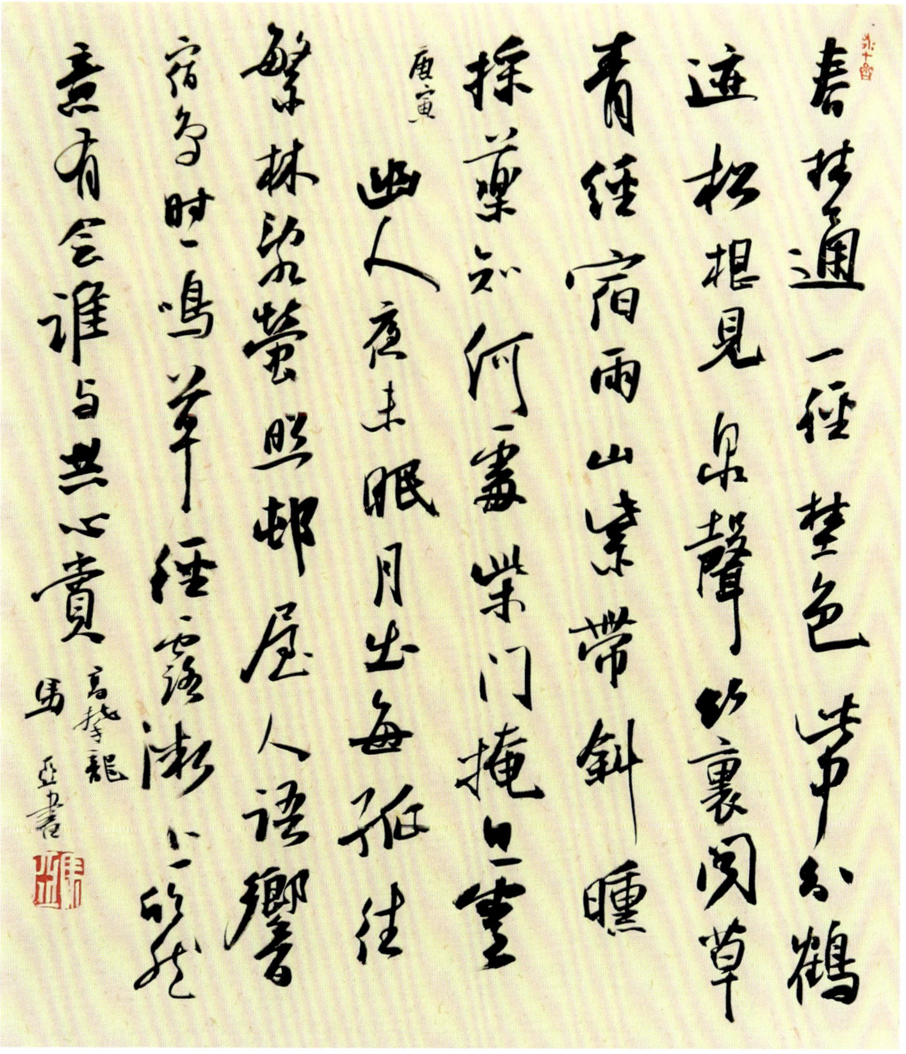

唐寅、高攀龙诗　28cm×24cm

宋·刘攽《中山诗话》 50cm×25cm

宋·尤袤《全唐诗话》 50cm×25cm

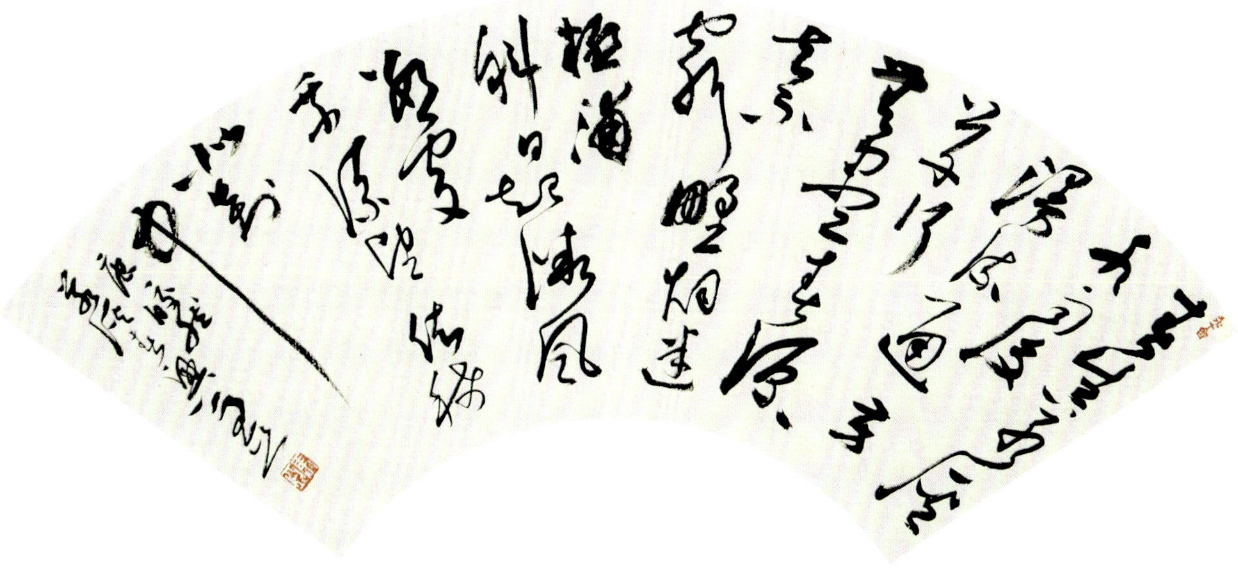

唐·皎然《若溪春兴》　50cm×25cm

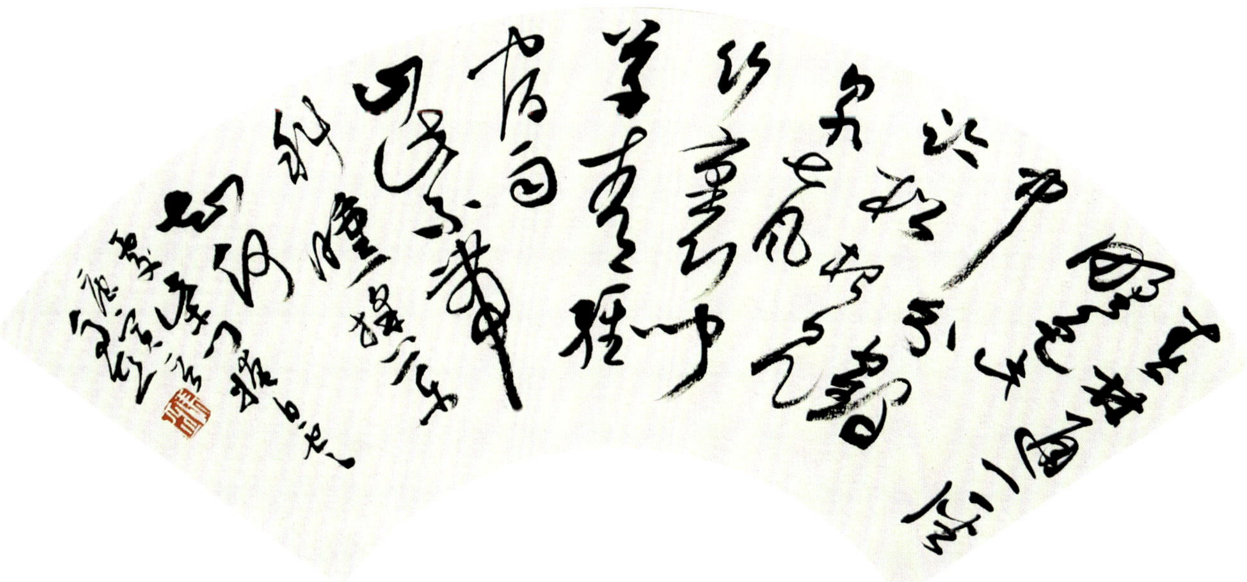

明·唐寅诗　50cm×25cm

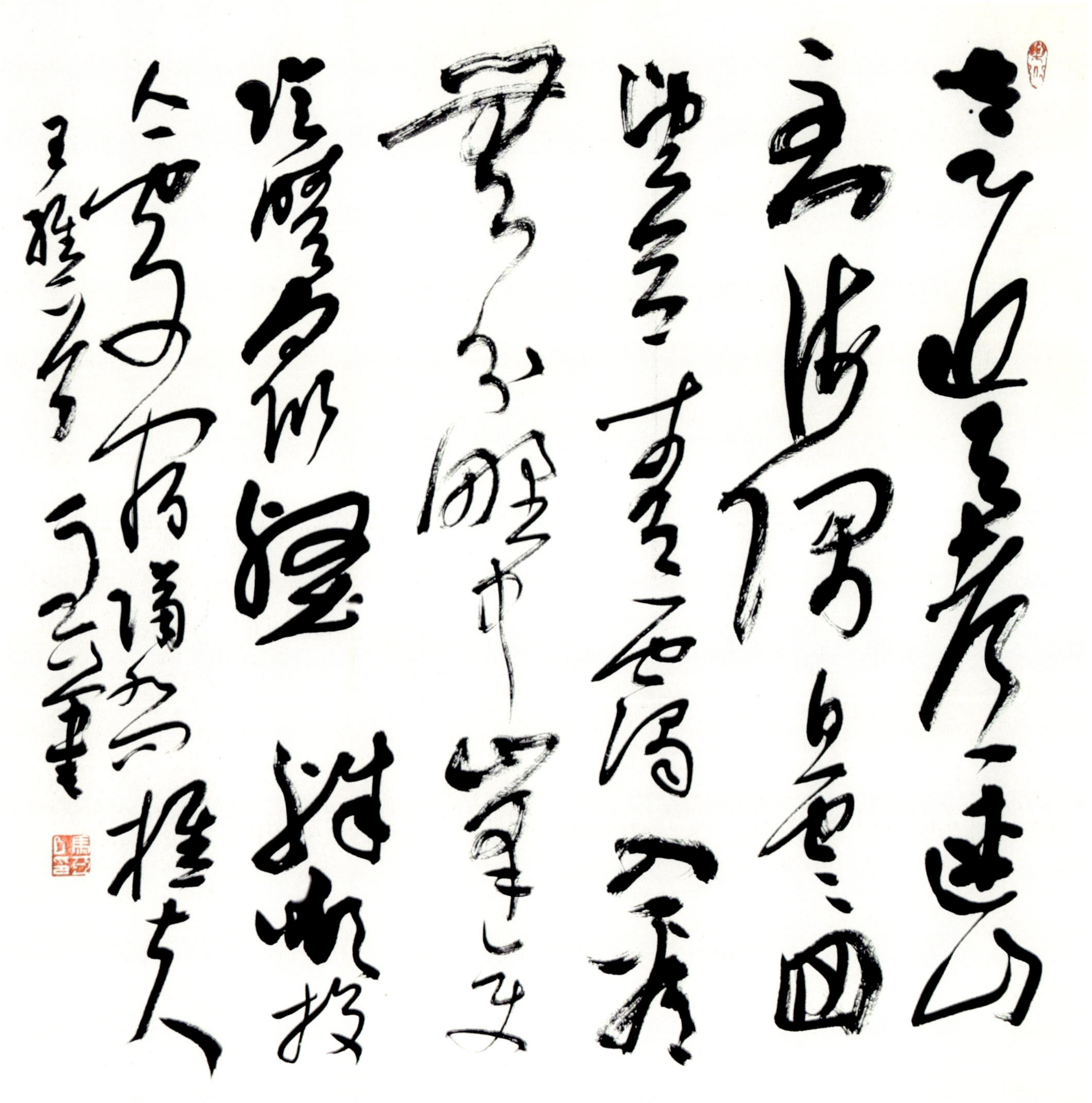

唐·王维 《终南山》 68cm×68cm

对联　137cm×30cm×2

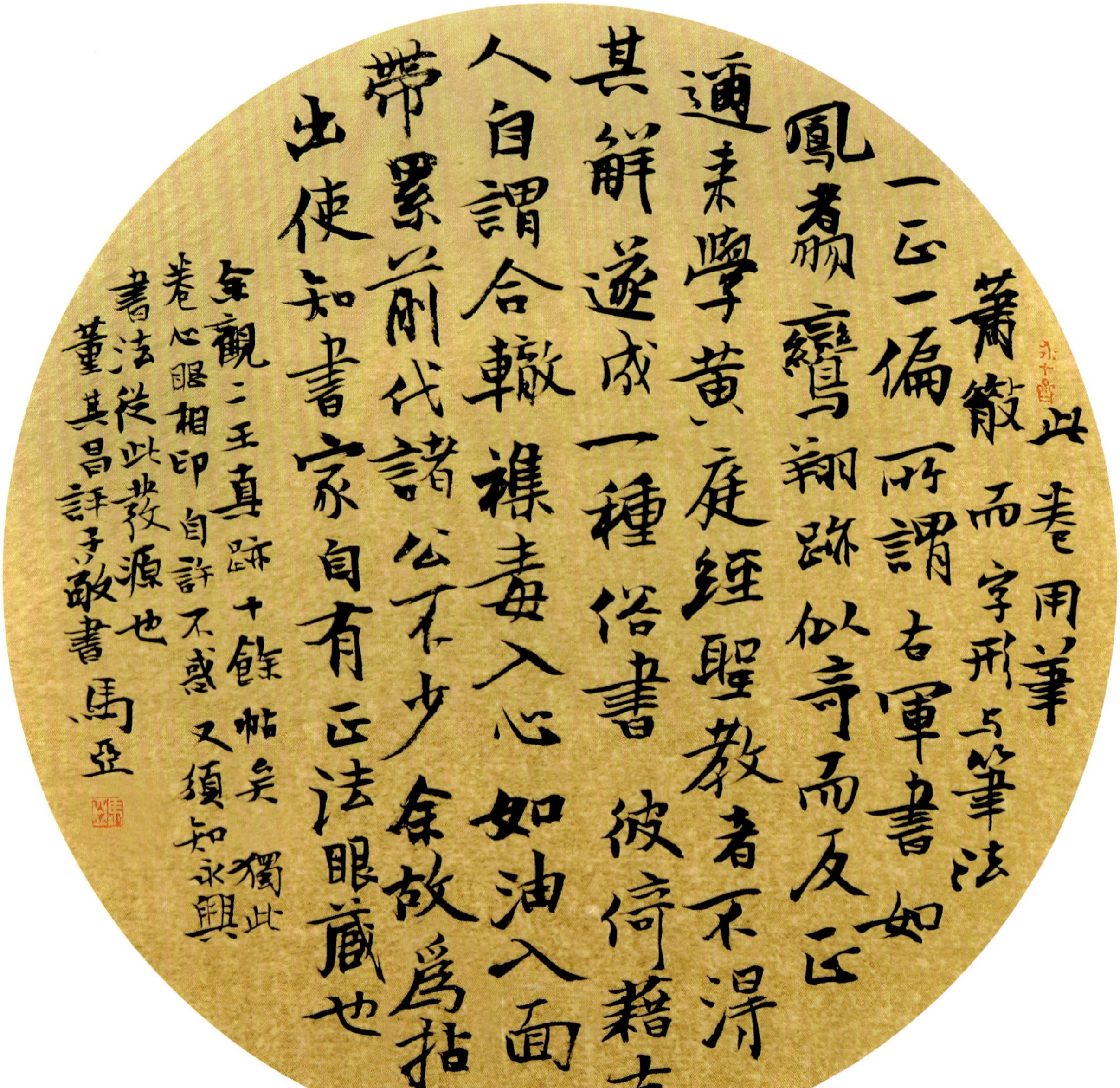

明·董其昌《评子敬帖》 22cm×22cm

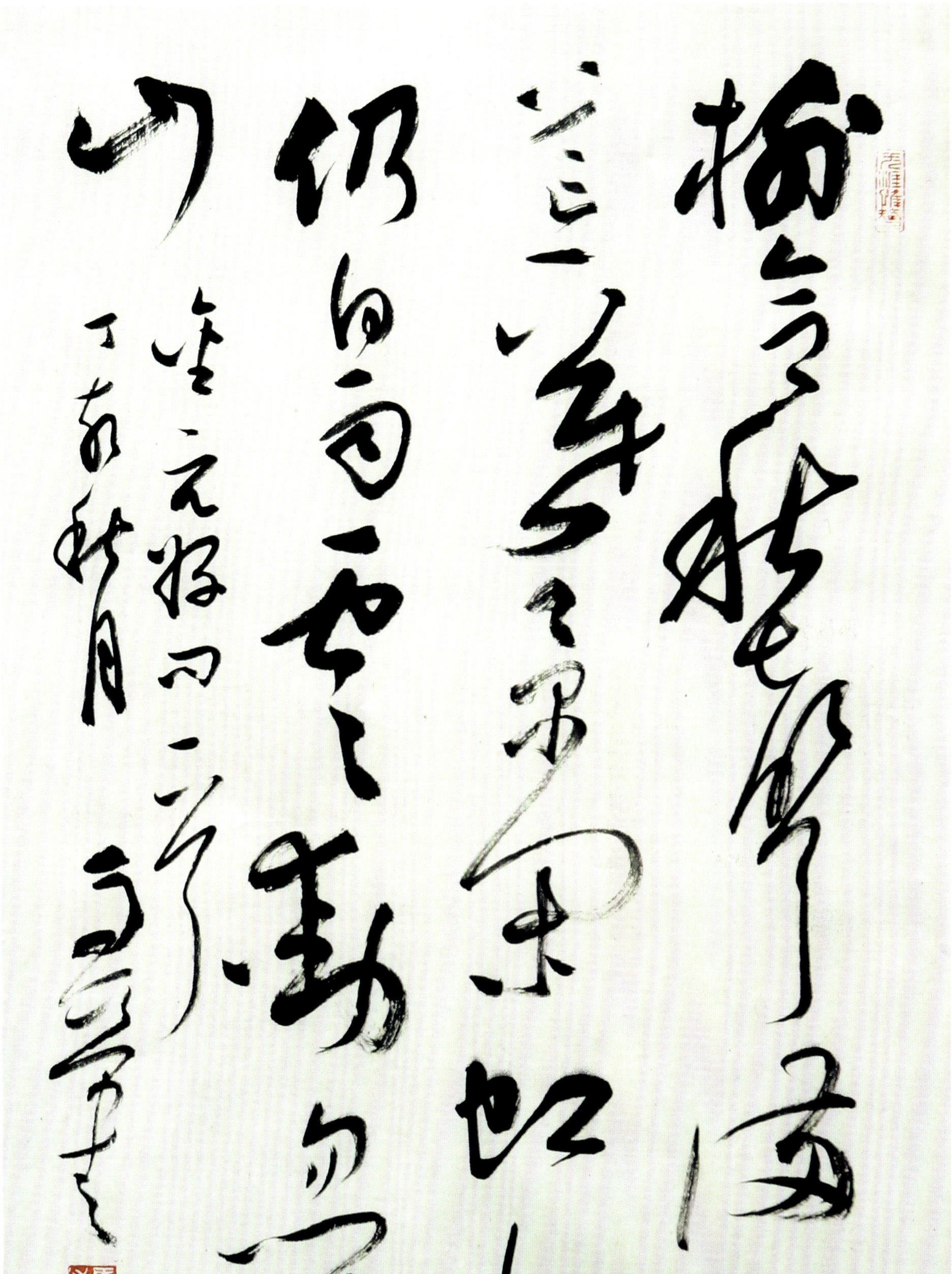

金·元好问《山居杂诗》 67cm×45cm

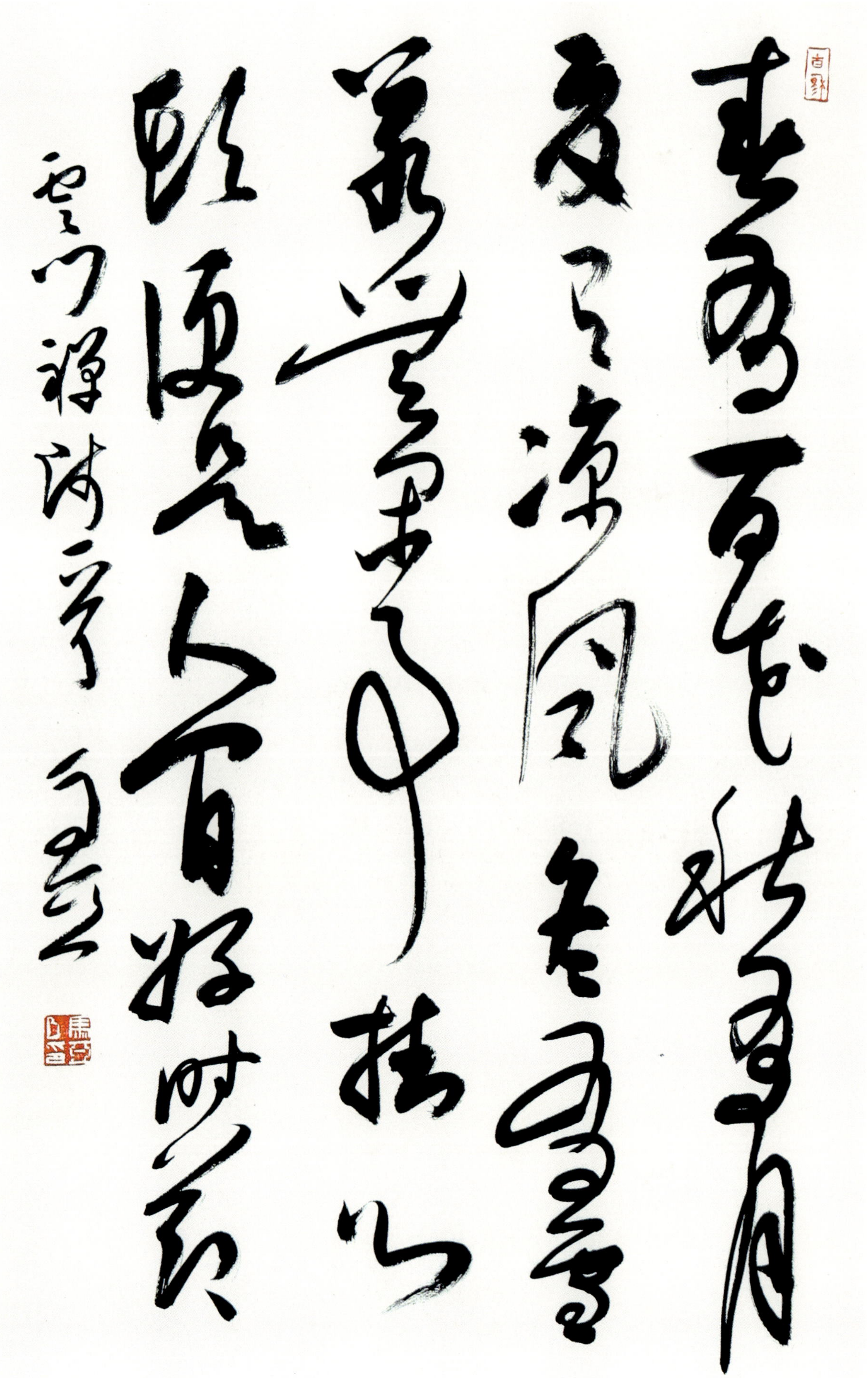

云门禅师诗　67cm×45cm

由三大行书看创作主体的悲情意识

马 亚

引 言

作为人类审美意识的物化形态之一，书法艺术是创作主体和审美理念彼此相融合的产物。在这个物我两化、完美交谐的过程中，书家自身独特的情感、理念往往起着决定性的作用。杨雄曰："书，心画也。"罗丹说："艺术就是情感。"列夫·托尔斯泰则说："人们用语言互相传达思想，而人们用艺术互相传达感情。"可见艺术魅力永存的最终根源与源头活水皆在于人之情感。

情感纷繁复杂，而悲情则是特指人的一种忧郁、悲伤、痛苦的情怀，这种情怀产生于人与一种无形的自然力量或自己认同的社会制度的矛盾冲突。从亚里士多德到黑格尔都把悲情作为艺术的最高境界，甚至如爱伦坡所宣称的那样，一切真正的美都必然染上"忧伤的色彩"。从屈原《离骚》"亦余心之所善兮，虽九死其犹未悔"对理想的执着，到曹操《短歌行》"对酒当歌，人生几何？譬如朝露，去日苦多"。对人生短促的伤感；再到陈子昂《登幽州台歌》"念天地之悠悠，独怆然而涕下"对宇宙时空的浩叹，无不体现出浓重的悲情意识。本文由《兰亭序》之悲洒到《祭侄文稿》之悲愤，以及《寒食帖》之悲绝一脉相承中，解读悲情意识在历代书法创作过程中的巨大作用。

"死生亦大矣，岂不痛哉"——《兰亭序》之悲洒

在"强烈、热情、矛盾、浓于生命色彩"的魏晋时代，王羲之的《兰亭序》流露出了的浓重的悲情意识。由于上党战役中王羲之的父亲王旷战败投降，其叔父王敦拥兵反叛失败，致使王家声誉受损。为父及家族雪耻，出师北伐，是王羲之悲壮的心愿。好友殷浩北伐，因率意轻进而失败。王羲之惋惜、失望、抑郁之情不言而喻。正是在此背景下王羲之举行了曲水流殇之宴。

《兰亭序》在描述了兰亭美景和修禊之乐后，突然转到了对人生忧患的思考："向之所欣，俯仰之间，已为陈迹，犹不能不以之兴怀；况修短随化，终期于尽。"凄凉、无奈之情溢于言表，好像已经快要参透人生的虚幻无常了。可是他笔锋一转，"固知一死生为虚诞，齐彭殇为妄作"，又大大否定了老庄旷达、超脱的人生哲学。王羲之的悲哀在于面对着豁然开朗的明山秀水时始终难以释怀。正如宗白华先生所说："晋人虽超，未能忘情。"

通观《兰亭序》墨迹，书风遒媚劲健，行笔轻重徐疾，跌宕起伏，笔断意连，法度谨严。用笔强化了中锋与侧锋的穿插变化，将中、侧锋交融成一个整体，交替互用；而运笔的转折、牵丝、映带既丰富又自然，既生动又精练，既飘忽又有力。相同的字采用不同的结构，强有力的骨架和果断的笔法，使文字之间充满了紧张感。章法上以疏朗为主，辅以疏密松紧之变化，参差多变而又浑然一体；开始书写沉稳而矫健，宛如轻灵的快板，中间开始感言人生，字距行距缩小，粗重的线条明显增加。此帖文字悲情四溢，弥漫着一股浓重的感伤情调，但其笔画却哀而不伤，依然不失洒脱而流畅的神韵。表现出王羲之超凡脱俗的个性。它是王羲之心境与精神的迹化。

《兰亭序》其文心与书艺都体现了晋人的风骨，使中国文人对人世和自然的感悟上升到了一个新的高度。从序文传达的深沉的历史感，我们可以想象当时知识分子内心的苦闷。这种"人生不满百，长怀千岁忧"的忧患意识，的确使"后之来者也将有感于斯文"。而他乘兴所书的这篇杰作，也因此而成为千古绝唱。

"巢倾卵覆、抚念摧切"——《祭侄文稿》之悲愤

颜真卿生活在唐王朝从繁盛的顶峰开始走下坡路的时代，其一生充满了悲壮的色彩。安史之乱爆发，颜氏家族死者三十余人。三年后，颜真卿派专人去寻找颜杲卿一家下落，但只从常山带回季明的头骨归葬。颜杲卿和季明壮烈牺牲，却得不到杨国忠专权的朝庭的褒扬。颜真卿怀着激切悲愤的心情，起草了这篇祭文。

《祭侄文稿》按时间的经过，记叙了季明与父亲一起英勇作战、壮烈牺牲的情景。文稿起始，作者情绪尚属平稳，行笔稍缓，情态肃穆。至"父陷子死，巢倾卵覆。天不悔祸，谁为荼毒"，心情已至激愤。字迹写得十分紊

乱。面对爱侄首骨，怎能不想起平叛的斗争，怎能不激起同仇敌忾的思绪，怎能不追溯颜氏家族为此付出的惨重代价，怎能不为“巢倾卵覆”而“抚念摧切”呢？再至“抚念摧切，震悼心颜”八字，更如乱石崩云，惊涛裂岸，悲愤之情喷涌而出。透过涂抹剧烈非凡的笔触，可以感到颜真卿完全沉浸于悲愤激越的情绪中，无意书体的工拙，也无心掭笔蘸墨，颓笔、飞白满纸，大起大落，纵横开合，顿挫郁勃，荡人心魄，具有强烈的跳跃感和抒情色彩。《祭侄文稿》可以说是一曲无声而大气磅礴的交响乐，笔画之间犹如音节的跳动，体现出激越勃发的情怀。正如清王澍《竹云题跋》所云：“《祭侄文稿》心肝抽裂，不自堪思，故其书顿挫抑屈，不可控勒……情事不同书法亦随其意，应感之理也。”情感的真实赋于艺术创作震撼人心的力量。正是在这种真情的支配下，颜真卿完成了书法史上罕见的完美的感情表现。精到的点画，高超的技巧，这些平日积累下的艺术素养都成为一种式，一种表现书法美高层次价值的形式，而这种形式表现得那样自然，竟使后世书坛几乎无人可及。

《祭侄文稿》是体现主体精神和书法技巧完美结合的巅峰之作。正是“初不用意”，才使得真情实感毫不掩饰地倾泻于作品中，使观者从这里感到书家此时此刻的心情正如钱塘潮涌，一一从自己胸襟流出，出现了意想不到的动人效果，无怪乎元鲜于枢把《祭侄文稿》称为“天下第二行书”了。

“也拟哭途穷，死灰吹不起”——《寒食诗》之悲绝

宋神宗元丰二年六月，“乌台诗案”让劫后余生的苏轼带着尚未消除的惊恐来到了黄州，开始了平生以来第一次政治流放生活。

在黄州，苏轼几乎与世隔绝，又无公事可干；那些曾与他交游的文友、仕友为避嫌疑，怕祸及己身，也都纷纷失去音讯。他混杂于渔樵之间，常常一个人喝酒解闷，又不敢多喝，怕酒后失言。当时内心沉痛至极，孤苦至极，君门不可通，故国不可还。可以说黄州的苏轼，是一个在寂寞中惶恐、在孤独中沉思的苏轼。

残酷的现实使苏轼的政治理想、社会观念、生命价值、文艺精神等都有了深刻的变化。随着时间的推移，集中体现在苏轼身心感受到的悲剧意识越来越强烈。往日的翩翩风度、潇洒情怀，连同那些清词丽句一扫而空。对残酷现实身受心感的悲剧情怀，成了他此刻书法和诗歌的主导。面对着困苦的生活，面对着黑暗的政治，面对着强大的政敌，苏轼已近乎绝望，《黄州寒食诗帖》正是在这样的境况下诞生的。

诗中自叙来黄州三年，生活清苦，每为寒食、清明之雨所苦，眼前但觉萧瑟难受，隐藏着他贬居黄州后的抑郁心绪。始则慢声细诉，娓娓道来，继则放任声腔，或孑然饮泣，或凄然长啸。“今年又苦雨，两月秋萧瑟”的苦海绵绵，“君门深九重”的欲归无望，“坟墓在万里”的欲吊不能，“也拟哭途穷，死灰吹不起”的欲哭无泪。文字造型各具体态又气势贯一，落笔、收笔干净利落，毫无拖泥带水之嫌；行气通达而又步步生姿，气象万千。随着书者感情的起伏波动，也表现出不同的节奏变化。起首一行，步履稳健，气息平和。自第二行起便笔势放纵，逐步推向高潮。从第四行起，运笔速度加快，字体变大；从第七行起，字体明显放大，运笔更加奔放急促，如同滔滔奔腾的江河，气势连贯，可见作者的心中激情已澎湃到了极点，长时间的压抑之情一发不可收；到末尾的几个字，字形又缩小，趋向工整，与开头首尾呼应。整幅作品笔法流畅圆润，绵里裹铁，中锋、侧锋相间。天真烂漫，似得神助。书法与诗相得益彰，满纸身世颠沛之悲，国家不宁之怆，字字含泪，给人以深刻的感受。通观全篇，苍凉惆怅，深深的悲哀始终萦绕于心，挥之不去。而破灶、湿苇、坟墓、死灰这一系列凄凉的意象，更真切地体现出苏轼那种救国无力、惜春苦雨、病体缠身、百无聊赖的心境。苏轼将心境情感的变化，寓于点画线条的变化中，或正锋，或侧锋，恣肆奇崛，变化万千，浑然天成。《黄州寒食诗帖》以一种独有的方式传达了苏轼书法的美学精神，创造了一种富有生命力的新的书写样式。难怪黄庭坚对此帖厚爱有加，发出了由衷的赞叹：“东坡此诗似李太白，犹恐太白有未到处，此书兼颜鲁公、杨少师、李西台笔意，试使东坡复为之，未必及此。”

结 论

悲剧的人生虽然可伤可叹，但却能激起人们奋发，从而创作出优秀作品来。清代诗人赵翼在《题遗山诗》中有句名言：“国家不幸诗家幸，赋到沧桑句便工。”清末刘鹗也曾说：“《离骚》为屈大夫之哭泣，《庄子》为蒙叟之哭泣，《史记》为太史公之哭泣，《草堂诗集》为杜工部之哭泣；李后主以词哭，八大山人以画哭；王实甫寄哭泣于《西厢》，曹雪芹寄哭泣于《红楼梦》……”因此可以认为，充溢着悲情之感的艺术作品自然而然被认为是进入了艺术的最高境界。

就书法艺术的角度来看，“天下三大行书”显然不是单纯为了让世人去评价和欣赏的，而是在撰文中体现了作者不可遏止的情感，流露了书写时的悲情意识。正是由于这悲情意识的一脉传承，把诞生于不同时期的三件艺术珍品，紧紧维系在了一起，被后人尊为至高无上的艺术珍品。正所谓：艺之至，未尝不与精神通。

来自李可染故乡的书画名家

LAIZI LIKERAN GUXIANG DE SHUHUA MINGJIA

王国宇

WANGGUOYU

凤凰出版传媒集团
凤凰出版社

图书在版编目(CIP)数据

来自李可染故乡的书画名家/刘明主编.—南京:凤凰出版社,2008.5

ISBN 978-7-80729-176-3

Ⅰ.来…　Ⅱ.刘…　Ⅲ.①书法家—简介—徐州市—现代②画家—简介—徐州市—现代　Ⅳ.K825.72

中国版本图书馆CIP数据核字(2008)第073992号

书　　名	来自李可染故乡的书画名家
主　　编	刘　明
策　　划	徐州凤凰文化发展有限公司
责任编辑	高思源
出版发行	凤凰出版传媒集团 凤凰出版社(原江苏古籍出版社) 南京市中央路165号　邮编210009 发行部电话025-83223462
集团网址	凤凰出版传媒网　http://www.ppm.cn
印　　刷	徐州市今日彩色印刷有限公司 江苏省徐州市青年东路62号　邮编221003
开　　本	889×1194毫米　1/16
印　　张	48
字　　数	100千字
版　　次	2008年5月第1版　2008年5月第1次印刷
标准书号	ISBN 978-7-80729-176-3
全套定价	288.00元

地域文化的光彩

——徐州书画现象(代序)

程大利

徐州，古为九州之一。它是长江、黄河之间的一片沃土，兼有南北地域文化的特征。黄河十三次改道流经此地，积淀泥沙的同时也积淀下了文化，一种坚忍耐劳、朴实敦厚的文化，一种崇文尚武、入世进取的文化，一种心思缜密而不流琐屑、不入极端但又是非分明的处世风习很容易造就一批高旷冲淡又豁达温厚、有情有义的文人，而这又是传统书画艺术家必备的品质。

地理的特殊影响着文化生态。5000年以来，这里留下先秦文化的光彩，更留下两汉文化的辉煌。已经开掘和没有开掘的汉墓，无疑给这块土地添上了许多故事，成为极为厚重的遗珍。画像石是造型艺术的最好教材，《大风歌》而下的诗文传统展现着酣畅淋漓的气度，多姿多彩的民间艺术陶冶了一代又一代的少年，优美的自然风光和千载不泯的民间传说，都为艺术家的成长铺就了温床。近百年来，这里走出了一批杰出人士。以书画为例，民国以来的张伯英、李可染、刘开渠、王子云、萧龙士、王肇民、朱德群、朱丹等书画家成为20世纪的一个现象，不同于江南的“松江派”、“华亭派”等等，却是风格各异地竞相峥嵘。在现代美术史上闪现着光辉，李可染在中国山水画上的贡献已成定论，在历史上留下了充实的一页。

中国传统艺术是中国文化现象。书画是传统文化的瑰宝，它既可以“成教化、助人伦”，也可以“涤烦襟、破孤闷、迎静心、释燥气”，是“祛病增寿的良药”。书画发达地方人们的心态会趋于平和，社会风气会趋于文明。书画家在徐州特别受尊敬也是“崇文”风尚使然，这促使着艺术家更趋努力，为家乡做出新贡献。

文化，因传承而厚重，书画文脉传到今天似乎更为壮丽，一代书画家产生了新的影响，有的人已成为当代艺术的领军人物。徐州的书画事业也从来没有像今天这样繁盛。许多理论家朋友已注意到徐州出书画家的现象，这一地域现象必将被展开并深入探讨。可染先生的“实者慧”形象地总结了自己，更为一代书画家开启了修炼的明灯。在中华民族艺术的大花园里，徐州书画的奇葩必将更为绚烂，徐州的书画事业前程似锦。是为序。

戊子初于京华

心声当由古意出

文泊月

2005年夏秋之季，国宇精心创作了一批行书长卷，经行家精心装裱，悉数被有心人购取并收藏。北京一位收藏家说，如此分量、如此价值的长卷让谁都感觉珍贵，扑面而来的书卷气让人叹为观止。

书卷气是一个难以说清的概念。它的滥觞可推至宋代。黄庭坚论书主韵，虽不用书卷气这个词儿，但意思却是清楚的。他认为："东坡书，学问文章之气，郁郁芊芊，发于笔墨之间，此所以他人终莫能及尔。"书卷气的作品，其风格特征如高雅的文人雅士，温醇、蕴藉、洒脱。在用笔上，垂缩往复、顺逆上下都能随情性到位，转折收放无不如意，因而线条圆劲有力，无轻靡浮弱之病；在结体上，奇正、疏密、偃仰向背和谐优美，纵横潇洒又不主故常，平正险绝寓于一体，粗细浓淡皆得自然；在章法上，形式错落，行气流贯，整幅作品是一个生气勃勃的生命。

心声当由古意出。观国宇行书长卷，从整体气息来看，表现出一种冲和圆融、自然天成的艺术风格。点画精到，一笔不苟，笔笔有交代。无论是起笔、行笔，还是收笔，都体现了作者书写时的认真和从容，反映了作者平静、悠闲的心态。没有剑拔弩张的气势，没有张牙舞爪的点画，而是中规中矩，出入于传统和经典。在书写过程中，善于在规整的点画中追求变化，下笔或轻或重，行笔或疾或缓，收笔或圆或方，可谓字字有法度，笔笔有韵致，达到了一种点画多姿而又和谐统一的艺术效果。因此在形式上非常完美，前后统一，疏密一致，不浮不躁，浑然一体，给人以美妙绝伦的艺术享受。

长卷的艺术魅力来自书者长期的艺术磨炼。王国宇楷书学钟繇、王羲之、魏碑，行书学王羲之、王献之、米芾，草书学孙过庭、王铎，篆书学《石鼓文》、《散氏盘》，这其中对"二王"、米芾、王铎用功尤勤，且师古不泥。古人云："不学古人，法不一可；竟似古人，何处著我；字字古有，言言古无；吐故吸新，其庶几乎？"不斤斤于形迹，务求笔底篇章蕴涵的气息，也不一味地对古人的作品进行形似的模拟，而是着重于对其创作道路、艺术思想的研究与借鉴。重视书法创作的内在涵质、深层蕴藉，强调艺术穿透力下对书法本质意义的准确把握。写字就是写心。只有注重感悟，以古为师，以经典为师，道法自然，在读、临的基础上，感受那些蕴藏在碑、帖字里行间最深沉的文化底蕴和最美的境界，才能达到"生机在手，自能传神"之境。凝聚于笔端的是国宇对书法传统渊源的深刻领悟和实践，长期的艺术磨炼带给他的是慷慨之气、坚毅之神、率真之性、赤子之情。

时下的中国书坛，人们对写字的认识以及所持的观念大有不同，因此不免造成一种鱼龙混杂、泥沙俱下的局面。然而主流还是清楚的，即立足于传统，师法古贤，师法经典。主流的存在，是延续了数千年的中国书法艺术赖以薪火传承、不断线、不变味儿的根本保证。这是我辈学书者之大幸,也是我们的子孙后代之大幸。不论学古人还是学今人,关键是抓住其中本质性的东西,即所谓“真髓”,并善于加以变通,化为己有。

柏拉图认为,艺术家需要具备三个条件:天才、知识和训练。他十分重视艺术家的先天秉赋,但也不否认后天的知识和训练的重要性。天才凭借灵感创造了他自己的尺度,伟大的艺术不可能由某些理性规则产生,或单靠技巧来吸引人。唐代李德裕在其《文箴》中说:“文之为物,自然灵气。恍惚而来,不思而至。杼轴得之,淡而无味。琢刻藻绘,弥不足贵。如彼璞玉,磨砻成器。奢者为之,错以金翠。美质既雕,良宝斯弃。”明代剧作家汤显祖说:“予谓文章之妙,不在步趋形似之间。自然之光,恍惚而来,不思而至,怪怪奇奇,莫可名状,非常物得以合之……”书家也强调:“书道玄妙,必资神通”;“必须心悟,不可以目取也。”

中国书法讲究的是丰厚的文化底蕴和完善的人格修养, 一个书法家要据于德、志于道、依于仁、游于艺,从而达到“道法自然”的境界。在书法作品的品评中,历来讲究书品与人品不可分割的关系,书家的修养、品性、素质,有形无形地会在作品中展现出来,在运笔用墨上尤能显示出书家的秉赋与气质的本色。海纳百川,有容乃大。厚古也重今,才能继往开来,才能更好地博采众家之长,吐纳时代英华,不断提高自己的创作水平与能力。善于把握传统与现代的交汇点,从古代经典和现代、当代书法名家的作品、书论中悟取其对传统的继承和个人风格所体现的时代气息,不断融合于自己独立的创作之中,坚持在不断的自我否定中求进、创新。

走进传统,亲和经典,是王国宇不倦的艺术追求。随着社会开放发展和国际书法大潮的兴起,书法更需要文化精神。“退笔如山未足珍,读书万卷始通神”,为书法的至理。全球化浪潮中世界主义精神在拓展,多元文化在展开,在这一新世纪文化语境中,中国书法作为东方文化特有的艺术精神,将成为世界文化史上的一支奇葩。当代书法应融会历代贤哲们高度的文化内涵、吸纳他们的深厚智慧而不断精进。继承传统,学习经典,是书法创作的根本和源泉。优秀的古碑法帖,都是它存在的那个时代的精粹,反映着时代的创作高度,体现着书法的艺术性和规律性。离开了传统的沿袭,自然就失去了书法特有的光彩。有聪慧眼光的人,对书法艺术有着其独特的心灵折射点, 这种折射点体现在对艺术史上闪光点的把握和洞察上。

“文则数言及成其意,书则一字已见其心。”国宇行书长卷既具传统笔墨的韵味,又具现代书法的新颖,融古意,会己心,文与书共同交织成一个绚丽缤纷、意味浓郁的世界,颇耐玩味。

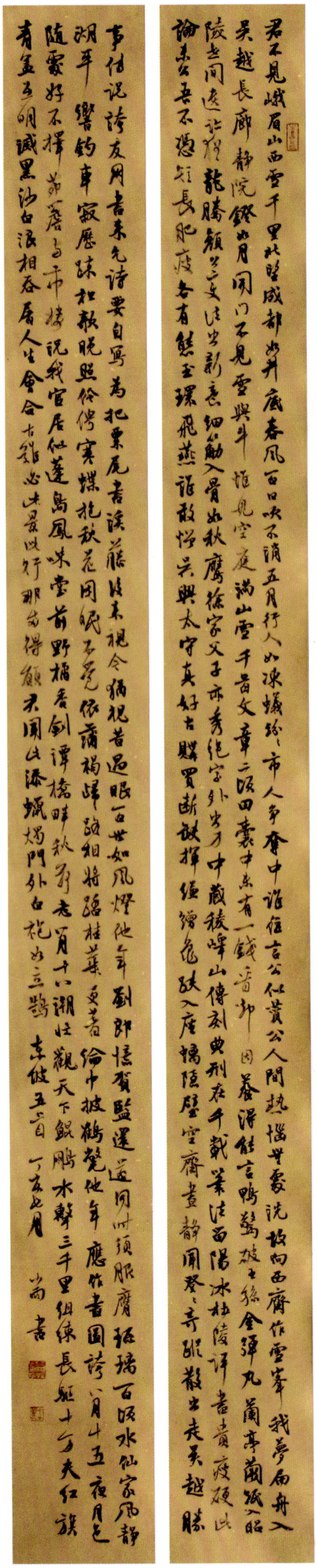

行书条幅　256cm×20cm×2

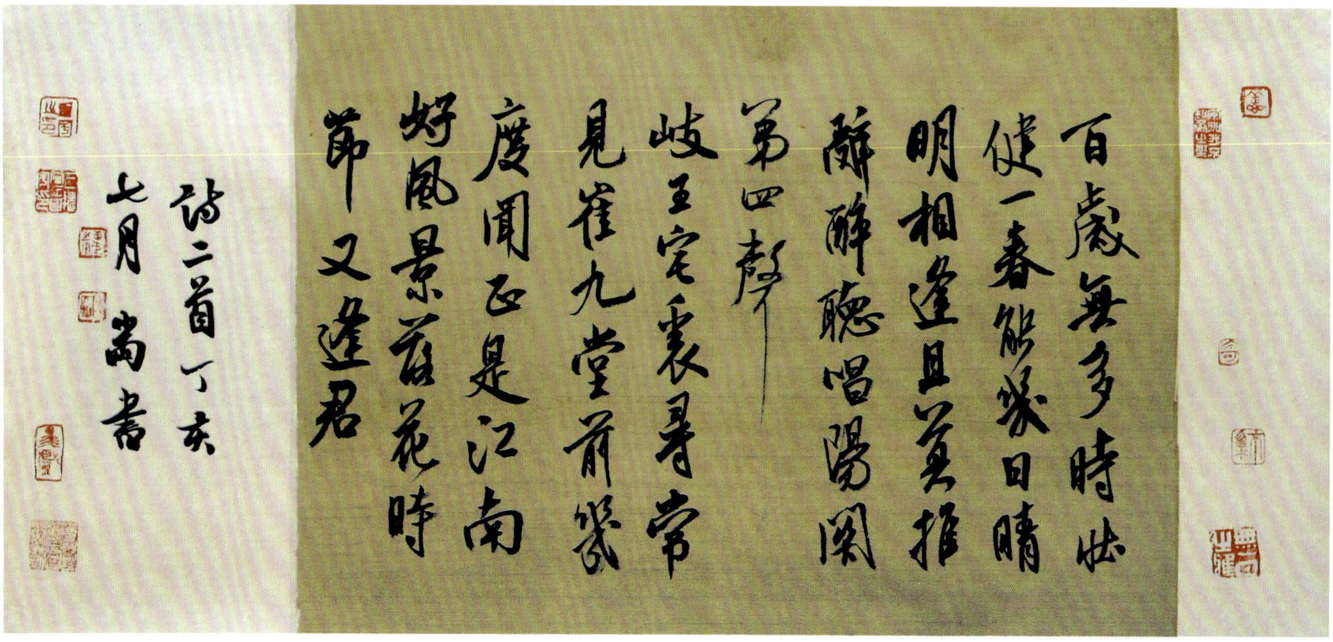

唐人诗二首 行书 120cm×50cm

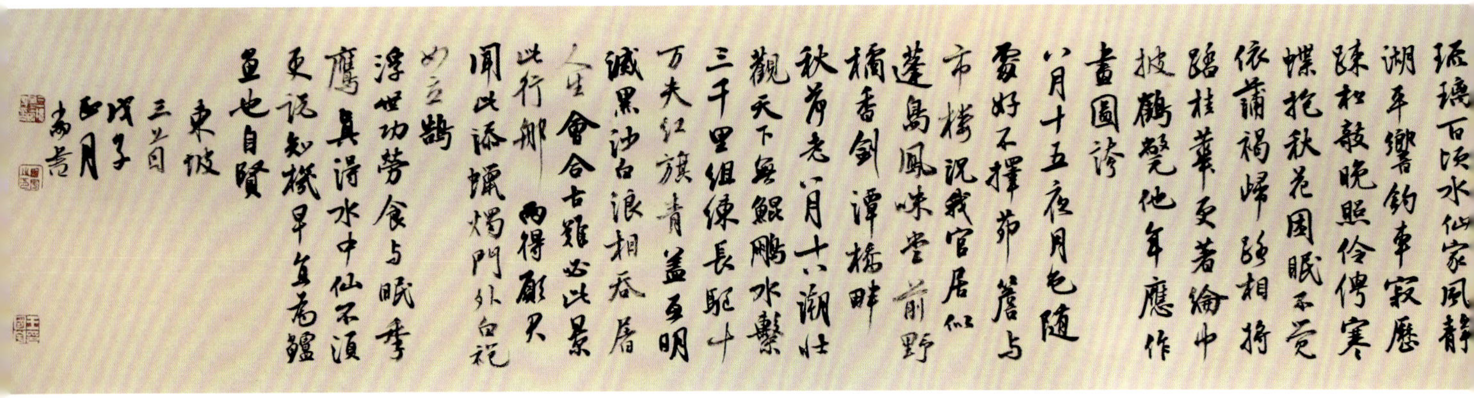

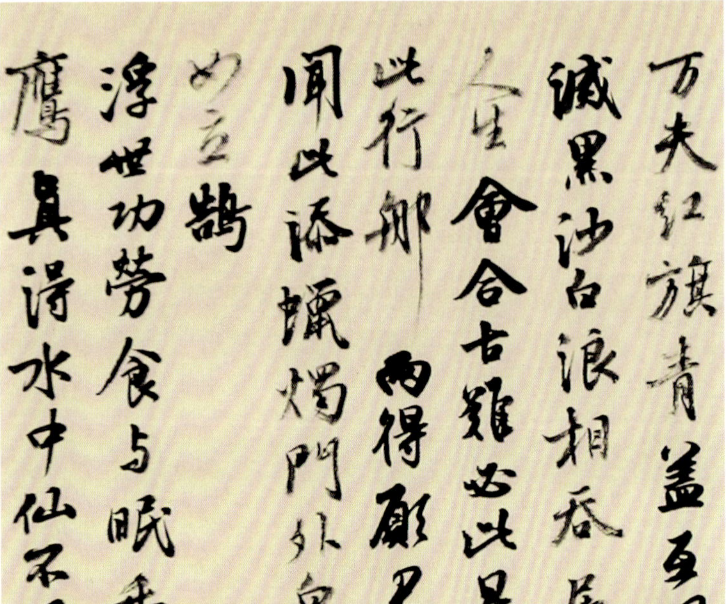

苏东坡诗三首 行书 133cm×33cm

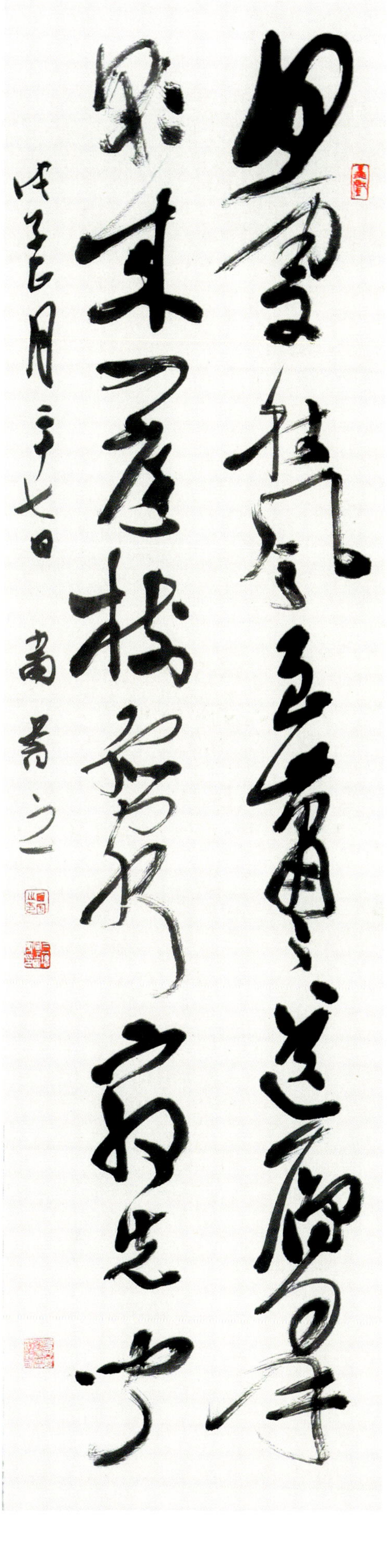

草书条幅 133cm×33cm

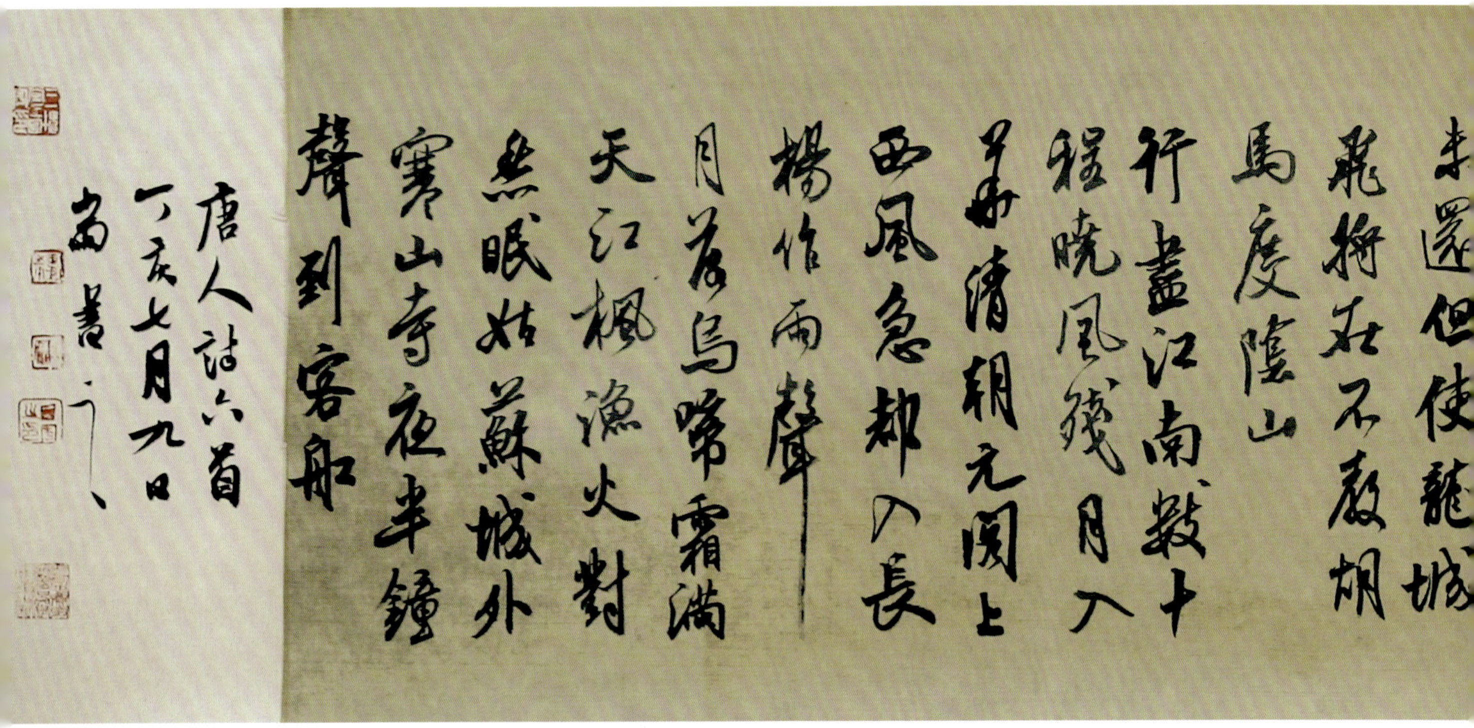
來還但使龍城
飛將在不教胡
馬度陰山
行盡江南數十
程曉風殘月入
華清朝元閣上
西風急都入長
楊作雨聲
月落烏啼霜滿
天江楓漁火對
愁眠姑蘇城外
寒山寺夜半鐘
聲到客船
唐人詩六首
丁亥七月九日

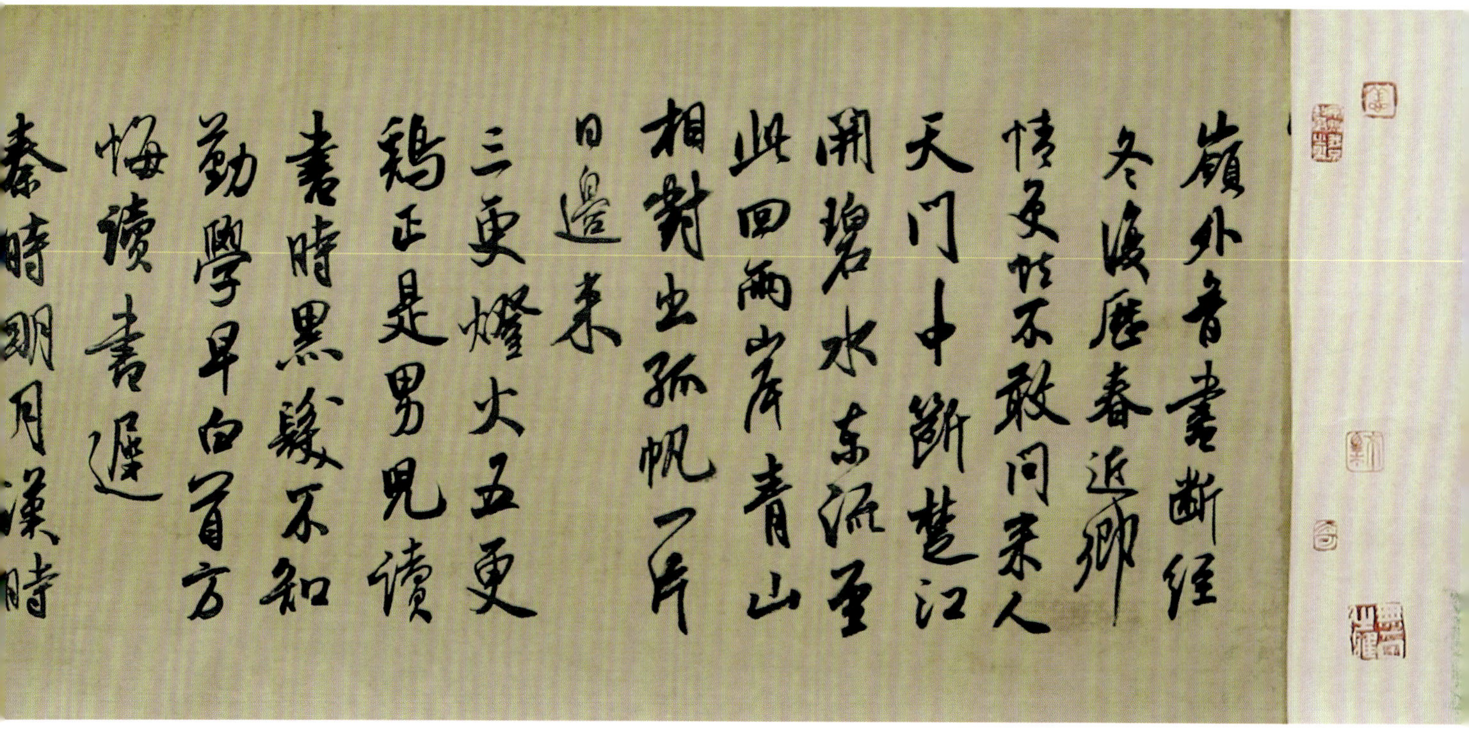

唐人诗六首 行书 200cm×40cm

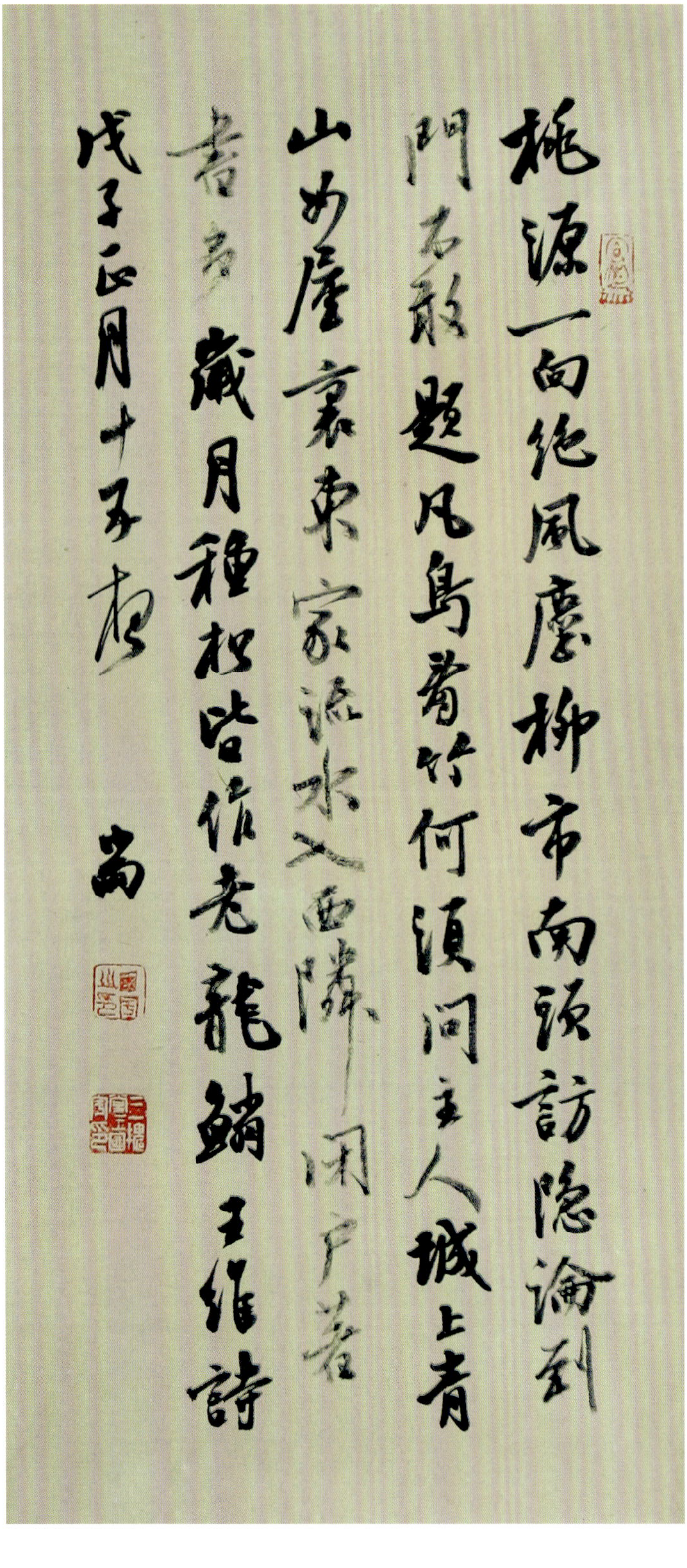

王维诗 行书 90cm×35cm

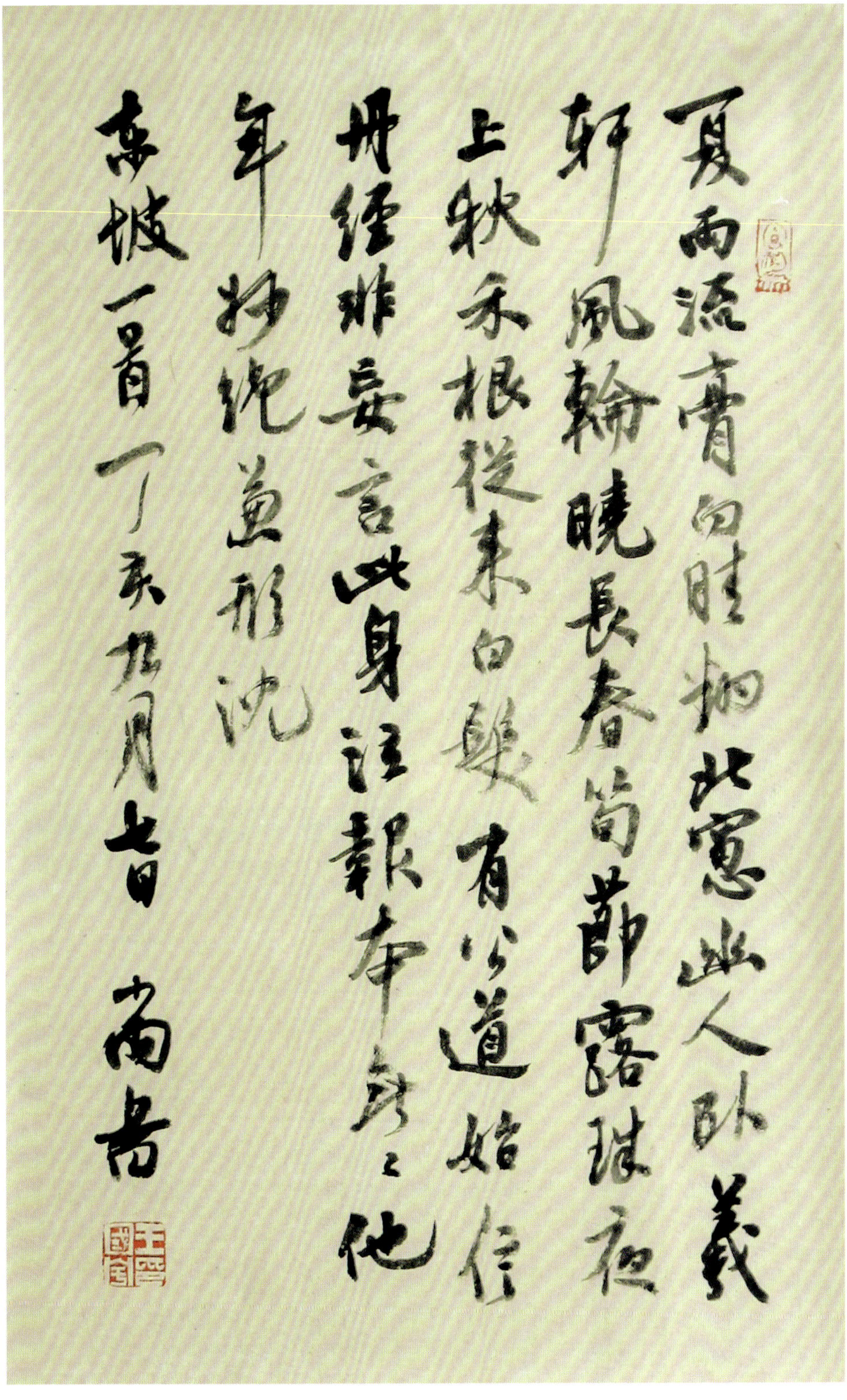

苏东坡诗 行书 90cm×50cm

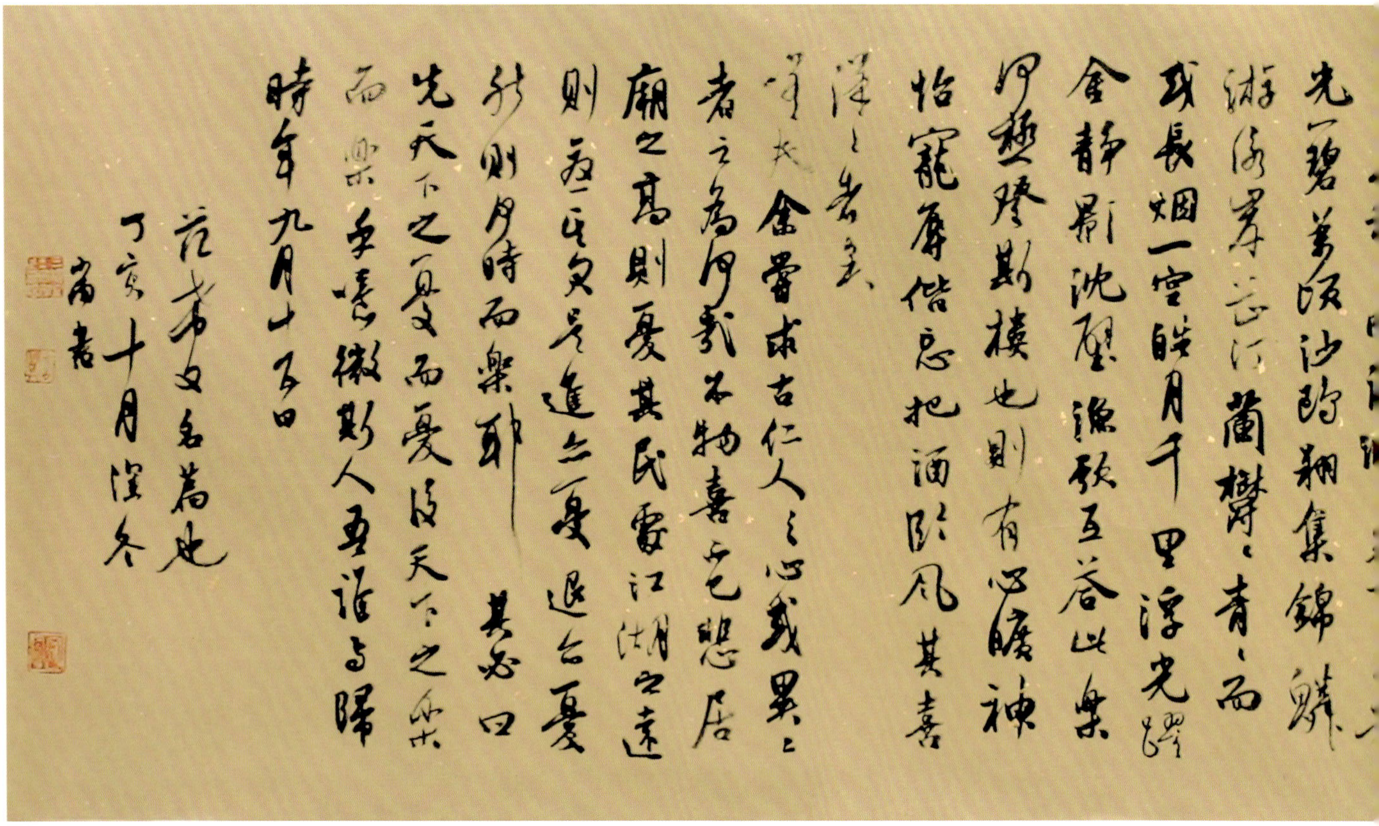
光一碧萬頃沙鷗翔集錦鱗
游泳岸芷汀蘭郁郁青青而
或長烟一空皓月千里浮光躍
金靜影沉璧漁歌互答此樂
何極登斯樓也則有心曠神
怡寵辱偕忘把酒臨風其喜
洋洋者矣
嗟夫予嘗求古仁人之心或異二
者之為何哉不以物喜不以己悲居
廟堂之高則憂其民處江湖之遠
則憂其君是進亦憂退亦憂
然則何時而樂耶 其必曰
先天下之憂而憂後天下之樂
而樂乎噫微斯人吾誰與歸
時年九月十五日
范希文名篇也
丁亥十月

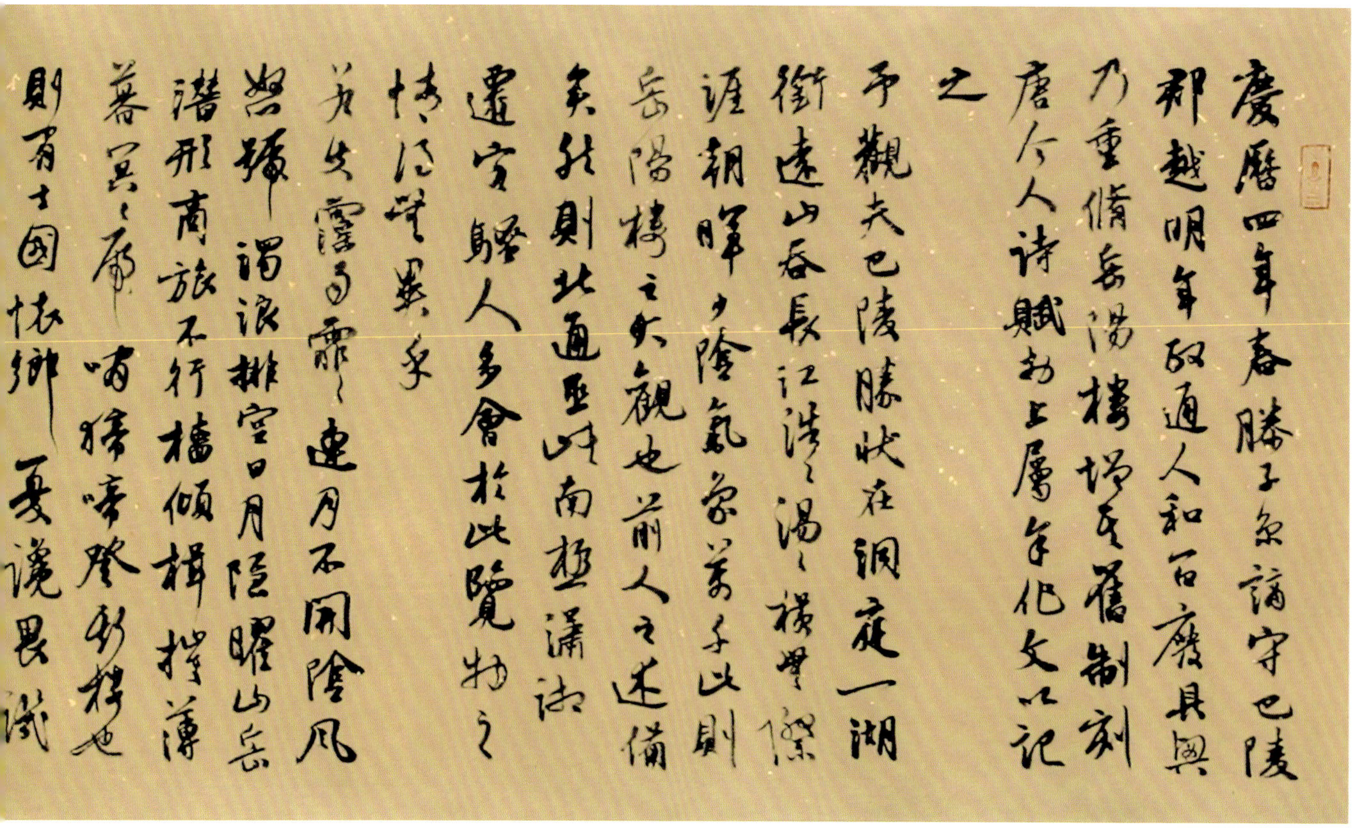

范仲淹《岳阳楼记》行书　230cm×50cm

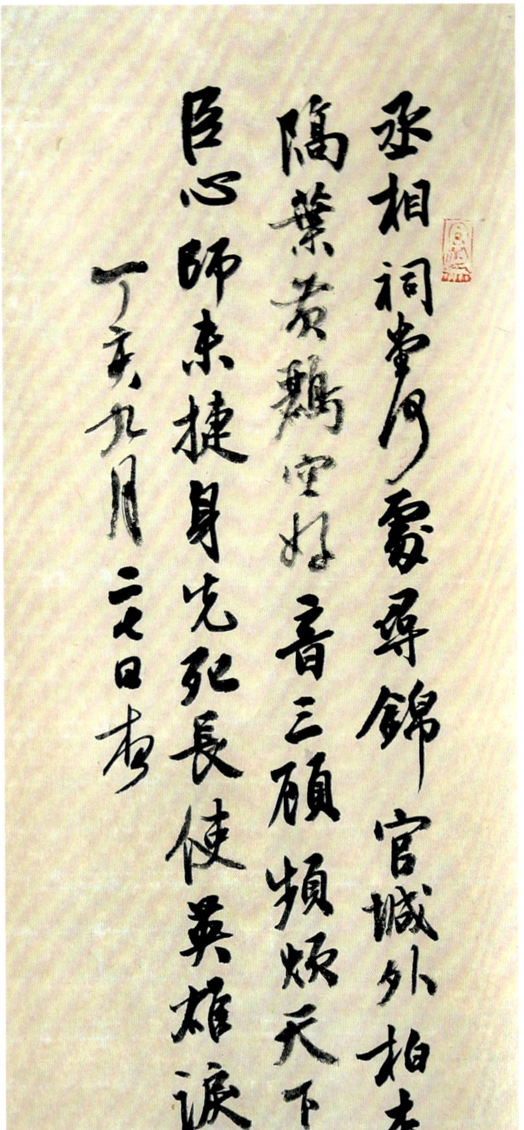

杜少陵诗 行书 110cm×30cm

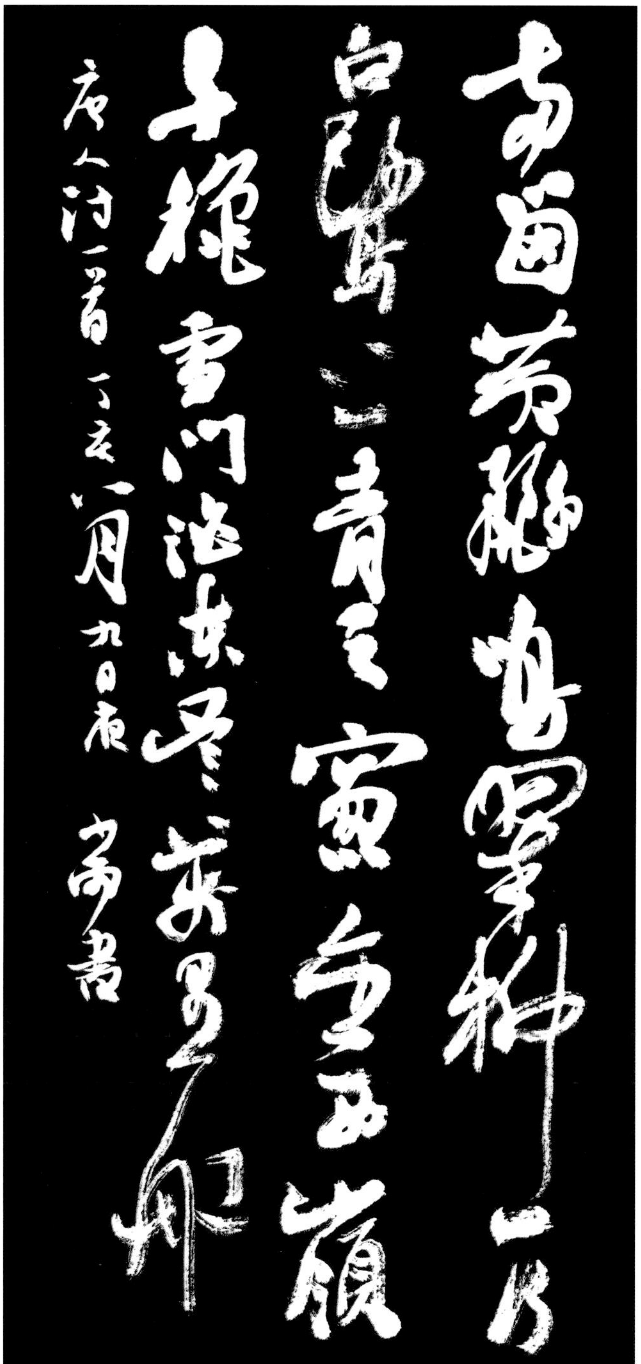

唐人诗 行书 133cm×45cm

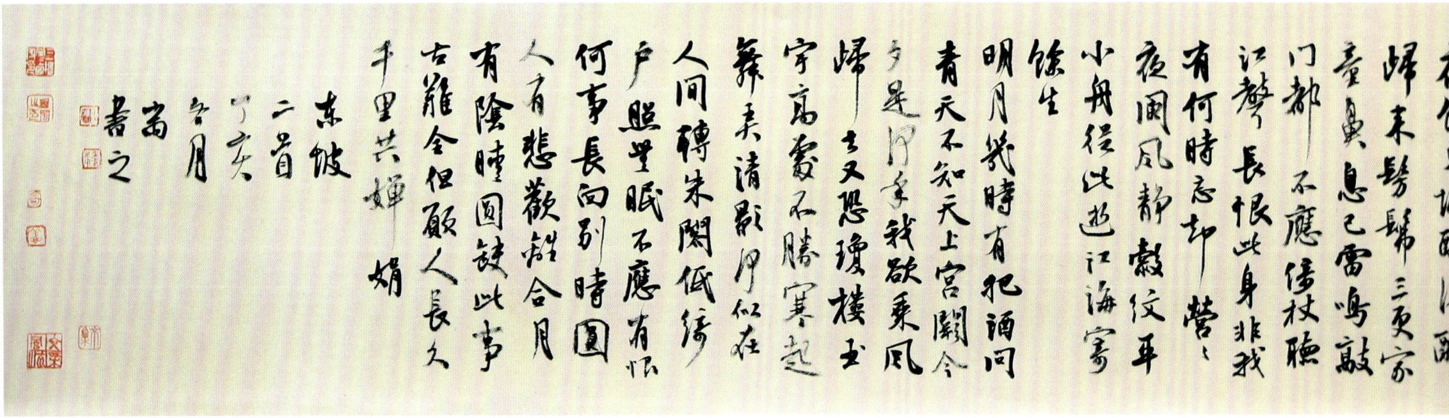

苏东坡词二首 行书 133cm×33cm

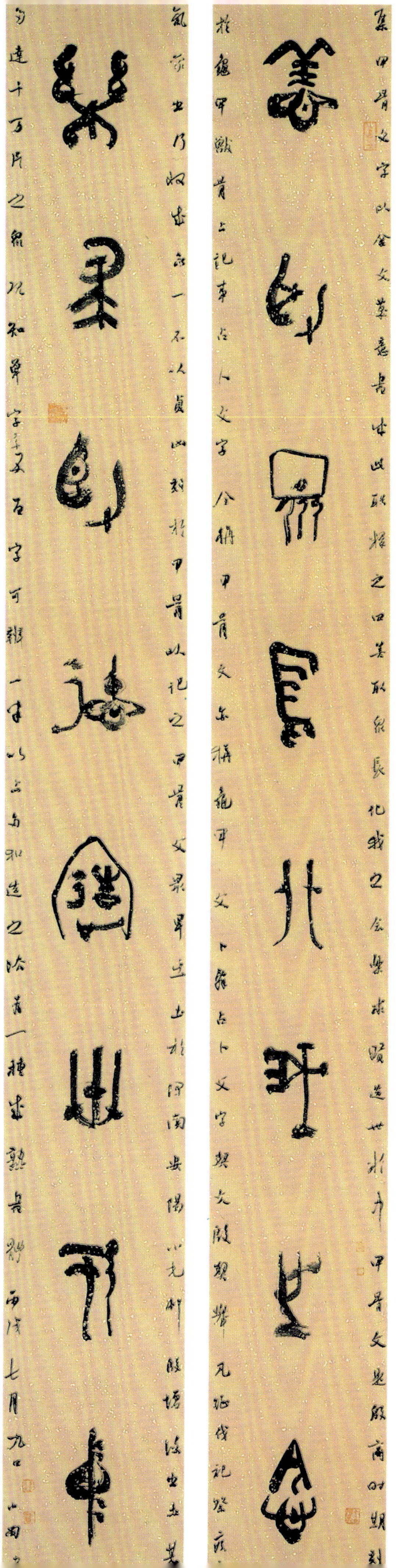

善取乐求联 甲骨文 240cm×20cm×2

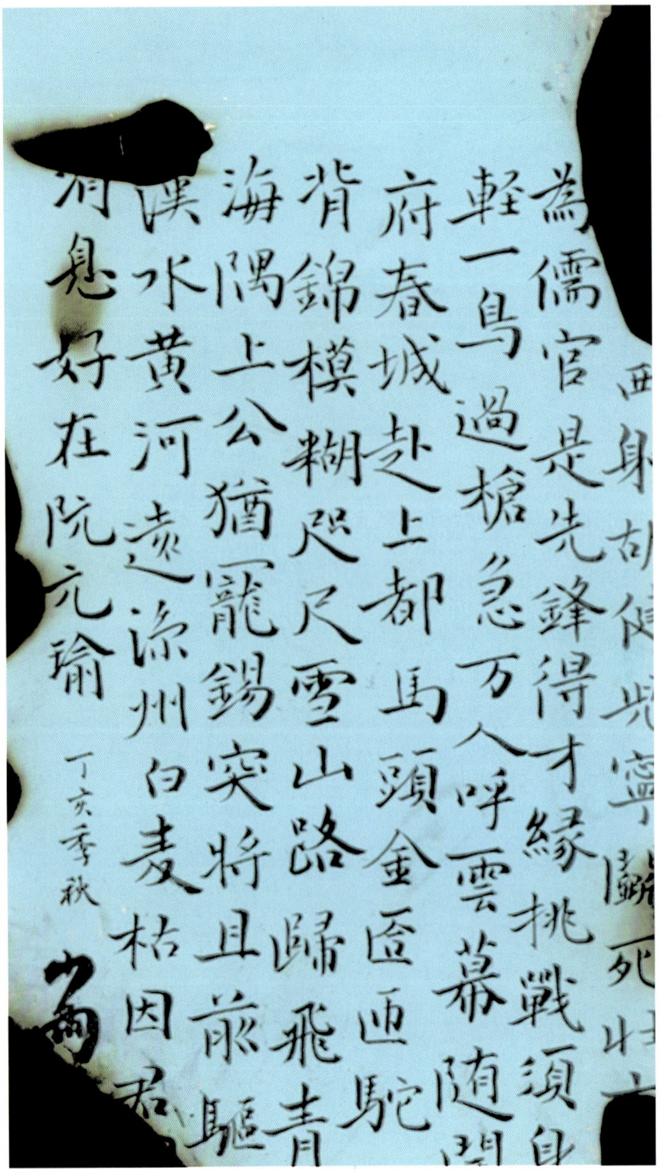

楷书残纸　16cm×27cm

鹤 舞　200cm×48cm

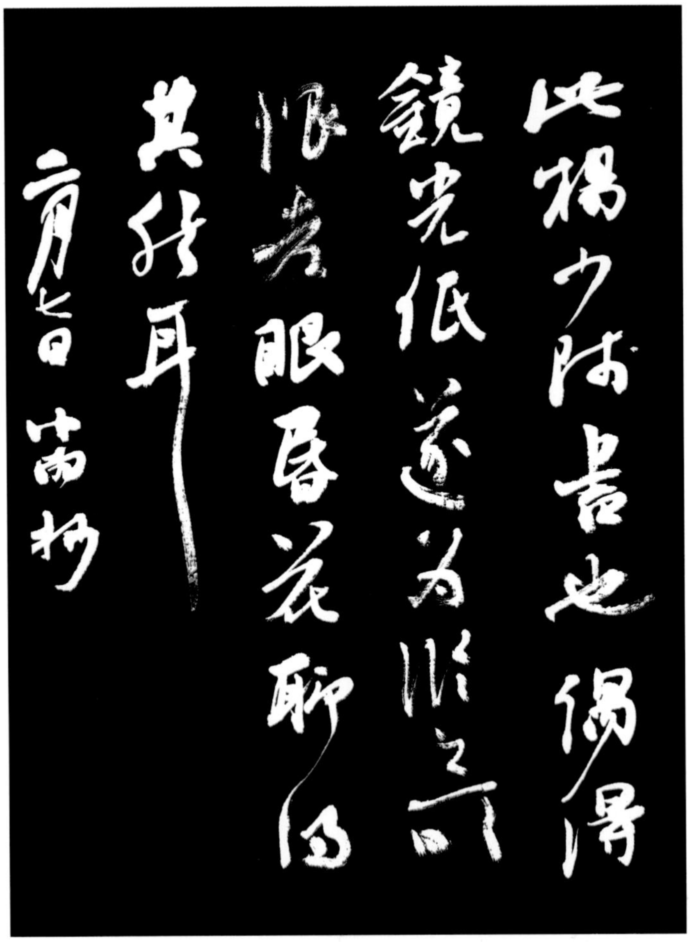

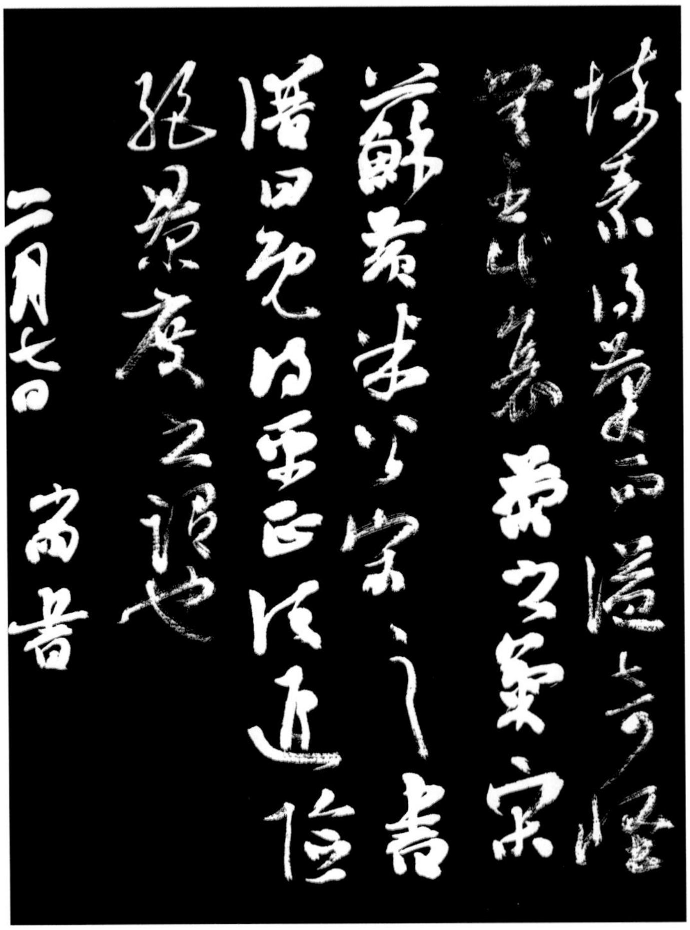

行书手札　27cm×20cm×2

来自李可染故乡的书画名家
LAIZI LIKERAN GUXIANG DE SHUHUA MINGJIA

姜 舟
JIANGZHOU

凤凰出版传媒集团
凤凰出版社

图书在版编目(CIP)数据

来自李可染故乡的书画名家/刘明主编.—南京:凤凰出版社,2008.5

ISBN 978-7-80729-176-3

Ⅰ.来… Ⅱ.刘… Ⅲ.①书法家—简介—徐州市—现代 ②画家—简介—徐州市—现代 Ⅳ.K825.72

中国版本图书馆CIP数据核字(2008)第073992号

书　　名	来自李可染故乡的书画名家
主　　编	刘　明
策　　划	徐州凤凰文化发展有限公司
责任编辑	高思源
出版发行	凤凰出版传媒集团 凤凰出版社(原江苏古籍出版社) 南京市中央路165号 邮编210009 发行部电话025-83223462
集团网址	凤凰出版传媒网　http://www.ppm.cn
印　　刷	徐州市今日彩色印刷有限公司 江苏省徐州市青年东路62号 邮编221003
开　　本	889×1194毫米 1/16
印　　张	48
字　　数	100千字
版　　次	2008年5月第1版 2008年5月第1次印刷
标准书号	ISBN 978-7-80729-176-3
全套定价	288.00元
	(凤凰出版社图书凡印装错误可向承印厂调换)

地域文化的光彩

——徐州书画现象(代序)

程大利

徐州,古为九州之一。它是长江、黄河之间的一片沃土,兼有南北地域文化的特征。黄河十三次改道流经此地,积淀泥沙的同时也积淀下了文化,一种坚忍耐劳、朴实敦厚的文化,一种崇文尚武、入世进取的文化,一种心思缜密而不流琐屑、不入极端但又是非分明的处世风习很容易造就一批高旷冲淡又豁达温厚、有情有义的文人,而这又是传统书画艺术家必备的品质。

地理的特殊影响着文化生态。5000年以来,这里留下先秦文化的光彩,更留下两汉文化的辉煌。已经开掘和没有开掘的汉墓,无疑给这块土地添上了许多故事,成为极为厚重的遗珍。画像石是造型艺术的最好教材,《大风歌》而下的诗文传统展现着酣畅淋漓的气度,多姿多彩的民间艺术陶冶了一代又一代的少年,优美的自然风光和千载不泯的民间传说,都为艺术家的成长铺就了温床。近百年来,这里走出了一批杰出人士。以书画为例,民国以来的张伯英、李可染、刘开渠、王子云、萧龙士、王肇民、朱德群、朱丹等书画家成为20世纪的一个现象,不同于江南的"松江派"、"华亭派"等等,却是风格各异地竞相峥嵘。在现代美术史上闪现着光辉,李可染在中国山水画上的贡献已成定论,在历史上留下了充实的一页。

中国传统艺术是中国文化现象。书画是传统文化的瑰宝,它既可以"成教化、助人伦",也可以"涤烦襟、破孤闷、迎静心、释燥气",是"祛病增寿的良药"。书画发达地方人们的心态会趋于平和,社会风气会趋于文明。书画家在徐州特别受尊敬也是"崇文"风尚使然,这促使着艺术家更趋努力,为家乡做出新贡献。

文化,因传承而厚重,书画文脉传到今天似乎更为壮丽,一代书画家产生了新的影响,有的人已成为当代艺术的领军人物。徐州的书画事业也从来没有像今天这样繁盛。许多理论家朋友已注意到徐州出书画家的现象,这一地域现象必将被展开并深入探讨。可染先生的"实者慧"形象地总结了自己,更为一代书画家开启了修炼的明灯。在中华民族艺术的大花园里,徐州书画的奇葩必将更为绚烂,徐州的书画事业前程似锦。是为序。

戊子初于京华

博取众长，独树一帜

——姜舟花鸟画简评

范毓周

姜舟先生是当代花鸟画界一位成就卓著的画家，其作品多次在全国大展中获奖，受到美术界的好评，同时还长期致力于高等美术教育工作，培养出了众多的美术人才。在当代中国花鸟花坛上，他是一位博取众长、独树一帜的艺术家。

姜舟在上个世纪 40 年代出生于素称“画家之乡”与“武术之乡”的江苏省徐州市沛县的一个乡村，自幼喜爱绘画，7 岁时曾拜一位年近八旬的乡贤为师学习绘画。经过不懈的努力与追求，于 50 年代末考入南京师范大学美术系，受到了良好的美术教育。毕业时因其品

春暖花开 68cm×68cm

迎春 68cm×68cm

学兼优而被遴选为试读研究生留校继续深造，受到杨建侯、尉天池等诸多名师指导，兼习花鸟画和书法。在此期间又被安排到南京博物院临摹馆藏历代名画达半年之久。应当说，他在青年时期已为日后的创作奠定了完善的美术素养和良好的技法基础。

姜舟先生在他漫长的艺术创作探索过程中，十分认真地品味历代大师的艺术精髓，不时地融入自己的作品。从他历年创作的大量作品中，我们可以看出他对传统绘画元素的融汇和吸收是相当广泛的。他的笔墨意趣中不仅有徐青藤的放达，还有八大山人的简约；更有扬州八怪的洒脱，又兼具海上画派诸家的明快；同时还有近代名家诸如徐悲鸿、齐白石、潘天寿等大师的严谨、明朗与古拙。难能可贵的是，他兼学各家而未失自我，每幅画作都显示出他在融汇诸家之长基础之上的个性张扬，这使他的作品在可读、耐看之余独具特色，在花鸟画艺术创作上匠心独具，从而独树一帜，受到业内人士的一致好评。

细品姜舟先生的花鸟画作品，我们可以清晰地看到，他对笔墨十分讲究，究其缘由，除了他对中国优秀绘画传统的创作规律、笔墨技法特色的理解与把握之外，又对书法艺术有相当的研究与造诣，并取得了不小的成就，使他在挥毫间能够以书入画，挥洒自如，造就一种以线为骨，墨韵增华的艺术感染力。他的作品又颇具意趣，在挥洒点染中体现了他对生活的热爱和独特的美学追求。在章法上，他努力打破固有程式，力图不落前人窠臼，在平易中蕴险奇，在常法中显自然，给人以沉厚而不失清新的感觉。他曾深有感触地说："上世纪80年代，李可染大师曾经给我们说过这样一句话：'我是把习作当做创作来画的。'这话我是一直记在心上的，并且一直也是这样做的，哪怕是送人的，或是在笔会上的作品，我也从不随便应酬，草率为之，并力戒重复自己。"可见姜舟先生对于艺术创作的认真态度和不断求新的进取精神。一言以蔽之，就是法度严谨，气韵生动。

我和姜舟先生相识是因同在江苏省民进《江海书画会》共事，使我有机会看到他的画作，应其清嘱，只能作些粗浅的评说。至于其画作的魅力所在，读者当会有自己更深的体会。

2008年元月于金陵

（作者为南京大学东方书画研究中心 南京大学历史系教授、博士生导师）

群鲤闹春　180cm×98cm

暗香浮动　68cm × 68cm

君子之交　136cm × 68cm

报春图　136cm × 68cm

清风　68cm × 68cm

荷香　70cm×35cm

潇洒临风　68cm×68cm

双喜 68cm×45cm

春暖花开　68cm × 68cm

秋趣 68cm×45cm

长相思　68cm × 68cm

秋熟　70cm×35cm

秋光无限　68cm×68cm

我想有个家　68cm × 68cm

双雄会 136cm×68cm

秋风起　68cm × 68cm

临渊羡鱼　68cm × 68cm

直杆青云　68cm × 68cm

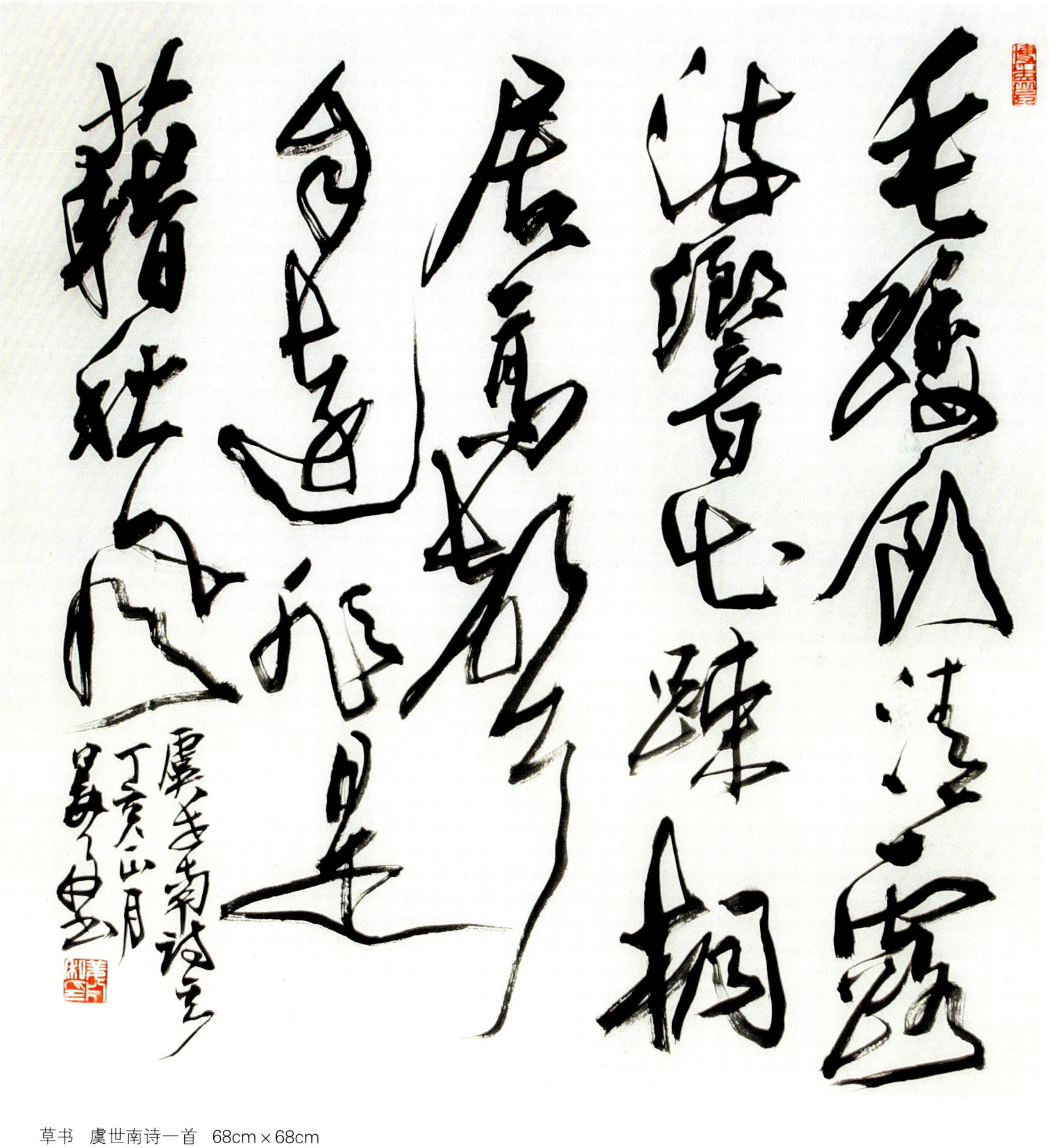

草书　虞世南诗一首　68cm×68cm

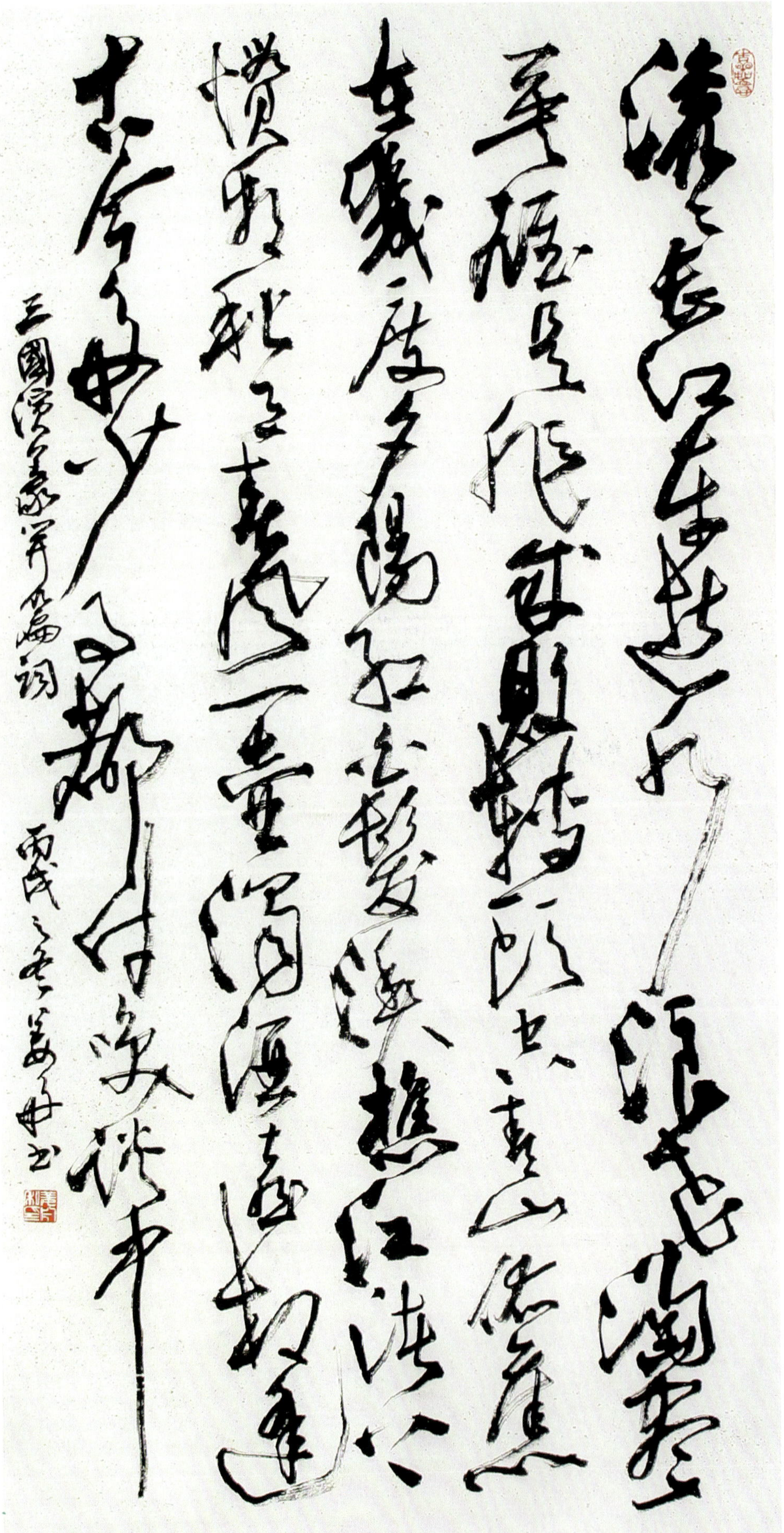

草书　三国演义开篇词　180cm×98cm

来自李可染故乡的书画名家

LAIZI LIKERAN GUXIANG DE SHUHUA MINGJIA

王冰石

WANGBINGSHI

凤凰出版传媒集团
凤凰出版社

图书在版编目(CIP)数据

来自李可染故乡的书画名家/刘明主编.—南京:凤凰出版社,2008.5

ISBN 978-7-80729-176-3

Ⅰ.来… Ⅱ.刘… Ⅲ.①书法家—简介—徐州市—现代 ②画家—简介—徐州市—现代 Ⅳ.K825.72

中国版本图书馆CIP数据核字(2008)第073992号

书　　名	来自李可染故乡的书画名家
主　　编	刘　明
策　　划	徐州凤凰文化发展有限公司
责任编辑	高思源
出版发行	凤凰出版传媒集团 凤凰出版社(原江苏古籍出版社) 南京市中央路165号 邮编210009 发行部电话025-83223462
集团网址	凤凰出版传媒网　http://www.ppm.cn
印　　刷	徐州市今日彩色印刷有限公司 江苏省徐州市青年东路62号 邮编221003
开　　本	889×1194毫米 1/16
印　　张	48
字　　数	100千字
版　　次	2008年5月第1版 2008年5月第1次印刷
标准书号	ISBN 978-7-80729-176-3
全套定价	288.00元

(凤凰出版社图书凡印装错误可向承印厂调换)

地域文化的光彩

——徐州书画现象(代序)

程大利

徐州,古为九州之一。它是长江、黄河之间的一片沃土,兼有南北地域文化的特征。黄河十三次改道流经此地,积淀泥沙的同时也积淀下了文化,一种坚忍耐劳、朴实敦厚的文化,一种崇文尚武、入世进取的文化,一种心思缜密而不流琐屑、不入极端但又是非分明的处世风习很容易造就一批高旷冲淡又豁达温厚、有情有义的文人,而这又是传统书画艺术家必备的品质。

地理的特殊影响着文化生态。5000年以来,这里留下先秦文化的光彩,更留下两汉文化的辉煌。已经开掘和没有开掘的汉墓,无疑给这块土地添上了许多故事,成为极为厚重的遗珍。画像石是造型艺术的最好教材,《大风歌》而下的诗文传统展现着酣畅淋漓的气度,多姿多彩的民间艺术陶冶了一代又一代的少年,优美的自然风光和千载不泯的民间传说,都为艺术家的成长铺就了温床。近百年来,这里走出了一批杰出人士。以书画为例,民国以来的张伯英、李可染、刘开渠、王子云、萧龙士、王肇民、朱德群、朱丹等书画家成为20世纪的一个现象,不同于江南的"松江派"、"华亭派"等等,却是风格各异地竞相峥嵘。在现代美术史上闪现着光辉,李可染在中国山水画上的贡献已成定论,在历史上留下了充实的一页。

中国传统艺术是中国文化现象。书画是传统文化的瑰宝,它既可以"成教化、助人伦",也可以"涤烦襟、破孤闷、迎静心、释燥气",是"祛病增寿的良药"。书画发达地方人们的心态会趋于平和,社会风气会趋于文明。书画家在徐州特别受尊敬也是"崇文"风尚使然,这促使着艺术家更趋努力,为家乡做出新贡献。

文化,因传承而厚重,书画文脉传到今天似乎更为壮丽,一代书画家产生了新的影响,有的人已成为当代艺术的领军人物。徐州的书画事业也从来没有像今天这样繁盛。许多理论家朋友已注意到徐州出书画家的现象,这一地域现象必将被展开并深入探讨。可染先生的"实者慧"形象地总结了自己,更为一代书画家开启了修炼的明灯。在中华民族艺术的大花园里,徐州书画的奇葩必将更为绚烂,徐州的书画事业前程似锦。是为序。

戊子初于京华

深情 深思 深度

——王冰石的书法之境

叶鹏飞

王冰石先生是一位传统功底厚实，又不乏时代新意的书家，他的书法在书坛上别树一帜。作为一个书家，其作品能撼动读者的心灵，必然有着生动的形象和深刻的意蕴，生花的妙笔必系之以深情，作品的神高韵清必缘于深思。可以说，王冰石先生是一位对书法艺术有着深情、深思，其作品有着深度的书家。

凡有成就者，都对传统狠下过功夫，对砚耕有着坚强的毅力，王冰石书法的成功，首先体现在他对书法的一往情深上。

王冰石先生20世纪60年代初读中学时，就在其家乡常州从乡贤房虎卿习画，从朱松阆习书法篆刻。他的书法起点不是欧、柳、颜、褚，而是秦鼎汉碑——高古作为了他学书的起点。经历那个时代的人都知晓，生活的艰难不说，学书条件亦是极为艰苦的，印刷出版物的稀少，碑帖、工具书的奇缺，给学书者增添了许多艰辛。他为了学好书法，以惊人的毅力和效率，勾摹了数十种两老所提供的汉碑和先秦鼎铭法帖，抄写了整部《汉印分韵》，摹写了邓粪翁《篆刻学》中70余枚印蜕，深得两位先生的称许。艰辛的劳动和对书法艺术的深情，使他不论是在碑帖的熟悉程度上，还是对古文字的了解掌握上，都得到了相当大的收获，为他以后的书法篆刻艺术创作奠定了坚实的基础。

上世纪70年代初，王冰石调至徐州园林处工作，办公地即是云龙山兴化寺。他在古寺内伴随着日落日出，借寒窗孤灯，寄情墨海。这一时期，他十分虔诚地遍临了大量古帖碑版，从甲骨文、石鼓文到秦小篆，从《曹全》、《石门颂》到《居延汉简》、《武威汉简》；从《圣教序》到《蜀素》、《苕溪》——走着一条仰观汉魏、俯视唐宋的学书之路，参悟书法之妙，艺事随之精进。他此时的隶书，已有着高古、清雅的端倪，而行草书则是将米字溶入二王，充满着生动的活力。所以，至70年代末，书法艺术方兴未艾之际，他脱颖而出，书法作品不断地发表、参展、出版、鸣响于书坛，他那气韵生动、神高韵清的面貌为同仁所瞩目，深情换得了成功。

一个书家，艺术成就的取得，除了广采博取，勤学苦练外，更离不开自己的艺术思想。王冰石是一位对艺术有着深沉思索和独到见解的人，这也是他成功的第二个重要原委。

当面对极其丰富的传统书法遗产和众多的名迹名家，如何提高、如何变法、如何选择、如何吸收，对每一个探求者来说，是极其关键的一步。正当王冰石的作品频频入选全国重大展览时，他升任徐州市文联副主席、政协副秘书长，在被社会角色化的时候，他不是沾沾自喜，不以得名位为幸，而是非常清醒地寻找着自己提高的阶梯，而且始终如一。

从书法艺术角度来看，帖以精美为长，碑以浑朴为雄。精美之字如清水中观鱼，虽赏心悦目，但一见到底；而浑朴之书似雾中看花，虽模糊难辨，但耐人寻味，碑与帖实质上也是一对矛盾。而作为书家，掌握的不只是其中一种，两者必须能完美的结合，那才是书法高境，可这又是书家孜孜以求，而又难以达到的——这正是他书法探求的目标。王冰石为了在行草书上有所突破，实现这个目标，毅然变法。他意识到，自己多年心追手摹的欧阳询、王羲之、米元章之法，虽然点画精到，结构紧凑、行笔流畅，对自己非常得心应手，但是写到纯熟畅达，妍美流丽，并未真正的达到高的审美层次，精美而不耐人寻味，真是自己的短处。“若无新变，何以代雄”，他决心融奇崛浑朴于妍媚流丽之中，实现自己的愿望。

然而，要来一个突变，并非易事。历史的经验告诉我们，传统的精髓在于不断地发掘、创造那些美的形式和精神，继承是手段，创新才是目的。书法的神秘，除去感悟、把握不易外，更不容易找到真正高远的目标。王冰石经过认真的思索，决心要在突兀、坦诚、稚拙中寻找一种高层次的境界，寻找一种新的表现形式，而这种形式又非凭空创造，必须和几千年来的书法传统融密切联系。他开始按照自己的审美理想和追求目标对形式语言进行了定向选择，终于在晚明书家黄石斋身上找到了变法契机，这可以说他是一次艺术上的顿悟。为了打破常规，丢弃原有的书写习惯，他对黄书进行了取舍和扬弃，汲撷精华，在原有的流丽书风中融入稚拙、浑朴之象，以求实现自己碑帖结合的愿望。王冰石的这个突变，并不只是限于书法上，而更多是在内涵上的超越。从书法形式上来看，传统的“二王”帖学体系，其书结体多为中宫紧密，四面疏朗，重心偏上，给人有仰视感，其效果是巧丽。而他吸收了黄石斋的书法后，使传统结构改变，结体变长为扁，重心偏下，成俯视感，其效果为古拙。这一长一扁、一上一下、一仰一俯的变化，使行草书的包容量增大，尤其是与八分、汉简、魏晋楷书意韵相接，使之诸体汇融笔下，内涵随之丰富。他的深思、顿悟证明了书法创作既要能全身心地投入，又要有一段超越时人之上的距离；既要与时代相合拍，又要能出手其外，才能使自己脱颖而出，才能使自己的笔墨有独特的魅力。

作为一个书家，只有真正掌握了书法特定的艺术技法，才能称得上是书家。而掌握的技法越全面，越纯熟，在艺术创造中的表现力和自由度也就越大。王冰石先生的书法内涵具有的深度，也是他成功的第三个重要原因。

从王冰石的书法作品来考查，他在技法掌握上较为纯熟。书法作品中用笔的提按、顿挫、疾涩等本质法则是创作的基本要素。他的行草书线条的运动是极其自如的，他饱含着韧性，刚与柔、曲与直、方与圆、枯与湿交织在一起，具有竭尽变化的驾驭能力。以黄石斋的书法来与其比较，可以看出，黄书线条中的奇肆诡怪成分到他的笔下，变得浑厚静穆；枯辣急刷的用笔，变得缓润坚劲了。书法的结体是最能体现个人风格的，王冰石行草书法的结体特点是在方中含圆，曲中蕴直，追求跌宕纵横又婀娜多姿，细读其书有的字化用章草结体，有的化用简帛之书，而且还从篆字化出，但从整体看又不是拼盘式的组合，而溶化为一，这正是他“虽宗一家，而变多体”的体现。而他在章法上采用行距疏、字距密的布白，使其在形式上横距与字距形成鲜明的对比，字与字之间，行与行之间参差错落，突出作品的整体效果，这也正是其行草书的一大特色。

王冰石的隶书作品是与他行草书相映生辉的。他的隶书作品与他的行草书作品有着同样深度。王冰石的隶书，以《曹全》为基础，结构较紧密，渗入《石门颂》的奔放纵逸，有着开张的格局，再用简牍奇特、潇洒的笔致去写隶书的“碑”

与“帖”融汇一体，真真别有一番情趣，这对单学汉碑或单学简牍的人来说，是达不到的。因此，他的隶书用笔既有汉碑之凝炼，又有简牍之随意的特点。另外一点，他的隶书章法也是别具匠心的。他有的作品字与字之间疏朗，行与行之间紧密，有的作品则采用纵有行、横无列的布白、字与字之间紧密，根据字形的长短大小排列，使之大大小小、长长短短地自然衔接组合，行与行之间稍微拉开——采用的是行草书式的布白，使隶书布白的变化更加丰富。

王冰石的楷书取法钟繇，虽仍有欧楷痕迹，但写得较为高古，似与隶书有许多相通之处；他的篆书则以隶书为基础，强调运笔的随意性和自由的适度，达到与隶书作品相媲美的效果；他的篆刻，宗法秦汉古印，后又傍窥明清诸家，于吴熙载、黄牧甫两家会心为多。近年来，他又吸取秦砖、汉瓦、古泉等金石文字，渐脱吴、黄之窠臼，追求的也是静穆古雅、简朴深远的境界，含金石气与书卷气与一印，堪称为佳作。

最为难能可贵的是，王冰石不论是行草、隶篆，还是魏楷、篆刻，在总体上都能相互融汇，相互一致，而不是一体一个风格，判若两人。我认为这也正是他成功的又一重要因素。

王冰石书法的深度，还体现在他浓郁的书卷气上。他在研习书法的过程中，无论是在苍茫的大自然中奔走，还是在兴化寺内蜗居，从不放弃对哲学、文学的学习。哲学是一切艺术的灵魂，文学是一切艺术的脊梁。他喜读诸子，钟情诗词，平时沉默寡言，然偶一放言，辄多谐趣，尤其是谈艺论道，每多睿智。他有一首《学书感怀》：“翰墨因缘证夙期，辛勤半世笑颠痴。夜临秘帖蜂寻蜜，日写新篇蚕吐丝。汉魏精神唐宋骨，山川魂魄性灵诗。人生一瞬真堪惜，花满溪头绿满陂。”可见其一斑。因此，王冰石所书之内容，是很有可读性的，不论是书自已的诗词，还是选古人的妙语，都能让人慢慢品味，与其书法形式相密切联系，而不是一般常见的唐诗宋词，故其书作从不渗入俗不可耐的市侩气和商人气，而更多地透出他的文化涵养和品位。正如周星莲在《临池管见》中所说的“作书能养气，亦能助气”，“若行草，任意挥洒，至痛快淋漓之候，又觉灵心焕发。下笔作诗，作文自有头头是道，汩汩其来之势，故知书道，亦足恢扩才情，酝酿学问也”。这也是王冰石书法的高品格的原委。

王冰石在徐州的30多年中，身为市书协主席和省书协副主席，不辞辛苦、言传身教地为徐州带出了一支年轻而有实力的书法队伍，使徐州成为江苏书坛重镇及中国书法名城。有许多朋友与我讲，他的字好，人更好，我是深信不疑的。“学问深时意气平”，这正是他谦逊的为人，时时激励后进的结果。

作为书法家，每个人都有自己的艺术之路，但无论对谁来说，在于目标的明确与执固。王冰石为了追求艺术的深度而将深情全部融入之中，师古而出新，站在前人成就的峰峦上展望未来，融合当代的艺术气息而进行深思探索，因而，他的书法能同古人，同时人保持着一种不即不离、若即若离之态，将“书卷气”与“古雅气”溶冶成一种新的文化意蕴，这正是王冰石书法的深境所在。

（本文作者为中国书协编辑出版委员会委员、国家一级美术师。已出版诗、文著作20余种）

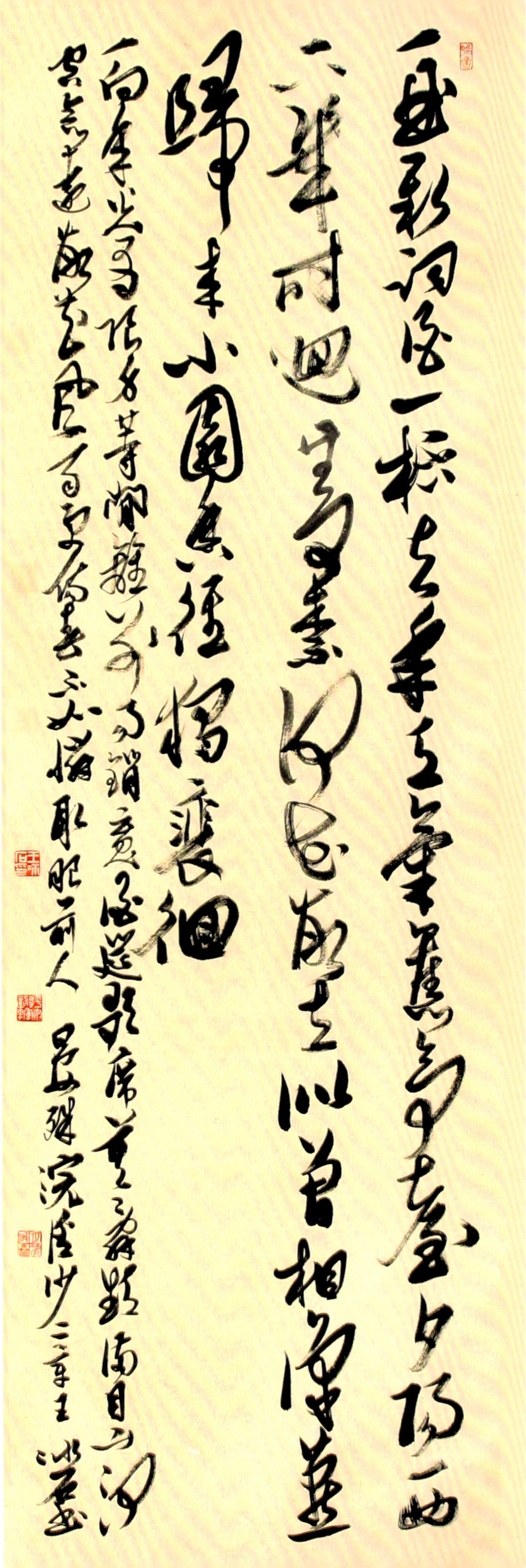

宋·晏殊《浣溪沙》二阕　草书

59cm × 180cm

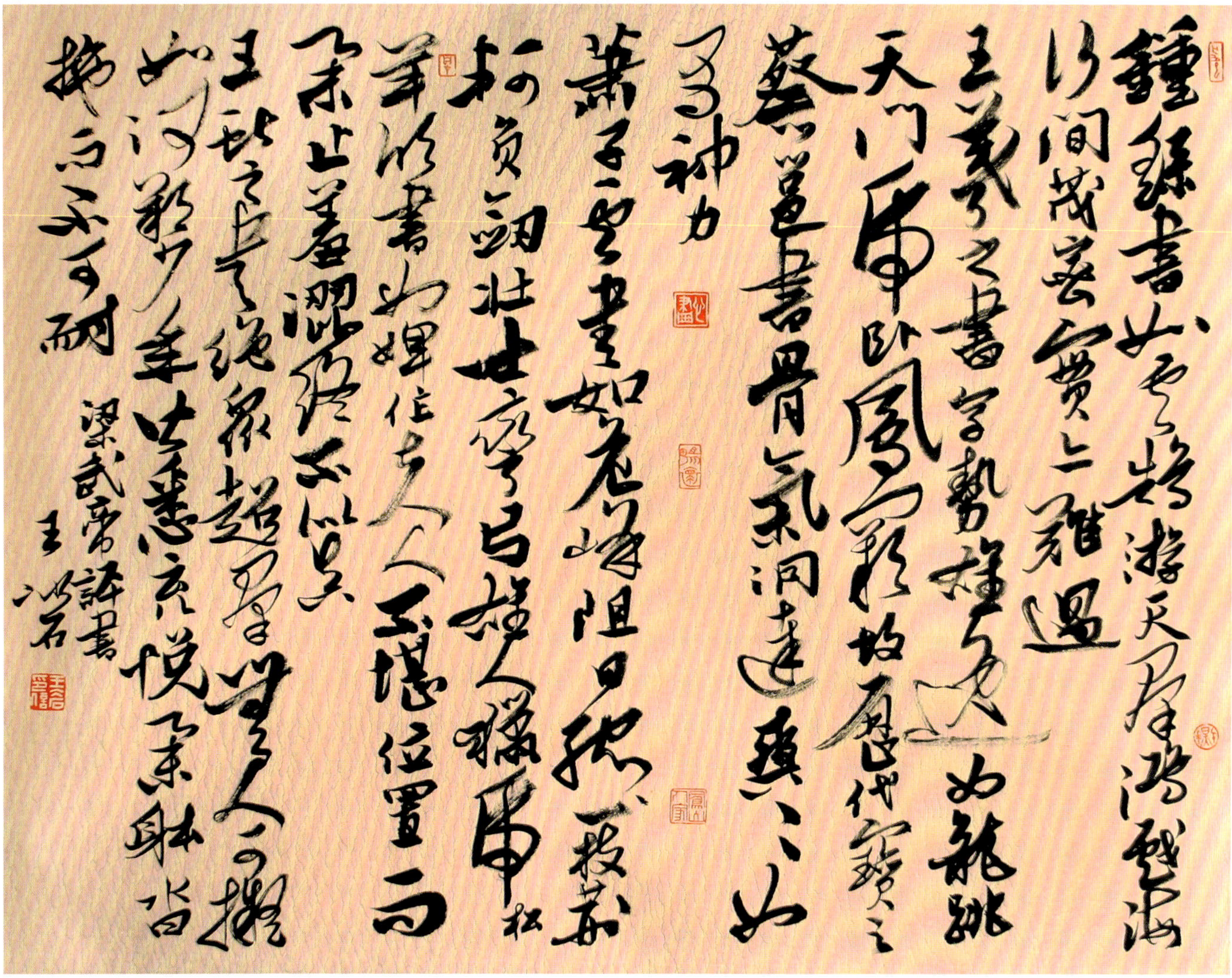

梁武帝书评六则　行草　65cm×82cm

清·王仔园《访友》 隶书

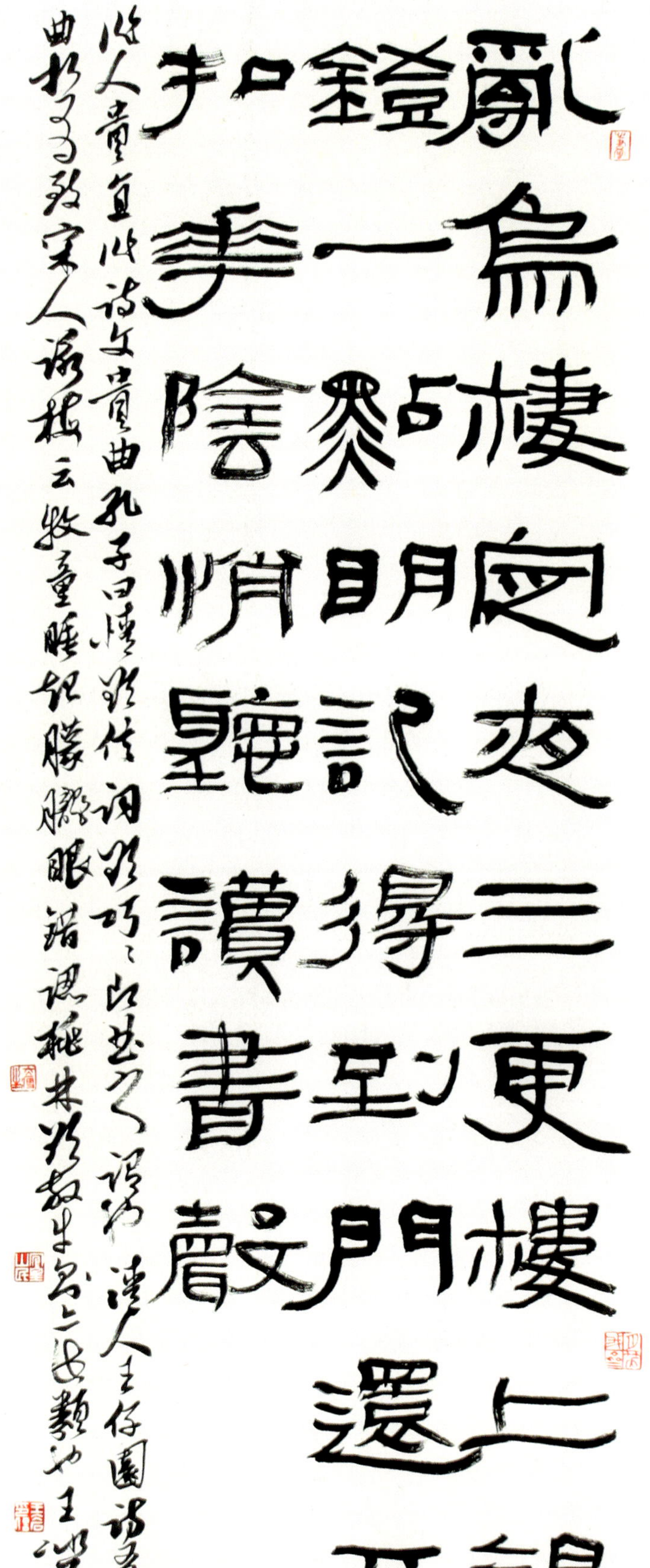

65cm × 137cm

古代诗话摘抄 行草

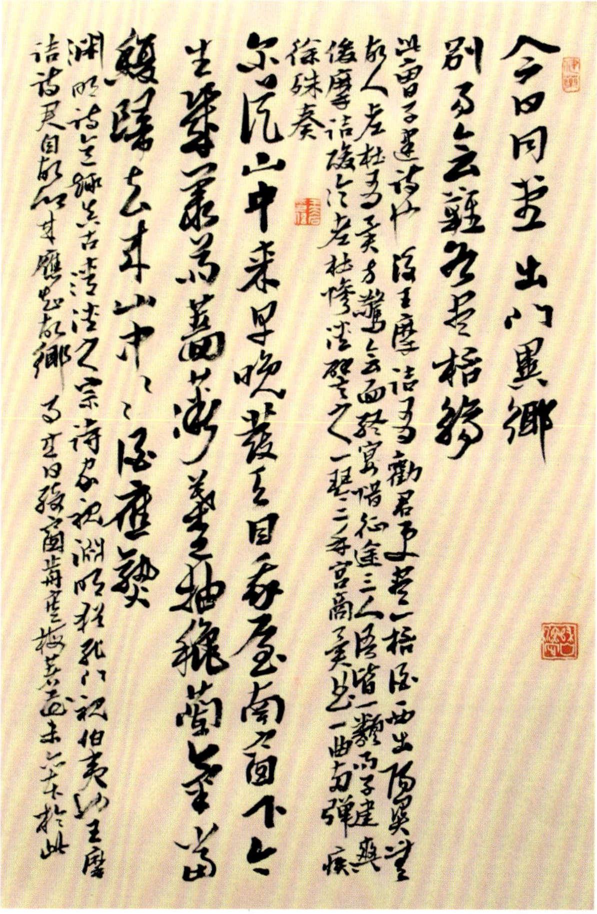

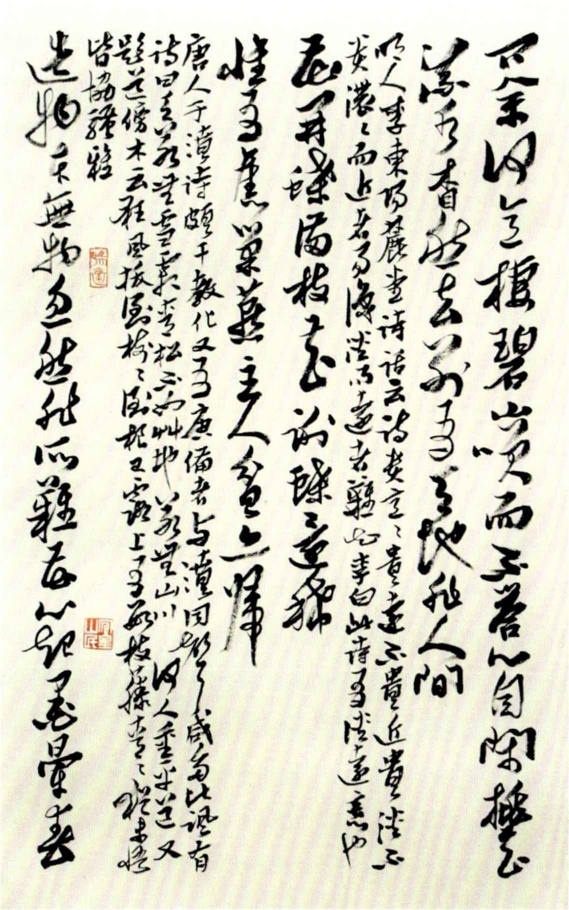

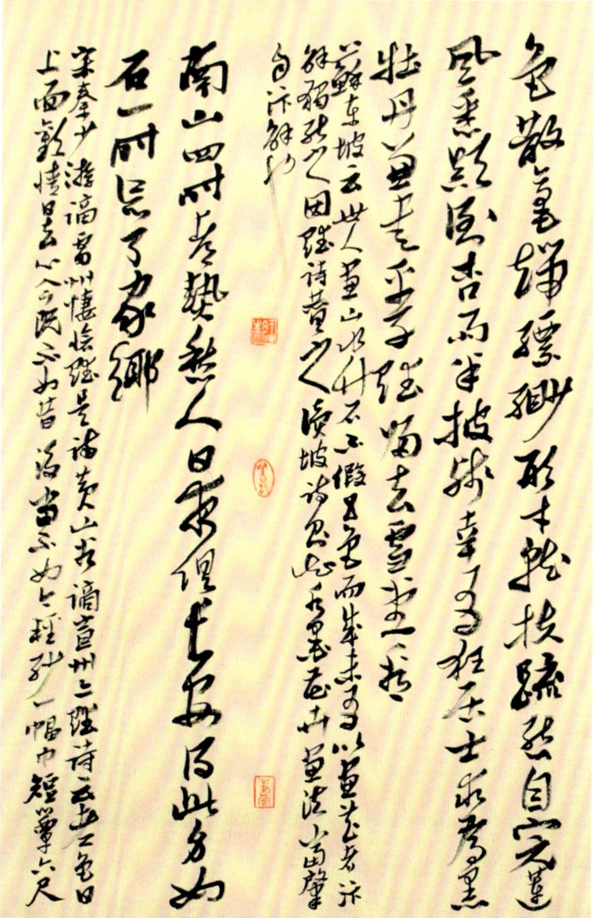

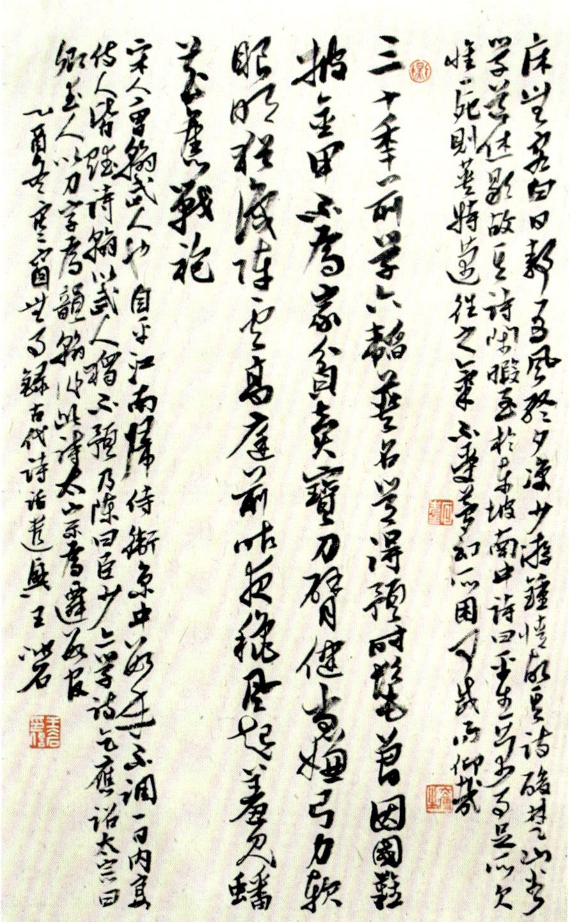

45cm×70cm×4

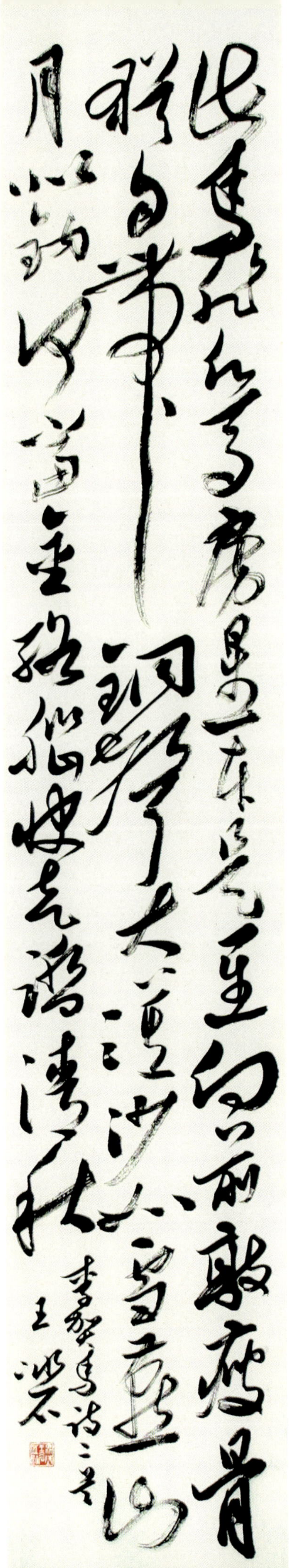

唐·李贺《马诗》二首　草书

33cm × 182cm

登高莫问千秋月　上马直追万古风　甲骨文

33cm × 132cm × 2

宋·苏东坡《浣溪沙》 行草

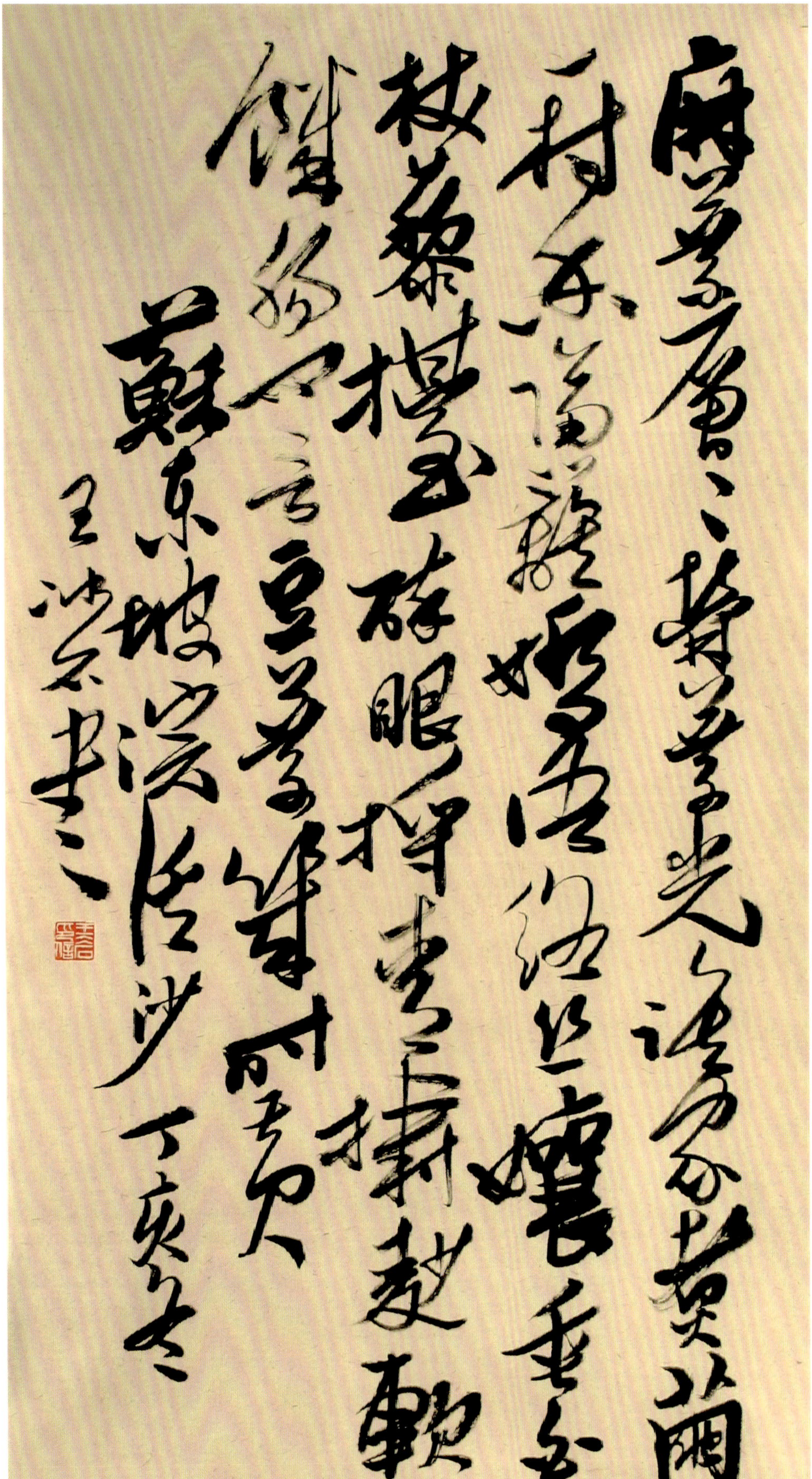

70cm×137cm

23cm×137cm×2

宁朴毋华以康我道 既安乃乐共写其天 隶书

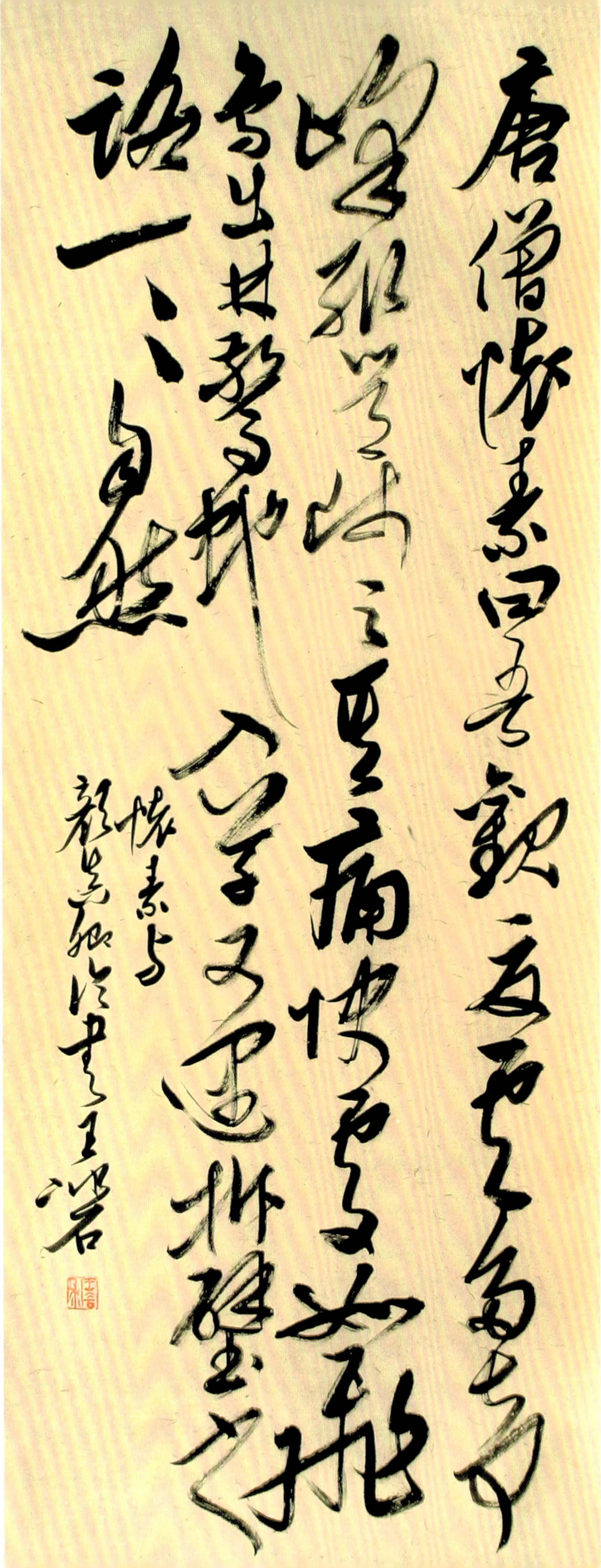

唐·怀素论书　草书

65cm×137cm

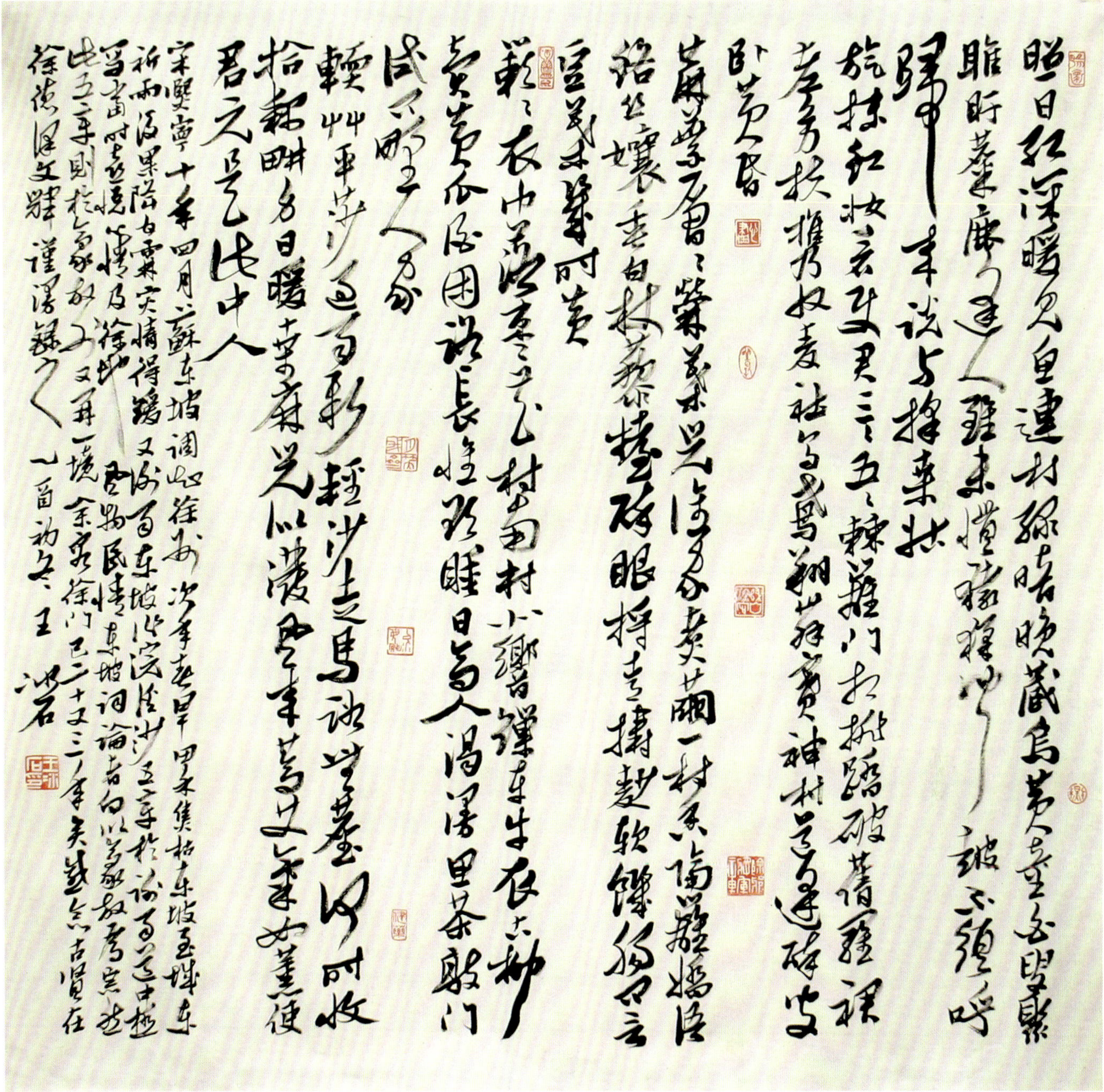

宋·苏东坡《浣溪沙》五阕　行草　　91cm×91cm

题汉画像石《云龙图》

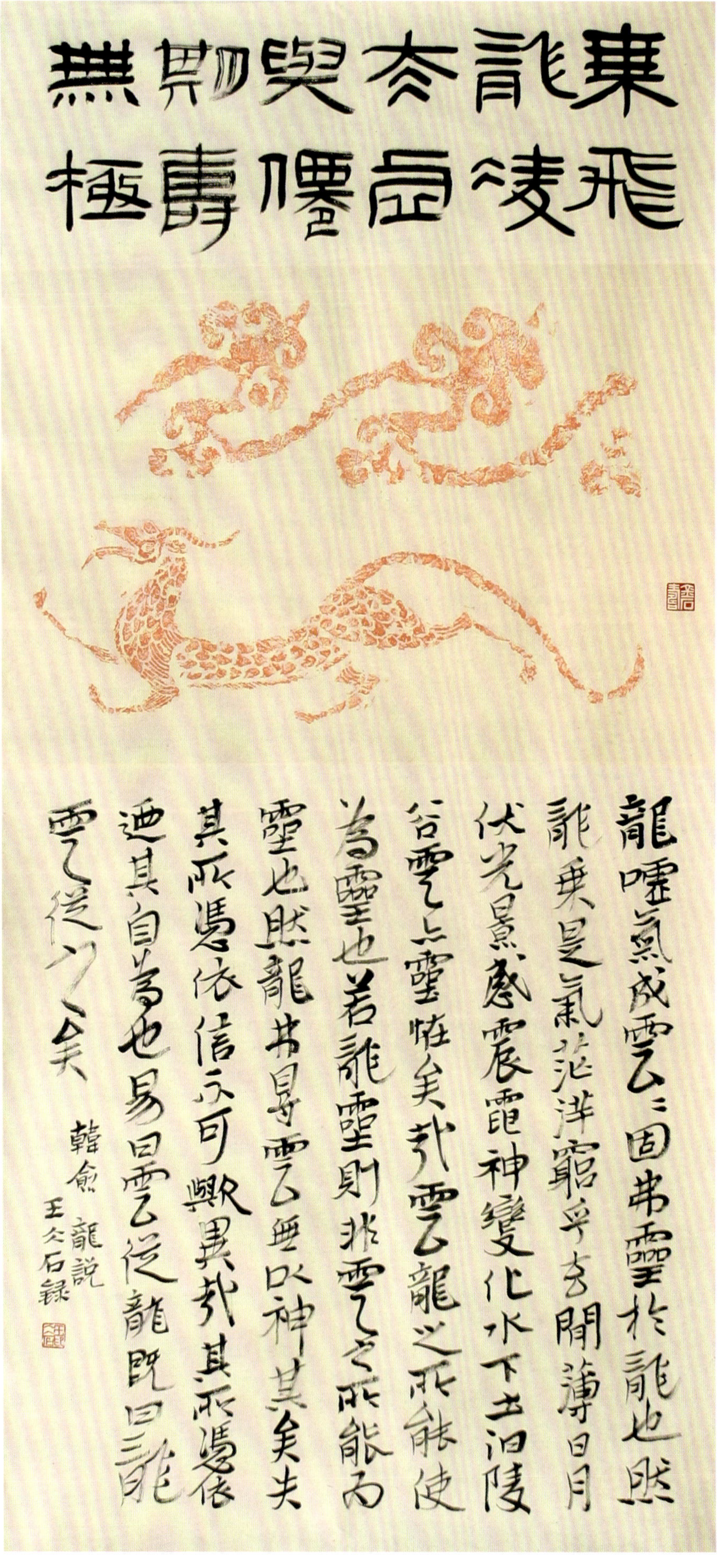

64cm×137cm

题汉画像石《六博图》

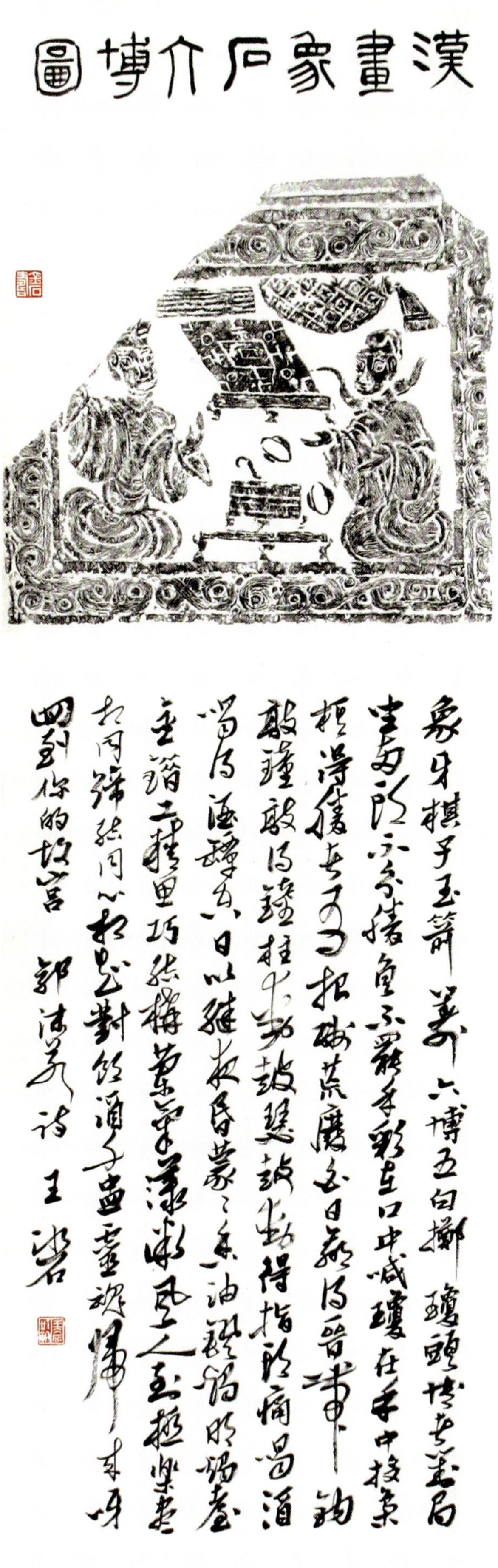

47cm×145cm

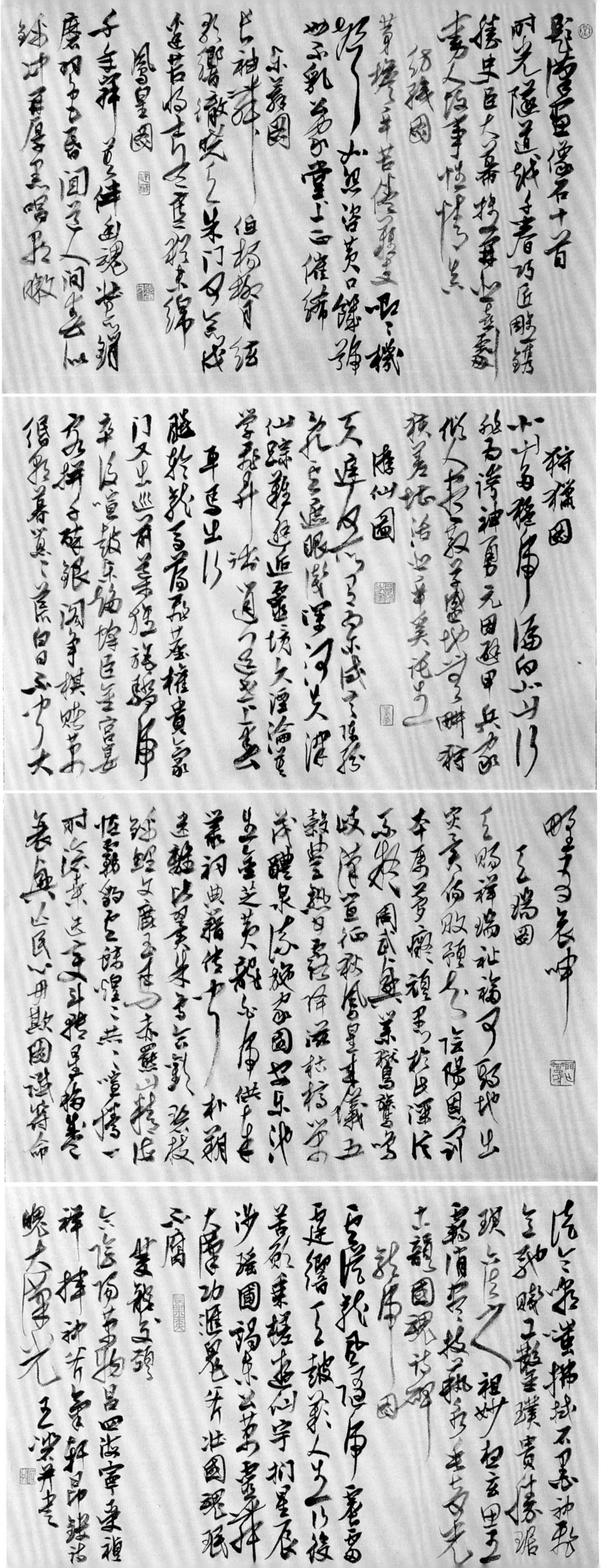

题汉画像石自作诗十首　行草

45cm×70cm×4

晋·陶渊明《读山海经》之一　隶书

12cm×137cm×3

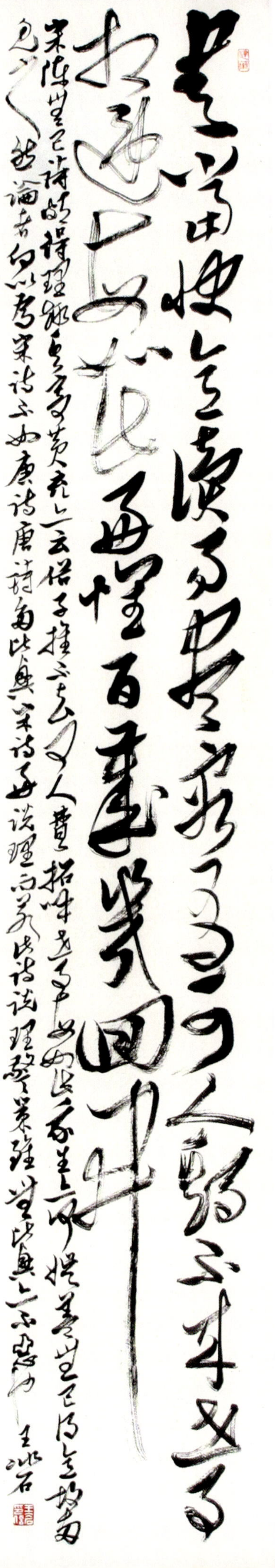

宋·陈师道《绝句》 草书

33cm × 182cm

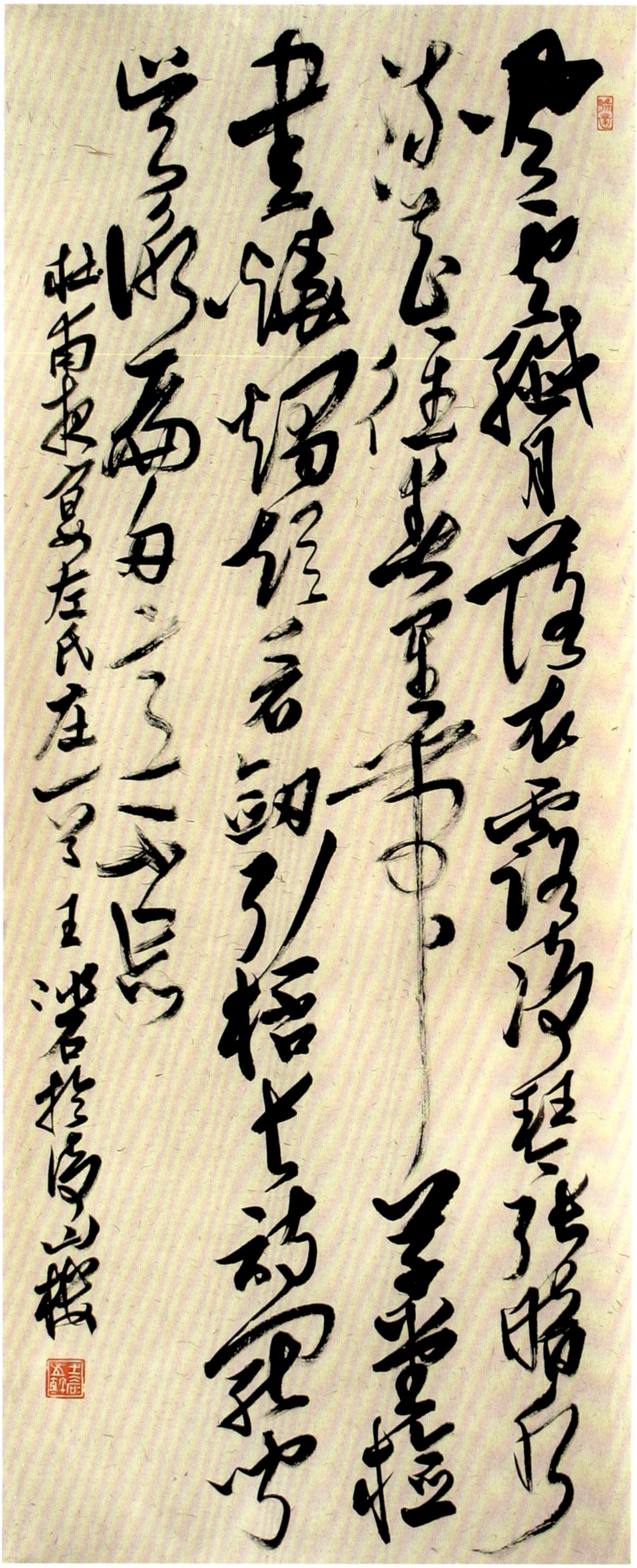

唐·杜甫《夜宴左氏庄》 草书

70cm × 137cm

唐·李白《寻雍尊师隐居》 草书　　　　70cm×107cm

唐·孟浩然《过故人庄》 隶书

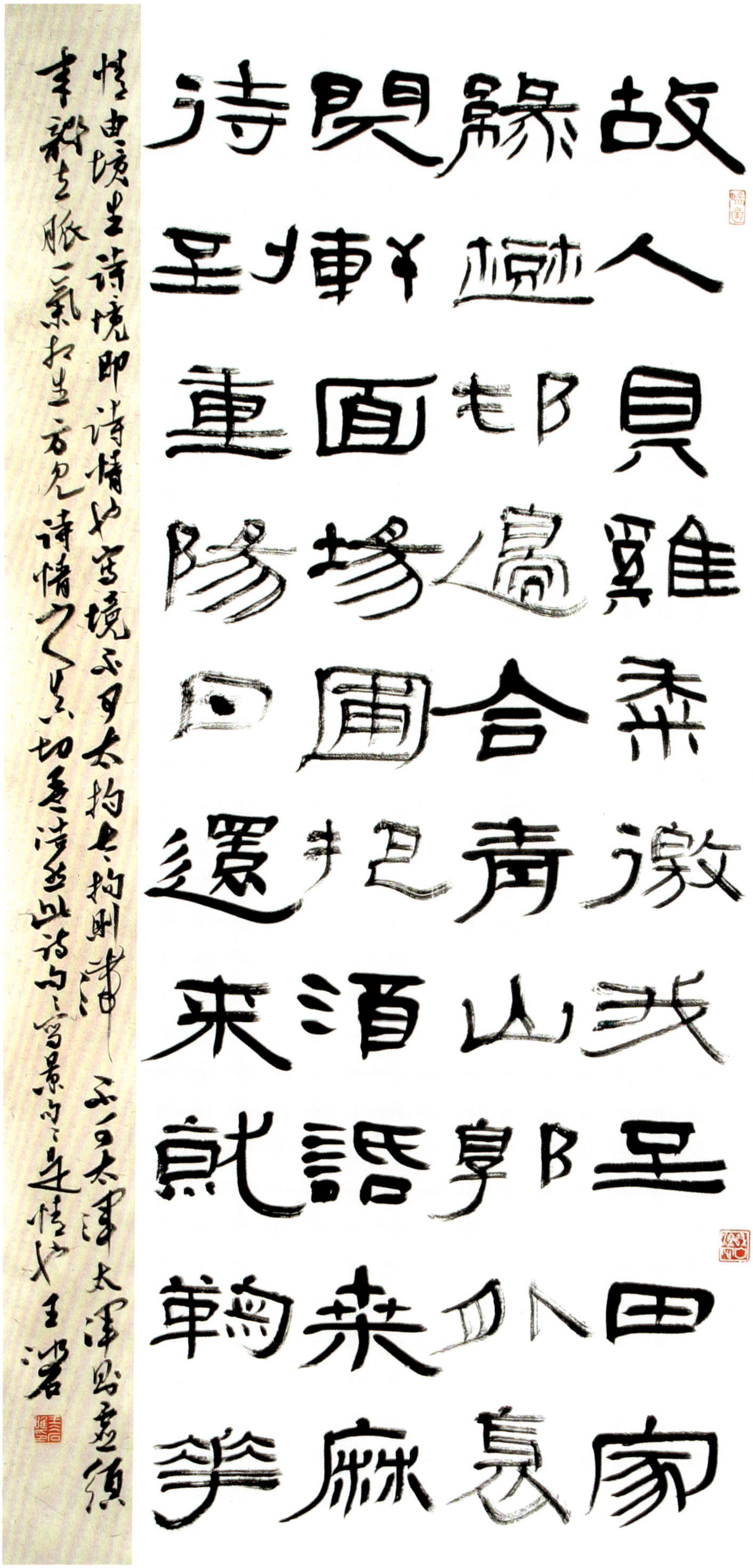

72cm×137cm

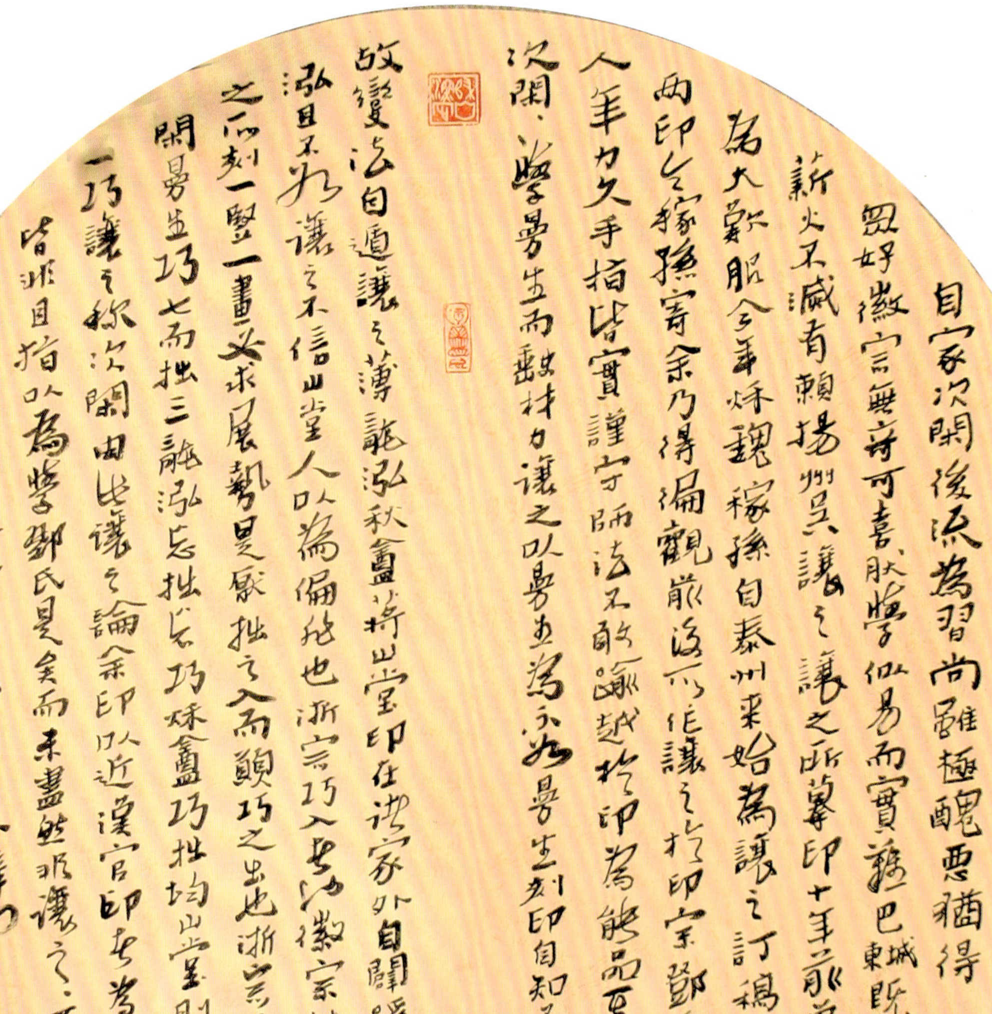

清·赵之谦《扬州吴让之印稿序》 行书
直径 66cm

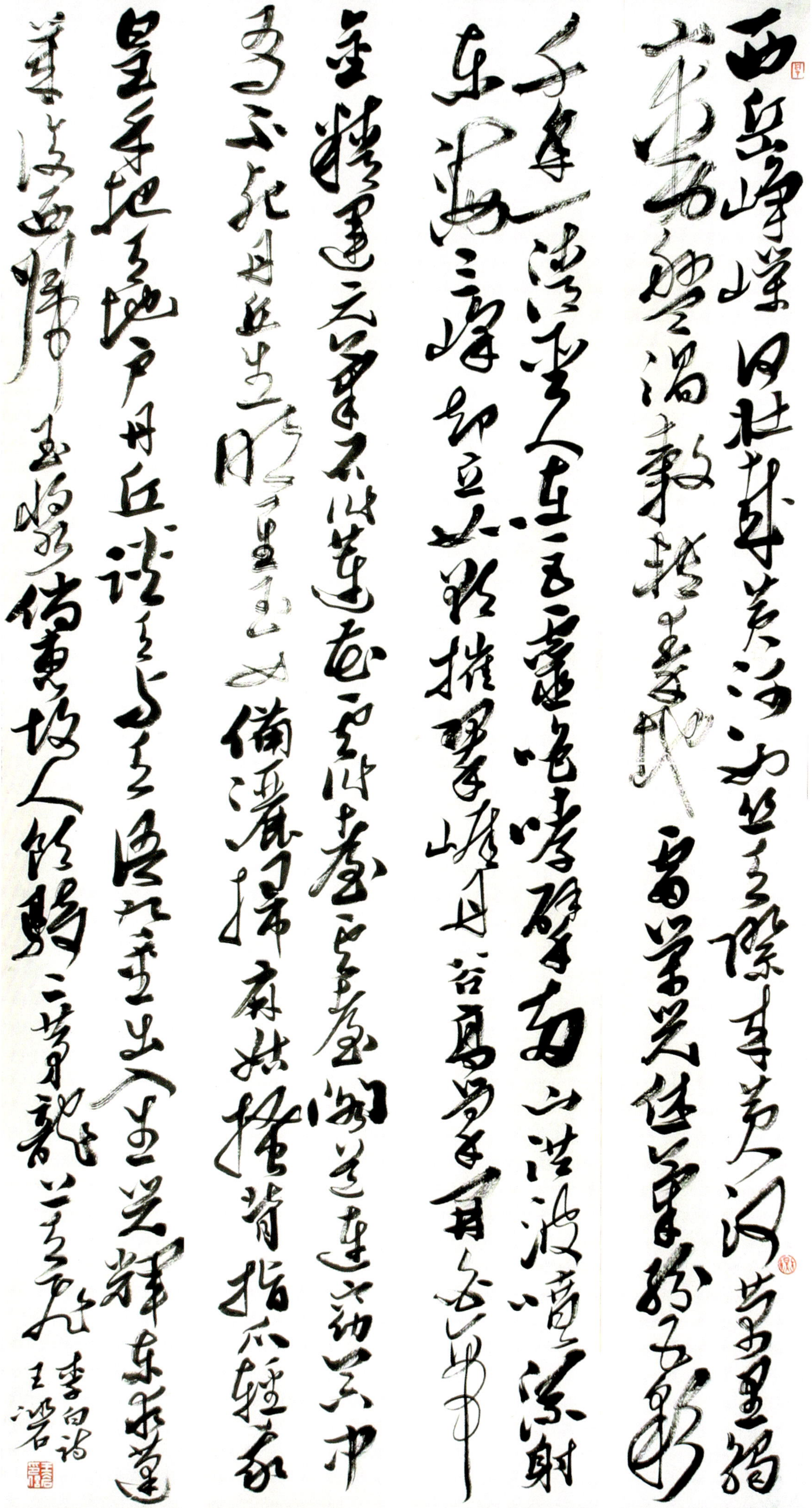

唐·李白《西岳云台歌送丹丘子》 草书

23cm×137cm×4

诸子语录　甲骨文

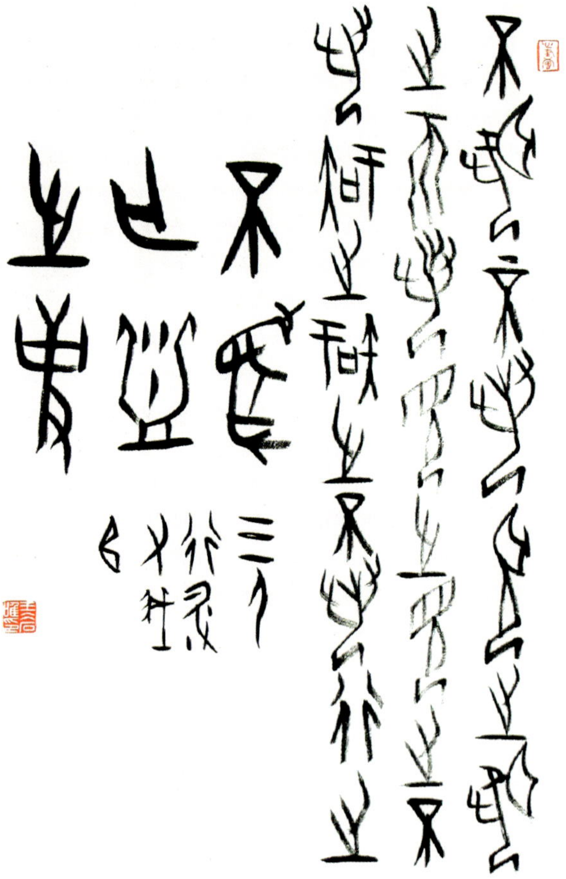

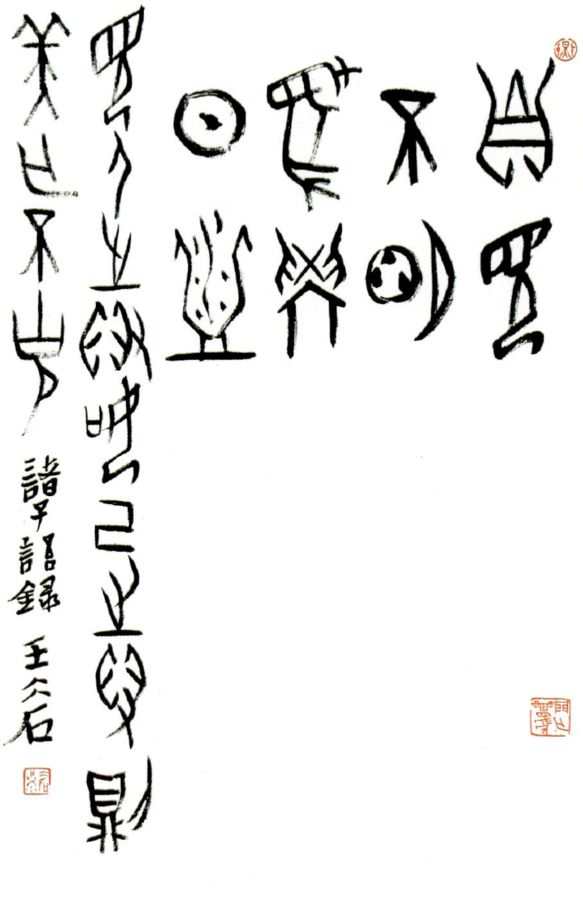

45cm×70cm×2

不闻不若闻之，闻之不若见之，见之不若知之，知之不若行之。（荀子）

不为无益之事。（管子）

三人行必有我师。（孔子）

自见不明，为学日益。（老子）

见人之得，如己之得，则美无不克。（孔子）

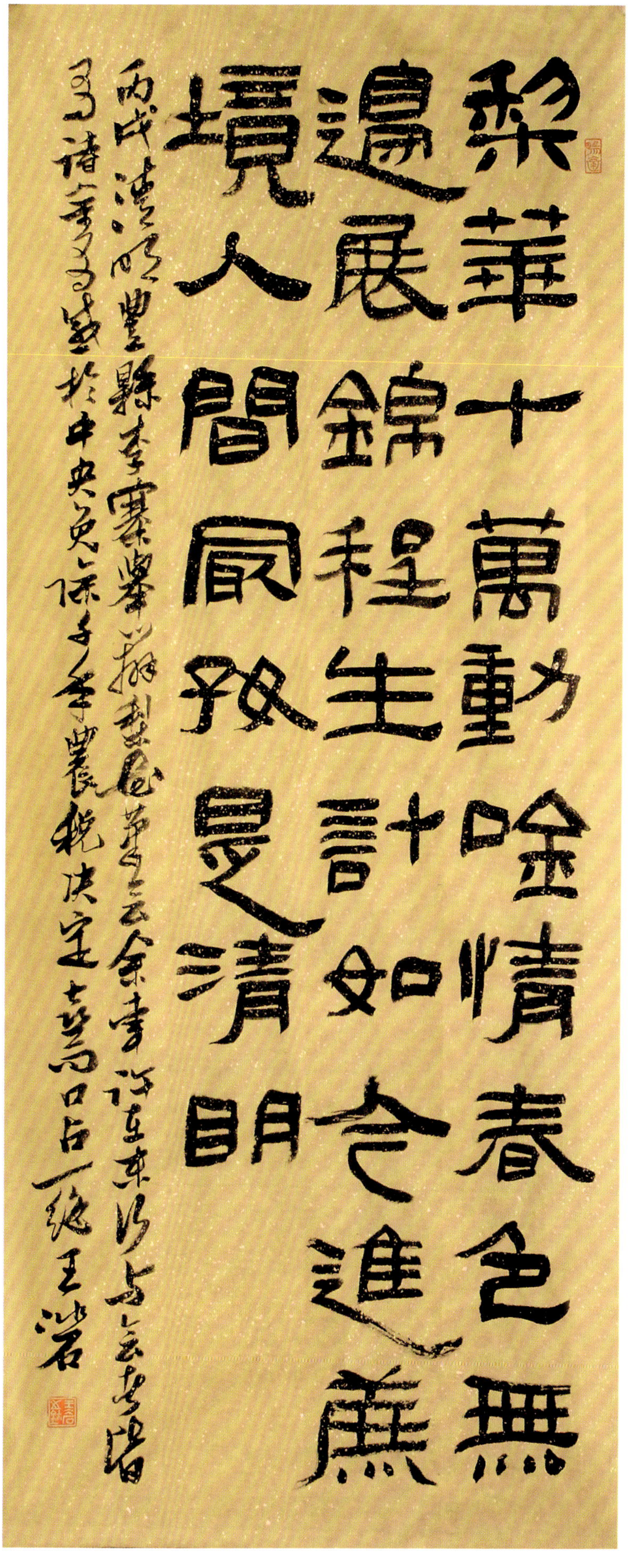

自作诗《梨花笔会口占》　隶书

55cm×131cm

宝马香车人乍去 好风灵雨我归来 甲骨文

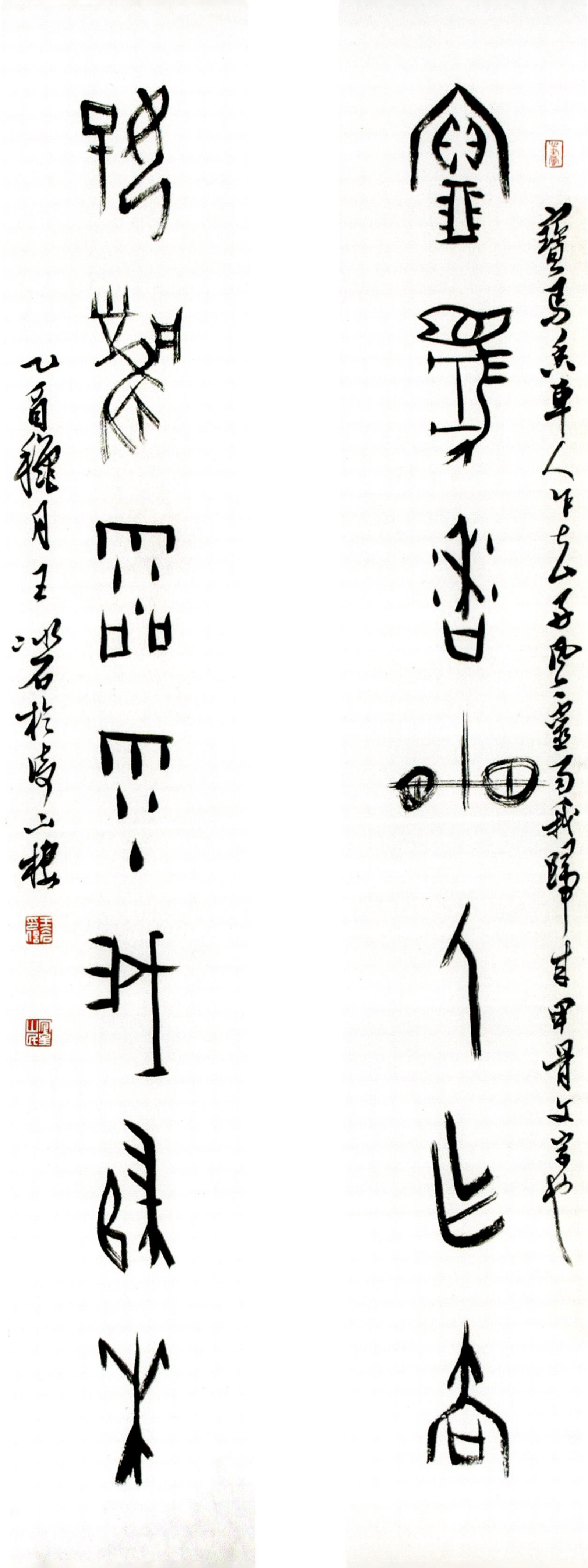

23cm×137cm×2

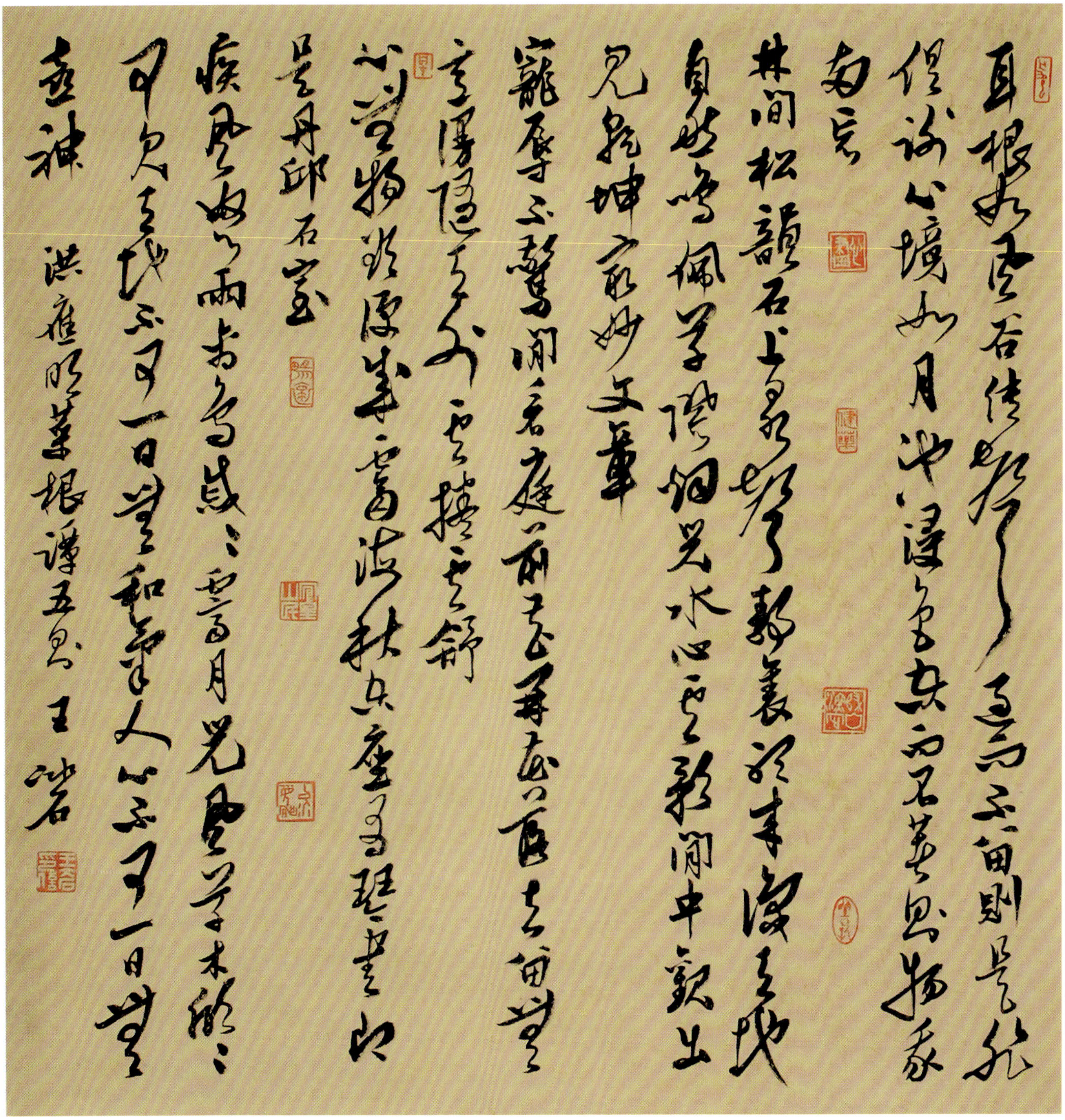

明·洪应明《菜根谭》摘抄　　行草　　　　66cm×66cm

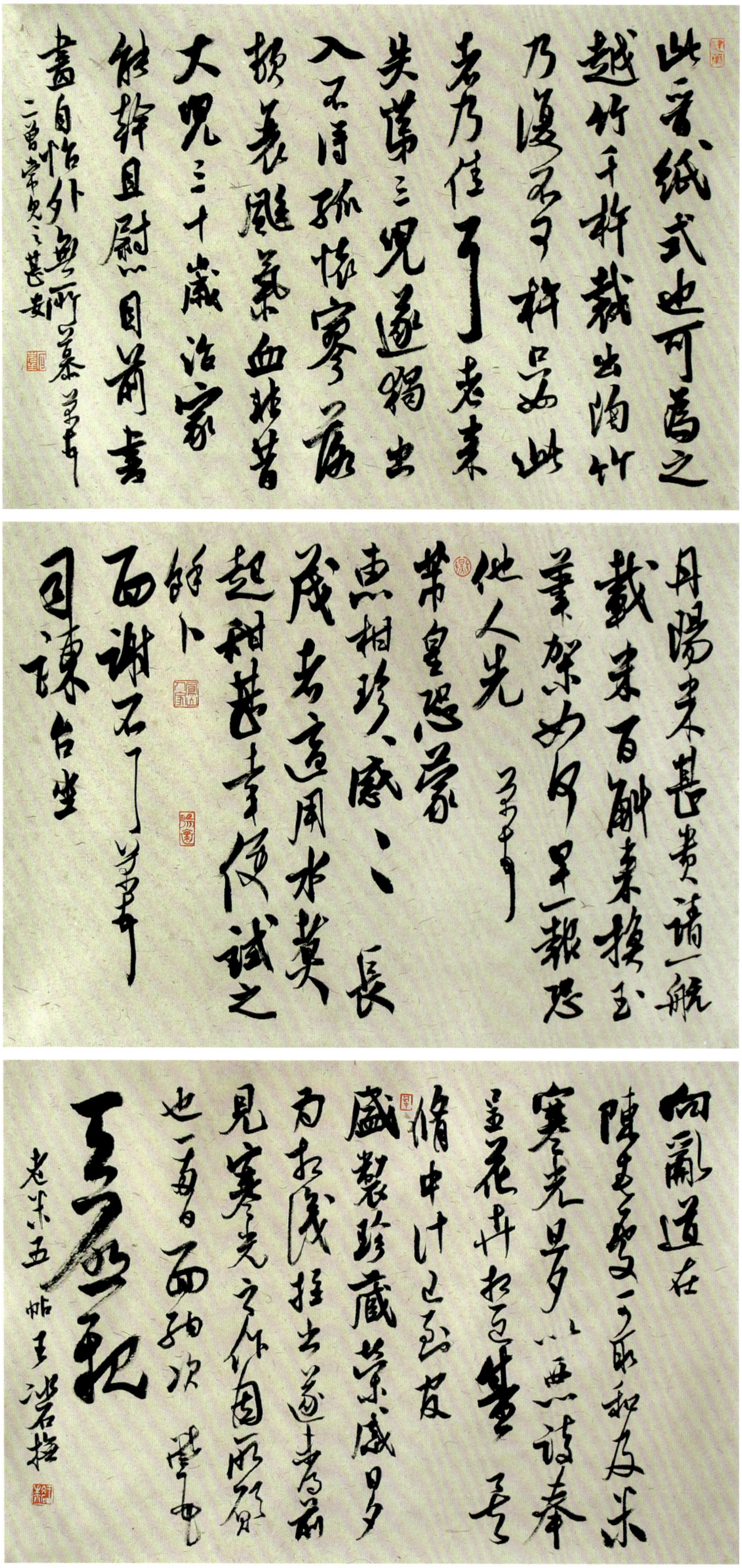

临宋人米芾五帖　行书

45cm×70cm×3

来自李可染故乡的书画名家

LAIZI LIKERAN GUXIANG DE SHUHUA MINGJIA

张云生

ZHANGYUNSHENG

凤凰出版传媒集团
凤凰出版社

图书在版编目(CIP)数据

来自李可染故乡的书画名家 / 刘明主编.—南京:凤凰出版社,2008.5

ISBN 978-7-80729-176-3

Ⅰ.来… Ⅱ.刘… Ⅲ.①书法家—简介—徐州市—现代 ②画家—简介—徐州市—现代 Ⅳ.K825.72

中国版本图书馆 CIP 数据核字(2008)第 073992 号

书　　名	来自李可染故乡的书画名家
主　　编	刘　明
策　　划	徐州凤凰文化发展有限公司
责任编辑	高思源
出版发行	凤凰出版传媒集团 凤凰出版社(原江苏古籍出版社) 南京市中央路 165 号 邮编 210009 发行部电话 025-83223462
集团网址	凤凰出版传媒网　http://www.ppm.cn
印　　刷	徐州市今日彩色印刷有限公司 江苏省徐州市青年东路 62 号 邮编 221003
开　　本	889×1194 毫米 1/16
印　　张	48
字　　数	100 千字
版　　次	2008 年 5 月第 1 版 2008 年 5 月第 1 次印刷
标准书号	ISBN 978-7-80729-176-3
全套定价	288.00 元

地域文化的光彩

——徐州书画现象(代序)

程大利

徐州,古为九州之一。它是长江、黄河之间的一片沃土,兼有南北地域文化的特征。黄河十三次改道流经此地,积淀泥沙的同时也积淀下了文化,一种坚忍耐劳、朴实敦厚的文化,一种崇文尚武、入世进取的文化,一种心思缜密而不流琐屑、不入极端但又是非分明的处世风习很容易造就一批高旷冲淡又豁达温厚、有情有义的文人,而这又是传统书画艺术家必备的品质。

地理的特殊影响着文化生态。5000年以来,这里留下先秦文化的光彩,更留下两汉文化的辉煌。已经开掘和没有开掘的汉墓,无疑给这块土地添上了许多故事,成为极为厚重的遗珍。画像石是造型艺术的最好教材,《大风歌》而下的诗文传统展现着酣畅淋漓的气度,多姿多彩的民间艺术陶冶了一代又一代的少年,优美的自然风光和千载不泯的民间传说,都为艺术家的成长铺就了温床。近百年来,这里走出了一批杰出人士。以书画为例,民国以来的张伯英、李可染、刘开渠、王子云、萧龙士、王肇民、朱德群、朱丹等书画家成为20世纪的一个现象,不同于江南的“松江派”、“华亭派”等等,却是风格各异地竞相峥嵘。在现代美术史上闪现着光辉,李可染在中国山水画上的贡献已成定论,在历史上留下了充实的一页。

中国传统艺术是中国文化现象。书画是传统文化的瑰宝,它既可以“成教化、助人伦”,也可以“涤烦襟、破孤闷、迎静心、释燥气”,是“祛病增寿的良药”。书画发达地方人们的心态会趋于平和,社会风气会趋于文明。书画家在徐州特别受尊敬也是“崇文”风尚使然,这促使着艺术家更趋努力,为家乡做出新贡献。

文化,因传承而厚重,书画文脉传到今天似乎更为壮丽,一代书画家产生了新的影响,有的人已成为当代艺术的领军人物。徐州的书画事业也从来没有像今天这样繁盛。许多理论家朋友已注意到徐州出书画家的现象,这一地域现象必将被展开并深入探讨。可染先生的“实者慧”形象地总结了自己,更为一代书画家开启了修炼的明灯。在中华民族艺术的大花园里,徐州书画的奇葩必将更为绚烂,徐州的书画事业前程似锦。是为序。

戊子初于京华

感受张云生的艺术追求

王华超

徐州籍画家张云生，字海楼，号墨之，居芙斋主人。他的画作呈现的是一种中国传统文人悠然、冲淡的情怀，展示的是画家本身崇尚自然、热爱生活的特质。

写意花鸟画是中国传统的画科。它描摹的对象主要是自然界中的花卉、蔬果、飞禽等动植物的姿态和状态，以此来表达画者的审美价值和志趣，抒发其独有的感受，因此花鸟画自古就有“与诗人相表里”的思维特点。写意花鸟画的风格简约奔放，以水墨为材质，不拘于形态，而追求“不似之似”和“似与不似之间”。张云生的画，继承了传统写意花鸟的特点，同时又表现出在笔墨、气韵、意境方面的不懈追求，给观者以深刻的感染。

清代画家恽南田说：“有笔有墨谓之画。”一句话概括了中国画的艺术特征和艺术追求，说明了笔墨之于中国画的价值。如宗白华先生所说：“笔情墨韵点线交织成一音乐性的谱构。”同时，运笔用墨也是人情绪的宣泄，是人格精神的外化，是学识修养的展示。张云生在创作写意花鸟画时，大胆用墨，并把握好水与墨、水与色的关系，从而达到水墨交融、色墨辉映的神妙境界。俗话说，笔墨出于手而根于心。应该说，张云生始终是以心在作画，以心运笔使墨。他的用笔不仅注重笔致的精美，更注重精神内涵的深邃。

气韵，是中国画艺术笔墨之灵魂，更是中国画之精神面貌。南齐谢赫所著的《古画品录》，提出六法，其中“气韵生动”成为六法之首。即使咏诗，昔贤也谈到了“特贵正大，志贵高远，气贵雄浑，韵贵隽永。四者本非养无以发其真，非悟无以入其妙”。其实，任何一门艺术，无不以气韵为重，不过中国画方面谈得较多而已。气韵生动因人而异，有高下悬殊之分，有雅俗并存之状。气韵，是中国画作品生命的表现。在中国艺术领域内，都以此作为品评艺术水平高低的标准。气韵生动就是指画面形象的精神气质生动活泼，活灵活现，鲜明突出。中国画的要求，不仅要描绘出对象的外形而且还要表现出它的精神。人物有精神，山水、花鸟也有精神。达到神似，就能气韵生动。许多画家认为，没有气韵的作品是不能称之为画的。

意境是中国画表现性艺术的至高境界，是追求天地间的化育生机。中国画大师李可染先生说过：“意境是艺术的灵魂，是客观事物精萃的集中，加上人的思想感情的陶铸，经过高度艺术加工达到情景交融，从而表现出来的艺术境界，诗的境界。”现在我们所说的意境，实为这三者融合的境界，所谓情景交融、托物言志便是。在画家笔下，大千世界种种事物都实实在在、真真切切，是为物镜。画家的激情通过技法的表现渗透入画并让观画者能够体会到并引起共鸣，物境升华为情境。再有隐喻存于画中寓意于画外，让人浮想联翩，神游其中就是意境了。日常我们所见到的国画中，意境表现为两种，一种偏重情景交融，一种侧重于托物言志。情景交融是通过艺术手法来描述景物，把它画活，画得传神，感染观画的人。要做到这一点，画家的立意就非常关键了。一幅画，含意的深浅就分出了画家水平高下了。

张云生是一个富有艺术激情的人，我殷切希望饱满激情伴随着他的艺术追求步入一个十分美好的艺术天地，尽可能地施展他的艺术才华。

雅境天成

180cm×97cm　2007 年

清风高洁

137cm×68cm　2007

绿荫芭蕉

137cm×68cm　2007

古塘绚影

137cm×68cm　2007

一园秋韵　46cm×68cm　2007

四季花卉条屏系列(1-3)
180cm×33cm×3　2007

四季花卉条屏系列(4-6)

180cm×33cm×3　2007

碧筱空含玉润姿

180cm×97cm　2007

野塘素韵

137cm×68cm　2007

憩逸

68cm×46cm　2007

和风图

68cm×46cm　　2007

实垂垂悬清秋

180cm×97cm　2007

富贵清雅

3cm×46cm 2007

幽荷戏水图

136cm×68cm 2007

清气满乾坤

180cm×97cm　2007

花开富贵墨写神
137cm×68cm　2007

骤雨打团荷

97cm×45cm　2007

沐雨塘花淡淡开

97cm×45cm　2007

来自李可染故乡的书画名家

LAIZI LIKERAN GUXIANG DE SHUHUA MINGJIA

刘 宏

LIUHONG

凤凰出版传媒集团
凤凰出版社

图书在版编目(CIP)数据

来自李可染故乡的书画名家 / 刘明主编.—南京:凤凰出版社,2008.5

ISBN 978-7-80729-176-3

Ⅰ.来…　Ⅱ.刘…　Ⅲ.①书法家—简介—徐州市—现代②画家—简介—徐州市—现代　Ⅳ.K825.72

中国版本图书馆 CIP 数据核字(2008)第 073992 号

书　　名	来自李可染故乡的书画名家
主　　编	刘　明
策　　划	徐州凤凰文化发展有限公司
责任编辑	高思源
出版发行	凤凰出版传媒集团 凤凰出版社(原江苏古籍出版社) 南京市中央路 165 号　邮编 210009 发行部电话 025-83223462
集团网址	凤凰出版传媒网　http://www.ppm.cn
印　　刷	徐州市今日彩色印刷有限公司 江苏省徐州市青年东路 62 号　邮编 221003
开　　本	889×1194 毫米　1/16
印　　张	48
字　　数	100 千字
版　　次	2008 年 5 月第 1 版　2008 年 5 月第 1 次印刷
标准书号	ISBN 978-7-80729-176-3
全套定价	288.00 元 (凤凰出版社图书凡印装错误可向承印厂调换)

地域文化的光彩

——徐州书画现象(代序)

程大利

徐州,古为九州之一。它是长江、黄河之间的一片沃土,兼有南北地域文化的特征。黄河十三次改道流经此地,积淀泥沙的同时也积淀下了文化,一种坚忍耐劳、朴实敦厚的文化,一种崇文尚武、入世进取的文化,一种心思缜密而不流琐屑、不入极端但又是非分明的处世风习很容易造就一批高旷冲淡又豁达温厚、有情有义的文人,而这又是传统书画艺术家必备的品质。

地理的特殊影响着文化生态。5000年以来,这里留下先秦文化的光彩,更留下两汉文化的辉煌。已经开掘和没有开掘的汉墓,无疑给这块土地添上了许多故事,成为极为厚重的遗珍。画像石是造型艺术的最好教材,《大风歌》而下的诗文传统展现着酣畅淋漓的气度,多姿多彩的民间艺术陶冶了一代又一代的少年,优美的自然风光和千载不泯的民间传说,都为艺术家的成长铺就了温床。近百年来,这里走出了一批杰出人士。以书画为例,民国以来的张伯英、李可染、刘开渠、王子云、萧龙士、王肇民、朱德群、朱丹等书画家成为20世纪的一个现象,不同于江南的"松江派"、"华亭派"等等,却是风格各异地竞相峥嵘。在现代美术史上闪现着光辉,李可染在中国山水画上的贡献已成定论,在历史上留下了充实的一页。

中国传统艺术是中国文化现象。书画是传统文化的瑰宝,它既可以"成教化、助人伦",也可以"涤烦襟、破孤闷、迎静心、释燥气",是"祛病增寿的良药"。书画发达地方人们的心态会趋于平和,社会风气会趋于文明。书画家在徐州特别受尊敬也是"崇文"风尚使然,这促使着艺术家更趋努力,为家乡做出新贡献。

文化,因传承而厚重,书画文脉传到今天似乎更为壮丽,一代书画家产生了新的影响,有的人已成为当代艺术的领军人物。徐州的书画事业也从来没有像今天这样繁盛。许多理论家朋友已注意到徐州出书画家的现象,这一地域现象必将被展开并深入探讨。可染先生的"实者慧"形象地总结了自己,更为一代书画家开启了修炼的明灯。在中华民族艺术的大花园里,徐州书画的奇葩必将更为绚烂,徐州的书画事业前程似锦。是为序。

戊子初于京华

大象无形　盎然花鸟

——观刘宏的写意花鸟画有感

彭丽娟

跟刘宏是多年的好朋友，所以，能有机会经常观其作画。总为他率性的泼墨而感到一种大而深的心灵释放。继而，联想最多的一个词，就是“大象无形”。

“大象无形”一语出自老子《道德经》第四十一章。老子在说到“道”的至高至极境界时，引用了“大方无隅，大器晚成，大音希声，大象无形”的说法。我亦以为，最大的景像是自我看不见的。大象是天象，属于心灵的世界，只有用至真至诚的心灵才能观察到。大象虽然无形，但是，要想更好地认识有形世界，必须于无形世界中寻求真知。刘宏的写意花鸟，就能带给观者这种联想：至大的象，涵括了所有的形，所有的象，无所不形，无所不象。有形同于无形，有象同于无象，至大而无对，孤立而自存。因此“大象无形”在某种程度成为我图解刘宏画作的一个阶梯，一个符号。

诗人以意写像，画家以形写神。在刘宏的花鸟画中，物象的局部展示出了他的大世观。他用物象取代画面的形式构成和色彩，完成了中国传统思想中的最高境界，即以上所说的“大象”。在笔者看来，大象无形，是其大写意花鸟画的中心结构，也即刘宏花鸟画语言之特征。

孰不知，在外行人看来，大写意画看起来寥寥几笔，似乎不需要多么深厚的功底。然要笔酣墨饱，既融朴又苍茫，厚重中见灵动，下笔信手拈来，能达所谓“当其下手风雨快，笔所未到气已吞”境界，实在难矣。

大写意花鸟画作为一种文化积淀深厚的传统艺术形式，不禁让人联想起传统文人画所具有的固定内容和内涵。君不见，有多少画家可以轻松地凭借着既有的程式进入前人的藩篱中自足自遣。而笔者曾有幸刻意观察刘宏笔下的梅兰竹菊、松荷鸟虫，他并不是对古人亦步亦趋，依然将其笔下的花鸟世界挥写得那样生机勃勃。这无不暗示刘宏花鸟艺术的一个独特的观念——生命无差别，众生皆有情。

你看，刘宏笔下的大写意花鸟画，自然，大气，有变化，有韵律，有力量，有深度，耐得起细细品味。他似乎特别善于运用笔触的力量大小和快慢交替变换，更善于在点擦皴染中充分运用自己的经验和发挥写意的偶然性，强化笔墨的情趣，“挥写”出神奇迷人的效果，从而创造出一种独具风貌的花鸟世界。从其绘画语言看，刘宏的花鸟画作品在婉约、葳蕤、柔美中，流泻着一种粗犷、霸悍与雄健。无论是那昂首的鸡，还是那沉思的鸟，也无论是那傲雪的梅，更无论那清高的竹，都无不透着对大象无极的叩问和对生命的迎接。

生活是呆板的，幸好有生灵。在刘宏的眼里，在刘宏的画作里，物象皆有生命。是否可以这样说，刘宏盎然了花鸟，花鸟成就了刘宏？

我以为是！

68cm×50cm

荷香满湖 180cm×98cm

秋声　68cm×68cm

春色满眼 68cm×68cm

紫气 68cm×60cm

清趣 136cm×68cm

耐冬 68cm × 56cm

秋实 68cm×56cm

林疏似更秋 136cm×68cm

春风 180cm×98cm

种得葫芦好炼丹　136cm×68cm

闲枝鸟迹 136cm×68cm

清露滴幽林 68cm×68cm

木叶动秋声 68cm×68cm

浅议中国画的气韵之美

刘 宏

中国画以她独特的气韵之美屹立于世界画坛。这种气韵之美,某种程度上能使我们对传统中国画的整体理解,起到不可或缺的作用。

一 何为气韵

翻开任何一部中国美学史、绘画史、画论史,都可看到论者们为“气韵”所做的“长篇大论”。故此,要想在短短的一篇短文中论述中国画的气韵之美几乎是不可能的。这里,笔者只能简而述之,详细地论证只能留待他篇。

气韵二字,最初见于南齐谢赫所著之《古画品录》,谢赫为发明六法之人,气韵便是六法中之第一种,所谓“气韵生动”是也。

“气韵”的‘韵’字,本是从状人体的韵字而来。魏晋时,因玄学大振,品鉴人物之风大盛,始鉴人物以品学,后鉴人物以神姿;始为政治实用,后为艺术欣赏。”“韵”的本义指的是人的体态面容所显现的风姿仪态等精神状态,这精神状态给人以某种情调美的感受,便用一韵字形容,由人及画,南齐谢赫,最早以“韵”论画。于是,有了万世之法则——气韵第一。

作为审美范畴的“气韵”,也由谢赫时代对于画面情调的总体把握逐渐堕为明清时代的笔墨标准。画论家唐岱干脆就说:“气韵由笔墨而生。”气韵意居笔先,妙在画外,不能言传,只能意会。笔者更倾向“韵”由“气”而生的观点。用现代语句,画中“气韵”,就是指画中具有“艺术生命力”。一张好画,风格面貌上可以浑厚、纵放、繁茂、简约、浓艳、幽淡不同,可总要画得有生气、有活力,外露或内敛,真气畅流,给人看了能赞叹,能想像,能启迪,能带动,获得“余音绕梁,三日不绝”的美的意蕴之境界。

二 何为气韵之美

一幅气韵生动的好作品,说得具体一点要“三美具”:独特的风格面貌、深邃的艺术意境、精妙的笔墨技巧。三者出于“师造化”的深度;出于集前人的遗规;而归基于作者的品格。画中气韵之高下,乃是人品在画面上的体现。

日本学者金原省吾曾说:“气韵非要素,乃是要素的复合。”笔者亦以为“气韵”是品评中国画作品综合美的代名词。

中国画讲求气韵生动。西方艺术家把人体当作完美韵律的最高理想客体的时候,中国艺术家常以愉悦的态度玩赏着一只蜻蜓,一只青蛙,或者一块峥嵘的怪石。西方人含有充盈的自我意识,中国的艺术家则较为清雅的与自然调和。中国画笔墨的抽象气韵供给人们以基本的审美观念。这种笔墨展现的形式美感呈现着各式各样的韵律变化。中国文人能从一枝枯藤看出某种美的特质，因为一枝枯藤具有自在的不经修饰的雅逸的风致，具有一种内在的弹性的劲力。中国画家能从一棵松树看出它美的特质，它躯干劲挺而枝叉伸张，显示出一种不屈的气脉。

三 如何而始有气韵

气韵，是中国画生命的表现。在中国艺术领域内，皆以此作为品评艺术水平高低的标准。评价艺术作品的高下都以气韵为主。气韵不足，虽有高超的技法，也不能称为佳作。如要达到气韵生动，笔者以为必须从以下三方面下功夫：

(一)得意

气韵高妙者，只见其总体生动。宛若一人，只见其精神，而忘其他，正可谓“得意忘形”。就是重视其意，突出其意。以“不似之似”为真似的重写意、重神似的审美原则是我们追求气韵时应努力达到的境界。但是这种神似应是在形似的基础上实现，真正做到心领神会、水到渠成，方能达到的一种境界。

(二)虚灵

画面虚方能显其灵。灵则气韵生动。虚即是空，是与实相对而言的。虚可以有限表达无限。“有余意之为韵”，有余才是产生气韵的条件。黄宾虹非常讲究虚实的处理。他认为阴阳虚实相济，正是山川的奥秘之所在。虚实不但表现在画面的经营和布局上，还表现在笔墨关系上。笔墨简淡，用笔松动、随意，才能造就画面灵动的余地。呈现出虚灵和无限的境界来。

(三)自然

使画面的韵律节奏表现自如，而不见故意安排之痕，雕琢之迹，只有表现出真情实感的节奏，方有气韵之美，方有动人之情。做到中国画作品章法、用笔，自然随意，不为布局而布局，为笔墨而笔墨，运笔灵活，自然起落，若不用心而为之，有出入，有高低，有轻重，有浓淡，有干湿，有急徐，似疏非疏，似密非密，乃其自然，则浑朴可观矣。

一个画家，若要达到以上境界，应在人品、气质、学养、认知、技法等方面不断加强修养，方能创作出气韵生动的佳作来。

68cm×45cm

疏林小趣 8cm×56cm

故林息归 68cm×56cm

硕果 180cm×98cm

来自李可染故乡的书画名家

LAIZI LIKERAN GUXIANG DE SHUHUA MINGJIA

黄秉乙

HUANGBINGYI

凤凰出版传媒集团
凤凰出版社

图书在版编目(CIP)数据

来自李可染故乡的书画名家 / 刘明主编.—南京:凤凰出版社,2008.5
ISBN 978-7-80729-176-3

Ⅰ.来… Ⅱ.刘… Ⅲ.①书法家—简介—徐州市—现代②画家—简介—徐州市—现代 Ⅳ.K825.72

中国版本图书馆 CIP 数据核字(2008)第 073992 号

书　　名	来自李可染故乡的书画名家
主　　编	刘　明
策　　划	徐州凤凰文化发展有限公司
责任编辑	高思源
出版发行	凤凰出版传媒集团 凤凰出版社(原江苏古籍出版社) 南京市中央路 165 号 邮编 210009 发行部电话 025-83223462
集团网址	凤凰出版传媒网　http://www.ppm.cn
印　　刷	徐州市今日彩色印刷有限公司 江苏省徐州市青年东路 62 号 邮编 221003
开　　本	889×1194 毫米 1/16
印　　张	48
字　　数	100 千字
版　　次	2008 年 5 月第 1 版 2008 年 5 月第 1 次印刷
标准书号	ISBN 978-7-80729-176-3
全套定价	288.00 元 (凤凰出版社图书凡印装错误可向承印厂调换)

地域文化的光彩

——徐州书画现象(代序)

程大利

徐州,古为九州之一。它是长江、黄河之间的一片沃土,兼有南北地域文化的特征。黄河十三次改道流经此地,积淀泥沙的同时也积淀下了文化,一种坚忍耐劳、朴实敦厚的文化,一种崇文尚武、入世进取的文化,一种心思缜密而不流琐屑、不入极端但又是非分明的处世风习很容易造就一批高旷冲淡又豁达温厚、有情有义的文人,而这又是传统书画艺术家必备的品质。

地理的特殊影响着文化生态。5000年以来,这里留下先秦文化的光彩,更留下两汉文化的辉煌。已经开掘和没有开掘的汉墓,无疑给这块土地添上了许多故事,成为极为厚重的遗珍。画像石是造型艺术的最好教材,《大风歌》而下的诗文传统展现着酣畅淋漓的气度,多姿多彩的民间艺术陶冶了一代又一代的少年,优美的自然风光和千载不泯的民间传说,都为艺术家的成长铺就了温床。近百年来,这里走出了一批杰出人士。以书画为例,民国以来的张伯英、李可染、刘开渠、王子云、萧龙士、王肇民、朱德群、朱丹等书画家成为20世纪的一个现象,不同于江南的"松江派"、"华亭派"等等,却是风格各异地竞相峥嵘。在现代美术史上闪现着光辉,李可染在中国山水画上的贡献已成定论,在历史上留下了充实的一页。

中国传统艺术是中国文化现象。书画是传统文化的瑰宝,它既可以"成教化、助人伦",也可以"涤烦襟、破孤闷、迎静心、释燥气",是"祛病增寿的良药"。书画发达地方人们的心态会趋于平和,社会风气会趋于文明。书画家在徐州特别受尊敬也是"崇文"风尚使然,这促使着艺术家更趋努力,为家乡做出新贡献。

文化,因传承而厚重,书画文脉传到今天似乎更为壮丽,一代书画家产生了新的影响,有的人已成为当代艺术的领军人物。徐州的书画事业也从来没有像今天这样繁盛。许多理论家朋友已注意到徐州出书画家的现象,这一地域现象必将被展开并深入探讨。可染先生的"实者慧"形象地总结了自己,更为一代书画家开启了修炼的明灯。在中华民族艺术的大花园里,徐州书画的奇葩必将更为绚烂,徐州的书画事业前程似锦。是为序。

戊子初于京华

■引语

山川泉瀑均因积聚而满，满而溢，溢而成之。然满而不溢，则乃人事之成。秉乙自幼酷爱绘画，较早就得到贤达指教，且长期从事美术教育，成绩斐然。我与秉乙相识30余年，性格相合，交谈甚契，是为同道知己。1985年，秉乙已逾不惑之年，却犹如莘莘学子，耿耿于艺事的进取，考入浙江美术学院中国画系山水高研班，师从陆俨少、童中焘、姚耕云诸先生。他虚心求教、博采众长，在学业上取得了新的飞跃。

秉乙的山水，重师造化、泼辣遒劲、浓烈雄强，但又不失传统的浑厚典雅，画外之功又使其作品格调不俗。求新是秉乙山水的又一特点，他画路宽广，大胆尝试新法，每以崭新的面貌表现人民喜闻乐见的题材，从而得到应有的好评。

用而知学，学而知不足。这是秉乙治学的精神，他以辛勤的耕耘来实现心田里浮现的美好憧憬，他以坚毅的努力获得了同道的称许。徐谓《叶子肃诗序》云:“其情坦以直，故语无晦;其情散以博，故语无拘;其情多喜而少忧，故语虽苦而能遣;其情好高而耻下，故语虽俭而实丰。盖出于己之所自得，而不窃于人之所尝言者。”观秉乙的山水画未尝不是如此。

中国美术学院教授 孔仲起

崖下春风 50cm×100cm

磐谷霜降 68cm×68cm

太行初雪 45cm×68cm

太行纪游 45cm×68cm

蒙山春早 45cm×68cm

蒙山栗树 45cm×68cm

雁山飞泉 50cm×100cm

云山新居 90cm×180cm

丘壑无言 90cm×180cm

峰高无坦途 68cm×136cm

峻峰积玉 90cm×180cm

雪域之光 68cm×136cm

灵光 100cm×100cm

西藏印象 70cm×80cm

天山之春 60cm×60cm

艺术随笔

黄秉乙

师训:“能传则统,能统则传,它是数千年来民族精神和民族文化的积淀,它有着继往开来借古开今继承和发展的含义,是推陈出新进行再创造的基业。”所以,我们对传统必须全面理解,绝不可一提传统就是保守落后,一提技巧就是玩弄笔墨。

“继承与创新是一个问题的两个方面。创新是追求,不是目的,新与旧是相对的,创造美才是最关键的。”随着时代的发展,中西交流的广阔和理念的不断更新,艺术语言因之不断拓展,我们所需要的艺术语言应该是有鲜明的特色,使人们能够接受,能够理解。在强调自我意识的同时,一定要有群体意识或者说民族意识,为此,画家就应该不断丰富自己的学养。对周围事物保持敏锐的洞察力,用天真执着的心态使艺术才思永葆激活的生命力。那末,异彩纷呈的大千世界会无偿地给敏感的画家以启示和滋养,也就能够创造出最新最美的图画来。

谈中国画不能脱离实际,不能脱离中国5000年的历史,不能脱离中国人民在长期人文事物中对美的感受——即东方的审美意识。中国绘画是用心去领会的艺术,高于视觉、感觉以及潜意识的艺术。正如鲁迅先生所讲:“要静观、默察、烂熟于心,然后凝神结想一挥而就。”以写为法,一气呵成,自然融合,瞬息万变,意气风发,跃然纸上。这就是中国绘画的特质。西方绘画是自然本能所表现出来的境界,而中国绘画是以我所欲来表现自然蕴含的意境。

要做一个好画家必须过五道关,即:笔墨关、写生关、创作关、人文关、名利关。

在绘画过程中,内容似乎是容易解决的问题,不论山水、花鸟、人物都有内容可寻。内容的表现与画家阅历、修养有关:不同的阅历修养有着不同的表现内容。而形式是创作中的重要一环,它是引起艺术进化的动力。形式的出新来自新的思想感情,致力于形式美的研究首先得有一个新的思想理念,它不是无中生有,它是通过理念的变革与进步自然而然产生出来的。画家常有苦恼,这苦恼就是思想理念的蜕变,蜕变的过程就是新的形式美产生的过程。

一个画家如何对待自己的绘画习惯是治学中的重要问题，因为习惯可以在绘画中得心应手，习惯也可能在绘画中成为难解的课题。白石老人讲的："画要熟中求生"，就是对习惯认识的诠释。习惯的立意、习惯的构图、习惯的笔墨，这些都是极早结壳的因素。只有对这些积习不断地破立才能求新出新，绘事才能进步。有这么一句话叫"毁我、塑我"，即毁我之旧习，塑我之新貌，不断地毁塑才能觅寻到表现自我的最佳手段。善笔者从墨处求生，善墨者从笔处求生……习惯的不断变革自然会领悟到其中的奥妙。

画家在创作中有三种心态：一、理智心态；二、自由心态；三、激情心态。理智是基础、自由是目的；激情是灵感的发挥，总起来讲画家创作过程中心态是清醒的，行为是明确的，态度是认真的。绘画心理是完成创作的思想基础。创作心态的上线来自审美理想，实际上就是审美的情趣。带有这种定理的心态，驱使画家对表现形式、绘画技巧提出不同的定式，从而产生了纷呈各异的作品，这是绘画的基本规律。

中国绘画是用心领会的艺术，中国山水画最高的目标是心象。它的审美概念是一种发自心灵、来自魂魄的艺术观照，是审美主题对审美客体的移情、神思、理解。

石虎作品中的线既能为具象，又能为抽象；既能吸收(外部营养)，又能释放(内部能量)，无论从视觉感受还是从绘画心理来理解，石虎把绘画载体看做是无限的。常理绘事要立意构图，把画面看成一个定势空间，而石虎没有(这就是他穿越时空的始发点)，他灌满传统功力的底气，潜意识中虚实结合，破立相参，有无相应，以辩证的手法贯穿作品始终，在石虎作品中线成为他穿越时空最单纯、最有力的语汇。就线而言，无论传统、创新里面都包含着画家的学养。画如其人，线亦如其人。石虎不仅驾驭了线，而且掌握了它运动无限自由的规律。我们分析现代绘画中的线是如何从传统线中蜕变而来的，意识和潜意识又如何在蜕变中起到作用——石虎的作品给我们以启示。

画不只是自然景观的再现，而是画家胸次、感情的流露，更重要的是体现文化的内涵，这文化就是画家对客观事物的定位。文人画讲文化，现代绘画也得讲文化，一些以形式掩盖文化，以抽象来濡沫文化，以世俗来亵渎文化都是应该鄙弃的。现代文化应该是传统文化的延伸，是现代科学、意识、理念、精神的融入。

绘画批评是指批评家对画家及其作品在历史现实中的成就以及艺术作品品位的高低作出中肯的评价。每个历史时期都有不同的审美内容，每个历史时期的绘画批评都有它的历史性。绘画批评离不开作品，作品的优劣是批评家的依据，批评家把握住审美天平对作品作出客观的评析、评析，不能以个人的好恶定论，更不能为利益驱动说违心的话。这是绘画批评所遵循的基本原则。离开作品的批评是没有意义的，自我标榜，自我吹嘘的"作品"是经不起批评的。综观历史，无论历史条件如何，绘画批评都离不开这个前提，历史还告诉我们：凡是文化艺术昌盛的年代，必然会出现一个绘画批评的繁荣时期。绘画创作和绘画批评是绘画发展的两个轮子，缺一不可，缺一则停滞不前。批评可以使我们受益，批评可以使艺术事业健康发展，批评可以使祖国文化艺术更加灿烂辉煌。

导师陆俨少先生为研修班同学作画示范

与刘国松先生在浙江美院合影

与冯远先生合影

与恩师孔仲起先生合影

与童中焘先生合影

与张志民教授合影

来自李可染故乡的书画名家

LAIZI LIKERAN GUXIANG DE SHUHUA MINGJIA

周林平

ZHOULINPING

凤凰出版传媒集团
凤凰出版社

图书在版编目(CIP)数据

来自李可染故乡的书画名家 / 刘明主编.—南京:凤凰出版社,2008.5

ISBN 978-7-80729-176-3

Ⅰ.来… Ⅱ.刘… Ⅲ.①书法家—简介—徐州市—现代 ②画家—简介—徐州市—现代 Ⅳ.K825.72

中国版本图书馆 CIP 数据核字(2008)第 073992 号

书　　名	来自李可染故乡的书画名家
主　　编	刘　明
策　　划	徐州凤凰文化发展有限公司
责任编辑	高思源
出版发行	凤凰出版传媒集团 凤凰出版社(原江苏古籍出版社) 南京市中央路 165 号　邮编 210009 发行部电话 025-83223462
集团网址	凤凰出版传媒网　http://www.ppm.cn
印　　刷	徐州市今日彩色印刷有限公司 江苏省徐州市青年东路 62 号　邮编 221003
开　　本	889×1194 毫米　1/16
印　　张	48
字　　数	100 千字
版　　次	2008 年 5 月第 1 版　2008 年 5 月第 1 次印刷
标准书号	ISBN 978-7-80729-176-3
全套定价	288.00 元

(凤凰出版社图书凡印装错误可向承印厂调换)

地域文化的光彩

——徐州书画现象(代序)

程大利

徐州,古为九州之一。它是长江、黄河之间的一片沃土,兼有南北地域文化的特征。黄河十三次改道流经此地,积淀泥沙的同时也积淀下了文化,一种坚忍耐劳、朴实敦厚的文化,一种崇文尚武、入世进取的文化,一种心思缜密而不流琐屑、不入极端但又是非分明的处世风习很容易造就一批高旷冲淡又豁达温厚、有情有义的文人,而这又是传统书画艺术家必备的品质。

地理的特殊影响着文化生态。5000年以来,这里留下先秦文化的光彩,更留下两汉文化的辉煌。已经开掘和没有开掘的汉墓,无疑给这块土地添上了许多故事,成为极为厚重的遗珍。画像石是造型艺术的最好教材,《大风歌》而下的诗文传统展现着酣畅淋漓的气度,多姿多彩的民间艺术陶冶了一代又一代的少年,优美的自然风光和千载不泯的民间传说,都为艺术家的成长铺就了温床。近百年来,这里走出了一批杰出人士。以书画为例,民国以来的张伯英、李可染、刘开渠、王子云、萧龙士、王肇民、朱德群、朱丹等书画家成为20世纪的一个现象,不同于江南的"松江派"、"华亭派"等等,却是风格各异地竞相峥嵘。在现代美术史上闪现着光辉,李可染在中国山水画上的贡献已成定论,在历史上留下了充实的一页。

中国传统艺术是中国文化现象。书画是传统文化的瑰宝,它既可以"成教化、助人伦",也可以"涤烦襟、破孤闷、迎静心、释燥气",是"祛病增寿的良药"。书画发达地方人们的心态会趋于平和,社会风气会趋于文明。书画家在徐州特别受尊敬也是"崇文"风尚使然,这促使着艺术家更趋努力,为家乡做出新贡献。

文化,因传承而厚重,书画文脉传到今天似乎更为壮丽,一代书画家产生了新的影响,有的人已成为当代艺术的领军人物。徐州的书画事业也从来没有像今天这样繁盛。许多理论家朋友已注意到徐州出书画家的现象,这一地域现象必将被展开并深入探讨。可染先生的"实者慧"形象地总结了自己,更为一代书画家开启了修炼的明灯。在中华民族艺术的大花园里,徐州书画的奇葩必将更为绚烂,徐州的书画事业前程似锦。是为序。

戊子初于京华

意境 气韵 生动

——兼谈周林平笔下的仕女图

彭丽娟

第一次读周林平作品中的仕女图，有一种恍惚的懵懂。恍惚之际，想到了一则故事：有个小和尚担任撞钟之职，日日如此，也觉逍遥。有一天庙内住持要换人取代他的位置。小和尚很不服气地说："我撞的钟难道不准时？难道不响亮？"老和尚告诉他："你敲的钟虽然很准时，也很响亮，但是钟声空泛、疲软，没有什么感召力。钟声要唤醒沉迷的众生，因此撞出来的钟声不仅要响亮，而且要洪亮，还要圆润、浑厚、深沉、悠远。心中无钟，即是无佛，怎么能担当起神圣的撞钟职责呢？"

原本，撞钟而心中无佛，响亮的只是声音；撞钟而心中有佛，响亮的不仅是声音，而且是境界。在老和尚听来，响亮与洪亮就大是不同。小和尚的撞钟，作为职业行为是浮躁；作为技巧行为是熟练。熟练只是一种无意识的灵活，钟摆般的运动，无境界。而恰恰境界包含了圆润、浑厚和悠远，这却是无意识做不到的。这个道理推及绘画乃至所有艺术范畴中，同理。

艺术的境界，盖为艺术家的修养。林平的仕女图，笔墨超凡脱俗，不拘一格。"或浓或淡，虚而灵，空而妙"。从"动之以旋，润之以转"的线条中，似乎可看到林平作画时，笔笔"皆随其腕转，与肘伸去缩来，齐并一力"的动势，其回旋蹁跹、虚灵飞提的线条妙用传达给观者的，实为画家心性精神的描摹。在这个方寸之间，似回到梦中的唐朝：你看那仕女的一颦一笑，或忧或怨，无不令人想到徐志摩诗中"最是那低头的温柔"之意境。或娴熟雅静，秀而不媚，或体态轻盈，楚楚动人。作品以潇洒的线条、凝练的节奏、扑溯迷离的章法，给人以全新的感受，其夸张，变形，奔放，奇突，使画面从抽象到形象，但这种形象不再是拘谨的，循规蹈矩的，亦步亦趋的，而是充满想象力和创造力。画境清新明丽，诗意盎染，笔触纵横，肌理斑驳，但主调鲜明，笔墨含情，繁而不乱，明而不晦。其画得神、韵、气、趣，鲜明地体现了东方艺术的魅力和特色。读他的画犹如聆听一曲曲颂春吟秋的乐章，给人以轻松、优雅、秀逸、空灵的艺术感受。

偶尔，在这个意境中任神思驰骋在过去的年轮中不能自已：翩翩二三蝴蝶载着庄子的梦幻和孔子淡淡的乡愁……游离的眼神，心似缠绕千万结，如千年的等待，生生地让生命消磨在日暮晨昏、明月松枝，空灵的虚形日夜飘荡在深山幽谷，游魂似地出没。月光下，掩面而泣的她执意不去张望泉水中的倒影，那是一张令人心碎的面孔。有风的夜晚，扑面而来，穿越空洞的轮廓，发出呼哨似的鸣叫，她知道塞外的勇士在洞穿她无力的灵魂，洞穿她在月圆之夜企盼的无望。

或浓或淡的笔墨里，拂尘似有万钧之重，心念交汇；拂尘如离弦的箭坠落飘散，翠竹摇曳，大漠刀剑互斫的声音从遥远混沌的空中传来：一花一世界，一树一菩提，皆成林平仕女图中的意境。

由此，笔者想到清代的苦瓜和尚石涛提出的"一画之法"中的"一"，原来指的是"心"。人若达到见性，即可达到一，其万法就在其中。然而达到心法的根本又在于缘起，缘起性空，方可见性。因为此时的这个"一"，是随心所欲的"一"，此时的这个"法"，是大智慧的"法"，所以在林平的画作中才引出"一画者众有之本，万象之根"的联想。也才引发出意境之"乱谈"。如林平不加怪罪，吾当不再忐忑才是。

只言片语

周林平

品一杯茶、读一本书是为雅事,挥毫泼墨、随意涂鸦亦是雅事。“画画”二字看似轻松,实非易事。孰不知艺术上的大雅是从辛勤的耕耘中获取的。

作为画者应有平常心,炒作吹嘘不是平和,弄巧成拙、无病呻吟也不是平和。画贵自然。从无法到有法,又从有法到无法,再创字法。先师古人,再师自然。中国画的人文关怀以儒、释、道为一体,是物象与神韵的融合,是一种精神幻化。这种精神幻化需要通过笔墨为载体来展现画家情感的律动。因此说笔墨是中国画的本质,是中国画的灵魂。古人云:“出新意于法度之外,寄妙理于豪放之外。”任何游戏皆有规则,如果离开了规则就没有制约,则失去了玩味性。中国画亦是如此,如果摒弃了笔墨就失去了中国画的功能,失去了品味性。那将意味着画种的变异。犹如无本之木、无源之水,难以长久。

我认为新意要出、底线要守,狂放中要有内涵和机智。

静谈云鹤趣 68cm×68cm 2006年

艳阳 136cm×68cm 2006年

青春日记　130cm×96cm 2007年

高天流云之二 180cm×96cm 2006年

高天流云之一　180cm×96cm 2007年

金风　180cm×96cm 2004年

丰衣足食 180cm×96cm 2007年

贡嘎夏日　192cm×180cm 2006 年

林平畫

春暖赵家沟　180cm×96cm 2006年

白云深处有人家　180cm×96cm 2006年

闲看青山云去留　136cm×68cm 2006年

静谈云鹤趣 136cm×68cm 2006年

诗趣图 136cm×68cm 2006年

有风传雅韵 无雪试幽姿 68cm×68cm 2007 年

云从石上起　68cm×68cm 2007 年

远望青山云流去　68cm×68cm 2007 年

花溪小唱之一　68cm×68cm 2007 年

食有淡饭饮有清泉　136cm×68cm　2007年

山人惯识山中趣　136cm×68cm　2006年

天垂湖色湛雨洗月痕新　136cm×68cm 2007年

来自李可染故乡的书画名家

LAIZI LIKERAN GUXIANG DE SHUHUA MINGJIA

刘 旭

LIUXU

凤凰出版传媒集团
凤凰出版社

图书在版编目(CIP)数据

来自李可染故乡的书画名家/刘明主编.—南京:凤凰出版社,2008.5
ISBN 978-7-80729-176-3

Ⅰ.来…　Ⅱ.刘…　Ⅲ.①书法家—简介—徐州市—现代②画家—简介—徐州市—现代　Ⅳ.K825.72

中国版本图书馆CIP数据核字(2008)第073992号

书　　名	来自李可染故乡的书画名家
主　　编	刘　明
策　　划	徐州凤凰文化发展有限公司
责任编辑	高思源
出版发行	凤凰出版传媒集团 凤凰出版社(原江苏古籍出版社) 南京市中央路165号 邮编210009 发行部电话025-83223462
集团网址	凤凰出版传媒网　http://www.ppm.cn
印　　刷	徐州市今日彩色印刷有限公司 江苏省徐州市青年东路62号 邮编221003
开　　本	889×1194毫米 1/16
印　　张	48
字　　数	100千字
版　　次	2008年5月第1版 2008年5月第1次印刷
标准书号	ISBN 978-7-80729-176-3
全套定价	288.00元

地域文化的光彩

——徐州书画现象(代序)

程大利

徐州,古为九州之一。它是长江、黄河之间的一片沃土,兼有南北地域文化的特征。黄河十三次改道流经此地,积淀泥沙的同时也积淀下了文化,一种坚忍耐劳、朴实敦厚的文化,一种崇文尚武、入世进取的文化,一种心思缜密而不流琐屑、不入极端但又是非分明的处世风习很容易造就一批高旷冲淡又豁达温厚、有情有义的文人,而这又是传统书画艺术家必备的品质。

地理的特殊影响着文化生态。5000年以来,这里留下先秦文化的光彩,更留下两汉文化的辉煌。已经开掘和没有开掘的汉墓,无疑给这块土地添上了许多故事,成为极为厚重的遗珍。画像石是造型艺术的最好教材,《大风歌》而下的诗文传统展现着酣畅淋漓的气度,多姿多彩的民间艺术陶冶了一代又一代的少年,优美的自然风光和千载不泯的民间传说,都为艺术家的成长铺就了温床。近百年来,这里走出了一批杰出人士。以书画为例,民国以来的张伯英、李可染、刘开渠、王子云、萧龙士、王肇民、朱德群、朱丹等书画家成为20世纪的一个现象,不同于江南的"松江派"、"华亭派"等等,却是风格各异地竞相峥嵘。在现代美术史上闪现着光辉,李可染在中国山水画上的贡献已成定论,在历史上留下了充实的一页。

中国传统艺术是中国文化现象。书画是传统文化的瑰宝,它既可以"成教化、助人伦",也可以"涤烦襟、破孤闷、迎静心、释燥气",是"祛病增寿的良药"。书画发达地方人们的心态会趋于平和,社会风气会趋于文明。书画家在徐州特别受尊敬也是"崇文"风尚使然,这促使着艺术家更趋努力,为家乡做出新贡献。

文化,因传承而厚重,书画文脉传到今天似乎更为壮丽,一代书画家产生了新的影响,有的人已成为当代艺术的领军人物。徐州的书画事业也从来没有像今天这样繁盛。许多理论家朋友已注意到徐州出书画家的现象,这一地域现象必将被展开并深入探讨。可染先生的"实者慧"形象地总结了自己,更为一代书画家开启了修炼的明灯。在中华民族艺术的大花园里,徐州书画的奇葩必将更为绚烂,徐州的书画事业前程似锦。是为序。

戊子初于京华

原中共中央书记处书记、中宣部部长丁关根与刘旭亲切交谈

艺术成果

出版:《刘旭山水画集》黑龙江人民出版社,《山月无边——刘旭山水画集》亚太国际出版社

入编:《中国美术家作品集》、《当代书画家作品集》、《建国五十五周年书画家作品集》、《中国西部大地情——中国画·油画作品集》、《世界名人书画家作品集》、《香港回归国际书画名家精品集》等 20 余部

拍卖:2006 年 12 月作品《青山幽情》136CM ×68CM 在南京爱涛秋季艺术拍卖会中以 0.8 万元成交。2007 年 7 月作品《蒙蒙细雨青山润》68CM×68CM 在北京荣宝斋第 57 期中国艺术精品拍卖会中以 1.1 万元成交。2007 年 9 月作品《山中岁月》68CM×68CM 在嘉德四季拍卖会第 3 期中以 1.2 万元成交

展览:1988 年 9 月在徐州博物馆举办中国画展

1989 年 1 月参加徐州"十人画展",被评为徐州市"十佳"青年国画家

1996 年 10 月在中国美术学院画廊举办"刘旭——山水画写生展"

2003 年 1 月参加徐州"十二人名家书画邀请展"

2006 年 5 月在徐州举办"毛宏文、刘旭书画联展"

2006 年 9 月在山西晋城举办刘旭画展

2007 年 3 月在山东曲阜举办刘旭画展

2007 年 12 月参加"日成·奥运城杯——徐州十人书画名家精品展"

与原全国政协副主席钱正英在画展上

陪同原文化部部长贺敬之参观画展

与中国文联主席周巍峙出席艺术节开幕式

墨香艺林敷新彩

—— 画家刘旭印象

喻继高

在具有行业特色的苏源书画院里，活跃着一批在全国书画界崭露头角的年轻书画家，刘旭就是其中的一位。

刚认识刘旭时，以为他只是一个勤勤恳恳、扎扎实实干事业，业余喜爱绘画的年轻人，但后来发现他对绘画事业之痴迷、之投入，一点也不亚于职业画家，仅仅这一点，就引起我对他的注意。

风回三峡，因有巫山之险而益添其壮美；墨香艺林，因有创作之艰而益显其灵秀。我最为欣赏的还是刘旭对艺术创作孜孜不倦的追求精神，作为苏源书画院执行院长，刘旭在致力于书画艺术群体发展壮大的同时，也在不断完善丰富着自己的作品，用自己的作品说话，来证明自己的存在。他的绘画作品中最具特色的是表现西北风情的山水画，作品尺幅有大有小，大幅作品讲究气韵，具有一种强烈的视觉冲击力。小幅作品意象凝聚，甜而不俗，令人赏心悦目。在他的笔下，一切景物都生机勃勃，极具强烈的内力，细细品味画中醇厚质朴的风貌，让人感到新鲜、惊奇和喜悦。在他的作品中，他把个人对生活的理解，对生命的感悟，把人生的欢乐、痛苦、孤独凝结为艺术的冲动，在西北高原这一特定的地域下进行抒发，让读者更多地了解了带有地方浓郁特色的风土人情，讴歌了祖国伟大山河的壮美。

毕业于南京艺术学院国画系的他，至今没有拜在哪一门哪一派下，但他陶铸百家，无师自通，在勤奋的探索追求中，一步步走向成熟。他认为，自我本身永远是一个出发点，只有扎根与生活，把自己对生活的感悟加以升华，才能使造化与内心世界统一起来。为寻求生活的美，使自己的作品更具深度，他外师造化，从不被人们重视的乡村小景，到令人神往的名山大川，都留下他深沉的足迹——东起舟山群岛，西至祁

与李可染大师夫人邹佩珠先生在北京可创艺苑

与中国书法家协会主席沈鹏在书画展上

与中国文联副主席、美术家协会副主席冯远

与齐白石大师的弟子、著名画家娄师白

在天津大学拜会著名书法家、国学大师王学仲

与中国书法家协会副主席邵秉仁在青城山

与著名画家龙瑞、姜宝林在可染故居

与著名美术理论家邵大箴在南京

与著名画家李宝林在可染故居

与著名美术评论家刘曦林

与著名画家史国良

携女儿子颜与著名画家喻继高及其夫人、南京师范大学博导屠美如女士

连山，北到长白山，南至武夷山，游雁荡，翻秦岭，过高原，登五岳，两攀武陵山脉，四上黄山绝顶，观古刹、看云海、览飞瀑、浴山日、探古洞……在饱览祖国山河至壮美的同时，吸吮浓厚的艺术养分以获得艺术灵感和创作激情。正是这些积累，使其具有个性化的艺术语言渐渐形成。为创作艺术的飞跃奠定了基础。

生长于江北的刘旭是个热心肠的人，他既有北方人的敦厚、质朴，又兼有江南才子型的洒脱与飘逸。无论工作、学习，还是醉心于公众事业，皆具奉献精神。他聪明，有悟性，勤奋扎实，为人厚道，处事谦和，以诚待人，在同道中具有较好的声誉。这给我留下了深刻的印象，这印象与我平素与他交往所获得的印象是完全一致的。

世上的路有千万条，人生的目的有千万个。我无法预测刘旭的作品能发展到一个怎样的高度，在艺术的苦旅中到底能走多远，但我明显感受到了他那不懈努力、不懈追求的执着精神，感受到了他的能量与才情，我想只要无愧于心地去做了，无论结果如何，只问耕耘罢了。耕耘终将有收获——这是我对刘旭充满期望的祝福！

2002年9月21日于南京

（喻继高：中国工笔画研究会副会长，江苏省美术家协会副主席）

大家评说　刘旭及其艺术

程大利（中国美术出版总社总编、全国美展评委、著名画家）

刘旭是我梓里徐州众多卓尔有成的年轻书画家中的一位，他勤奋好学，才思敏锐，善于扑捉生活中闪现的灵感。“笔墨之道，本乎性情”，在其山水画中他多用粗笔加浓墨表现西部山区，多用折带皴擦加揉纸表现太行山，其山川林壑间凝聚着自己的精神，空谷白云里飘荡着个人的情思，这些埋在他骨子里发自内心的秉性，自然而然的流露，这种流露体现出的正是刘旭独特的艺术信念和追求。

姜宝林（杭州画院院长、著名画家）

我见到的刘旭作品并不多，但可以说看到的幅幅作品都值得细细品味，他的作品中无论画何种题材，无论用什么方法去表现，其作品的精神内涵与他特有的个性是凸现的。画画只是一种技巧，其实质体现出作品的品味高低还应是他个人具有很高的素养。

陈传席（著名美术理论家）

刘旭山水画，构图严谨，笔意厚重，阳刚大气，颇得可染先生山水画遗韵。

与著名画家程大利在北京

姜宝林老师在北京指导创作

与著名花鸟画家张立辰在徐州

与著名花鸟画家江文湛在北京

与可染大师之子、著名画家李小可在徐州

与著名美术理论家陈传席在北京

著名画家卢禹舜在北京与刘旭谈绘画创作

入芳草园聆听著名画家喻继高教诲

向著名画家郭公达及其夫人汇报创作成果

与江苏省国画院院长宋玉麟在南京

与著名画家田黎明

与著名美术理论家王鲁湘

喻继高（江苏美术家协会副主席、著名画家）

观刘旭山水画新作，画风清新俊秀，洒脱飘逸，创山水画新路。

卢禹舜（中国国家画院副院长、著名画家）

刘旭的作品，或大轴，或小品，或扇面，或册页，给了人们不少诗情。《石涛写真图》画中精心经营的水墨韵味，浓破淡，淡破浓，元气淋漓，简洁明豁，画中水墨奔腾倾泻、激荡不已地撞击出满纸飞云，豪情四溢。在刘旭的作品中可以看出他在山川河流之间，洒下了不少汗水。

宋玉麟（江苏省国画院院长、著名画家）

刘旭老弟山水画典雅工整，气息高远，可继续发展而自成面目。

郭公达（安徽省美术家协会名誉主席、著名山水画家）

认识刘旭时，他学画才刚刚起步，那时我是应徐州某机关邀请创作大画，刘旭与我相伴六七天，从他当时的山水画中看得出，在学习传统上，下过一些功夫，到现在还有很深的印象。

我知道他是一个既有才气，又肯下苦功，甘于寂寞，甘于吃苦的年轻人。十几年下来，他依然努力着、奋斗着，当我再次看到他的作品时，他已在笔墨上有了长足的进步，作品多次参加国内外大型画展，并屡次获奖，令我欣慰。

李刚田（《中国书法》主编、著名书法篆刻家）

刘旭道友山水画得谢赫“六法”中“骨法用笔、气韵生动”之精气，其笔下一草一木、一山一水极具生命力。

石 虎（世界华人艺术家协会主席、著名画家）

徐州为历史文化名城，人杰地灵，有着丰厚的文化底蕴。刘旭就是这古城里的一位不甘平庸的画家，他的画深受山水画大师可染先生的影响，山水浑厚华滋，颇具大家风范，其作品风格多变，即非常强调传统，又重视作品内在的思想性。不过在我看来，他现阶段还是属于那种老实的画家，作品不太敢“出格”，我相信刘旭经过“闭目思墨”后，作品中定会出现惊人的笔墨。

与著名画家石虎

与著名书画家萧平在南京爱莲居

与著名画家谢冰毅、郭明堂在徐州画展上

与越南著名画家杜玉香荣在越南国家美术馆

与著名画家舒建新在中国国家画院

与著名书法篆刻家李刚田在山西

与著名收藏家刘文杰在北京

与林散之大师之子、书法家林筱之在南京

与著名画家陈乾在越南国家美术馆

与著名美术评论家黄远林在北京

与著名书法篆刻家石开在北京荣宝大厦

与著名画家潘文辉及其夫人在北京

刘文杰（当代著名收藏家）

汉宗亲刘旭弟勤奋好学，爱山画山足迹遍布大江南北，其山水画深受可染大师的影响，笔墨厚重，气润生动。巨幅、立轴、小品，幅幅让人倍感亲切，这亲切源于他对大山的深厚生活底蕴；源于他对山川草木、坡谷溪流的细致观察；源于他艺术理念中对传统的尊重。从他的画中不难看出既有深厚的传统功力，又富有时代的创新精神。

于志学（黑龙江国画家协会主席、冰雪画派创始人、著名画家）

刘旭有着扎实深厚的笔墨功底，皴、擦、点、染运用到位，水、墨控制自如，能因时因地施墨，能因情因势敷色，融心境于画境，融画境于诗境，深化无迹，虚实得体。其笔势开阔，具有较强的视角冲击力，显现出丰富的生命力量，给人以大气蓬勃之感，传达了很深的中国传统文化精神。

黄远林（中国艺术研究院研究员、《美术观察》美术学栏目主持人）

江苏青年画家刘旭是自然美的敏锐发现者，他通过自己的作品再现了自然山川之美。近期精心创作的《山中岁月》系列作品中，危峰峭立，断壁临水，飞瀑渐浅溪，杂树扶蔬，浮云蒸腾，或浓或淡，或丰泽而弥迷，或干辣而苍润，都较好地表现了这种美。“登山则情满于山，临海则意于海”，刘旭在发现自然美的同时，也发现了自己。

潘文辉（著名画家）

诚实、厚道是我对刘旭的第一印象，随着参加系统内的会议和活动次数的不断增加，与小刘的交往日异深厚，他谦逊的品行、豁达的性格，以及对艺术的执著精神深深地打动着我，让我不得不去欣赏他、关注他。作为一名颇有建树的青年画家，他以对人诚恳热情，处事认真细致在系统内外赢得了极佳的口碑。

碧水青山笑颜露 136cm×68cm

夏云多奇峰 136cm × 68cm

青山雨过润如酥 136cm × 136cm

青山缭绕千帆隐 68cm × 68cm

幽居图 136cm×68cm

青山幽情 136cm×68cm

清风吹雨去 数峰出云来 68cm×68cm

山路元无雨，空翠温人衣 50cm×50cm

白云飞动瀑声喧 50cm×50cm

白云轻浮清泉涌 136cm×68cm

山歌 68cm × 68cm

两山排闼送青来 60cm × 60cm

秋实尽收 80cm×50cm

来自李可染故乡的书画名家

LAIZI LIKERAN GUXIANG DE SHUHUA MINGJIA

朱天杰

ZHUTIANJIE

凤凰出版传媒集团
凤凰出版社

图书在版编目(CIP)数据

来自李可染故乡的书画名家 / 刘明主编.—南京:凤凰出版社,2008.5

ISBN 978-7-80729-176-3

Ⅰ.来… Ⅱ.刘… Ⅲ.①书法家—简介—徐州市—现代 ②画家—简介—徐州市—现代 Ⅳ.K825.72

中国版本图书馆 CIP 数据核字(2008)第 073992 号

书　　名　来自李可染故乡的书画名家
主　　编　刘　明
策　　划　徐州凤凰文化发展有限公司
责任编辑　高思源
出版发行　凤凰出版传媒集团
　　　　　凤凰出版社(原江苏古籍出版社)
　　　　　南京市中央路 165 号　邮编 210009
　　　　　发行部电话 025-83223462
集团网址　凤凰出版传媒网　http://www.ppm.cn
印　　刷　徐州市今日彩色印刷有限公司
　　　　　江苏省徐州市青年东路 62 号　邮编 221003
开　　本　889×1194 毫米　1/16
印　　张　48
字　　数　100 千字
版　　次　2008 年 5 月第 1 版　2008 年 5 月第 1 次印刷
标准书号　ISBN 978-7-80729-176-3
全套定价　288.00 元

地域文化的光彩

——徐州书画现象(代序)

程大利

徐州,古为九州之一。它是长江、黄河之间的一片沃土,兼有南北地域文化的特征。黄河十三次改道流经此地,积淀泥沙的同时也积淀下了文化,一种坚忍耐劳、朴实敦厚的文化,一种崇文尚武、入世进取的文化,一种心思缜密而不流琐屑、不入极端但又是非分明的处世风习很容易造就一批高旷冲淡又豁达温厚、有情有义的文人,而这又是传统书画艺术家必备的品质。

地理的特殊影响着文化生态。5000年以来,这里留下先秦文化的光彩,更留下两汉文化的辉煌。已经开掘和没有开掘的汉墓,无疑给这块土地添上了许多故事,成为极为厚重的遗珍。画像石是造型艺术的最好教材,《大风歌》而下的诗文传统展现着酣畅淋漓的气度,多姿多彩的民间艺术陶冶了一代又一代的少年,优美的自然风光和千载不泯的民间传说,都为艺术家的成长铺就了温床。近百年来,这里走出了一批杰出人士。以书画为例,民国以来的张伯英、李可染、刘开渠、王子云、萧龙士、王肇民、朱德群、朱丹等书画家成为20世纪的一个现象,不同于江南的“松江派”、“华亭派”等等,却是风格各异地竞相峥嵘。在现代美术史上闪现着光辉,李可染在中国山水画上的贡献已成定论,在历史上留下了充实的一页。

中国传统艺术是中国文化现象。书画是传统文化的瑰宝,它既可以“成教化、助人伦”,也可以“涤烦襟、破孤闷、迎静心、释燥气”,是“祛病增寿的良药”。书画发达地方人们的心态会趋于平和,社会风气会趋于文明。书画家在徐州特别受尊敬也是“崇文”风尚使然,这促使着艺术家更趋努力,为家乡做出新贡献。

文化,因传承而厚重,书画文脉传到今天似乎更为壮丽,一代书画家产生了新的影响,有的人已成为当代艺术的领军人物。徐州的书画事业也从来没有像今天这样繁盛。许多理论家朋友已注意到徐州出书画家的现象,这一地域现象必将被展开并深入探讨。可染先生的“实者慧”形象地总结了自己,更为一代书画家开启了修炼的明灯。在中华民族艺术的大花园里,徐州书画的奇葩必将更为绚烂,徐州的书画事业前程似锦。是为序。

戊子初于京华

自觉的疏离与有距离的接近

——朱天杰山水艺术解读

马凯臻

肚子里存下不少词儿，左挑右拣，想弄些恰当的，用来描述朱天杰笔下的山水，但当我把它们攒到一块，并与朱天杰的作品比对时，感觉不对了。当然，这些词都不赖，用其状写别家山水恰如其分，但用在朱天杰这儿却不行。不准确，有距离。

比如，我想说朱天杰的山水是迷人的，但总体上说，朱天杰的山水并不迷人，在他那些远离自然山水的图式中，我虽被诱惑却丝毫没有迷恋其中的感受。一种想接近它，又不得不疏离它的暧昧，逼仄着我不得不去认真解读其中原委。显然，朱天杰对自然山水的描述策略是独特的，我是说，朱天杰并不在意自然山水的真实面目。一方面，他根本就无视自然山水的种种细节的存在。他笔下的山水，总是除去细部，强化体块，抽象与置换自然所见；另一方面，朱天杰也并不将笔墨指向某一具体的山水，他关注的是山水的整体性存在，这便使他的山水图象，以趋向单纯化、甚至符号化的特质，逾越了现实的表层及南北地域的差异性，具有了共同性的指涉。

所以，朱天杰山水艺术的独特性在于，其潜隐的审美诉求，不再是大多艺术家关注的主客体间情感上的相融相通，而是迫使主客体间适当拉开距离，以产生一种间离效果。间离效果是20世纪德国戏剧大师布莱希特提出的一种戏剧理论，布莱希特主张以陌生化的手法，人为地让观众疏远熟知的东西，从而获得对作品的全新认知和深度理解。当然，我并不相信朱天杰有意识的借用了这种间离方法。但我猜想，朱天杰可能已发现，人与自然山水的亲昵，多是源于人的自作多情。其实，自然山水从未与人有过真诚的交流，人与自然山水并不处于同一生命体系，人的恋山恋水的情结大多出于一己之利而从未得到自然山水的热情呼应，山水的孤傲灵魂永远拒人类于千里之外。因此，朱天杰对自然山水不是情歌般的吟诵与欣欣然地拥抱，而是冷眼的观察，有距离的接近。他显然意识到，一厢情愿的歌唱与投怀送抱，有可能使自己滑入庸俗、甜腻、矫情、浅薄的审美层次，而只有冷眼的观察，有距离的接近，才能使自己的灵魂与自然山水，在一定的意义上建立彼此尊重的对话关系。正是基于这一点，才使朱天杰在许多艺术家倾情走近自然山水的时候，出人意料地做了反向运动，即自觉的疏离自然山水，以求更真切地感受自然山水并保持自己与山水各自的独立性。

在朱天杰的山水图式中，我们会发现，体块结构的山岩很少借助繁茂林木的乔装打扮，那种抛弃了炫技意味的勾勒、皴擦与点染，只着意表现山的结构感与重量感，即使有树，也只是三三两两，唯恐掩蔽了山的胴体和水的经络，朱天杰就是要把山水的粗砺肌肤直接袒露给天地。同时，在色彩上，朱天杰不仅有意回避了象征生命的绿色，而且，碧水、蓝天等明亮色调也鲜有出现。在这样一种大提琴般的色彩旋律中，唯一的亮色是被符号化了的浮云，作为一种视觉元素，它们适时地或隐或现，不仅结构了图式，更是衬托了山水的沉重心情。当然，我不是说山水的袒胸露背就具有多么高的品格。朱天杰肯定也不会反对其他艺术家对自然山水的倾情歌唱。我想强调的是，朱天杰的这种自觉或不自觉的追求，其实正是他一以贯之的性情使然。凡是与朱天杰打过交道的人，只要不心存偏见，几乎都能看出他的单纯，他是一个那么容易被人看透的人。于是我才猜度，正因为如此，朱天杰的山水艺术才会摒弃苍莽的山林，放纵大山大水直接呈现所有的生命的肌理，才会将山水的生命的胎记无掩饰地统一在可视的空间中，使人们的视觉不必透过迷人的外衣，而可以直接感应山水的灵魂。是的，朱天杰的山水艺术，其实不是自然山水改头换面的投影，而是他心理图像的映射。朱天杰是把自己与身无长物的山水并置在同一时空纬度之中，让双方赤裸相向。

我一始终认为，艺术图式的独特表达与风格的确立，绝不是一件想当然的事情，它肯定会与创作主体的性灵有着无法割裂的同构关系。风格是性灵所赋予，也只有被性灵所濡染的风格，才会被人们接受与领悟。朱天杰的作品就是这样，他那专属于自己的山水图式，不仅成为他经典的艺术语汇，也成为他的情感密码，是他生命结构和生命体验的下意识呈现。

2007 年摄于上海大剧院画廊

东方神韵(雕塑系列之一) 纸本设色
1992 年 43cm×40cm

智者慧　纸本设色

1992 年　　40cm × 68cm

云芳气度 纸本设色
2004 年　34cm × 34cm

大山深处野云闲 纸本设色
1998 年　34cm × 34cm

含风自古　纸本设色

2005 年　68cm × 68cm

数峰无语云做伴　纸本设色

2006 年　186cm × 98cm

溪山暮色 纸本设色
2006 年 68cm × 68cm

清丽图 纸本设色
1998 年 68cm × 68cm

秋风清露起白云　纸本设色
2007 年　90cm × 68cm

秋山聚寒图　纸本设色

2007 年　136cm × 68cm

秋山云间随心远 纸本设色

2006 年 40cm × 68cm

秋韵图　纸本设色

2006 年　40cm × 68cm

一阵轻雨山云烟　纸本设色

2006 年　68cm × 40cm

月印万川　纸本设色
2005 年　80cm × 68cm

幽涧清流　纸本设色

2006 年　68cm × 68cm

秋居图　纸本设色

2006 年　68cm × 40cm

秋气旷远图　纸本设色

2006 年　68cm × 40cm

清气　纸本设色

2006 年　68cm×40cm

祭　纸本设色

2005 年　196cm×199cm

汉画精舍　纸本设色

2006 年　297cm × 162cm

白云寄梦　纸本设色

2006 年　136cm × 68cm

来自李可染故乡的书画名家

LAIZI LIKERAN GUXIANG DE SHUHUA MINGJIA

杨振廷

YANGZHENTING

凤凰出版传媒集团
凤凰出版社

图书在版编目(CIP)数据

来自李可染故乡的书画名家 / 刘明主编.—南京:凤凰出版社,2008.5

ISBN 978-7-80729-176-3

Ⅰ.来… Ⅱ.刘… Ⅲ.①书法家—简介—徐州市—现代 ②画家—简介—徐州市—现代 Ⅳ.K825.72

中国版本图书馆CIP数据核字(2008)第073992号

书　　名	来自李可染故乡的书画名家
主　　编	刘　明
策　　划	徐州凤凰文化发展有限公司
责任编辑	高思源
出版发行	凤凰出版传媒集团 凤凰出版社(原江苏古籍出版社) 南京市中央路165号 邮编210009 发行部电话025-83223462
集团网址	凤凰出版传媒网 http://www.ppm.cn
印　　刷	徐州市今日彩色印刷有限公司 江苏省徐州市青年东路62号 邮编221003
开　　本	889×1194毫米 1/16
印　　张	48
字　　数	100千字
版　　次	2008年5月第1版 2008年5月第1次印刷
标准书号	ISBN 978-7-80729-176-3
全套定价	288.00元

(凤凰出版社图书凡印装错误可向承印厂调换)

地域文化的光彩

——徐州书画现象(代序)

程大利

徐州,古为九州之一。它是长江、黄河之间的一片沃土,兼有南北地域文化的特征。黄河十三次改道流经此地,积淀泥沙的同时也积淀下了文化,一种坚忍耐劳、朴实敦厚的文化,一种崇文尚武、入世进取的文化,一种心思缜密而不流琐屑、不入极端但又是非分明的处世风习很容易造就一批高旷冲淡又豁达温厚、有情有义的文人,而这又是传统书画艺术家必备的品质。

地理的特殊影响着文化生态。5000年以来,这里留下先秦文化的光彩,更留下两汉文化的辉煌。已经开掘和没有开掘的汉墓,无疑给这块土地添上了许多故事,成为极为厚重的遗珍。画像石是造型艺术的最好教材,《大风歌》而下的诗文传统展现着酣畅淋漓的气度,多姿多彩的民间艺术陶冶了一代又一代的少年,优美的自然风光和千载不泯的民间传说,都为艺术家的成长铺就了温床。近百年来,这里走出了一批杰出人士。以书画为例,民国以来的张伯英、李可染、刘开渠、王子云、萧龙士、王肇民、朱德群、朱丹等书画家成为20世纪的一个现象,不同于江南的"松江派"、"华亭派"等等,却是风格各异地竞相峥嵘。在现代美术史上闪现着光辉,李可染在中国山水画上的贡献已成定论,在历史上留下了充实的一页。

中国传统艺术是中国文化现象。书画是传统文化的瑰宝,它既可以"成教化、助人伦",也可以"涤烦襟、破孤闷、迎静心、释燥气",是"祛病增寿的良药"。书画发达地方人们的心态会趋于平和,社会风气会趋于文明。书画家在徐州特别受尊敬也是"崇文"风尚使然,这促使着艺术家更趋努力,为家乡做出新贡献。

文化,因传承而厚重,书画文脉传到今天似乎更为壮丽,一代书画家产生了新的影响,有的人已成为当代艺术的领军人物。徐州的书画事业也从来没有像今天这样繁盛。许多理论家朋友已注意到徐州出书画家的现象,这一地域现象必将被展开并深入探讨。可染先生的"实者慧"形象地总结了自己,更为一代书画家开启了修炼的明灯。在中华民族艺术的大花园里,徐州书画的奇葩必将更为绚烂,徐州的书画事业前程似锦。是为序。

戊子初于京华

丁方

杨振廷最近创作的"黄河故道民生图"系列水墨画，以对特定地区、特定人群的直面关注，率直地表现出了中国人的生存状态。这种表现的价值在于：画家将心灵探入到了社会的"灰色层面"，通过生动的艺术语言体现出艺术家的社会正义感和道德良知。

社会往往关注那些需要动大手术的疑难绝症，而"亚健康"状态由于是隐性的，很少有人关注。所以我们说，那些喷涂在广告上"健康"的活蹦乱跳的形像，属于"粉饰艺术"，与其说是关注民生，倒不如是为了推销产品，或是为某种商业利益服务。真正的艺术，特别是表现性的艺术，都应有广义的社会批判功能，通过揭露现实的不完善，促使人们思考，呼唤公平正义，以尽可能地减少罪恶与不义发生的可能性。

艺术另一个重要的功能是把握你生存的当代处境，艺术永远记录真实的东西。杨振廷便进入了这种"真实"，他以激情的笔墨去表现一种司空见惯的社会现象——人流涌动的民生现状，以及深深隐藏在这些壮观场面中的丰富内涵：民族、历史、风俗、现实，麻木、困惑、犹豫、期盼等等。

也许有人认为，关注"真实"应该是关注自我，那些大场面的群像图是老掉牙的东西！不错，现代艺术的审美趋向较多地是表现自我，再加上中国的实际情况，从20世纪50年代以来一直强调文艺为工农兵服务，造成长期没有自我。

从这一组作品中我们看到，杨振廷的作品看似客观描绘，实际上里面有着强烈的自我，它化为一种表现意味浓郁的笔墨语言，渗透在每一个形像里面。这个"自我"表现是把人格向外投射，然后再拉回来，反复锤炼，逐步形成一个"大自我"的过程。这比那些单纯画自己的呆傻模样、或是描绘自我狭隘经验空间的画家，要高明得太多。

大诗人T．S．艾略特就"自我"与"个性"问题有过精辟的论述：真正有个性的人，是不追求个性的，因为在对伟大作品的追求中，他的个性自然表现在里面了；而使劲儿追求个性的大多是二三流以下的人，就怕别人听不到他的声音，结果格局愈做愈小。当然有人也说，我为什么走"大格局"，我就是要"小格局"，那是另外一个问题，不属于我们讨论的范围了。

我衷心希望杨振廷在以开拓的创作之路上坚定地走下去，迎来更大的收获。

（作者为南京大学美术研究院　教授 硕士生导师）

2007年8月

笔情 笔性 笔意 笔趣

——略论杨振廷的人物画

吴山明

杨振廷是一位很有实力与潜力的中年画家，同时又是一位有经验的大学美术教师，做人敦厚而谦和，艺术上朴实并执着。为了专业上的精益求精，他虽“人到中年”，但仍不顾家庭与经济上的压力，依然踏上赴艺术的殿堂——中国美术学院深造之路，去年又考入中国画系研究生主干课程，尽管早已是位资格颇老的教师了，但仍像青年学生一样，全身心地投入学习之中，这种求知精神着实感人。

振廷在专业上自己确定的大目标，是以写实为主，并在深度与精度上作好文章。振廷有较强的笔墨与造型能力，用笔坚实而有力度，并能较快捕捉对象的形体特征，振廷善画大画，并对自己热爱的事业有一股子韧劲，能咬住目标不放松，并狠狠地下功夫。通过这阶段的研学，他的作品除保持笔力的强度外，在笔性的品位上大有提高，在笔意与笔趣方面也更丰富了。不到一年时间，振廷的画已让人刮目相看了。振廷祖籍是河北而生于江苏徐州，徐州地处南北之间中原地带，同时振廷的绘画风格也能兼得南北长处。是一位技巧上比较面广的画家。入研究生班之前，振廷已是一位颇有成就的画家，许多作品入选了全国性美展，特别是矿工题材更是给人留下深刻印象。他经常下煤矿，对矿工很有感情，因此画出的矿工有血有肉，受到同行们的关注与好评。今天的振廷又得益于中国美术学院学术氛围的熏陶，所经历的这一次非常难得的再深造的机遇，定会有力地推动他今后在艺术上的发展。目前他的作品比以往更美，也更成熟了，许多作品浑厚而有笔墨，力度中见功力，尽管仍以写实为主，但已是一种在新的层面上的升华，特别是现在写实型中国意笔人物画正处在拓展与演变时期，他的这种以不变应万变的精神更显得可贵而有意义。我认为他已跨出了很成功的一步。

路正而气长，他已为今后的发展铺垫了更加坚实的基础。

（作者为中国美术学院教授、博士生导师）

1999年5月

黄河故道民生图系列之一——求 185cm×278cm

黄河故道民生图系列之二——迷　185cm×287cm

黄河故道民生图系列之三——防　185cm × 287cm

黄河故道民生图系列之四——忧　186cm×287cm

黄河故道民生图系列之五——馐　185cm×287cm

黄河故道民生图系列之五——饍（局部）

黄河故道民生图系列之六——收　186cm × 287cm

黄河故道民生图系列之八——闻　186cm×286cm

黄河故道民生图系列之九——暖　186cm×288cm

黄河沿边民生图系列之一——阴凉树下　287cm×185cm

黄河沿边民生图系列之三——自产自销　186cm × 287cm

黄河沿边民生图系列之三——自产自销（局部）

黄河沿边民生图系列之二——各显神通　287cm × 186cm

黄河沿边民生图系列之二——各显神通(局部)

艺学二则

真实地面对

美术创作的过程,往往是超越任何"主义"的。只要你真诚的运用手中的笔,倾诉心中想说的话,所呈现在眼前的定会是真正属于你自己的作品。

绘画的真实是区别于自然生活中偶然发生的、非本质的、个别现象的。当你的真情转换成精神进而组织自我语言和形式的物质呈现时,已与自然物质彻底不一样了,反过来又准确地对应自然物象。在所有绘画中,表达情感最敏感的方式要数中国画的笔墨了。真实与伪饰都会清楚地显现在宣纸上。同样,写实与抽象的形式皆能真实地在宣纸上反映出属于画家个人的语言和形式。

社会与时俱变,人类的生活与文化亦随之而变。古今人物从外至内完全不同,"说古论今","说古"不如"论今"来的真实。说"古"总想引人入胜而添枝加叶,论"今"不准确,人人都可对照真实评头品足。二人传话,两天之隔便会走"形",口说无凭,而眼见为实。亲眼直视是最真实的存在。而今天的真实又将成为历史的真实。真实是最有说服力的,老师或学堂所传授的知识只是已知的,而真实地面对自然与生活,得到的是最新鲜的存在。

"人之初,性本善",人的本质都是向往和谐,崇尚真善美。但在人与人的社会生活中,矛盾是永恒的。人为了理想在不断消除旧矛盾,而新的矛盾又会产生。人生免不了有磕磕碰碰。

一个"制造"真善美的人,首先是力行真善美的人。尊重生活,直面人生,向社会施爱,应伸出手来,赋予社会哪怕是一枚硬币,要比鸣冤叫屈,嘟嘟囔囔来得更加踏实。

虔诚地学习

我们正面临着一个充满激情的社会,天地试着交换、无名星球的探秘、世界文化的互渗、中国的文艺复兴、重新发掘出土的"时代"……时间在互相穿梭,信息在无形交织。读书的重新取舍,技术艺术的时代,绘画到底应怎样?扁圆形毛笔到底还能复制多久?……

太阳每天都是新的,一切都那么斑斓多彩。你要安逸,不行!小心海啸!你要和平,不行!还要警惕恐怖分子!……你想"躲进小楼成一统",不行!小心不知不觉被淘汰。

首届南大艺术硕士,我又重新找到"新学生"的感觉,这感觉太好了。这感觉使我占了便宜,撑着口袋,白天黑夜往里装东西:潘知常教授给自己的书架"打扫卫生";重读《红楼》、再听《二泉映月》,让中国的、世界的大师领跑!引导我们具备世界性的审美眼光。童星教授"政治与现实、政治与社会、政治与生活、政治与自我灵性"的启示;吴为山院长"弘扬中国传统文化的'大气象',汲取'写意'、'诗意'、'民间'、'书法'、'原始'的大学问,置技重艺、置器重道。从自然转向精神,摆正生活与艺术、技巧与情感、形而上与形而下的辩证关系";聂危谷教授"'小传统'与'大传统'",重新对我们学习方法的启示以及笔墨具体的指导;丁方教授对艺术纵横问题的思考,对现实真实生活的关注,以及土地情节的提升,注重人性的真实与终极关怀,追求人类普遍价值,天地人神上升到哲思的水平等等,还有一次次的学术讲座,让我们充分领略到了南大文史哲方面雄厚的储备。

我们正处于南大为我们搭建的艺术平台,面临着新的挑战和翻腾滚动的知识世界,只有虔诚地、不断地学习、再学习。

杨振廷

2007年腊月于缁素斋

与导师吴山明先生在杭州植物园

走进杨振廷的水墨世界

张浩

与中国美术学院张浩教授在一起

与中央美院院长潘公凯教授合影

与南艺教授周京新先生
《画刊》编辑张正民先生 在一起

与著名雕塑家曾成钢教授合影

几个月前，我收到杨振廷寄来的新画册，打开一看，顿时被一种笔墨视觉所震撼，。一一翻看后，一阵强风扑面而来，真的被振廷兄的水墨人物散发出的魅力所折服了。

杨振廷主攻水墨人物画。他的艺术经历有两个阶段：从煤矿到大学。前一阶段，他以工人和工人画家的身份出现。1970 年他 17 岁到徐州董庄煤矿当工人，在矿上一干就是 10 年。其间，干过工会美工、宣传干事等，他的青春，他的喜怒哀乐与矿工糅在一起。他的生活，他的感情是矿工的感情，与那些到工人中去体验生活的画家截然不同，他有美术的灵性。1981 年，他调到徐州矿工报社做美术编辑，但工作的改变并没有改变他工人的身份，每日接触的还是煤矿和煤矿工人。这个阶段他的人物画创作自然取自矿工主题。他对矿工的了解就如同了解自己，他对矿工的感情就如同自己情同手足的感情。《留平头，好洗澡》(1984 年)、《午餐》(1988 年)、《推车》(1989 年)、《地心日当午》(1991 年)这些作品表现了矿工平凡生活的场景；《崭新的太阳》(1994 年入选第八届全国美展)、《英模生涯》(1994 年)是对矿工的切身理解；1992—1997 年创作的《煤魂》系列，表达了强烈的生命意识和对人性的关怀。

进入 20 世纪 90 年代，杨振廷主动地接触了现代艺术观念，并转向现代水墨人物的探索实践，他有渴望表达的东西，仿佛找到了能够说话的方式一样着迷于这个领域。从对水墨形式语言的分解，到造型方式的重构，从用笔用线的理解，到水墨色块的分布，他已经取得了相当的经验和实践成果。水墨人物画要获得突破性的发展，不在语言形式上有所突破和构建难以实现。作为水墨人物画，一个趋势是将形式意味突出表现人物主题，或写实或表现；一个趋势是将人物化为形象符号构建纯粹的画面形式，或具象或抽象。现在看杨振廷属于前者，如他把形式构成与笔墨视觉用于表现他所熟悉的给他内心世界以深刻影响的生活主题。

杨振廷的水墨写生是他探索笔墨形式语言和造型的有效方式，这部分作品对于水墨人物画的创作和教学将产生积极的作用。在写生作品中，可看到他在形象面前表现感受的冲动，他的激情多于冷静，表现的欲望胜于理性的分析。造型特点用线为主，加进了块面意识，对光的感觉也成为重要元素。笔墨特点倾心于书法用笔，受颜真卿沉雄书风影响较大，锋芒内藏，笔线构成的形式视觉强烈。与那种轻率用笔或轻视用笔的一类有完全地区别。

作为一个人物画家，如何对待生活中的人是进行创作的前提，其次要使艺术形式与表现的主题相统一。创作不能只是写生的技巧，也不单凭掌握了形式规律，其中必有敏锐的感觉和深刻的思想。时代在变，我觉得杨振廷的水墨人物创作也还会变化，一种可能他会涉及新的主题并偏重于视觉形式的鲜明力量。另一种可能他仍然坚持继续挖掘工人生活题材，但或许走向更加内在，因为他抹不去留在心灵中的生活的深刻记忆。无论怎样，杨振廷的生活积累和艺术表现力都会使他在水墨画领域放射出独特的光彩。

2006年4月

（作者为中国美术院 教授 中国美术学院附中 校长）

与中国美术学院顾生岳教授在国美60周年校庆聚会

与著名画家史国良先生在宅中

与著名油画家杨飞云及夫人合影

聆听李可染大师夫人邹佩珠教诲

与著名画家朱奎、潘高鹏先生在全国美展颁奖大会上

与中央美术学院教授姚有多、广州美术学院教授司徒常在煤矿

与全国著名版画家力群先生在中国美术馆

与著名画家贺成先生合影

与中国美术学院教授童中焘先生合影

与中央美术学院院长靳尚谊先生合影

与中央美术学院教授卢沉先生合影

与中国文联副主席冯远先生、中国美术学院教授王冬龄先生合影

与著名画家刘大为先生合影

与著名画家、南艺院长冯健亲教授在全国美展作者作品前留影

与俄罗斯国立师范大学造型艺术系主任、油画教研室主任、艺术博士、功勋艺术家 库兹米乔夫 V.A 教授合影

与美国杨百翰大学美术学院视觉艺术系教授迈克尔·戴合影

来自李可染故乡的书画名家

LAIZI LIKERAN GUXIANG DE SHUHUA MINGJIA

仇高驰

QIUGAOCHI

凤凰出版传媒集团
凤凰出版社

图书在版编目(CIP)数据

来自李可染故乡的书画名家 / 刘明主编.—南京：凤凰出版社,2008.5

ISBN 978-7-80729-176-3

Ⅰ.来… Ⅱ.刘… Ⅲ.①书法家—简介—徐州市—现代 ②画家—简介—徐州市—现代 Ⅳ.K825.72

中国版本图书馆 CIP 数据核字(2008)第 073992 号

书　　名	来自李可染故乡的书画名家
主　　编	刘　明
策　　划	徐州凤凰文化发展有限公司
责任编辑	高思源
出版发行	凤凰出版传媒集团 凤凰出版社(原江苏古籍出版社) 南京市中央路 165 号　邮编 210009 发行部电话 025-83223462
集团网址	凤凰出版传媒网　http://www.ppm.cn
印　　刷	徐州市今日彩色印刷有限公司 江苏省徐州市青年东路 62 号　邮编 221003
开　　本	889×1194 毫米　1/16
印　　张	48
字　　数	100 千字
版　　次	2008 年 5 月第 1 版　2008 年 5 月第 1 次印刷
标准书号	ISBN 978-7-80729-176-3
全套定价	288.00 元

地域文化的光彩

——徐州书画现象(代序)

程大利

徐州,古为九州之一。它是长江、黄河之间的一片沃土,兼有南北地域文化的特征。黄河十三次改道流经此地,积淀泥沙的同时也积淀下了文化,一种坚忍耐劳、朴实敦厚的文化,一种崇文尚武、入世进取的文化,一种心思缜密而不流琐屑、不入极端但又是非分明的处世风习很容易造就一批高旷冲淡又豁达温厚、有情有义的文人,而这又是传统书画艺术家必备的品质。

地理的特殊影响着文化生态。5000年以来,这里留下先秦文化的光彩,更留下两汉文化的辉煌。已经开掘和没有开掘的汉墓,无疑给这块土地添上了许多故事,成为极为厚重的遗珍。画像石是造型艺术的最好教材,《大风歌》而下的诗文传统展现着酣畅淋漓的气度,多姿多彩的民间艺术陶冶了一代又一代的少年,优美的自然风光和千载不泯的民间传说,都为艺术家的成长铺就了温床。近百年来,这里走出了一批杰出人士。以书画为例,民国以来的张伯英、李可染、刘开渠、王子云、萧龙士、王肇民、朱德群、朱丹等书画家成为20世纪的一个现象,不同于江南的"松江派"、"华亭派"等等,却是风格各异地竞相峥嵘。在现代美术史上闪现着光辉,李可染在中国山水画上的贡献已成定论,在历史上留下了充实的一页。

中国传统艺术是中国文化现象。书画是传统文化的瑰宝,它既可以"成教化、助人伦",也可以"涤烦襟、破孤闷、迎静心、释燥气",是"祛病增寿的良药"。书画发达地方人们的心态会趋于平和,社会风气会趋于文明。书画家在徐州特别受尊敬也是"崇文"风尚使然,这促使着艺术家更趋努力,为家乡做出新贡献。

文化,因传承而厚重,书画文脉传到今天似乎更为壮丽,一代书画家产生了新的影响,有的人已成为当代艺术的领军人物。徐州的书画事业也从来没有像今天这样繁盛。许多理论家朋友已注意到徐州出书画家的现象,这一地域现象必将被展开并深入探讨。可染先生的"实者慧"形象地总结了自己,更为一代书画家开启了修炼的明灯。在中华民族艺术的大花园里,徐州书画的奇葩必将更为绚烂,徐州的书画事业前程似锦。是为序。

戊子初于京华

书坛“军事家”

王建

谁敢横刀立马？唯我彭大将军。

彭德怀打了大胜仗，毛泽东一高兴，挥笔给他写了一首诗。

我崇敬彭德怀，更崇敬毛泽东笔下的彭德怀，那个横刀立马的彭大将军。

这首诗的前两句是：“山高路远坑深，大军纵横驰奔。”

当我用这首诗来形容我所认识的一位书法家时，发现竟是那样的贴切！

这位书法家，他的名字叫仇高驰。

仇高驰，书坛“军事家”。

对高驰来说，学书之路，似万里长征，山高水长，峰回路转，步步艰辛。高驰说，书法是一门艰深的艺术，写了那么多年的字，总感觉越写越难。然而，他在书艺上却又不肯懈怠，虽越写越难却又越难越写，虽步步艰辛却又步步欢欣。高驰视书法如宗教，书法似乎已成为他的一种生活方式。因此，有了这份虔诚，脚下便有目标，每前行一步，便接近目标一步，接近成功一步。

高驰是一个书坛“军事家”，虽身经百战，却勇猛依然，不见一丝倦态，且越战越勇。多年来，他获奖无数，却总能胜而不骄，每一次重新抖擞，再向高峰。

看高驰写字，如见将军沙场点兵。下笔重处，尤大兵压境，千军万马一拥而上，鼓角震天，密不透风；走笔细处，又如箭离满弓、雪地惊鹊，一掠而过，劲道十足。

鄙人乐见高驰写汉隶，密密麻麻如排兵布阵，那一个个字，就是一个个整装待发的士兵，人人精神，个个肃穆，从无声中听取惊雷，于严整中见到从容。我，更爱看高驰写小篆，精编细缕，沉而起，静而动，退而进，柔而刚，曲而直，凝重飘逸，举重若轻。

高驰是书坛“军事家”，行万里路，读万卷书。古人云：用志不分，乃凝于神。高驰心态平和，志存高远，充满思辩和反思精神。又为人谦逊平和，性情气质与审美趋向和谐而统一，善于从丰富的传统资源中进行选择，并加以适合自己的创造，又乐于花费精力去磨练和巩固。所以，于一笔一画间，于一字一幅中，足以见出他自我创新之勇，自我突破之猛。

高驰是书坛“军事家”，有远见，积气势，知谋略，行大道。人常说，字如其人，如其学，如其才，如其智。高驰写字做人，从不剑走偏锋、做险中求胜之举，所以，众人看他的字，可以领略横刀立马的风采，却不见浴血奋战之后的哀鸿遍野和满腔悲壮。

纸似沙场笔作马，一路高驰仇将军。

高驰正在战斗，高驰仍将战斗；

高驰已经胜利，高驰还会胜利！

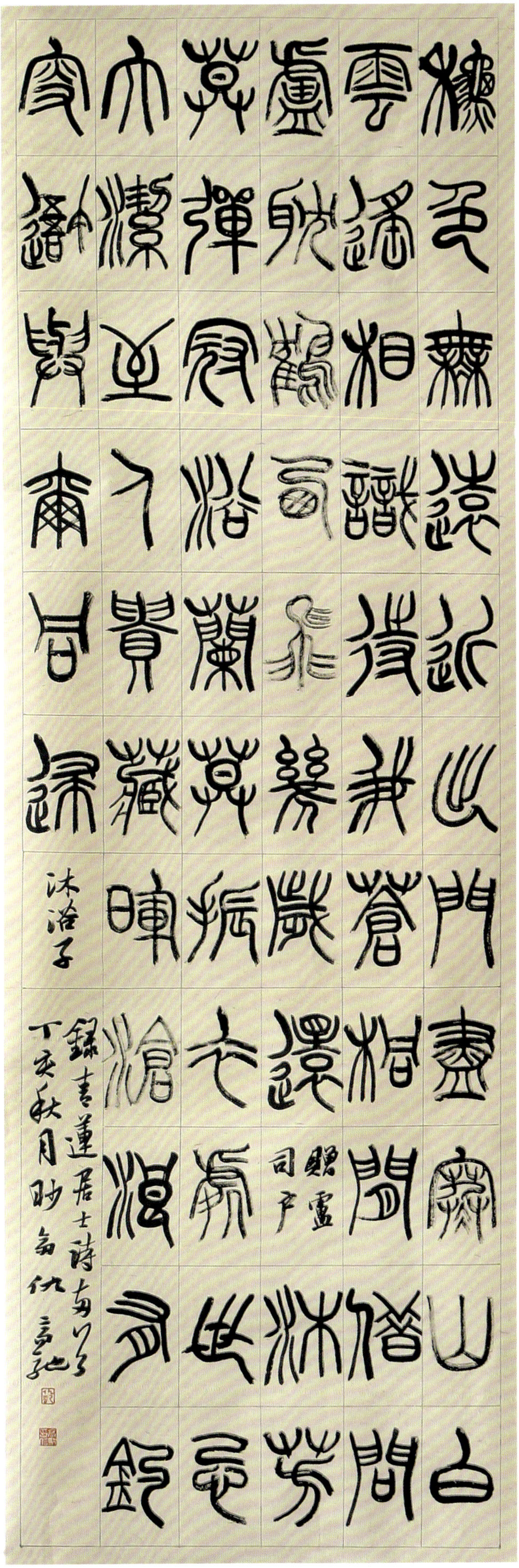

篆书李白《赠卢司户》、《沐浴子》诗轴　2000cm×70cm

释文：秋色无远近，出门尽寒山。白云遥相识，待我苍桐间。借问卢耽鹤，西飞几岁还。沐芳莫弹冠，浴兰莫振衣。处世忌太洁，至人贵藏晖。沧浪有钓叟，吾与尔同归。

篆书王维诗六言联　132cm×23cm×2

释文：桃红复含宿雨　柳绿更带朝烟

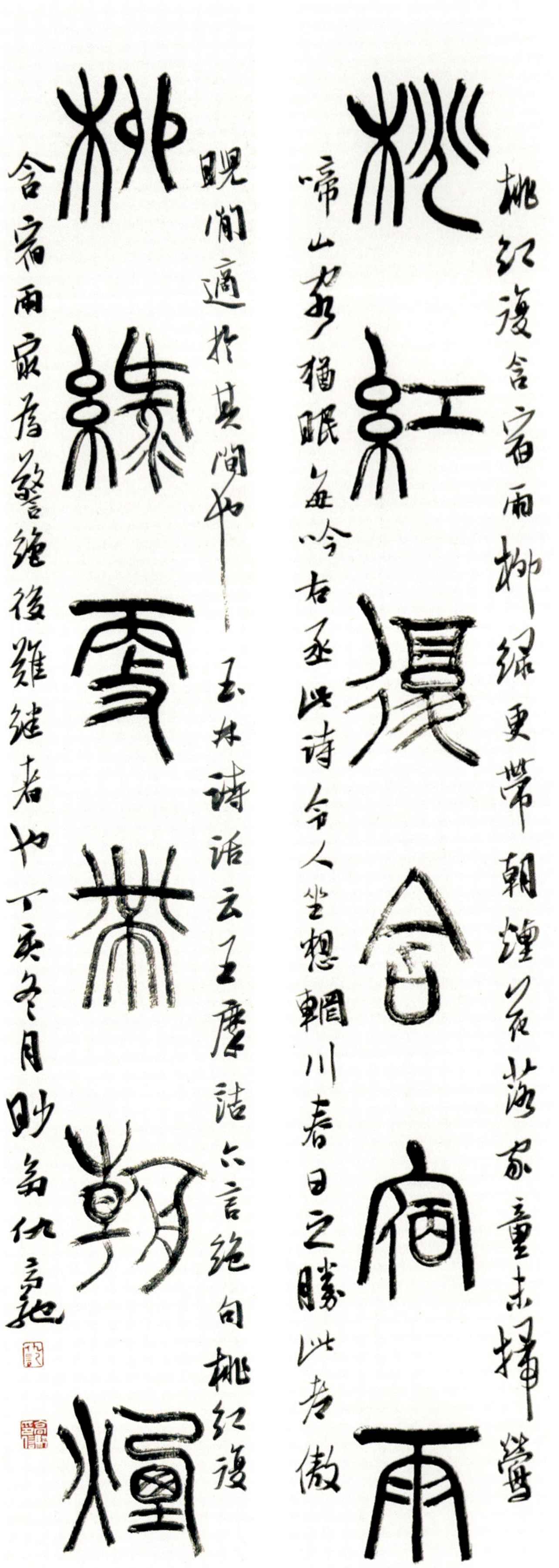

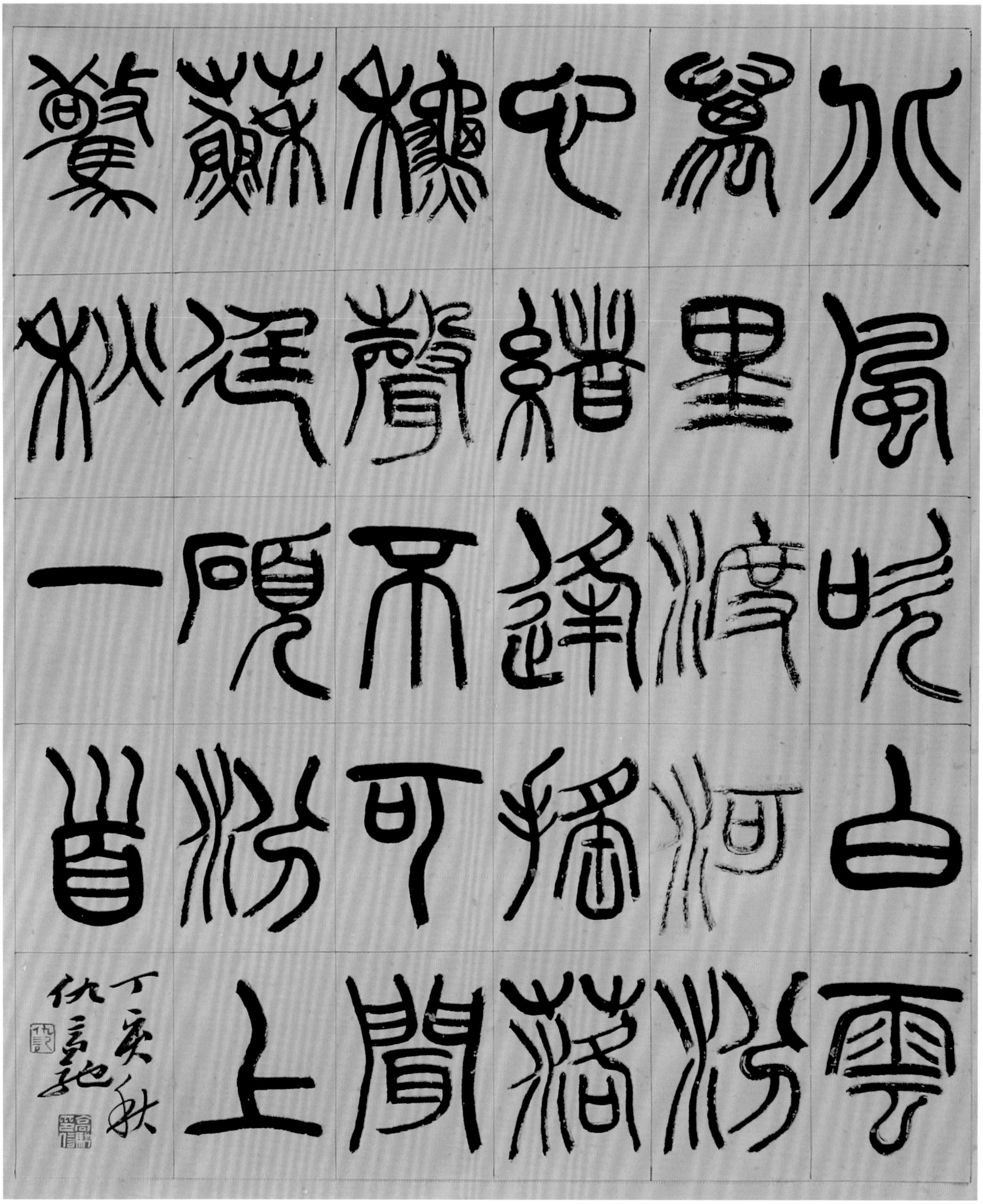

篆书苏廷硕《汾上惊秋》轴　75cm×90cm
释文:北风吹白云,万里渡河汾。心绪逢摇落,秋声不可闻。

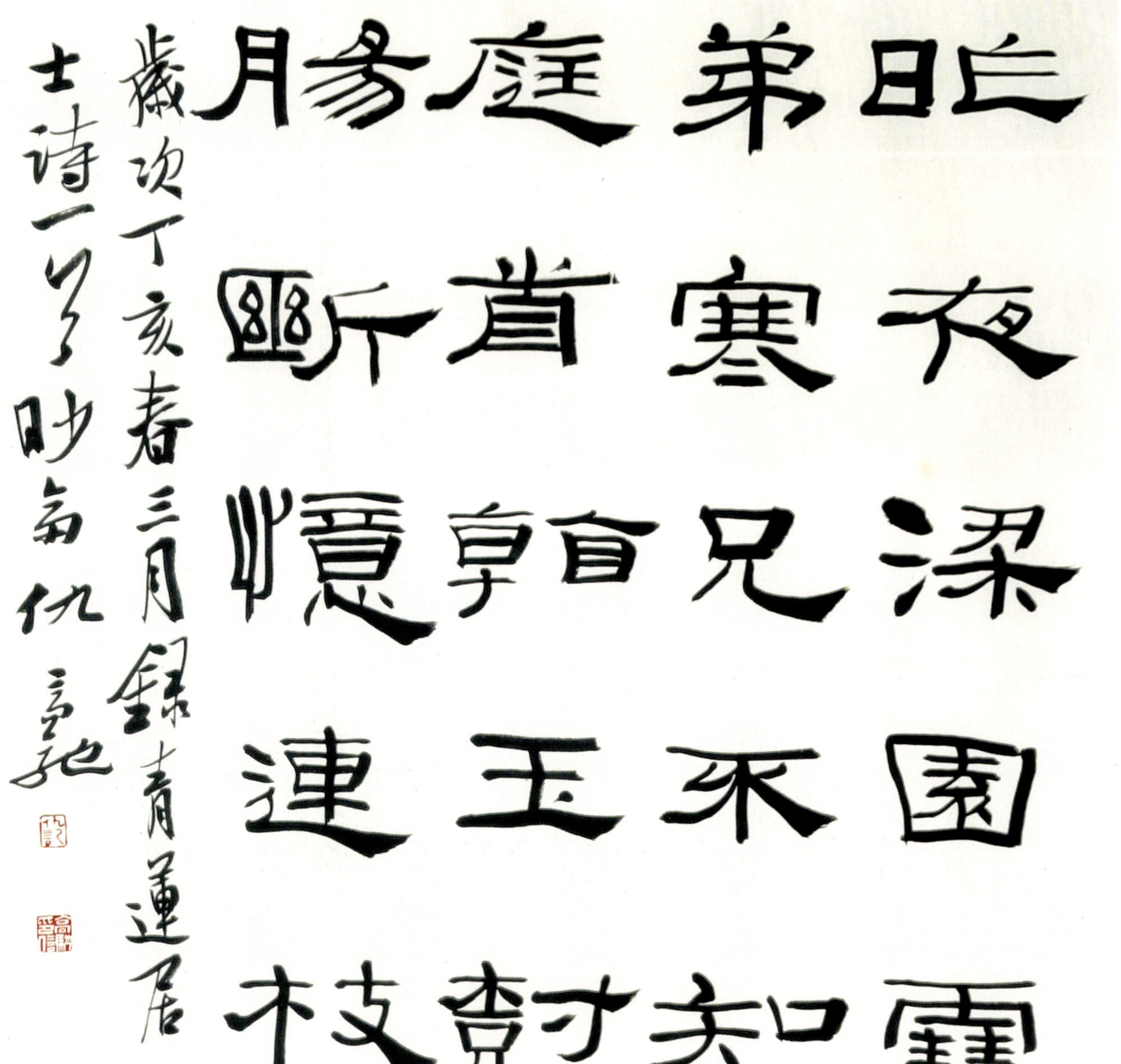

隶书李白诗　70cm×70cm

篆书澄怀观道　70cm×70cm

行草身同心与五言联　132cm×23cm×2

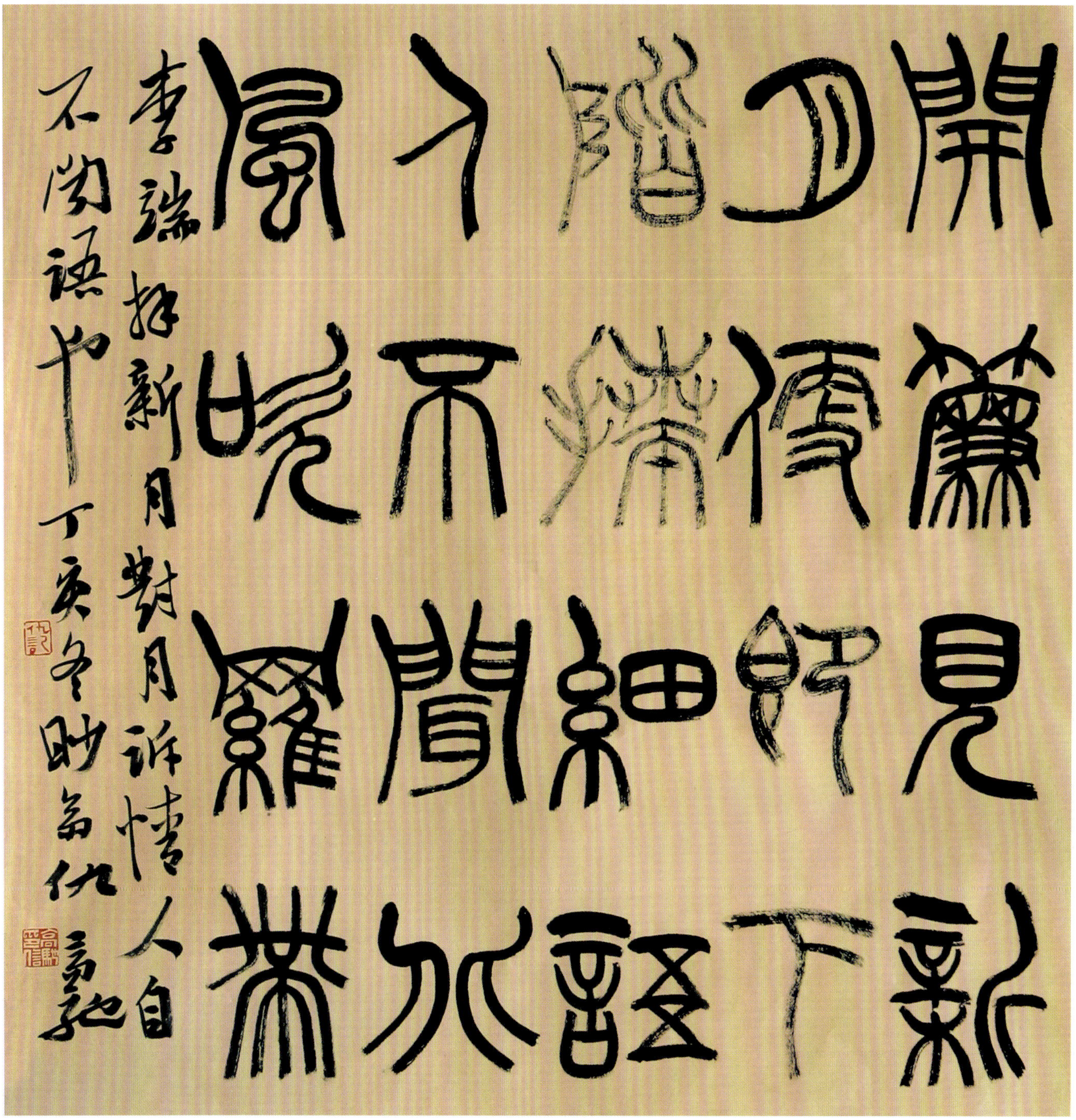

篆书李端《拜新月》　70cm×70cm

释文:开帘见新月,即便下阶拜。细语人不闻,北风吹罗带。

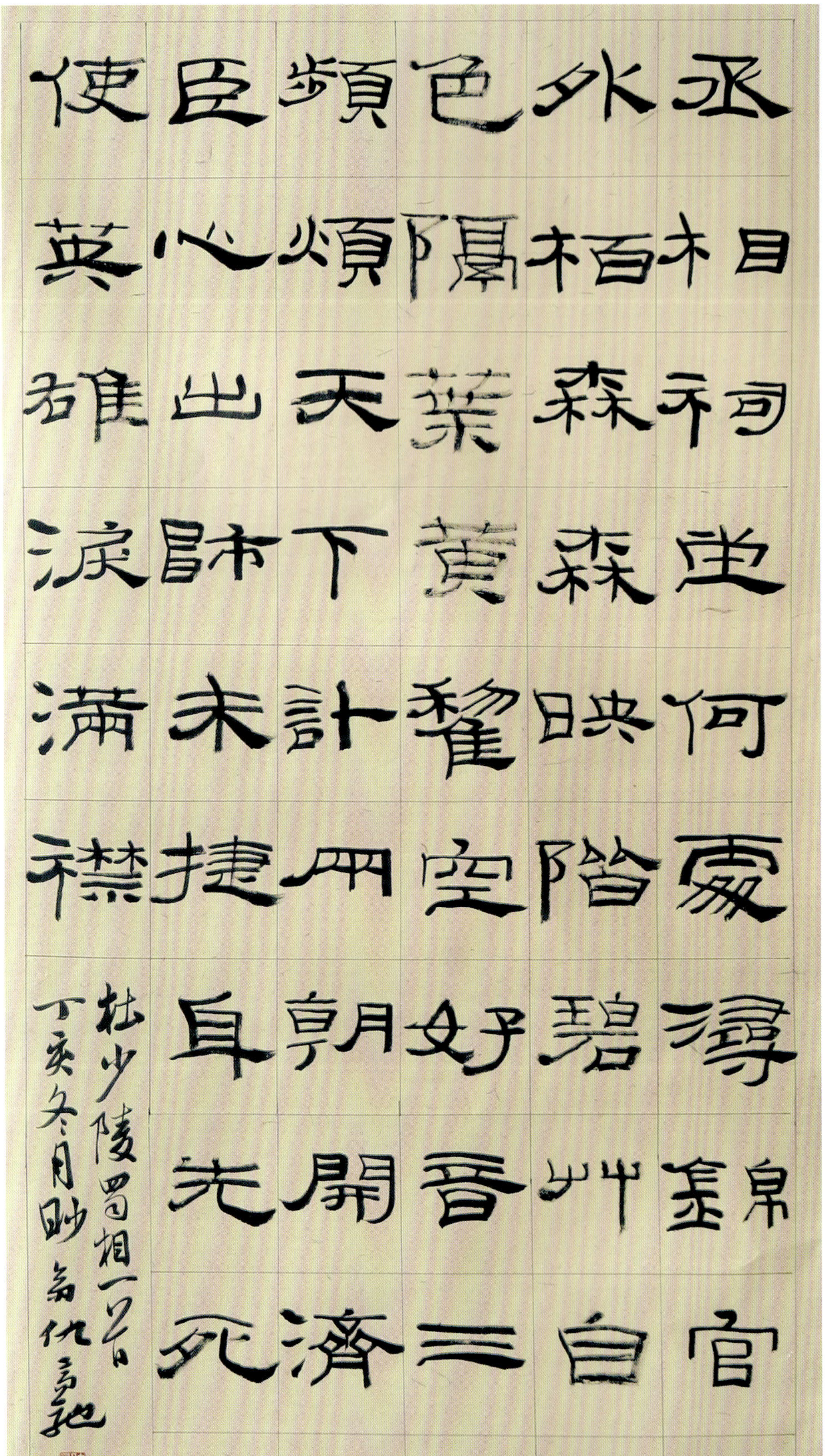

隶书杜少陵《蜀相》诗轴　137cm×70cm

篆书烟雨画图七言联　150cm×30cm×2

释文：烟雨楼台山外寺　画图城郭水中天

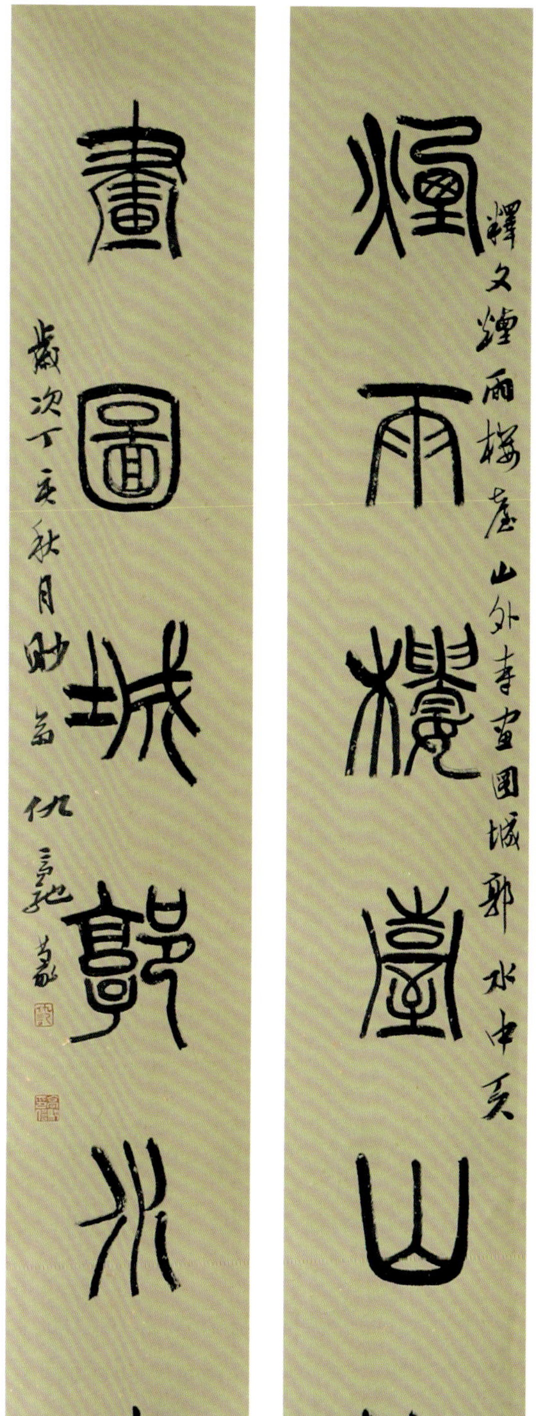

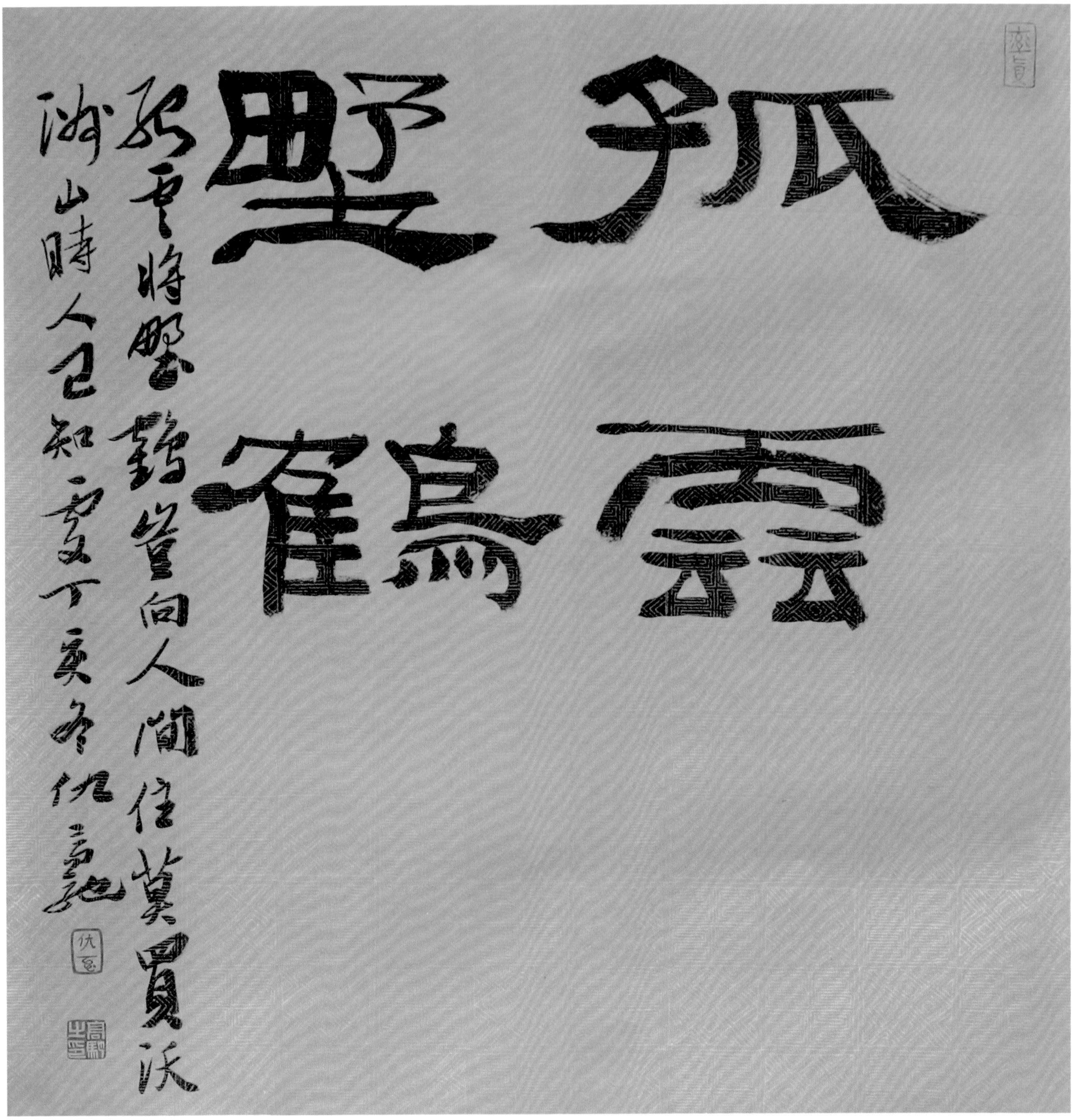

隶书　孤云野鹤　70cm×70cm

行草催道融《夜泊九江》轴　35cm×136cm

隶书　鲁迅七言联　137cm×35cm×2

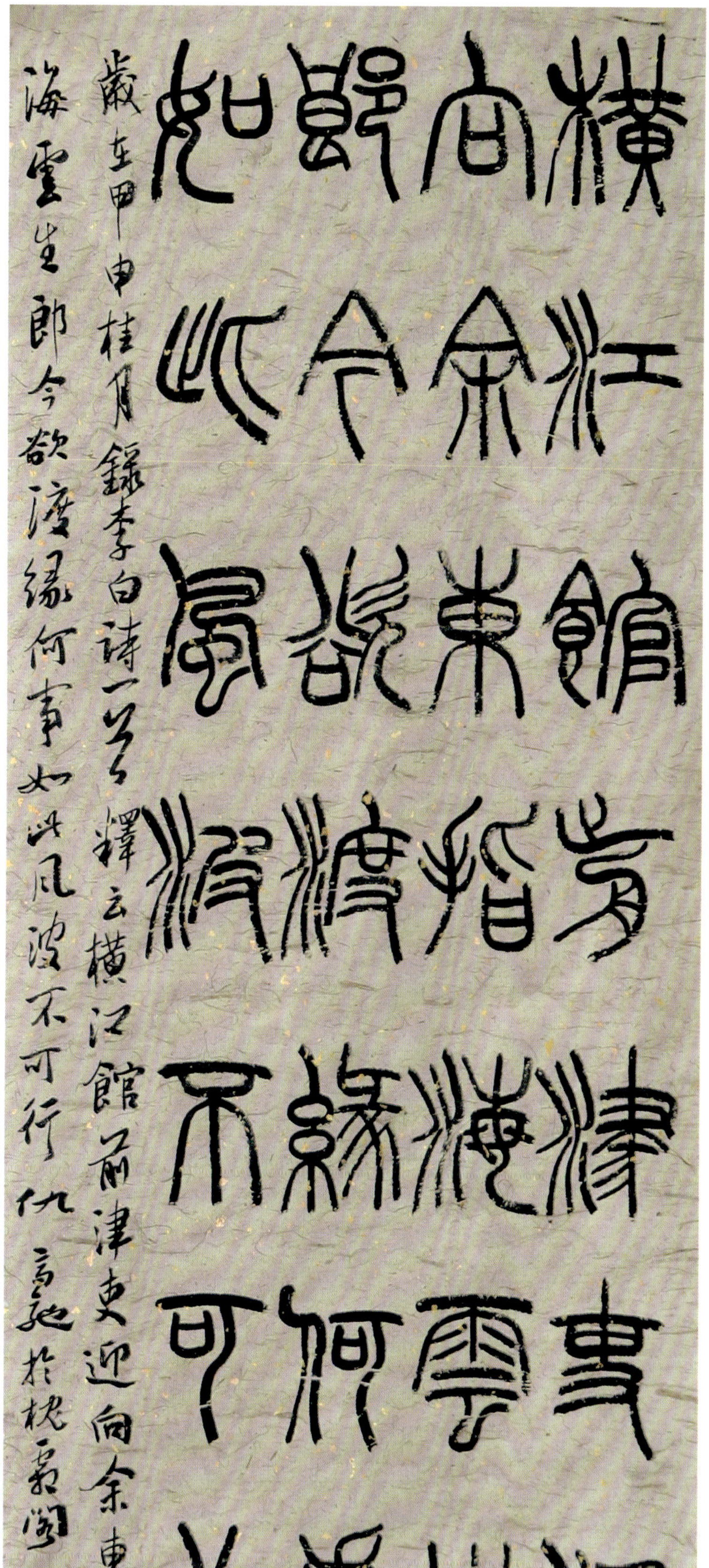

篆书李白诗《横江词》其五轴　137cm×60cm

释文：横江馆前津吏迎，向余东指海云生。郎今欲渡缘何事，如此风波不可行。

不自贵　陈美行印　张涵羽印

日新　周方华印　王建印信　眇斋

奇气　冯敏刚印　宋农村印

管峻之印　韩君　且住草堂

学篆琐语

仇高驰

一

现在想来，我与篆书结缘并一发而不可收，其实是画虎不成的结果。

我学书伊始，完全是出于对书法的喜爱，在无人指导下，便遵循着“楷如立”的古训，先是从颜真卿《颜勤礼碑》入手，既而又写《张猛龙》、《郑文公》和《张女墓志》。这样大约写了五六年的时间，但感觉进展不大，笔力软弱，结构松散，未免有些心灰意懒。在我周围的朋友中，也有不少是写楷书和行书的，都个个笔力矫健，气象峥嵘。但少有人学习篆书，为藏拙起见，我便舍其他书体，专学篆书。

我学篆书是从清邓石如写起。并对邓石如篆书花了不少的功夫。大凡能收集到的邓石如法帖，无不用心揣摩和临习。大约写了三四年的样子，自觉较以前有了不少的提高。同时也得到了师友的鼓励，于是，更加信心十足。于是便“穷源竞流”，上追《石鼓文》、《虢季子白盘》和《毛公鼎》，下探赵之谦、吴昌硕和萧退庵。经过二十余年的摸索，“如鱼饮水，冷暖自知”，虽也获得了不少的奖项，初步得到了同行的认同，但我深切感受到，在书法艺术的道路上，要想取得更大的成就，还要付出艰辛的努力。

二

小篆之难，难在神采灵动。其原因是由于小篆在产生之初，便要求与高度集权化的封建制度相一致，故而要求其基本特征必然是规整的、静态的和理性的。这种在审美上具有华丽典雅和庙堂之气的篆书，在一定程度上，把统治者那种至高无上、目空一切和唯我独尊的威严充分地体现了出来。这就注定使小篆不能有过多的变化。无论是用笔还是结字，都只能是结构严谨而规范，笔画完整而清晰，且线条首尾粗细一致并被等距离均匀分布，字体修长，布局整齐，一丝不苟。这是造成小篆极易平板、单调和缺少个性变化的根本原因。诚然，小篆的抒情意味要逊于行、草书，但这并不等于说小篆就无法写出性情，体现个性，它亦然有着较大的发挥空间。前人邓石如、赵之谦、吴昌硕、萧退庵都以自己的创作实践，走出了一条属于自己的路子。近些年来我尝试用吴昌硕的笔法和萧退庵的结体，在墨色上施以浓淡干湿，在用笔上再贯以行草笔意，庶几可弥补小篆笔法的单纯和形式感的平面，自感委婉通变，趣味盎然。增强了其动态美感与率真风神。

三

唐孙过庭云：“篆尚婉而通。”可谓是对篆书用笔的深刻揭示。然而，篆书仅仅做到了圆和流畅是不够的。清刘熙载对此作了补充：“余谓此须婉而愈节，乃可。不然，恐涉于描字也。”又说：“篆之取尚，莫过于筋，然筋患其弛，亦患其急。”可见，婉而愈劲，通而愈节，不急不弛，才能恰到好处。这就是说书写篆书既要圆转自如，又能柔中有刚，做到柔与刚的有机统一。领悟此点又能苦心造诣才能有上乘之作。

四

小篆自秦代产生以来，后世书家莫不以斯篆为正宗，取纵势修长为体，众人一面，毫无新意。要知小篆结字不宜拉得太长，长则无法，以方楷一字半为宜。萧退庵老人所说小篆“必须能写得方，写得扁，方是好手”，一语道破了小篆的结体特征。以我的体会，将小篆写扁，并非轻而易举即能做到。这首先要练就过硬的手上功夫，并多从汉碑篆额和汉篆上去感悟。尤其是在书篆时，必须达到“疏处可以走马，密处不能容针”。达到疏至不可再疏，密至不可再密，以疏为风神，以密为老气，方能想方就方，想圆就圆，要长就长，要扁就扁，随心所欲，无所不宜了。

来自李可染故乡的书画名家

LAIZI LIKERAN GUXIANG DE SHUHUA MINGJIA

马奉信

MAFENGXIN

凤凰出版传媒集团
凤凰出版社

图书在版编目（CIP）数据

来自李可染故乡的书画名家 / 刘明主编.—南京：凤凰出版社，2008.5

ISBN 978-7-80729-176-3

Ⅰ.来…　Ⅱ.刘…　Ⅲ.①书法家—简介—徐州市—现代②画家—简介—徐州市—现代　Ⅳ.K825.72

中国版本图书馆 CIP 数据核字（2008）第 073992 号

书　　名	来自李可染故乡的书画名家
主　　编	刘　明
策　　划	徐州凤凰文化发展有限公司
责任编辑	高思源
出版发行	凤凰出版传媒集团 凤凰出版社（原江苏古籍出版社） 南京市中央路 165 号　邮编 210009 发行部电话 025-83223462
集团网址	凤凰出版传媒网　http://www.ppm.cn
印　　刷	徐州市今日彩色印刷有限公司 江苏省徐州市青年东路 62 号　邮编 221003
开　　本	889×1194 毫米　1/16
印　　张	48
字　　数	100 千字
版　　次	2008 年 5 月第 1 版　2008 年 5 月第 1 次印刷
标准书号	ISBN 978-7-80729-176-3
全套定价	288.00 元 （凤凰出版社图书凡印装错误可向承印厂调换）

前 言

ForeWord

有着5000年光辉历史的历史文化名城徐州，是楚汉文化的集萃地。历史上这里有英雄豪杰叱咤风云，文人墨客各领风骚，他们创造了许多震古烁今的历史事件，咏叹出荡气回肠的光辉篇章。尤其近百年间，在中国传统艺术领域内，徐州强势书画群体令世人刮目相看。从清末民初的李兰、张伯英，到开创中国山水画新里程碑的一代宗师李可染，从入选中国大百科全书之国际艺术界名人录的王子云，到有着法兰西艺术学院院士桂冠的艺术家朱德群，从享誉海内外的大家朱丹、王肇民、萧龙士等，再到目前扬名全国的徐州籍著名书画家，可谓群星璀璨，熠熠生辉。而最具代表性的李可染，其艺术成就成为中华民族和世界绘画艺术的瑰宝。徐州人民为家乡有李可染先生这样的艺术大师而深感光荣和自豪。将李可染艺术元素绵延到一个与他历史活动息息相关的地域景观中去考量，作为李可染先生的故乡，徐州的现在和未来需要更多的艺术家和艺术精品。

前贤的文采风流，如长江之水，流淌不绝，泽被后人。生活在这块“千古龙飞地”的徐州书画家们，秉承前贤深厚之文化底韵和素养，拥有开放之视野、包容之心态，更有传承古典艺术之功力。近年来，无论是徐州的书法、篆刻，亦无论是徐州的绘画创作，一直保持着向高层次、高水平发展的态势，引起了国内美术界、书法界的高度赞誉和广泛关注。目前，徐州的中国书法家协会会员、中国美术家协会会员达110多人，在地市级城市中名列前茅。在各项国家级大赛中，由于徐州书画家频频获得大奖、金奖，引得行内同仁惊呼为“徐州集团军现象”。

徐州人对书画的热爱由来已久。论成因，是“千古龙飞地、一代帝王乡”的本土基因，使徐州人大气酣畅，乐诵大风，追求艺术的表达；而不南不北、倚东面西的地理位置，又使徐州涵盖了兼收并蓄的秉性。2000多年来，徐州这块古老的土地，文化之脉搏从来就没停止过跳动。千百年书风墨韵的沉淀和影响，使徐州的书画艺术渐入佳境。云龙山水这块广袤而深厚的土地，随处可以感受和触及彭城书画那云蒸霞蔚的灵动。收入这套丛书的书画家仅是一部分，那些默默耕耘的书画家们，正以前所未有的勤奋和努力，去实践着书画徐州所赋予他们的历史重任。

值此李可染先生百年诞辰之际，编撰出版《来自李可染故乡的书画名家》系列丛书，旨在充分挖掘和利用徐州书画人才辈出、书画作品享誉海内外的优势，并把它作为徐州走向世界的一张亮丽名片，进一步推进书画徐州和文化名市建设，提升徐州的文化软实力。

谨以此书献给一切关心徐州、珍爱徐州文化的人们！

徐州市市长

地域文化的光彩

——徐州书画现象(代序)

程大利

徐州,古为九州之一。它是长江、黄河之间的一片沃土,兼有南北地域文化的特征。黄河十三次改道流经此地,积淀泥沙的同时也积淀下了文化,一种坚忍耐劳、朴实敦厚的文化,一种崇文尚武、入世进取的文化,一种心思缜密而不流琐屑、不入极端但又是非分明的处世风习很容易造就一批高旷冲淡又豁达温厚、有情有义的文人,而这又是传统书画艺术家必备的品质。

地理的特殊影响着文化生态。5000年以来,这里留下先秦文化的光彩,更留下两汉文化的辉煌。已经开掘和没有开掘的汉墓,无疑给这块土地添上了许多故事,成为极为厚重的遗珍。画像石实造型艺术的最好教材,《大风歌》而下的诗文传统展现着酣畅淋漓的气度,多姿多彩的民间艺术陶冶了一代又一代的少年,优美的自然风光和千载不泯的民间传说,都为艺术家的成长铺就了温床。近百年来,这里走出了一批杰出人士。以书画为例,民国以来的张伯英、李可染、刘开渠、王子云、萧龙士、王肇民、朱德群、朱丹等书画家成为20世纪的一个现象,不同于江南的“松江派”、“华亭派”等等,却是风格各异地竞相峥嵘。在现代美术史上闪现着光辉,李可染在中国山水画上的贡献已成定论,在历史上留下了充实的一页。

中国传统艺术是中国文化现象。书画是传统文化的瑰宝,它既可以“成教化、助人伦”,也可以“涤烦襟、破孤闷、迎静心、释燥气”,是“祛病增寿的良药”。书画发达地方人们的心态会趋于平和,社会风气会趋于文明。书画家在徐州特别受尊敬也是“崇文”风尚使然,这促使着艺术家更趋努力,为家乡做出新贡献。

文化,因传承而厚重,书画文脉传到今天似乎更为壮丽,一代书画家产生了新的影响,有的人已成为当代艺术的领军人物。徐州的书画事业也从来没有像今天这样繁盛。许多理论家朋友已注意到徐州出书画家的现象,这一学术课题必将被展开并深入探讨。可染先生的“实者慧”形象地总结了自己,更为一代书画家开启了修炼的明灯。在中华民族艺术的大花园里,徐州书画的奇葩必将更为绚烂,徐州的书画事业前程似锦。是为序。

戊子初于京华

形神兼备 气概天成

——名家说奉信

李可染（原中国美协副主席、中国画研究院院长）

奉信的素描功底、造型能力不错，我一向主张搞中国画的也要学习素描，这是画人物的基本要求。奉信为人厚道，笔墨不薄，用线就是要在沉涩中见灵动。画面上的肌理效果感觉很丰富，做得合理有度就好。人物皮肤用色宜单纯，在水墨底子上涂点赭石更显得大气。看来奉信的书法是下了大功夫的，书比画难啊！书法用笔最忌轻滑，沉涩入纸才有分量。

杨建侯（原南京师大美术系教授）

奉信最大的长处是尊师重道、修养全面，善于学习，勤于思考。坚持做笔记，注意积累，所以艺术上才能取得这样的好成绩。做人物画家很难，山水花鸟都要学，对补景大有好处。国画人物要少强调明暗光影，多讲究笔墨。表现范围要压缩，宜重点突破，带动全面。

王学仲（原中国书协副主席、天津大学教授）

奉信书画兼善，尤为难得。所作国画人物形神兼备，笔墨苍劲，善于在写实的画风中参以适度的夸张变形，以增意趣。线条活泼沉实，功力很深；色墨浓淡得宜，感觉丰富。他不但有很高的造型能力，而且有很强的艺术感。其行草书法取刚劲雄浑之气，融秀逸阳刚之美，得细腻委婉之致，又具有鲜明的时代气息。臻乎此，殊不易也。

陈绶祥（中国艺术研究院美术研究所所长、博导研究员）

马奉信以他自己那不懈的努力，逐步完善着一个个当代中国人物画的创造过程。他在创作时，始终没有放弃时代的审美要求与自身对平常人生的真诚关注。因此他的作品有一种细腻、平朴而亲切的感受。在整体效果中有丰富细微的变化。随着新时期的到来，他又开始了以个性风格与笔墨语汇为主的新探索。纯化自己对生命的体悟与关怀，提炼和丰富自己的个性语汇探索，形成有鲜明特色的笔墨手法。

奉信的画，有一种大朴不雕、寓巧于拙的浓厚气息，既得益于他深厚的书法功力，也得益于他对人世的理解和宽容，更重要的是，他并没有把艺术上的创造和追求与时代的普通审美要求对立起来和隔绝开来，而是力求从通俗的平常中去体现一种性情与文化追求，并造就一种常人所能步入的佳境来。

程大利（人民美术出版社社长、总编）

古彭城是李可染的故乡，文化氛围造就了一批画家，马奉信是其中出色的一位。他有相当不错的艺术感觉和心理素质，所以才取得成就。他的画沉厚大气，不事雕琢，可见美学追求和为人秉赋是率真、拙朴而又酣畅大度的一路；他的书法融雄壮于婉约之中，是消化传统、体现性情、直抒胸臆的一路。他的艺术有很浓的地域味道，像黄河故道的一缕风、一片云、一泓池水，令每个在外地工作的徐州人能有很多的感受。奉信的作品一如他本人，醇厚诚恳，胸无城府，谦和宽厚，极重情感。我认为没有情感的人绝对成不了艺术家，艺术家永远是至情至性的孩子。不信，你读《梵高传》和《毕加索传》。

刘玉山（原人民美术出版社社长、总编）

奉信是个诚恳率直的人。他为人很重感情，艺术上力倡以情动人。其实，艺术这东西最最珍贵的还是“真情”二字，倘失去了它，即使再美丽悦目，时间久了也会显露出它的苍白，而被人遗忘。他的画，在风格上趋向于热辣、朴茂、粗放一路。行笔迅疾，气势磅礴，铺墨设色酣畅淋漓，一派阳刚大气。显而易见，这与他的性格、气质是相吻合的。但是，他又很注重把握画面整体效果中的丰富性和细微的对比变幻，这样就使他的画又有了耐人寻味的一面；说平白些，即是“粗中见细、拙中寓巧”吧！

夏硕琦（原《美术》杂志副总编）

画贵独到，所谓独抒机杼。马奉信的画有自己的幽默、有自己的抒情方式，这构成了他艺术的特点。

与李可染大师合影

与谭勇教授合影

与杨建侯教授合影

与王冠中老师合影

马奉信本人就很幽默，他能说、能唱、能讲笑话，有他在座总是笑声满堂。马奉信本人也极重感情，他画中的人物有浓郁的抒情性。中国有句古话："画如其人。"观马奉信的画更加确信不疑。他的绘画风格其实就是他人格的艺术表现。

马鸿增(中国美协理论委员会委员、江苏省美术馆研究员、原副馆长)

奉信画如其人，乃是江苏水墨人物画家中的佼佼者，以形写神的造型功底，气韵生动的笔墨技巧，妙趣横生的构思立意，雅俗共赏的艺术格调——这些，成为奉信独特的艺术风格。唯有真性情，方有真艺术。奉信真情流露，天真烂漫，其画有刚柔兼济之大气，无纤弱矫饰之俗气。

陈传席(中国人民大学徐悲鸿美术学院教授)

马奉信与我都是徐州人。既是老乡，又是校友。他和他的儿子马亚、女儿马茜都是南京师大美术系毕业的，其子女还是我的学生。奉信为人耿直、爽快、表里如一，我喜爱这样的人。18年前我就见过奉信的国画人物画，画得雄浑厚重、笔沉墨酣，而且形象生动、繁简得当，印象至深。18年匆匆而去，奉信功成名就、书画皆精，很不容易！

《宋书》有句云："英才起于徐沛，茂异出于荆宛。"古代的徐州，英才层出，皇帝武将出了一大堆，现在该出文人画家了。继艺术大师李可染之后，徐州仍有更多的画家出现，马奉信就是其中之一。愿马奉信的书画更上一层楼。

张晓凌(中国艺术研究院院长助理、研究生院院长、博导研究员)

马奉信的画如其人，豁达、开朗，自信中蕴藏着几分幽默，而幽默中又透出他的睿智。欣赏他的画犹如聊天一样痛快，在北京的画界是很难体验到这种痛快的。其画既有宋元遗韵，又有实验的色彩；既采取传统的笔法、构图乃至造型，又有西画的某些造型因素。这种综合性的特征为马奉信的绘画探索留下了极大的发展空间。他用西画的造型方式构成画面人物的骨架，而以传统的笔墨渲染使之具有空灵感和意境，使画面显得既大开大合、骨法坚实，又水墨氤氲、酣畅淋漓。他那从整体出发、举重若轻、一气呵成的笔墨功夫，那种在艺术处理上的和谐统一和艺术语言的一致性，那种善用艺术辨证法而形成的虚实、巧拙、黑白、干湿的强烈对比，那种对画面形式美不择手段的探索追求，使他的水墨画日趋成熟。相信他在已有的成就上，一定会有更广阔的发展和更大的成就。

左庄伟(南京师范大学美术学院教授)

画家常以善画某一题材而闻名天下，奉信则是以善画佛道人物而闻名遐迩、享誉画坛的。书画之妙当以神会，观其笔下人物，个个神气活现，呼之欲出。他善借画中人物传达自己的社会理想和美学理想，既能给人以思想的启迪，又能给人以心理和审美的满足。由于他善以书法入画，所以运笔落墨如写狂草，势如天马行空，凤舞龙翔而又擒纵有度，每得一气呵成之致。他常以枯笔取气，劲健而雄浑；又以湿笔取韵，笔透而墨醒，清纯而有神韵。

奉信是位有正气之人，所以在他的形象与笔墨间总喷薄着一派阳刚大气；奉信又是个和气之人，所以他笔下的罗汉贤哲都是胸襟宽坦、和气乐观的。观其画，真如见其人也。

踏雪寻梅

乐天舒啸

四面楚歌

开悟得道

钟馗嫁妹

无忧自在

芳姿春心

东坡醉吟

梅韵茶香

醉僧夜归

纳凉消夏

深山悟道

惜春叹花

望梅知春

蕉荫觅句

旷怀怡情

醉乐听松

梅香浸诗

威武钟馗

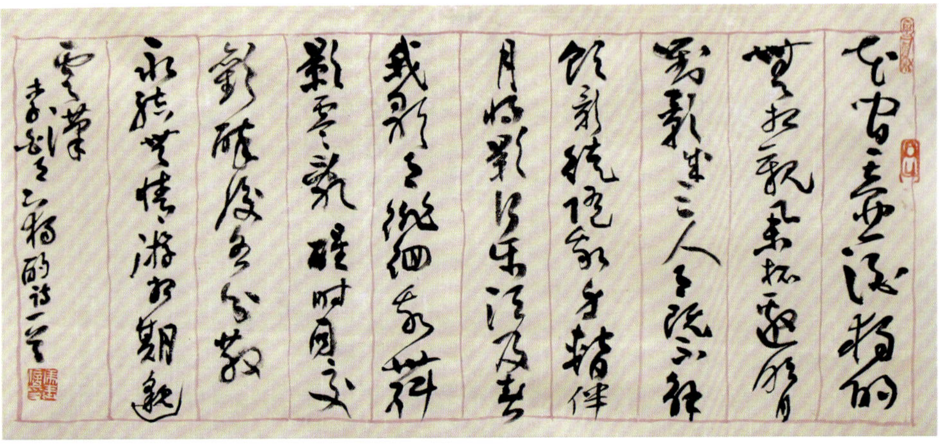

太白醉月

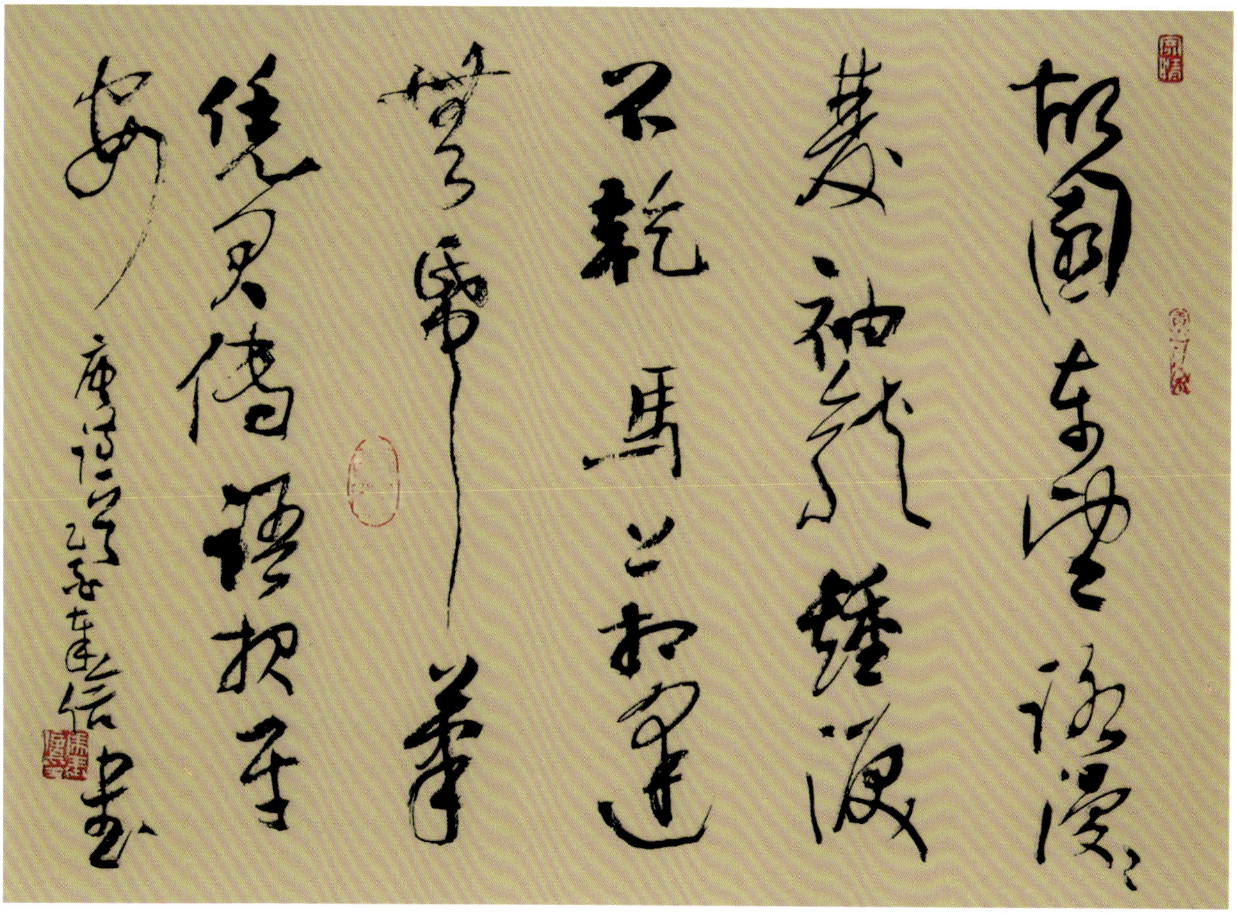

岑参诗

东坡卧石

澳大利亚墨尔本

巴黎罗浮宫

埃菲尔铁塔

巴黎画展

荷兰伦布朗艺术馆

德国慕尼黑街头

奥地利维也纳广场

圣彼得大教堂

意大利罗马斗兽场

中日书画交流会

来自李可染故乡的书画名家

LAIZI LIKERAN GUXIANG DE SHUHUA MINGJIA

高洪啸

GAOHONGXIAO

凤凰出版传媒集团
凤凰出版社

图书在版编目(CIP)数据

来自李可染故乡的书画名家 / 刘明主编.—南京:凤凰出版社,2008.5

ISBN 978-7-80729-176-3

Ⅰ.来… Ⅱ.刘… Ⅲ.①书法家—简介—徐州市—现代 ②画家—简介—徐州市—现代 Ⅳ.K825.72

中国版本图书馆 CIP 数据核字(2008)第 073992 号

书　　名	来自李可染故乡的书画名家
主　　编	刘　明
策　　划	徐州凤凰文化发展有限公司
责任编辑	高思源
出版发行	凤凰出版传媒集团 凤凰出版社(原江苏古籍出版社) 南京市中央路 165 号　邮编 210009 发行部电话 025-83223462
集团网址	凤凰出版传媒网　http://www.ppm.cn
印　　刷	徐州市今日彩色印刷有限公司 江苏省徐州市青年东路 62 号　邮编 221003
开　　本	889×1194 毫米　1/16
印　　张	48
字　　数	100 千字
版　　次	2008 年 5 月第 1 版　2008 年 5 月第 1 次印刷
标准书号	ISBN 978-7-80729-176-3
全套定价	288.00 元

(凤凰出版社图书凡印装错误可向承印厂调换)

地域文化的光彩

——徐州书画现象(代序)

程大利

徐州,古为九州之一。它是长江、黄河之间的一片沃土,兼有南北地域文化的特征。黄河十三次改道流经此地,积淀泥沙的同时也积淀下了文化,一种坚忍耐劳、朴实敦厚的文化,一种崇文尚武、入世进取的文化,一种心思缜密而不流琐屑、不入极端但又是非分明的处世风习很容易造就一批高旷冲淡又豁达温厚、有情有义的文人,而这又是传统书画艺术家必备的品质。

地理的特殊影响着文化生态。5000年以来,这里留下先秦文化的光彩,更留下两汉文化的辉煌。已经开掘和没有开掘的汉墓,无疑给这块土地添上了许多故事,成为极为厚重的遗珍。画像石是造型艺术的最好教材,《大风歌》而下的诗文传统展现着酣畅淋漓的气度,多姿多彩的民间艺术陶冶了一代又一代的少年,优美的自然风光和千载不泯的民间传说,都为艺术家的成长铺就了温床。近百年来,这里走出了一批杰出人士。以书画为例,民国以来的张伯英、李可染、刘开渠、王子云、萧龙士、王肇民、朱德群、朱丹等书画家成为20世纪的一个现象,不同于江南的"松江派"、"华亭派"等等,却是风格各异地竞相峥嵘。在现代美术史上闪现着光辉,李可染在中国山水画上的贡献已成定论,在历史上留下了充实的一页。

中国传统艺术是中国文化现象。书画是传统文化的瑰宝,它既可以"成教化、助人伦",也可以"涤烦襟、破孤闷、迎静心、释燥气",是"祛病增寿的良药"。书画发达地方人们的心态会趋于平和,社会风气会趋于文明。书画家在徐州特别受尊敬也是"崇文"风尚使然,这促使着艺术家更趋努力,为家乡做出新贡献。

文化,因传承而厚重,书画文脉传到今天似乎更为壮丽,一代书画家产生了新的影响,有的人已成为当代艺术的领军人物。徐州的书画事业也从来没有像今天这样繁盛。许多理论家朋友已注意到徐州出书画家的现象,这一地域现象必将被展开并深入探讨。可染先生的"实者慧"形象地总结了自己,更为一代书画家开启了修炼的明灯。在中华民族艺术的大花园里,徐州书画的奇葩必将更为绚烂,徐州的书画事业前程似锦。是为序。

戊子初于京华

画家高洪啸

姜舟

高洪啸从少儿时便立志要成为一名画家，并且受到过很好的儿童画训练。1976年，他在新疆度过了四年的军营生涯。军队这座“大熔炉”与“大学校”对于洪啸人格的培养、生活的磨练、知识的积累以及人生意志的铸造等，都起到了很大的影响和熏陶。古人云：“有志者，事竟成。”上世纪80年代末，洪啸三进南京艺术学院美术系深造，攻素描、油画、美术理论等，并获“刘海粟奖学金”。科班严格的教学训练，为洪啸打下了中西绘画的坚实根基，应该说这是他真正步入艺术殿堂的新起点。1993年，他调入徐州国画院，从事中国画的研究与创作。后来，他又相继担任了副院长、院长等职务。

“功夫不负有心人”。还未到而立之年，他已在徐州美术界崭露头角。从1983年至1993年的10年间，他相继创作并出版了多套连环画。1994年，其作品《彩云》入选第八届全国美展，1997年作品《靓秋》入选全国中国人物画展，2004年作品《滇之乐》又入选了第十届全国美展。近年来，他参加了第一、二届全国百家金陵中国画展，全国第三届中国画展，全国画院第二、三届画展等等。许多作品在国家级大展中荣获金奖、银奖、铜奖、优秀奖、学术贡献奖等。《美术》、《中国画》、《江苏画刊》、《文汇报》、《新华日报》等多种专业杂志及报纸给予发表介绍。可谓硕果累累，声名日显。

“问渠哪得清如许，为有源头活水来。”高洪啸的作品为什么能够屡屡入选与获奖？或者说从洪啸的成功中，我们可以找到哪些可资借鉴的经验呢？依笔者浅见，主要有以下几点：一、必须培养扎扎实实的造型能力；二、必须到生活中去发现美，捕捉美，创造美；三、必须锻造真、善、美的人生观、世界观、价值观与审美观；四、必须立足传统，多方吸收，独树一帜。艺术作品既是一个画家功力、学养与奋斗足迹的体现，也是一个画家观念、理想与心灵的折射。为此，他付出了很大的努力，而且取得了可喜的成就。其中最值得我们探讨和关注的是他对传统的正确对待、学习和把握。

许多画家的经历证明，如何正确对待传统与外来艺术的问题，往往是一个画家成败的关键。李可染先生曾经一针见血地指出：“中国的艺术传统是血脉，外来艺术是营养。”试想，作为一个中国画家，就像一个人的肌体一样，如果断绝了血脉，他还有生存与成长的可能吗？答案是否定的。高洪啸认为：“传统是艺术家的摇篮。”可见他对传统的理解和尊崇，并切切实实地在传统上花费了功夫与苦心，这一点也正是洪啸之所以成功的关键所在。

从洪啸作品的脉络，我们可以清晰地窥见，他是从传统中走出来的，但同时他又吸收其他艺术形式的营养，已初步形成了自己的风格。其突出的特点表现在以下几个方面：

一是以线造型，以线为骨，别出心裁，恰到好处。以线造型与以线为骨是中国传统绘画的突出特征和精华所在。因为中国画的用线不仅仅是解决物象形体的轮廓、结构等问题，而且还要表现出物象形体的质感、量感、空间感以及意志神情。在洪啸的作品中，我们可以看到，无论是主体人物，还是背景中的花木、房舍、杂物等，都是运用或长或短、或粗或细、或浓或淡、或虚或实等等变化多端的墨线勾出。尤其是他在人物背景的处理上，可以说是匠心独运，恰到好处。特别是对那些花

卉、草木的安排和描绘，吸收了花鸟画的一些表现技法，工写结合，皴擦点染，以少胜多，笔简意长，情趣盎然。

二是写实与装饰的统一。综观洪啸作品的人物造型及其对景物的刻画，基本上是属于写实的，并未做过多的夸张或变形。但他并不只是注重人体结构、面部表情与衣纹转折等那些细枝末节的变化，而是采用极为简练的笔墨把形象概括出来。不论是他的人物造型，还是配景景物的组合，间或是笔墨的运用，均显示出一种协调而统一的“装饰味”。

更为浓烈的“装饰味”还表现在他对画面背景底色的运用和突破上。看洪啸大部分作品的背景，除了安排适量的或与主题有关的景物之外，几乎所有空白处都平涂了一种色彩。“打底色”的手法是我们的老祖宗早就用过的，近现代少数画家也采用过。但是洪啸却将这种手法进一步拓展，并发挥到了极至。其主要特点就在于每一幅作品底色的配置都是根据画面所要表达的主题思想和内容而定，如表现热烈或欢快的暖色调，表现宁静或深沉的冷色调，表现悠闲或抒情的灰色调等。因画而异，变化多端，与主体人物相得益彰，极富写实的生动美而又不失图案的装饰美。

三是用墨与用色的统一。显然，洪啸在用墨与用色的统一方面取得了成功。看洪啸之作，用墨并不太多，然干、湿、浓、淡俱备。当浓处则浓，当淡处则淡。有时一笔之间，浓浓淡淡，干干湿湿，灵活多变，别有情致。即便运用大片的墨色来处理背景，也是那样的通透与鲜活。此外，在色彩的运用上也很有特色。乍看起来，其作品用色很多，红红绿绿，无其不有，有时确是为了表现少数民族服装与饰品的需要。但他调配的色度大都很淡，故能让人感到虽多而不乱，虽艳而不俗。尤其令人称道的是，他在用色和用墨的关系上，达到了古人所总结出来的“色不碍墨，墨不碍色”、“色墨交融”、“以色助墨光，以墨显色彩”、“墨中有色，色中有墨”的境界。

“江山代有才人出，各领风骚数百年。”洪啸时届中午，正是风华正茂、如日中天之际。我们相信他在未来的艺术征程上，一定会再接再厉，勤奋不辍，努力攀登新的高峰。

圣域·系列之三

圣域　系列之三(局部)

甘南陕北行杂感

高洪啸

●2007年4月26日晚,随"江苏省万里写生团"乘飞机从南京经西安到兰州。第二天入住夏河。

拉卜楞,一个魂牵梦绕的地方。10年前曾到此写生。今又踏上这块圣地,那熟悉的山道,熟悉的步履……早已把高原反应抛在了脑后。

天空飘起了片片雪花,远处传来藏民凄婉的歌声,是触景生情吧,想起10年前一同游历的好友已经作古,不禁有些伤感……

一夜大雪,将拉卜楞妆点得分外圣洁,我们打起"万里写生团"的横幅,在银色的世界里留下了历史的印记。

圣域·系列之四

大家都理性地寻找着自己的艺术素材。天气太寒，衣着单薄的画友们干脆躲进了川菜馆，喝着三泡台，欣赏着雪山、寺庙、僧红、藏女……勾勾草图，默记着印象。晚上天黑得迟，8点钟了天还煞亮煞亮的。要上几个小菜，斟上当地的土酒，兴致好得很。回到宾馆还是兴奋得久久不能入睡。

●拉卜楞不流通硬币，藏民也不认硬币。后来卖毡帽的藏人告诉我，牧民之所以不要硬币是因为没地方放，藏袍里面藏不住，放牧时常常遗失，久而久之硬币就没人敢要了，不再流通便成为正常的事了。

●常常看到寺庙周围年龄不同的藏女，甩开袍子蹲下去，立起来时原地便冒着热气。多数藏民对厕所没有概念。

●朗木宁寺是我们的下一站。赶上雪后的高原是我们的幸运。雪山、雪原，一望无尽。车子转过一个高坡，眼前全然是另一番景色：天气晴朗，阳光下的雪域格外醒目。天上飘忽不定着朵朵彩云，恍惚间，像是到了神境仙界。

赶巧，在途中遇到了藏民的插箭节，成百上千的藏民围着赛马场呼叫着……

我虽然还未弄懂插箭节的涵义，现场的盛装藏民、上千辆各色的摩托车和成群的马儿让我立时兴奋了起来——胜利者向空中抛撒着印有经文和图腾样的方格纸，洒洒洋洋，像是节日的礼炮彩绢，煞

兄弟　300cm×200cm　高洪啸 王梦彤

《兄弟》(局部)

是壮观。

藏族汉子走路像是山在移动，宽袍长袖，红色的腰巾束在胯下大腿上，愈发显得威猛。

●朗木宁寺的高海拔(3300 以上)让画友们很不适应，三步一喘。好在不久前我去过西藏拉萨，多少有点经验,行步要缓,吃点含热量高的食品。

据说这美景是美国侠客发现并传出来的。雪山、杉木、藏屋、草原,清凉纯净的虎头溪源,总有三五成群的藏女梳洗着头发,红柳乍绿,天然的画卷。

画友们争抢着拍照,竟一时忘了嘘喘。其实,争什么呢?这儿的美景永远也拍不完。

《兄弟》(局部)

天葬台就在半山腰，没有人敢去看，只是望着天空盘旋的苍鹰和大量的黑乌鸦，想象着那上面的恐怖……

这里的庙宇与拉卜楞比，规模小得多。看过大昭寺、拉卜楞寺、扎布仑寺，想来都是差不多的景观。这里的僧人和藏民受旅游业的影响，都知道伸手"钱给，钱给"了……想起了杜甫的诗句："在山泉水清，出山泉水浊。"不过我还是要以清溪为题材画纯洁的藏女。

●走进高海拔的大草原，人也豪爽起来。喜怒笑骂，放怀不羁，想说想唱任由其便。见此情景，我坚信那些平日里咬文嚼字、拐弯抹角，斯文谦恭、不露声色，小肚鸡肠、指桑骂槐，粗野刁蛮、骄横无忌的人，如果来到这里，肯定会被这天界圣疆的草原雪山给一一净化了。

●经玛曲、则岔返兰州，5月3日抵西安，和陕西画界的朋友们座谈后，4日到达革命圣地延安。

延安是红色的，是因为中国共产党带领工农红军经过长征二万五千里，进驻此地后，领导中国人民夺取了政权，建立了新中国。红枣、红星、红旗。革命是要流血的，血色是红的。红色是共产主义的交响曲。

●延安作为历史的红色圣地，留给后人的便是红色的记忆。当年红色的旗帜召引着成千上万为自由不怕牺牲的热血青年，而今红色旅游召引着成千上万的人儿来寻觅前人留下的红色印迹。后人看历史总是清醒理智的。历史就是历史。

●安塞——安定边塞之意。安塞城有700多年建县

兄弟局部

史。这儿很神奇，她所孕育的农民画、剪纸、腰鼓、民歌等黄土特色文化已享誉海内外了。我是第一次亲眼看到安塞腰鼓，完全被震撼了。温和憨厚的陕北人打起腰鼓来竟是如此的激越豪迈。阳刚的舞姿是黄天厚土的真性情，是大汉民族精神本质的勃现。

●黄土塬上的秦腔大戏只有在赶庙会的时候才能看到。十里八乡捧着香果，踏着黄烟，吹着唢呐，蜂拥而来。如今很少有人骑毛驴，山里人时兴骑摩托车了，一排排放在黄土大道上，很壮观，比城里商场前排放得美。

老乡看大戏很投入，咧着大嘴憨憨地出神。破喇叭、粗劣的演出道具对于他们无所谓，要的是角色功夫、演员长相，看看热闹吧。

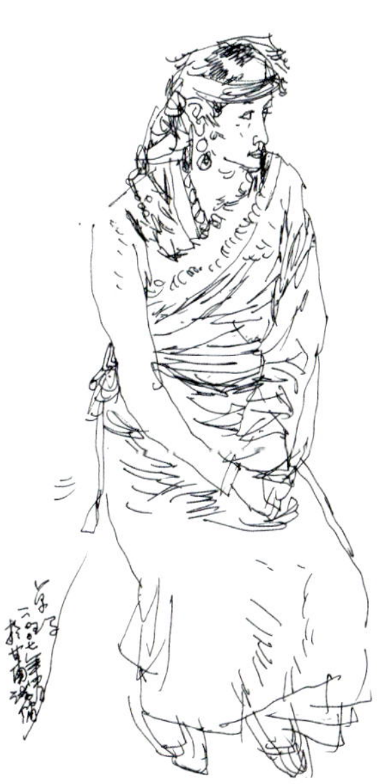

圣域　系列之二

圣域·系列之二局部

山里边还是有迷信色彩。一脸苦相的婆姨，总是被神汉神婆愚弄着，摆来摆去，有几个钱也给划拉走了。图得个暂时的心情。

黄土刮起来，城里人受不了，这块儿人习惯了，照样和着风吃啥都成，不会闹肚子。

我们带队的很慷慨，看到戏台班子不容易，一激动捐了 2000 元，感动得他们团长眼圈红红的，差点没哭出来。

●黄土画派植根于黄土高原，用中国画语言表现黄土情结。新金陵画派是以传统中国水墨表现更大领域的自然、社会，实之借助更宽泛的题材和体裁抒发现实主义文人情怀。所以对中国画的发展，江苏画家是高起点和广角度的。

“万里写生·精品创作”是继新金陵画派后更大范围的贴近自然、贴近生活，必将在中国画界引起关注。

●速写是记录生活的好手段，是艺术化的“应物象形”，是画家归纳、提炼、概括形象的能力体现。

速写与摄影等科学手段有很大区别。曾有朋友问我：“社会发展到今天这个时段，速写还有用吗？”我个人认为：速写作为造型艺术的基础，是画家积累素材、训练感觉不可或缺的，同时它还是一门独立的艺术形式。利用现代科技手段，可以节省大量的创作时间，对于搜集和整理艺术素材有很大的作用。但速写的作用与摄影等有本质的不同。过分依赖摄影会使绘画艺术感觉弱化，而只重视速写不接受摄影也是愚昧的。

●画家要表现自己的真情实感。真情实感从哪里来？从切身体验，从自身感受。这种体验、感觉缘自生活，缘于自然。这次“万里写生”活动，我深有体会。以往我们画藏民多流于对服装、道具、特征、场景的描绘。可以说只注意到了皮毛，缺乏激情与深度。这次到甘南，身临其境感受到的藏区的生存环境、宗教氛围、人的精神状态、民俗风情等，将深化对藏域题材的创作。

●江苏不乏有能力的国画家，但缺乏有影响的精品力作。说白了，是缺乏在全国

圣域　系列之一

枣园

有影响的大展中拿奖牌的作品或集结起来走进京城展示江苏实力的一批这样的作品。

省厅此次“万里写生·创作精品”意在振兴江苏美术，重塑国画大省之形象，实实在在地从创作抓起。没有作品，一切都是空的。

提倡现实主义精神，贴近自然，贴近生活，抓主流创作是明智的。说明倡导者的见地是现实的，也是江苏目前所急需的。“万里写生”后的组织工作是能否拿出成果的关键。

●中国画的水墨渲淡让文人们游戏了上千年。在世人眼里都是一个套路，没有根本性的变化。在封建时代，让不得志的文人做点笔墨游戏以排解心中的郁闷尚可理解。那个时候，交流少，无法看到外面的世界。改革开放这么多年了，我们是在和世界比肩了，还一味地崇尚着遗存的旧把戏，还去玩味着旧文化人的情调，是不是有点不合时宜？该给中国画家洗洗脑，加深些“创新”之类的关键词了。

●什么是主流创作？应该是能代表社会审美趋向的精品力作。

顺应时代、引领时代，是主流创作的立足点、出发点和基本方向。一个有责任心的画家应该也必须在主流创作中充当角色。

●水墨写意画是要有激情的。不管是冷激情，还是热激情。否则你打动不了人。

●笔墨的精神在气，在韵，在笔的节律。

●画家对自己的事业要虔诚。艺术发展需要敬业的画家。

●绘画艺术不只是职业，更应该是信仰。

●会调节自己的画家是幸福愉快的。调节是补血，是吸氧。

来自李可染故乡的书画名家

LAIZI LIKERAN GUXIANG DE SHUHUA MINGJIA

吴 江

WUJIANG

凤凰出版传媒集团
凤凰出版社

图书在版编目(CIP)数据

来自李可染故乡的书画名家 / 刘明主编.—南京:凤凰出版社,2008.5

ISBN 978-7-80729-176-3

Ⅰ.来… Ⅱ.刘… Ⅲ.①书法家—简介—徐州市—现代②画家—简介—徐州市—现代 Ⅳ.K825.72

中国版本图书馆 CIP 数据核字(2008)第 073992 号

书　　名	来自李可染故乡的书画名家
主　　编	刘　明
策　　划	徐州凤凰文化发展有限公司
责任编辑	高思源
出版发行	凤凰出版传媒集团 凤凰出版社(原江苏古籍出版社) 南京市中央路 165 号 邮编 210009 发行部电话 025-83223462
集团网址	凤凰出版传媒网　http://www.ppm.cn
印　　刷	徐州市今日彩色印刷有限公司 江苏省徐州市青年东路 62 号 邮编 221003
开　　本	889×1194 毫米　1/16
印　　张	48
字　　数	100 千字
版　　次	2008 年 5 月第 1 版　2008 年 5 月第 1 次印刷
标准书号	ISBN 978-7-80729-176-3
全套定价	288.00 元

(凤凰出版社图书凡印装错误可向承印厂调换)

地域文化的光彩

——徐州书画现象(代序)

程大利

徐州,古为九州之一。它是长江、黄河之间的一片沃土,兼有南北地域文化的特征。黄河十三次改道流经此地,积淀泥沙的同时也积淀下了文化,一种坚忍耐劳、朴实敦厚的文化,一种崇文尚武、入世进取的文化,一种心思缜密而不流琐屑、不入极端但又是非分明的处世风习很容易造就一批高旷冲淡又豁达温厚、有情有义的文人,而这又是传统书画艺术家必备的品质。

地理的特殊影响着文化生态。5000年以来,这里留下先秦文化的光彩,更留下两汉文化的辉煌。已经开掘和没有开掘的汉墓,无疑给这块土地添上了许多故事,成为极为厚重的遗珍。画像石是造型艺术的最好教材,《大风歌》而下的诗文传统展现着酣畅淋漓的气度,多姿多彩的民间艺术陶冶了一代又一代的少年,优美的自然风光和千载不泯的民间传说,都为艺术家的成长铺就了温床。近百年来,这里走出了一批杰出人士。以书画为例,民国以来的张伯英、李可染、刘开渠、王子云、萧龙士、王肇民、朱德群、朱丹等书画家成为20世纪的一个现象,不同于江南的"松江派"、"华亭派"等等,却是风格各异地竞相峥嵘。在现代美术史上闪现着光辉,李可染在中国山水画上的贡献已成定论,在历史上留下了充实的一页。

中国传统艺术是中国文化现象。书画是传统文化的瑰宝,它既可以"成教化、助人伦",也可以"涤烦襟、破孤闷、迎静心、释燥气",是"祛病增寿的良药"。书画发达地方人们的心态会趋于平和,社会风气会趋于文明。书画家在徐州特别受尊敬也是"崇文"风尚使然,这促使着艺术家更趋努力,为家乡做出新贡献。

文化,因传承而厚重,书画文脉传到今天似乎更为壮丽,一代书画家产生了新的影响,有的人已成为当代艺术的领军人物。徐州的书画事业也从来没有像今天这样繁盛。许多理论家朋友已注意到徐州出书画家的现象,这一地域现象必将被展开并深入探讨。可染先生的"实者慧"形象地总结了自己,更为一代书画家开启了修炼的明灯。在中华民族艺术的大花园里,徐州书画的奇葩必将更为绚烂,徐州的书画事业前程似锦。是为序。

戊子初于京华

浓墨重彩画屏幽

——品读吴江山水画有感

彭丽娟

吴江的山水画，是可以慢慢品读的。当你有幸品读了他的山水画作品，会有一种“山水收眼底，诗意寓画中”的感觉。唐代诗人王维的“明月松间照，清泉石上流”，在他的笔下是如此的明晰：瀑布、山泉、清溪、松林、明月，一条小船，一枝钓杆，一亭一人独赏月的画意、诗境，呈现给观者一种雄中见秀的诗意之美、华滋浑厚之感。让观者仿佛沉浸在大山的秀逸与恢弘之中。多年来，他所创作的山水画以他独特的诗一般的绘画语言诠释了新的水墨山水图式。

《春涧》极似唐代诗人白居易的“春来江水绿如蓝”。以桃花盛开寓言春天，以放牧、劳作寓意一年新的开始，绿色山体与承相映，给人描绘了希望的蓝图。《翠雨图》给人的恬静，《云涌田野》给人的闲情，《远居深山避尘喧》给人一种远离城市喧嚣的舒放、轻松、宁静的感觉，一种轻松的遐想，一种山野的寄托跃然纸上。

他的作品大多呈现的是满构图。然而，满构图又极善于利用空白：水面、幽涧、悬瀑、断云、雾霭、天空，在这些空白中虽不着一笔，既是为了章法之需而留下的形式空白，以此产生画面流动之气。其生动的画面形象，恰恰给读者留下了审美创造性的想象空间，让观者产生些许诗意和韵味。

中国画自古以来便与诗有着不解之缘。赵孟荣在其《论画品》中曰：“画谓之无声诗”，苏轼的“画中有诗”及张舜民的“画是有形诗”，皆一语道出了诗与画之间如鱼水般的密切联系。因此中国画一直讲究在画面上体现出诗的意境，谓之“诗中有画，画中有诗”。

吴江先生的代表作品《月明山更幽》，构图繁复，丘壑雄奇错综，笔法多变，墨法精微，充分显示了吴江画作的气势博大、雄浑、厚重、灵动而缜密，充实而富于节奏感。

山水画是诗意国度的特殊文化产物，画家们在山水画中营造了诗意的存在和对自然的向往，而驾驭自然，与大自然冥合为一，又是中国山水画的基本精神，同时也成为山水画自身的独特审美价值。古往今来，山水始终作为艺术命题，在一代又一代画家的笔下显示出不衰的艺术魅力，成为人们心灵遨游的精神家园。

吴江先生便继承了山水画传统的“诗心”，在“外师造化、中得心源”的创作理念中，徜徉在青山绿水之间。他的灵感亦来源于造化的鬼斧神工，他的激情，同样来源于直面自然而产生的生命感动。因而，吴江在山水天地中，滋养诗意的心灵与澄澈的情怀，大自然中的青山绿水，都化作一片心境，纳入了心灵之中，呈现在方寸画卷之内。

品读吴江的山水画，可以看到他笔下的山川流水，烟云雾霭与浓荫绿树等，都以平远和中远的视点，做全景式的展开，使画面充实、丰富、疏密、多变，而浓淡、深远、虚实有无则隐于其间。作品在一派清新爽朗、洒怀悦目中达到一种浑然完整的美感。呈现给观者的是，生命的蓬勃活力的流动，清新的洋溢和沁人肺腑的现实气息。从作品《春山新雨后》、《明月照山幽》、《晚秋》以及花鸟画《河塘清趣》、《高洁图》等，可以看出，画家对大自然和现实生活了然于胸，随手拈来皆可入画的娴熟与自信。

以线立骨，以骨立山水形质，是吴江作品的重要特征；与此同时，我们也看到画家的深厚功力和严谨不苟的创作态度与艺术精神。循着这个视野看法，一切都是一目了然的——那些依不同物象而变化的笔墨和笔性，所展示的是新艺术观与新审美观下的山水语言，它们饱含着画家对现实和艺术的诗意关照。但所有这些都围绕着特定的山水主题，去表现山水主题的深远与广阔，华滋与雄奇，并结合山水美感的外部形态，进行归纳、概括、整合，给现实的山水以抒情的表现。

可以这样说，吴江的山水作品，其深层结构仍然积淀着传统的通过静观方式以达到与自然合一的审美理想，而这种理想，正是在笔墨与色彩之间升华作品境界的结果。

中国绘画艺术是人们的精神家园，古人曰：仁者乐山，智者乐水。因此，山水画便又多了几分浪漫，也给人们提供了一个可以神游的理想空间。传统的山水画讲究可居、可游，便是其中哲理。综观历代名作都有其被世人认可的特点，一张好的作品要有审美性和可读性，它要透出人们所希望得到的美感和精神愉悦。美要动人，画要典雅，要让观者赏心悦目，“寓教于乐”，识美从善，给人以吉祥和祝愿。最具神采的是它要具有浪漫气息，就是来源于生活而高于生活，让人有一种趣尽天然的神秘。所以画成一幅好作品本身就是对画家的一种苛求，它有时所消耗的不是汗水而是心血。因为他们用生命和热情开启了人类的审美意识，穷极一生的精力，致力于发现和创造美。吴江便是这样一位甘于寂寞的耕耘者。他将感情蓄于笔端，以胸怀作纸，以心灵作笔，让艺术之神在指尖上舞动，给观者奉献了他认为美的感性世界，让天和人、物与我合二为一，用笔墨去诠释着他对生活的挚爱和对美的热烈追求。他的画讲究大气魄、满构图，但又不失精于细节的刻画：画面饱满大方，层次丰富，笔墨精致，清幽、浪漫、祥和的气息扑面而来，使品其画作的人如若身临其境，伫立于冰清玉洁之地。同是他又是睿智的，他紧跟时代、贴进文脉，完全阐释着“外师造化，中得心源”和取法乎上、法无定法之玄妙。因而，他的画作突显出自己的绘画语言个性，得到社会的关注和喜爱便是理所当然的了。

山水无言人有情。祝愿吴江先生用他的画笔向时代呈现出更多更好的山水佳作。

畅游图　38cm×38cm

艺海随感

吴江

中国画自文人画起兴，风格、路数愈宽其润味愈加深颖。主要是其笔墨展现书卷气，以减少躁气、火气、霸气，因此诸多画家认为应多读书增加文笔内涵，充实丰富学养，以利提高对中国画创作的境界。说来容易做来实则不易。我不敢妄言，但总认为书画同源，必互相影响，故多临帖、常习字，不仅增加笔墨之味的理解，更能有助于画境与书体谐美之统一。

中国之大，多少奇山异水均须有人到此一游，登其峰观其境，越是未到之地越需有人寻幽、探胜，倘若大家只是尽往人多之处观去，一路尽赏眼边花，而忽略许多荒野世界，无人顾攀涉猎，岂不有负自然之大好山川。

有一流的人品、学问、修养，才有望达到中国文人画物我两忘的最高境界，只有多读书、勤于悟，感悟自然之景物，胸中脱去尘浊，开拓胸襟，方能超然物外，融万趣于思，畅悟于天地之外。品格、修养、学问的高低，决定这艺术的高下。这正是许多画家值得思考的新课题。

马陵春晚晴　148cm×238cm

笑谈天地外　68cm×58cm

笑口常开　68cm×58cm

07

山静云初吐　128cm×216cm

春山翠雨　68cm×68cm

空林细雨至 笑谈山野中　68cm×68cm

阳春三月　68cm×68cm

云涌四野　　68cm×68cm

春山叠萃　118cm×198cm

清凉世界　68cm×68cm

一年又一春　68cm×68cm

远居深山避尘喧　68cm×68cm

明月伴白头　138cm×68cm

暮春　180cm×238cm

明月照玉洁

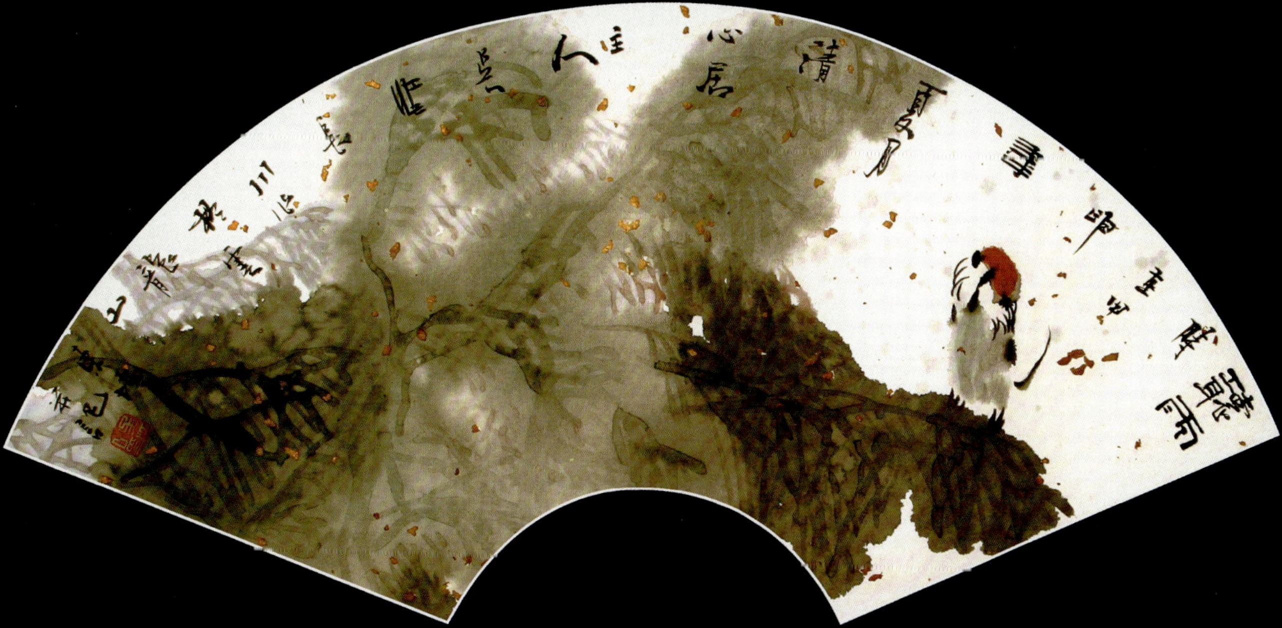

听雨

香连翠叶

荷塘清香　36cm×120cm

来自李可染故乡的书画名家

LAIZI LIKERAN GUXIANG DE SHUHUA MINGJIA

惠剑

HUIJIAN

凤凰出版传媒集团
凤凰出版社

图书在版编目(CIP)数据

来自李可染故乡的书画名家 / 刘明主编.—南京:凤凰出版社,2008.5
ISBN 978-7-80729-176-3

Ⅰ.来…　Ⅱ.刘…　Ⅲ.①书法家—简介—徐州市—现代②画家—简介—徐州市—现代　Ⅳ.K825.72

中国版本图书馆 CIP 数据核字(2008)第 073992 号

书　　名　来自李可染故乡的书画名家
主　　编　刘　明
策　　划　徐州凤凰文化发展有限公司
责任编辑　高思源
出版发行　凤凰出版传媒集团
　　　　　凤凰出版社(原江苏古籍出版社)
　　　　　南京市中央路 165 号　邮编 210009
　　　　　发行部电话 025-83223462
集团网址　凤凰出版传媒网　http://www.ppm.cn
印　　刷　徐州市今日彩色印刷有限公司
　　　　　江苏省徐州市青年东路 62 号　邮编 221003
开　　本　889×1194 毫米　1/16
印　　张　48
字　　数　100 千字
版　　次　2008 年 5 月第 1 版　2008 年 5 月第 1 次印刷
标准书号　ISBN 978-7-80729-176-3
全套定价　288.00 元

地域文化的光彩

——徐州书画现象(代序)

程大利

徐州,古为九州之一。它是长江、黄河之间的一片沃土,兼有南北地域文化的特征。黄河十三次改道流经此地,积淀泥沙的同时也积淀下了文化,一种坚忍耐劳、朴实敦厚的文化,一种崇文尚武、入世进取的文化,一种心思缜密而不流琐屑、不入极端但又是非分明的处世风习很容易造就一批高旷冲淡又豁达温厚、有情有义的文人,而这又是传统书画艺术家必备的品质。

地理的特殊影响着文化生态。5000年以来,这里留下先秦文化的光彩,更留下两汉文化的辉煌。已经开掘和没有开掘的汉墓,无疑给这块土地添上了许多故事,成为极为厚重的遗珍。画像石是造型艺术的最好教材,《大风歌》而下的诗文传统展现着酣畅淋漓的气度,多姿多彩的民间艺术陶冶了一代又一代的少年,优美的自然风光和千载不泯的民间传说,都为艺术家的成长铺就了温床。近百年来,这里走出了一批杰出人士。以书画为例,民国以来的张伯英、李可染、刘开渠、王子云、萧龙士、王肇民、朱德群、朱丹等书画家成为20世纪的一个现象,不同于江南的“松江派”、“华亭派”等等,却是风格各异地竞相峥嵘。在现代美术史上闪现着光辉,李可染在中国山水画上的贡献已成定论,在历史上留下了充实的一页。

中国传统艺术是中国文化现象。书画是传统文化的瑰宝,它既可以“成教化、助人伦”,也可以“涤烦襟、破孤闷、迎静心、释燥气”,是“祛病增寿的良药”。书画发达地方人们的心态会趋于平和,社会风气会趋于文明。书画家在徐州特别受尊敬也是“崇文”风尚使然,这促使着艺术家更趋努力,为家乡做出新贡献。

文化,因传承而厚重,书画文脉传到今天似乎更为壮丽,一代书画家产生了新的影响,有的人已成为当代艺术的领军人物。徐州的书画事业也从来没有像今天这样繁盛。许多理论家朋友已注意到徐州出书画家的现象,这一地域现象必将被展开并深入探讨。可染先生的“实者慧”形象地总结了自己,更为一代书画家开启了修炼的明灯。在中华民族艺术的大花园里,徐州书画的奇葩必将更为绚烂,徐州的书画事业前程似锦。是为序。

戊子初于京华

世俗情怀与乡野叙事

——看惠剑的水墨写生

马凯臻

说句实话吧，我实在不喜欢那些被严重诗化或把崇高的壮美推向极致的山水画，我怎么也弄不明白，一些操弄笔墨的普通人，为啥总喜欢把自己悬在半空，俯瞰千山万壑并发表激情澎湃但空洞无物的感慨。不错，我们的文化里有一种对"恢弘气象"的崇拜，这种文化选择本无可褒贬，但如果将这种选择演化为无限的几乎是病态的追求，比如山越画越高，水越画越长，有些干脆弃绝世俗的想念，直奔宇宙去了，那就离庸俗不远了，不！那已经是庸俗了。一次研讨会上，一位德国汉学家说：有人问什么是国画，回答说有山有水，有松树，有瀑布。这老外答得妙，他太了解被中国画家玩熟了的手段了！

反过来看惠剑的这批画，我觉得好。先放下笔墨形式不说，就说那一幅幅深入乡野对景写生的画面，就让我感动非常。你看，首先这批画不是呆在画室里，蓄积了满腹的"崇高"情绪后便可成批生产的那些东西，而是他以世俗情怀面对乡野风情的真诚描绘。其次，更为可贵的是，在这样一个空洞的崇高感已普遍成为艺术家的廉价情感，并能博取更空洞的嘉许和更实在的利益，以装点和满足肉做的躯体的文化境遇中，惠剑不受其扰，不但没有为名山大川代言的高涨情绪，反而竭力避开大规模的笔墨陈述、大跨度的俯瞰视域、大山水的审美惯性，饶有兴趣地去关注环绕在城市周围的自然生态以及那里的具体生活。他以质朴无华的笔墨让我们看到了这样一幅幅画面：没有神性和永恒，只有我们普通人可以看得见的、自然生态里那种一岁一枯荣的生命周期与人味十足的世俗景致。

当然，不少的画家也不屑于对"恢弘气象"的一味崇拜，而把笔墨转向所谓"山村小景"、"乡村记忆"等等，但这些所谓对"小景"、"记忆"的描述，完全不可以纳入与惠剑同一的审美视野，因为，在那些充满诗意的笔下，看得见草垛柴扉，体味到屐齿苍苔，那树也画得婆娑多姿，那水也画得波光淋漓，但终因寻觅不到生命的痕迹而无法成为一种生命的自然景观，并最终沦落为一幅只配挂在家里自愉的漂亮图画。为什么？形式上的的转换并没有从根本上改变过度诗化的病态追求，那种在画室里攒出来的远离世俗情怀的乡村叙事，只是城市中人造园林的变种，那种因被泛化而浸渍了庸俗气味的诗意，同"恢弘气象"的病态崇拜者一样，只不过是从另一方向陈述了不屑表达现实生活的文化立场而已。

所以，无论是直觉还是我仅有的艺术感知能力都告诉我，惠剑这样一种摆脱了空洞的庸俗的美学表达，带着一种体验性的真实情感，以及将诗化的山水还原为更接近人的生命状态的山野叙事，才是打进我内心最深处的艺术力量。真的，大山有大美，但大过了头，就连小美也不如了；大山有大山的灵魂和精神，但离人最近的灵魂和精神，还是我们的生命从那里出发的，不怎么漂亮的，甚至是杂草丛生的僻壤乡间。对，就是惠剑画的那地儿。

就是面对这样的地方，惠剑的笔墨才显得那样的不做作，他把自己放进环境，不做结构上的经营设计，只注重自己与景物的相互关系，为保持新鲜的感知能力，惠剑甚至放弃对每一笔的所谓质量追求，直接以或密或疏的线条组织，快速地描绘在自由而野逸的空间尽情挥洒生命的杂草杂木，以及羞怯地躲在它们身后的农家小屋，还有它们脚下静静流淌的滋润自己，也可以用来灌溉农田的小溪……这种对普通景致的感受与表达，恰似沾带着乡野露水的俚俗小调，那样清新可人，那样能让人感受到一种人或人性的温柔……

2008年2月29日

蒙阴秋景　　70cm×70cm　　2007 年

村头　　70cm×70cm　　2007 年

晚亭　　90cm×90cm　　2007 年

清泉放歌　　70cm×80cm　　2007 年

醉秋深　　90cm×90cm　　2007 年

满庭秋熟　　90cm×90cm　　2007 年

一纸秋风　　90cm×90cm　　2007 年

山居　　90cm×90cm　　2007 年

秋意惹人醉　　90cm×90cm　　2007 年

幽泉叙无尽　　90cm×90cm　　2007 年

满庭芳　　70cm×70cm　　2007 年

村口　　90cm×90cm　　2007 年

山中习静　　90cm×120cm　　2007 年

溪山无尽　　80cm×80cm　　2006 年

泉山清秋　　70cm×70cm　　2007 年

静静的山溪　　70cm×70cm　　2006 年

秋高林疏　　70cm×70cm　　2006 年

雪林　　140cm×150cm　　2007 年

来自李可染故乡的书画名家
LAIZI LIKERAN GUXIANG DE SHUHUA MINGJIA

周长海
ZHOUCHANGHAI

凤凰出版传媒集团
凤凰出版社

图书在版编目(CIP)数据

来自李可染故乡的书画名家 / 刘明主编.—南京:凤凰出版社,2008.5

ISBN 978-7-80729-176-3

Ⅰ.来… Ⅱ.刘… Ⅲ.①书法家—简介—徐州市—现代 ②画家—简介—徐州市—现代 Ⅳ.K825.72

中国版本图书馆 CIP 数据核字(2008)第 073992 号

书　　名	来自李可染故乡的书画名家
主　　编	刘　明
策　　划	徐州凤凰文化发展有限公司
责任编辑	高思源
出版发行	凤凰出版传媒集团 凤凰出版社(原江苏古籍出版社) 南京市中央路 165 号　邮编 210009 发行部电话 025-83223462
集团网址	凤凰出版传媒网　http://www.ppm.cn
印　　刷	徐州市今日彩色印刷有限公司 江苏省徐州市青年东路 62 号　邮编 221003
开　　本	889×1194 毫米　1/16
印　　张	48
字　　数	100 千字
版　　次	2008 年 5 月第 1 版　2008 年 5 月第 1 次印刷
标准书号	ISBN 978-7-80729-176-3
全套定价	288.00 元 (凤凰出版社图书凡印装错误可向承印厂调换)

地域文化的光彩

——徐州书画现象(代序)

程大利

徐州,古为九州之一。它是长江、黄河之间的一片沃土,兼有南北地域文化的特征。黄河十三次改道流经此地,积淀泥沙的同时也积淀下了文化,一种坚忍耐劳、朴实敦厚的文化,一种崇文尚武、入世进取的文化,一种心思缜密而不流琐屑、不入极端但又是非分明的处世风习很容易造就一批高旷冲淡又豁达温厚、有情有义的文人,而这又是传统书画艺术家必备的品质。

地理的特殊影响着文化生态。5000年以来,这里留下先秦文化的光彩,更留下两汉文化的辉煌。已经开掘和没有开掘的汉墓,无疑给这块土地添上了许多故事,成为极为厚重的遗珍。画像石是造型艺术的最好教材,《大风歌》而下的诗文传统展现着酣畅淋漓的气度,多姿多彩的民间艺术陶冶了一代又一代的少年,优美的自然风光和千载不泯的民间传说,都为艺术家的成长铺就了温床。近百年来,这里走出了一批杰出人士。以书画为例,民国以来的张伯英、李可染、刘开渠、王子云、萧龙士、王肇民、朱德群、朱丹等书画家成为20世纪的一个现象,不同于江南的"松江派"、"华亭派"等等,却是风格各异地竞相峥嵘。在现代美术史上闪现着光辉,李可染在中国山水画上的贡献已成定论,在历史上留下了充实的一页。

中国传统艺术是中国文化现象。书画是传统文化的瑰宝,它既可以"成教化、助人伦",也可以"涤烦襟、破孤闷、迎静心、释燥气",是"祛病增寿的良药"。书画发达地方人们的心态会趋于平和,社会风气会趋于文明。书画家在徐州特别受尊敬也是"崇文"风尚使然,这促使着艺术家更趋努力,为家乡做出新贡献。

文化,因传承而厚重,书画文脉传到今天似乎更为壮丽,一代书画家产生了新的影响,有的人已成为当代艺术的领军人物。徐州的书画事业也从来没有像今天这样繁盛。许多理论家朋友已注意到徐州出书画家的现象,这一地域现象必将被展开并深入探讨。可染先生的"实者慧"形象地总结了自己,更为一代书画家开启了修炼的明灯。在中华民族艺术的大花园里,徐州书画的奇葩必将更为绚烂,徐州的书画事业前程似锦。是为序。

戊子初于京华

茶友、石友及画家周长海

王文正

长海是我的茶友、石友、花友、拳友和墨友。他一身多艺，尤其擅长花鸟翎毛国画，是江苏省和徐州市著名的花鸟画家。

青少年时，他奠定螳螂拳门功夫的基础，练就一身好拳脚。对于赏玩玉石亦有独到之处。对于花卉，长海尤喜梅类与芳香植物，故号为“梅屋主人”。

每年的早春二月，他都骑着自行车，肩负锹镐到山野寻觅狗牙梅、黄荆、杏梅、青冈、小叶榆、西河柳树根，回来后认真栽培。三年后开始修剪整形。几十年下来，练就一双根要屈(曲)悬，干要虬，枝条自然去与留的慧眼。后来，他把盆栽与盆景艺术借鉴到绘画上，受益匪浅。

长海为了在画梅方面精益求精，遵照宋范成大《范村梅谱》90种梅，跑遍大江南北寻梅写生，掌握诸梅品的特点。同时，他还认真学习了腊梅科的腊梅品种，蔷薇科的梅种以及把我国梅花分类品。对梅态、根、干、枝、叶等特征一一把握。在实际绘画创作中，长海对红梅、白梅、墨梅和腊梅情有独钟，并养成以腊梅枝条浸水研磨的习惯，不仅画出的梅花会在纸上生香，而且凡着墨处光泽皆生。

长海诸多梅品图画，曾受到李可染、田世光、张立辰褒奖。同时，他聆听这些大师们的指点与教诲，博采百家之精华，得之于造化之神奇，达到灵妙而传神之境界。

艺术是相融通的。由于长海把树桩、盆景艺术和赏石艺术有机结合并运用到绘画上，使作品呈现布局得当，风格清新而无俗。

绘画艺术上的成就，令长海名声大噪。如今，他已过花甲之年，现为高级画师。其众多作品获国家级、省级大奖，被国家所收藏者近20幅，曾多次被邀请到国外参加画展，均饮誉而归。

他的《铁骨生春》被人民大会堂收藏；《寒香图》被天安门城楼收藏；《荷塘清趣》被中南海收藏……

梅石图　96cm×180cm

眉石寿

48cm×69cm

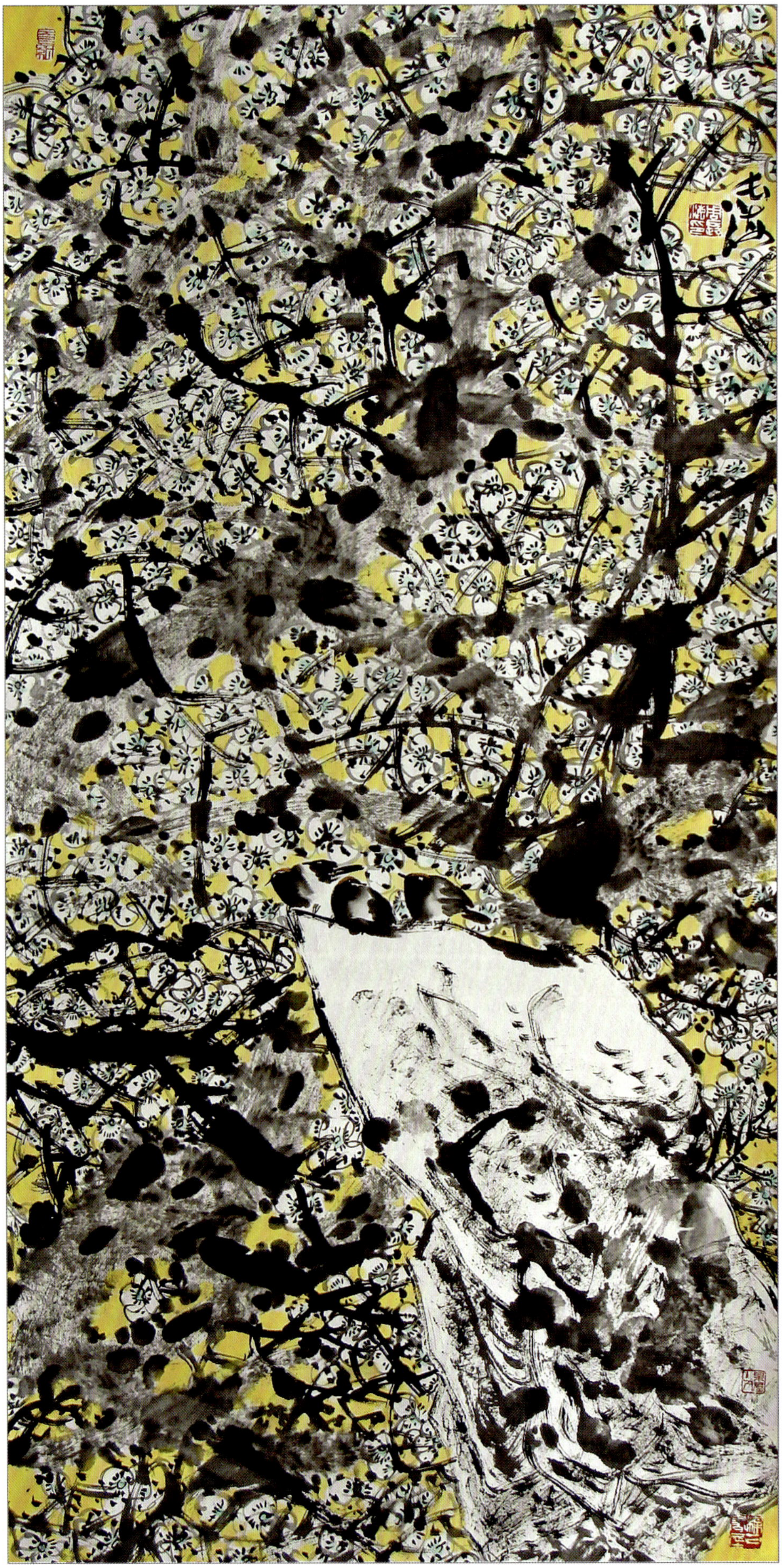

寒香 96cm×180cm

墨荷　96cm×180cm

鹤寿　96cm × 180cm

秋硕　96cm×180cm

铁骨铮铮　96cm×180cm

梅香蚀骨

周长海绘画艺术评析

魏翰邦

周长海先生以画梅花出名，自己也最看重所画梅花作品，自号梅屋主人，画梅成痴。甲申盛夏，我有幸拜会长海先生于他的画屋，得见先生与他的作品，始知先生不只梅花画得自成一格，风标独举，其他如荷花、松、竹、兰、石也自成风格，耐人寻味。与先生交谈，长者之风，贤者之气，更使我陡生钦佩。中国传统文化中有人品高才能艺品高的说法，德艺双馨这样的词用在长海先生身上大概才不辱其名。

长海先生画梅，大概可以这样划分，一种是梅树的局部特写，满幅构图，满纸的枝杆和梅花，枝干错综交叉，以梅花为主要内容，繁花锦簇，繁而不乱，密而不堵，处处留白，处处交融，有很强的纵深感，大有满眼梅林看不尽之妙趣，沁人心脾，夺魂蚀骨，真是梅香到心；另一种是梅树枝干的局部特写作品，以枝干为主，梅花点缀其间，老枝斜卧，新枝抽芽，梅花点点，斜枝弯干都迸发着向上的勃勃生机。虚实掩映有序，疏密开合有度，远近顾盼生情，雄浑中见飘逸，道劲而挺拔，一副傲骨，十分清高；再一种就是梅花与其他如兰草、竹石相伴相生，斜枝一干，即闻十里梅香，疏影半照，即令人心醉，是另一种闲淡和自在。

长海先生的画除梅花外，荷花、松石、兰草，无不精妙有趣，大多表现出构图大胆，设色运笔，勾、染、皴、描无所不用，构图满，重留白，用色简单，色彩雅致，画面有清气，冲破一般程式，疏枝密花，密花疏干，一枝一叶，运笔精到，墨色透彻，简处寥寥数笔，繁处密密匝匝。长海先生的画空灵得一尘不染，雄浑得满纸烟云。特别是墨荷花大笔纵横，气势磅礴，运笔痛快淋漓，挥写任情恣肆，一派大家风范。

长海先生对块面和线条的对比融会可以说有独特

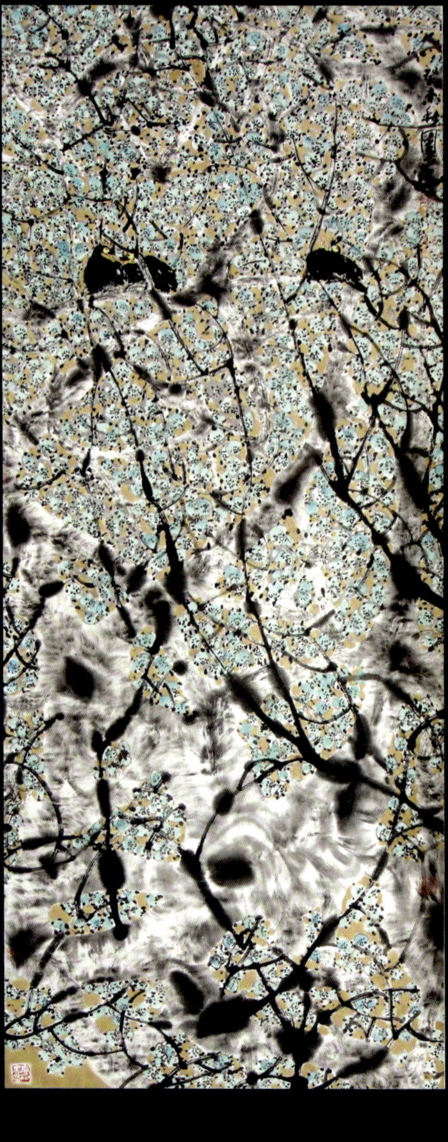

铁骨生春 96cm×180cm

春意图 96cm×180cm

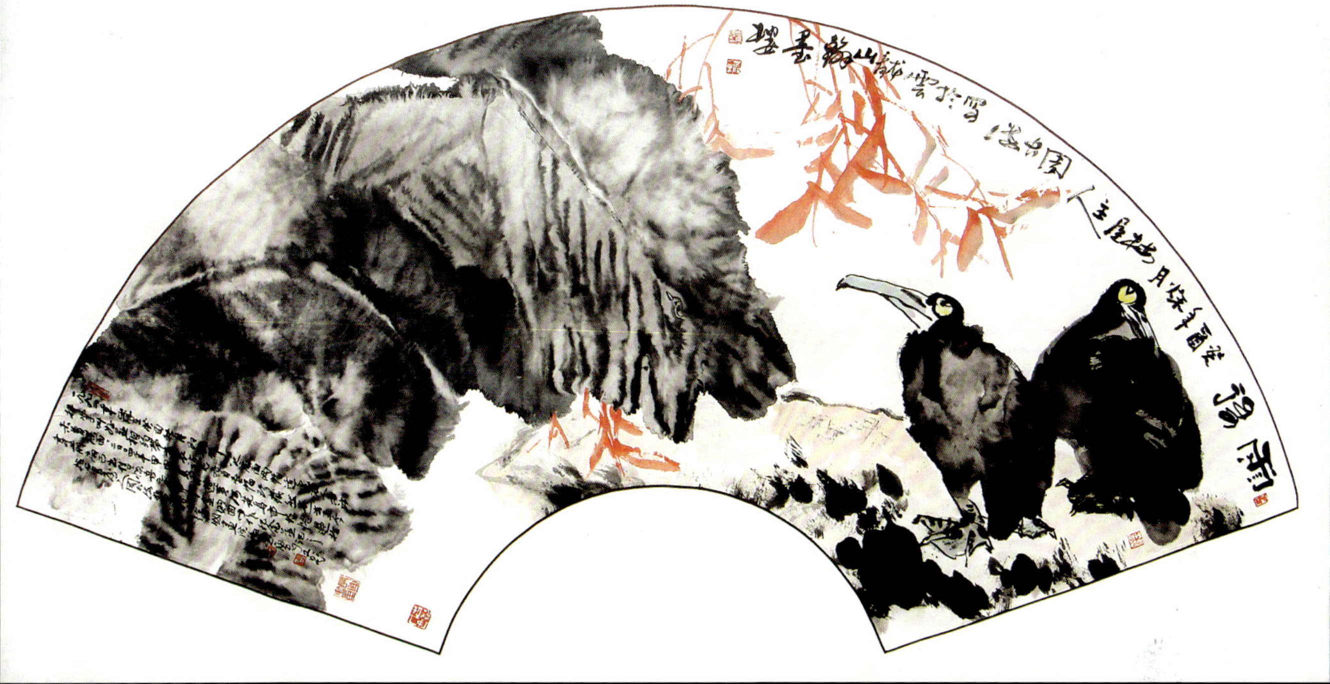

雨后　180cm×56cm

之处，荷叶和石头巨大的块面，以及老梅老松的粗干的块面，都显得大胆和到位，大处的块面霸气，总又有非常精细入微的线条穿梭其间，赋于灵动之气。就是占满整个画面非常满当的梅花图，在总的大块面中，灵巧的枝干和美丽的花朵却使画面一点都不觉得堵塞。让人感到大的块面时为主体时，为背景，有一种互动感和流动感。

不仅如此，长海先生还懂得中国传统文化中以小见大的妙处，懂得象外之致。欣赏他的画作时，常常会被溢出画外的余味所纠缠，见一枝一干而识傲雪红梅立于风霜之中，见几朵梅花而有扑鼻的梅香袭来，如满园梅花怒放。写意在象外，愈少愈有味，这大概也算是中国画意境的特殊含义吧。形不全而全景自在观者的脑海中，画意破纸而出，视线和思绪自然纵横脑际，自然有放大膨胀的功效，这是非有真本领而不可为的，但画画者能知其理的并不多。

长海先生的画在看似描摹梅花、荷花等，实则对中国文化赋予的精神象征性的追求更为明显和执著。长海先生的画具有温和有限的写意味道，把物象进行简化、重组、夸张，但长海先生的高明之处却在这种简化、重组、夸张来得自如、循序渐进和温文尔雅、过渡变化和造形都是在笔墨和形式的内蕴上下功夫，让观者，特别是对正统绘画观念根深蒂固的受众更容易接受。因而，长海先生即使肆意的作品也不致于中断对传统的传承，即使很具个性的语言也烙上了深深的传统文人气息。

长海先生曾很多次在画上题写：“自然中的发现和领悟转化为艺术美，按照自己的审美标准、审美趣味改变自然形态，夸张变形，重新组织画面，独特发现加上富有个性的创造，这才是艺术。”他在实践中也是这样做的，他对自然进行再创造，他的画抒写着他的胸臆，他如痴如狂地画着，他将一直画下去。

东风第一枝　46cm×56cm

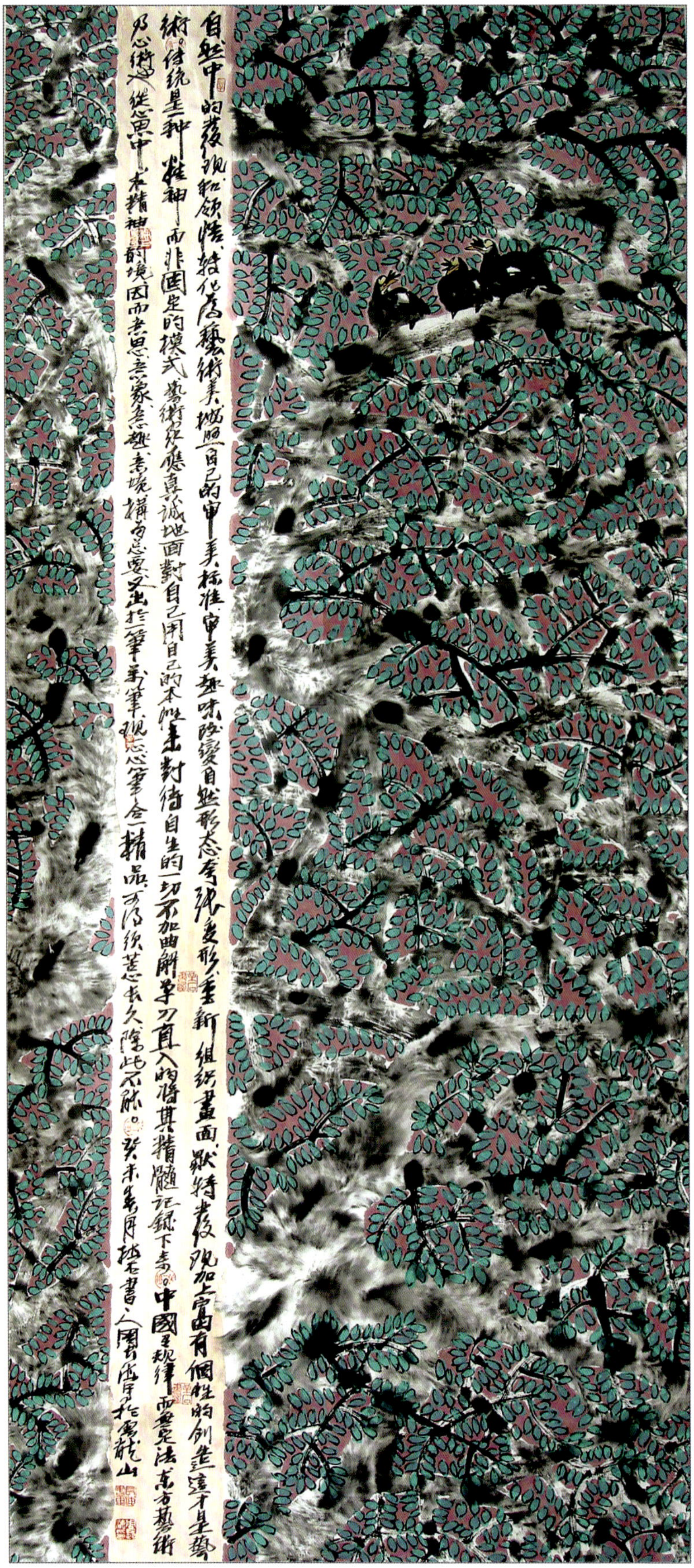

春趣图　96cm×180cm

墨梅　50cm×180cm

盛夏图　69cm×120cm

秋韵　96cm×180cm

清入梦魂　48cm × 180cm

香雪　48cm × 180cm

珠光 96cm×180cm

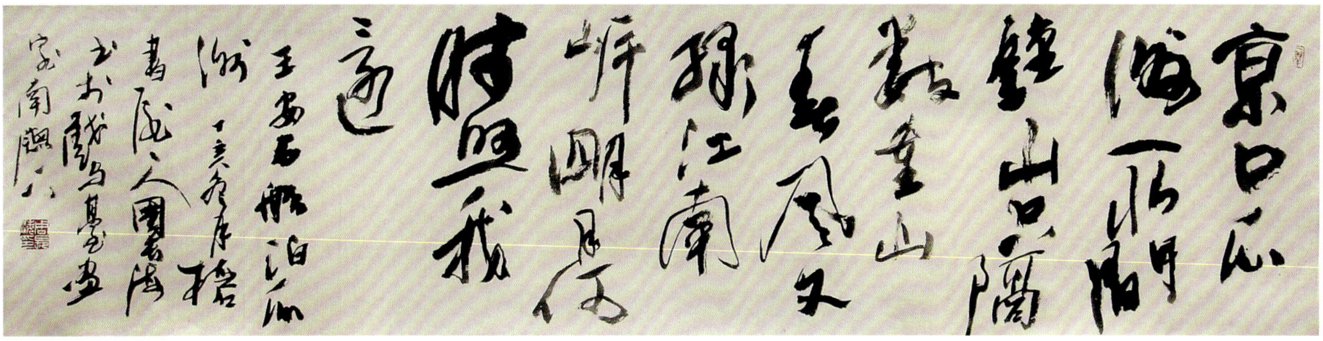

行书　46cm×138cm

白山茶　46cm×138cm

秋荷　96cm×180cm

1987年与张立辰教授在中央美院画室

1987年在中国画研究院与国画大师李可染先生合影

来自李可染故乡的书画名家
LAIZI LIKERAN GUXIANG DE SHUHUA MINGJIA

孙茂祥
SUNMAOXIANG

凤凰出版传媒集团
凤凰出版社

图书在版编目(CIP)数据

来自李可染故乡的书画名家 / 刘明主编.—南京:凤凰出版社,2008.5

ISBN 978-7-80729-176-3

Ⅰ.来… Ⅱ.刘… Ⅲ.①书法家—简介—徐州市—现代 ②画家—简介—徐州市—现代 Ⅳ.K825.72

中国版本图书馆 CIP 数据核字(2008)第 073992 号

书　　名	来自李可染故乡的书画名家
主　　编	刘　明
策　　划	徐州凤凰文化发展有限公司
责任编辑	高思源
出版发行	凤凰出版传媒集团 凤凰出版社(原江苏古籍出版社) 南京市中央路 165 号　邮编 210009 发行部电话 025-83223462
集团网址	凤凰出版传媒网　http://www.ppm.cn
印　　刷	徐州市今日彩色印刷有限公司 江苏省徐州市青年东路 62 号　邮编 221003
开　　本	889×1194 毫米　1/16
印　　张	48
字　　数	100 千字
版　　次	2008 年 5 月第 1 版　2008 年 5 月第 1 次印刷
标准书号	ISBN 978-7-80729-176-3
全套定价	288.00 元

地域文化的光彩

——徐州书画现象(代序)

程大利

徐州,古为九州之一。它是长江、黄河之间的一片沃土,兼有南北地域文化的特征。黄河十三次改道流经此地,积淀泥沙的同时也积淀下了文化,一种坚忍耐劳、朴实敦厚的文化,一种崇文尚武、入世进取的文化,一种心思缜密而不流琐屑、不入极端但又是非分明的处世风习很容易造就一批高旷冲淡又豁达温厚、有情有义的文人,而这又是传统书画艺术家必备的品质。

地理的特殊影响着文化生态。5000年以来,这里留下先秦文化的光彩,更留下两汉文化的辉煌。已经开掘和没有开掘的汉墓,无疑给这块土地添上了许多故事,成为极为厚重的遗珍。画像石是造型艺术的最好教材,《大风歌》而下的诗文传统展现着酣畅淋漓的气度,多姿多彩的民间艺术陶冶了一代又一代的少年,优美的自然风光和千载不泯的民间传说,都为艺术家的成长铺就了温床。近百年来,这里走出了一批杰出人士。以书画为例,民国以来的张伯英、李可染、刘开渠、王子云、萧龙士、王肇民、朱德群、朱丹等书画家成为20世纪的一个现象,不同于江南的"松江派"、"华亭派"等等,却是风格各异地竞相峥嵘。在现代美术史上闪现着光辉,李可染在中国山水画上的贡献已成定论,在历史上留下了充实的一页。

中国传统艺术是中国文化现象。书画是传统文化的瑰宝,它既可以"成教化、助人伦",也可以"涤烦襟、破孤闷、迎静心、释燥气",是"祛病增寿的良药"。书画发达地方人们的心态会趋于平和,社会风气会趋于文明。书画家在徐州特别受尊敬也是"崇文"风尚使然,这促使着艺术家更趋努力,为家乡做出新贡献。

文化,因传承而厚重,书画文脉传到今天似乎更为壮丽,一代书画家产生了新的影响,有的人已成为当代艺术的领军人物。徐州的书画事业也从来没有像今天这样繁盛。许多理论家朋友已注意到徐州出书画家的现象,这一地域现象必将被展开并深入探讨。可染先生的"实者慧"形象地总结了自己,更为一代书画家开启了修炼的明灯。在中华民族艺术的大花园里,徐州书画的奇葩必将更为绚烂,徐州的书画事业前程似锦。是为序。

戊子初于京华

亲聆恩师李可染先生悉心教诲(邹佩珠 摄 1986 年)

名家评说

李可染(中央美院教授、中国画研究院首任院长)

你的画进步很快,画面比较整体,用笔也显得比较慢了,沉着了。画面用墨浑润,中远景画得不错,苍苍茫茫的,有点石溪和宾虹老师的感觉了。画面构图大气,这很难得,要知道你有多大的胸怀,就能画出多大的画,主要是靠内涵。今后要多学宋元几大家的作品,一定要用功打进去,结合写生,要有自己的想法,20 年后你将会成为一位很有成就的画家。

张仃(中央工艺美院原院长、著名画家)

看你的画,画的比较苍茫,有点焦墨味道。用笔像黄宾虹老师。你以后的画要多用线组合,经常写写篆书会增加线的质量。可染先生是我的老友,你要学习他的绘画精神,名师出高徒嘛!要用心去画,结合传统画风,走出一条你自己的路子来。中国山水画就要靠你们这一代人来传承了!

龙瑞(全国政协委员、中国国家画院院长)

中国山水画成熟于唐,之后历朝历代佳作不断,形成了中国画意境深远、格法完备的深具民族文化精神特质的优秀传统。当代山水画创作只有立足传统,深研传统之奥义,并将当代人的精神情怀引入其中,方可成就当代山水画之大业。茂祥深谙此理。因此,坚守传统法度,同时注重写生,追求人与自然、造化与心源、物境与情境、笔墨与心灵的碰撞与融通就成为他山水画创作的主攻方向。

从茂祥近期作品看,多取大山大水入画,高远与全景式的布局,并不乏局部山石的细心刻画,有至刚至大至远之气,浑朴、壮阔之境已露端倪。如辅以笔墨精深之义理,必成大器。

雷正民(中国美术家协会原书记处常务书记)

著名画家孙茂祥是获 1997 年中国画坛百杰称号的画家。“百杰”的艺术成就代表了当代中国画坛的基本面貌和艺术水平。作为山水画家的孙茂祥,他的作品既有扎实深厚的传统功力,又具有现代感,以大气磅礴的气势,构成雄奇俊拔的阳刚之美。其作品舒放中有严谨,严整中又挥洒自然，达到如此随心所欲地驾驭大结构的水平，没有相当的修养是办不到的。黄宾虹先生讲，画重苍润，苍是笔力，润是墨彩，笔墨功深，气韵生动。孙茂祥的画作已接近此种境界，并且在风格样式上形成了独特的艺术风貌。

程大利（中国美术出版总社总编辑、人民美术出版社总编辑）

孙茂祥是位执着的画家。他目标明确，二十年为一日，一步一个脚印地走过来。传统艺术形式中程式部分的继承是需要下"十年磨一剑"的苦功的，正所谓"五日一石，十日一水"。没有耐得住寂寞的定力绝无大成。孙茂祥便是舍得花大功夫的画家。李可染先生有"废画三千"语，其实，李先生是智力超群的人，更深谙艺术规律，故留此格言。茂祥颇得可染先生"师牛堂"精髓。

茂祥的踏实、严谨、沉着，再加上执着，这就为事业的成功提供了好的条件，在此基础上修为、积累，定可成大器。谨以此论言与茂祥君共勉。

韩天衡（上海中国画院名誉院长、西泠印社副社长）

孙茂祥的画传统基础非常札实，细而不纤，粗而不犷，而且个人风格明显，笔下即有李可染先生沉雄浑厚，又有宋文治先生的生动秀滋。茂祥属北人却有南方画派之韵味，实属不易……茂祥画家属鸡，乙酉为本命年，逐书"雄冠天下"四字为赠。

刘国松（台湾著名画家）

观孙茂祥的作品，记忆最深的是传统笔墨，作品很深入，极具雄浑之气，当前已不多见，但要闯出新的境地，要有再创造的勇气……

马鸿增（中国美术家协会艺委会理论委员会副主任）

徐州画家孙茂祥的山水画独具艺术个性，与江苏主流画风拉开了距离，焕发着雄浑、厚重、劲健、浩莽的阳刚之美，亦如其人之质朴率真。他不以巧媚取胜，而以执着的塑造来抒写胸中丘壑，作品笔密墨沉，章法奇瑰，往往超以象外，得其环中。这是画家多年艺术探索的积淀，也是楚汉文化雄风余韵的回响。发乎本性，应乎自然，出乎耕耘，乃艺术创作成功之道。

随中宣部副部长孙志军（左三）、江苏省文化厅厅长章剑华（左四）、中国书协副主席言恭达（左二）参观"万里写生"创作作品

范保文（江苏省美术家协会副主席、南京师范大学美术学院资深教授、硕士研究生导师）

茂祥的山水，得宋人范宽之势，得近人李可染之魂，画面气势磅礴，笔力挺拔，布局奇巧而丰茂，给人耐看且情意深沉之感。

春云出岫 45x34cm

中国文联副主席、美协主席靳尚宜为其颁发“百杰证书”

全国政协委员、中国国家画院院长龙瑞先生在指导创作

壮哉大别山 168cmx184cm

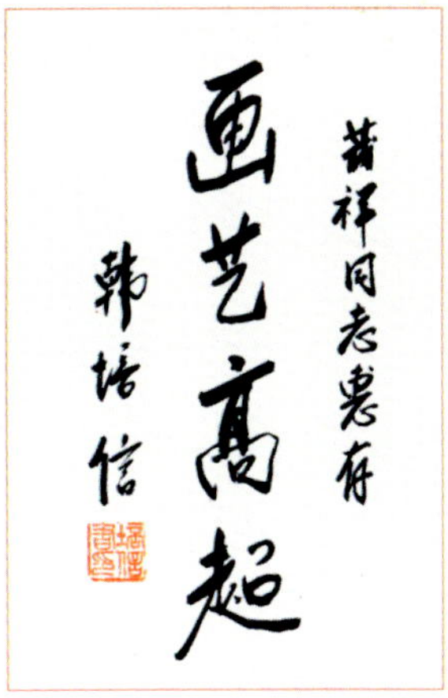

原江苏省委书记韩培信题字

著名史论家王伯敏题字

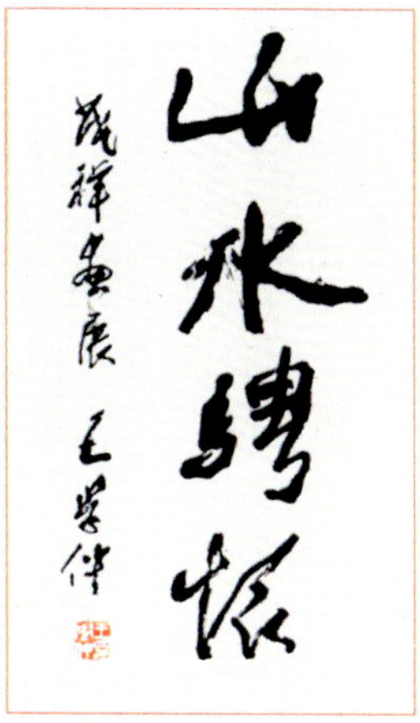

著名学者、书法家王学仲题字

中国书协主席沈鹏题字

李宝林（李可染艺术基金会副理事长、中国美术家协会国画艺委会副主任）

孙茂祥潜心于对传统山水画的研究与学习，善画巨幅山水，构图雄大。意境深沉。1996年我在中国美术馆看他的画展作品时，就为他那些具有磅礴气势的作品所吸引，不难看出他比较注重于笔墨的学习，长于耕耘，始终铭记李可染大师提出的“以最大的功力打进去”的精神去研究笔墨，深入生活搞创作。从出版的《1997年百杰画集》中发现其近来山水画风又多了些飘逸之笔，韵致迭出。

傅二石（江苏省国画院顾问、著名画家）

孙茂祥参加"笔墨新旅"江苏省万里写生团作品展，从他的参展作品看，继承了山水画非常优秀的一个很重要的传统，表现了我们祖国山河雄浑朴茂的气概。对于画家来讲，中华民族的大好河山是如此令人神往，需要一辈子用画笔来歌颂。这幅画就很好地表现了这种感觉。

萧平（书画鉴赏家、国家一级美术师）

看孙茂祥的画，他的整体功底是很扎实、很实在的，而这是中国山水画创作很重要的一点。他有写生的功底，传统的功底也比较实在。看这幅画就可以知道。他整个过渡得非常好，尤其是石头的结构、整个山的气脉动向，都画得不错。他这个画风中间非常能够代表像徐州、像云龙山这样一种气魄。可以说，他是徐州很优秀的一个画家。

周积寅（南京艺术学院教授、博士生导师）

孙茂祥先生是一位颇有才气、靠勤奋刻苦而取得杰出成就的青年山水画家。其画艺得之于艺术大师李可染先生的亲授，在对待传统问题上，他正是遵循李大师的教导，用“以最大的功力打进去，以最大的勇气打出来”的精神毅力，去寻找自己的艺术语言，画风既有北方山水之壮美，又有南方山水之优雅。构图丰满，满而不塞，变化中求统一。运用黑白对比，产生一种特有的光感。画题颇有诗意，以境写意，创造出生动感人的艺术意境。

李小可（李可染艺术基金会副理事长、一级美术师）

孙茂祥在山水画创作中不断从历代山水大师那里汲取营养，尤其从范宽的《溪山行旅图》、沈周的《庐山高图》等作品中体悟到传统山水表现中的博大、苍茫、浑然一体。同时又坚持到大自然中寻找自己的感受，确定自己的审美选择，使他的山水作品具有丰富苍茫与大器的品格。

李毅峰（天津出版总社出版部部长、编审、《中国画》杂志主编）

孙茂祥的山水画根植于传统，根植于生活，他的作品走出了狭隘的古典封闭天地，用获得现代生命意义为标志，对中国传统民族山水画进行改造与发展。他笔下的山水以气韵为旨，意境开阔，水墨苍郁，烟云风光，溢于画面，于笔墨豪情中直抒胸臆。同时在形式语言的设置上，也强调了大气与个性的统一，北方雄浑与南方秀润的统一表现出了其内在的认识力和高度的创造力。

江苏省万里写生团成员一行12人在“娄山关”合影

太行秋韵　226cmx148cm

薪火相传　上下求索

孙茂祥山水创作

孙茂祥是一位执著的画家，踏实、严谨、沉着，目标明确。作为李可染大师门下的一名家乡优秀弟子，孙茂祥既是一个忠实的继承者，同时又是一个勇敢的创造者，他以耐得住寂寞的定力，“十年磨一剑”，颇得李可染先生“师牛堂”精神。孙茂祥有着非常扎实的传统基础，细而不纤，粗而不犷，作品舒放而不失严谨，严整而不失洒落。孙茂祥擅画巨幅山水，构图雄大，高古清俊，水墨苍郁。那些大丘大壑笼罩在天光、水气和空气中，画面苍黑、浑厚，显现出深厚的笔墨功力，焕发着雄浑、厚重、劲健、浩莽的阳刚之气。

孙茂祥自幼即从黄龙、张之仁诸先生学习书画。经李可染国立艺专同窗挚友欧阳南荪先生介绍，于1986年至1989年入“师牛堂”师从李可染大师学习山水画，可染先生曾评其作品“用笔沉着，用墨浑润，苍苍茫茫，总体气势很好”。

孙茂祥的山水创作在布局经营上颇具李可染先生所创的李家山水之风。李可染先生为解决山水画空间造境和平面化处理的矛盾，用了一套特别的空间处理手法，可染先生自己称之为“两度半空间”，李可染先生的山水创作上下左右四面皆满，不留余地，满幅构图，深度被弱化了，但并没有被取消，平面感被强化了，但没有全平。西方风景画就是过于强调深度透视，所以无法在气势上与中国山水画相抗衡。古代中国山水画也特别关注“远”势，但相对忽略了山体造型的视觉冲击力。李可染先生“两度半空间”的框架既保留了远“势”，又强化了视觉冲击力，从而产生了一种动人心魄的艺术效果。孙茂祥的《横风吹雨入楼斜》、《秋壑鸣泉》、《云笼远岫愁千片、雨打归舟泪万行》等作品就是运用了这种空间处理手法，从而形成了他山水创作大气磅礴、雄奇峻拔的阳刚之美。

孙茂祥山水创作师承多家，他借鉴黄宾虹先生的“月移壁”进行山水创作，从而使其画面别具一种幽邃苍茫。“月移壁”是黄宾虹对传统山水画的一大贡献，它指的是月光将物象的影子照映到粉墙上形成的一些影像团块，这些团块是流动的，它的外轮廓很模糊，中心有许多小亮点，婆婆娑娑地在粉墙上产生许多变化不定的形体。在山水画中，这些团块在不稳定中求稳定，团块与团块之间有一种柔和、渐变的过渡，这样画出来的画就有一种气韵充盈在里面。孙茂祥的《风凉过雨烟雨寒》笔密墨沉，章法奇诡，密而不塞，满纸云烟中透出斑驳的亮光，这就是借鉴了黄宾虹先生的“月移壁”之法而形成的一种效果。

李可染先生曾说过：“可贵者胆，所要者魂。”这句话正是对自己艺术主张的精辟概括。所谓“胆”，就是对

新安江速写

2008年春节孙茂祥与父母（前排）时年89岁合影

向江苏省副省长徐鸣(左一)、市委副书记陈美行(左三)、市委常委宣传部长邹徐文(左二)介绍"百年可染"纪念展内容

徐州市委宣传部、市文联主办"孙茂祥山水画研讨会",市人大常务副主任唐朝双、吕中亚,市委宣传部常务副部长王华超、孙厚兴及省市书协美协领导出席,市文联主席肖俊志主持

传统的突破,力求革新,也能够革新;所谓"魂",就是对传统绘画艺术精髓忠实地继承和发扬。

孙茂祥作为家乡弟子,遵循可染大师的教导,用"以最大的功力打进去,以最大的勇气打出来"的精神毅力,去寻找自己的艺术语言。孙茂祥坚持到大自然中寻找自己的感受,确定自己的审美选择。多年来,他游普陀、雁荡,涉荆巫,登匡庐,六上黄山,七登泰岱及黄土高原,足迹踏遍全国十余省。他矢志以造化为师,远承荆关、李唐、范宽、王蒙画派,酷爱"四僧"作品,近学龚贤、黄宾虹及李可染老师的苍茫笔墨和繁密构图。曾先后得张仃、沈鹏、刘国松等海内外书画名家的点拨,孙茂祥还拜访过黄苗子、宋文治、魏紫熙、王学仲等诸位先生,并得其亲点亲授,收益良多。

孙茂祥在其山水创作中融入了块面造型及构成等西画元素。《英雄山岗》中山河苍茫,峰峦巍峨,壁立千仞。除运用长提款及"两度半空间"的构架之外,块面造型所产生的厚重的体积感形成了一种巨大的前冲感和压强力,大大增强了整体的气势。《翠微道中》笔法多变,笔触洒落豪迈,并颇具西画的构成特质。

孙茂祥的创作得益于他深厚的笔墨功底。《野含时雨润》色墨相融,笔力刚劲,如金刚杵,磊落山岩,略施赭色,清澈雄秀,别具神韵。《翠岭秋天外》浅绛设色,色墨相融处,似是云雾又似是山峦,浑然一体。《云岚烟树》淡墨渲染,既可见金刚杵之笔,亦可见淋漓之墨。《春回云雾秀》、《山高云抱石》、《高岩秋净》等作品除师承可染先生的"两度半空间"之外,增大了留白,以淡墨渲染而成蓊然之韵,大化流行中,呈现一个无限广大的天地,令人襟胸豁然,顿生天地洞开之感,笔墨皆善。

孙茂祥杰出的创作成就,得到了社会以及画界同仁的广泛认可。1997年孙茂祥入中国美术家协会,并被中国文联授予"1997中国画坛百杰画家"称号,2005年被评为"当代最具升值潜力的百名中国画家",已为政协徐州市委常委、徐州国画院副院长的孙茂祥作品连续十余年在全国及省美术展览中获奖。

有位英国艺术家说过这样一段话:"好的作品往往在秩序井然的构图中蕴藏着奇和险,在冷静的思维中迸发出天真活泼的想象,在循规蹈矩的意识中却流露出无意识的对立与反抗。"

因此,山水画家除了在作品中追求大气磅礴、雄奇峻拔之外,需在"出奇制胜"四个字上多动脑筋,做到既在情理之中,又在意料之外。这样作品便不致流于平淡。一幅成功的山水画,它表现的不仅是高山流水、平湖秋月,而且是画家对大自然的拥抱,也是画家将自身融入大自然的某种实践。所以一个画家永远要把自己当作一个诗人,他不但有深刻的思考,还有浪漫的情怀。这样他的作品就总能打动观众。以上的话写来与茂祥先生共勉。

薪火相传,锐意图强,正值创作盛期的孙茂祥凭借其坚韧的毅力和斐然的艺术才华,定将不负众望。

傅二石于金陵(江苏省国画院顾问、著名画家)
2008年元月21日

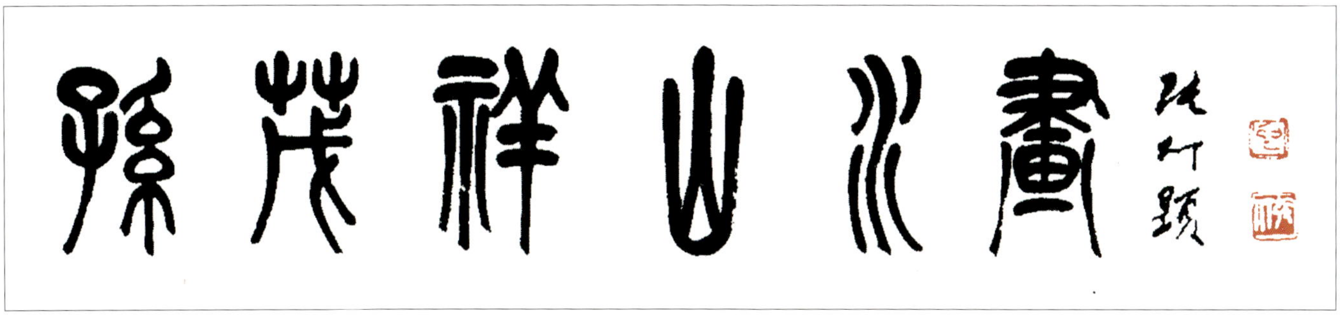

翠微道中　65cm×65cm

翠岭云横　40x50cm

夏山欲滴　24cm×33cm

孙峰祥山水画作品

沈鹏

落叶尽随溪雨云　27cm×24cm

黄山排云亭写生 45cm×30cm

翠岭秋天外　48cm×90cm

蜀江烟雨　48cm×87cm

水散百溪流　45cm×33cm

彩云遥相识　24cm×27cm

巫峡帆影　45cm×68cm

秋声　68cm×45cm

英雄山岗　200cm×150cm

黄山西海大峡谷写生　　42cm×60cm

野含时雨润　48cm×89cm

云笼远岫秋千片　雨打归舟泪万行　143cm×74cm

雪尽春来　130cm×65cm

秋光先到野人家　36cm×33cm

润物细无声　44cm×33cm

从“名家”之论到“百杰”“百家”之名

王华超

从众多名家对孙茂祥山水画艺术的评论，到“97 百杰”和“当代最具升值潜力的百名中国画家”等荣誉称号的获得，足以说明孙茂祥山水画的艺术价值、水准已达到一个令人仰视的高度。与孙茂祥一同列为当代“百家”的大多是一些成就卓然的名家，诸如吴冠中、程十发、崔子范、黄永玉、刘大为、龙瑞、王明明、刘勃舒、喻继高、张仃、张立辰等。

上海中国画院名誉院长韩天衡评论孙茂祥的画“传统基础非常扎实，细而不纤，粗而不犷，而且个人风格明显，笔下既有李可染先生的沉雄浑厚，又有宋文治先生的生动秀滋。茂祥属北人，却有南方画派之韵味，实属不易”。雷正民则认为：作为山水画家的孙茂祥，他的作品既有扎实深厚的传统功力，又具有现代感，以大气磅礴的气势，构成雄奇俊拔的阳刚之美。程大利先生称道孙茂祥颇得可染先生“师牛堂”精髓。茂祥的踏实、严谨、沉着，再加上执著，这就为事业的成功提供了好的条件，在此基础上修为、积累定可成大器。江苏省美协一位副主席则说：茂祥的山水，得宋人范宽之势，得近人李可染之魂，画面气势磅礴，笔力挺拔，布局奇巧而丰茂，给人耐看且情意深沉之感。台湾画家刘国松认为：观孙茂祥的作品，记忆最深的是传统笔墨，作品很深入，极具雄浑之气，当前已不多见。还有一位美术评论家满怀激情地言道：徐州画家孙茂祥的山水画独具艺术个性，与江苏主流画风拉开了距离，焕发着雄浑、厚重、劲健、浩莽的阳刚之美，亦如其人之质朴率真。他不以巧媚取胜，而以执著塑造来抒写胸中丘壑，作品笔密墨沉，章法奇瑰，往往超以象外，得其环中。这是画家多年艺术探索的积淀，也是楚汉文化雄风余韵的回响。

江苏省写生团“万里写生·精品创作”参展作品《烟云依旧护青山》200×660cm

2007 年 8 月应邀为徐州市委新办公大楼绘制巨幅山水画《云龙山水壮古彭》230×680cm

云藏远岫起茶烟　65cm×65cm

寄情山水，俯仰无愧。孙茂祥的艺术发展得益于诸多名家大师的提点和亲授。孙茂祥为李可染先生同乡，有幸多次亲聆李可染大师的教诲："你的山水画用笔沉着，用墨浑润，总体气势很好。画面有髡残的苍茫，有宋画气势，这是北方画家的特点。从你的作品中还可以看出你的勤奋，以后要一手伸向传统，一手伸向生活。你的作品笔墨基础很好，在向前人学习的同时，要向生活找题材。作品要画出纵深感，小中见大，有内容，有特点。40 岁后的你一定会画得很好，但要记住，不要出名太早，太早会影响创作和发展。"茂祥还由沈鹏先生书信推荐，拜访过中央工艺美术学院院长张仃先生。张仃先生看过茂祥的画，说了这样一番话："你画得很好，有较深的基本功，画面苍茫含蓄，有笔有墨，渴笔皴擦，很有味道，很有前途。"当他得知孙茂祥曾跟李可染先生学画时，脱口说出了"大师门前出高徒"的话。并为孙茂祥题写了"孙茂祥山水画展"的展标。此外，孙茂祥还曾拜访过黄苗子、宋文治、王学仲先生，并得其亲点亲授，收益良多。

在中国美术馆"世纪可染"百年纪念展活动中与师母邹佩珠、著名画家李小可先生合影

2007 年 3 月，纪念李可染诞辰 100 周年暨艺术馆工程封顶，市人大常委会主任王希龙向邹佩珠先生介绍建馆情况

新安江锦潭镇速写 15cm×20cm

从"名家"之论到"百杰"、"百家"之名，孙茂祥在山水画领域所取得的成功可喜可贺。孙茂祥 1957 年出生于古城徐州，深厚的地域历史文化给予他极大的艺术滋养。如果说古代的徐州曾经是政治的徐州、军事的徐州，那么，如今的徐州堪称艺术的徐州、文化的徐州。李可染、王肇民、刘开渠以来的徐州，艺术人才辈出，文脉不断，香火继起，涌现出众多有影响的书画家，有的远在异域，有的客居各地，有的仍固守在徐州本土，孙茂祥当是其中很有作为的一位山水画家。孙茂祥 1997 年即为中国美术家协会会员，现任徐州国画院副院长、政协徐州市委常委、徐州市美协副主席，有着众多的荣誉称号和头衔。然而，孙茂祥最为看重的还是艺术，孙茂祥至为虔诚地耕耘在山水画这片神圣的艺术园地，以其至诚至佳的人品、艺品，赢得了社会的关注和尊重。

秋壑鸣泉　45cm×34cm

风凉过雨烟雨寒　40cm×47cm

高峡出平湖　216cm×120cm

与恩师李可染在“师牛堂”合影(邹佩珠 摄 1989年)

与时任中国文联党委书记高占祥在'97百杰颁奖后合影

与著名画家宋文治先生在其书房合影

与人民美术出版社总编辑程大利，中国人民大学资深教授、著名理论家陈传席先生合影

与中国美协国画艺委会秘书长、著名理论家孙克先生合影

向李可染艺术基金会副理事长、著名画家李宝林先生请教画理

在“百年可染”纪念活动中与李可染艺术基金会秘书长、著名学者王鲁湘，著名画家李小可夫妇合影

与著名书画鉴赏家、画家肖平，江苏国画院院长宋玉麟，著名画家盖茂森先生在作品前合影

来自李可染故乡的书画名家

LAIZI LIKERAN GUXIANG DE SHUHUA MINGJIA

陈百柯

CHENGBAIKE

凤凰出版传媒集团
凤凰出版社

图书在版编目(CIP)数据

来自李可染故乡的书画名家/刘明主编.—南京:凤凰出版社,2008.5

ISBN 978-7-80729-176-3

Ⅰ.来… Ⅱ.刘… Ⅲ.①书法家—简介—徐州市—现代②画家—简介—徐州市—现代 Ⅳ.K825.72

中国版本图书馆 CIP 数据核字(2008)第 073992 号

书　　名　来自李可染故乡的书画名家
主　　编　刘　明
策　　划　徐州凤凰文化发展有限公司
责任编辑　高思源
出版发行　凤凰出版传媒集团
　　　　　凤凰出版社(原江苏古籍出版社)
　　　　　南京市中央路 165 号　邮编 210009
　　　　　发行部电话 025-83223462
集团网址　凤凰出版传媒网　http://www.ppm.cn
印　　刷　徐州市今日彩色印刷有限公司
　　　　　江苏省徐州市青年东路 62 号　邮编 221003
开　　本　889×1194 毫米　1/16
印　　张　48
字　　数　100 千字
版　　次　2008 年 5 月第 1 版　2008 年 5 月第 1 次印刷
标准书号　ISBN 978-7-80729-176-3
全套定价　288.00 元

地域文化的光彩

——徐州书画现象(代序)

程大利

徐州,古为九州之一。它是长江、黄河之间的一片沃土,兼有南北地域文化的特征。黄河十三次改道流经此地,积淀泥沙的同时也积淀下了文化,一种坚忍耐劳、朴实敦厚的文化,一种崇文尚武、入世进取的文化,一种心思缜密而不流琐屑、不入极端但又是非分明的处世风习很容易造就一批高旷冲淡又豁达温厚、有情有义的文人,而这又是传统书画艺术家必备的品质。

地理的特殊影响着文化生态。5000年以来,这里留下先秦文化的光彩,更留下两汉文化的辉煌。已经开掘和没有开掘的汉墓,无疑给这块土地添上了许多故事,成为极为厚重的遗珍。画像石是造型艺术的最好教材,《大风歌》而下的诗文传统展现着酣畅淋漓的气度,多姿多彩的民间艺术陶冶了一代又一代的少年,优美的自然风光和千载不泯的民间传说,都为艺术家的成长铺就了温床。近百年来,这里走出了一批杰出人士。以书画为例,民国以来的张伯英、李可染、刘开渠、王子云、萧龙士、王肇民、朱德群、朱丹等书画家成为20世纪的一个现象,不同于江南的"松江派"、"华亭派"等等,却是风格各异地竞相峥嵘。在现代美术史上闪现着光辉,李可染在中国山水画上的贡献已成定论,在历史上留下了充实的一页。

中国传统艺术是中国文化现象。书画是传统文化的瑰宝,它既可以"成教化、助人伦",也可以"涤烦襟、破孤闷、迎静心、释燥气",是"祛病增寿的良药"。书画发达地方人们的心态会趋于平和,社会风气会趋于文明。书画家在徐州特别受尊敬也是"崇文"风尚使然,这促使着艺术家更趋努力,为家乡做出新贡献。

文化,因传承而厚重,书画文脉传到今天似乎更为壮丽,一代书画家产生了新的影响,有的人已成为当代艺术的领军人物。徐州的书画事业也从来没有像今天这样繁盛。许多理论家朋友已注意到徐州出书画家的现象,这一地域现象必将被展开并深入探讨。可染先生的"实者慧"形象地总结了自己,更为一代书画家开启了修炼的明灯。在中华民族艺术的大花园里,徐州书画的奇葩必将更为绚烂,徐州的书画事业前程似锦。是为序。

戊子初于京华

健帆千里 青榆风

——我与百柯二十年

20世纪80年代初期，贾汪印人每月一会，每人拿出各自临摹及创作印蜕，相互观摩批评，真可谓悟言一室之内。记得当时一方用刀刚健、劲挺、流畅自然的“困知勉行”印蜕深深地吸引了我的眼球，看着那乌金拓秀劲的边款更是紧紧地抓住了我的心，20年过去至今耳熟能详“临帖数月之后手愈拙字愈丑、意兴愈低，所谓困也，困时切莫中断，熬过此关，便可少进，再进再困，再熬再奋，自有亨通精进之日，余凡事皆用困知勉行之工夫，万不可求名太骤，求效太捷。录曾国藩语自勉。鉴吾刻”。当时我心里暗自佩服！后来得知是百舸所刻，我对百舸的印象极为深刻，他身材修长、端庄，少言寡语，浑身流淌着书生气息，虽然肌肤微黑，但长着一副仕女的脸型与五官，我戏称他为“陈美人”。后来，我俩成莫逆之交。

百柯原名百舸，父亲取毛泽东《沁园春·长沙》词中“百舸争流”其中二字，因姓陈遂改为百柯，百柯祖籍上海，自幼随父学习书法，从欧、柳入手，从小学到中学多次被评为书法状元。1985年他考入徐州矿务局技工学校，后分配到韩桥煤矿在井下700米深处采煤、运煤，纯属典型的苦力工。工作的艰辛对百柯来说并不是坏事，这往往能磨练一个人意志的刚强，这往往是出人才的温床，像著名作家周梅森、孙友田都曾经在韩桥煤矿从事过艰辛的工作。百柯对书画印的痴迷程度听后令人发聋振聩，他在700米井下休息之余常常靠着微弱的矿灯，用煤块在巷道中反复、深入地勾画着古代大师的经典，这也是对百柯意志、素质、精神的高度锤炼。百柯常自言自语“天将降大任于斯人也，必先苦其心志，劳其筋骨、饿其体肤……”百柯常通宵达旦苦练“二王”笔法，临摹汉印不下千方，他刻印熟练程度可用石破天惊来形容。他常常想起父亲的教导“印宗秦汉，如诗之宗唐、字之宗晋”。百柯喜爱读书，他读书也独辟蹊径，除文、史、哲、美以外，特喜读大师的传记，如《贝多芬传》、《达芬奇传》、《凡高传》等，《曾国藩传》、《胡适家书》、《鲁迅全集》，甚至读《毛泽东选集》五卷。我明白他通过读书来实现对其人格精神的修炼，百柯用法国作家罗曼·罗兰的名言作为座右铭：“没有伟大的品格就没有伟大的人，更造就不出伟大的艺术家。”这足以看出百柯的心迹、心志、目标是多么远大！这一点从好友王明庚处得以证实。

在我看来，无论是书是画是印，其最高境界，就是人品、人格的修炼，把无尽的心迹历程化作点画融入在作品中，才能具有深邃的艺术涵量，光彩熠熠，夺人心髓，概言之，人的品格决定作品的品位，综观古今卓尔不群的大家，即是鲜明的见证。不过在当今社会分工日益细化的环境里，要达到内圣外王的儒家风范的理想，其困难程度是可想而知的，而这种理想在百柯身上一直追求着、延续着，并实践着，实属不易，令人敬佩！

80年代末期，百柯从井下调至韩桥煤矿绣品服装厂从事美术及服装设计工作。环境的改变使百柯如鱼得水，他倍加珍惜时间，每天浸淫书画印达6小时之久，十年如一日的这样坚持着，百柯说，浪费时间就是浪费生命，这使他对中国书、画、印的传统夯实了基础，故百柯的作品数次入展由中国书协主办的大展，也是意料之中的。百柯聪明，除书画印外，各种美术字体，甚至女红刺绣、裁剪、服装设计样样在行。

90年代末期，由于韩桥煤矿的关井、减员，百柯主动买断工龄，创办了属于自己的点头广告公司，从此走上了一条以商养艺的道路，他白天忙碌于生计，晚上沉迷于书、画、印的天地，艺术经商两不误，事实上要做到这一点很不容易，因为生意场上难免产生浮躁。追求的目标是物质，是银子，而艺术的追求是某种超越的理念，两者之间的矛盾需要用一种平和的心态来自我调节，既要合乎时宜，又要不和时宜，在这方面，我觉得百柯是高明的，既在商界寻求自己的安身立命之地，又借此来把握艺术的情怀，所谓儒商也。他不随俗，不苟且，用唯美的艺术境界实现于人际交往之中，他坦荡荡于万事具融，他谦卑、顺服、包容。真可谓“太初有道、道不远人矣”，迎来了商界的普遍好评。在这八年的生计中，百柯对人生的感悟又进一步升华，开始研读《圣经》。同时书画印风格大变，一改往日的秀美，转为大气、豪放，追求生辣古拙，开始喜爱徐渭、王铎、傅山和用笔生辣的徐生翁、赵之谦。观百柯的书法，我谓之为丑书，美人写丑书者，好友之中北京程风子算第一位，浙江师妹胡朝霞算第二位，我谓百柯算第三位。百柯的篆刻

元好问　山居杂诗一首　76cm×76cm

以汉人刀笔注入写意率真，突破陈式，追求苍润雄浑之境界。百柯的国画，有白石老人的简洁大气，有苦铁的雄浑苍茫和朱屺老的生辣、古拙。我观百柯书画印的创作过程，他内心充满着一种高昂的激情，不刻意追求局部的点画，随情而书，随情而刻，随情而画。他的书画印，丑中带着一种冷艳之美，说实话，书画印的风格能达到高度的统一，这谈何容易。百柯的成功不是偶然的，而是内得心源，思接千载，这是与他的读书有直接关系。我谓之百柯画第一、印第二、书第三。百柯这种烈火浓烟的创作激情，他自喻是愉悦身心的过程，而目的和结局并不重要，以舒展心艺，吐抒胸襟心性的流淌才是追求的目标。八年中从不投稿国展，而立过后的百柯竟有耳顺之年淡泊名利之心，令我叹服。百柯现在还年轻，我期待着他以烈火微烟的创作情怀，自由的进入人格精神的崇高境界，这样才能独开径畦与前贤巨匠靠齐。

戊子年春祝培良于沐恩堂

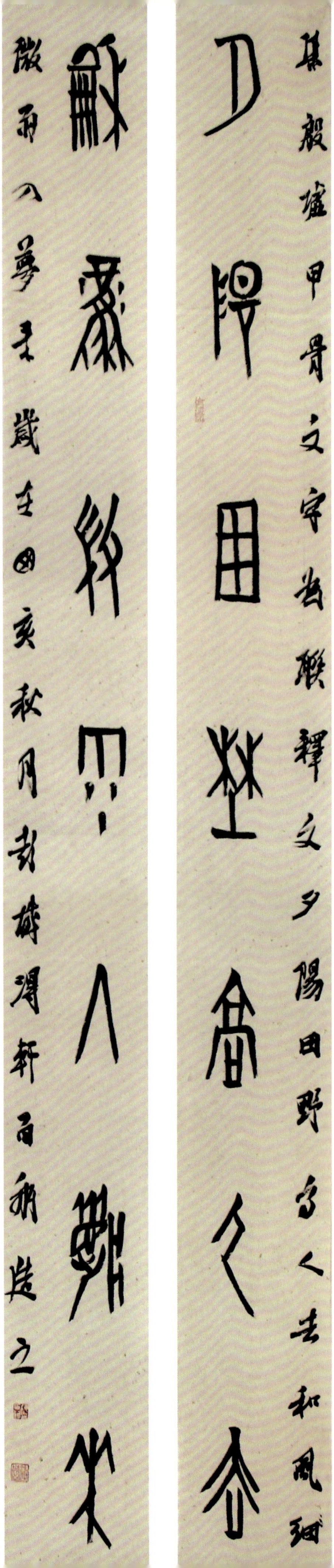

夕阳田野高人去 和风微雨入梦来 240cm×30cm×2

意临鲁公鼎铭文　70cm × 45cm

明·刘基《五月十九日大雨诗》 35cm×35cm×7

游鱼出水 归燕受风 200cm×25cm×2

苏东坡　新城道中诗　136cm × 20cm × 4

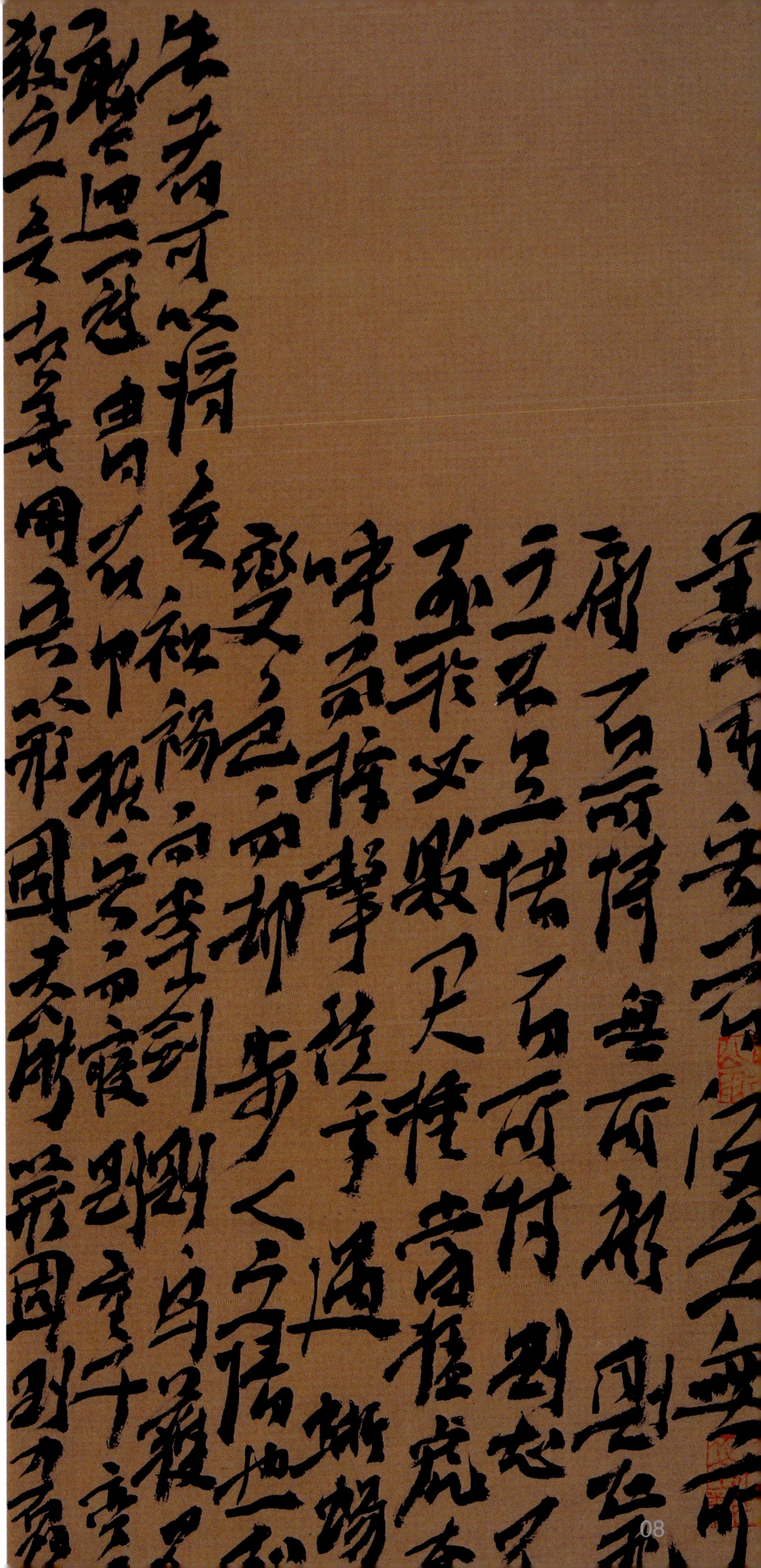

苏洵　心术文　70cm×34cm

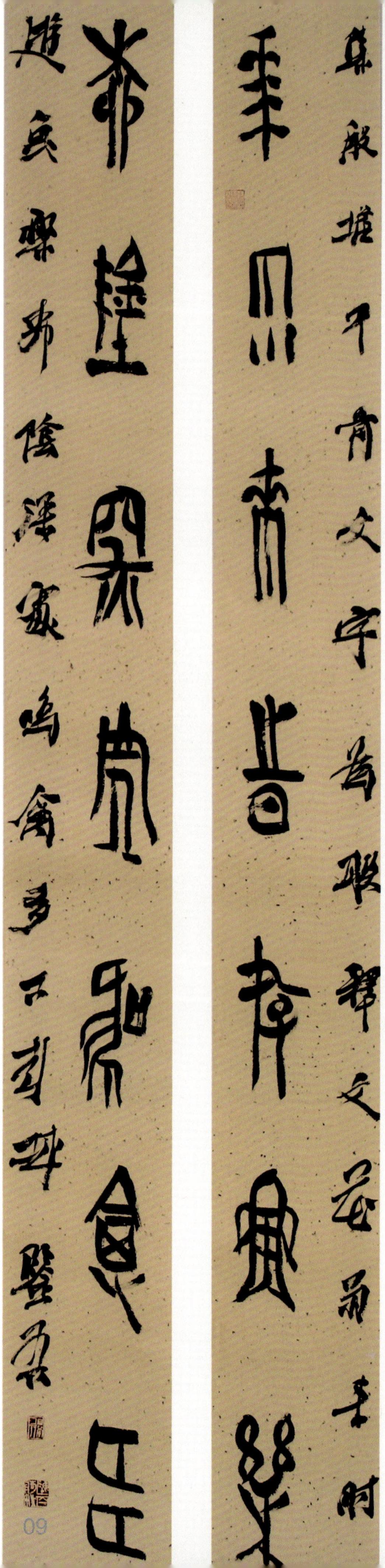

花雨来时游鱼乐　柳荫深处鸣禽多

260cm × 20cm × 2

明·萨都剌诗　40cm × 40cm × 6

唯仁者能好人（附边款） 逍遥游 春满四泽

戊子鼠岁大吉　顽翁（附边款）　谋道不谋食（附边款）

“刻什么，怎么刻”是一个老问题，可今天我依然弄不清。平日里总是苦恼自己找不到一种方法，可当方法有了一点体会的时候、又找不到自己该刻什么内容，于是只有郁闷。

看秦汉印章，最大的感受是它的自然、潇洒、雄浑。摆脱刻意的经营、扭捏的姿态才是真的问题，但总也摆脱不掉，由此不觉自问：印人存在的意义是技艺的拥有与展示，还是情感的宣泄呢？

不同质地、质感的石头，使得作品平添了生动性，纵横的线条恣意挥洒，虽多了些制作成分，追求的是酣畅淋漓，但却应了所谓的“笔墨当随时代”的妙语。我执着地用刀与石的碰撞，以求达到传统与现代的完美结合……

得　一辰造之　千万买邻　作德心逸日休（附边款）

党振涛　虞宁　山远无树　德不孤必有邻（附边款）

陈鸥之玺（附边款）　逸海堂记　李氏守银　玉屑饭

谷堂　心迹双清（附边款）　寒通云梦　六博投壶

使鸡司夜（附边款） 双飞白鸥 忠信仁笃

吾生于上世纪 70 年代，正值“文革”中期，全国人民对敬爱的毛主席无比崇敬。当时，毛主席诗词广为流传。父亲取其《沁园春.长沙》词“百舸争流”中二字为我名（词中“浪遏飞舟”中“飞舟”二字为我二姐名），在那个年代很是时髦。

后来许多人不识“舸”字，皆读“可”音，因此被叫了多年的“百可”。“舸”乃大船也，吾姓陈，陈与沉谐音，这百条大船欲沉了，似乎不太吉利，干脆易名“百柯”，用之多年。

某日，吾友郭荐，解释吾名曰：“你有弄沉百条大船之气魄，此名甚佳。‘柯’乃一破斧柄耳，有何意思，还是百舸二字为妙。”吾思之，尚觉颇有几分道理，复用之。

百舸也罢，百柯也罢，不过人一符号矣，不必费甚心思了……

全家福 1972 年冬

陈百柯和他的作品

来自李可染故乡的书画名家

LAIZI LIKERAN GUXIANG DE SHUHUA MINGJIA

金德欣

JINDEXIN

凤凰出版传媒集团
凤凰出版社

图书在版编目(CIP)数据

来自李可染故乡的书画名家/刘明主编.—南京:凤凰出版社,2008.5

ISBN 978-7-80729-176-3

Ⅰ.来… Ⅱ.刘… Ⅲ.①书法家—简介—徐州市—现代②画家—简介—徐州市—现代 Ⅳ.K825.72

中国版本图书馆CIP数据核字(2008)第073992号

书　　名	来自李可染故乡的书画名家
主　　编	刘　明
策　　划	徐州凤凰文化发展有限公司
责任编辑	高思源
出版发行	凤凰出版传媒集团 凤凰出版社(原江苏古籍出版社) 南京市中央路165号 邮编210009 发行部电话025-83223462
集团网址	凤凰出版传媒网 http://www.ppm.cn
印　　刷	徐州市今日彩色印刷有限公司 江苏省徐州市青年东路62号 邮编221003
开　　本	889×1194毫米 1/16
印　　张	48
字　　数	100千字
版　　次	2008年5月第1版 2008年5月第1次印刷
标准书号	ISBN 978-7-80729-176-3
全套定价	288.00元

(凤凰出版社图书凡印装错误可向承印厂调换)

地域文化的光彩

——徐州书画现象(代序)

程大利

徐州,古为九州之一。它是长江、黄河之间的一片沃土,兼有南北地域文化的特征。黄河十三次改道流经此地,积淀泥沙的同时也积淀下了文化,一种坚忍耐劳、朴实敦厚的文化,一种崇文尚武、入世进取的文化,一种心思缜密而不流琐屑、不入极端但又是非分明的处世风习很容易造就一批高旷冲淡又豁达温厚、有情有义的文人,而这又是传统书画艺术家必备的品质。

地理的特殊影响着文化生态。5000年以来,这里留下先秦文化的光彩,更留下两汉文化的辉煌。已经开掘和没有开掘的汉墓,无疑给这块土地添上了许多故事,成为极为厚重的遗珍。画像石是造型艺术的最好教材,《大风歌》而下的诗文传统展现着酣畅淋漓的气度,多姿多彩的民间艺术陶冶了一代又一代的少年,优美的自然风光和千载不泯的民间传说,都为艺术家的成长铺就了温床。近百年来,这里走出了一批杰出人士。以书画为例,民国以来的张伯英、李可染、刘开渠、王子云、萧龙士、王肇民、朱德群、朱丹等书画家成为20世纪的一个现象,不同于江南的“松江派”、“华亭派”等等,却是风格各异地竞相峥嵘。在现代美术史上闪现着光辉,李可染在中国山水画上的贡献已成定论,在历史上留下了充实的一页。

中国传统艺术是中国文化现象。书画是传统文化的瑰宝,它既可以“成教化、助人伦”,也可以“涤烦襟、破孤闷、迎静心、释燥气”,是“祛病增寿的良药”。书画发达地方人们的心态会趋于平和,社会风气会趋于文明。书画家在徐州特别受尊敬也是“崇文”风尚使然,这促使着艺术家更趋努力,为家乡做出新贡献。

文化,因传承而厚重,书画文脉传到今天似乎更为壮丽,一代书画家产生了新的影响,有的人已成为当代艺术的领军人物。徐州的书画事业也从来没有像今天这样繁盛。许多理论家朋友已注意到徐州出书画家的现象,这一地域现象必将被展开并深入探讨。可染先生的“实者慧”形象地总结了自己,更为一代书画家开启了修炼的明灯。在中华民族艺术的大花园里,徐州书画的奇葩必将更为绚烂,徐州的书画事业前程似锦。是为序。

戊子初于京华

笔底长流南国情

王冰石

人面不同，性分各异，书道虽一，各有所便。我读金德欣的书法，一直有一种感觉：温文尔雅，不激不励，如听江南丝竹，情韵绵远，沁人心脾。也许因为他是江苏无锡人，从风景优美的太湖边走来，从细雨濛濛的竹林边走来，从缥缈淡远的山影中走来，他身上的天然慧秀气质，即便客居古称南北锁钥、龙虎争斗的徐州，几十年来也丝毫没有改变。气质决定艺术，熟知他的人都知道金德欣是温和谦恭，说话从不高声，做事缜密机敏，从艺不事张扬，永远保持本色的书家。

金德欣书法主要写行书和隶书。他行书学的是舒同，他是舒同的弟子，他写的"舒同体"可以乱真，比之舒同其他弟子，金德欣更得老师真传。舒同是被毛泽东称为"党内一枝笔"的书法家，他的书法从清季何绍基出来，何绍基是从唐代颜真卿出来，自来学颜体者代不乏人，而何绍基宗法颜真卿有自家面貌，他用"回腕法"作书，运笔微颤，用墨渴涩凝炼，风调古雅含蓄，是清代行书的杰出代表。舒同学何，不用常人难以掌握的"回腕法"作书，而是从容落墨，笔走龙蛇，笔致豪迈、清刚、丰腴，体现了一个优秀革命家的气质和驰骋疆场的将军风采。从颜真卿到舒同，他们的书作中确实有一种忠义刚毅的逼人之气，金德欣投入舒同门下，无疑深受其染，但由于性分之异，金德欣学舒同，已将舒书中张扬的部分化为温雅，变阳刚为阴柔，形成自己的特色。特别是舒同晚年作书，缠绕画圈太多，金德欣泯除其形迹，独趋简洁含蓄，融入了自己的审美趣味，其善学精思可见一斑。金德欣行书还有另外一面，即完全摆脱舒书束缚，专写自家情调的作品，体现了他努力求变、求新的意识。这类作品可谓楚调自歌，用笔舒缓，结字工稳，墨色干湿相济，犹如轻歌曼舞，耐人寻味。

金德欣的隶书也有特色，他的隶书和他的行草书气息是一致的，做到这一点很不容易。自来行草书和隶书属不同学派的两个方面，善写行草的一般不善隶书，因为二者用笔、结体不同，书写难能统一，金德欣却能融为一起，写出属于他自己情调的作品。清代碑学兴起以来，崛起一股学习石刻文字的风气，以邓石如、赵之谦、吴昌硕等为代表的大师在碑学领域取得了巨大成就，很多原先学帖的书家转而兼学碑刻，像何绍基，初宗颜真卿，后复精研北碑、篆、隶，将各体冶炼一炉，拓展了书学的视野，丰富了书艺的创造力。金德欣追踪先贤，多年来用了极大的毅力遍临汉碑，他学习过《曹全》、《礼器》、《张迁》……工夫也下到"池水尽黑"，"退笔如山"的境地。他的隶书用笔厚实，字法符合"六书"，气息古雅。他从不轻易妄造新字，创作态度非常严谨。而时下很多写隶书的人为追求所谓的新理异态，用行楷笔意作隶，用简化字作隶，用楷书偏旁凑合作隶，一副诡怪俗态，金德欣概以鄙之，他按前人的尊古原则，讲求每字有出处，每笔有来历，故笔下能流淌出"泠泠七弦上，静听松风寒"的古调古韵。

书法家都有自身的秉赋和天性。书如其人，即说明一个人先天的脾性、条件、习惯对艺术有着根深蒂固的影响力；另一方面也说明后天的学识、阅历、才华、功力对艺术作用的必然性。因此，金德欣书法的情调还体现在作品中流露出的文化气息上。他迄今还从事书法教育工作，几十年执教生涯，使他熟知中国书法史，熟知各体书法技法，了解书法美学和与书法相关的文字学。他深知学习书法亦足以恢扩才情，酝酿学问，故读书写字从未间断，他作书有一种汩汩其来之势，透露出较高的文化涵养和艺术品格。作为书法家，每个人都有自己的从艺之路，能根据个人的脾性，创作适合自己情怀的作品，几十年持之以恒，这也是不错的选择，金德欣不是一个见异思迁、朝秦暮楚、迷失自我的人，他学书有自己的主张和取舍，他辛勤劳作的园圃已经开出许多美丽的花朵，相信今后还将有更大的收获。

最近，他将作品结集出版，多次嘱我为文，作为老友，义不容辞，但我总是碌碌空忙，干扰太多，今作短文，聊表心迹，他从艺一生，我千字何能窥其万一，故再缀一绝，以志深切感受：

作客彭门自在行，二泉时忆月华明。

砚池独引太湖水，笔底长流南国情。

2008年1月20日

画法青藤雪个　书宗秦汉六朝　138cm×34cm×2　2007年

可染大师教我学艺做人

金德欣

1985年10月1日，经修葺一新，整旧如旧的李可染旧居正式向社会开放。当代中国画一代宗师李可染先生偕夫人邹佩珠教授及子女亲临徐州参加“李可染旧居”落成典礼。著名画家唐云、黄胄及李可染先生的弟子也专程来徐参加庆典活动。这是徐州文化事业的一件盛事。

我作为李可染旧居管理处的首任主任，在1986—1989四年间，经常有机会赴京拜访李可染大师，也有幸聆听大师的教导：

一、关于“学艺”

李老对我讲：当今社会上从事艺术的有两种人：一种叫“艺术活动家”；另一种是刻苦学习，认认真真地做学问的艺术家。你一定要做后面的一种人，不要去争名争利，要耐得住寂寞，不能浮躁。搞艺术要下苦功夫，要持之以恒，几十年如一日，功不可以一日不练。著名京剧艺术大师盖叫天先生说过：“一天不练功，自己知道；两天不练功，同行知道；三天不练功，观众也知道了。”

1989年夏天，李老为我的书斋起名“厚积书屋”，勉励我要不断地勤奋学习，要认认真真地做学问。

关于继承与发展，李老对我讲：继承，一定要学习传统，学习古人。写书法，一定要临摹碑帖，不要轻视这项工作。临摹古人的作品，看起来好像很笨，实际上是站在前人的肩膀上往前走，是最聪明的做法，也是最省力，最有效的方法。

继承传统，要用最大的功力打进去！打进去不容易，打出来就更难了。我有两方章：可贵者胆、所要者魂。

谈到书法，李老从结字、线条和神韵三方面作了精辟的阐述：

1.结字：宁可夸大，不要拮据。结字最怕匀，怕平均，均为算子，缺少变化。《石门铭》有风度，《石门颂》有气魄。唐代李邕的书法其结字似欹反正，写得好！

2.线条：书法最难的是线条，线条要有提按变化，关键在把握好提，要适度，轻了就飘；不用力不行，用力过也不行。不要有霸气，也不能油滑，要苍润。

3.神韵：神韵最重要！要有风格，有精神状态。有显著的性格，这就达到了高峰。如果是一般化，平常，很庸俗，就失败了。神韵从客观世界来，能把自己的性格写进去。

明代王铎，其字很有力，很有功。他一天临帖，一天创作。临帖时总感到进不去，自己创作时总感到出不来。“进去”，就把古人的精神得到了；“出来”，就形成了自己的个性。

李老强调：学习书法要路子正确，方法对头。道路正确，毅力坚强，才能走到底。

二、关于“做人”

李老谆谆教导我：学艺术，先要学做人。看别人的作品，要能看出来别人的优点，哪怕是一根线条画得好，就值得学习；看自己的作品，要能看出自己的缺点，这就达到了一个高的境界。做人也是这样。

李可染先生自己已是享誉海内外的艺术大师，但他始终十分尊重老师。言谈中，始终是称呼钱先生（钱食芝）、齐先生（齐白石）、黄先生（黄宾虹）、林先生（林风眠），从来不称呼名，对老师非常尊重。他说：“钱先生是我的启蒙老师，没有钱先生就没有我的今天。”“从齐先生、黄先生那里，使我看到了中国画的顶峰。”“我不画花鸟，我跟齐先生学画，主要是学习老师的笔墨功夫。”“黄先生的山水画，远看什么都有，近看什么都没有。这是中国画的最高境界。”

从1986年起，徐州市准备实施李可染旧居二期工程，然而因种种原因，一拖再拖。李老对我说：“感谢徐州市领导，为我们家修复旧居。现在又准备扩建二期工程，拆迁和建造要花不少钱。我拿不出钱支持地方政府，我可以拿七八张画，让他们去通融，筹措资金。千万不要给政府领导添麻烦；另外，在二期工程的设计方面，要简洁、朴素、大方。一定要考虑到便利老人和儿童，要有休息的地方，展室要有空调，太热太冷老人受不了。还要有方便的地方。能便于中、小学生临摹、学习……

可染大师，处处事事，首先想到的是别人，想到的是事业。从细微处见精神，大师的高尚品德，会影响我的一辈子。

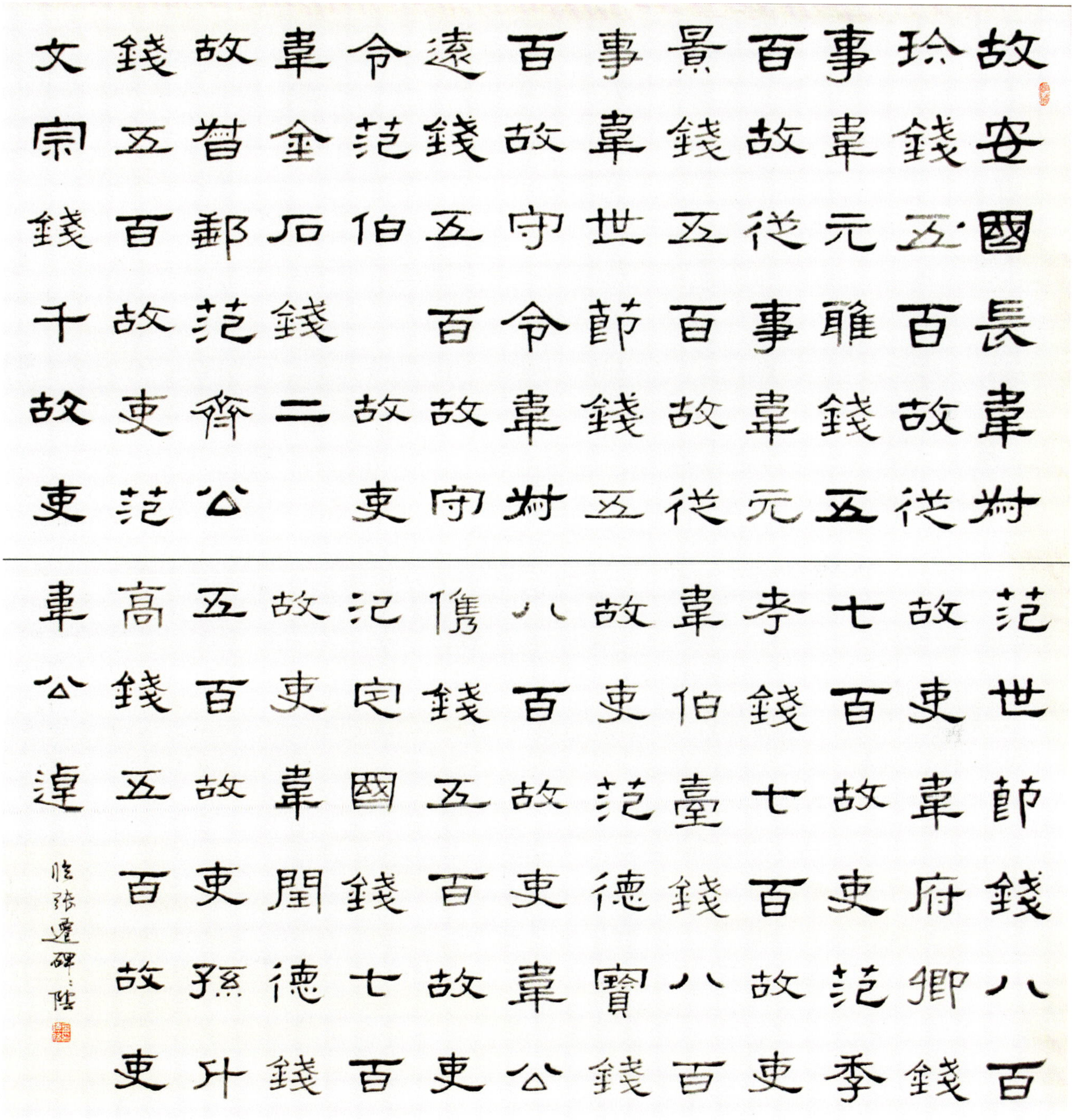

临 汉 张迁碑碑阴 138cm×136cm 2007年

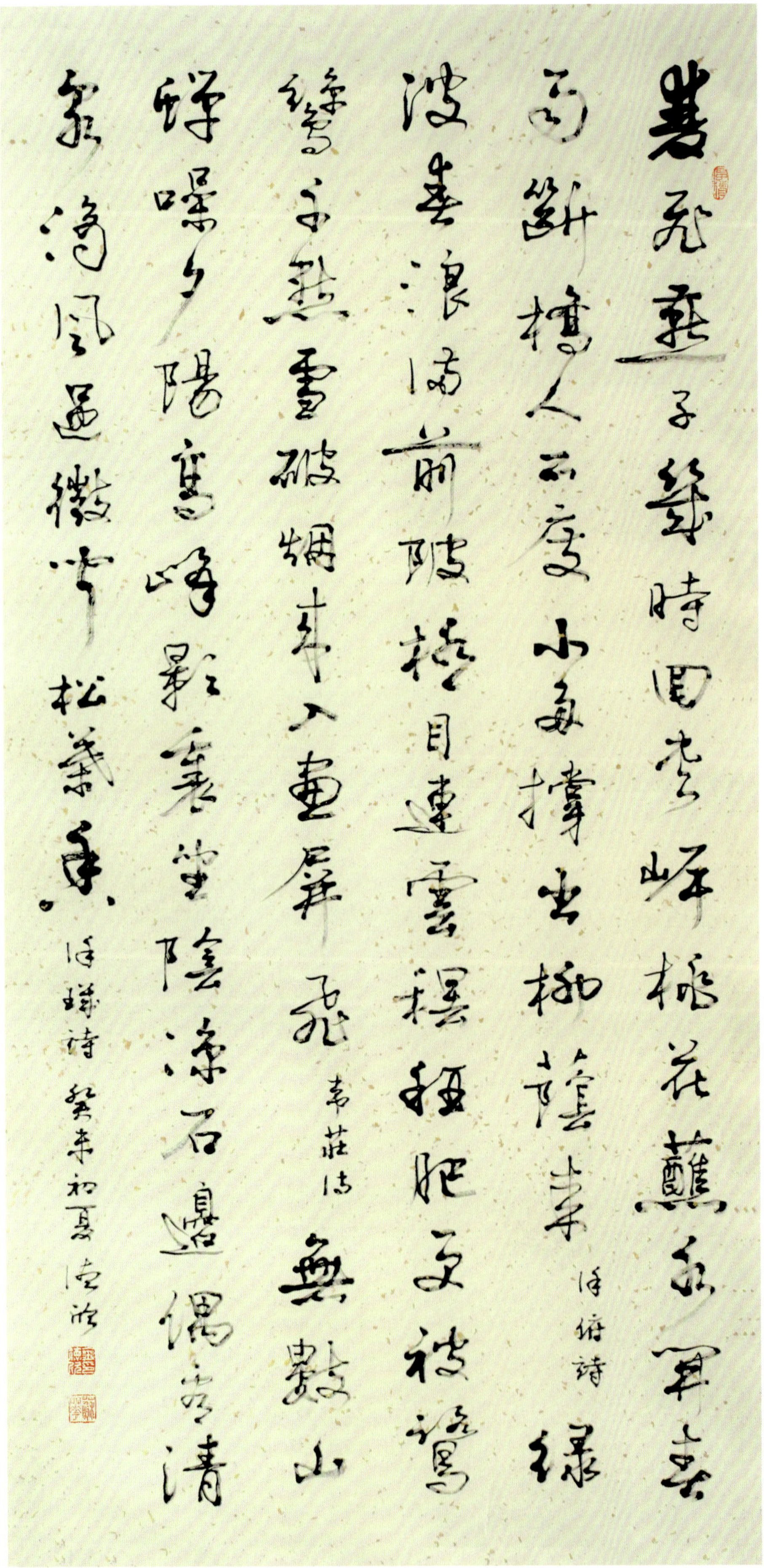

古诗三首　138cm×68cm　2003年

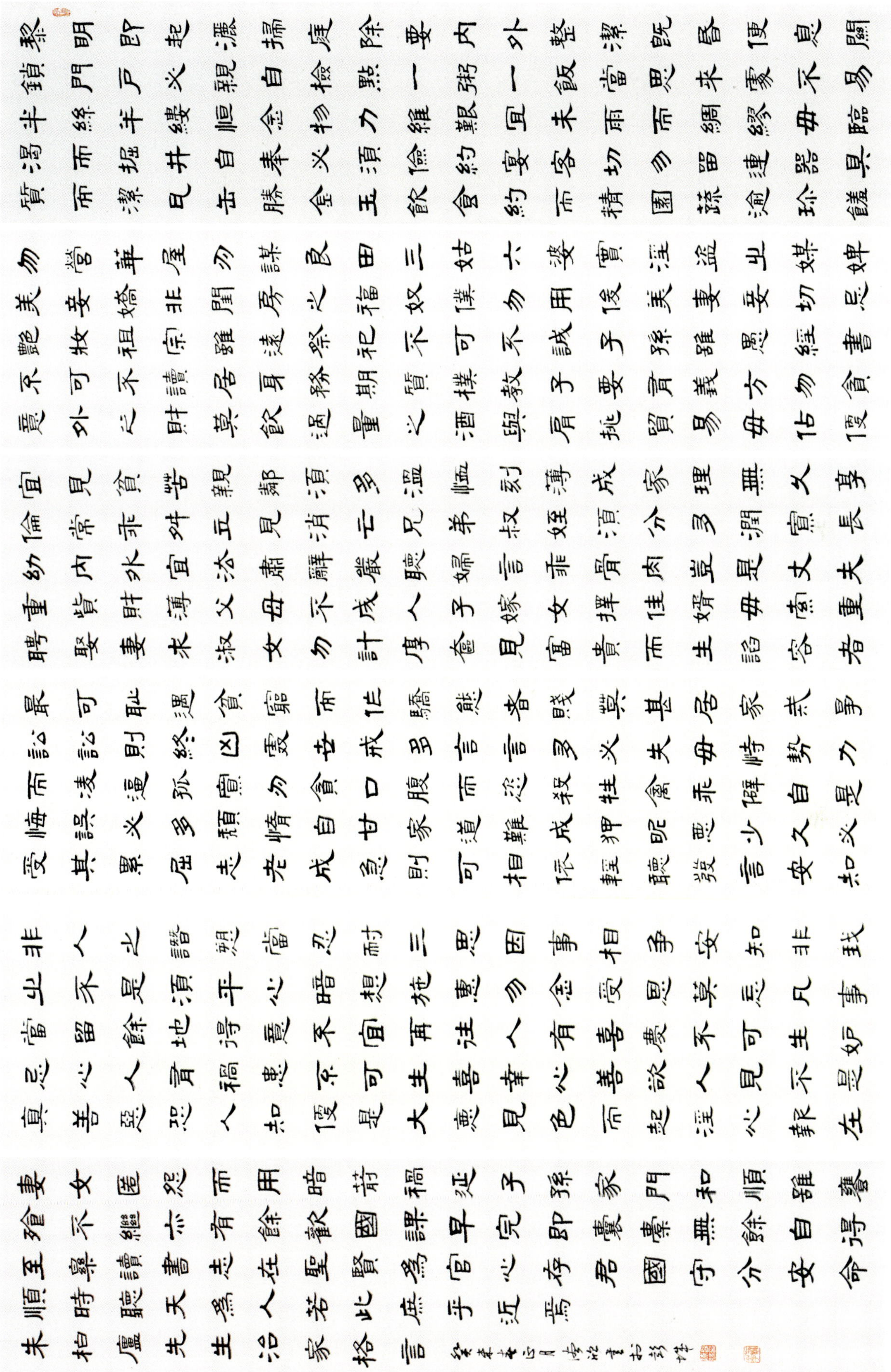

朱柏庐先生治家格言　138cm×34cm×6　2003年

汉柏秦松骨气　商彝夏鼎精神　138cm×34cm×2　2007年

临　西周 颂鼎铭文　138cm×68cm×2　2003年

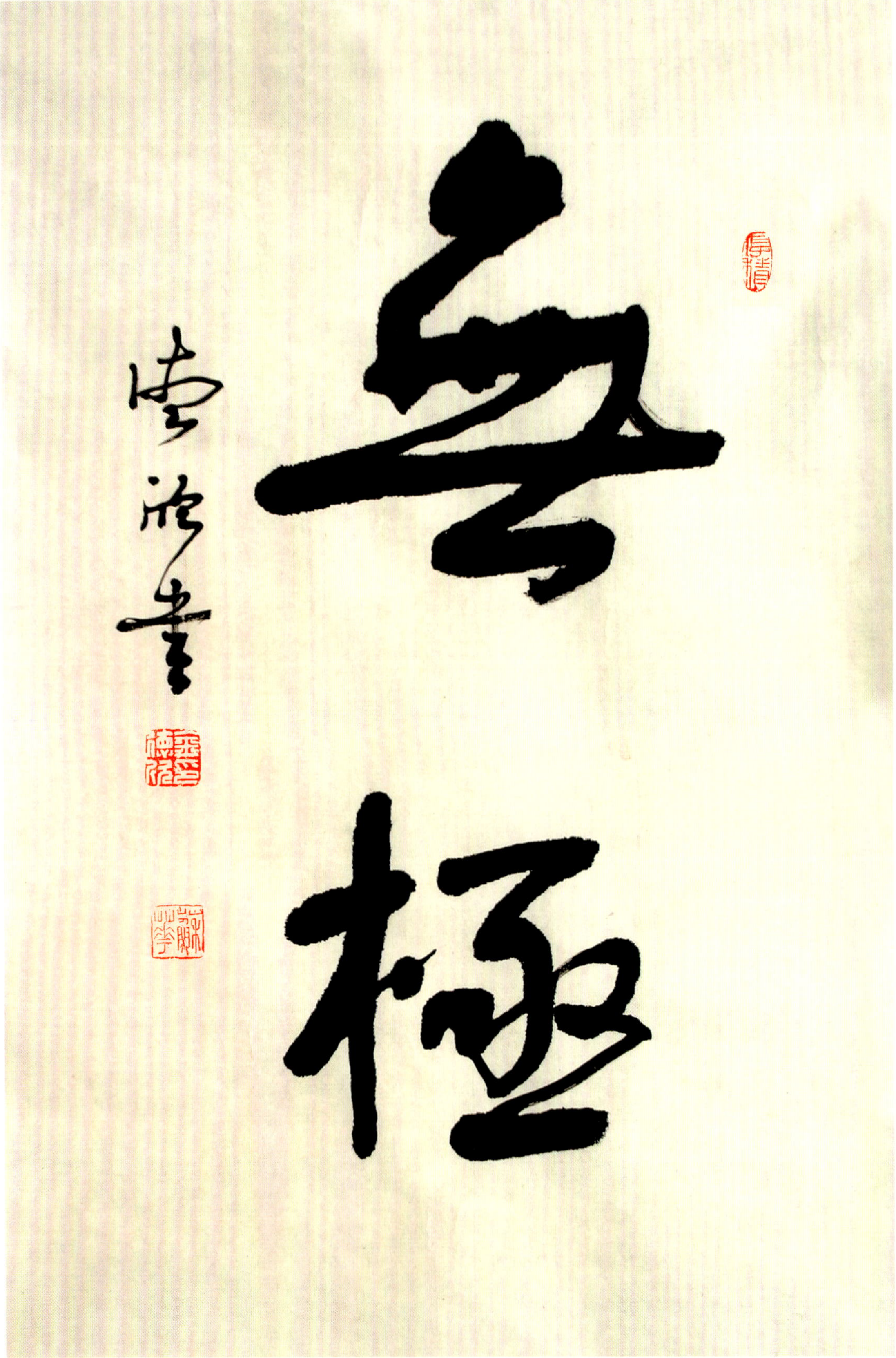

榜书　无极　120cm×68cm　2007 年

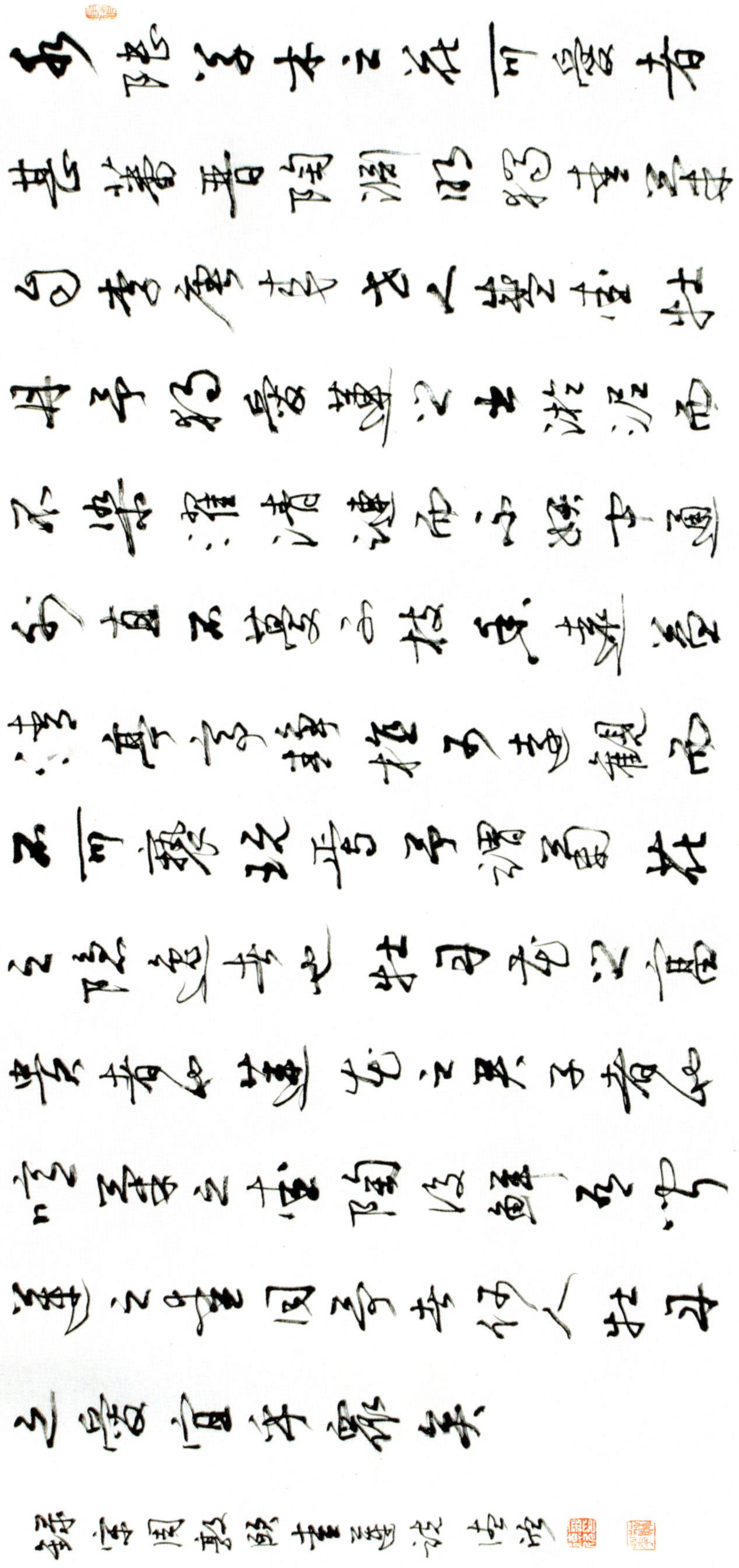

宋 周敦颐《爱莲说》 138cm×68cm 2005年

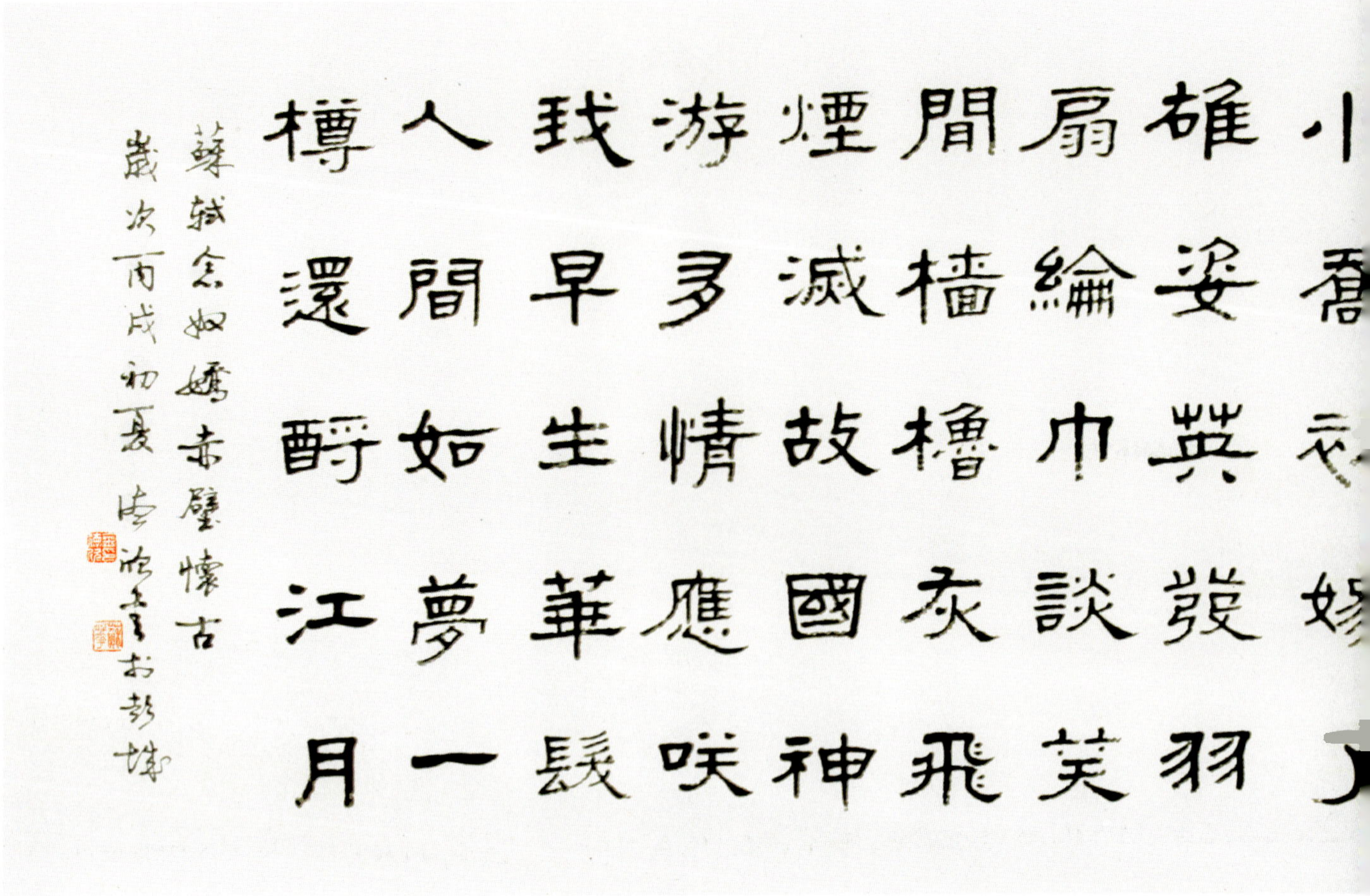

雄姿英發羽
扇綸巾談笑
間檣櫓灰飛
煙滅故國神
游多情應笑
我早生華髮
人間如夢一
樽還酹江月
蘇軾念奴嬌赤壁懷古
歲次丙戌初夏

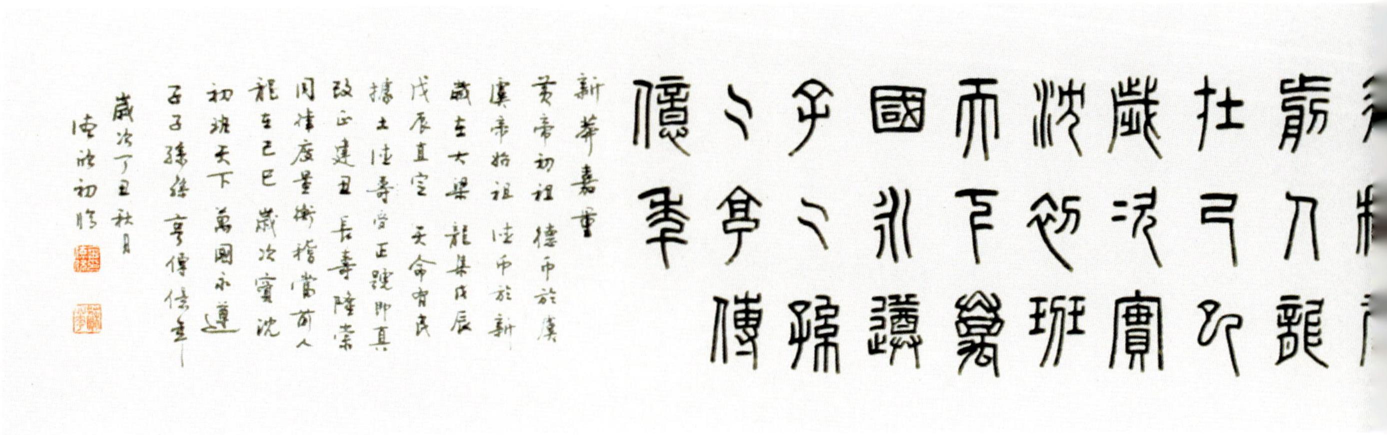

新莽嘉量
黃帝初祖德帀於虞
虞帝始祖德帀於新
歲在大梁龍集戊辰
戊辰直定天命有民
據土德受正號即真
改正建丑長壽隆崇
同律度量衡稽當前人
龍在己巳歲次實沈
初班天下萬國永遵
子子孫孫享傳億年
歲次丁丑秋月

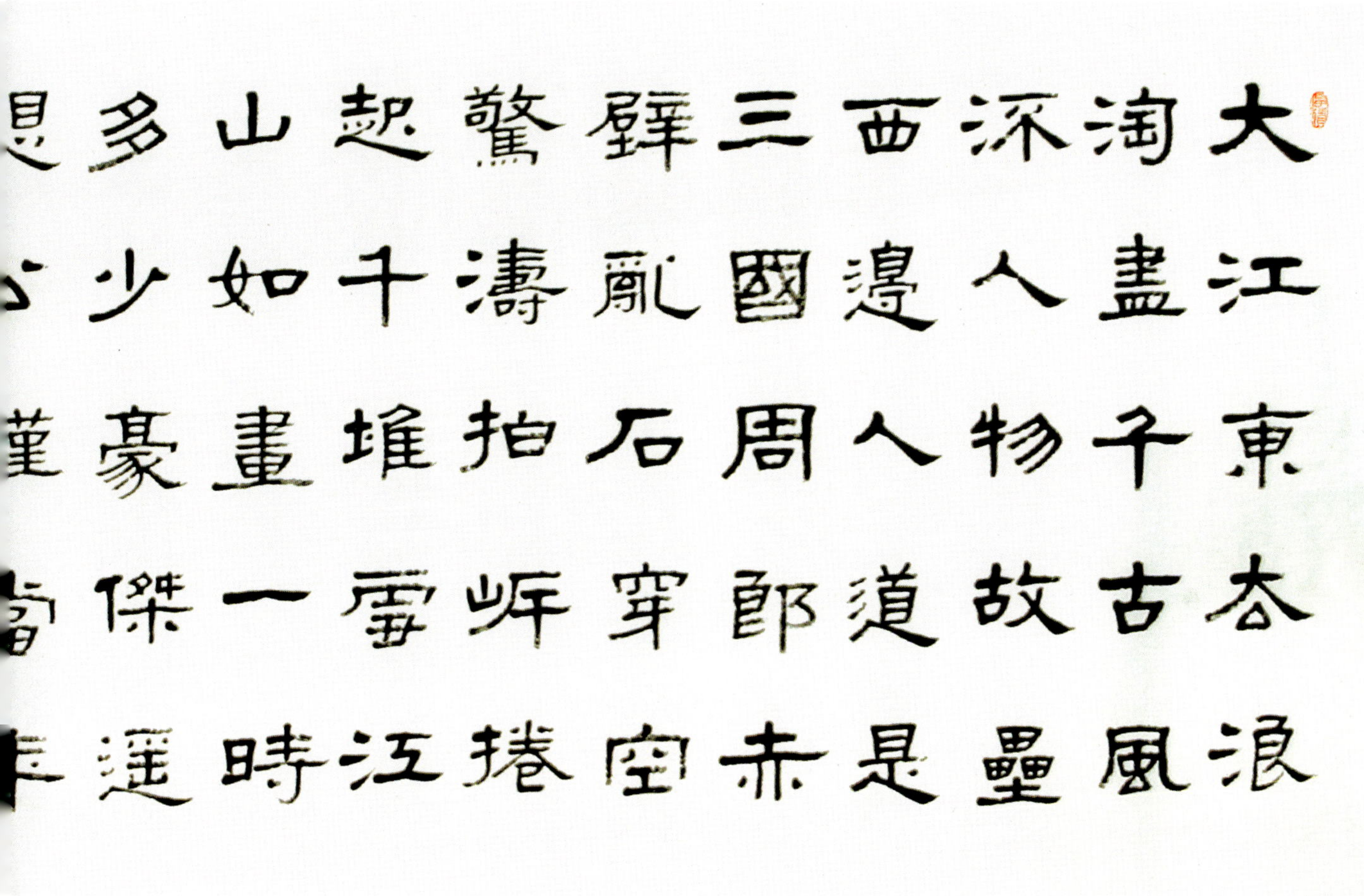

宋　苏轼《念奴娇·赤壁怀古》 340cm×68cm　2006 年

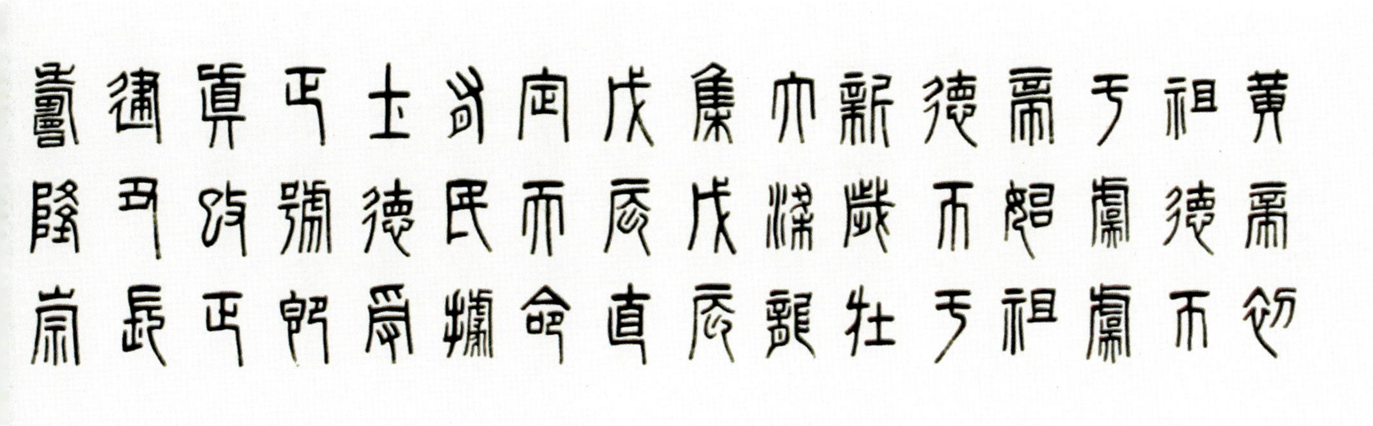

临　新莽嘉量　260cm×34cm　1997 年

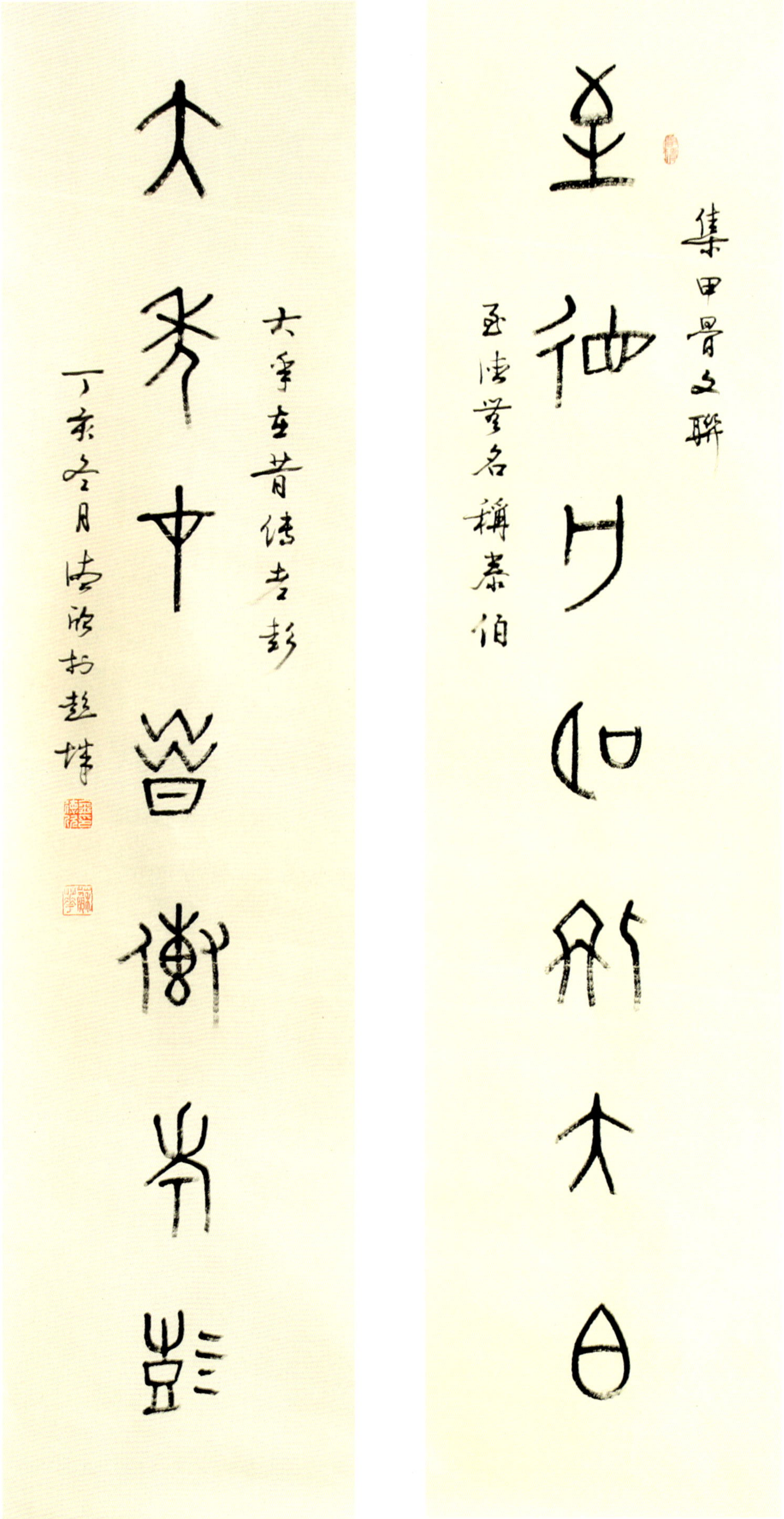

至德无名称泰伯　大年在昔传老彭　138cm×34cm×2　2007年

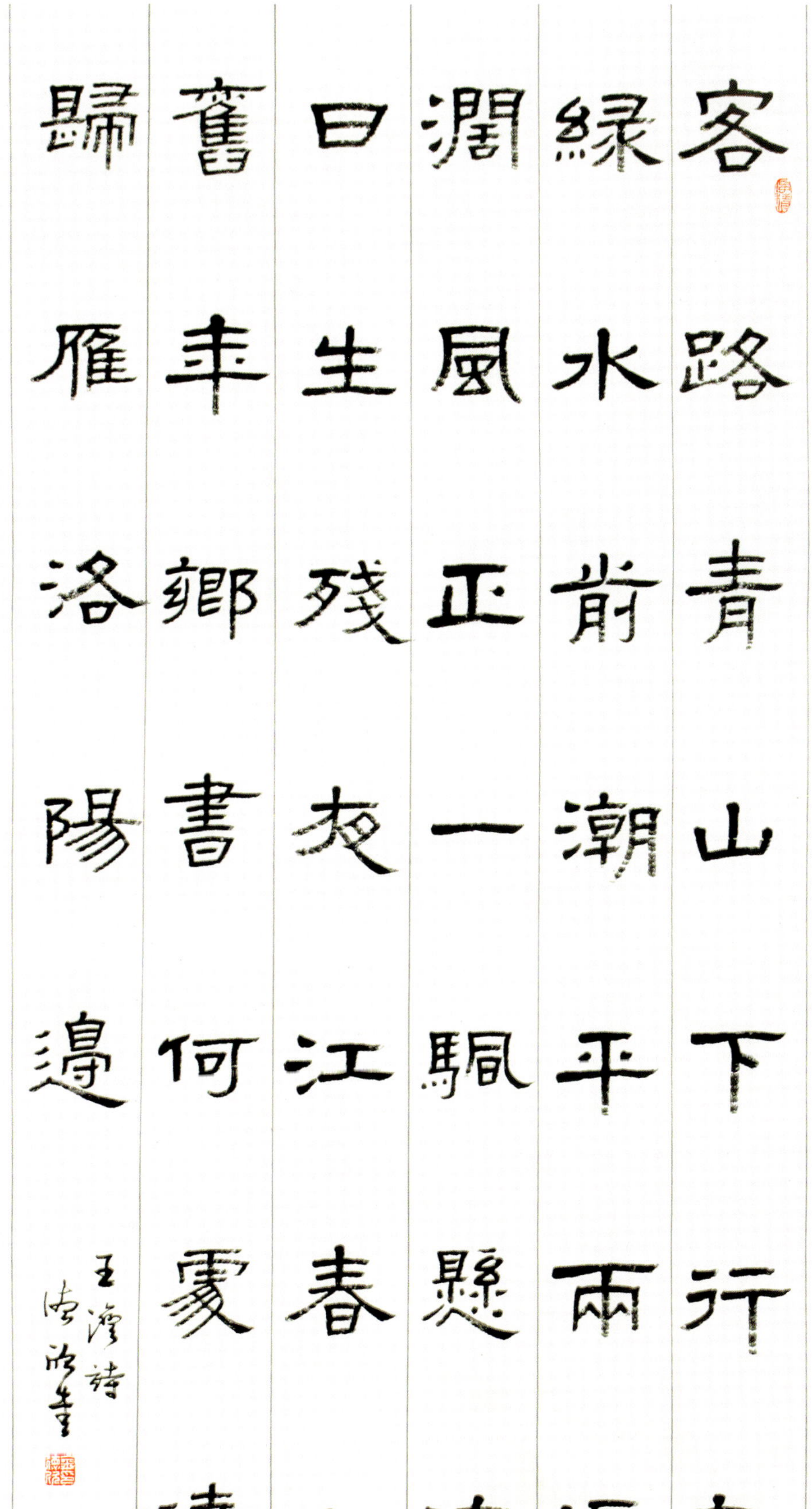

唐 王湾《次北固山下》 138cm×68cm 2007年

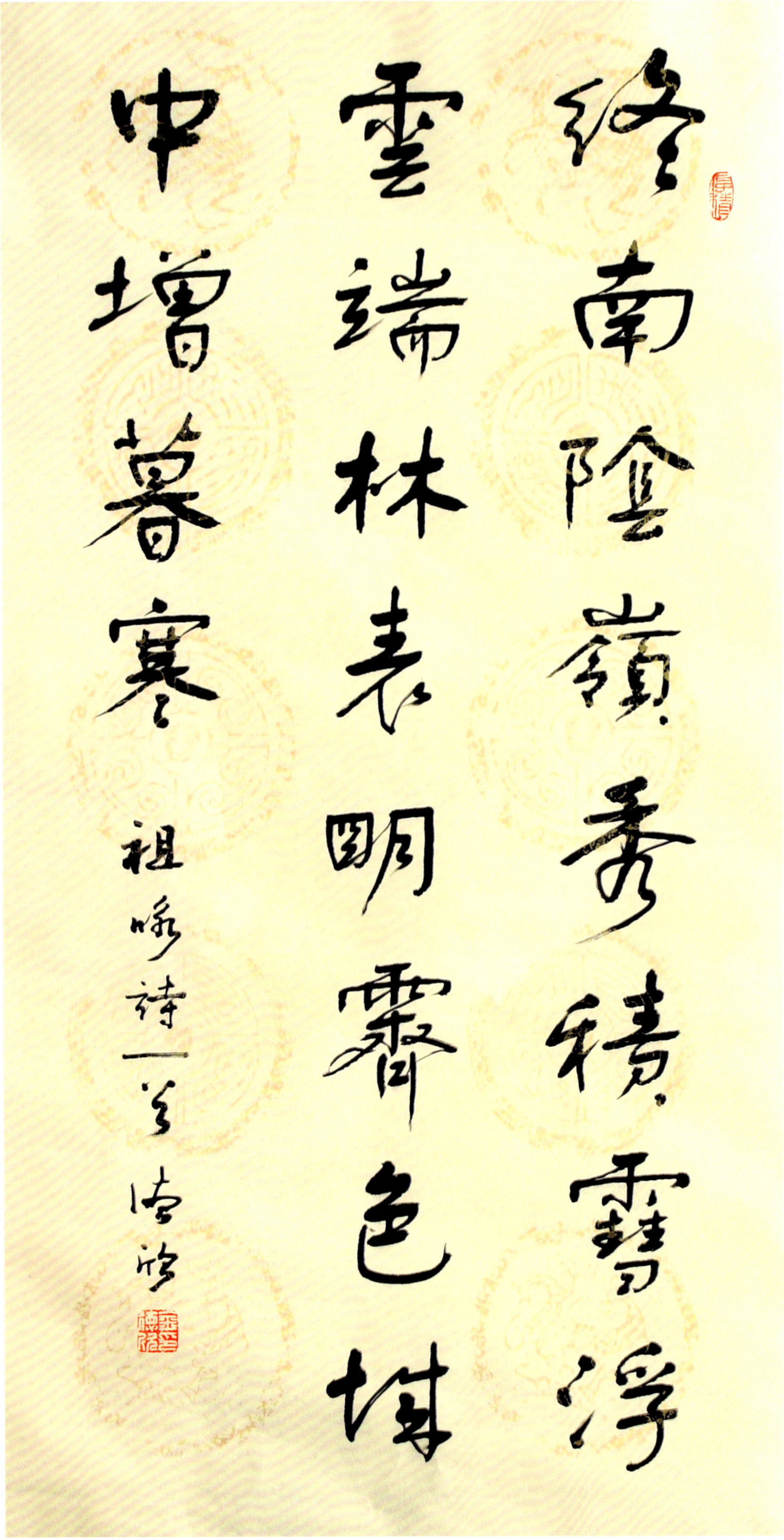

唐 祖咏《终南望余雪》 138cm×68cm 2007年

漢興六十餘載海內艾安府庫充實而四夷未賓制度多闕上方欲用文武求之如弗及始以

蒲輪迎枚生見主父而歎息羣士慕嚮異人並出卜式拔於芻牧羊擢於降虜斯亦曩時版築

临 倪宽赞（局部） 68cm×68cm 2003年

嚴威既被其猶草上加風民之悅化若衆之樂水方欲羽翼天朝抓牙帝室何圖幽

靈無簡殲此名哲春秋卅有二太和十七年薨於蒲坂城建中鄉孝義里妻河北陳

临 张玄墓志（局部） 68cm×68cm 2003年

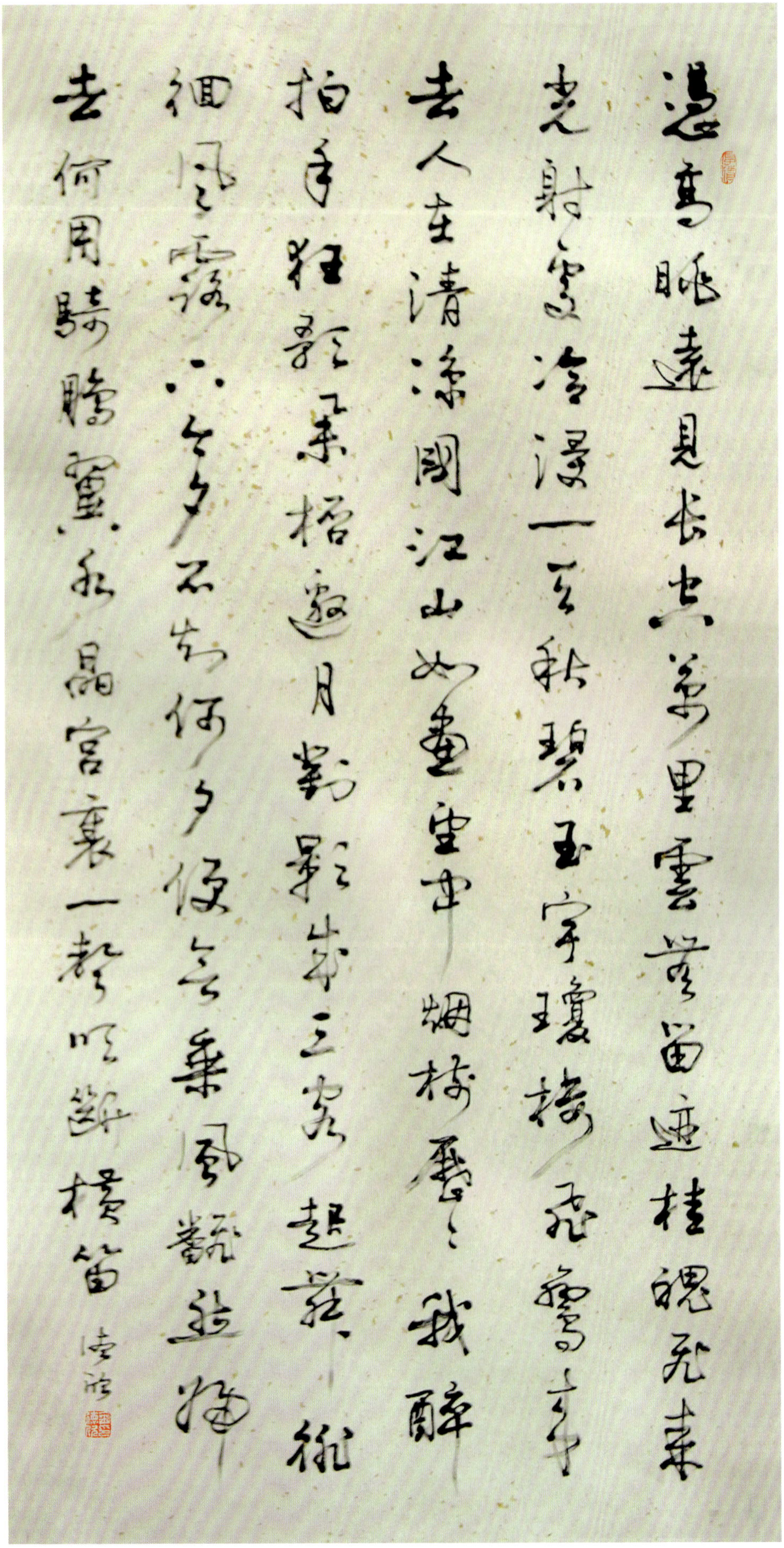

宋　苏轼《念奴娇·中秋》　138cm×68cm　2004年

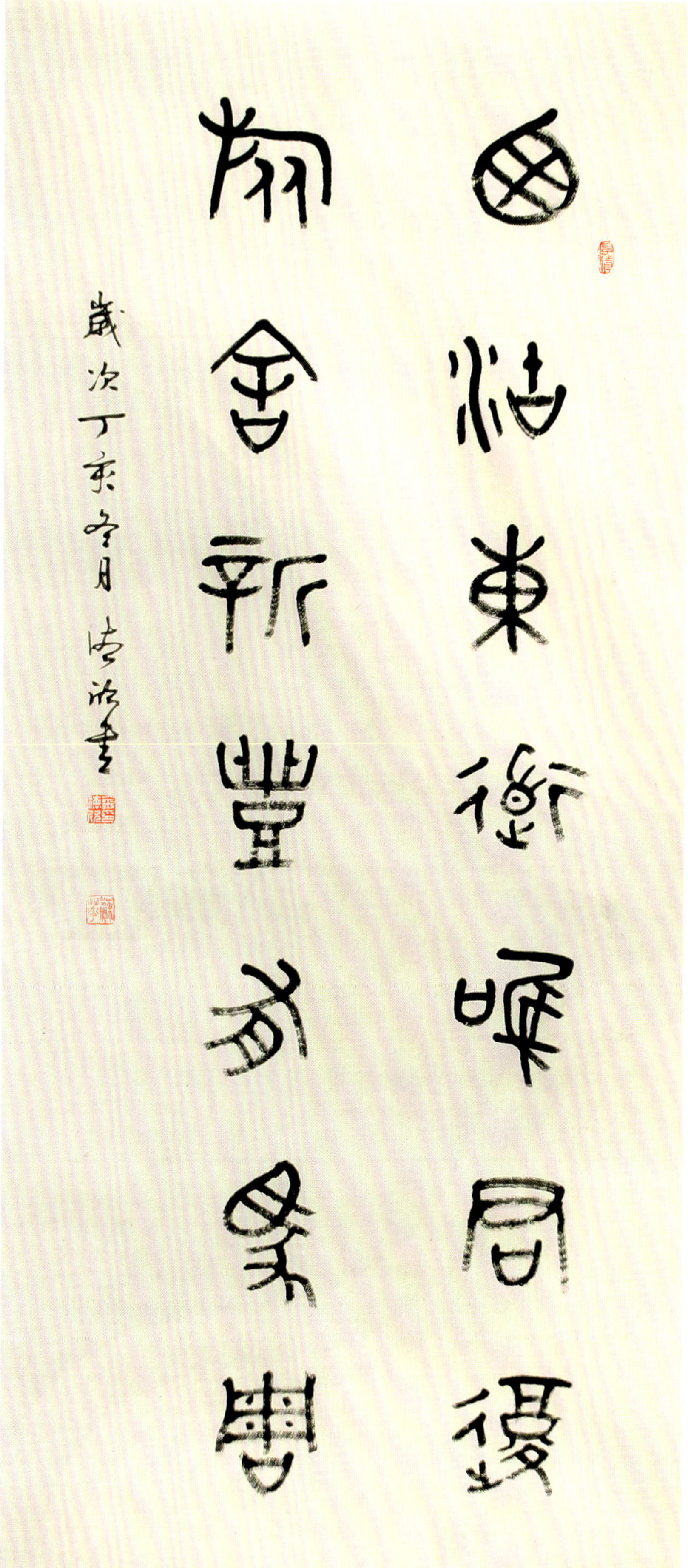

西沽东道唯君复　旅舍新丰有马周　138cm×60cm　2007年

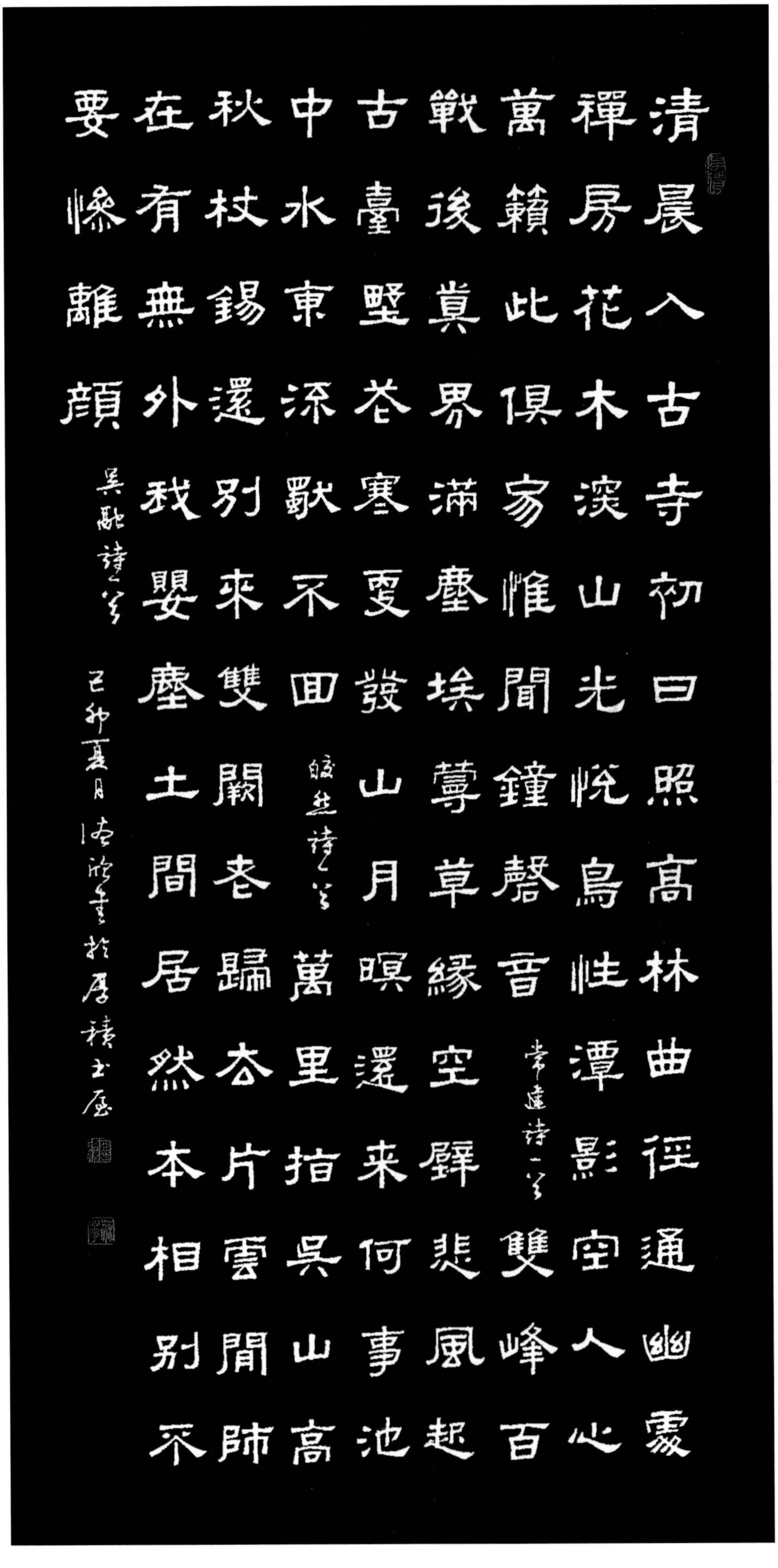

古诗三首 130cm×68cm 1999年

来自李可染故乡的书画名家

LAIZI LIKERAN GUXIANG DE SHUHUA MINGJIA

翁达十

WENGDASHI

凤凰出版传媒集团
凤凰出版社

图书在版编目(CIP)数据

来自李可染故乡的书画名家 / 刘明主编.—南京:凤凰出版社,2008.5

ISBN 978-7-80729-176-3

Ⅰ.来… Ⅱ.刘… Ⅲ.①书法家—简介—徐州市—现代 ②画家—简介—徐州市—现代 Ⅳ.K825.72

中国版本图书馆CIP数据核字(2008)第073992号

书　　名	来自李可染故乡的书画名家
主　　编	刘　明
策　　划	徐州凤凰文化发展有限公司
责任编辑	高思源
出版发行	凤凰出版传媒集团 凤凰出版社(原江苏古籍出版社) 南京市中央路165号 邮编210009 发行部电话025-83223462
集团网址	凤凰出版传媒网　http://www.ppm.cn
印　　刷	徐州市今日彩色印刷有限公司 江苏省徐州市青年东路62号 邮编221003
开　　本	889×1194毫米 1/16
印　　张	48
字　　数	100千字
版　　次	2008年5月第1版 2008年5月第1次印刷
标准书号	ISBN 978-7-80729-176-3
全套定价	288.00元 (凤凰出版社图书凡印装错误可向承印厂调换)

地域文化的光彩

——徐州书画现象(代序)

程大利

徐州,古为九州之一。它是长江、黄河之间的一片沃土,兼有南北地域文化的特征。黄河十三次改道流经此地,积淀泥沙的同时也积淀下了文化,一种坚忍耐劳、朴实敦厚的文化,一种崇文尚武、入世进取的文化,一种心思缜密而不流琐屑、不入极端但又是非分明的处世风习很容易造就一批高旷冲淡又豁达温厚、有情有义的文人,而这又是传统书画艺术家必备的品质。

地理的特殊影响着文化生态。5000年以来,这里留下先秦文化的光彩,更留下两汉文化的辉煌。已经开掘和没有开掘的汉墓,无疑给这块土地添上了许多故事,成为极为厚重的遗珍。画像石是造型艺术的最好教材,《大风歌》而下的诗文传统展现着酣畅淋漓的气度,多姿多彩的民间艺术陶冶了一代又一代的少年,优美的自然风光和千载不泯的民间传说,都为艺术家的成长铺就了温床。近百年来,这里走出了一批杰出人士。以书画为例,民国以来的张伯英、李可染、刘开渠、王子云、萧龙士、王肇民、朱德群、朱丹等书画家成为20世纪的一个现象,不同于江南的"松江派"、"华亭派"等等,却是风格各异地竞相峥嵘。在现代美术史上闪现着光辉,李可染在中国山水画上的贡献已成定论,在历史上留下了充实的一页。

中国传统艺术是中国文化现象。书画是传统文化的瑰宝,它既可以"成教化、助人伦",也可以"涤烦襟、破孤闷、迎静心、释燥气",是"祛病增寿的良药"。书画发达地方人们的心态会趋于平和,社会风气会趋于文明。书画家在徐州特别受尊敬也是"崇文"风尚使然,这促使着艺术家更趋努力,为家乡做出新贡献。

文化,因传承而厚重,书画文脉传到今天似乎更为壮丽,一代书画家产生了新的影响,有的人已成为当代艺术的领军人物。徐州的书画事业也从来没有像今天这样繁盛。许多理论家朋友已注意到徐州出书画家的现象,这一地域现象必将被展开并深入探讨。可染先生的"实者慧"形象地总结了自己,更为一代书画家开启了修炼的明灯。在中华民族艺术的大花园里,徐州书画的奇葩必将更为绚烂,徐州的书画事业前程似锦。是为序。

戊子初于京华

清逸率真　直通性灵

翁达十书画篆刻作品评析

刘山民

常常感叹、羡慕音乐和书法走上了正途，修得了正果，成为纯粹艺术。无怪毕加索说，他若生长于中国这方热土，大约首先是位书法家。达十幸甚，正是生长于这方热土的书法家，传承着这个民族独特的审美精神，抒发着自己的艺术情怀。其清和畅逸、雄雅秀劲的书法艺术根植于古老的书法传统，又洋溢着当代艺术家富有创造性的审美理念，散发出强烈的艺术感染力。

乐曲创作可以不指靠某种乐器被动地描摹自然界实在的声音，而是用恰当的旋律将音符巧妙编织，创作出令人动心动情的乐曲，如《梅花三弄》。明月梅花岂有声，曲成三弄动诗情。

书法，从作为代替语言进行思想交流的工具性文字书写，升华为艺术——书法艺术，其功用与品位都发生了质的变化，文字仅仅作为载体或依托，原先所承担的认知功能已退居次要地位，而极力突显的是其审美功能。充分尊重、彰显、点画、结体，章法自身的审美品格，通过时空的巧妙分割，展示其音乐性与图画性，以期实现书法作为独立艺术的本体价值。至此，书法家与欣赏者，所注重的是作品的韵味、格调及文化底蕴。对此达十有着认真的思考和深切的体悟。他在创作上求神韵，重抒情，他以修身娱心之态度，默默追求着精神与艺术上的渐进。书法以“二王”、张旭为宗，对历代经典进行潜心研习，注重取法乎上，食古而化，实践着艺术审美多元创作取向。其草书“飞舞流动”，隶书“雄逸奇拙”，行草“清劲秀隽”，小楷“简朴古雅”，皆蓄风畅神，自我风格鲜明。

书画和篆刻或为同源，兼擅当难，然但凡艺术皆有相通、相融、相借、相促之处。通融之际，相得益彰。吴昌硕、齐白石、来楚生、韩天衡皆为典范。达十追慕之，其篆刻在秦汉玺、印的基础上，曾用心于吴昌硕、来楚生、沙孟海诸家的师法研习。追求苍雄劲雅之境，喜用锐刀，放中求精，细中求生。注重审视、把握篆刻艺术发展的历史过程，以当代艺术家独立的审美取向，探寻自己的艺术之路。刀法求生，字法求古，章法求象，在闲适散淡的心境下进行着创作，又得书法与绘画艺术的滋养，书之神韵、画之意象，了无痕迹地融入到作品之中，从而生面别开，奇中见平，动中寓静，率真中见真微，集雄秀于方寸。

国画作品师法石涛、八大山人、傅抱石、李可染等古今大家，力求以书入画，寻悟高格，清逸绝俗。

达十自幼随父亲学习书法，18岁后在浙江舟山群岛生活四年。江南之秀美，大海之壮阔，滋养了他的情怀。每遇退潮便在坦平数公里的“铁板沙”滩上，以木为笔，尽情挥洒。或朝霞照映，或夕辉相伴，彩光粼粼，如梦如幻，置身其中，心旷神怡，日积月累，心境大开。越而立之年，敬拜佛门高僧兜率寺圆霖法师。徜徉林泉，听梵籁之音，洗世尘之心，感恩生活，静悟艺道。“书为心画”，在他的作品中总是蓄含着一种“大净”的佛性。艺术创作源于生活本质，作品风貌及艺术感染力应当是由生命的内在情感力量所唤起。

达十的为人，治艺传递着散逸清和之气息，率真旷达之精神。对亲人、师友、领导之关爱，对养育自己的这方热土，以及这方热土上浓郁的文墨氛围对自己的熏染和策励，在达十的言谈中时常流露出真挚的热爱与感恩之情。正是这种情感，激发他用笔墨创作出清心荡魄的韵律，无声地吟唱着从心灵深处流出的对生活的热爱、感恩，对生命价值的珍视，对人生追梦过程苦乐淡然的赞歌。

由于对生活热爱，对艺术沉醉，使达十酝酿的创作激情在心底涌动。神游于艺，宠辱皆忘，却不见其张扬，不见其刻意，不见其急功近利，只是默默地累积学识，静静地滋养才情和悟性，表现得那么恬淡闲适，如山涧清流，似迎春之梅，那种散逸清和的气息，率真旷达的灵性，便自然而从容地从他的作品中流淌散发出来。

达十的一幅字、一幅画，或一方印，既源于传统，又根植于性灵深处，散发着描写自我生命的大真之美。根植传统——源水流长，发与性灵——情真生魂。若此，艺术家在创作中会不断提高艺术境界，升华精神境界，因为它是充实和陶冶性灵的产物。这正是达十书画篆刻艺术的意义和价值所在。世象驳杂，学问繁纷，然大道至简，人生与艺术观念复归于根。人，才明白；人明白了，才可进入某种高的境界。

戊子新春

圆霖法师题签

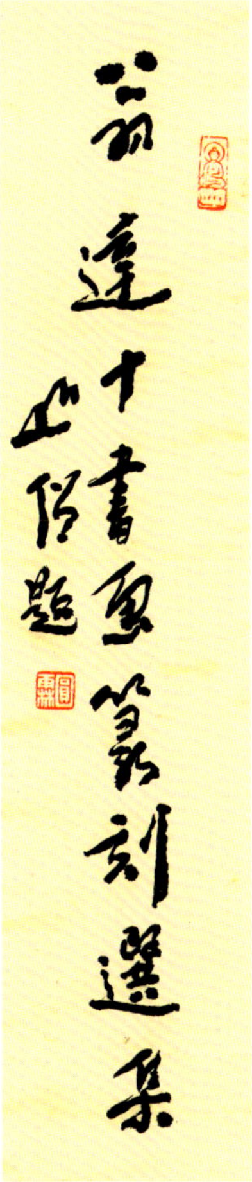

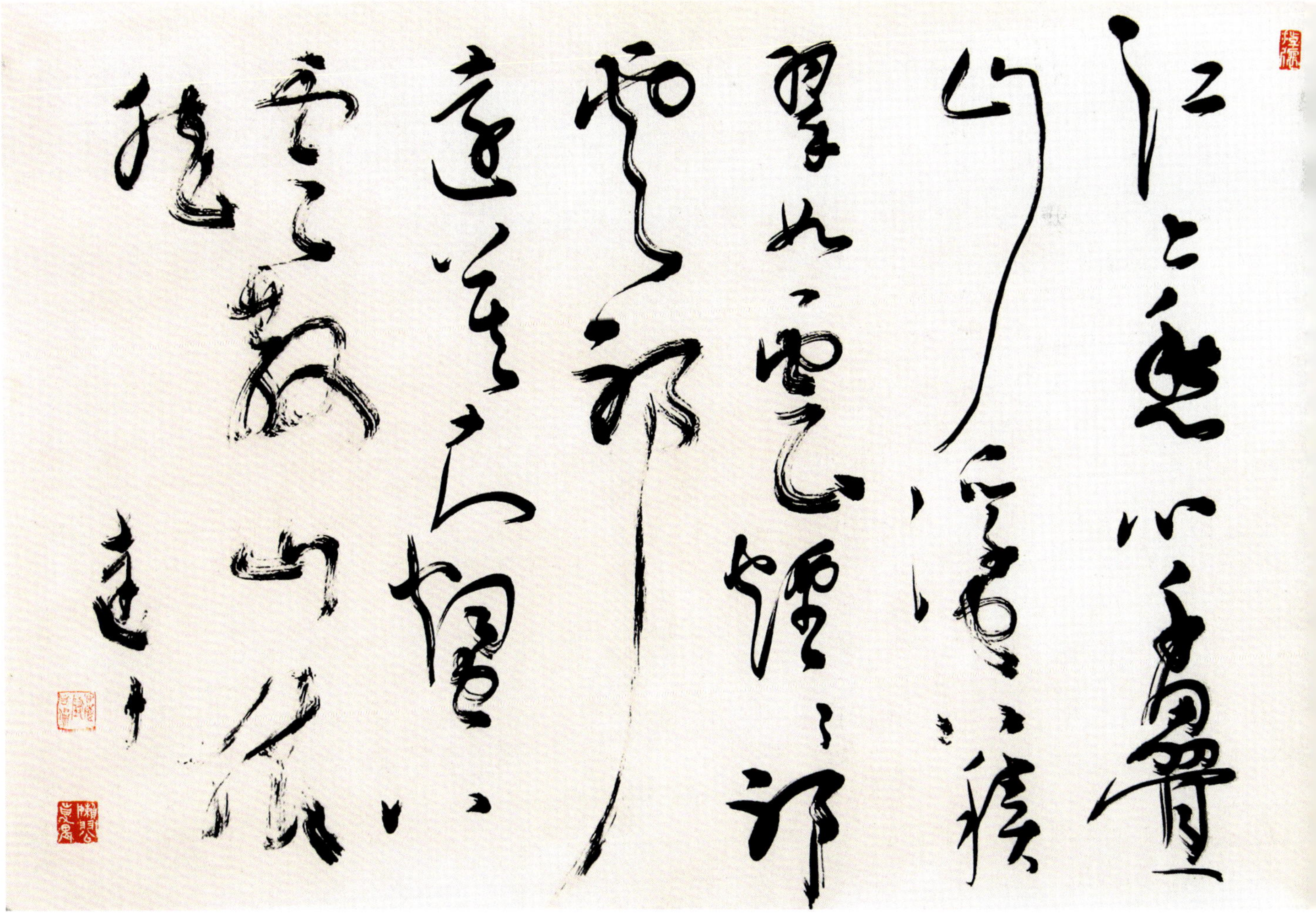

江上愁心千叠山，浮空积翠如云烟。烟耶云耶远莫知，烟空云散山依然。 75cm×128cm

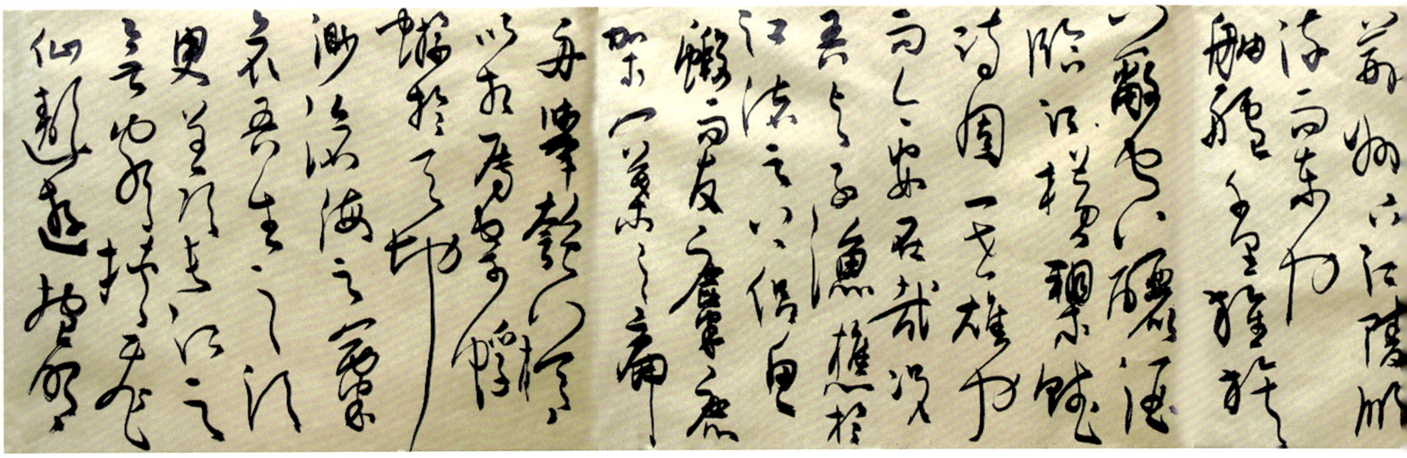

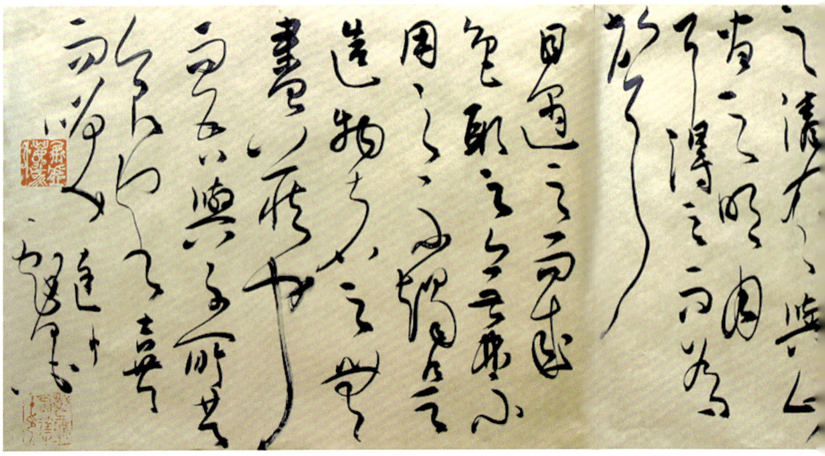

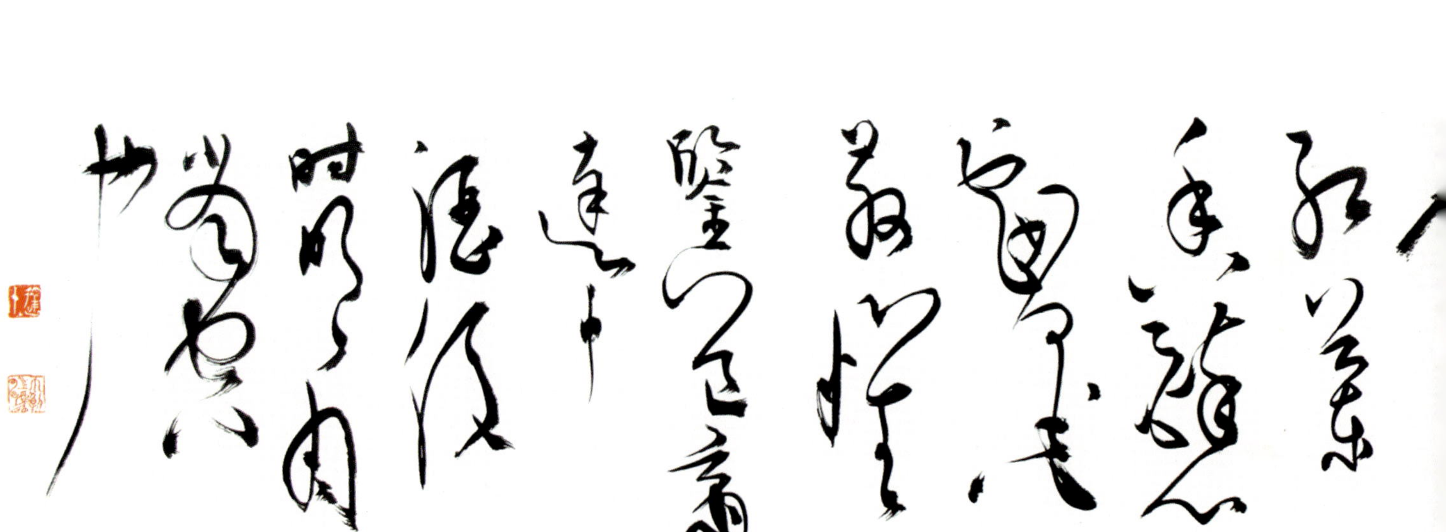

清郁惠兰花，幽静梦人影，春夜含芳露，一笑压千红。兰香醉心，戏墨散怀，鉴道斋达十酒后时明月当空也　37cm×270cm

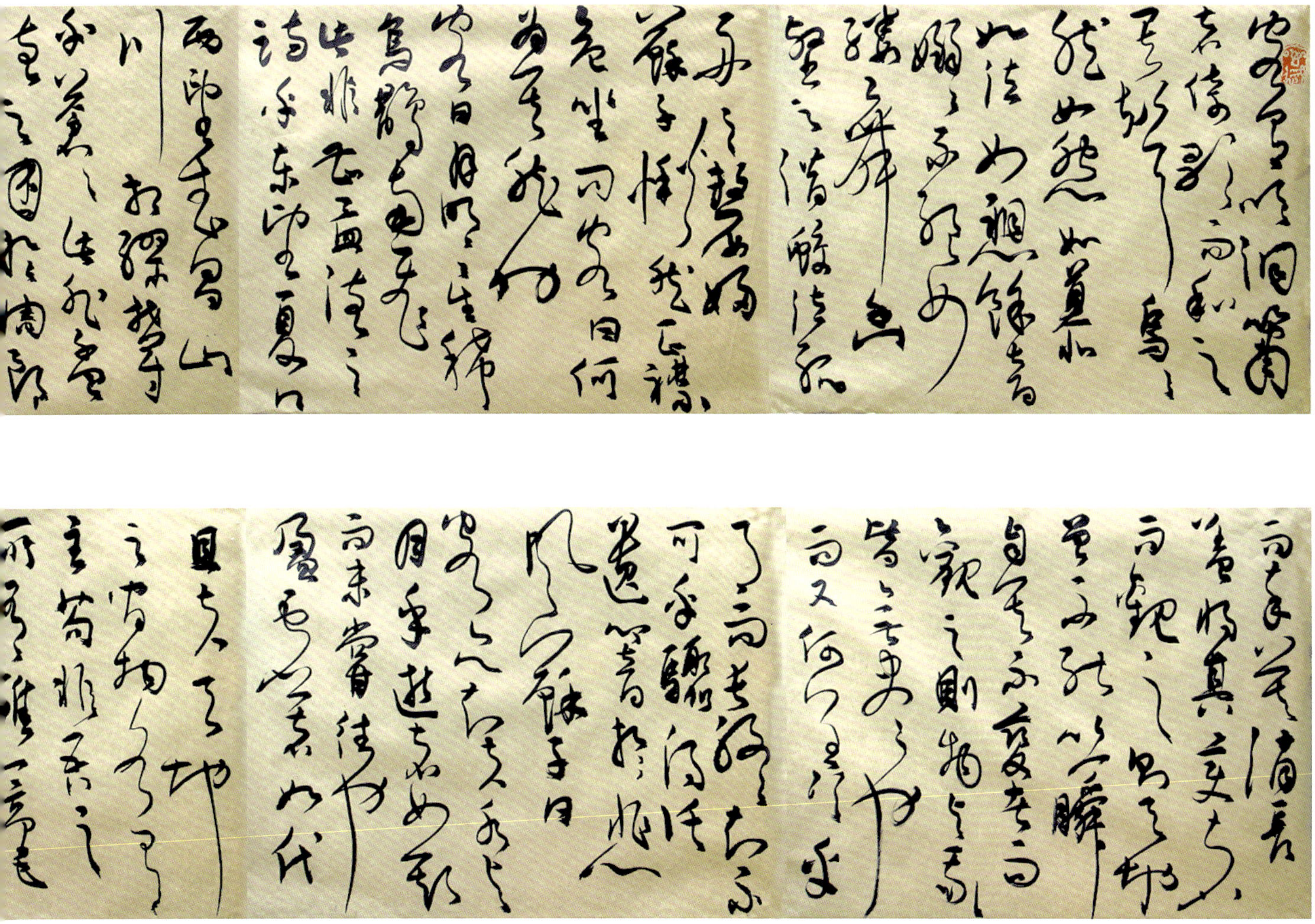

苏东坡《赤壁赋》节录　66m×900cm

泉和万籁 云卷千峰 185cm×42cm×2

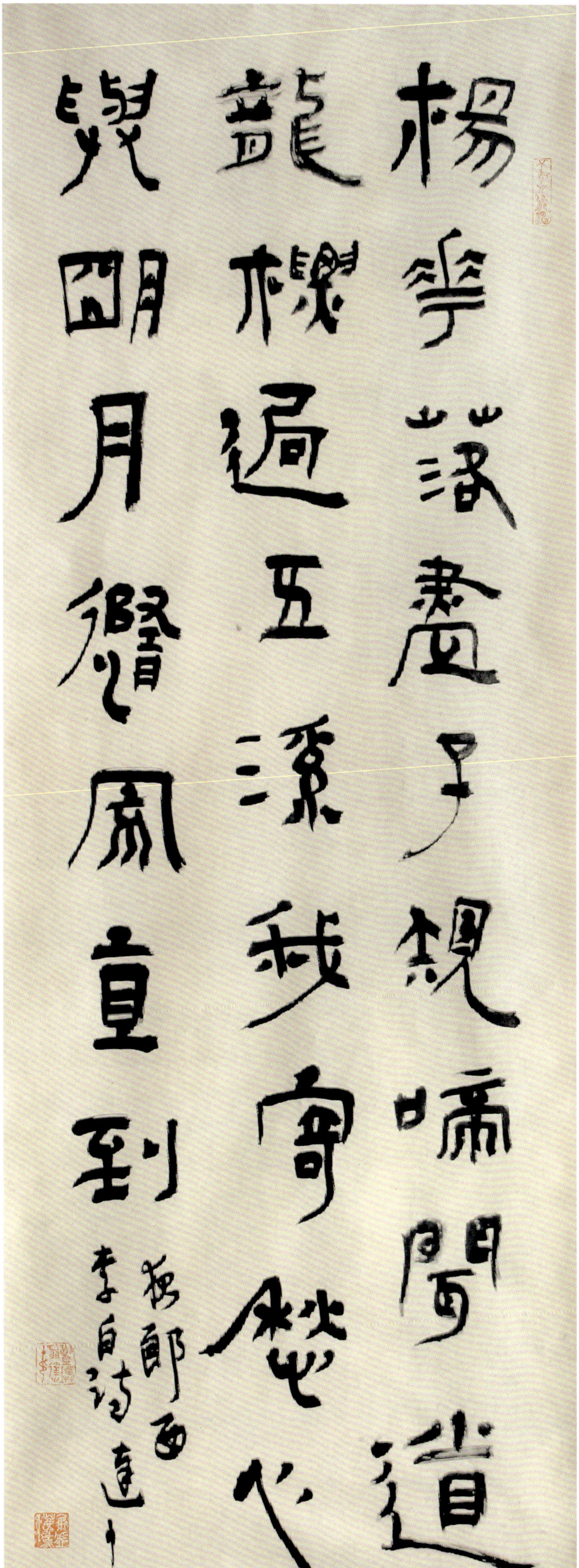

李白诗 70cm×190cm

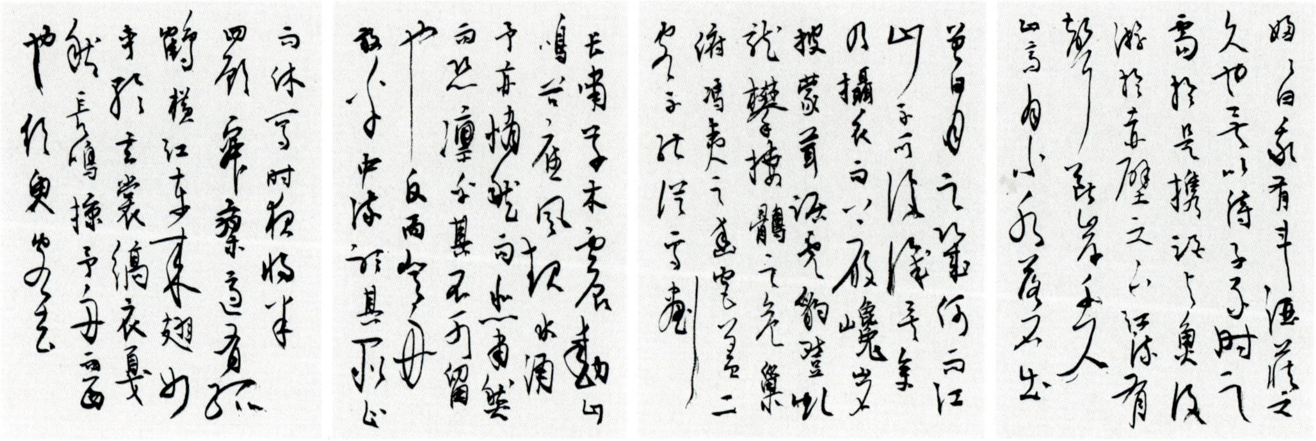

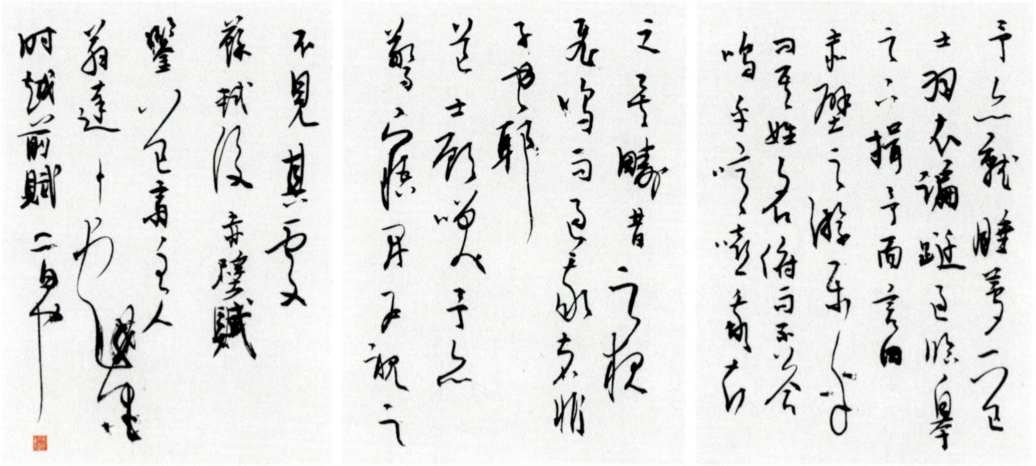

苏东坡《后赤壁赋》册页选七
32cm×45cm

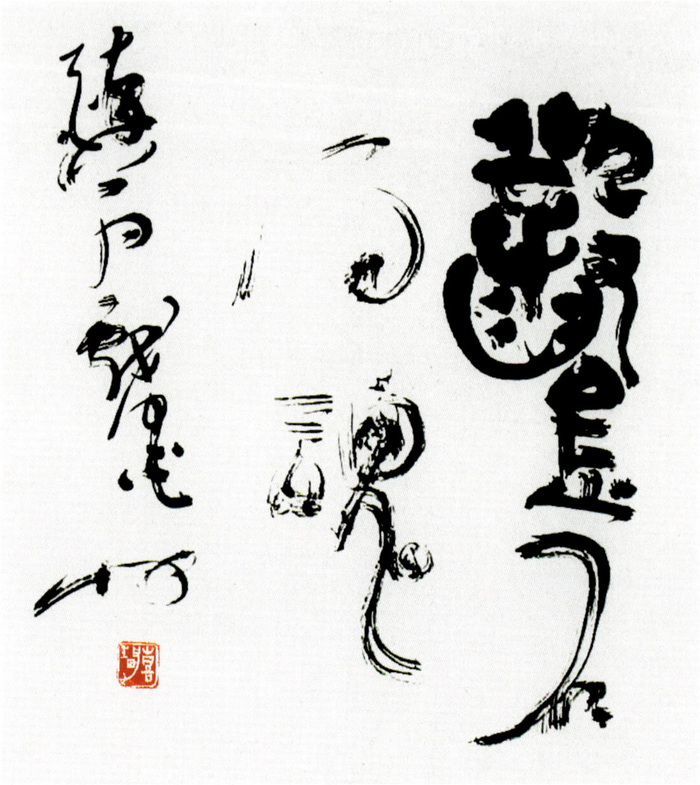

凿石得魂　66cm×66cm

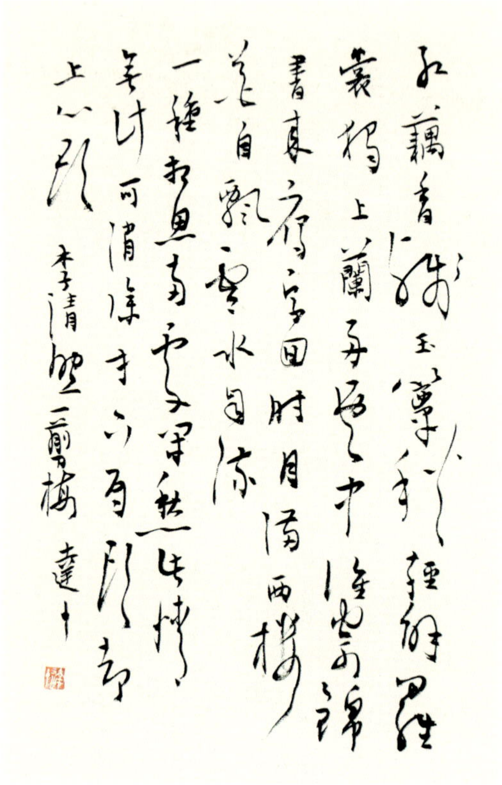

李清照词《一剪梅》 45cm×32cm

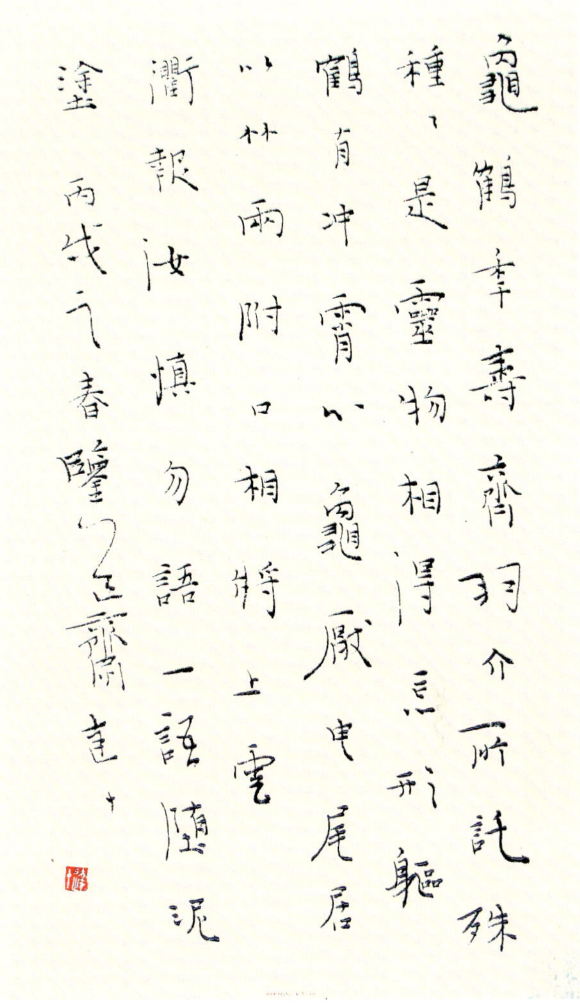
龜鶴年壽齊羽介所託殊
種種是靈物相得忘形軀
鶴有沖霄心龜厭曳尾居
以竹兩附口相將上雲衢
報汝慎勿語一語墮泥塗

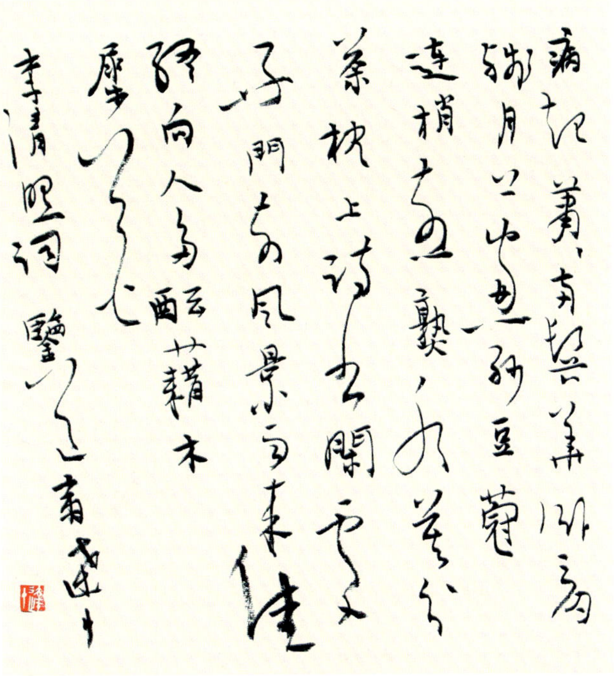

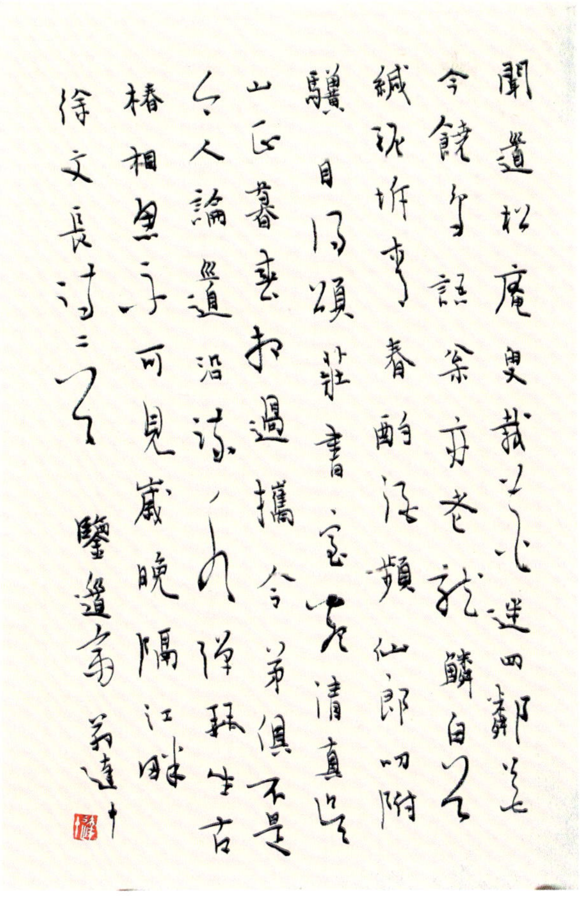

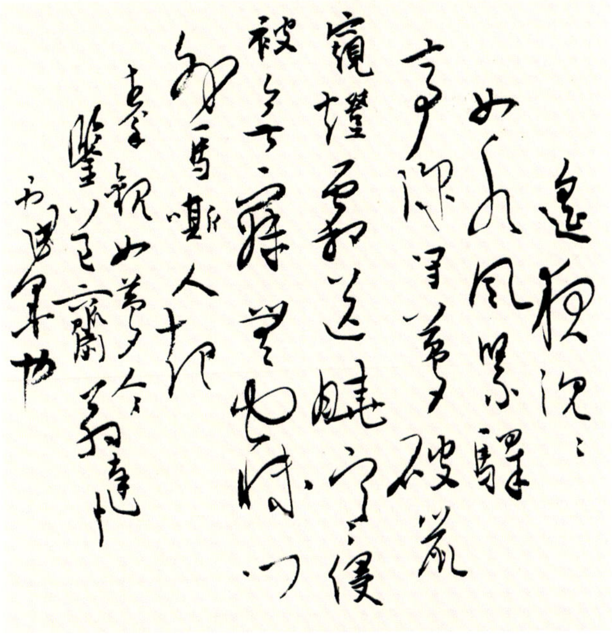

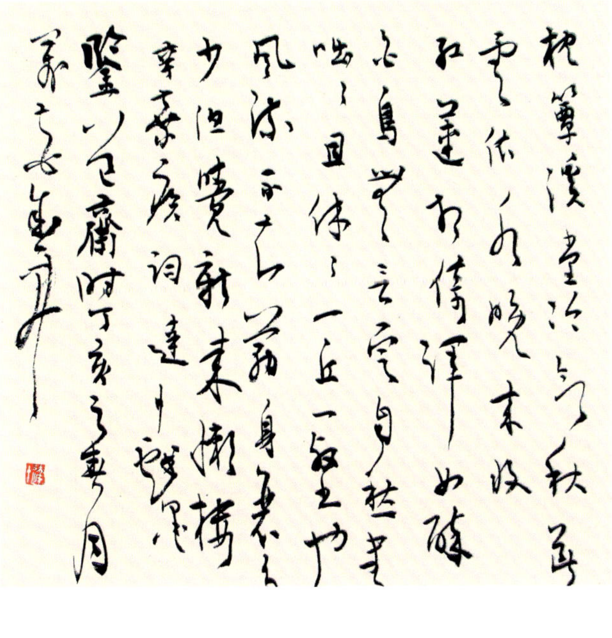

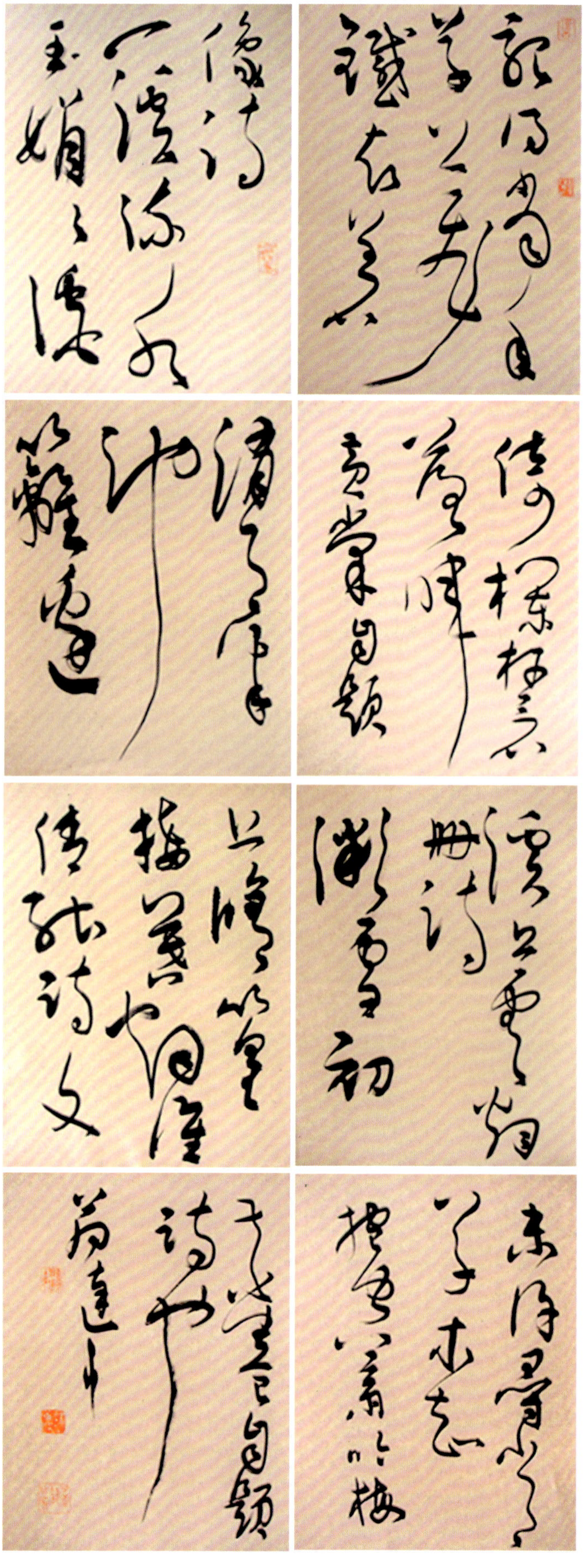

草书古贤题画诗册页杂选
60cm×40cm×8

草书三联方 宗道当煮石 醉歌 相寻梦里路飞雨落花中
67cm×200cm

澄怀（附边款）　清品若雪素心如兰　禅心似烟　懒翁事农　天地阔　心远地自偏　观道（附边款）　心画

千江有水千江月 万里无云万里天　玄逸　不解之为神　喜静　静者慧（附边款）　刘子馀释怀写心之印　王彭　相寻梦里飞雨落花

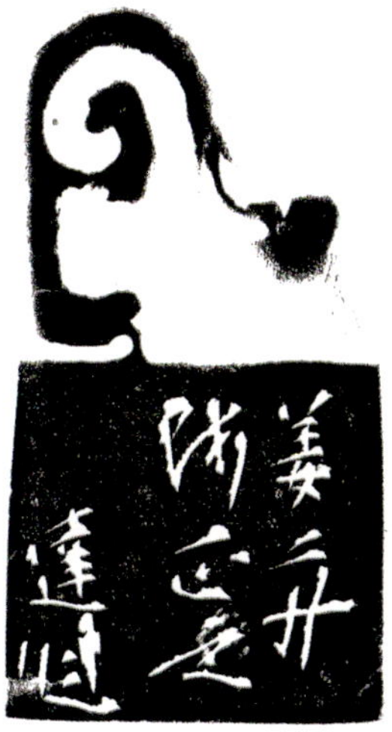

姜舟（附边款）　陈鸥

生肖印（鸡）　肖形印

凤凰扬鸣祈年寿永　澄怀

肖行印（封泥）　宠辱不惊

虚逸梵籁心寿丰（附边款） 观道 耕石斋 遣逸 能婴儿乎 恒者为道（附边款） 心远地自偏

怀虚尘象外

铸魂

其命唯新

玄逸（附边款）

怀虚尘象外

刘

山民

不解之为神

靳铁杰钤　不虚今岁　幻追梦寻　大器寿(附边款)　吾心即佛　其命唯新　路漫漫其修远兮(附边款)

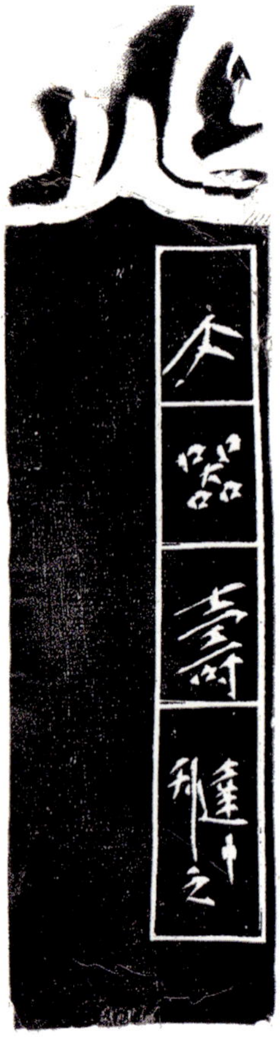

山水扇面　40cm×25cm

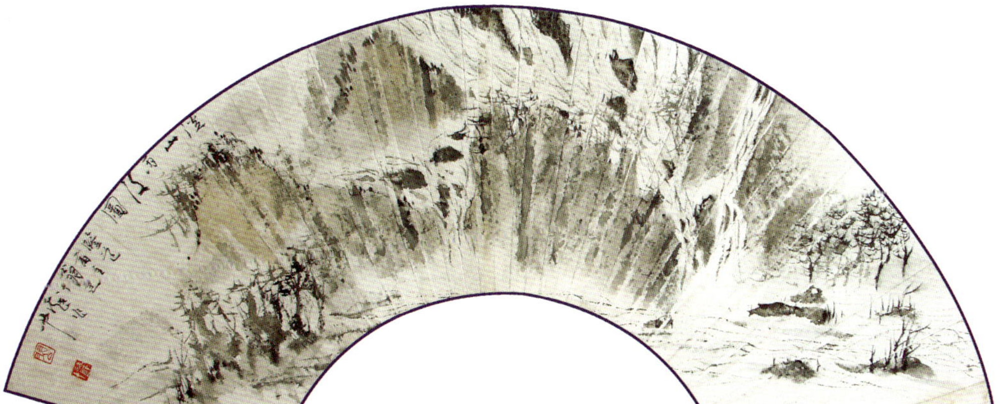

山水册页选四　45cm×32cm

云山苍然图　192cm×45cm

竹石图 45cm×64cm

湖山静谧 45cm×64cm

秋荷图 45cm×64cm

生活艺术

合家圆（摄于 2008 年春节）

书吉祥（2008 年敬赏父亲写春联）

绘新图（2008 年与父亲合作迎春图）

春来了（摄于 2008 年春节）

聆听圆霖法师教诲（1999 年摄于兜率寺）

拜观圆霖法师作画（1999 年摄于兜率寺）

祈年丰（戊子年正月十五陪父母点面灯）

春之舞（摄于 2008 年春节）

全家乐（摄于 2007 年春节）

享天伦（摄于 2007 年新春）

齐沐春（摄于 2008 年春节）

浴佛光（1999 年摄于兜率寺）

来自李可染故乡的书画名家

LAIZI LIKERAN GUXIANG DE SHUHUA MINGJIA

李守银

LISHOUYIN

凤凰出版传媒集团
凤凰出版社

图书在版编目(CIP)数据

来自李可染故乡的书画名家 / 刘明主编.—南京:凤凰出版社,2008.5
ISBN 978-7-80729-176-3

Ⅰ. 来… Ⅱ. 刘… Ⅲ. ①书法家—简介—徐州市—现代 ②画家—简介—徐州市—现代 Ⅳ. K825.72

中国版本图书馆 CIP 数据核字(2008)第 073992 号

书　　名	来自李可染故乡的书画名家
主　　编	刘　明
策　　划	徐州凤凰文化发展有限公司
责任编辑	高思源
出版发行	凤凰出版传媒集团 凤凰出版社(原江苏古籍出版社) 南京市中央路 165 号　邮编 210009 发行部电话 025-83223462
集团网址	凤凰出版传媒网　http://www.ppm.cn
印　　刷	徐州市今日彩色印刷有限公司 江苏省徐州市青年东路 62 号　邮编 221003
开　　本	889 × 1194 毫米　1/16
印　　张	48
字　　数	100 千字
版　　次	2008 年 5 月第 1 版　2008 年 5 月第 1 次印刷
标准书号	ISBN 978-7-80729-176-3
全套定价	288.00 元

(凤凰出版社图书凡印装错误可向承印厂调换)

地域文化的光彩

——徐州书画现象(代序)

程大利

徐州,古为九州之一。它是长江、黄河之间的一片沃土,兼有南北地域文化的特征。黄河十三次改道流经此地,积淀泥沙的同时也积淀下了文化,一种坚忍耐劳、朴实敦厚的文化,一种崇文尚武、入世进取的文化,一种心思缜密而不流琐屑、不入极端但又是非分明的处世风习很容易造就一批高旷冲淡又豁达温厚、有情有义的文人,而这又是传统书画艺术家必备的品质。

地理的特殊影响着文化生态。5000年以来,这里留下先秦文化的光彩,更留下两汉文化的辉煌。已经开掘和没有开掘的汉墓,无疑给这块土地添上了许多故事,成为极为厚重的遗珍。画像石是造型艺术的最好教材,《大风歌》而下的诗文传统展现着酣畅淋漓的气度,多姿多彩的民间艺术陶冶了一代又一代的少年,优美的自然风光和千载不泯的民间传说,都为艺术家的成长铺就了温床。近百年来,这里走出了一批杰出人士。以书画为例,民国以来的张伯英、李可染、刘开渠、王子云、萧龙士、王肇民、朱德群、朱丹等书画家成为20世纪的一个现象,不同于江南的“松江派”、“华亭派”等等,却是风格各异地竞相峥嵘。在现代美术史上闪现着光辉,李可染在中国山水画上的贡献已成定论,在历史上留下了充实的一页。

中国传统艺术是中国文化现象。书画是传统文化的瑰宝,它既可以“成教化、助人伦”,也可以“涤烦襟、破孤闷、迎静心、释燥气”,是“祛病增寿的良药”。书画发达地方人们的心态会趋于平和,社会风气会趋于文明。书画家在徐州特别受尊敬也是“崇文”风尚使然,这促使着艺术家更趋努力,为家乡做出新贡献。

文化,因传承而厚重,书画文脉传到今天似乎更为壮丽,一代书画家产生了新的影响,有的人已成为当代艺术的领军人物。徐州的书画事业也从来没有像今天这样繁盛。许多理论家朋友已注意到徐州出书画家的现象,这一地域现象必将被展开并深入探讨。可染先生的“实者慧”形象地总结了自己,更为一代书画家开启了修炼的明灯。在中华民族艺术的大花园里,徐州书画的奇葩必将更为绚烂,徐州的书画事业前程似锦。是为序。

戊子初于京华

言恭达师赠句

线性里的感恩

言恭达

人在失去拥有的东西时，方才感叹其珍贵，摆脱昔日的失败与痛楚，你才有资格走好脚下的每一步。借由人生的历练，透悟生命，珍惜拥有，懂得满足，学会感恩！

守愚，是守银常用的名号。我想，他懂得了真正的聪明，懂得了人可贵的是拥有那颗"感恩"的心。善于开掘人性里的美质，感受平凡中的美丽……从"守银"到"守愚"，经历了从物质到精神的嬗变。

一分耕耘，一分收获。守愚的书法作品能蝉联两届国展最高奖，充分体现了他的实力。

守愚自幼钟爱翰墨，乐此不疲。书法初从唐楷入手，继习"张猛龙"、"张黑女"、"龙门二十品"，尤以汉碑浸淫最甚。"史晨"、"曹全"、"乙瑛"、"礼器"、"张迁"，直至"石门颂"、"褒斜道"、"好大王"及简帛书，心摹手追，兼收并蓄。汉碑那苍茫雄朴、豪迈浑厚的体势与气息深深震惊了他。在书法线性美态、美质与美性的追寻中拨动心灵的美——这是一种民族精神的崇高美！使人震颤、清醒与激奋。在物欲横流的年代里，人们每时每刻都在回答这样一个问题：我们不应为了金钱去牺牲生命中最高贵、最美丽的东西，我们应使"美"充实在我们生命里。

美，是一种神圣的品性。美在净化和提补你的灵魂。正是在这对人类和自然的本质的诠释中，书法美使我们热忱与欢愉。

守愚的隶书，雄健奇纵。结体欹正相间，大小穿插，长短参差，各尽其势，笔画圆融苍浑，又不失灵秀。迟送涩进，笔笔能留。长锋劈刀，涩笔渴墨，生趣盎然。线质毛涩，气古神清。笔道如溶金泻地，凝重流畅；又能如屋漏之痕，直中寓曲，变幻多姿而自然天成。体其方而笔实圆，可谓：刚健见血肉，奇丽呈风姿。

当今中国书法的本体是重建现代人文精神。"感恩"是一种生存态度，一种人生境界，一种善于追寻美、弘扬美的道德情愫。而这正是热衷于线性艺术的书家们首要的修养。

感谢传统，感谢时代，感谢生活，在书法艺术美的追求中，我们体验阳光，体验圣洁。

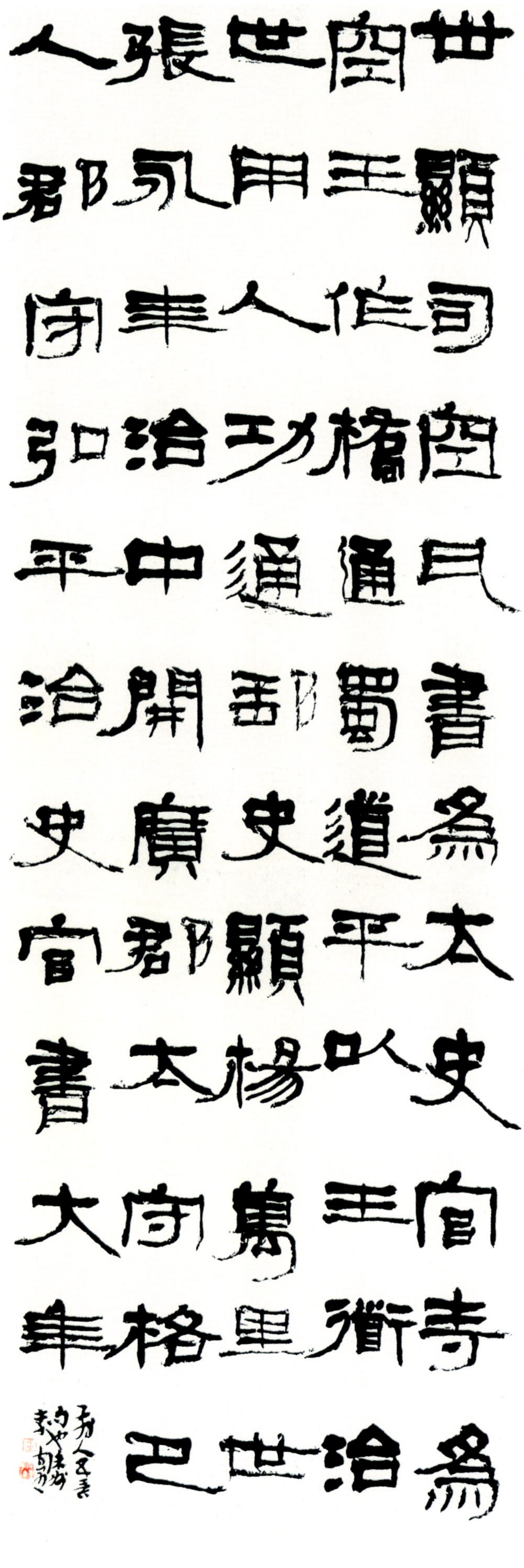

古人句

2004 年获“全国第八届书法篆刻作品展览”全国奖（最高奖）　290cm×97cm

清·高其佩 论画句 254cm×33cm×4

2007年获『全国第九届书法篆刻作品展览』全国奖一等奖

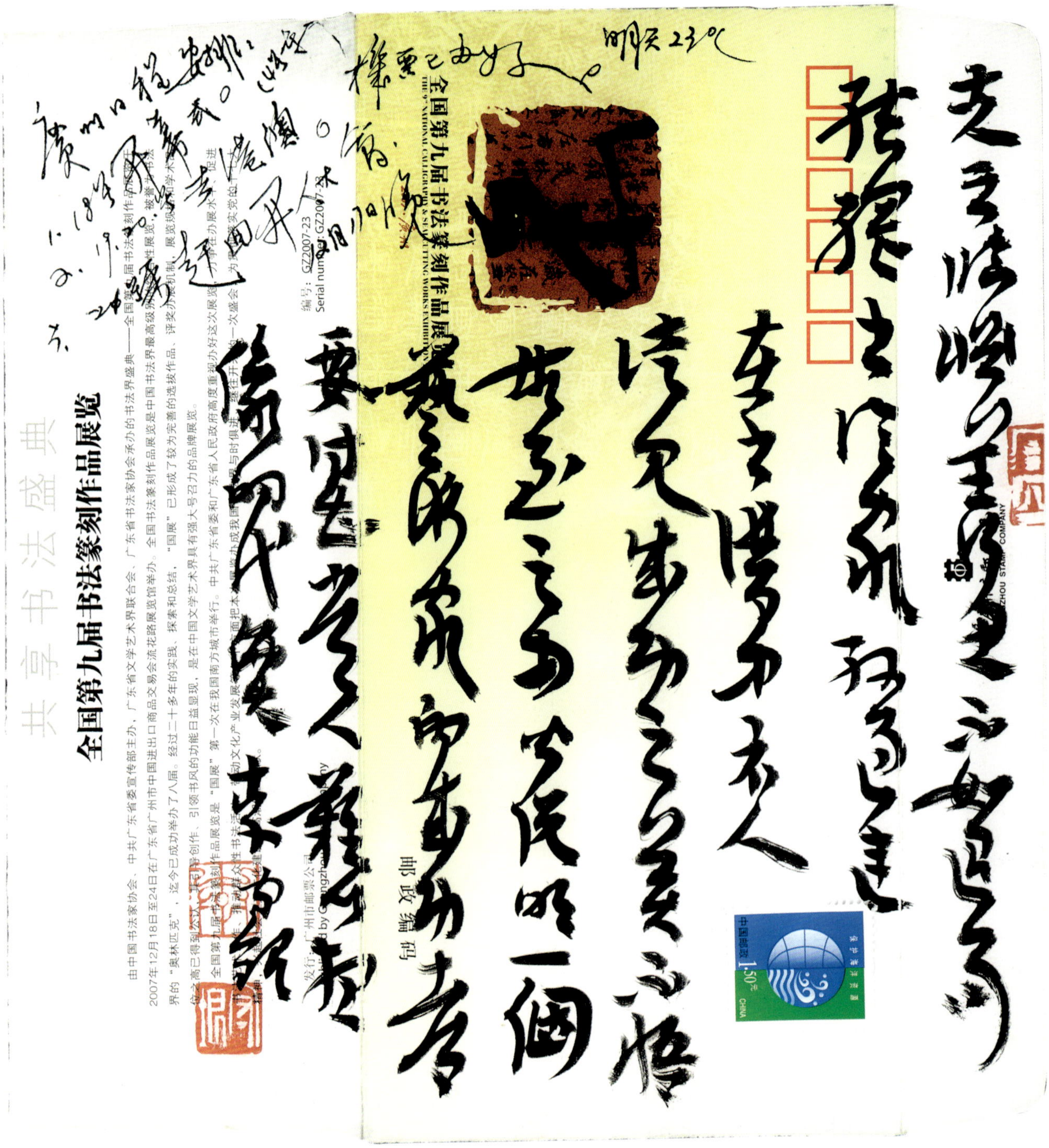

古人云 临渊羡鱼 不如退而结网 书论家孙过庭在 书谱 中示人 徒见成功之美 不悟所致之由 皆说明任何一位艺术家的成功 都要付出常人难以想象的代价

书法是生命的轨迹 也是学养功力的积淀 大师既是我们学习的楷模 又是挡在我们面前一座又一座的高峰

学书感言

21.6cm×19cm

唐·王维观猎诗句
草枯鹰眼疾
雪尽马蹄轻
136cm×34cm×2

汉·徐干中论贵言篇一则
136cm×34cm×2

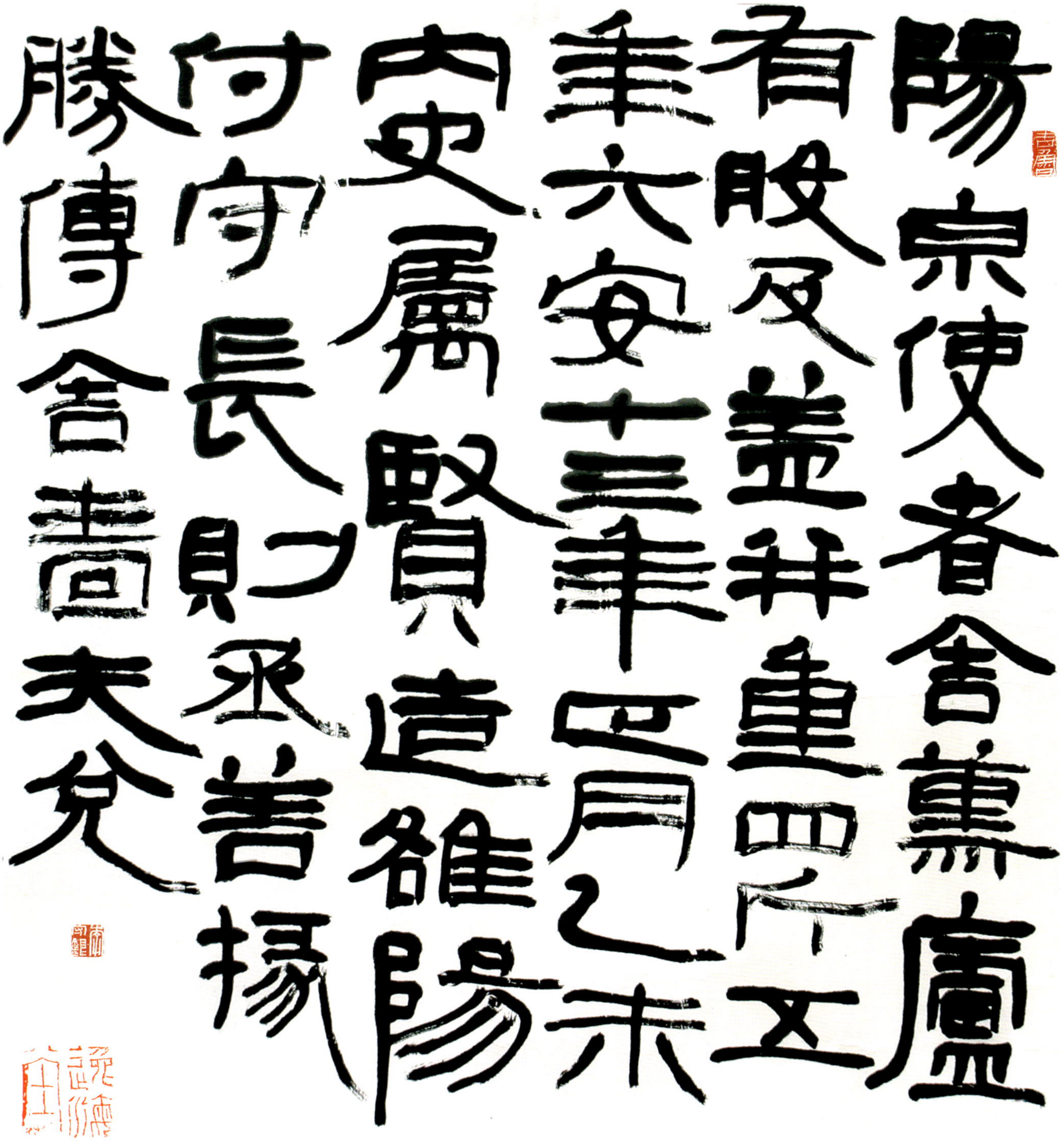

临汉阳泉使者舍醺炉

98cm×90cm

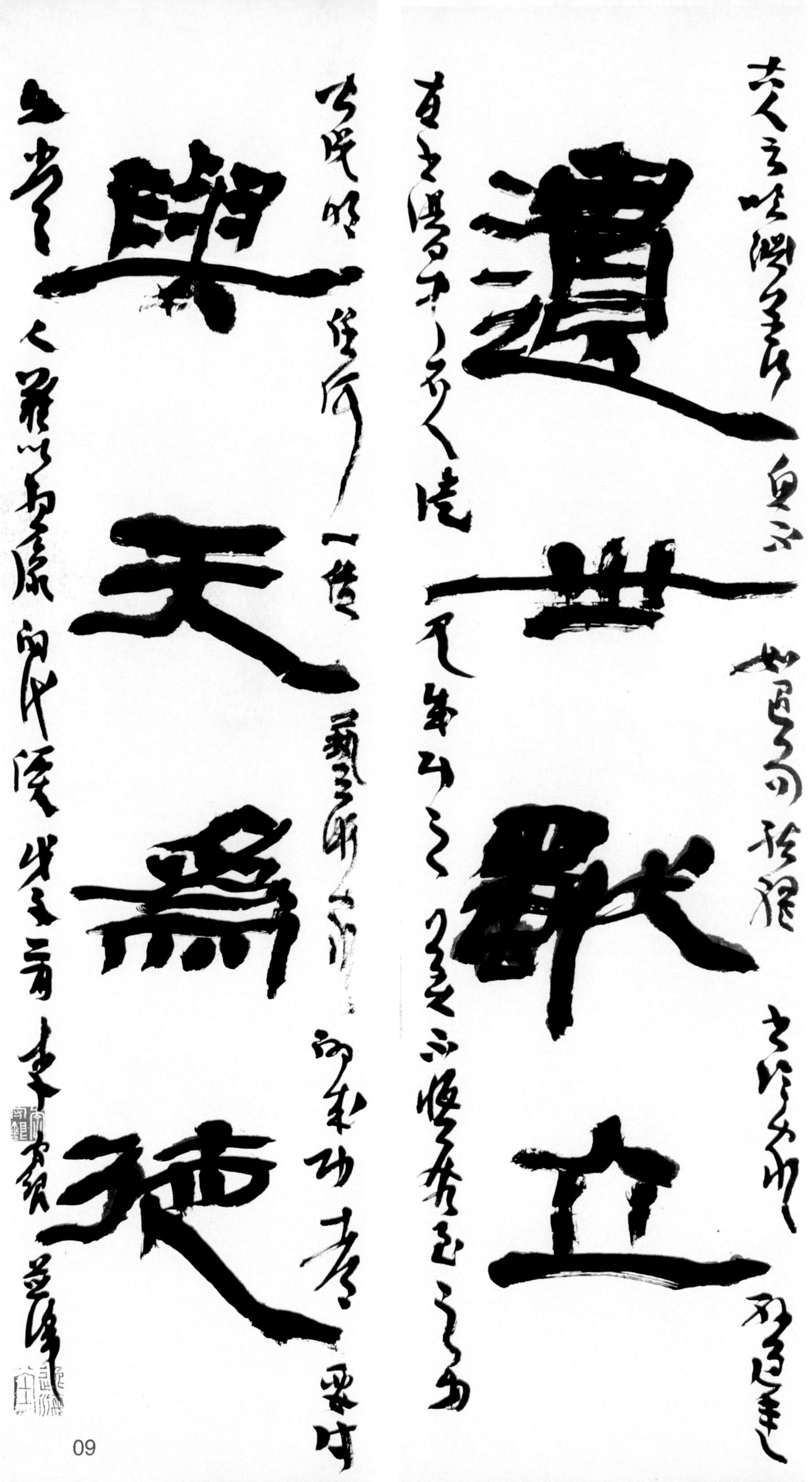

遗世独立 与天为徒
136cm×34cm×2

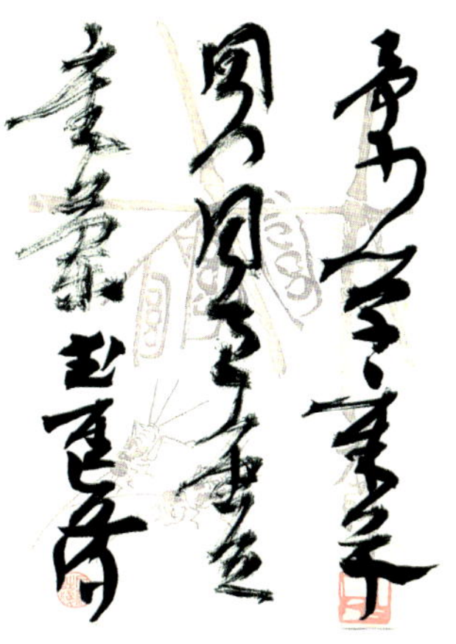
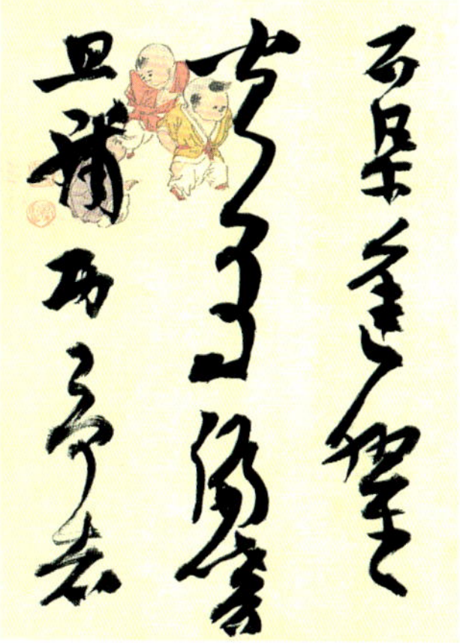

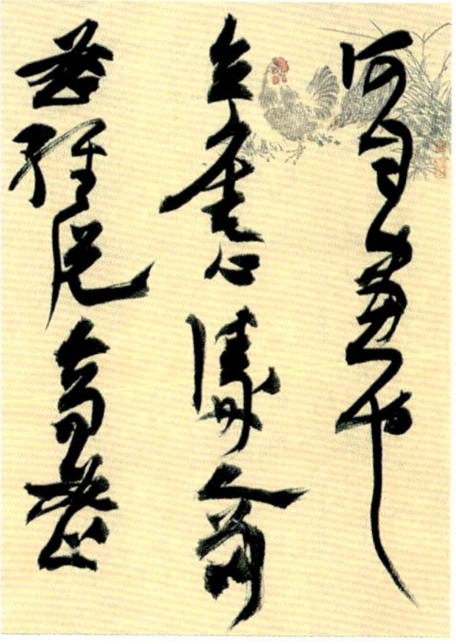

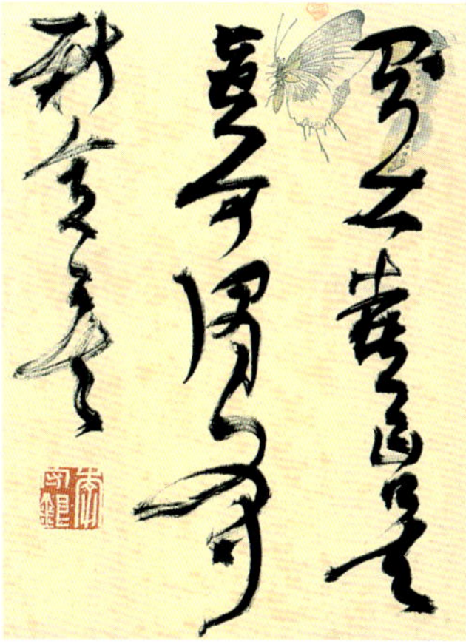

予少学章草 同门同邑唐立庵兰 武进蒋石渠庭曜 皆有偏嗜 且辅助予者良厚 立庵尝云旬月不得书 便如饥渴 盖期我日进之切也 否则又云曰 何自画也 立庵心仪高密经说 高密所居有书带草 名其斋曰 书带草堂 属予书之 予据汉简带略变作带 则大喜曰 是頁可谓有新意矣

王遽常论章草

27cm×20cm×8

长相思 勿相忘 30cm×56cm

意临吐鲁番墓表
29cm × 18.5cm

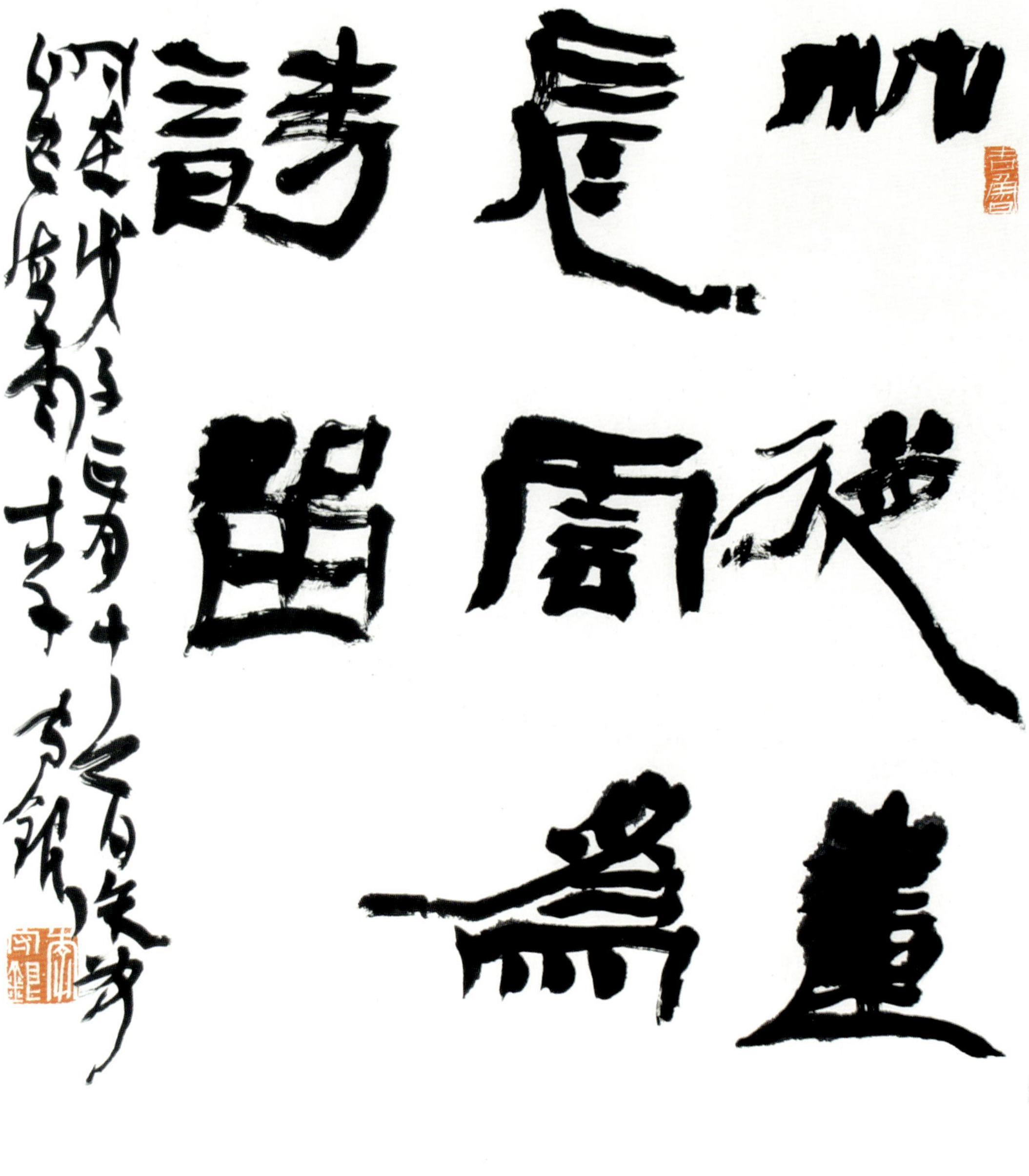

竹从画长 云为诗留

68cm×68cm

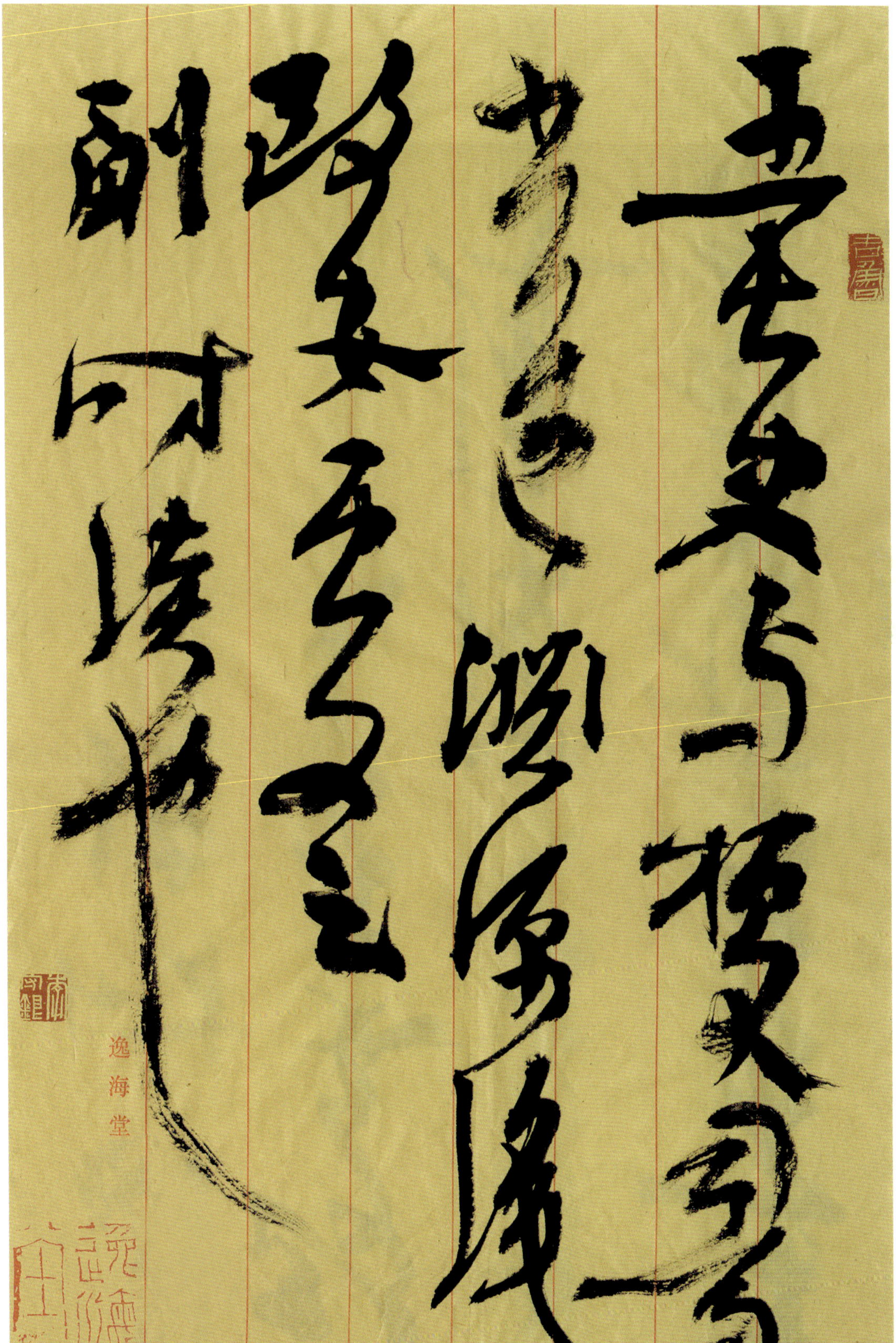

王长史与桓大司马书　道渊源识致安处　足副时谈也

世说新语句

31.6cm×21.6cm

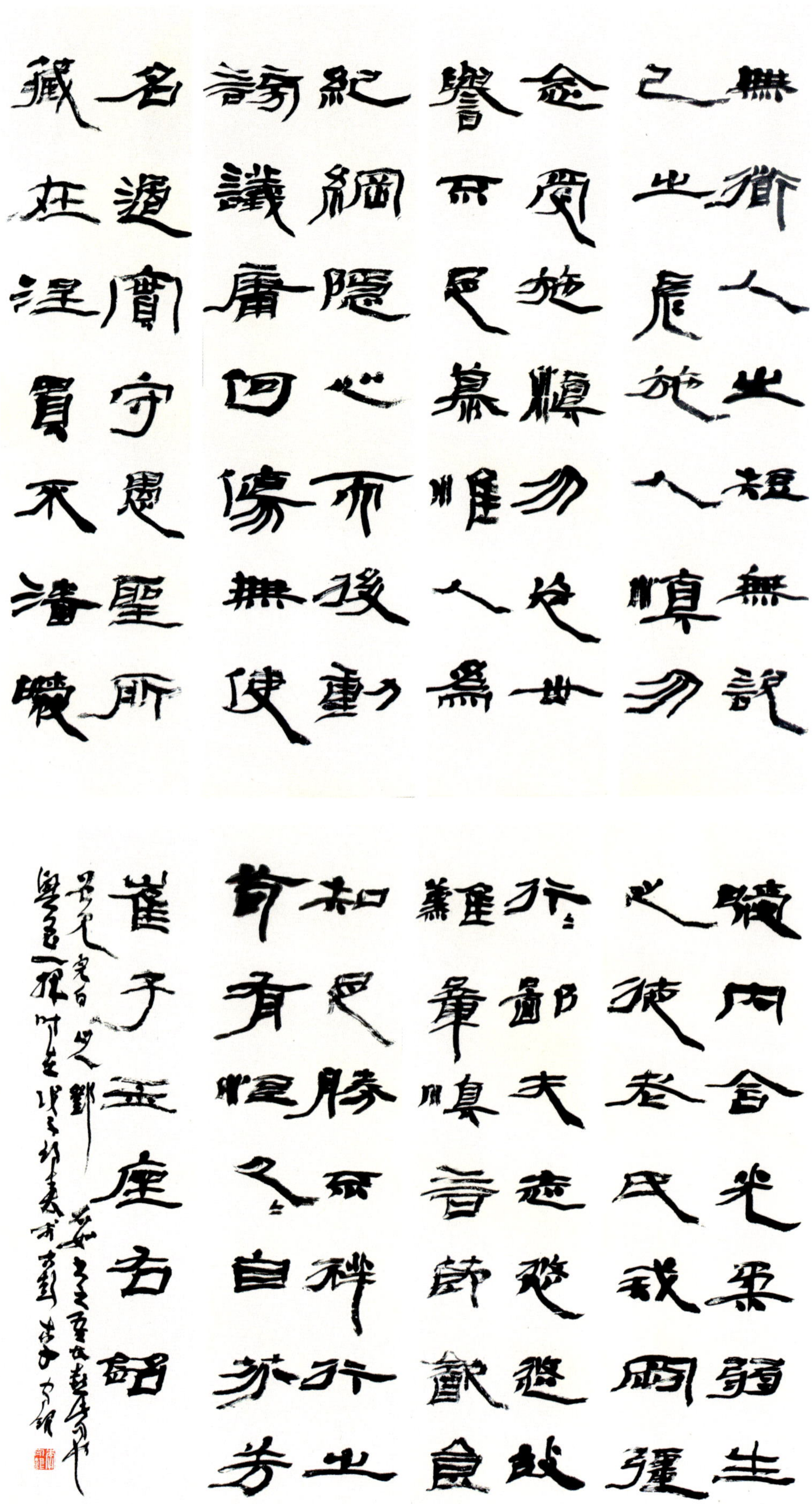

崔子玉座右铭

136cm×34cm×8

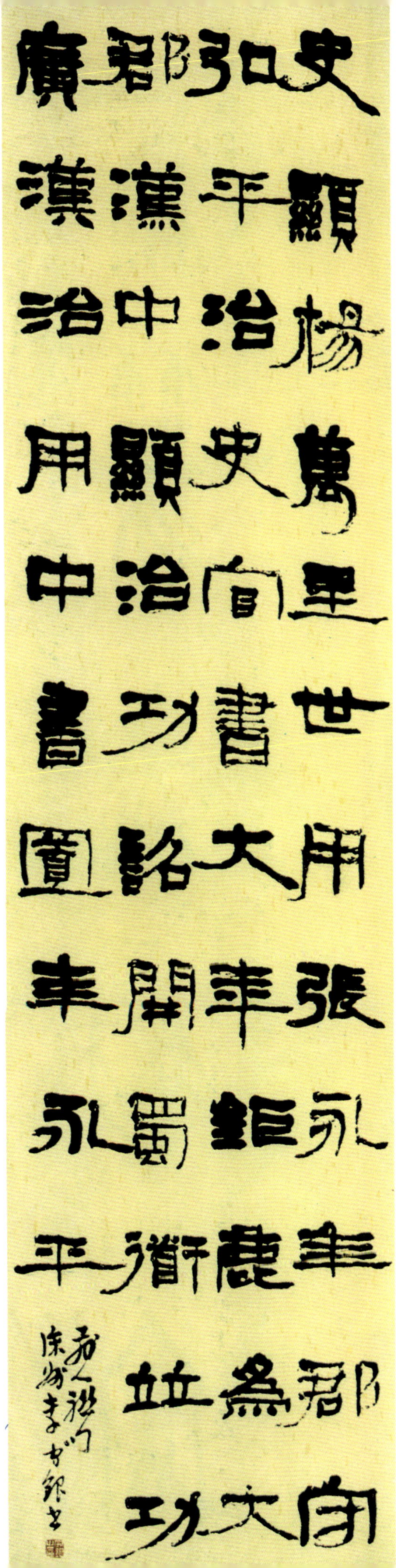

前人联句　268cm×60cm

2003年获“中央电视台首届全国电视书法大赛”银奖

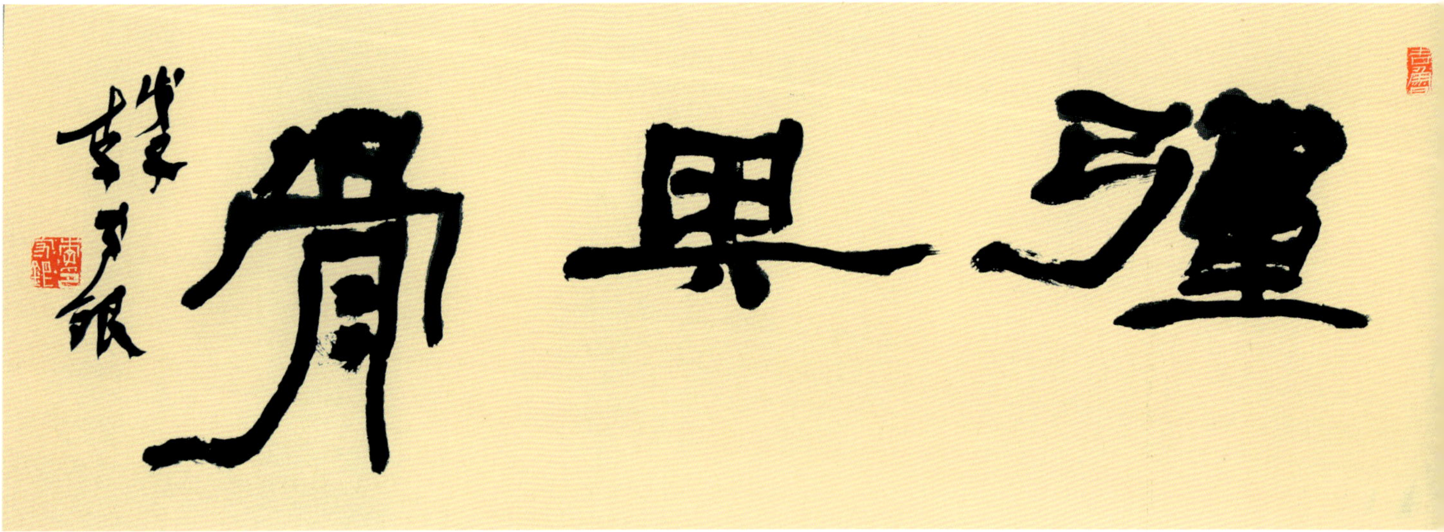

强其骨

136cm×34cm

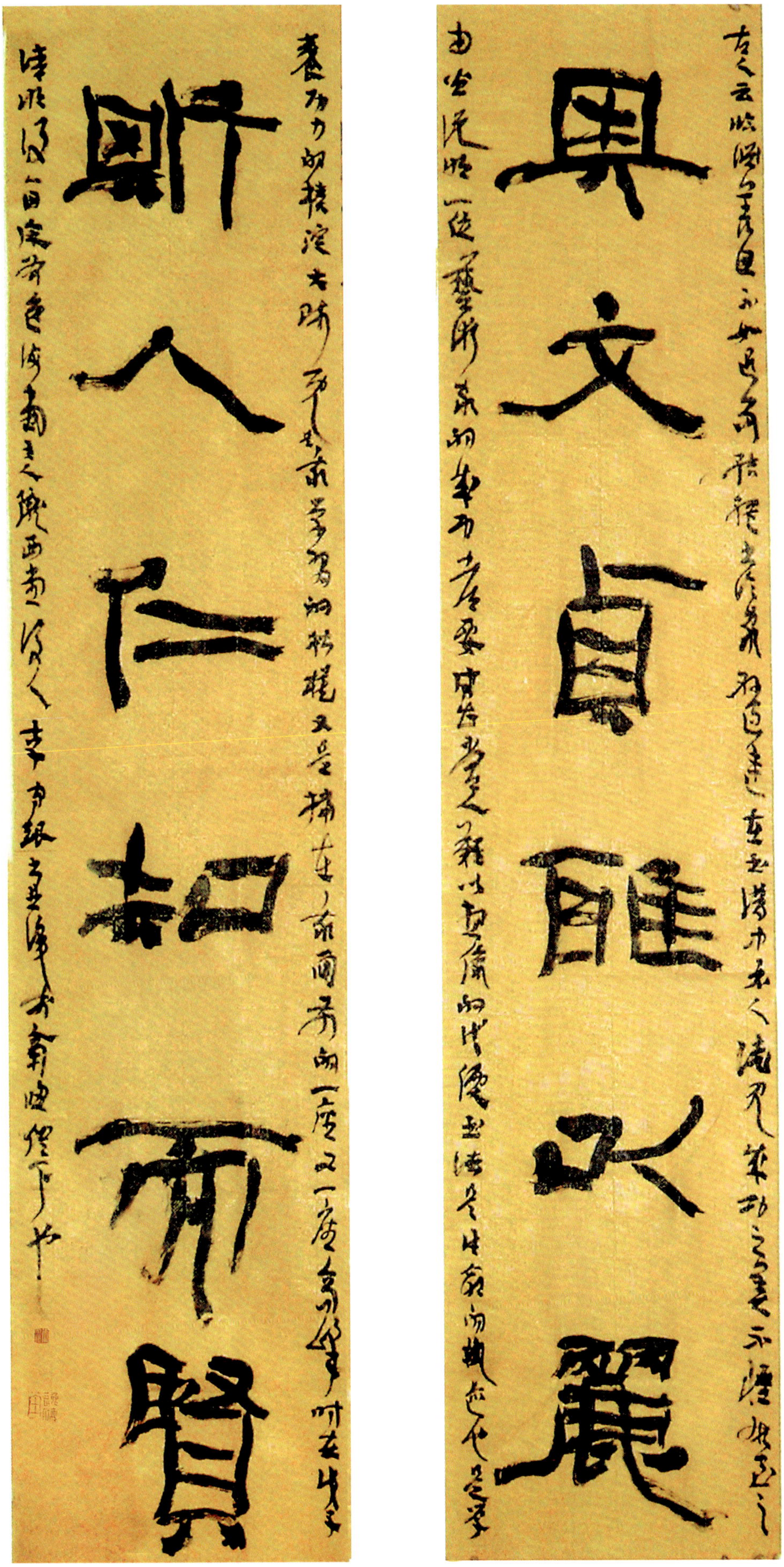

其文贞雅以丽 斯人仁知而贤
180cm×32cm×2

习书感言

写写字，刻刻图章，闲情逸趣，自娱自乐，却也下了一番功。刻“墨牛”自勉，一耕便是30年。

老父亲告诉我，咱们的祖上，有中武举者，希望我以后在书法方面有所出息。

记得年少时，对武术、音乐、书画有着浓厚的兴趣。没练过几天拳脚，就敢大大趔趔参加省武术比赛；看到好友龙振飞的一本《石门颂》字帖封面上印的几个字，也马上照着“创作”出梁任公《少年中国说》隶书中堂，钉在堂屋显眼处，还乱写了几首唐诗配在两边，觉得书法家的诞生，一夜便成。

开始练字，走过一段很长的弯路，完全靠自己摸索，激情有余，法则不足，只在门外徘徊。后来在杨仁恺、孙其峰、王学仲、沈鹏、石开等先生寓所，聆听他们的作书之道，观察他们作书及作书之外的动作，如叠纸、熨角、系线等细节，让我领悟殊深，受益匪浅。尤其是拜言恭达先生为师，系统地学习书法及理论，学书走上正轨。恭达师教诲我：要耐得住寂寞，多读书，于古人处多用心，不要随波逐流，要与时人拉开距离。

经多年的磨砺，深知，要想成为真正的书法家，的确太难。真正的书法家是功力、悟性、学养以及诸多方面的综合积淀。古人云：“临渊羡鱼，不如退而结网。”书论家孙过庭在《书谱》中示人：“徒见成功之美，不悟所致之由。”皆说明任何一位艺术家的成功，都要付出常人难以想象的代价。

可染大师说：“用最大的功力打进去，用最大的勇气打出来。”其苦学精神令我汗颜。我要以大师的精神来激励自己，鞭策自己，不断刻苦用心，自强自励，不羡时流，成为一名真正的、名副其实的书法家。

李守银

二月六日于逸海堂

来自李可染故乡的书画名家

LAIZI LIKERAN GUXIANG DE SHUHUA MINGJIA

程 卫

CHENGWEI

凤凰出版传媒集团
凤凰出版社

图书在版编目(CIP)数据

来自李可染故乡的书画名家 / 刘明主编.—南京:凤凰出版社,2008.5

ISBN 978-7-80729-176-3

Ⅰ.来… Ⅱ.刘… Ⅲ.①书法家—简介—徐州市—现代 ②画家—简介—徐州市—现代 Ⅳ.K825.72

中国版本图书馆 CIP 数据核字(2008)第 073992 号

书　　名	来自李可染故乡的书画名家
主　　编	刘　明
策　　划	徐州凤凰文化发展有限公司
责任编辑	高思源
出版发行	凤凰出版传媒集团
	凤凰出版社(原江苏古籍出版社)
	南京市中央路 165 号　邮编 210009
	发行部电话 025-83223462
集团网址	凤凰出版传媒网　http://www.ppm.cn
印　　刷	徐州市今日彩色印刷有限公司
	江苏省徐州市青年东路 62 号　邮编 221003
开　　本	889×1194 毫米　1/16
印　　张	48
字　　数	100 千字
版　　次	2008 年 5 月第 1 版　2008 年 5 月第 1 次印刷
标准书号	ISBN 978-7-80729-176-3
全套定价	288.00 元
	(凤凰出版社图书凡印装错误可向承印厂调换)

地域文化的光彩

——徐州书画现象(代序)

程大利

徐州,古为九州之一。它是长江、黄河之间的一片沃土,兼有南北地域文化的特征。黄河十三次改道流经此地,积淀泥沙的同时也积淀下了文化,一种坚忍耐劳、朴实敦厚的文化,一种崇文尚武、入世进取的文化,一种心思缜密而不流琐屑、不入极端但又是非分明的处世风习很容易造就一批高旷冲淡又豁达温厚、有情有义的文人,而这又是传统书画艺术家必备的品质。

地理的特殊影响着文化生态。5000年以来,这里留下先秦文化的光彩,更留下两汉文化的辉煌。已经开掘和没有开掘的汉墓,无疑给这块土地添上了许多故事,成为极为厚重的遗珍。画像石是造型艺术的最好教材,《大风歌》而下的诗文传统展现着酣畅淋漓的气度,多姿多彩的民间艺术陶冶了一代又一代的少年,优美的自然风光和千载不泯的民间传说,都为艺术家的成长铺就了温床。近百年来,这里走出了一批杰出人士。以书画为例,民国以来的张伯英、李可染、刘开渠、王子云、萧龙士、王肇民、朱德群、朱丹等书画家成为20世纪的一个现象,不同于江南的“松江派”、“华亭派”等等,却是风格各异地竞相峥嵘。在现代美术史上闪现着光辉,李可染在中国山水画上的贡献已成定论,在历史上留下了充实的一页。

中国传统艺术是中国文化现象。书画是传统文化的瑰宝,它既可以“成教化、助人伦”,也可以“涤烦襟、破孤闷、迎静心、释燥气”,是“祛病增寿的良药”。书画发达地方人们的心态会趋于平和,社会风气会趋于文明。书画家在徐州特别受尊敬也是“崇文”风尚使然,这促使着艺术家更趋努力,为家乡做出新贡献。

文化,因传承而厚重,书画文脉传到今天似乎更为壮丽,一代书画家产生了新的影响,有的人已成为当代艺术的领军人物。徐州的书画事业也从来没有像今天这样繁盛。许多理论家朋友已注意到徐州出书画家的现象,这一地域现象必将被展开并深入探讨。可染先生的“实者慧”形象地总结了自己,更为一代书画家开启了修炼的明灯。在中华民族艺术的大花园里,徐州书画的奇葩必将更为绚烂,徐州的书画事业前程似锦。是为序。

戊子初于京华

一片云烟出远岫

薛钊生

求速成，走捷径，追流行，几乎成了近年来书法界一些人的通病，而程卫却恒之自我，坚持打造“个性书风”，表述自我！

程卫，字卣之，号苦庵、静虚堂居士，别署大卫。1970年生于江苏省邳州市，北京师范大学（汉语言文学专业）毕业，现就职于邳州市博物馆，任副馆长，专业从事考古工作。

对于书法，程卫自幼始酷爱，9岁习书，每日不辍，信守“日课三时”！以传统作为立足之本，对古代优秀碑帖几乎无所不临。隶书从《曹全碑》、《乙瑛碑》、《礼器碑》入手，至于《石门颂》尽得其韵味，隶草兼容，意态放纵飘逸若仙，体势瘦劲恣肆自然奔放。其行草书钟于“二王”，却升华于宋四家，尤以黄山谷书风健之神采，书法圆转流畅，沉静典雅，笔画遒劲郁拔，而神闲意秾 。

程卫先生的书法给我印象最鲜明得感觉，就是画面上得视觉构成效果。这是一种现代意向和古典主义得融合，在点线面的构成中融汇着墨趣、韵律以及似与不似之间飘逸而豪放得韵味，如云烟出岫，流动着引人遐想得神秘。

他对书法艺术虚静的追求。当时人都在追求大气魄、大雄浑得时候，他选择了另外一种“大”，即虚静。程卫先生平素参禅悟道，禅意凝于笔毫，见空灵于太虚。他常常在作品里大胆运用飞白、涨墨或淡墨，以灵动的点化、线条，以虚中见实、小中见大、平淡中带苍辣、朴拙中寓空灵得章法，表述空灵、虚静，赋予更加超然“大气”的内涵和意境。世间最大莫过于虚空。

程卫先生性格豪爽仁厚，好诗词古韵，无处不透着儒雅之气。在考古工作中，时时以心灵同古交流，并将其融汇于书法中。观其书法作品，你就可以领略、分享到他的内心得愉悦和旷达。凭借对书法的理解及直感的挥洒创作，通过创作中细微而深刻，深刻而朦胧的表白，洋溢着浑厚、充盈着生命力和丰富的文化内涵。他不是在表现一些技巧，而是反映其在心灵上的感应，浑然“天人合一”的和谐，是超然物外得禅意的度化。字如其人，古今一理。

走进程卫先生的书法，首先要走进他的内心世界。从其章法墨法仿佛步入一个空灵纯净得空间，陶然于心灵虚静的禅诗；从其笔法点画的灵动变化可以领略其内心的逸趣，而又融汇万千气象，或烟云出岫、或中流砥柱、或白驹过隙、或鹤舞苍松、或风掠竹林、或雪印红梅……

得真趣味噫！

逸雪斋

2007年12月8日

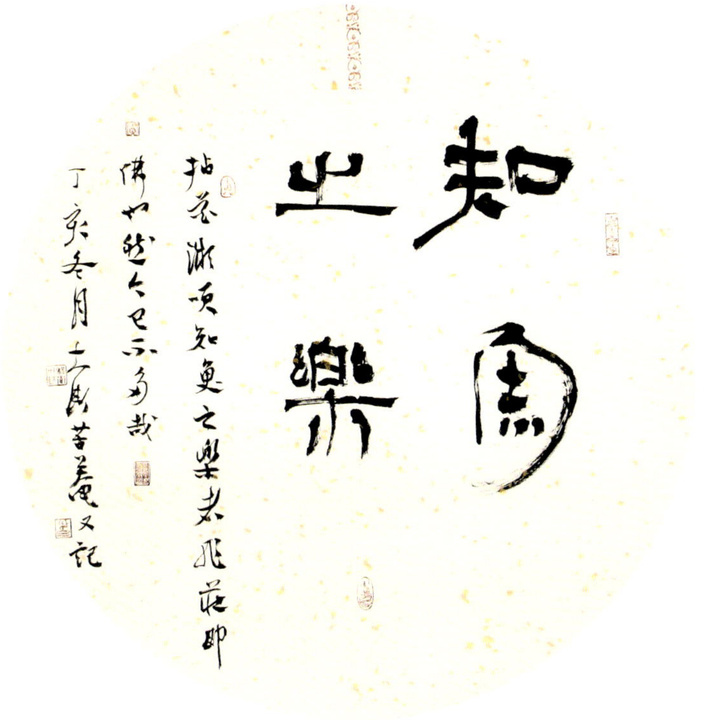

隶书团扇　50cm×50cm

行书团扇　50cm×50cm

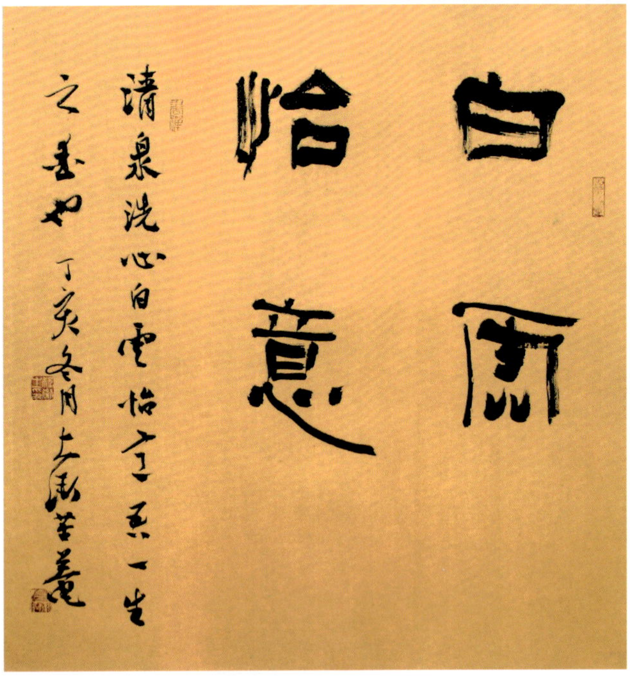

隶书斗方　70cm×70cm

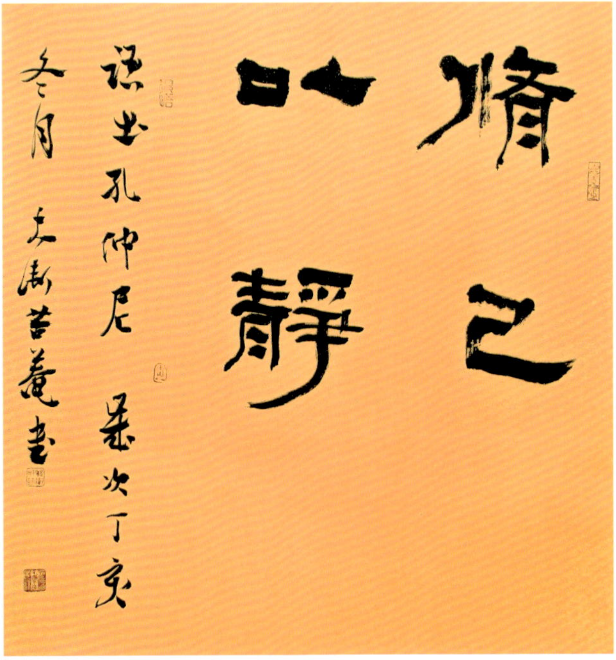

隶书斗方　70cm×70cm

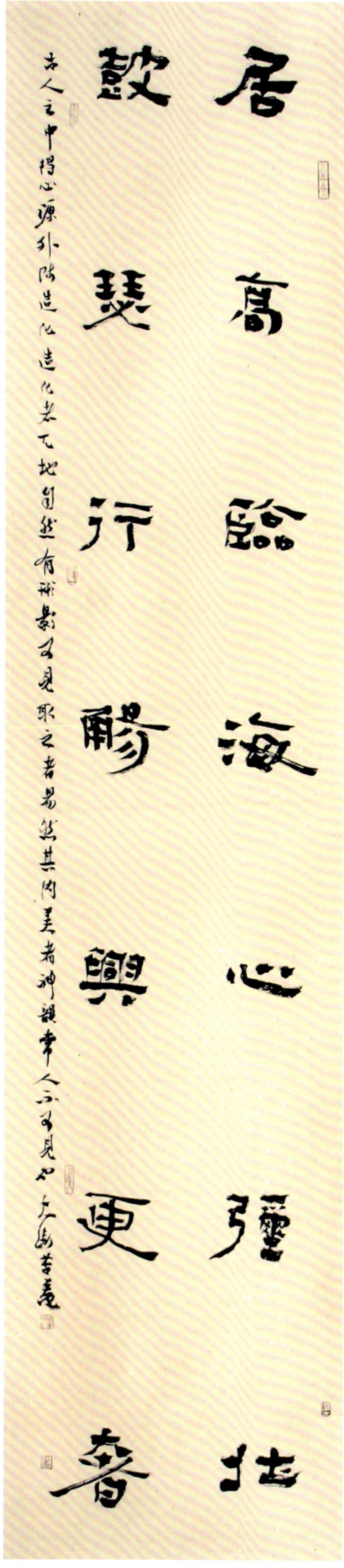

隶书条幅　200cm×48cm

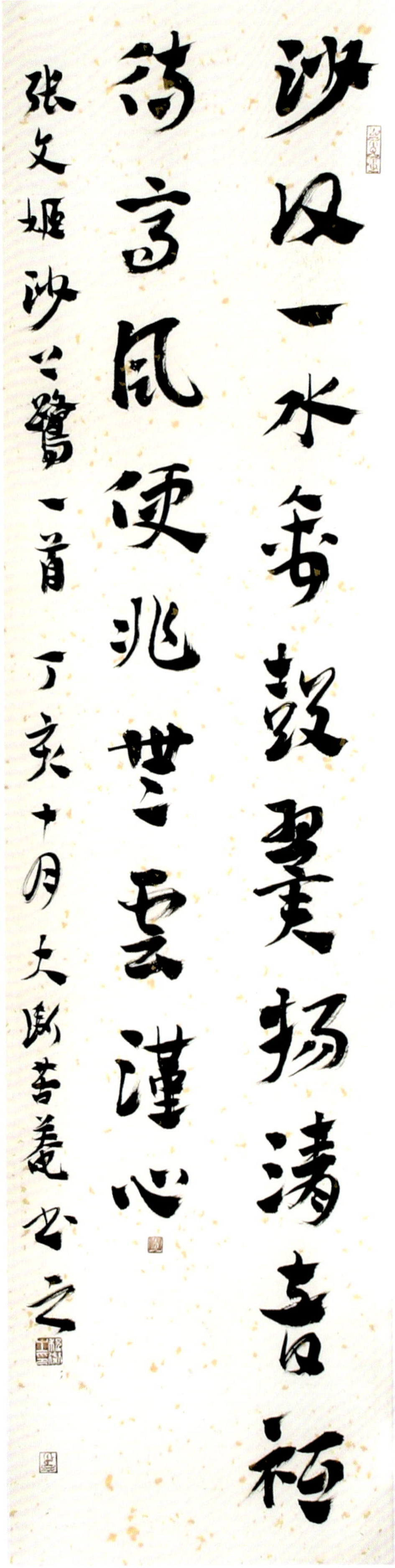

草书条幅　200cm×48cm

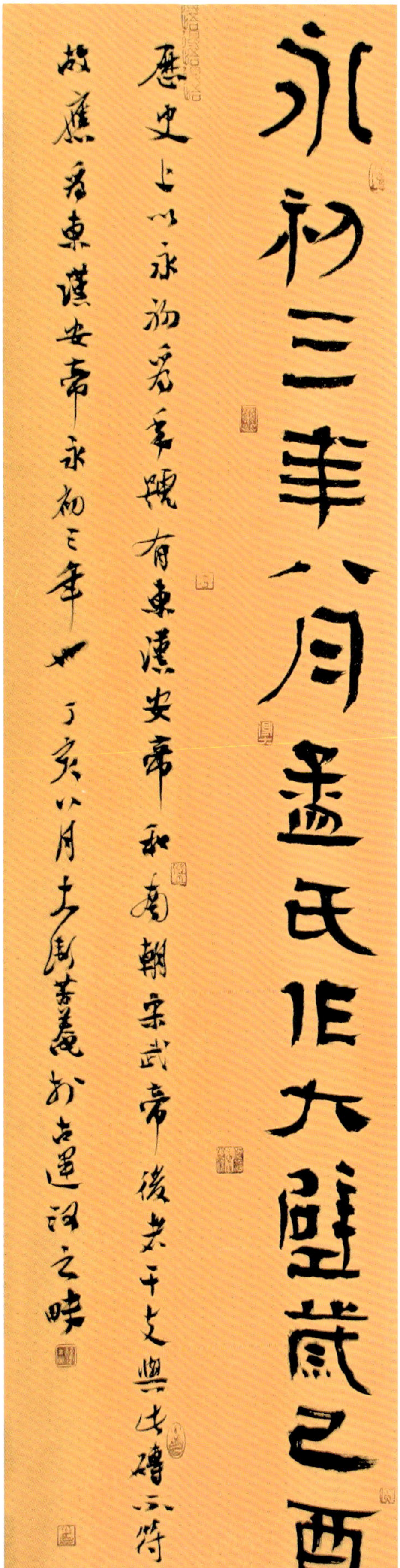

隶书条幅　130cm×38cm

隶书条幅　200cm×48cm

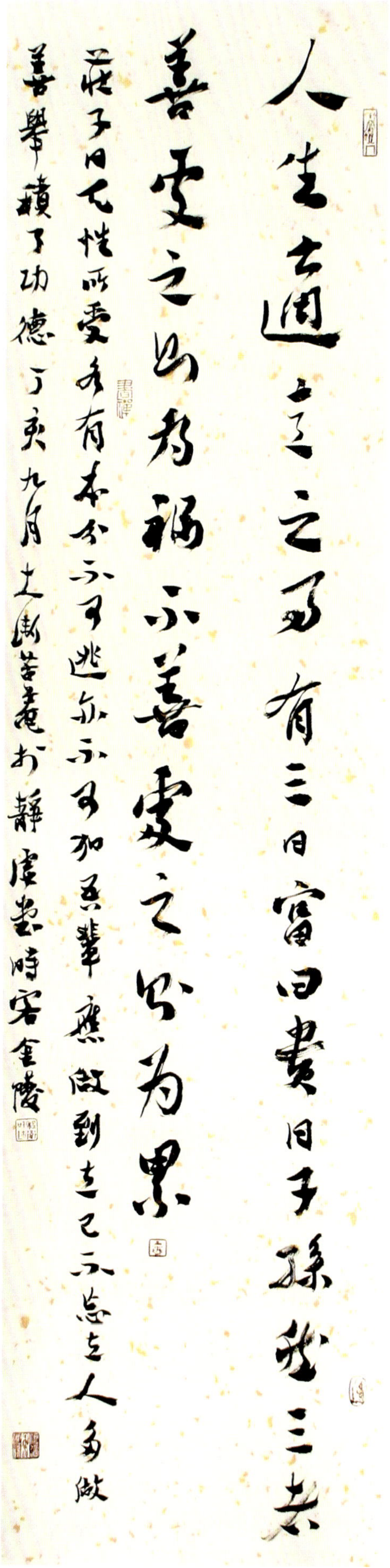

行草条幅　138cm×34cm

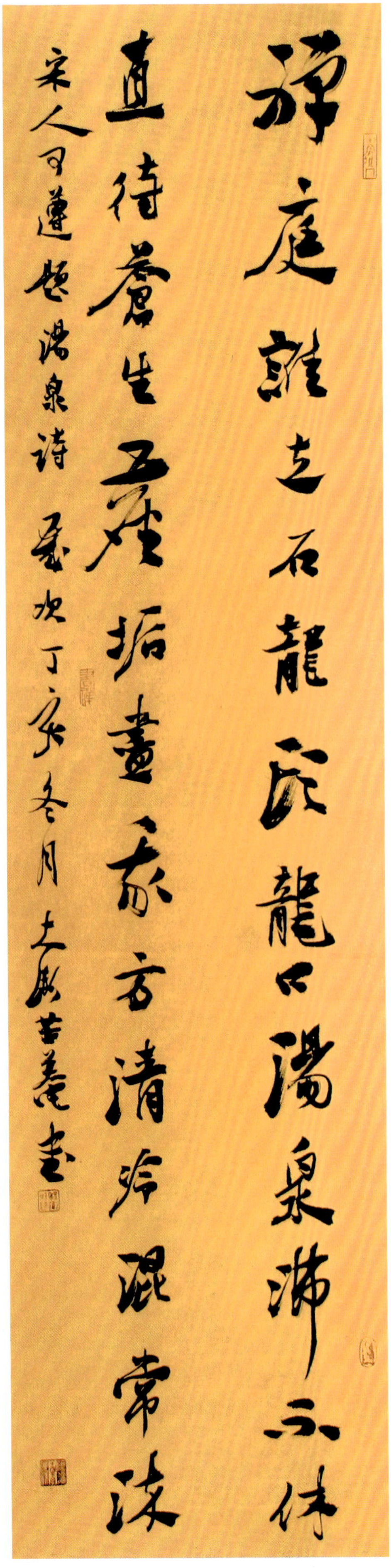

行草条幅　200cm×48cm

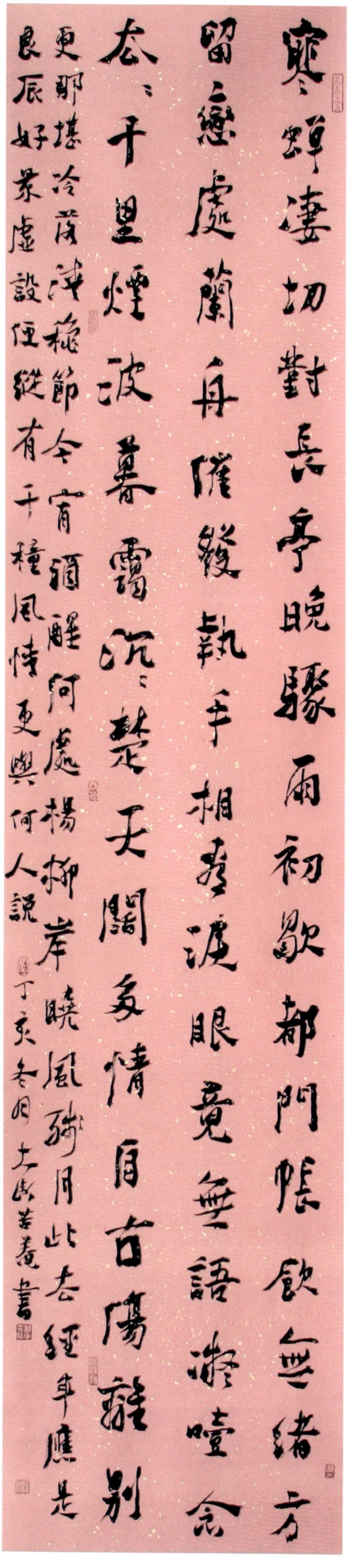

行草条幅　200cm×34cm

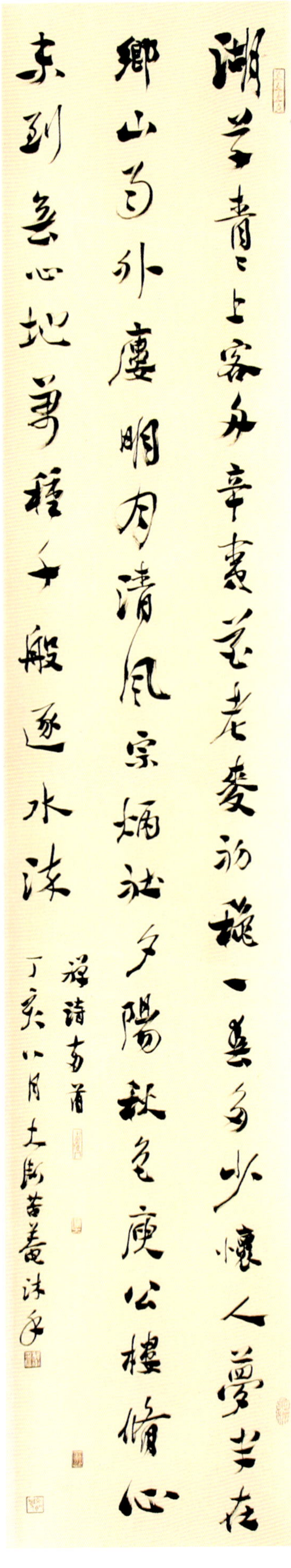

行草条幅　200cm×48cm

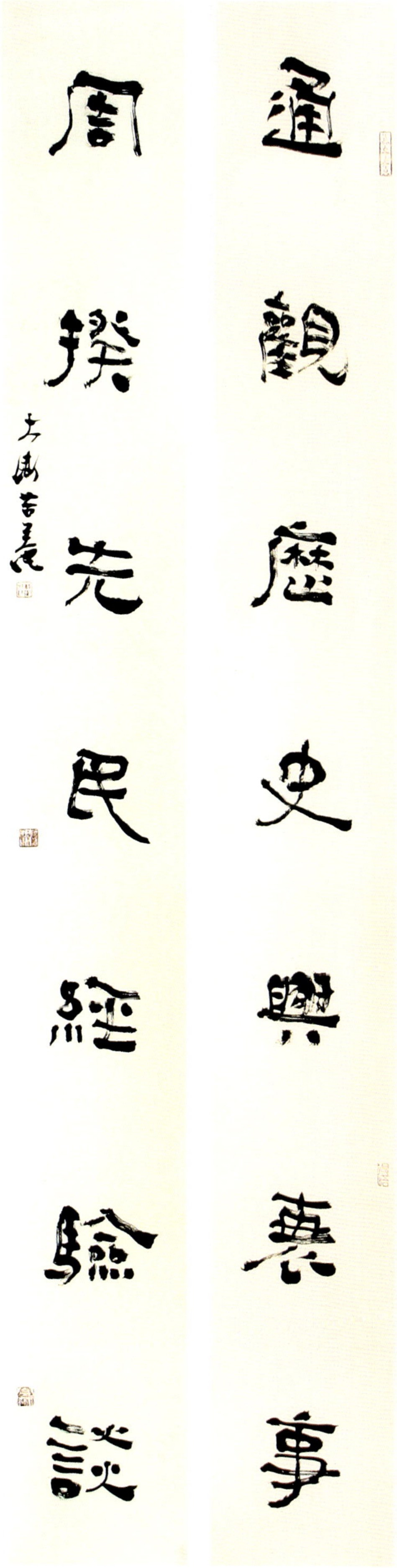

隶书对联　200cm×34cm×2

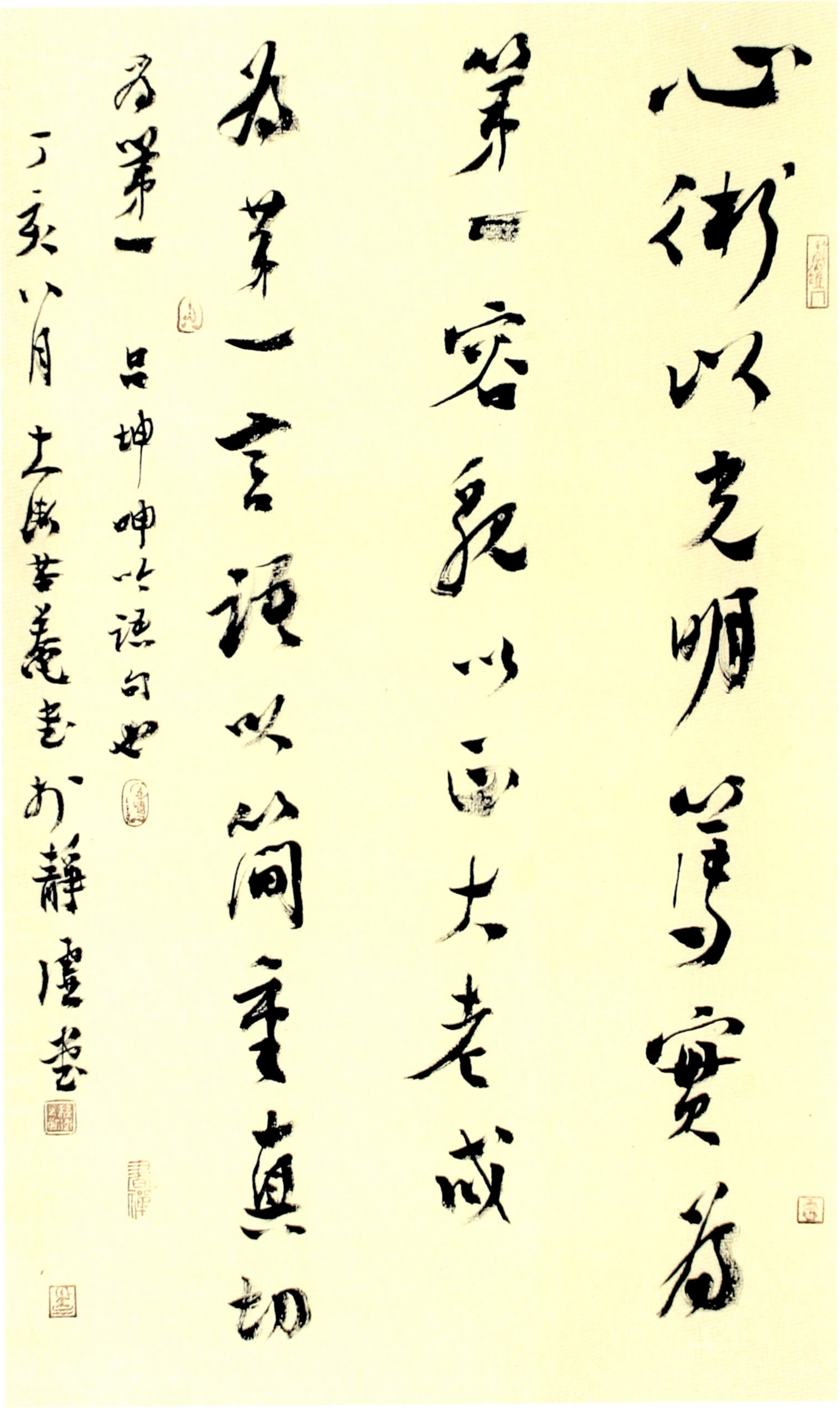

行草条幅　130cm×62cm

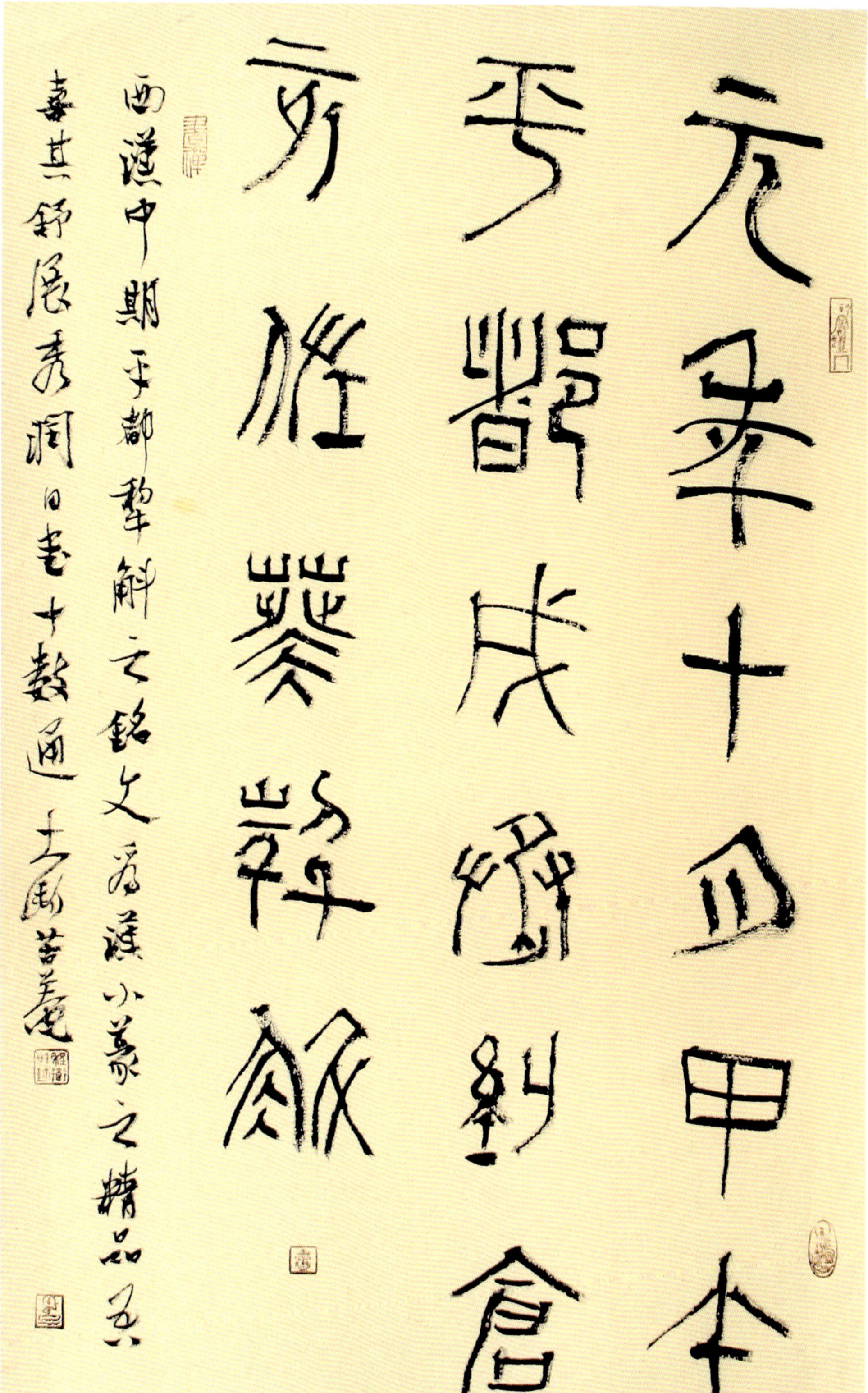

篆书条幅　130cm×62cm

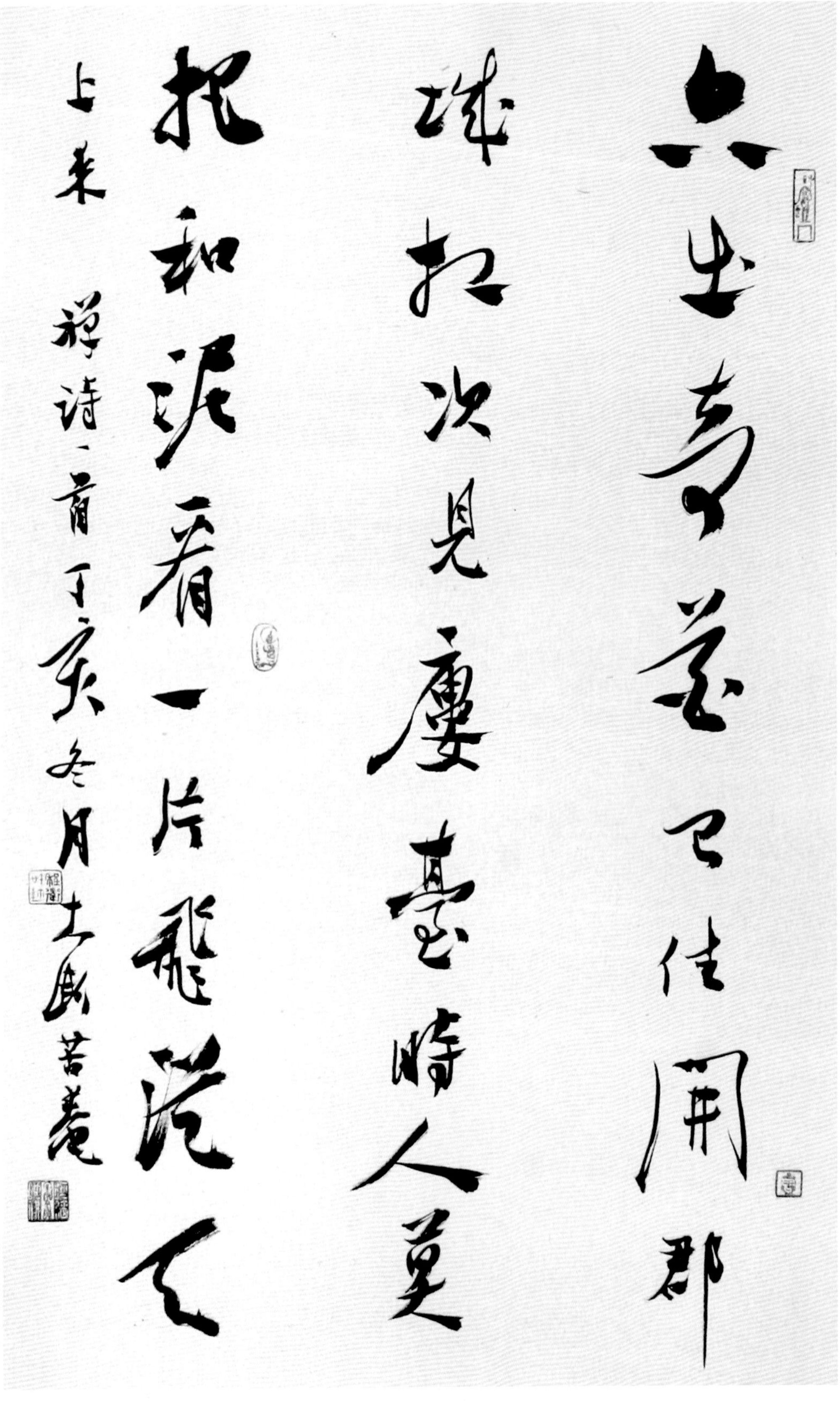

行草条幅　130cm×62cm

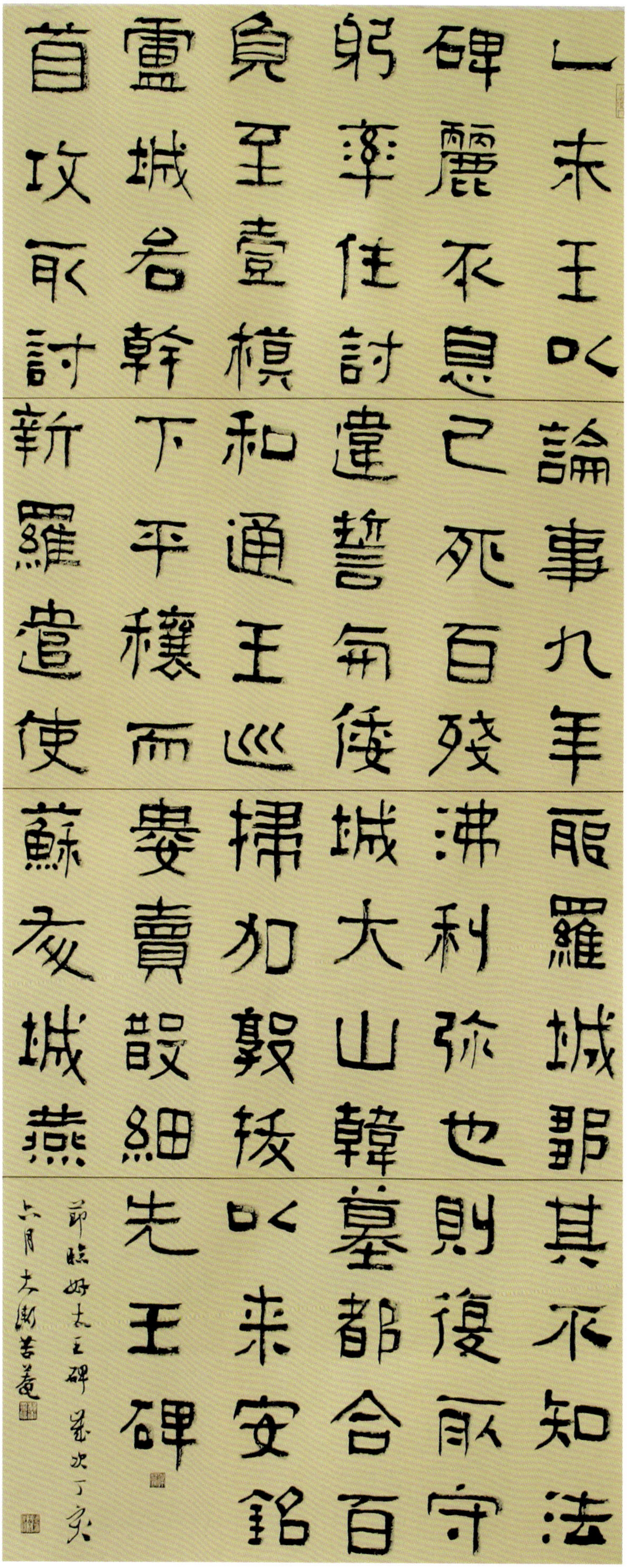

隶书条幅　220cm×68cm

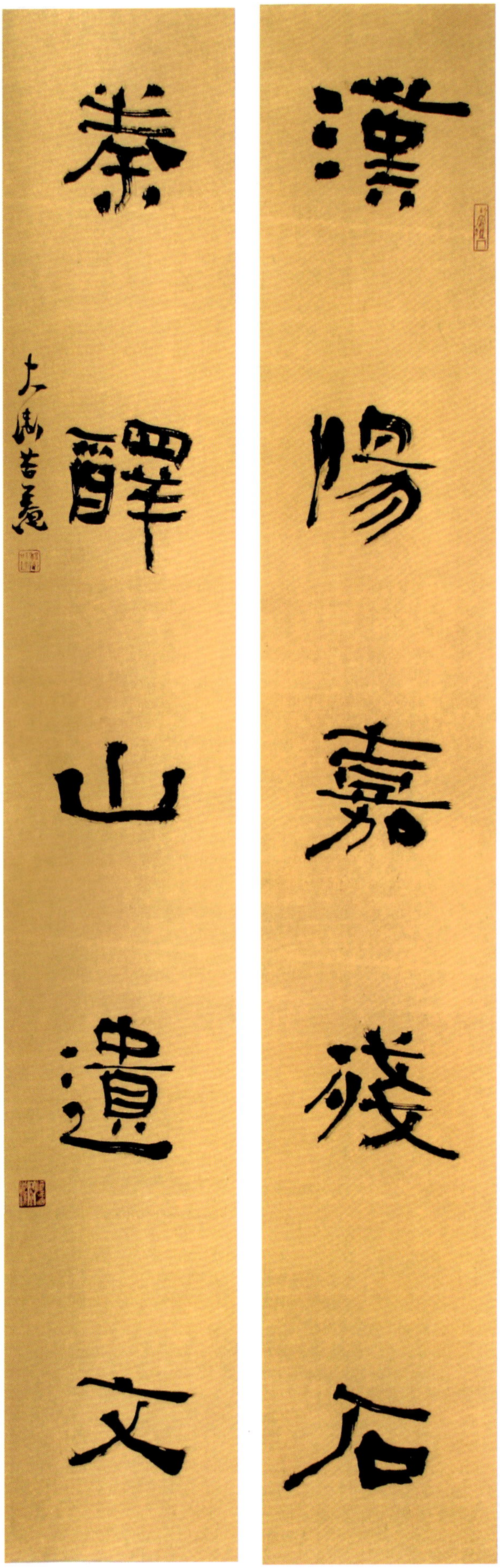

隶书对联　200cm×35cm×2

隶书扇面　60cm×28cm

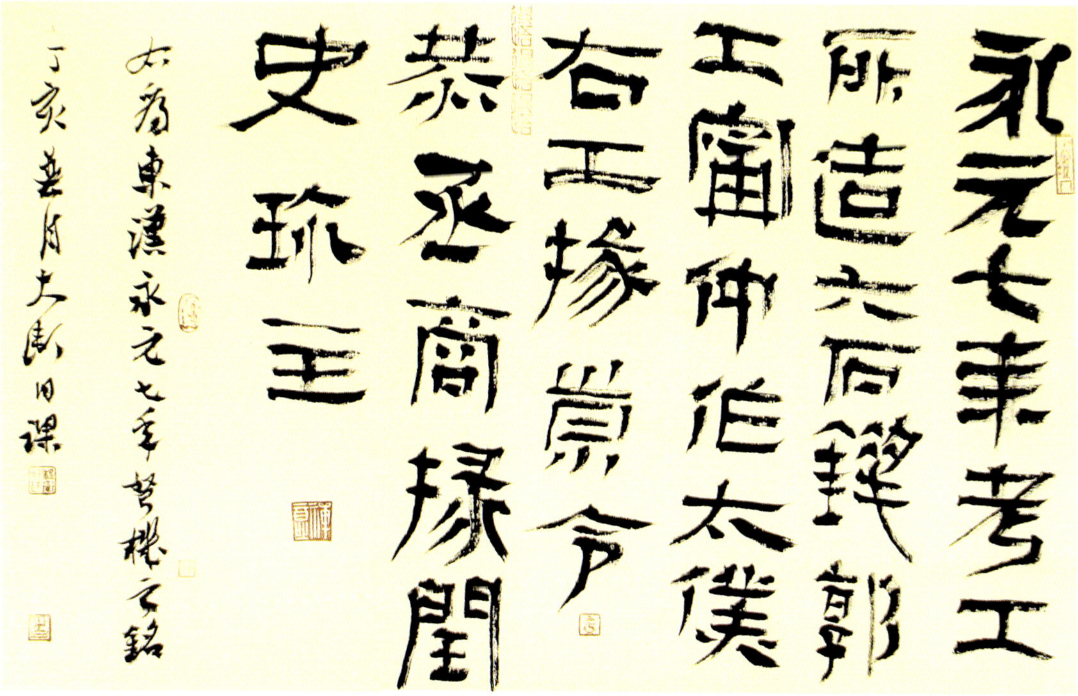

隶书横幅　220cm×68cm

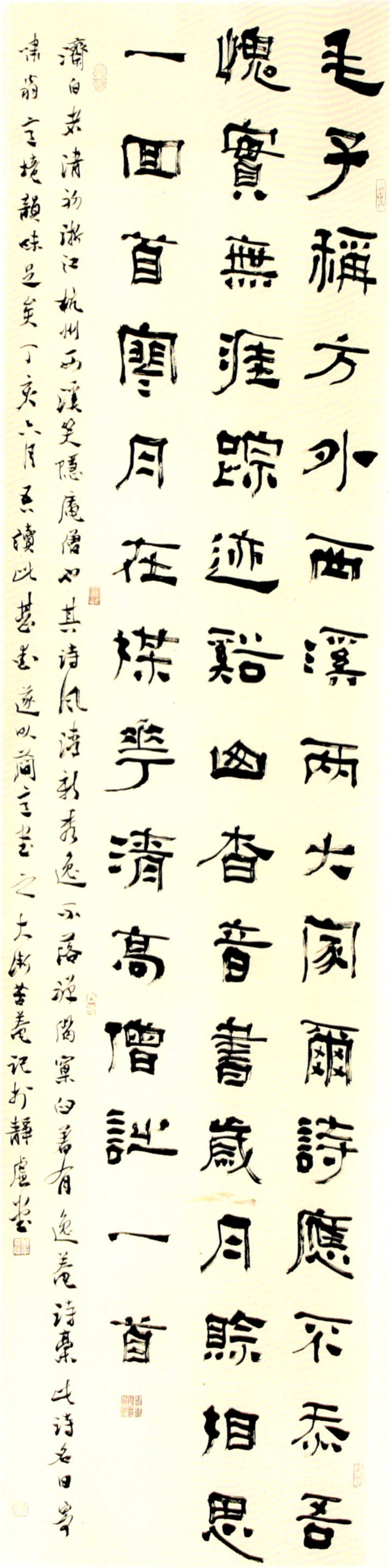

隶书条幅　220cm×55cm

来自李可染故乡的书画名家

LAIZI LIKERAN GUXIANG DE SHUHUA MINGJIA

翟立新

ZHAILIXIN

凤凰出版传媒集团
凤凰出版社

图书在版编目(CIP)数据

来自李可染故乡的书画名家/刘明主编.—南京:凤凰出版社,2008.5
ISBN 978-7-80729-176-3

Ⅰ.来… Ⅱ.刘… Ⅲ.①书法家—简介—徐州市—现代②画家—简介—徐州市—现代 Ⅳ.K825.72

中国版本图书馆 CIP 数据核字(2008)第 073992 号

书　　名　来自李可染故乡的书画名家
主　　编　刘　明
策　　划　徐州凤凰文化发展有限公司
责任编辑　高思源
出版发行　凤凰出版传媒集团
凤凰出版社(原江苏古籍出版社)
南京市中央路 165 号　邮编 210009
发行部电话 025-83223462
集团网址　凤凰出版传媒网　http://www.ppm.cn
印　　刷　徐州市今日彩色印刷有限公司
江苏省徐州市青年东路 62 号　邮编 221003
开　　本　889×1194 毫米　1/16
印　　张　48
字　　数　100 千字
版　　次　2008 年 5 月第 1 版　2008 年 5 月第 1 次印刷
标准书号　ISBN 978-7-80729-176-3
全套定价　288.00 元
(凤凰出版社图书凡印装错误可向承印厂调换)

地域文化的光彩

——徐州书画现象(代序)

程大利

徐州,古为九州之一。它是长江、黄河之间的一片沃土,兼有南北地域文化的特征。黄河十三次改道流经此地,积淀泥沙的同时也积淀下了文化,一种坚忍耐劳、朴实敦厚的文化,一种崇文尚武、入世进取的文化,一种心思缜密而不流琐屑、不入极端但又是非分明的处世风习很容易造就一批高旷冲淡又豁达温厚、有情有义的文人,而这又是传统书画艺术家必备的品质。

地理的特殊影响着文化生态。5000年以来,这里留下先秦文化的光彩,更留下两汉文化的辉煌。已经开掘和没有开掘的汉墓,无疑给这块土地添上了许多故事,成为极为厚重的遗珍。画像石是造型艺术的最好教材,《大风歌》而下的诗文传统展现着酣畅淋漓的气度,多姿多彩的民间艺术陶冶了一代又一代的少年,优美的自然风光和千载不泯的民间传说,都为艺术家的成长铺就了温床。近百年来,这里走出了一批杰出人士。以书画为例,民国以来的张伯英、李可染、刘开渠、王子云、萧龙士、王肇民、朱德群、朱丹等书画家成为20世纪的一个现象,不同于江南的"松江派"、"华亭派"等等,却是风格各异地竞相峥嵘。在现代美术史上闪现着光辉,李可染在中国山水画上的贡献已成定论,在历史上留下了充实的一页。

中国传统艺术是中国文化现象。书画是传统文化的瑰宝,它既可以"成教化、助人伦",也可以"涤烦襟、破孤闷、迎静心、释燥气",是"祛病增寿的良药"。书画发达地方人们的心态会趋于平和,社会风气会趋于文明。书画家在徐州特别受尊敬也是"崇文"风尚使然,这促使着艺术家更趋努力,为家乡做出新贡献。

文化,因传承而厚重,书画文脉传到今天似乎更为壮丽,一代书画家产生了新的影响,有的人已成为当代艺术的领军人物。徐州的书画事业也从来没有像今天这样繁盛。许多理论家朋友已注意到徐州出书画家的现象,这一地域现象必将被展开并深入探讨。可染先生的"实者慧"形象地总结了自己,更为一代书画家开启了修炼的明灯。在中华民族艺术的大花园里,徐州书画的奇葩必将更为绚烂,徐州的书画事业前程似锦。是为序。

戊子初于京华

翟立新和他的书法艺术

王冰石

子曰:“知之者不如好之者,好之者不如乐之者。”乐此不疲,乐而忘忧,凡好学而有成就者莫不如此。由学而进入“乐境”,则人生不虚度,事业终辉煌也。

翟立新学习书法,已有年矣,夫书者,藏万象而恍惚,蕴百艺而窈冥,唯聪颖者悟之,功深者得之,故一艺功成,良工辛苦。立新资质天成,外朴内秀,总角时即喜临池,心摹手追,思集古人之长;溯流探源,欲臻造化之妙。由学而知个中之苦,因苦而获个中之乐,朝斯夕斯,已见大成。

立新书法,正草隶篆无所不能,且高格独标,尤称难得,其行草书,出入魏晋,下窥唐宋,有洒脱之风采,具古雅之神韵;其隶书,心仪两汉碑碣,神合竹木简牍,落墨痛快淋漓,抒情意态飞动,有浑朴之气象,具浩然之气概;其篆书,结想斯冰石墨,傍搜三代古铜,写来端庄中杂流丽,刚健中含婀娜,不涩不滞,轻松自然。学书能各体皆善,随心挥洒,亦真书家之风流也。

立新于书法,独诣余之“仰观汉魏,下窥唐宋”之准则,以此为宗旨,左右已学,权衡利弊,身体力行,义无反顾。故其书总体风貌是气古、味厚、韵雅、格新,每见其丈缣尺素,如黄钟短笛声入于耳,余心亦震动而感佩焉。

大师张大千尝谓:“艺事必资于为人,故古代忠臣侠士,名儒词伯,虽素非名家,偶弄笔为书画,辄有至味超诣。”此所谓“心正则笔正”是也。立新为人端方诚恳,刚正俊爽,急人之急,乐为助人。其所蕴如是,兼以染翰有素,故当其下笔,弥见风正帆悬,浩荡千里,无尘俗、偏狭、诡怪之气,肝肺槎枒,一吐纸上为快。因好得乐,学书修身,岂不善哉!比其佳作刊印面世之际,余深知其致力斯道之勤,用述所知,乐为推介,以质海内爱好书法者。

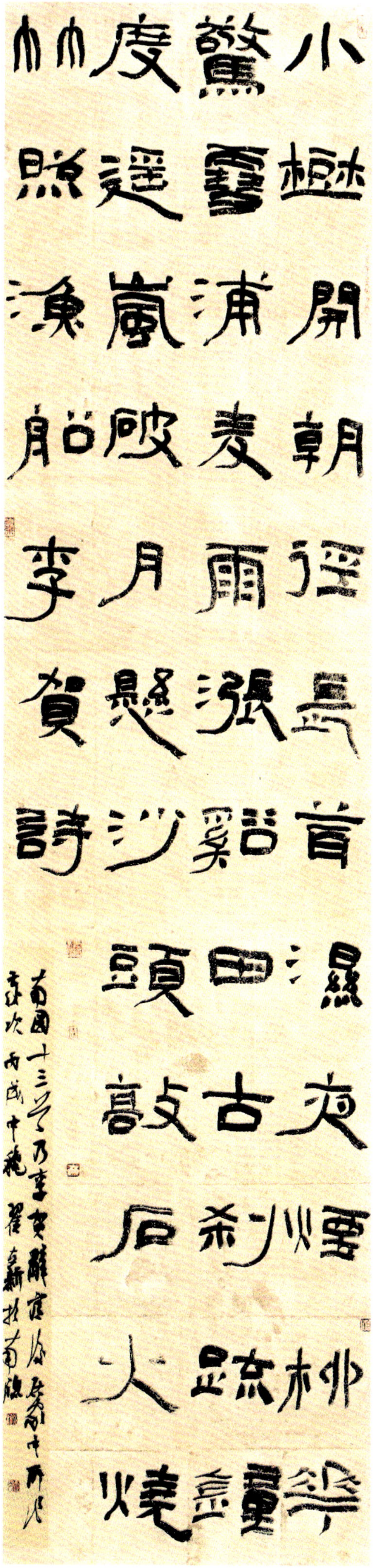

隶书　李贺诗　240cm×60cm

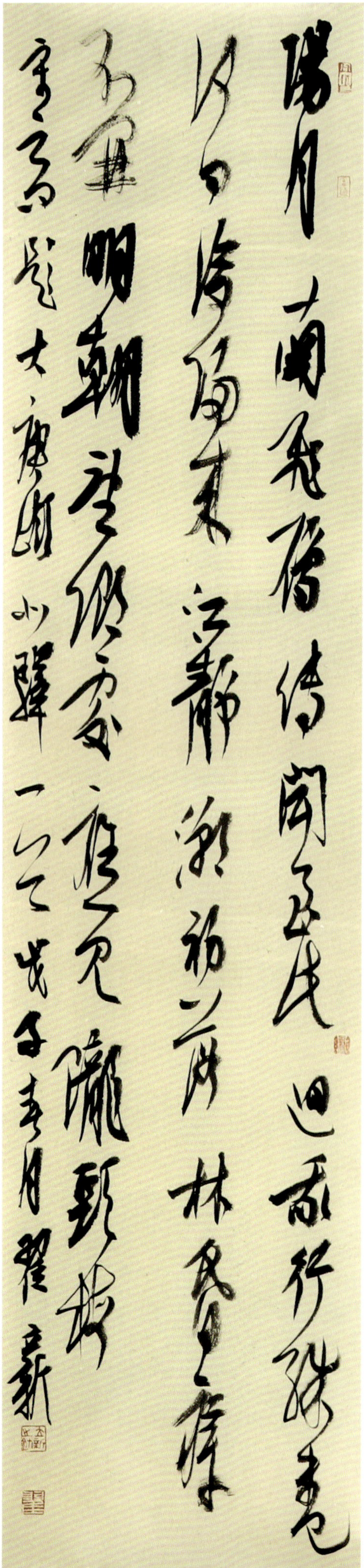

行草　宋之问诗　138cm×35cm

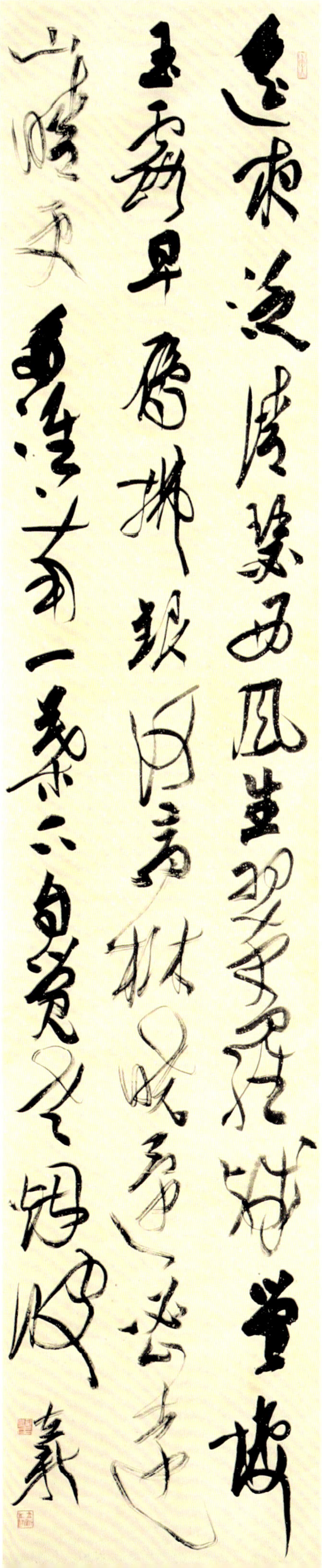

草书　许浑诗　240cm×46cm

隶书四条屏 李白诗之三、四

240cm×30cm×2

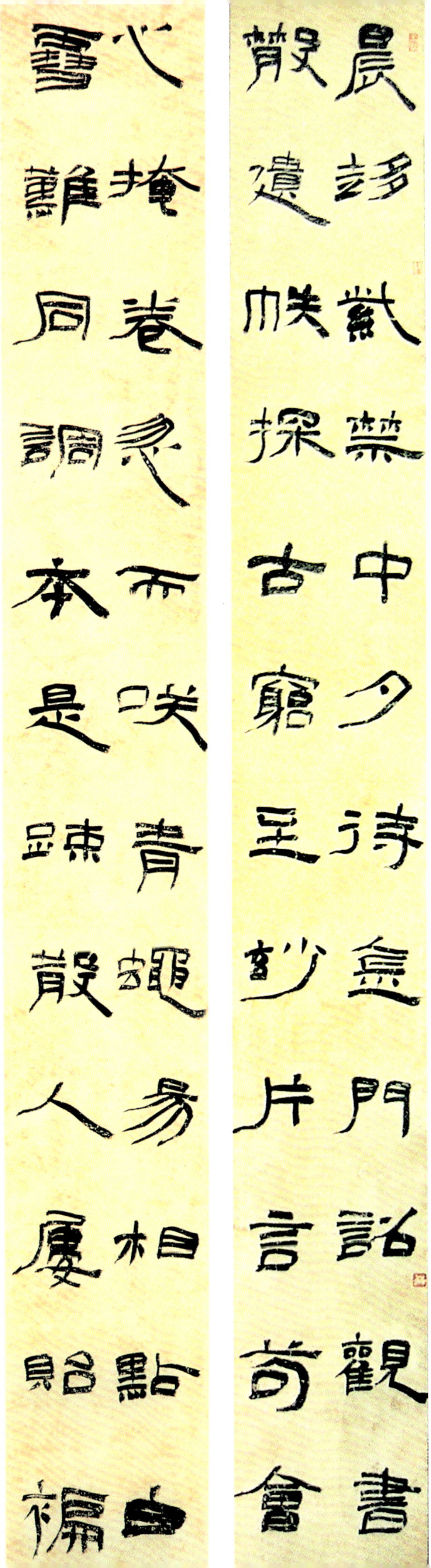

隶书四条屏 李白诗 之一、二
240cm×30cm×2

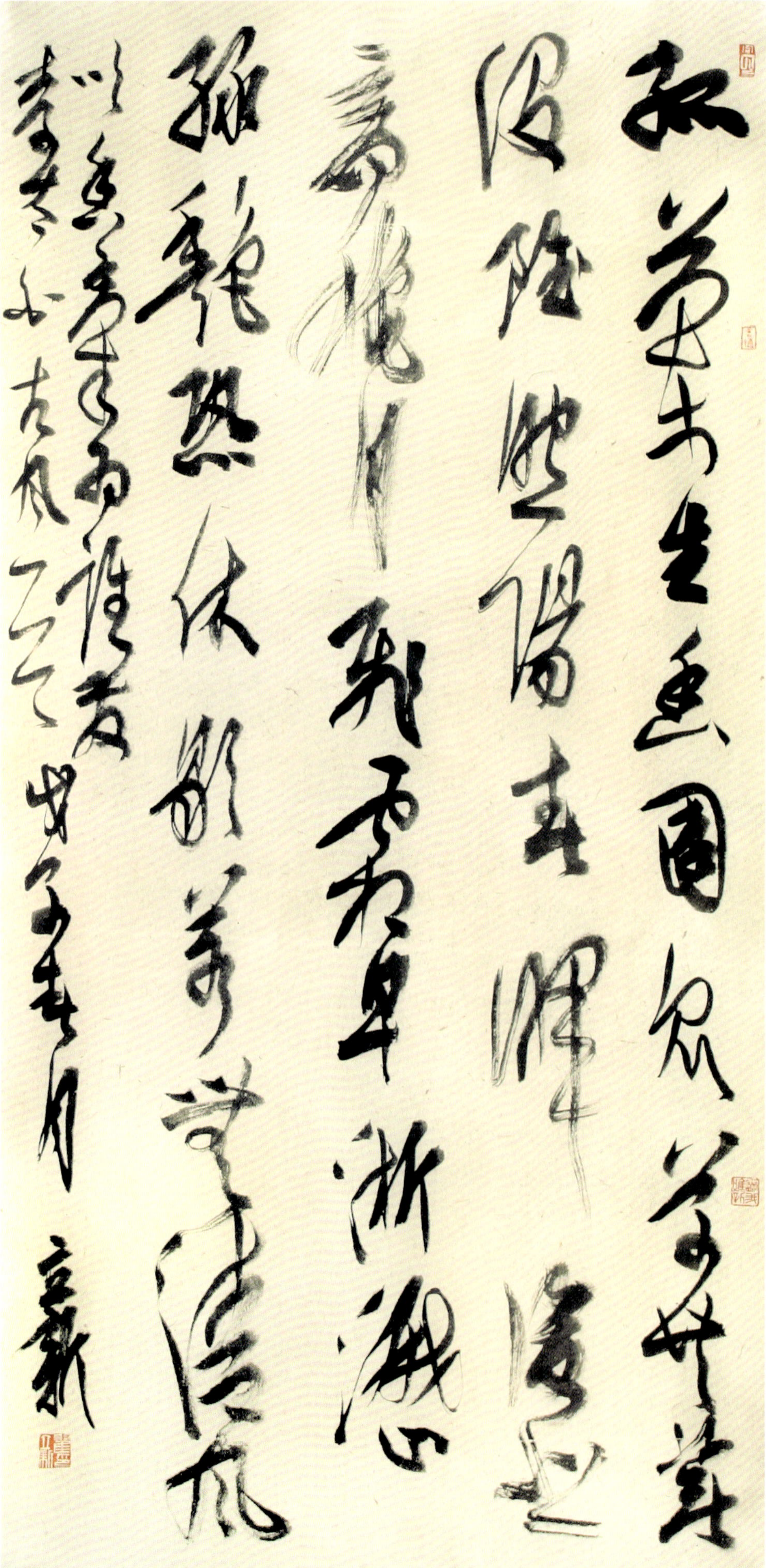

行草　李白诗　138cm×66cm

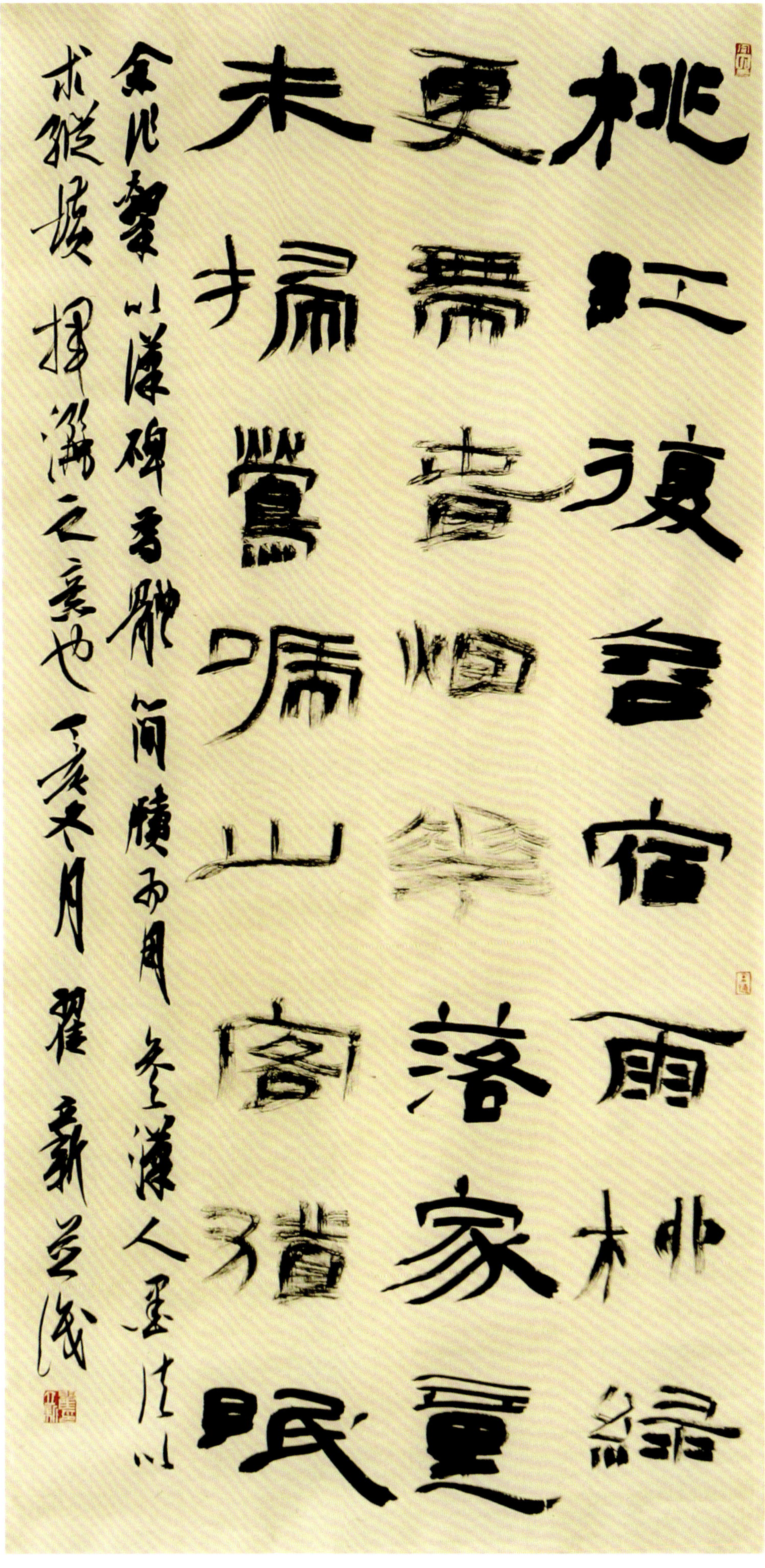

隶书　王维诗　137cm×67cm

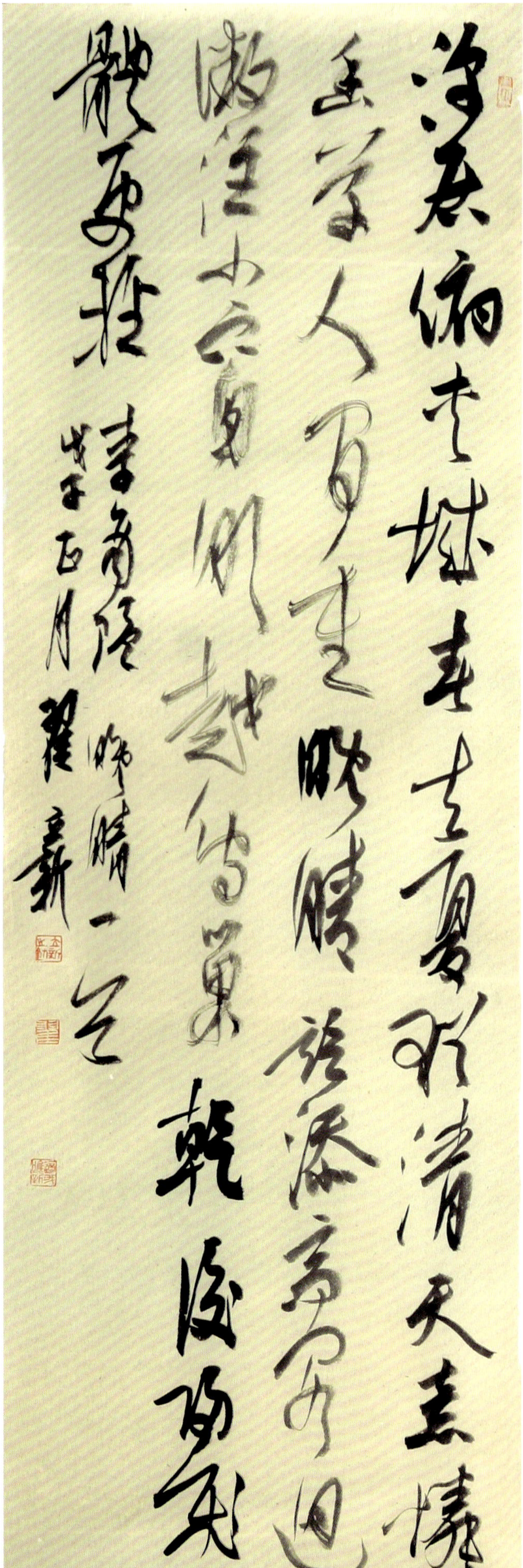

行草　李商隐诗　138cm×45cm

隶书对联　190cm×33cm×2

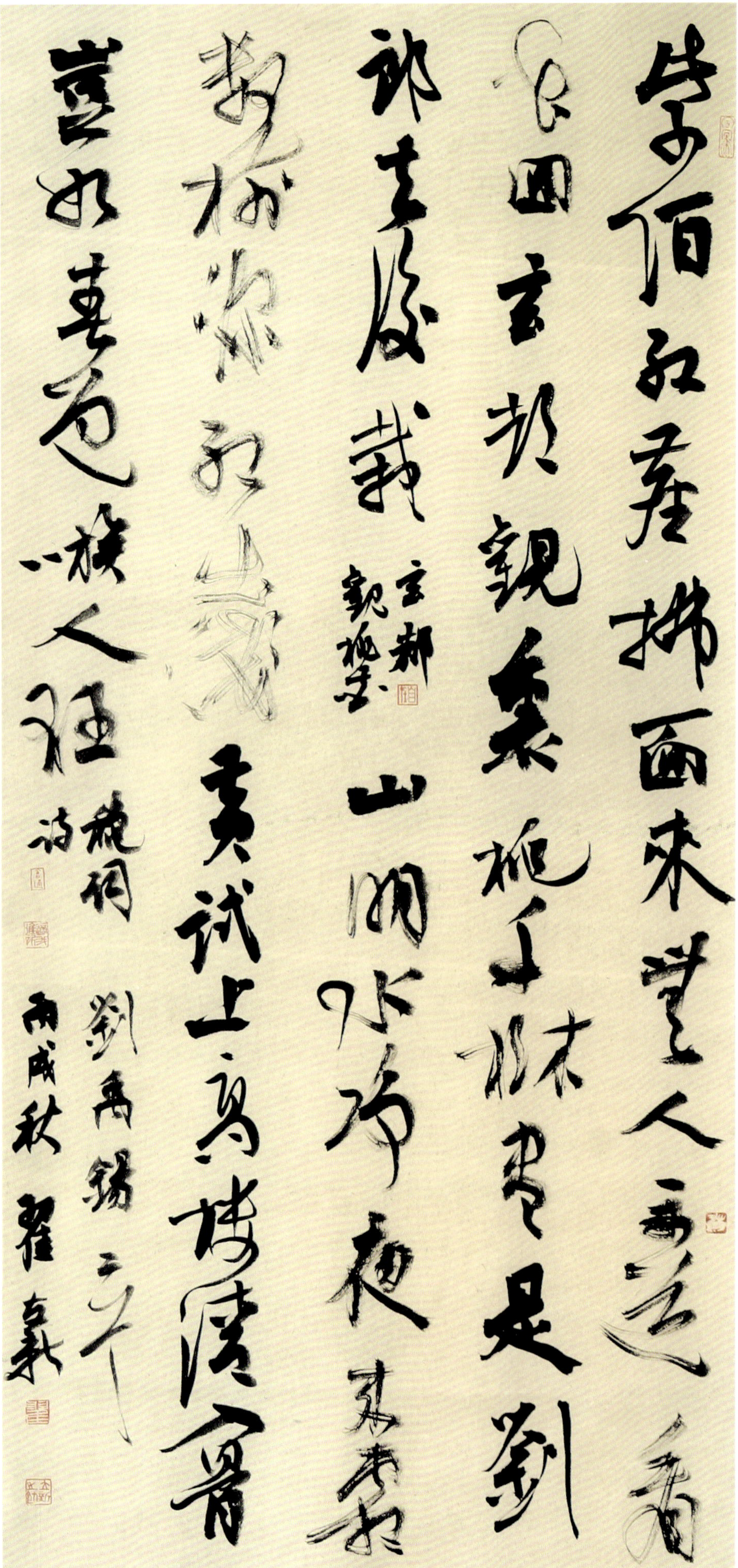

行书　刘禹锡诗 138cm×66cm

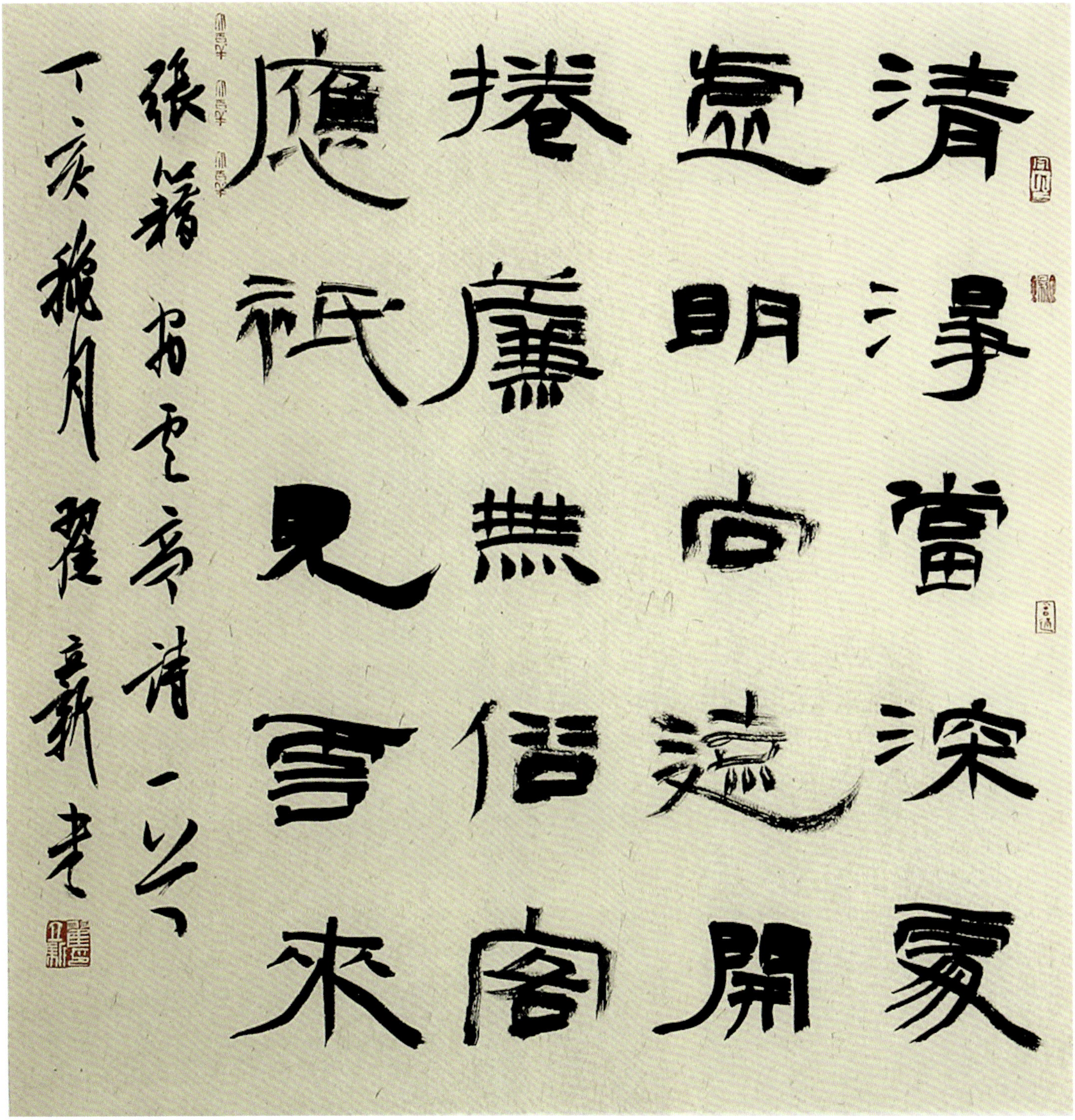

隶书　张籍诗　66cm×66cm

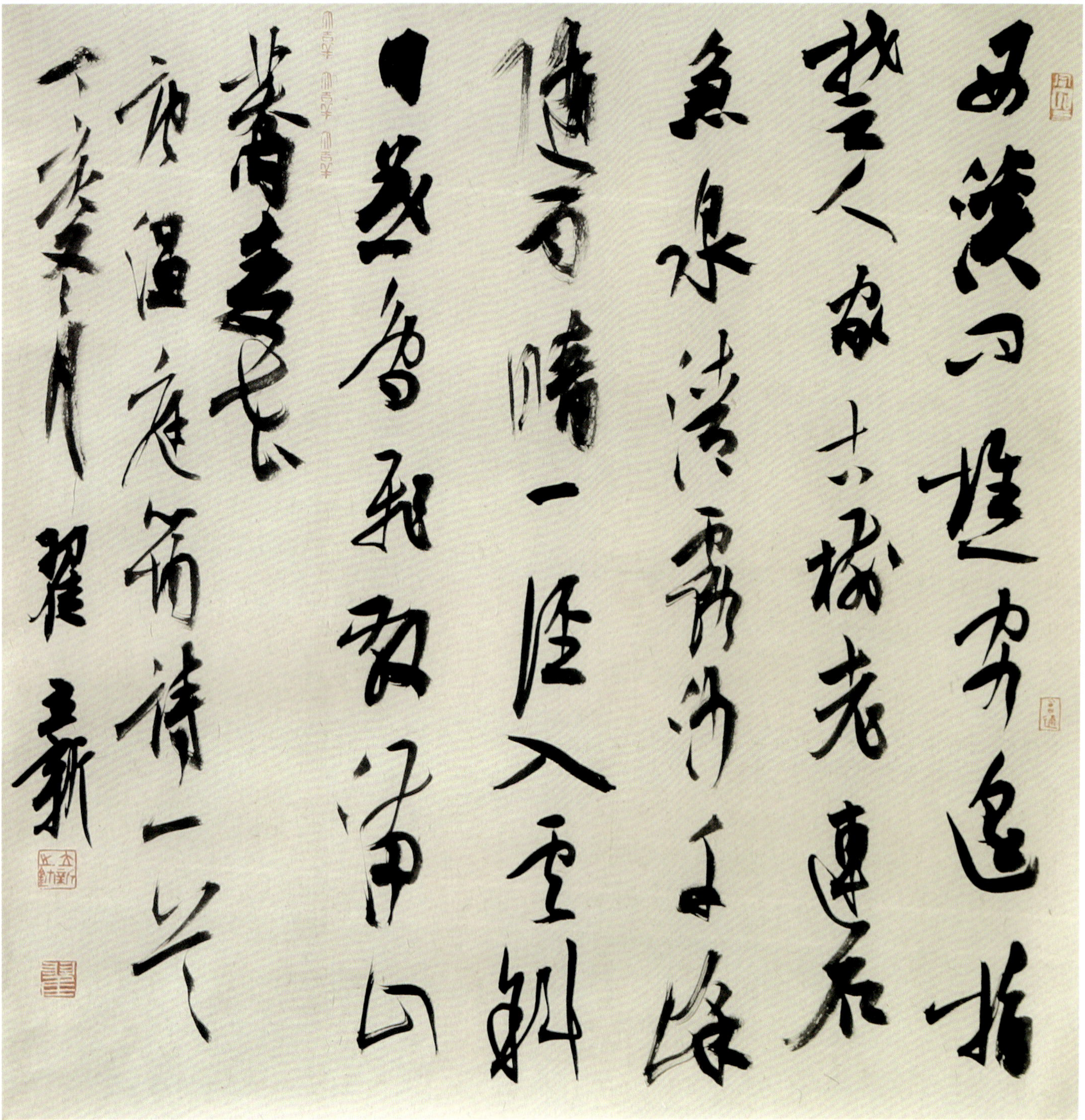

行书　温庭筠诗 66cm×66cm

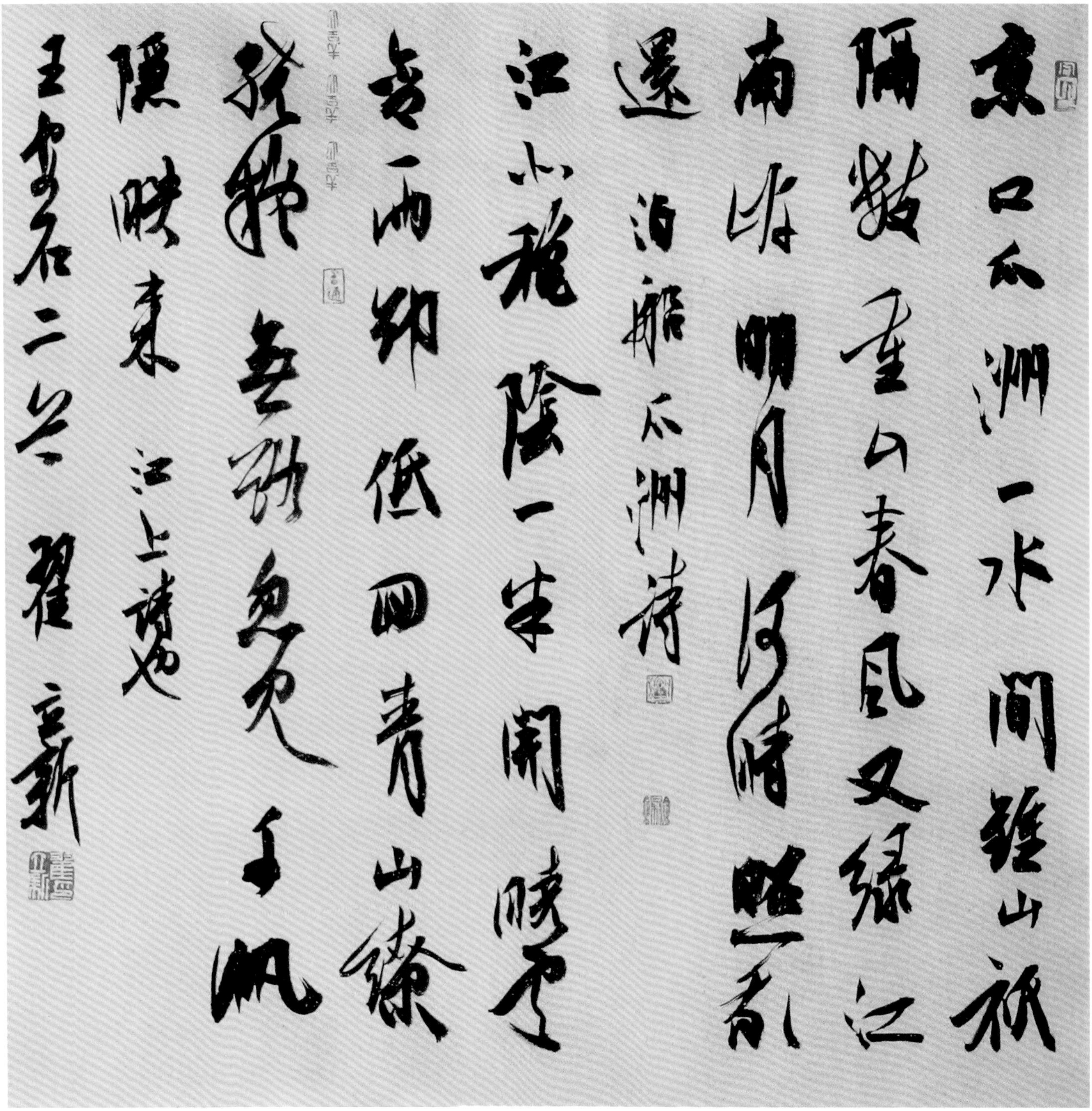

行书　王安石诗　66cm×66cm

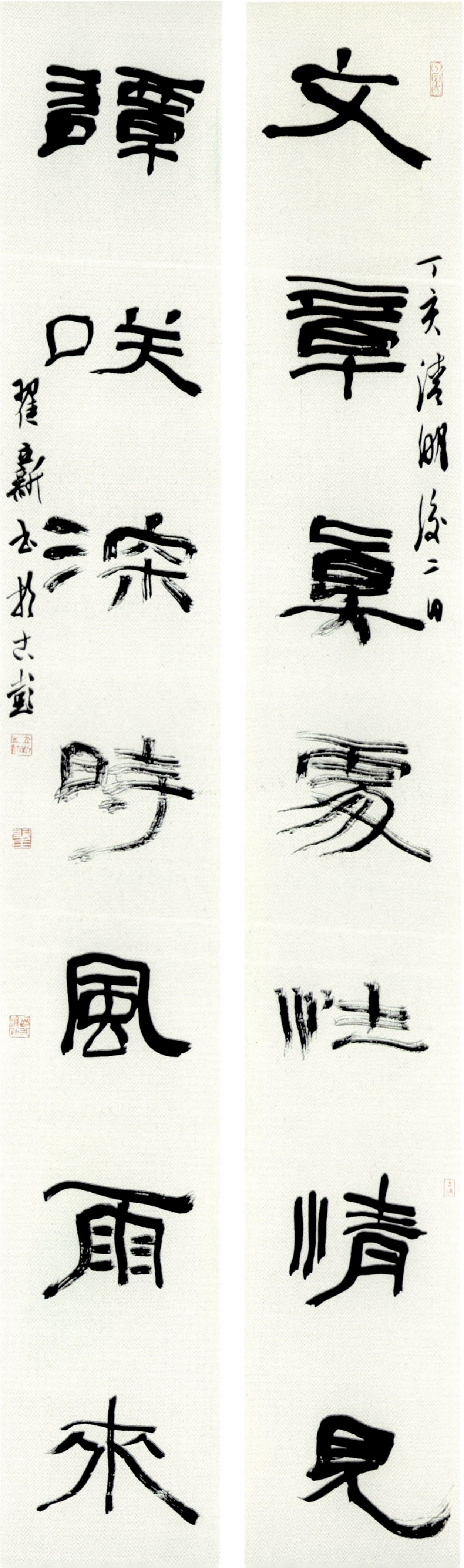

隶书　翁同龢联　198cm×33cm×2

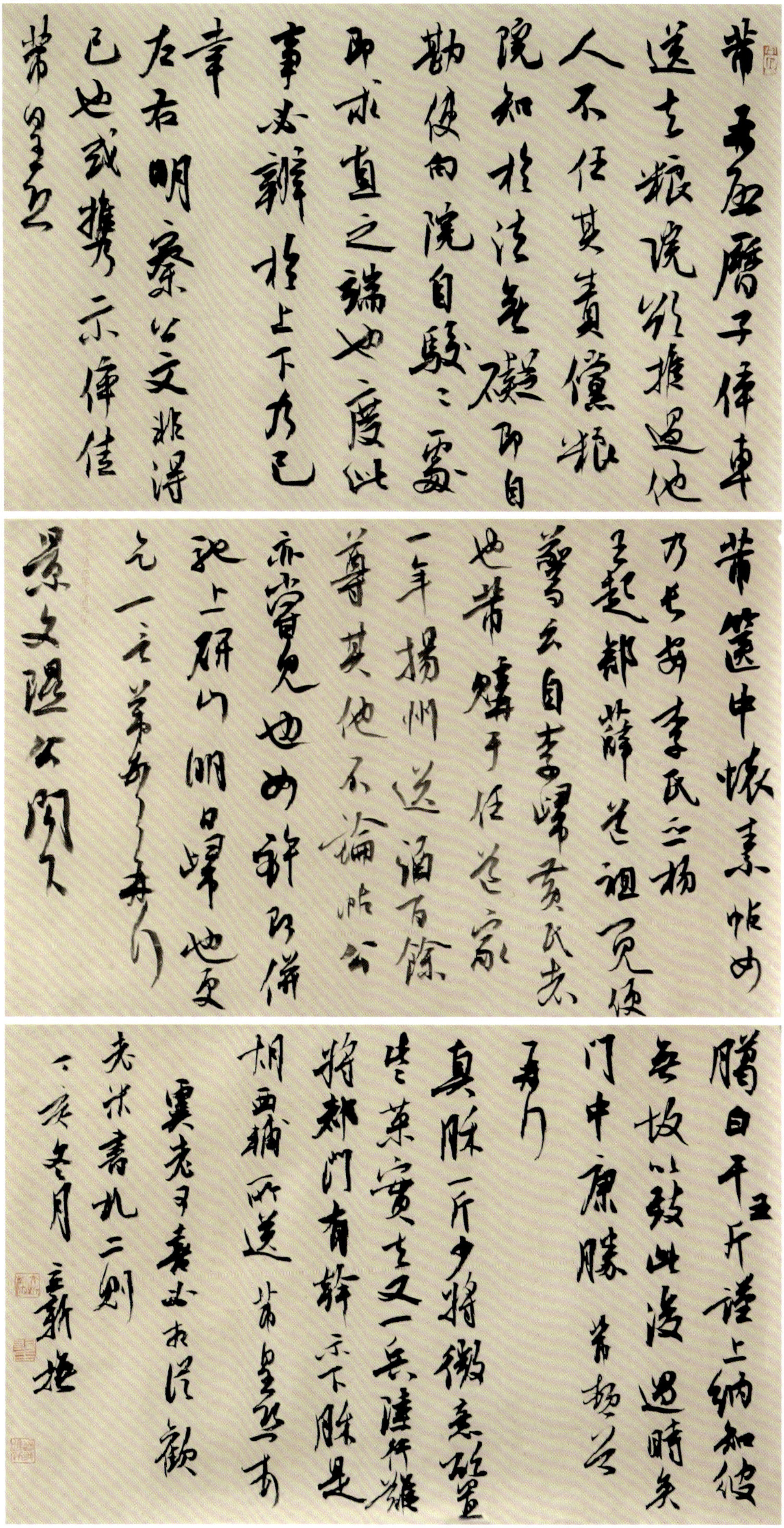

临米芾帖　70cm×40cm×3

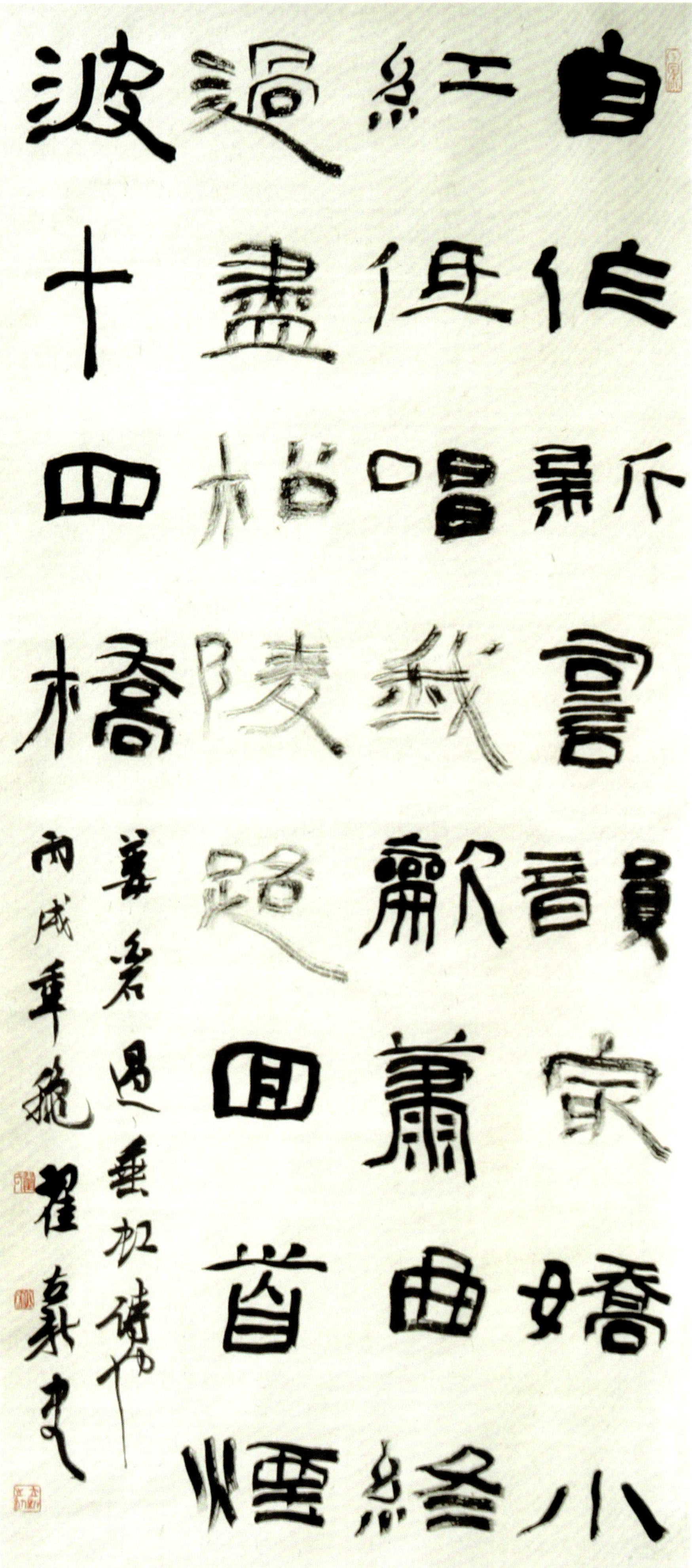

隶书　姜夔诗　138cm×66cm

篆书条幅 138cm×33cm

在汉魏间寻法
——翟立新书法之我见

陈宇

艺术的追寻，与一个人的天赋、才情有着很大的关系，这种天赋与才情落实到艺术创造上，表现出来的是艺术观念的形成与对技法的理解。一旦艺术观形成，便会主宰一个作者的创作与研究的方向与深度。翟立新在艺术上是早慧的，他在20岁出头就获得了第三届全国中青展的优秀作品奖，那件获奖作品，就是放在当下的创作环境中，也不失为一件佳作，这足以说明他的前瞻性，对于艺术一种自我独特的理解和深度。

中国书法讲求传统，讲求经典，碑帖之争的核心也是在传统与经典上，说到底是在论争到底什么是传统，什么是经典，民间与经典、传统之间是种什么样的关系。但人们在论争的过程中往往将二者作了人为的拆分，人为地将两者对立起来，变成了两个对立面，其实碑帖只是传统的两种不同表现手法与手段，是一个问题的两种表述方法。翟立新的取法在碑帖间，从对创作的影响讲，他的取法最初的根基应该更多地倾向于碑，所以他的创作中有明显的碑意与碑味，但这并不是说，他将碑帖对立地来看待，而是说，他的取法从整体上是开放的，这种开放首先表现在他观念的开放，虽然他曾经在碑学上下过很深的功夫，而对于帖学传统他也没有一刻忽视，对于魏晋、唐宋乃至明清的经典帖学涉猎颇多，他的表现手法是多样的，在取法上的开放是受观念的开放支配与影响的，对于碑与帖、民间与经典，包容并收而取得的融合，形成了他自己的面目。

翟立新在取法过程中，不仅关注历史上的名碑名帖与名家书法，对于魏晋间的残纸作品，民间工匠、写手的写经作品都是下过很深功夫的，而于此中颇多收益。记得在几年前去他家玩，见他挂在墙上的一件写于九零年前后的行书作品，在轻松自然的笔法之下，表现出一种古意，那件作品从取法上可以明显感受到魏晋间的写经书法对他的影响，其中又或多或少地渗透着隶意，他的许多用笔都来自于隶简书的笔法，在看似无法的用笔中，似乎不够精到的用笔中，表现出的是一种简约与逸致的意味，而那种与简约笔法并存的简约随意且趋扁的结体方式是从隶简书中化出，正是这种在用笔结字间表现出来的似隐非隐的隶意恰恰很好地表现了古意，这种古意决定了他书法的的高格深韵，这是对传统的一种深刻认识与理解。我一直认为，他如果顺着1990年的书法创作之路走下去的话，可能很早就会成就他，但他偏偏就在正出成绩的时候，却到清华大学美术学院学习起了设计。角色的变化，使他离书法很远，但他的这种缺席，并不是抛弃，而是一种若即若离的远望，更是一种深层的关注。有许多人为他的缺席感到可惜，因为似乎他随着那个时期对于书法的理解，可能会更有所作为，或许他会不断地获奖，但获奖之后是什么？我一直在思考，在20世纪后20年的书法大潮中涌现了一大批青年作者，他们不断地获奖入选，但慢慢地他们名气大了，但创造力却不行了，原因在什么地方呢？或许正是他们的当局者迷的因素在起作用，正是因为有着一段对生活与人生的不同体验，对翟立新而言是一种收获，这种收获远远高于技法上的收益，因为书法说到底是一种与人性、与情感密切相连的艺术。也正是因为多年的缺席，并且随着人生底色日浓，对于艺术的理解也更为深入，因而，近年来表现在他的创作上，出现了一种新意。

这些年，他的取法多集中在汉魏间，他对于汉隶、魏碑墓志书法有着深入的研究，行草书下法明清名家，但于其中，又往往参以汉魏之法，所以在他的行草书中，虽然绵连顺畅，但用笔求圆浑，结体趋纵势，而于中有倔强之气密布于纸。他近年的创作，成就最大的是隶书。

当下的书法发展，重行草而轻篆隶，注目当下的书坛大家，大都是行草高手，而兼擅篆隶者则凤毛麟角，为什么呢？这也是一个时代的趋向问题，因为就篆隶本身而言，是一种偏向于实用，而并不是偏向于抒情表现的书体，人们在观照篆隶时，往往会或多或少地运用文字学的构字原理去衡量创作，更在意创作用字的来历与用字是否合乎文字学的要求与否，所以创作始终受到文字学的约束，而篆隶本身也没有行草那样易于抒情与表现，所以将情性与笔墨融合，对于篆隶的创作是高要求也是高难度的，这也是当下精研篆隶的名家缺少的原因所在。立新对于汉碑隶书作过较为深入与系统的研究，对于汉碑与简牍隶书都下过深入的临习与研究，他涉猎颇多，但其将目光主要集中在《曹全》与《石门》，他以《曹全》、《石门》为其隶书风格的基点，在此基础上，他对《广武将军》、《嵩高灵庙》等介于楷隶之间的作品颇为关注，而将其中合用的因素化而入其隶书中。他曾给我看过大量的用隶书的笔意去临写的魏碑或是墓志作品的习作，这种方式，丰富了他隶书的表现力。在《曹全》中寻求一种汉人的精致与到位，而又于《石门》中寻求汉风的雄浑与旷达，在创作中他大量化用从简牍隶书中体会到的笔法，那种率性率意的用笔，大大增强了隶书的抒情性和表现力。但简牍笔法容易产生浮乏浅薄的毛病，而入流滑之境，所以他又以篆书与汉碑的用笔方式参之，力戒浮乏。而在结体上，他将《曹全》结字放大夸张，又结合《石门》的飞扬，结体上充满了表现力。整体创作中注重墨色的枯湿浓淡与涨墨效果，较好地显示了他的创作能力与表现能力，在抒情中表现出一种气象，让人感受到他的隶书中有一种汉人的旷达与浑厚。秦碑力劲而汉碑气厚，正是以汉人之气来养其书之气，追求一种清雄浑厚的风格特质，而以汉碑的浑厚之气来表现、浸染行草与楷篆，所以在他的作品中始终有一种旷达与浑厚的意趣，这是书法的大境界。

他不保守，目光颇远，且更关注于自身的综合素养的提高。相信他的书法创作会更上层楼。

来自李可染故乡的书画名家

LAIZI LIKERAN GUXIANG DE SHUHUA MINGJIA

祝培良

ZHUPEILIANG

凤凰出版传媒集团
凤凰出版社

图书在版编目(CIP)数据

来自李可染故乡的书画名家/刘明主编.—南京:凤凰出版社,2008.5
ISBN 978-7-80729-176-3

Ⅰ.来… Ⅱ.刘… Ⅲ.①书法家—简介—徐州市—现代②画家—简介—徐州市—现代 Ⅳ.K825.72

中国版本图书馆CIP数据核字(2008)第073992号

书　　名	来自李可染故乡的书画名家
主　　编	刘　明
策　　划	徐州凤凰文化发展有限公司
责任编辑	高思源
出版发行	凤凰出版传媒集团 凤凰出版社(原江苏古籍出版社) 南京市中央路165号 邮编210009 发行部电话025-83223462
集团网址	凤凰出版传媒网　http://www.ppm.cn
印　　刷	徐州市今日彩色印刷有限公司 江苏省徐州市青年东路62号 邮编221003
开　　本	889×1194毫米 1/16
印　　张	48
字　　数	100千字
版　　次	2008年5月第1版 2008年5月第1次印刷
标准书号	ISBN 978-7-80729-176-3
全套定价	288.00元
	(凤凰出版社图书凡印装错误可向承印厂调换)

地域文化的光彩

——徐州书画现象(代序)

程大利

徐州,古为九州之一。它是长江、黄河之间的一片沃土,兼有南北地域文化的特征。黄河十三次改道流经此地,积淀泥沙的同时也积淀下了文化,一种坚忍耐劳、朴实敦厚的文化,一种崇文尚武、入世进取的文化,一种心思缜密而不流琐屑、不入极端但又是非分明的处世风习很容易造就一批高旷冲淡又豁达温厚、有情有义的文人,而这又是传统书画艺术家必备的品质。

地理的特殊影响着文化生态。5000年以来,这里留下先秦文化的光彩,更留下两汉文化的辉煌。已经开掘和没有开掘的汉墓,无疑给这块土地添上了许多故事,成为极为厚重的遗珍。画像石是造型艺术的最好教材,《大风歌》而下的诗文传统展现着酣畅淋漓的气度,多姿多彩的民间艺术陶冶了一代又一代的少年,优美的自然风光和千载不泯的民间传说,都为艺术家的成长铺就了温床。近百年来,这里走出了一批杰出人士。以书画为例,民国以来的张伯英、李可染、刘开渠、王子云、萧龙士、王肇民、朱德群、朱丹等书画家成为20世纪的一个现象,不同于江南的"松江派"、"华亭派"等等,却是风格各异地竞相峥嵘。在现代美术史上闪现着光辉,李可染在中国山水画上的贡献已成定论,在历史上留下了充实的一页。

中国传统艺术是中国文化现象。书画是传统文化的瑰宝,它既可以"成教化、助人伦",也可以"涤烦襟、破孤闷、迎静心、释燥气",是"祛病增寿的良药"。书画发达地方人们的心态会趋于平和,社会风气会趋于文明。书画家在徐州特别受尊敬也是"崇文"风尚使然,这促使着艺术家更趋努力,为家乡做出新贡献。

文化,因传承而厚重,书画文脉传到今天似乎更为壮丽,一代书画家产生了新的影响,有的人已成为当代艺术的领军人物。徐州的书画事业也从来没有像今天这样繁盛。许多理论家朋友已注意到徐州出书画家的现象,这一地域现象必将被展开并深入探讨。可染先生的"实者慧"形象地总结了自己,更为一代书画家开启了修炼的明灯。在中华民族艺术的大花园里,徐州书画的奇葩必将更为绚烂,徐州的书画事业前程似锦。是为序。

戊子初于京华

心净蓄清气 天风铸真魂

——祝培良书法篆刻艺术感言

翁达十

祝培良清劲而豪放、浑然而酣畅的书法篆刻艺术，既根植于古老的传统，又渗透现代人的审美意识，个性鲜明的体现自己的艺术追求。培良刻印，充满着激情，他在静思中酝酿着艺术感觉，以冲动激情式的、半醉式的状态，来完成刻印过程中节奏、速度、空间、走向、动作、力度的把握，溶铸清气真魂。他所刻的朱文印是从封泥和青花碗底花押印中汲取养分，刀法上冲、切、披、削并用，酣畅精熟，一任自然。印章线条，生动鲜活，纤细不失挺拔之气韵，灵动不乏刚健之风骨，雄秀兼容，豪气真情并生，呈现出刀利、锋锐、貌古、神虚的艺术视觉，有强烈的冲击力和感染力，张扬着直把刀锋作笔锋的理念，随性挥洒、无碍无障，一派来自心灵深处的情怀。其白文印作品主要得力对汉将军急就章的研习，并从清代黄士陵的印风中汲取养料，力求爽利劲挺、刚健自然的艺术之境，着力表现一种锋芒毕露、八面出锋的意韵，其倔强的性情、正直的风骨，散发着浓郁的时代气息。

在培良的艺术理念里，刻印，绝不是单纯的刻几个从字典中查找出规范的篆字，而是刻神、刻情、刻气、刻意。

神、情、气、意从何而来？经过长期艺术追寻、人生历练，在他的思维中，风格逐渐清晰起来，简而言之，是刻心之境、刻心之象矣。

培良深知艺术家须从文化与生活的积累中汲取养料，以此来滋养、陶铸、升华自己的精神世界，净化自己的灵魂。传统文化的浸润，人生的历练，再到艺术家的创作，其间必经历一种转换，即由精神活动产生艺术作品。在这一过程中，就篆刻而言，艺术家需要具有得心应手、庖丁解牛般的刀法，须由篆字的具象而引发出想象，从而引起人们对人生、对生活、对亲人、对世间万物的一片真情。总而言之，能起决定性作用的当是艺术家的人品、人格的高下。培良曾说："在我看来，无论是书、画、印，其最高境界，就是人品、人格的境界，把无尽的心迹历程化作点画，融入作品中，才能具有深邃的艺术涵量，光彩熠熠，夺人心魄。概言之，人的品格决定作品的品位。综观古今卓尔不群的大家，即是鲜明的见证。"由此看来，培良在治艺的同时，更注重人品、人格的修炼，以净其心，养蓄清气。

培良在追求艺术的道路上，有幸于韩天衡、王冰石，马奉信先生执拜师之礼。培良倾听师言，固身恒心，铭记宏论，胸立大志。以师长为楷模，俯几案以劳作。恩师们做人治艺的精神品质、人格力量，潜移默化地引领着他走向成功之路。

培良在书坛印界以篆刻家著称，然其对书法的研习从未松懈过，他习书先于篆刻，二十多年来所花精力也多与篆刻，在习书的过程中，他注重从整体上审视书法艺术的发展历史，善于用独特的艺术审美理念，选择自己的习书之路。于真、草、隶、篆均有涉猎，篆书师法石鼓、镜铭、楚简，隶书师法石门、礼器、张迁。楷书师法智永、赵孟頫，行草师法"二王"及明清大家。春去秋来，他沉醉翰墨，寄情书法，浸淫在高古的经典书法之中，悄然地完成对传统的融汇变通，用笔潇洒畅达而富有韵律，线条清劲、朗健，通神，得天风抚爱，张扬着勃旺的生命力，激荡着豪气真魂。

培良以"沐恩堂"颜其居。石开先生曾经问："你沐谁的恩？"培良答曰："我沐我父的恩，我沐我的老师、领导和长期支持帮助我的亲朋好友的恩。"石开先生竖起拇指赞曰："伟大！"

培良常说："人一定要有一颗感恩的心。"和培良相处，他的心地谦卑、善良、温柔、敦厚，他的坦诚与豪爽，有时让人难以接受，但是，他却说："没关系，我坚信只要怀抱一颗爱人如己的心，我的言论虽逆耳，但是忠言，他总会明白的。”他也时常告诫朋友：“不要光看别人眼中的刺，却看不见自己眼中的梁木。”令我深思至今。

培良于20世纪90年代初期名显书坛印界，时至今日，在当代中国最有权威和影响的大展中均有其作品入选参展，多次在重大的赛事中获奖。

韩天衡评其印曰“印有天趣，气韵生动”；刘江评曰“古朴、雅拙、自然、生动，不乏时代气息”；言恭达评曰“培良的印风在当代青年印坛倍受关注，他的印风有股秀逸、雄强的气息”；李刚田评曰“用刀灵动，气韵苍茫，一片浑然”；王冰石评其肖形印曰“率真可爱”；徐利明评曰“传统深入，功夫扎实，用刀猛利、刚健，变化多端，奇正相生，古朴灵动，耐人寻味”。

徐州是一方古老而美丽的土地，是艺术的热土。培良身处其中，他以艺术家的责任和使命，以对家乡的热爱，用浓墨重彩为这方热土而放歌，为这方热土上的人民而抒情，相信其艺术生命会更加绚丽多彩。

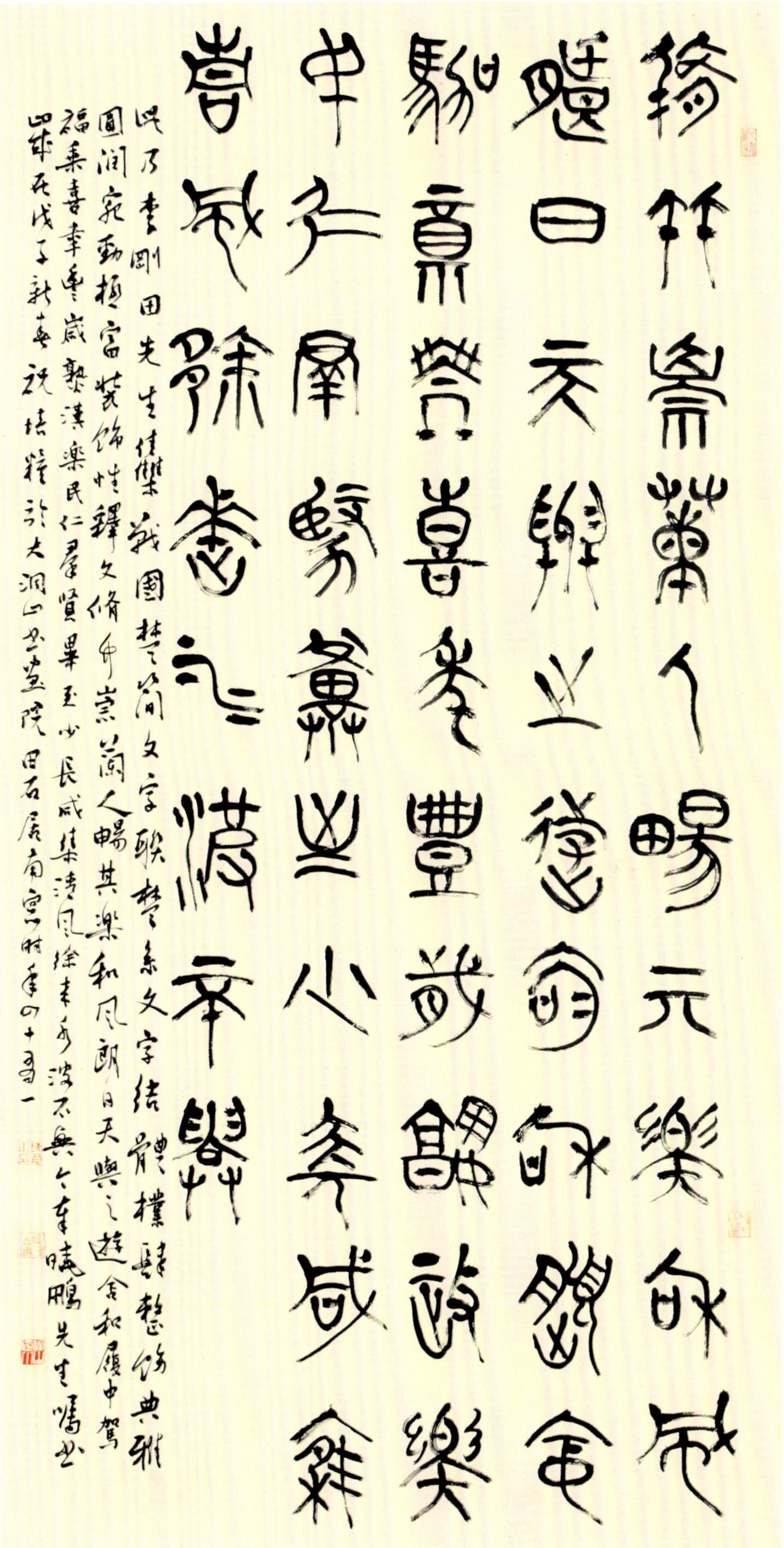

战国楚简集联　240cm×150cm

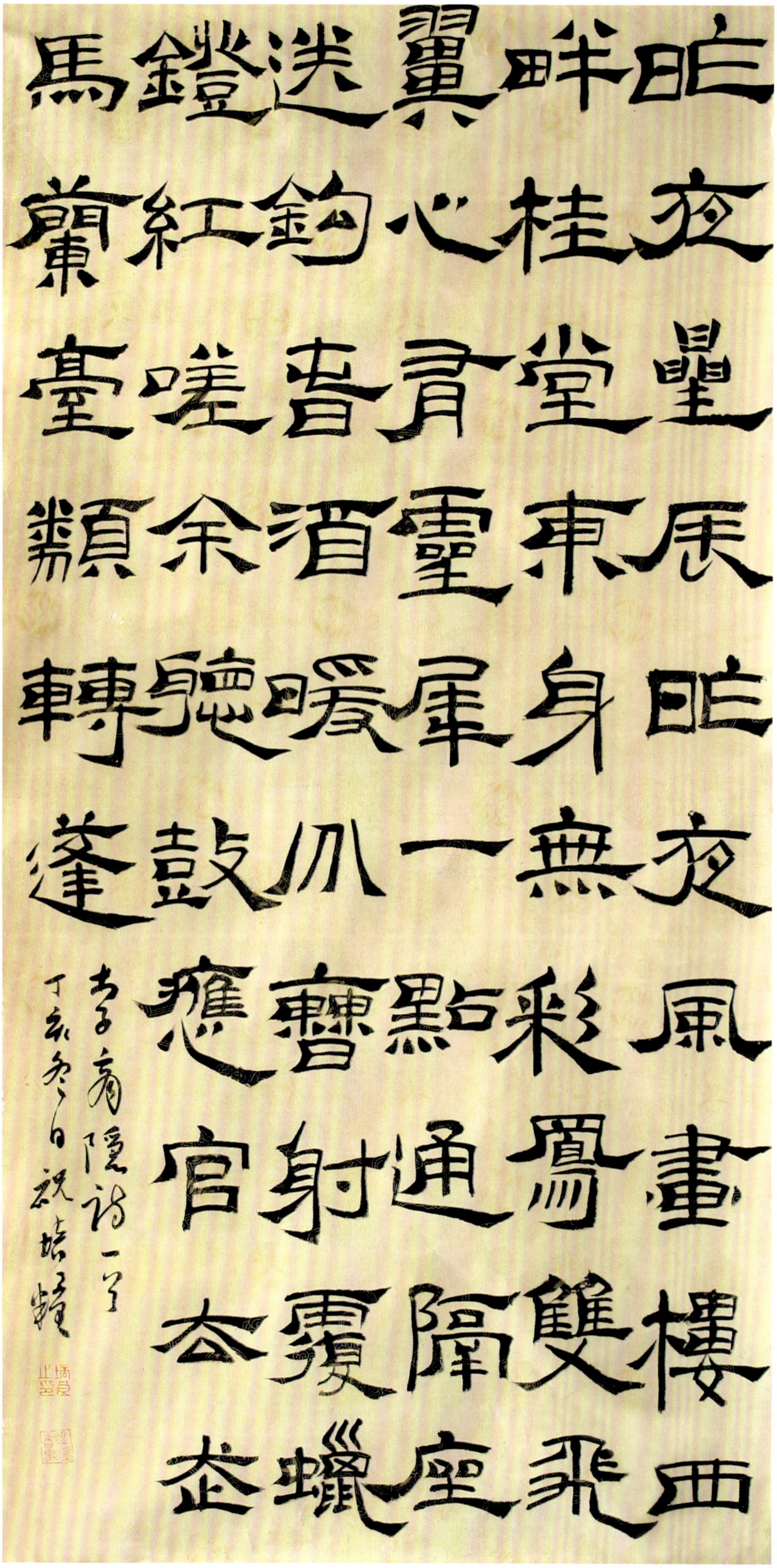

李商隐诗　180cm×100cm

隶书对联　136cm×33cm×2

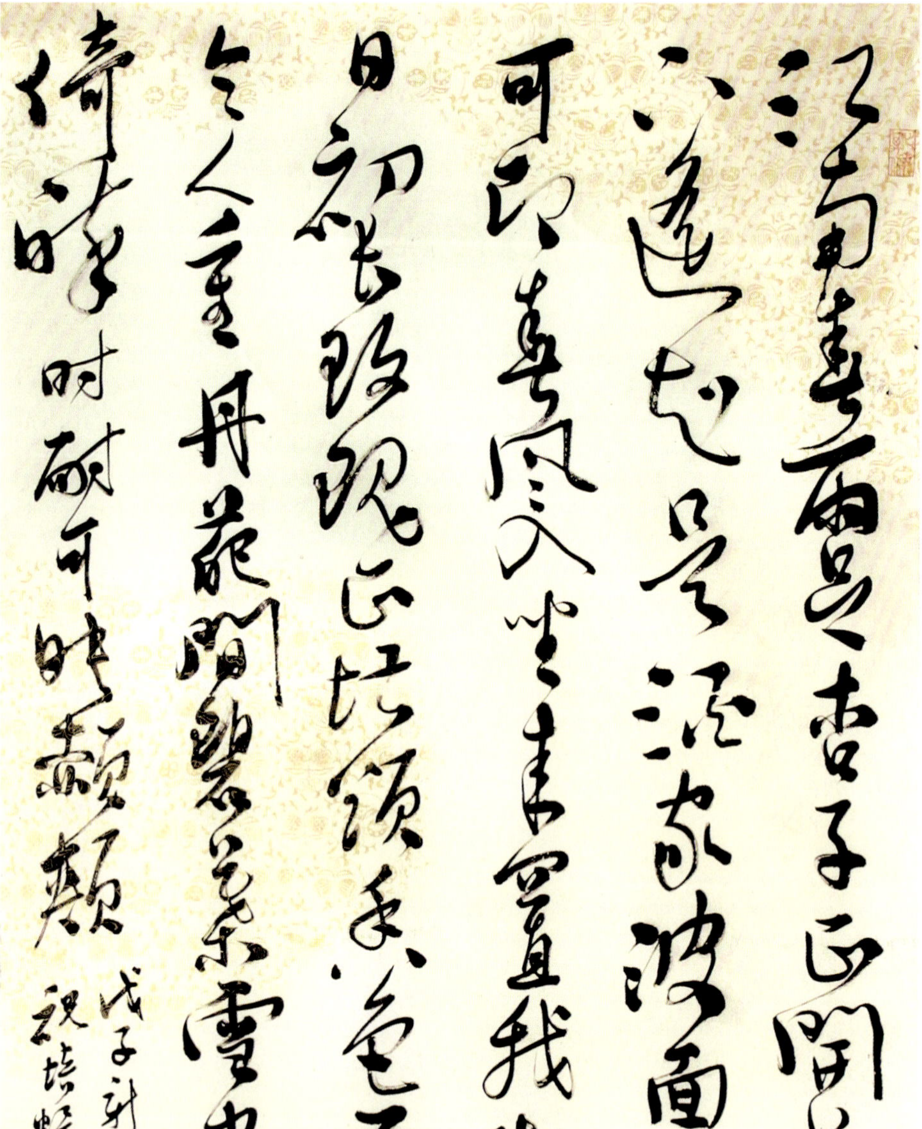

明陈淳咏花诗四首

行草中堂　136cm×65cm

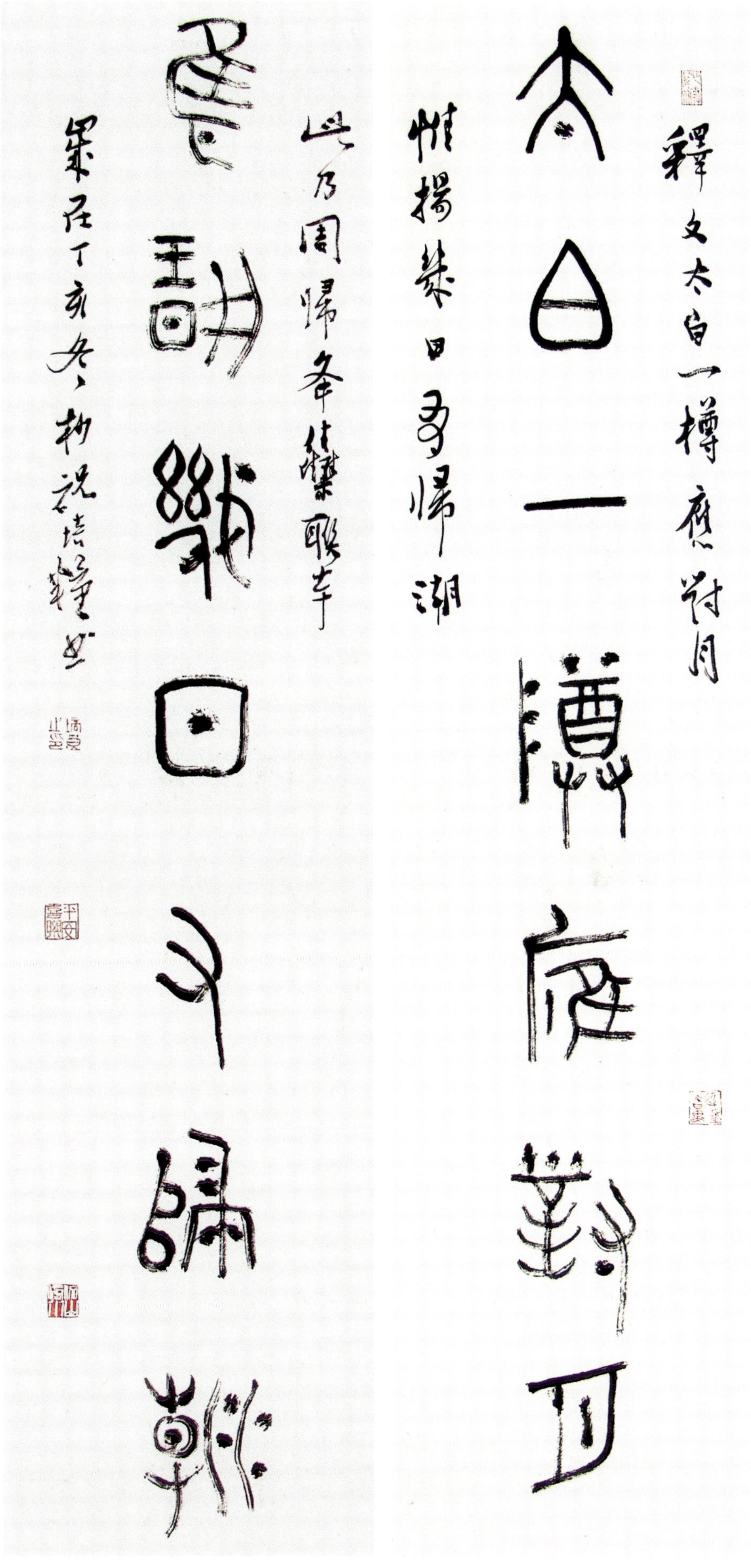

金文对联　136cm×33cm×2

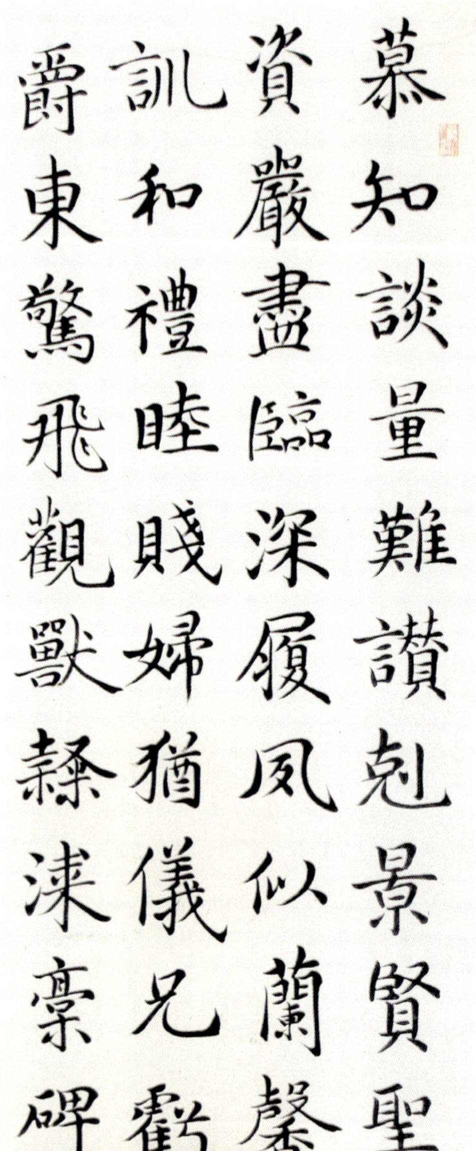

楷书千字文局部 240cm×80cm

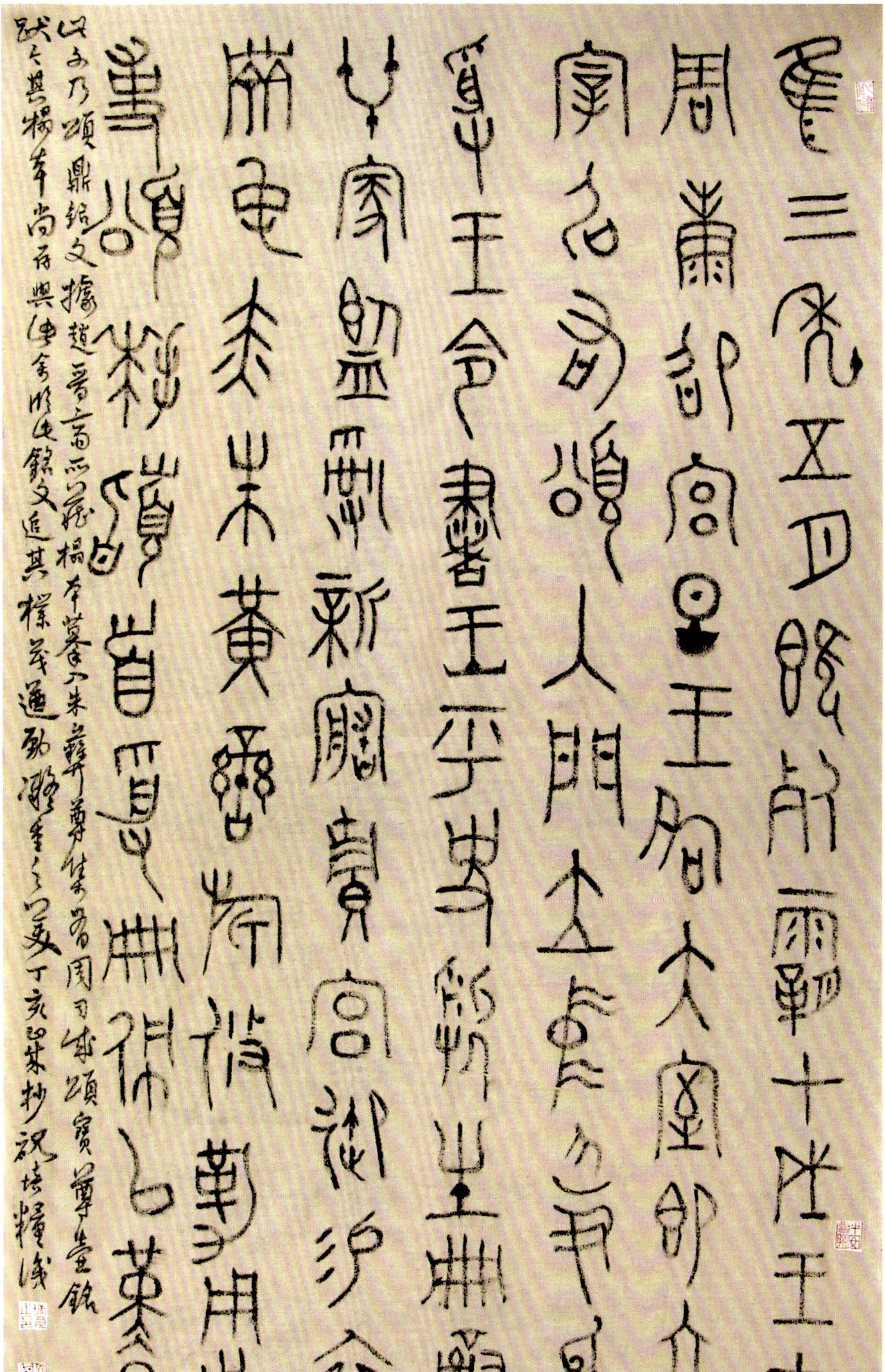

临颂鼎铭文　240cm×120cm

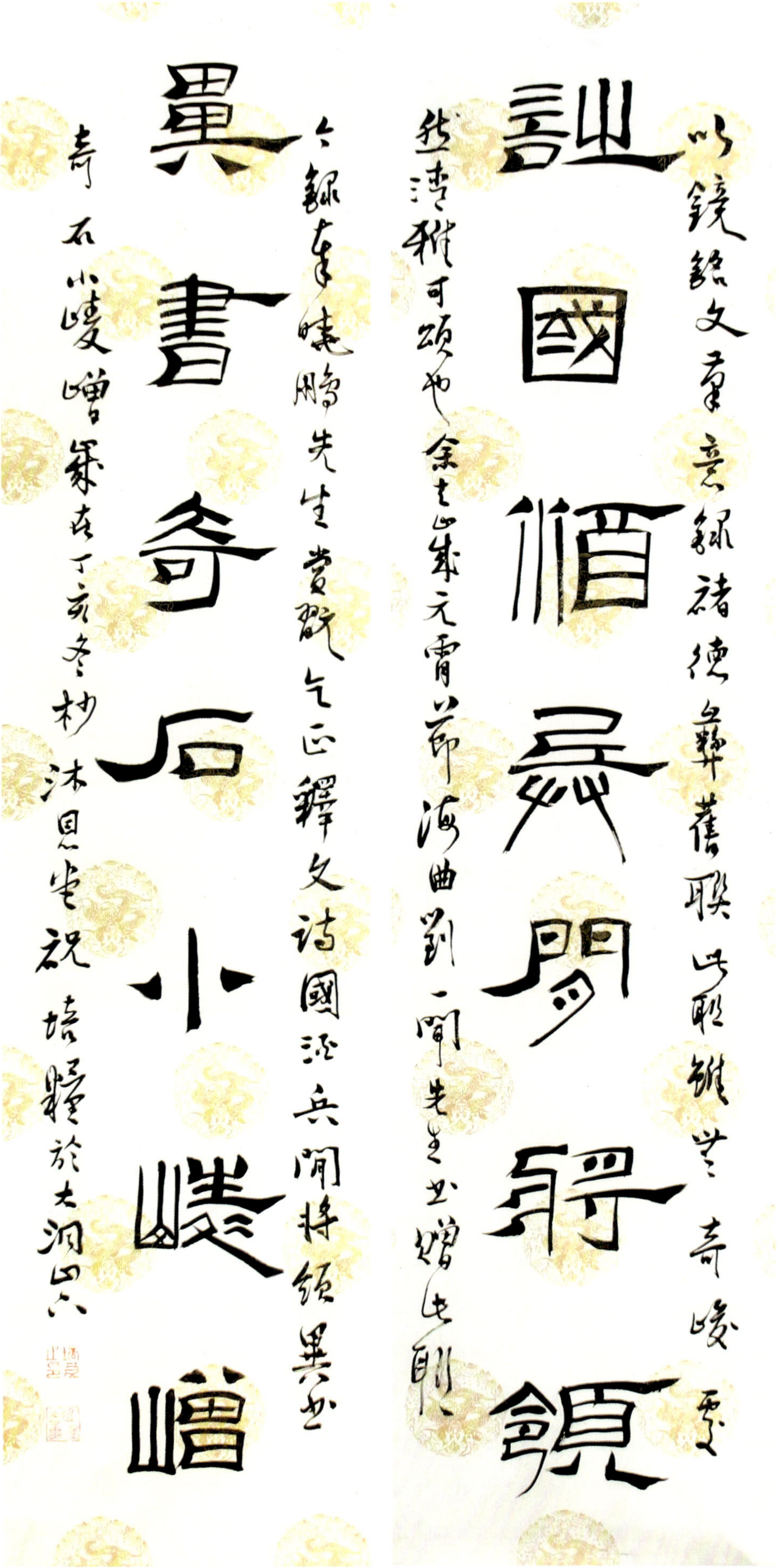

隶书对联　136cm×33cm×2

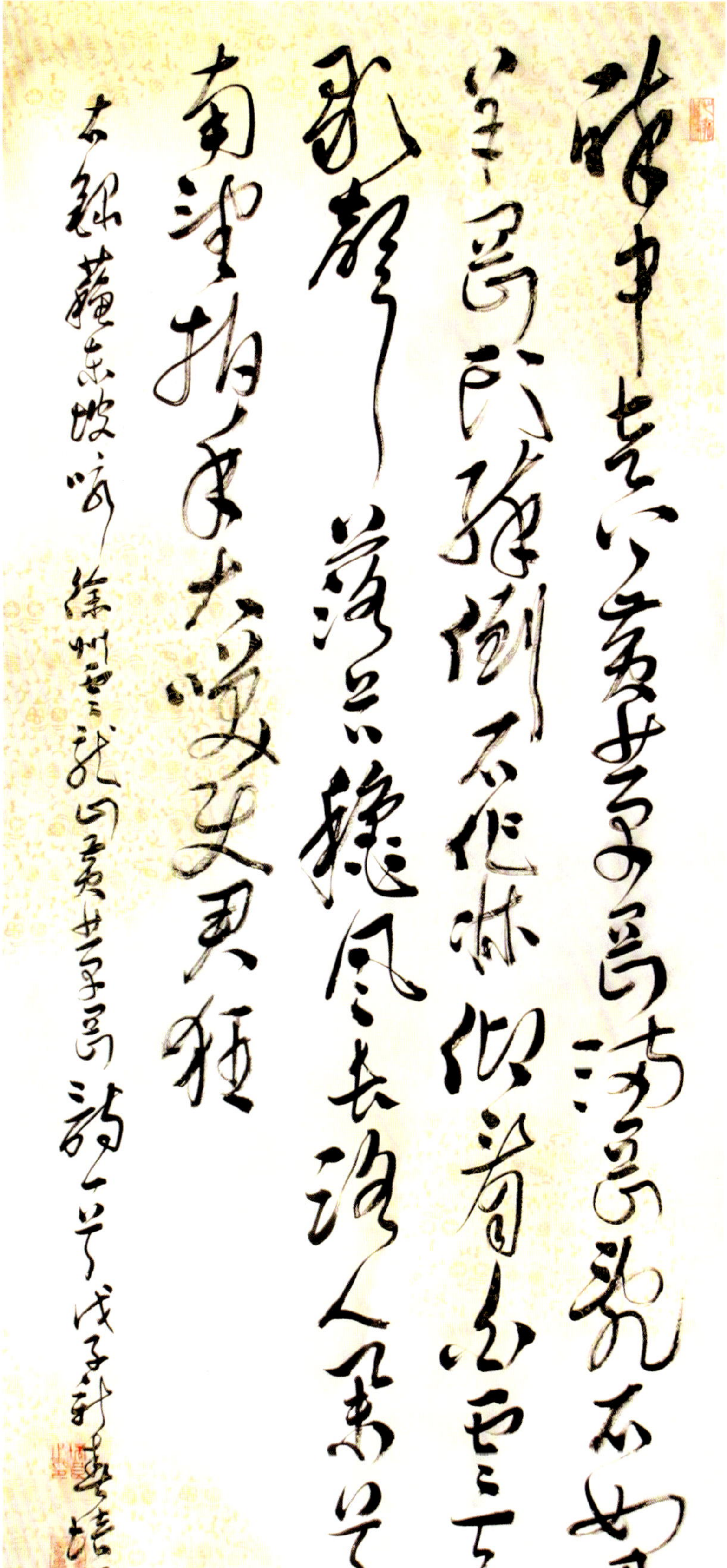

草书·苏东坡诗　180cm×77cm

战国楚简对联　260cm×40cm×2

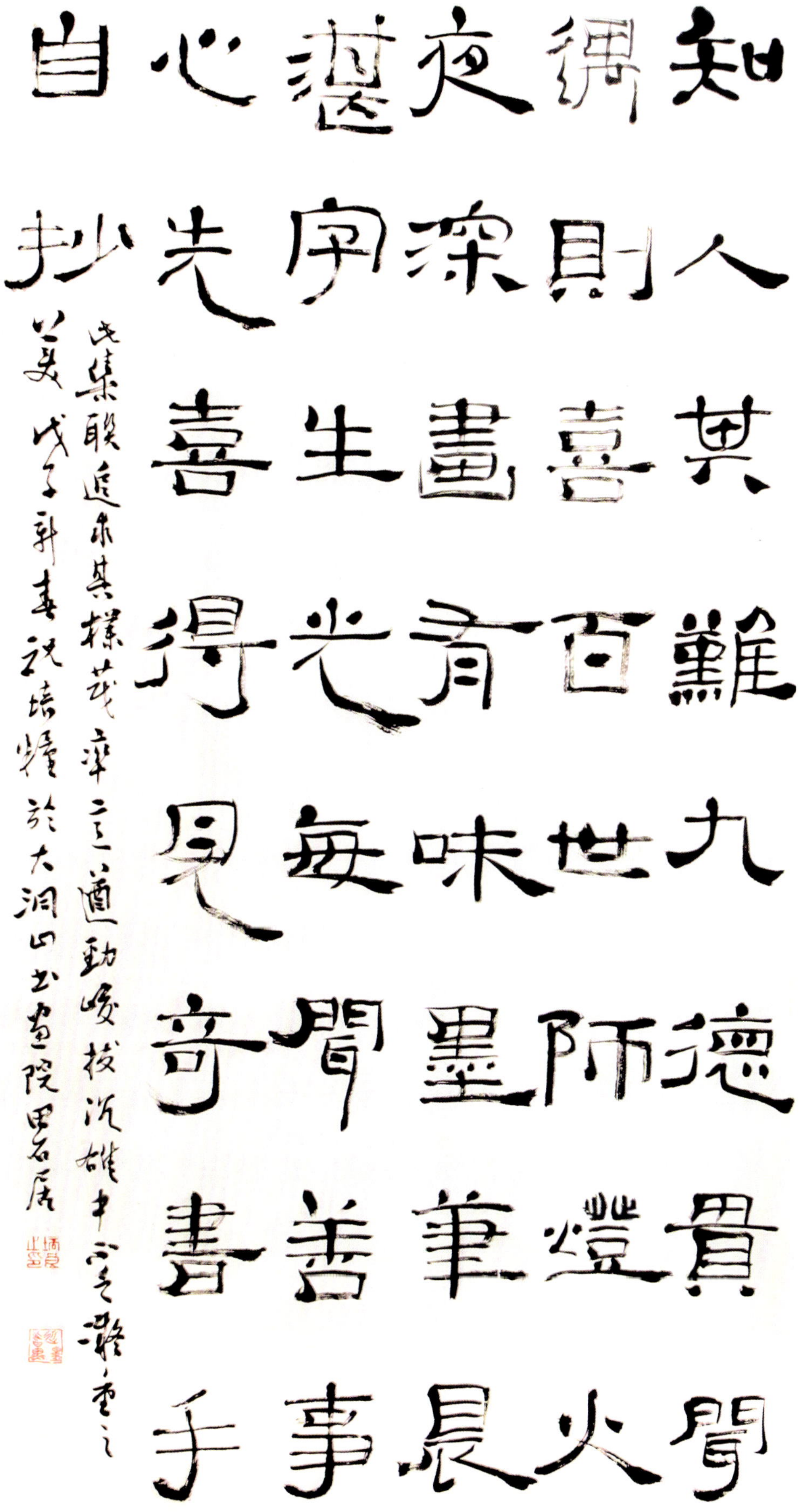

隶书中堂 136cm×65cm

王怀深印　少府　长年　游心太虚　墨农　慎独　万事都若遗　翰墨千秋　俗不可医　郑敬婴之鉨

依山傍水
平安喜乐
长乐未央
智者乐水
仁者乐山
冰斋陈得四之钤
慎独
墨戏

浑噩　走出困顿　储云印信　阳关三叠　郑敬婴之鉨　万岁不败　李文顺印　吴宝剑珍赏印（象牙）　宝壶斋

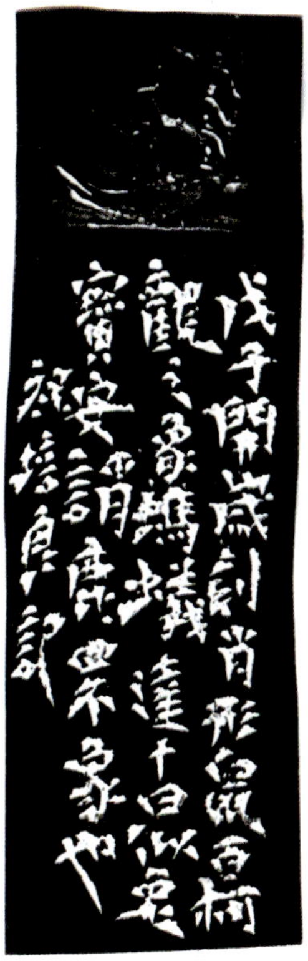

真实不虚　敬事　肖行佛像（三尊）　肖行鼠　陈百舸之鉩

曹建衡印

为伊憔悴

东溟有鱼

韩召迎印

能婴儿乎

长武之印

游心于淡

近墨者黑

汤钧冬之鉨

赖长武印

冲虚　潘押　勇于不敢　四围山堂　谦卑　董林　顺服　林嘉亭印　真实不虚　宁朴毋华

携夫人、孩子在百乐斋与韩天衡师合影

在月笑我斋与王冰石师合影

言恭达先生在评祝培良的篆刻

与马奉信老师合影

与崔志强、朱培尔先生在徐州烧烤城

与徐州籍获“江苏省优秀青年书法家”集体合影

来自李可染故乡的书画名家

LAIZI LIKERAN GUXIANG DE SHUHUA MINGJIA

曹元伟

CAOYUANWEI

凤凰出版传媒集团
凤凰出版社

图书在版编目(CIP)数据

来自李可染故乡的书画名家 / 刘明主编.—南京:凤凰出版社,2008.5

ISBN 978-7-80729-176-3

Ⅰ.来… Ⅱ.刘… Ⅲ.①书法家—简介—徐州市—现代②画家—简介—徐州市—现代 Ⅳ.K825.72

中国版本图书馆 CIP 数据核字(2008)第 073992 号

书　　名	来自李可染故乡的书画名家
主　　编	刘　明
策　　划	徐州凤凰文化发展有限公司
责任编辑	高思源
出版发行	凤凰出版传媒集团 凤凰出版社(原江苏古籍出版社) 南京市中央路 165 号　邮编 210009 发行部电话 025-83223462
集团网址	凤凰出版传媒网　http://www.ppm.cn
印　　刷	徐州市今日彩色印刷有限公司 江苏省徐州市青年东路 62 号　邮编 221003
开　　本	889 × 1194 毫米　1/16
印　　张	48
字　　数	100 千字
版　　次	2008 年 5 月第 1 版　2008 年 5 月第 1 次印刷
标准书号	ISBN 978-7-80729-176-3
全套定价	288.00 元

(凤凰出版社图书凡印装错误可向承印厂调换)

地域文化的光彩

——徐州书画现象(代序)

程大利

徐州,古为九州之一。它是长江、黄河之间的一片沃土,兼有南北地域文化的特征。黄河十三次改道流经此地,积淀泥沙的同时也积淀下了文化,一种坚忍耐劳、朴实敦厚的文化,一种崇文尚武、入世进取的文化,一种心思缜密而不流琐屑、不入极端但又是非分明的处世风习很容易造就一批高旷冲淡又豁达温厚、有情有义的文人,而这又是传统书画艺术家必备的品质。

地理的特殊影响着文化生态。5000年以来,这里留下先秦文化的光彩,更留下两汉文化的辉煌。已经开掘和没有开掘的汉墓,无疑给这块土地添上了许多故事,成为极为厚重的遗珍。画像石是造型艺术的最好教材,《大风歌》而下的诗文传统展现着酣畅淋漓的气度,多姿多彩的民间艺术陶冶了一代又一代的少年,优美的自然风光和千载不泯的民间传说,都为艺术家的成长铺就了温床。近百年来,这里走出了一批杰出人士。以书画为例,民国以来的张伯英、李可染、刘开渠、王子云、萧龙士、王肇民、朱德群、朱丹等书画家成为20世纪的一个现象,不同于江南的"松江派"、"华亭派"等等,却是风格各异地竞相峥嵘。在现代美术史上闪现着光辉,李可染在中国山水画上的贡献已成定论,在历史上留下了充实的一页。

中国传统艺术是中国文化现象。书画是传统文化的瑰宝,它既可以"成教化、助人伦",也可以"涤烦襟、破孤闷、迎静心、释燥气",是"祛病增寿的良药"。书画发达地方人们的心态会趋于平和,社会风气会趋于文明。书画家在徐州特别受尊敬也是"崇文"风尚使然,这促使着艺术家更趋努力,为家乡做出新贡献。

文化,因传承而厚重,书画文脉传到今天似乎更为壮丽,一代书画家产生了新的影响,有的人已成为当代艺术的领军人物。徐州的书画事业也从来没有像今天这样繁盛。许多理论家朋友已注意到徐州出书画家的现象,这一地域现象必将被展开并深入探讨。可染先生的"实者慧"形象地总结了自己,更为一代书画家开启了修炼的明灯。在中华民族艺术的大花园里,徐州书画的奇葩必将更为绚烂,徐州的书画事业前程似锦。是为序。

戊子初于京华

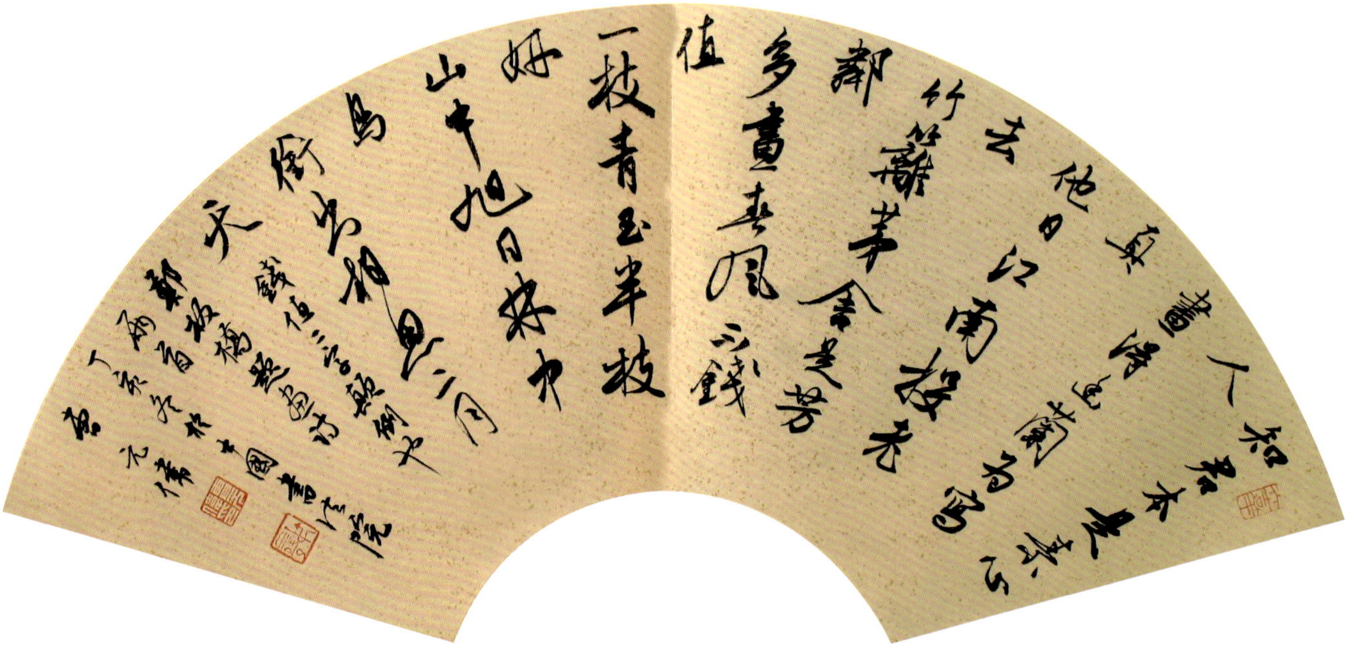

扇面　行草书　30cm×60cm　2007 年

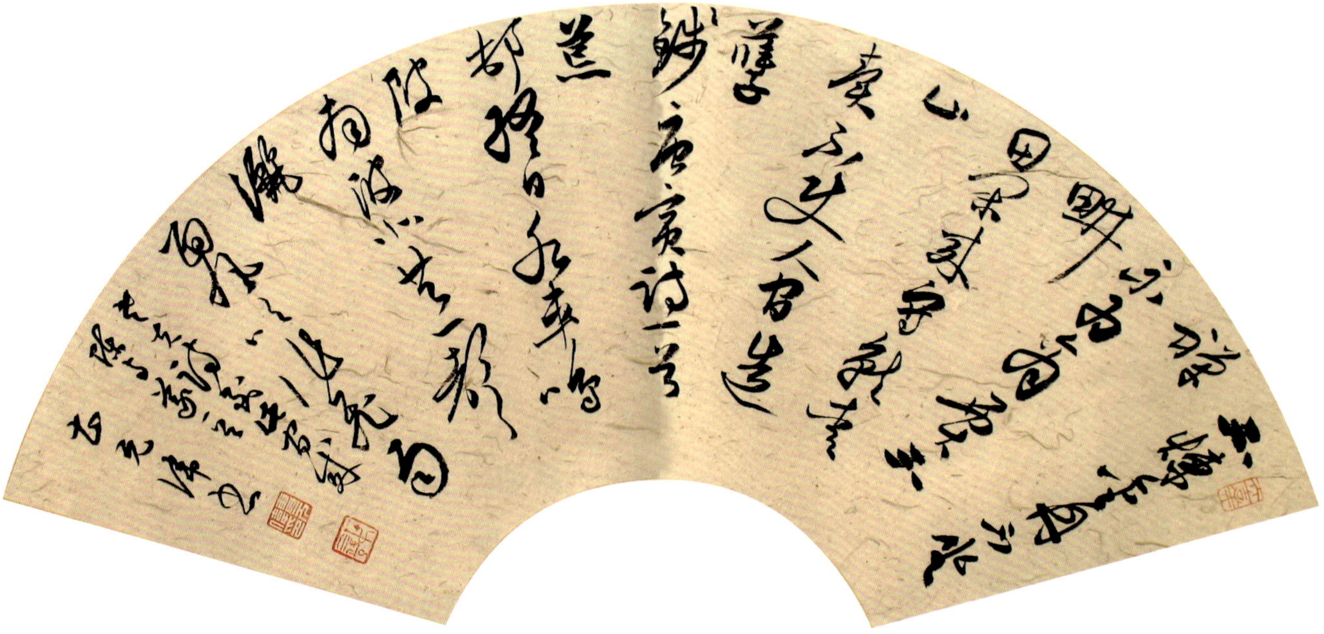

扇面　草书　30cm×60cm　2007 年

心无俗韵舞清风

张守跃

得知元伟兄要出一本作品集，心中很是为他高兴。能对自己一段时间的创作作一个阶段性的总结，未尝不是一件好事。

元伟兄与我分居邻市，相距也只有几十公里的路程，但接触的次数并不多，一来我们都有各自的工作，都要为生活奔波；二来我这个人不喜欢走动，好在我们联系不断，现代化的通讯为我们的交流提供了极大的方便，相仿的年龄、相近的性格、共同的爱好和追求让我俩相识成知己，这也算是缘分吧，我很珍惜。

我一直坚信，真正的艺术家必然是做人的典范，这已为无数成功者证实。元伟兄为人忠厚质朴，坦白率真，诚挚热情，守谦慎独，不多言辞，不事张扬。他待人质朴，待艺情真，求学德厚，于“六艺”之“书法”有着自己独到的见解、感悟和表现，这些均缘于他的好学、刻苦、敏思、笃行，顺乎自然，顺乎情性，是其心性。他那种宁静的从艺心态，与那些今天学执笔、明天成“大家”的追风逐利者形成鲜明的对比。

书法的至美，须由精神契入。当书法真正走向自觉后，书法史则表现为一种风格递变和传承，前人已在中国书法史上树起了一座座令后人难以企及和逾越的高峰，今天的书法家必须从自己的精神气格出发，在传统中寻找适合自己发展的切入口。元伟兄深知此点的重要，坚定地选择以“二王”为突破点，主攻行草书。“二王”是帖学中的最高峰，“取法乎上”的古训让他明白：只要坚持心摹手追，步步悟入，曲尽法度，博涉养悟，自能天机自露，别开生面，独树一帜。

艺术家都是苦行僧，我们能见今日他们在其艺术领域里挥洒自如、自由翱翔之自在，罕见他们闭门修行、千磨万击之艰辛。艺术家是需要灵气，但更少不了后天的刻苦磨练。古今有成就的书法大家，莫不把临帖作为日课，元伟兄更是日日与古帖相伴，时时向大师求诲，废寝忘食，不知疲倦地提升技能，把握真如，可谓废纸三千，功成一字。“言为心声，字为心画”，或许是天性使然，元伟兄钟情于潇散流美、刚劲婀娜的一路书风，他不大喜欢过于张扬的东西，而静心追求传统的笔墨精神，追求文人的浪漫真趣，20多年来一直游艺于“二王”世界中，心无旁骛，有其诗作为证：吾对圣教如至尊，抚去阳光摹月阴。不求笔笔合逸少，点画之间溢其神。苦心人，天不负，孜孜不倦，苦苦求索，成就了他卓然书艺。近年来，在各级各类大展赛中摘金夺银，2006年被评为江苏省优秀青年书法家，这是对他付出的最好回报。作为“徐州集团军”中重要一员，他依靠其雄厚的创作实力逐渐成为当代书坛所关注的青年书家之一。

书法创作，对书家而言是一件让人喜欢的事情，提笔、理毫、濡墨、舔水，每一个动作、每一个过程都是书家心性的流露，是情感的宣泄，若是写到无法自抑、挥写无止之际，便是痛快无比之时。但生活就有别了，它显然是如此庞大的现实，它有着太多的冗繁和躁动不安。可我们有选择的自由，选择喜欢的自由。何况是书法，一种叙诉自我的艺术。林语堂先生这样说过：艺术是身体和智能力量的充溢，是自由的，不受拘束的，是为自身而存在的。我们选择艺术，也就选择了自由，为了艺术，为了自由，我们必须付出很多我们原本应该享受和得到的东西。平凡的人们，许许多多的夜晚是属于自己的，而对于做学问、搞艺术的人而言则不然。元伟兄和众多的书家一样，甘愿独自面对孤独，把外界的熙熙攘攘关在门外，在无边的沉思中“啃啮”着自己的心灵。这样的夜晚，灵魂在独自行走；这样的夜晚，不做贫富之别；这样的夜晚，让人深入内心，释放自我，让灵魂得以保持属于它的纯净，也正因有无数这样的夜晚，才成就了他今日的成绩！还将有无数这样的夜晚在等待他，等待他铸就更加辉煌的明天！

行草书是元伟兄创作的主打强项，笔法娴熟，格调

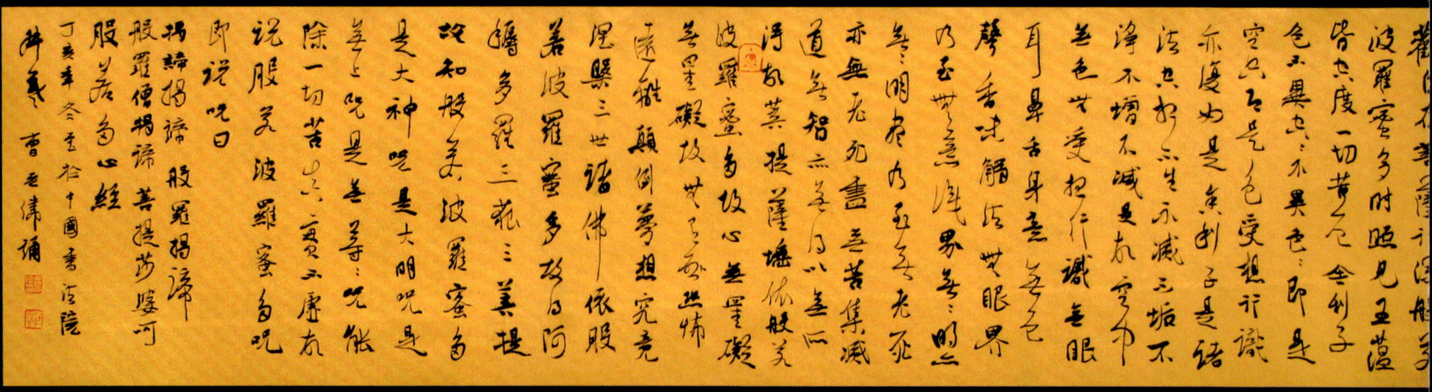

高雅，不激不厉，凌空飞动的笔势，精美曼妙的笔意，自然流畅，信手拈来，潇洒自如而却又不失“二王”之法度，筋骨相应，气息纯正，远离浮躁，养眼养性，其作品笔画坚而浑，体势奇而稳，章法变而贯，俊逸之气、雄秀之气扑面而来，真可谓，如赏美人，如沐春风，扎实的功力及性情表现绝非一般夸张结构、乱扭线条之辈可比也。细察之，其用笔提按有度，折转自如，线条厚实而又灵动，线条运动时的丰润感与弹性之美，透射出最强度的审美信息，舒卷如行云流水般畅顺自然的格调，让人领悟到温柔敦厚的含蓄之旨，而线条在环绕连带时所呈现出的顿挫分明、肯定果断的笔势，则又呈现出其书风刚健的一面。其结字错落有致，驾轻就熟；章法安排随缘而化，自然天成，不过分追求形式感，而以纯粹的艺术感染力感动观者。

行草书之外，元伟兄于楷书用功亦勤，小楷水平尤为突出，用笔沉稳灵动，结构准确，气息清醇典雅，书卷气浓郁，令人回味无穷！

书法艺术领域，无论从广度抑或高度上讲，都在不断向前发展。只有具备深厚的文化底蕴和学术支撑，才能达到与历史对话、与当代对话、与未来对话的理想境界，这是我们书法人的神圣使命。各种文化艺术都是同根共乳的。任何一位成功的艺术家都需要具有深厚的文化底蕴和精深的个性艺术修养，它们的根扎在一起，从源远流长的文化渊源中汲取共同的文化精乳；它们的枝叶茂盛，张扬着各种艺术的特征和个性。元伟兄深谙此理，并愿意踩着这条规律，通过自己的努力走向成功。他是这样想的，更是这样做的。继南京艺术学院书法专业和中国人民大学书法硕士研究生课程班毕业后，去岁秋月，年近知天命的他毅然走进了中国书法院的课堂。名声鹊起之时，他选择了暂时的寂寞，走出这一步很不容易，这需要勇气和毅力。从寂寞走进热闹是一种境界，从热闹再回到寂寞则是一种超脱。其间，他充分利用这一难得的学习机会广泛涉猎，尤其是从头临帖，日日不殆，晨昏不辍。他通达古今，遍临诸帖，审察精微，掘箐汲华，其汗水入池续墨，青丝落纸化字，磨砺使毫端吐烟，灵悟让苦心升华，在艺术之路上又作了一次“深呼吸”。辛苦没有白费，从寂寞中走出的他，其书作呈现出一种崭新的气象，更强调书法技法和线质的表现力，纯熟的驾驭笔墨的能力使他对传统技法有了更深层次理解，实现了古朴、典雅、遒劲、厚重与自然、流畅、豪放、潇洒的统一，秀美与壮美的有机契合。

中国的书法艺术发展到今天，已经和经济纠缠不清，书法家也要生存，为了能在经济社会中夺人耳目，我们许多曾经心交神会的朋友都叫破了嗓子嚷开了。失去了静心从艺的心态，也失去了自我。在当下浮躁、喧闹的世风中，能够做到心静平和是不容易的，这不仅是性格的事。人生一世，重要的有两点：一是修养好自己，二是做好自己想做而又该做的事。心静的人与众不同的地方就在更多地求诸于己，元伟兄不过分重视眼前的名利和表面上的花哨，不奔走经营，这并不是因为他无奔走经营之资本，忠厚质朴的个性令他不愿意走小路、超快捷方式，他要凭着自己的能力稳步前行。

我很喜欢那首《爱拼才会赢》闽南语歌曲，“三分天注定，七分靠打拼”，这句歌词仿佛已道出书法创作的真谛，我想，生命盛年的他，艺术之路既长且宽，像元伟兄这样一位已经具备一定功力、个性书风已渐成形的青年书家，今后一定会以一种更加投入与拼搏的态度来对待书法，强化个性，让自己愈加鲜明起来。

成功的艺术家都善于运用加减法。加法，就是从纵向和横向中选取一切有益的成分为我所用；减法，则是摒弃与自己的追求不一致的种种浮光铅华。前者是法，后者是德，正所谓“为学日益，为道日损，损之又损，以至无为，无为而无不为”。

愿以此与元伟兄共勉！

张守跃于三平书屋灯下

2007年12月30日

（作者系中国书法家协会会员、江苏省书法家协会理事、宿迁市书法家协会主席）

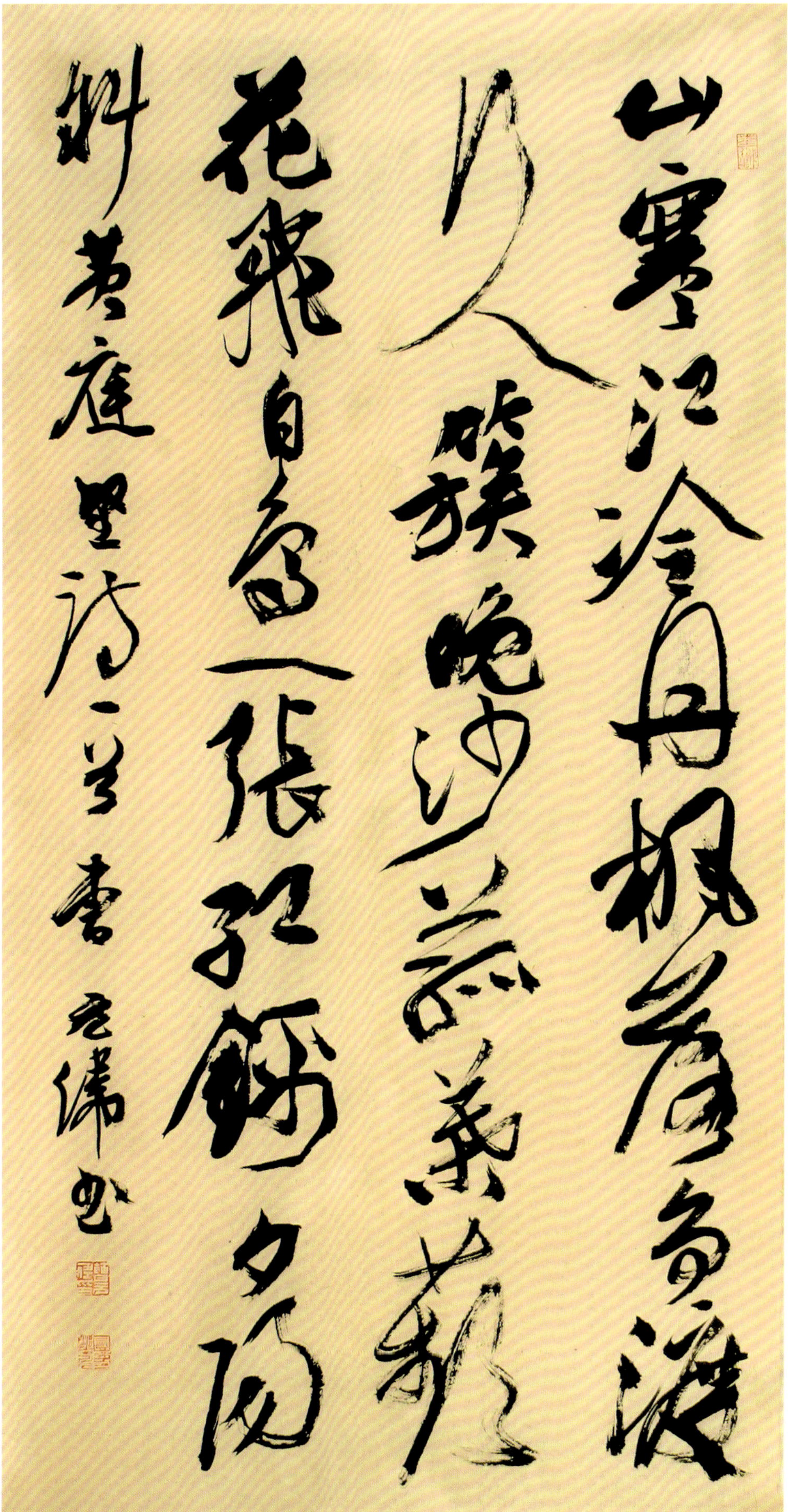

行草书　73cm×136cm　2007年

扇面　行草书　30cm×60cm　2007 年

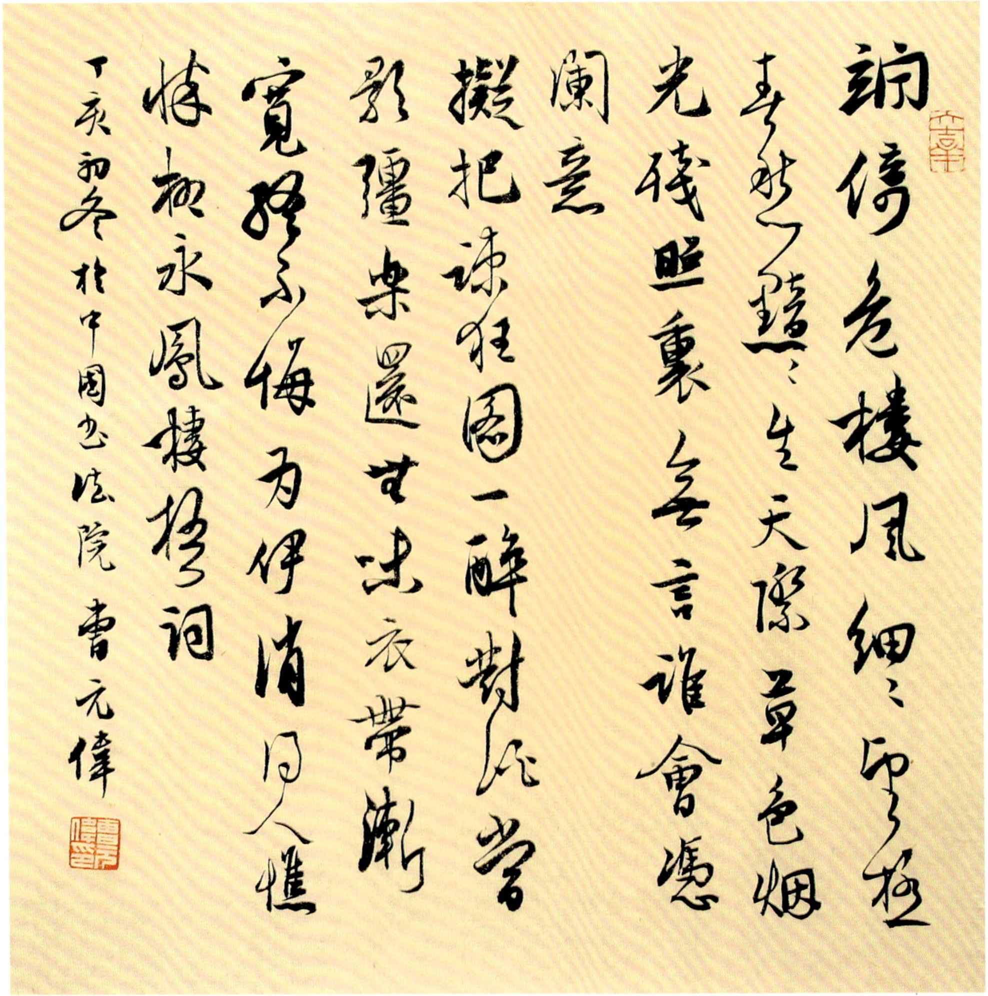

斗方　行草书　35cm×35cm　2007 年

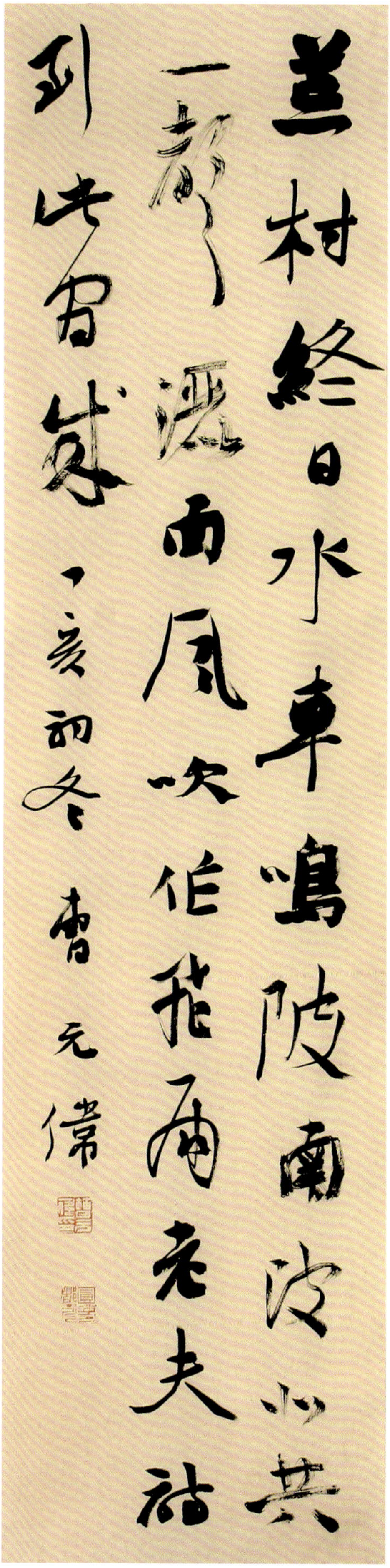

条幅　行书　35cm×136cm　2007年

对联　行书　35cm×136cm×2　2007年

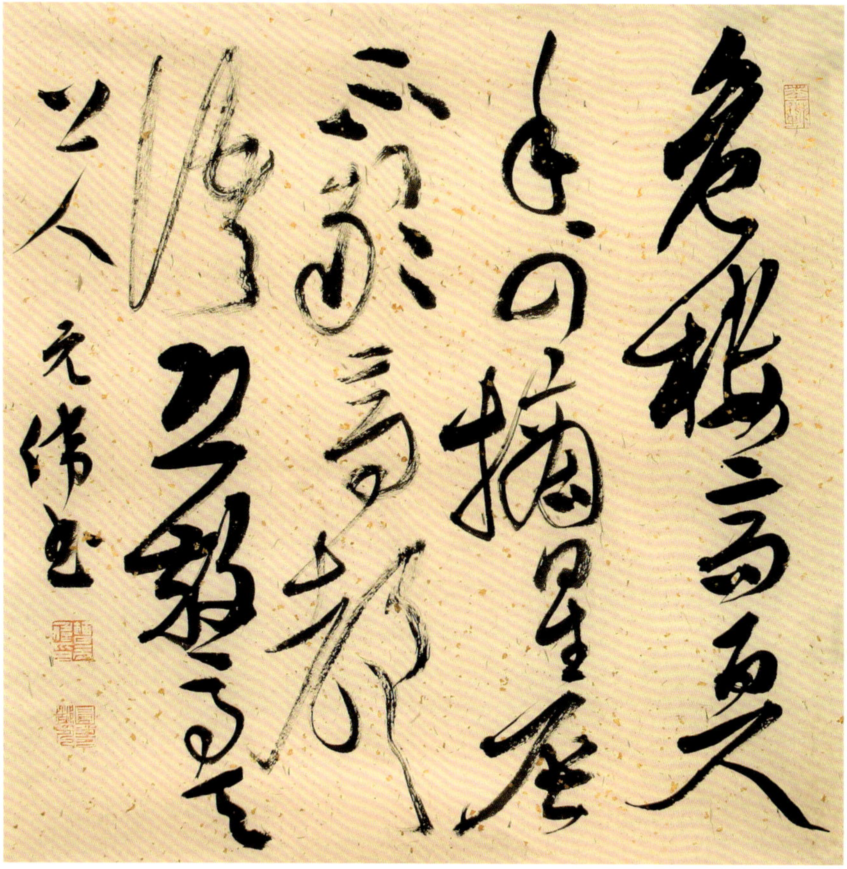

斗方　草书　70cm×70cm　2007年

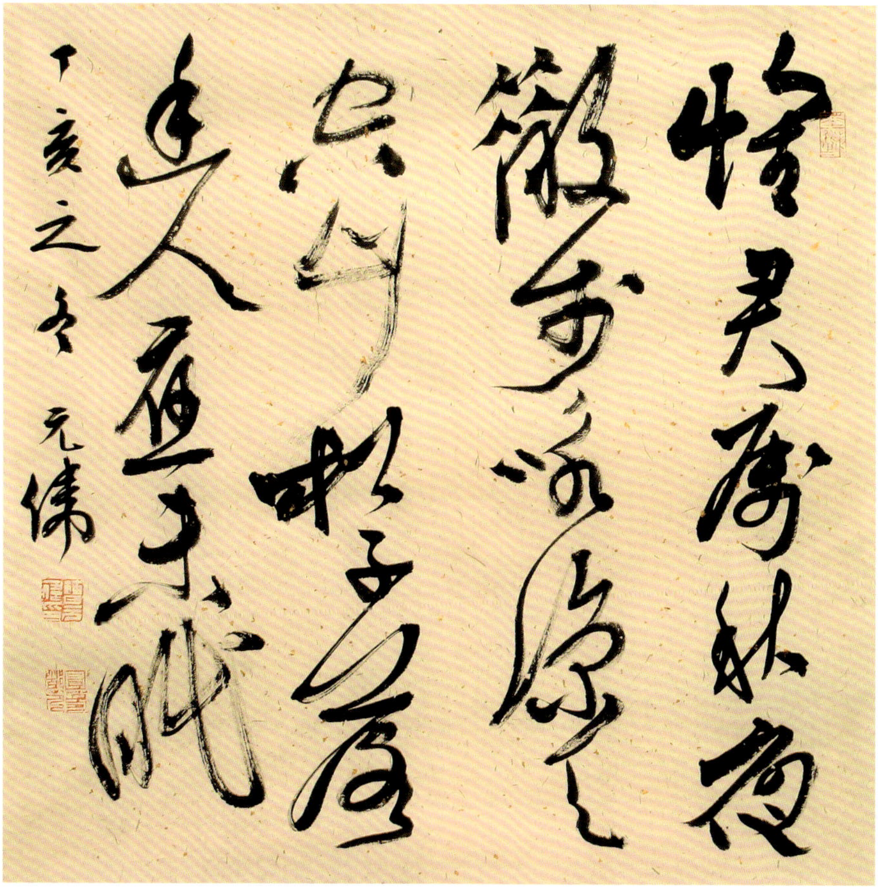

斗方　草书　70cm×70cm　2007年

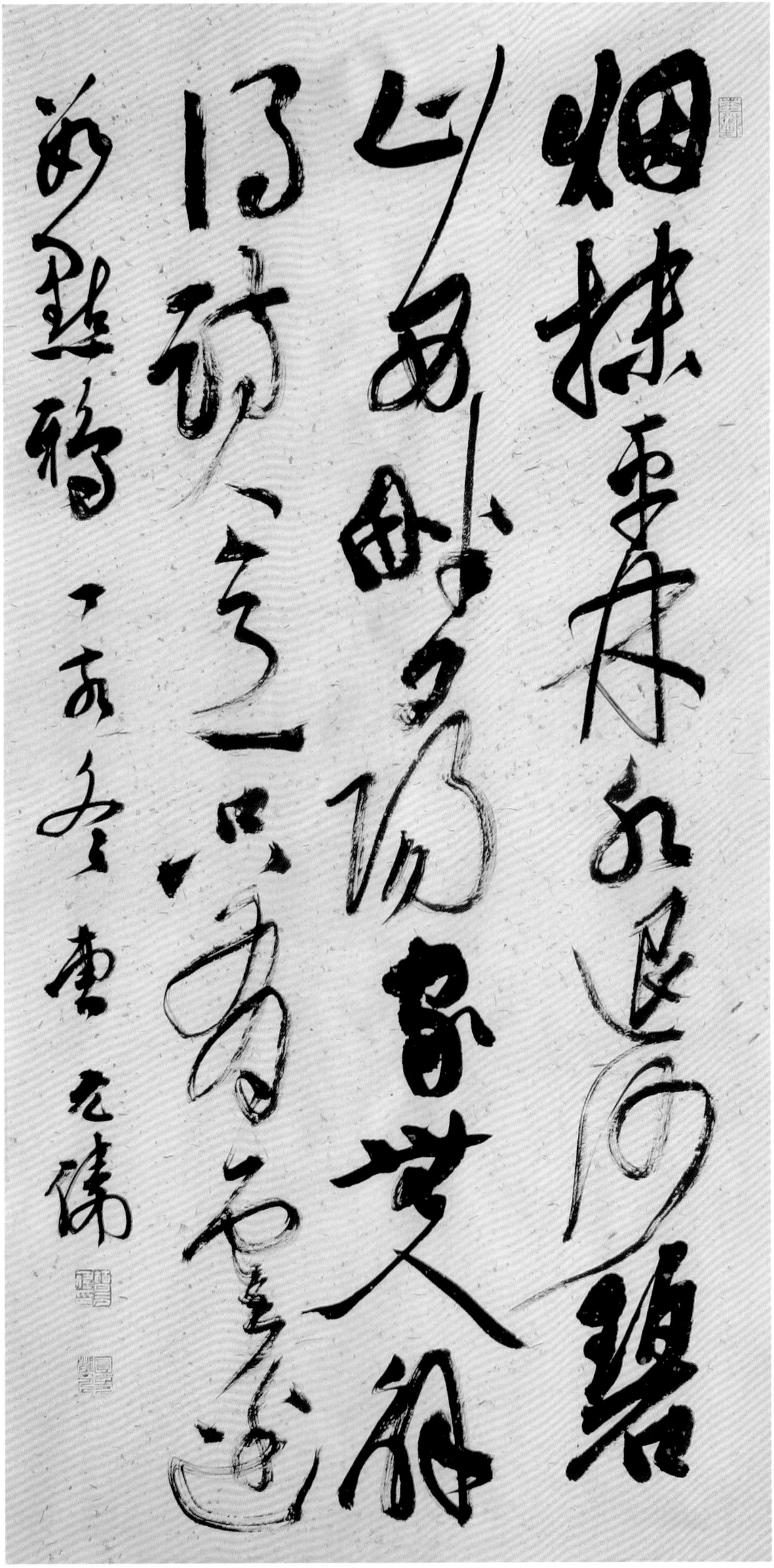

中堂　行草书　70cm×136cm　2007年

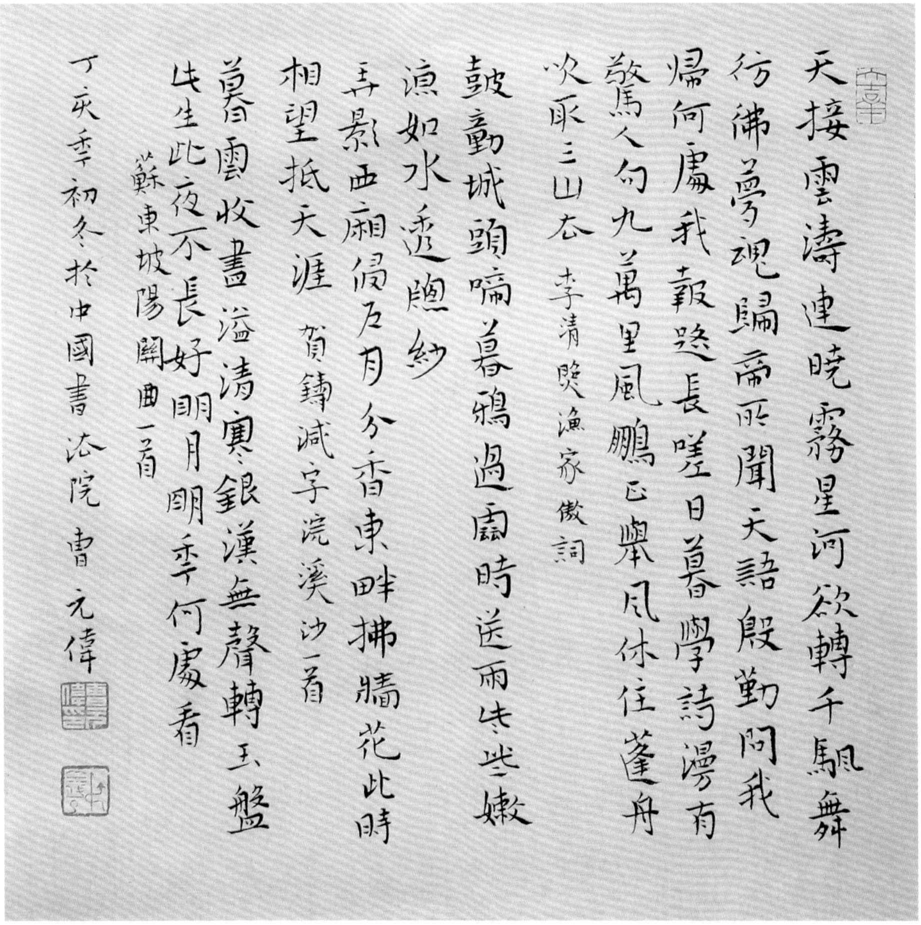

斗方 小楷 35cm×35cm 2007年

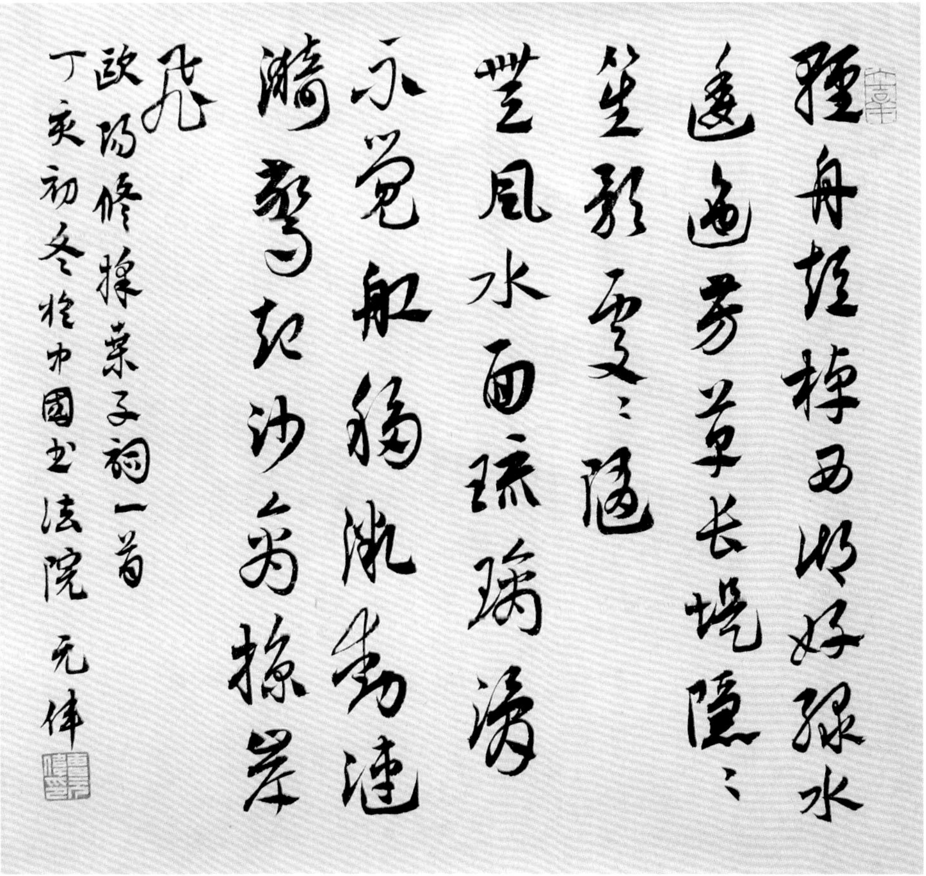

斗方 章草 35cm×35cm 2007年

对联　草书　30cm×136cm×2　2007年

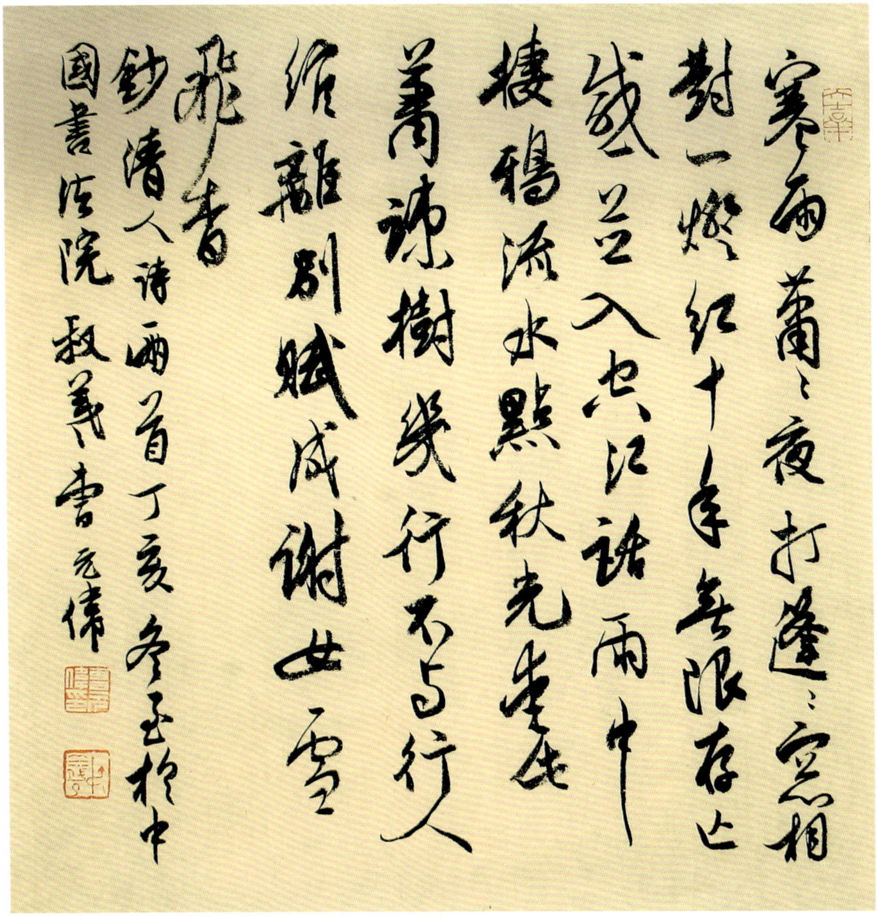

斗方　行书　35cm×35cm　2007年

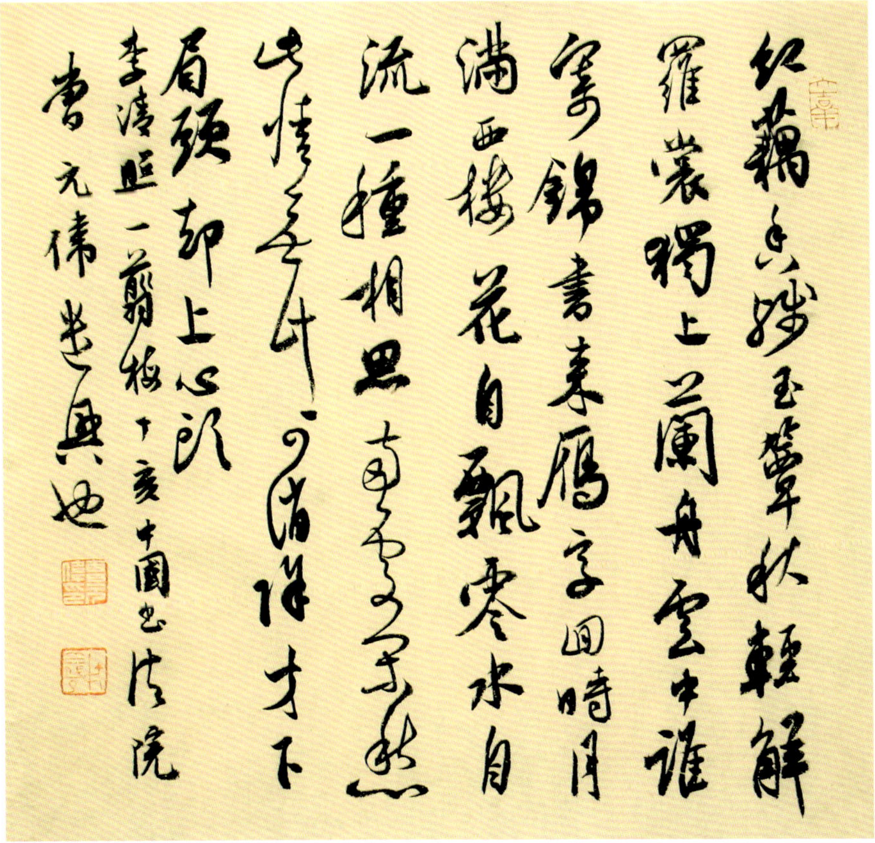

斗方　行草书　35cm×35cm　2007年

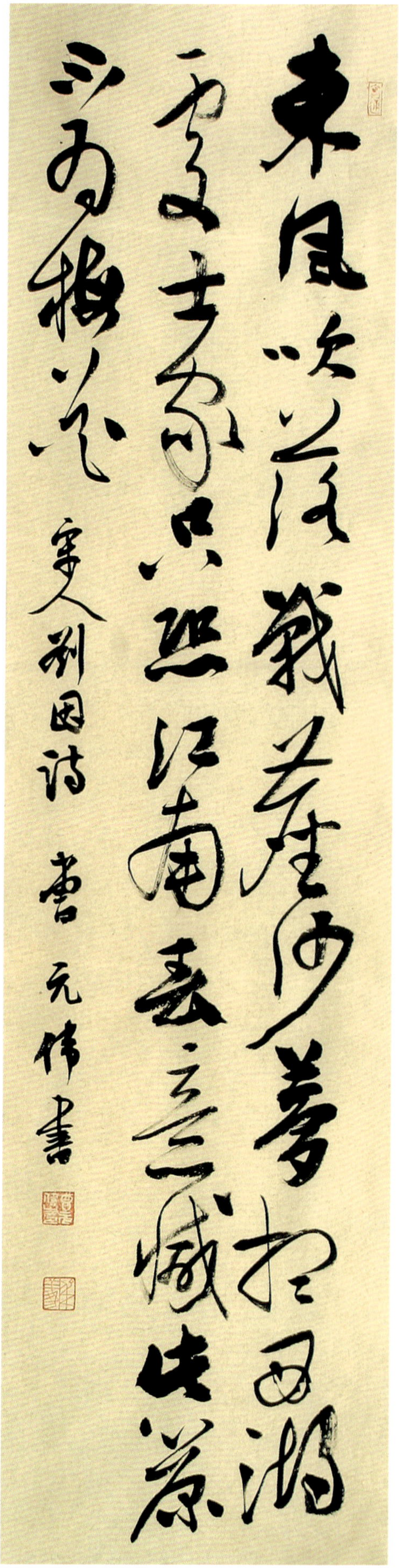

条幅 草书 35cm×136cm 2007年

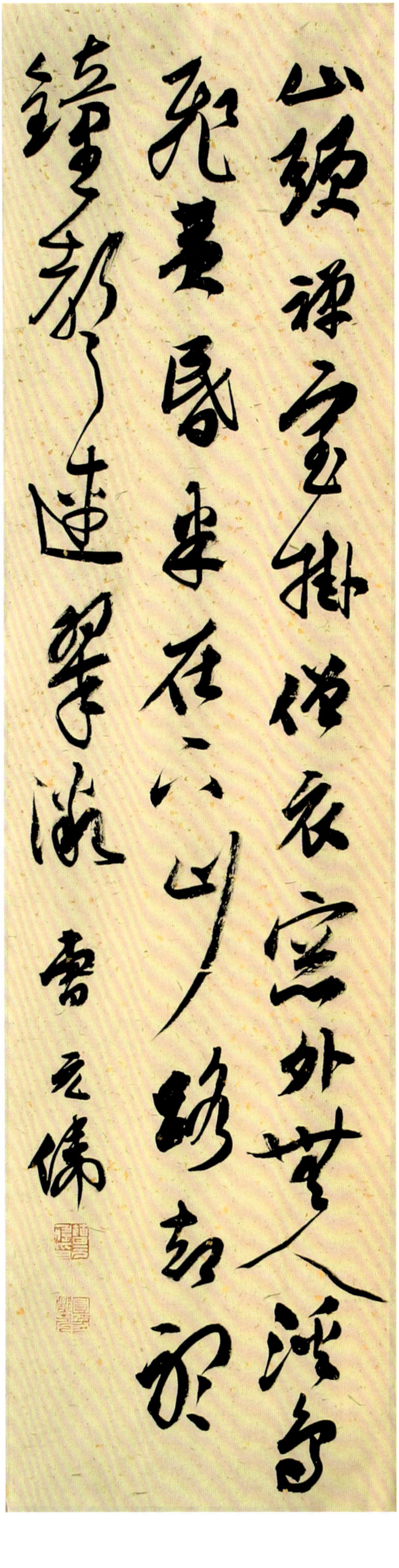

条幅　行草书　35cm×136cm　2007年

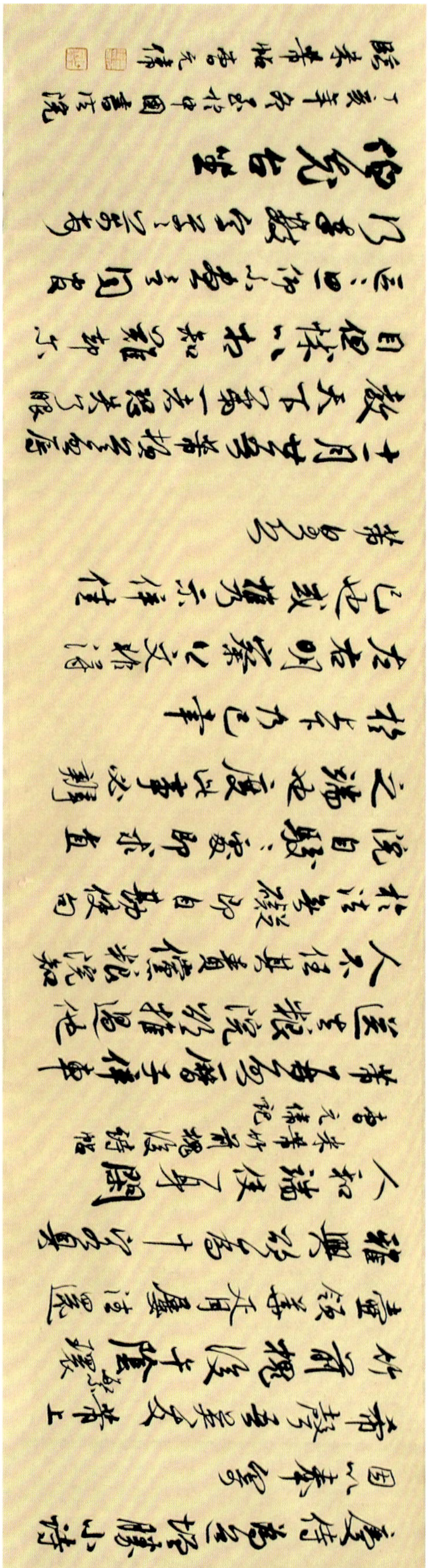

手卷　临　米芾手札　35cm×136cm　2007年

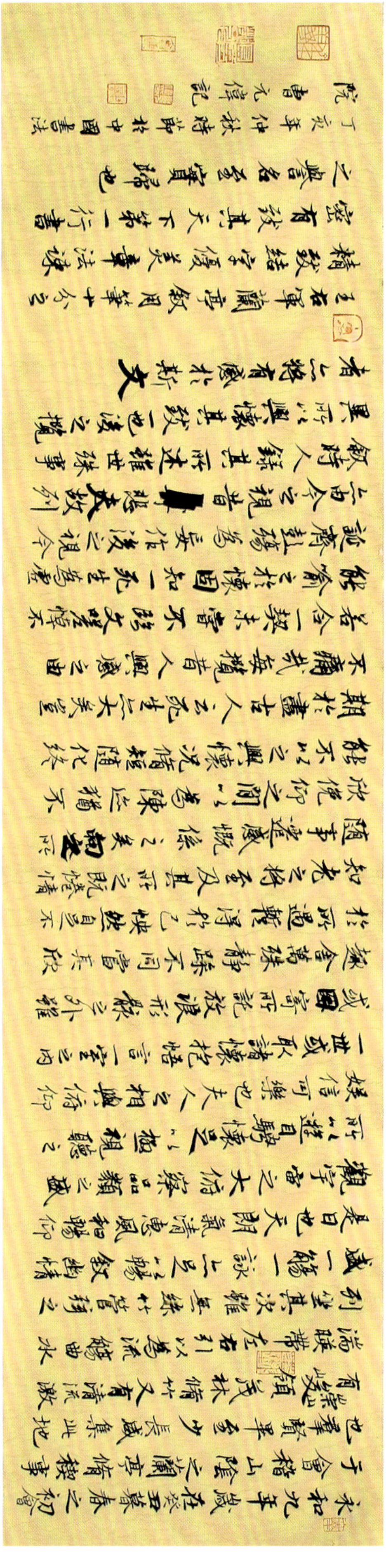

手卷 临 王羲之《兰亭序》 35cm×136cm 2007年

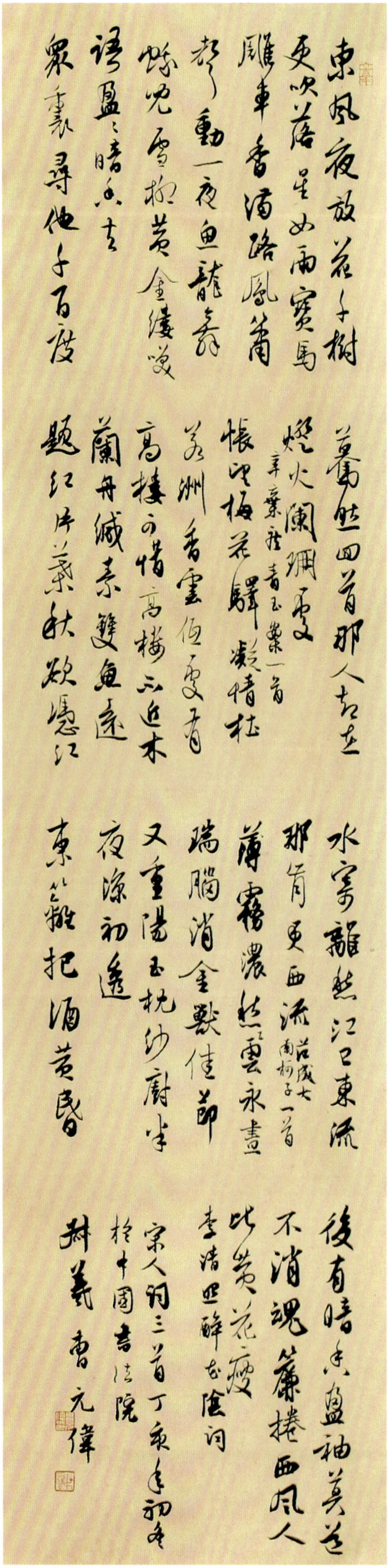

条幅　行书　35cm×136cm　2007年

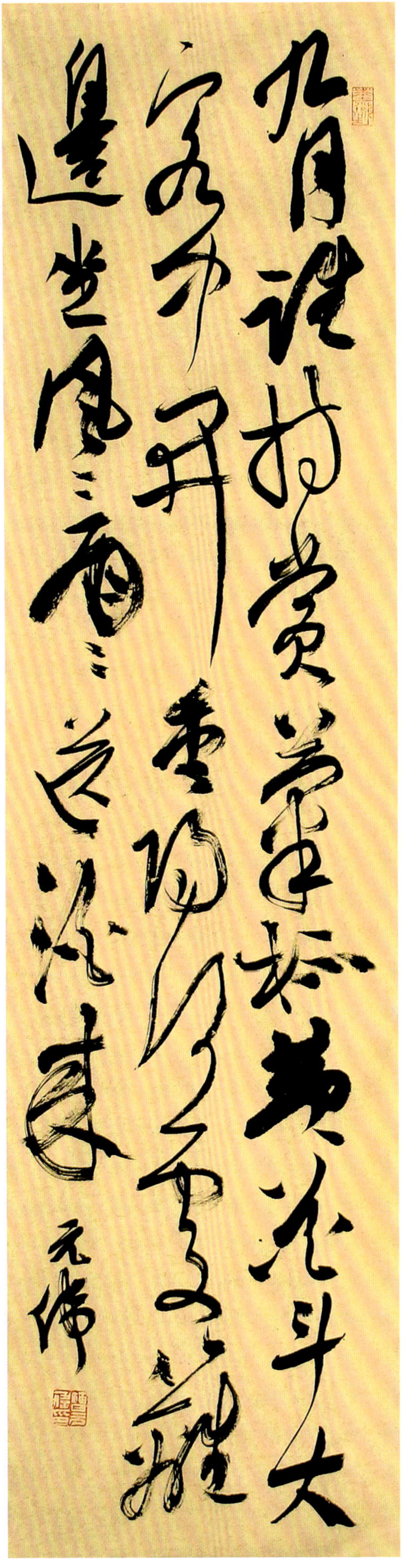

条幅　草书　35cm×136cm　2007年

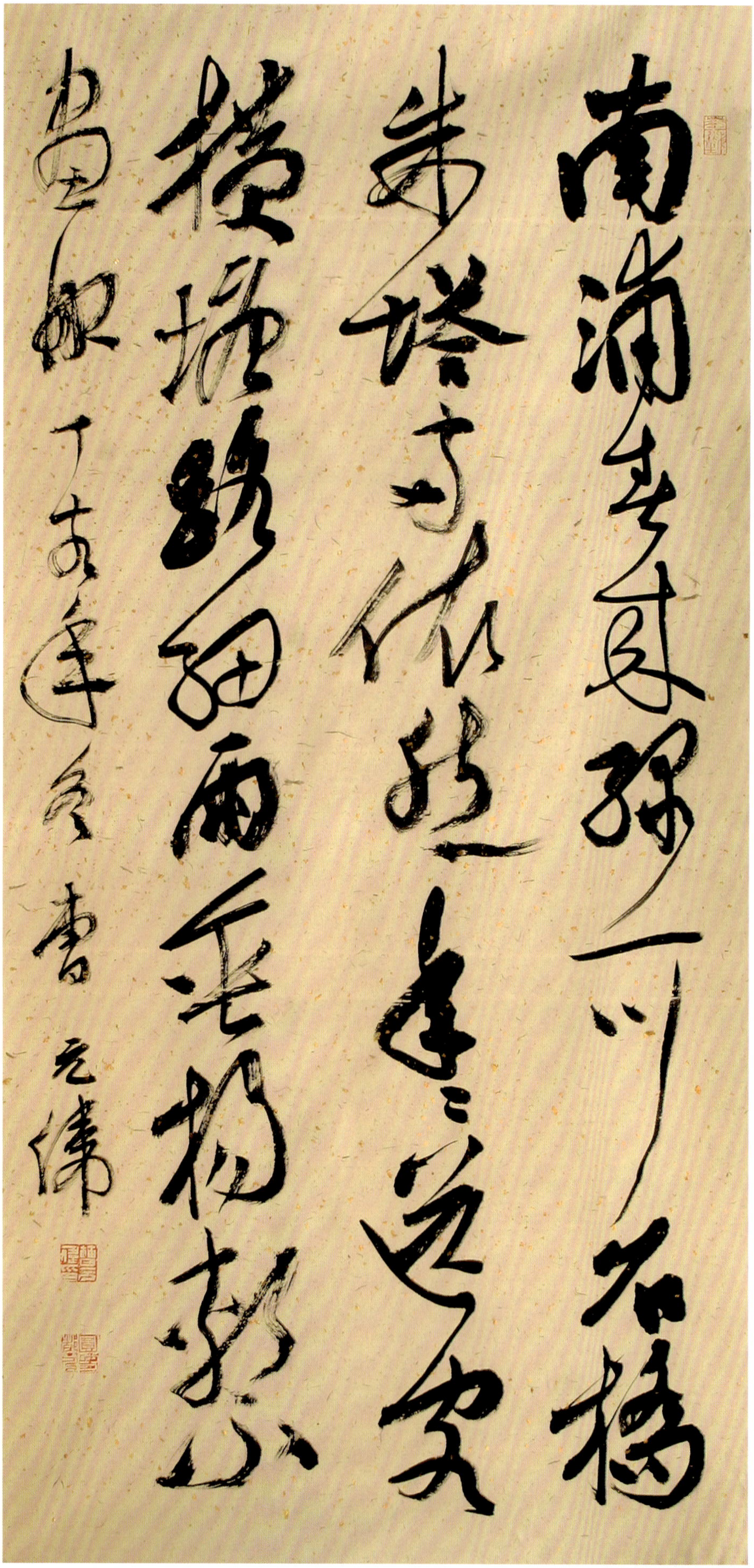

中堂　草书　70cm×136cm　2007年

来自李可染故乡的书画名家

LAIZI LIKERAN GUXIANG DE SHUHUA MINGJIA

张 利

ZHANGLI

凤凰出版传媒集团

凤凰出版社

图书在版编目(CIP)数据

来自李可染故乡的书画名家/刘明主编.—南京:凤凰出版社,2008.5

ISBN 978-7-80729-176-3

Ⅰ.来… Ⅱ.刘… Ⅲ.①书法家—简介—徐州市—现代 ②画家—简介—徐州市—现代 Ⅳ.K825.72

中国版本图书馆CIP数据核字(2008)第073992号

书　　名	来自李可染故乡的书画名家
主　　编	刘　明
策　　划	徐州凤凰文化发展有限公司
责任编辑	高思源
出版发行	凤凰出版传媒集团 凤凰出版社(原江苏古籍出版社) 南京市中央路165号 邮编210009 发行部电话025-83223462
集团网址	凤凰出版传媒网　http://www.ppm.cn
印　　刷	徐州市今日彩色印刷有限公司 江苏省徐州市青年东路62号 邮编221003
开　　本	889×1194毫米 1/16
印　　张	48
字　　数	100千字
版　　次	2008年5月第1版 2008年5月第1次印刷
标准书号	ISBN 978-7-80729-176-3
全套定价	288.00元

(凤凰出版社图书凡印装错误可向承印厂调换)

地域文化的光彩

——徐州书画现象(代序)

程大利

徐州,古为九州之一。它是长江、黄河之间的一片沃土,兼有南北地域文化的特征。黄河十三次改道流经此地,积淀泥沙的同时也积淀下了文化,一种坚忍耐劳、朴实敦厚的文化,一种崇文尚武、入世进取的文化,一种心思缜密而不流琐屑、不入极端但又是非分明的处世风习很容易造就一批高旷冲淡又豁达温厚、有情有义的文人,而这又是传统书画艺术家必备的品质。

地理的特殊影响着文化生态。5000年以来,这里留下先秦文化的光彩,更留下两汉文化的辉煌。已经开掘和没有开掘的汉墓,无疑给这块土地添上了许多故事,成为极为厚重的遗珍。画像石是造型艺术的最好教材,《大风歌》而下的诗文传统展现着酣畅淋漓的气度,多姿多彩的民间艺术陶冶了一代又一代的少年,优美的自然风光和千载不泯的民间传说,都为艺术家的成长铺就了温床。近百年来,这里走出了一批杰出人士。以书画为例,民国以来的张伯英、李可染、刘开渠、王子云、萧龙士、王肇民、朱德群、朱丹等书画家成为20世纪的一个现象,不同于江南的“松江派”、“华亭派”等等,却是风格各异地竞相峥嵘。在现代美术史上闪现着光辉,李可染在中国山水画上的贡献已成定论,在历史上留下了充实的一页。

中国传统艺术是中国文化现象。书画是传统文化的瑰宝,它既可以“成教化、助人伦”,也可以“涤烦襟、破孤闷、迎静心、释燥气”,是“祛病增寿的良药”。书画发达地方人们的心态会趋于平和,社会风气会趋于文明。书画家在徐州特别受尊敬也是“崇文”风尚使然,这促使着艺术家更趋努力,为家乡做出新贡献。

文化,因传承而厚重,书画文脉传到今天似乎更为壮丽,一代书画家产生了新的影响,有的人已成为当代艺术的领军人物。徐州的书画事业也从来没有像今天这样繁盛。许多理论家朋友已注意到徐州出书画家的现象,这一地域现象必将被展开并深入探讨。可染先生的“实者慧”形象地总结了自己,更为一代书画家开启了修炼的明灯。在中华民族艺术的大花园里,徐州书画的奇葩必将更为绚烂,徐州的书画事业前程似锦。是为序。

戊子初于京华

心性拟古贤　笔情求波澜

言恭达

自幼在楚汉文化孕育下的张利，几十年来，书艺承载着他的素养、性灵、才情与梦想，记录着他的人生审美理想——清、正、古、逸。

张利学书极重气格与性灵。他的书学思想的形成，来源于“中庸”与“虚静”这一中华文化理念中的生命体验去开掘创造活力；他的文化体悟将从王右军到颜真卿对国家对民族的人文情怀的钦慕转化为文化积淀的心迹记载、心智表达与精神超越。他从“二王”到“颜米”的研习，从六朝到明清书风的思考，将返归先天的理性与现代艺术精神相融通。他通过自己成熟的行书抒情符号，将梳理的笔墨语言整全得壮阔优美，汇集在创造力之中，形成淡定、洒逸的艺术风韵。作品里透析出的气质与慧性，证明了张利不同时人的追求。文化本体与书艺技法上升到超验层面，使创作不仅成为经验的积累，更呈现出精神的闪烁！这是艺术本体的价值探寻。

好学好静的张利亦好用心地去观察社会、体悟生活、感恩时代；好学好静的张利又好用心地去结缘翰墨，与古人交友、与传统对话。“拟容取心”，明悉“独照之匠，窥意象而运斤”的深刻哲理。于是乎，在传统书艺的漫游中，他读懂了“真以点画为形质，使转为情性；草以点画为情性，使转为形质”。“草不兼真，殆于专谨，真不通草，殊非翰札”的书理。巧从法生，法由理出。气定神凝，才能心手双畅。

道随天变，物以机生。张怀瓘有云：“性分各异，书道虽一，各有所便，顺其情则业成，违其衷则功弃。”张利心性拟古贤，笔情求波澜，入于古而得于新。坚守“功”与“性”之辩证，注重线性与线质的铸造。率性则性灵现，性灵现则意趣生。观其作品，重诗情，含哲理，简明纯厚，清蔚畅达，规矩圆熟，运用精能，古中有媚，拙里添妍，观者可直接感受作者主体抒写的情境变化。在他的笔下，巧与拙、动与静、方与圆、中与侧、疾与涩、疏与密，圆通的空间与流动的体势，顿挫的美质与平和的气韵，表现得淋漓尽致，自然中含。用笔果断爽利，擒纵有度，转折自如，不浮不躁。握笔使锋，逐毫而应，于凝重中洋溢灵健流美的风采。结构严谨有序，错落有致，方圆结合，宫敛内含；字中之揖让、顾盼、呼应，能做到血脉连贯，气息相通，且重连与和、主与次、长与短、欹与正之多变。布白繁简并用，玄妙多姿，绵密中不失气舒，盘结里蕴含空灵。通势欹正相依，虚实相生，浑然一体，涉笔成趣。

清《书法真诠》云：作字如论史，必须有才、学、识，尤须有“不震于大名，不囿于风尚”之眼光。张利正值英年，更须宏其识，广其学，陶冶书境，归之自然。淡定现风韵，率性作真书，日后必成大道。

（中国书协副主席、江苏省文联副主席、书记处书记）

我所知道的张利

曹宝麟

认识张利不觉已有13年了。1994年的差不多这个时候，青岛书法进修学院在黄海之滨的干休所开班培训，我与孙晓云忝为行书班教席。在众多学员贴出的作品中，一位小伙子的条幅顿使我眼目一亮，他就是来自江苏邳州的张利。

点评作品，是学员最为在乎的事情，人人竖着耳朵，生怕漏掉一个字。他们亟待得到教师的首肯。具体细节，我到底说了些什么，当然淡忘了——其实，细微末节的指瑕都是可有可无的例行公事，而由笔性反映出来的作品气息却一目了然。现在大家对展览评审中评委以几秒钟即决定作品生死大加诟病，殊不知这判断的过程确实只在一刹那间。伯乐之相马遗其牝牡骊黄，不是说不想看，而实在是不必看的。学生是否为可造之材，只需看由各方面汇集到的一点：天赋。在那次班上被我看好的学员，如重庆的李文岗，福建的余端照，辽宁的赵伟力、李泓晖等，都在此后的全国一级展赛中脱颖而出，张利之被接纳为中国书协会员至少也有10余年了吧，故自信识人未谬。

10多年来，我一直关注张利的成长，对他一点一滴的进步感到高兴。他也不负师教，步步为营地勤学苦练，凭扎实的功力发挥着才情，跻身于江苏书法重镇徐州的青年才俊之列。

张利之学米，与其说是私心倾慕，还不如说是冥冥中所决定。邳州是米芾的生命终结地，张利有一方印文为"淮阳军令"，我辨出后不禁莞尔而笑。凡学其家，先与之合，卒与之离；合既不易，离则更难，何况又是像老米那样技巧尖端的典范。张利通过苦学和悟性，已把米氏如意掌控毫颖的技巧基本学到了手，同时他也认识到知识学问的重要。几年前我到邳州，他看到我携带的旧版《宋诗别裁》，马上不惜工本地复印了，这一渴求知识的举动至今难忘。是的，二王帖学一路，妄图速成是无计可施的，它必须靠长期的积累和酝酿，正如山阴人家弄瓦时埋在土里的黄酒，须待出阁才开坛一样，这所谓"女儿红"的芳冽才能引人垂涎。

我觉得，现在这段时期对学书十余年的张利而言是非常重要的阶段，何以言之？因为我在去年网上他的展览中有见他比较夸张的变形，这次给我的照片中好像又不甚明显。出格和回归，都是欲离未离之际的正常尝试。但其变必须更加接近本性的真实，尽管有的人处世似乎谨慎，然而书法却甚张扬，这其实还是显示了他内心深处时时矛盾的对立，不能不说仍旧是一种真实。张利居徐州，得地气之正，为人又豪迈放旷，下笔自然有非水土和柔之地孕育的人所能梦见的风气。异禀辅之以力学，则成功指日可待。只要耐得寂寞，拒绝时髦的诱惑，说到底即自我把握得住，那么秀拔于时代前列也不是不可能的。

但愿我赏识的后辈不辜负我的期望，张利勉旃！

（中国书法家协会学术委员会委员　暨南大学艺术中心教授兼硕士导师）

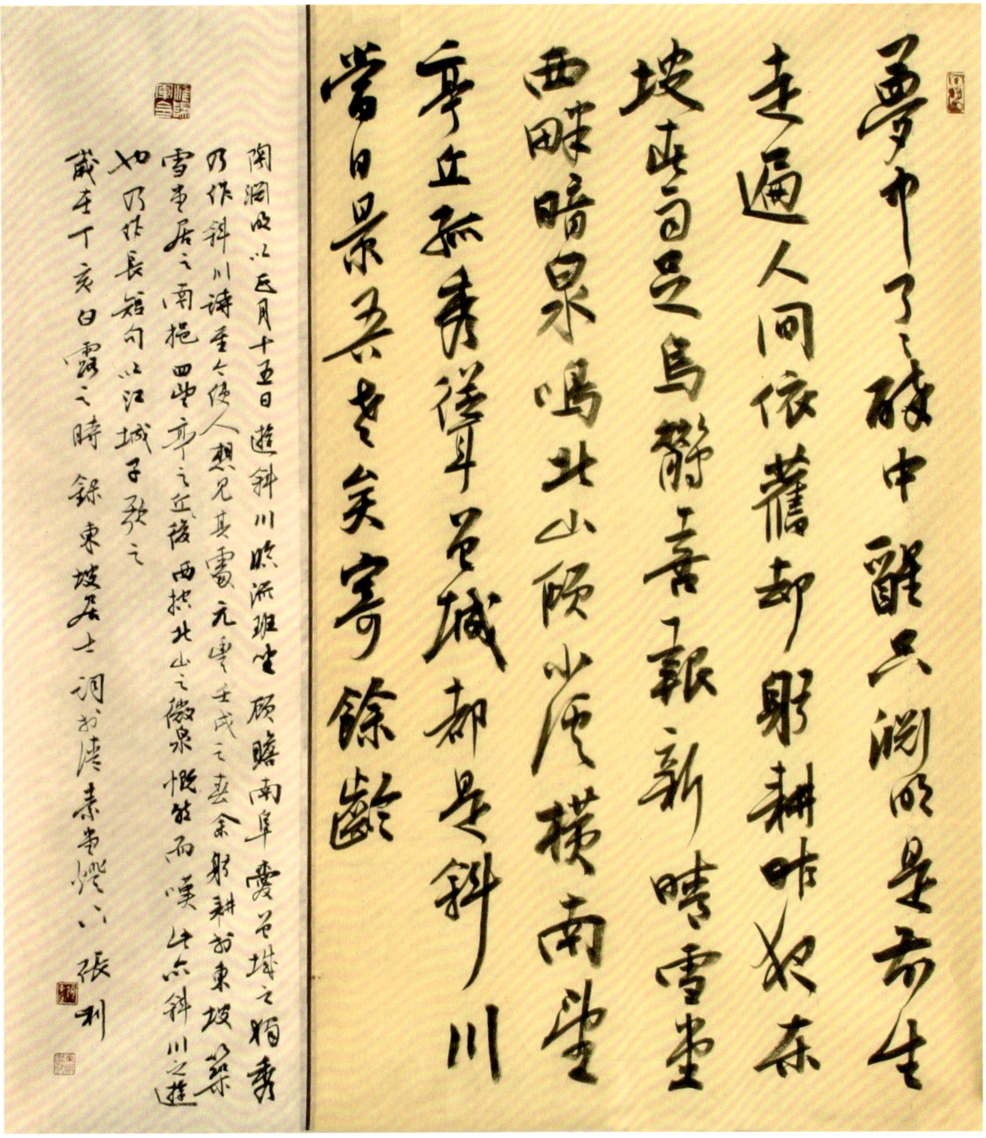

东坡词　70cm×79cm

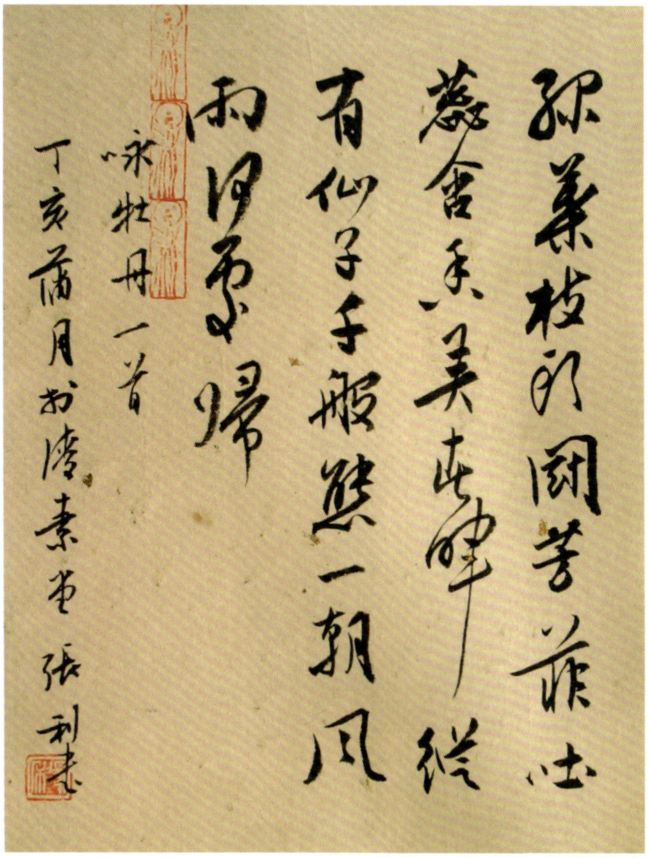

自作诗　34cm×25cm

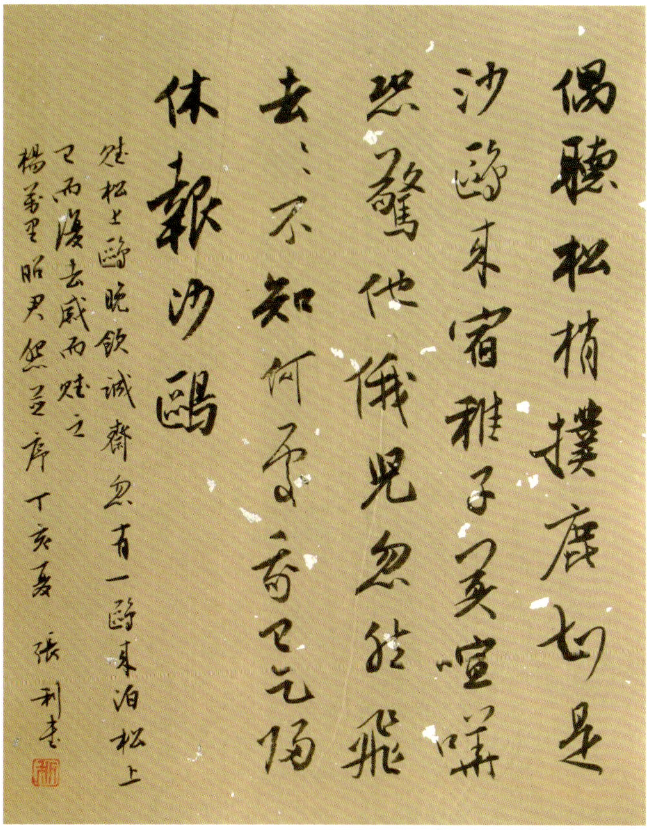

杨万里词　28cm×20cm

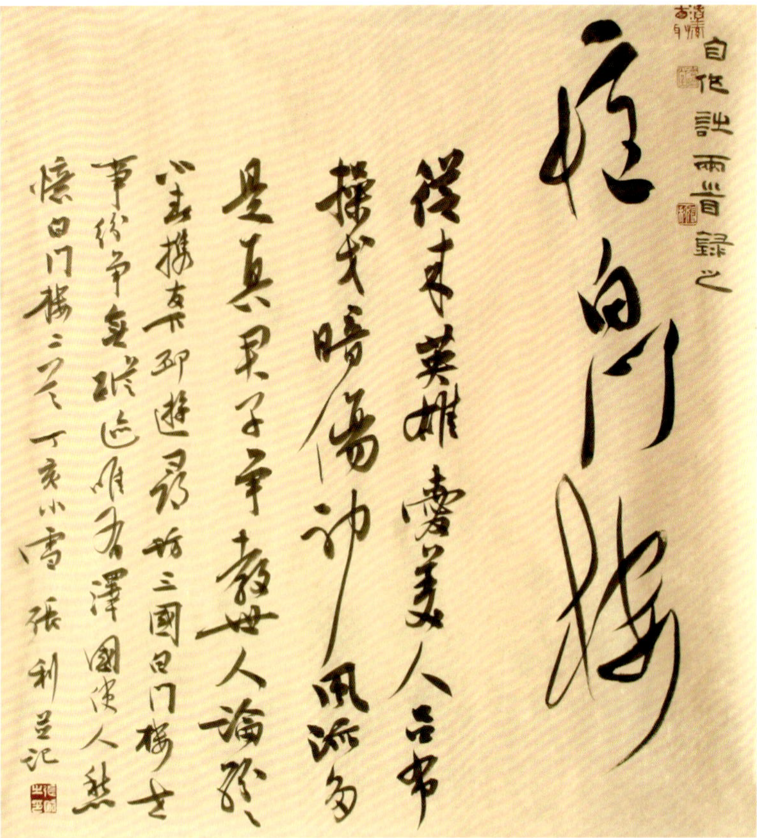

自作诗　66cm×70cm

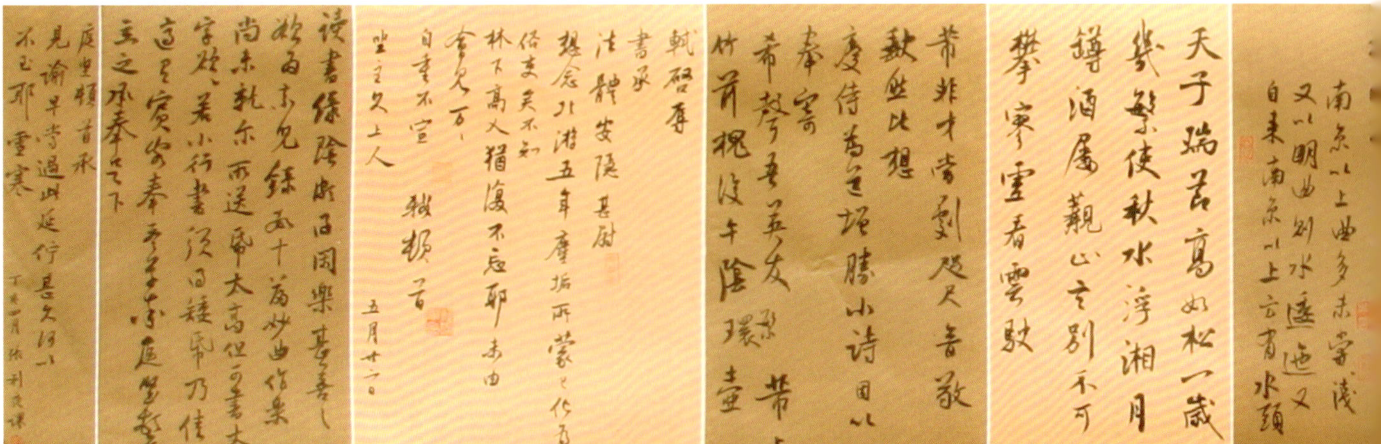

临古　259cm×40cm

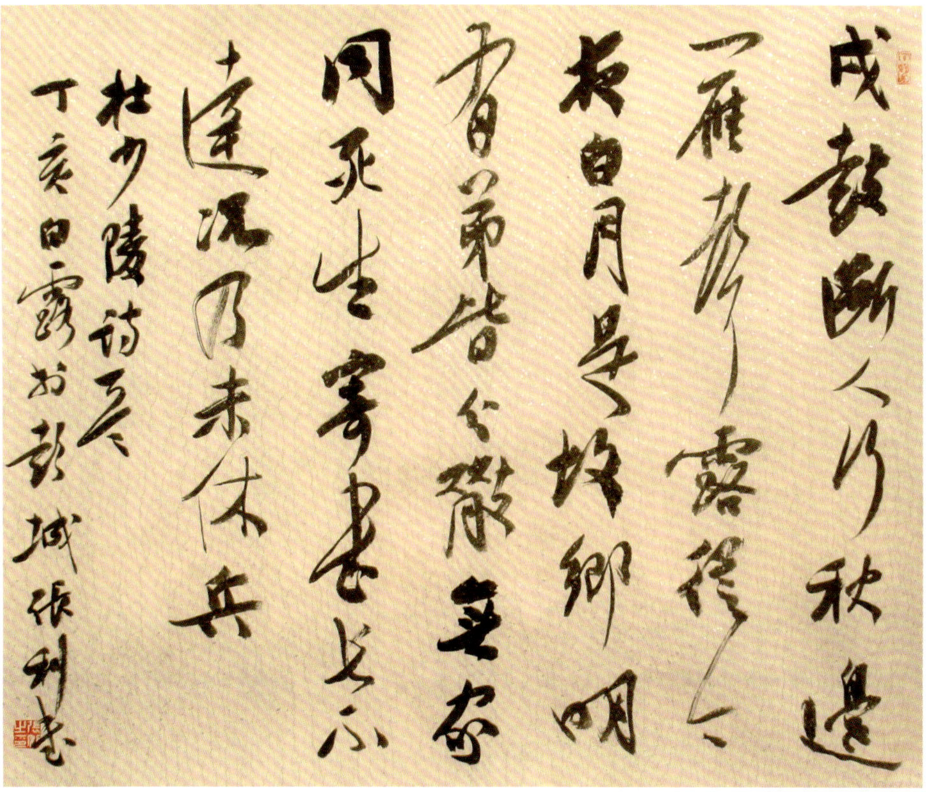

杜少陵诗　68cm×84cm

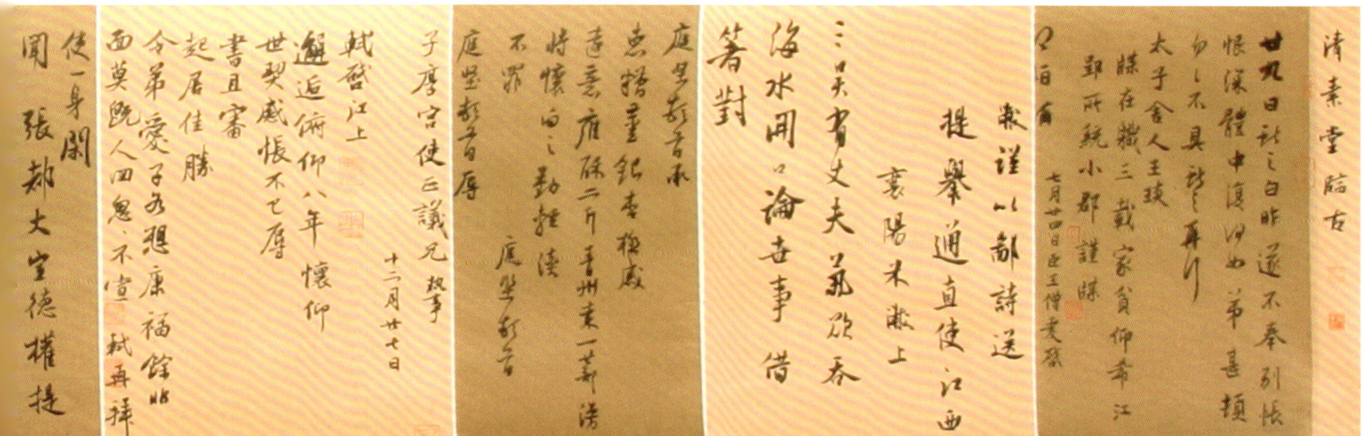

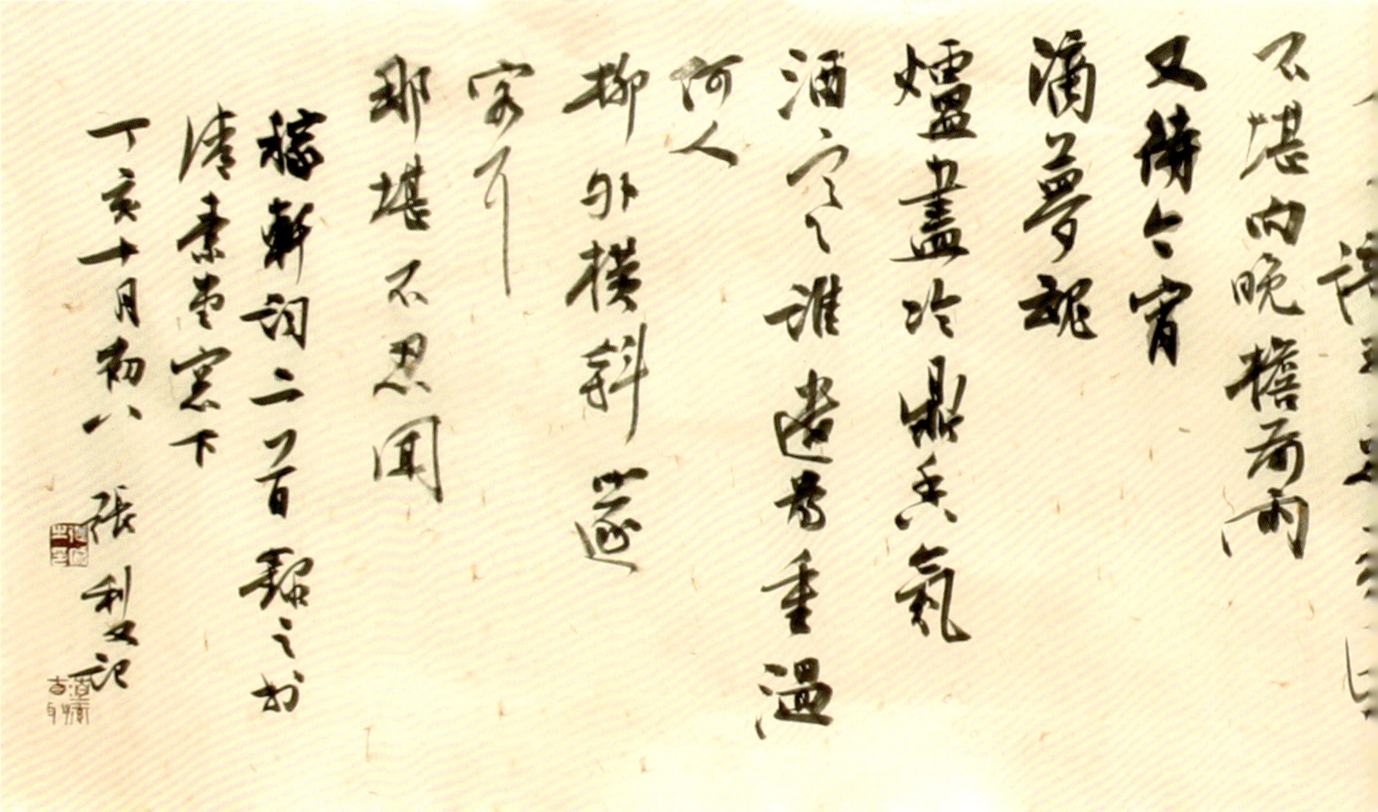

辛稼轩词　44cm×185cm

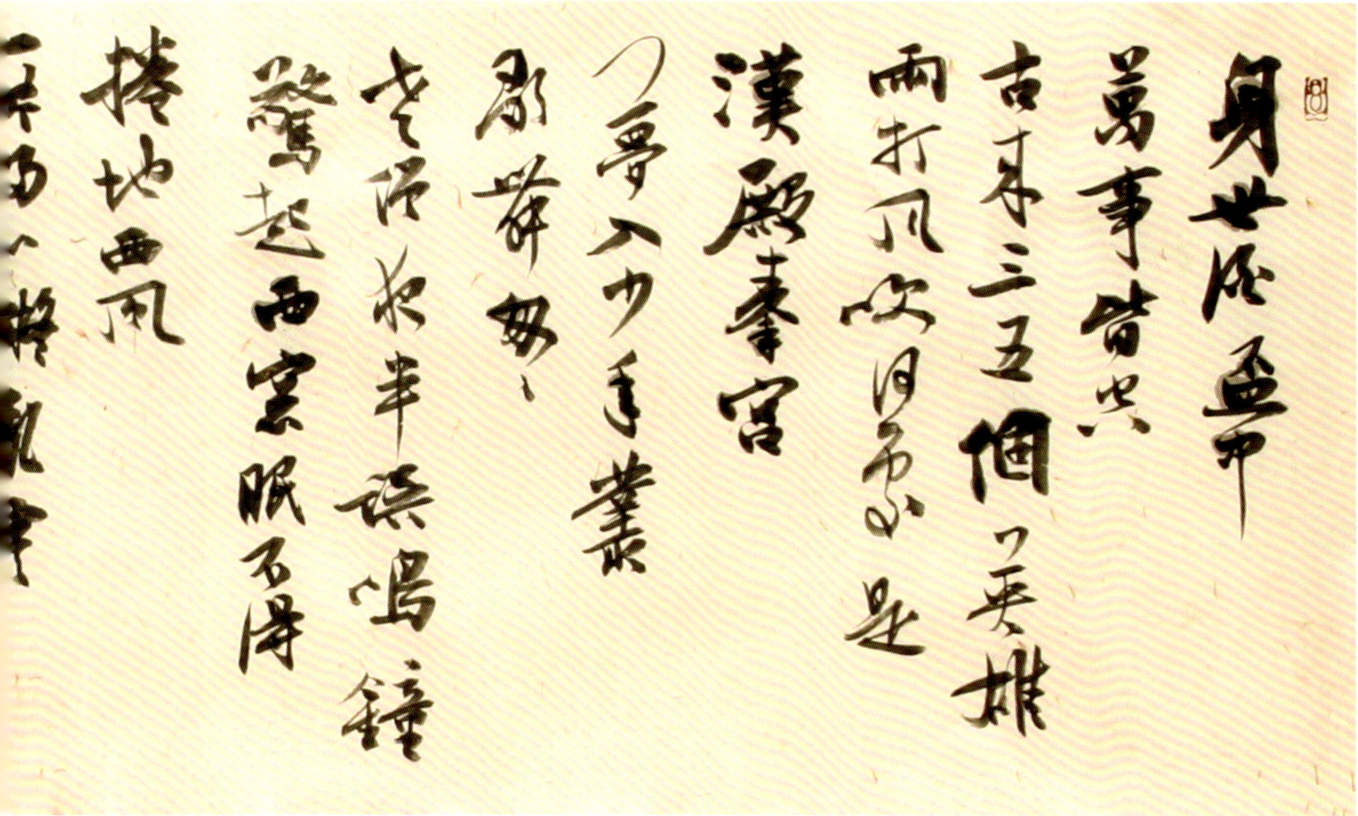
身世酒杯中
萬事皆空
古來三五個英雄
雨打風吹何處是
漢殿秦宮
夢入少年叢
歌舞匆匆
老僧夜半誤鳴鐘
驚起西窗眠不得
捲地西風

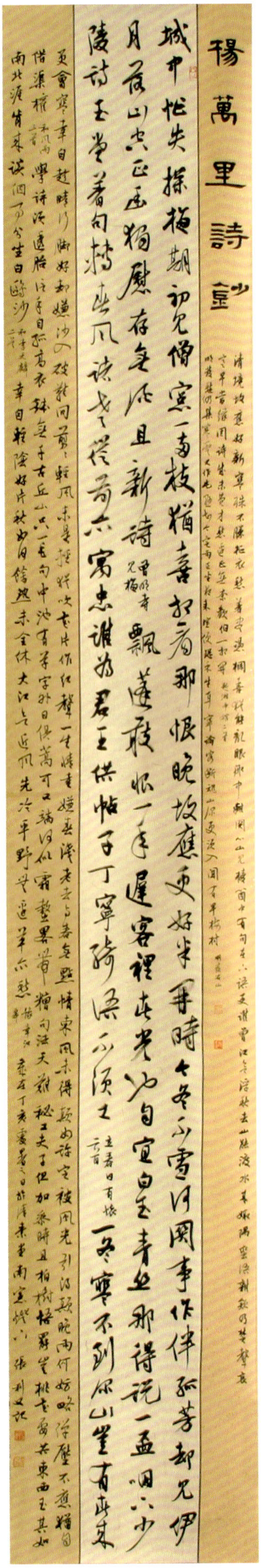

杨万里诗　258cm×43cm

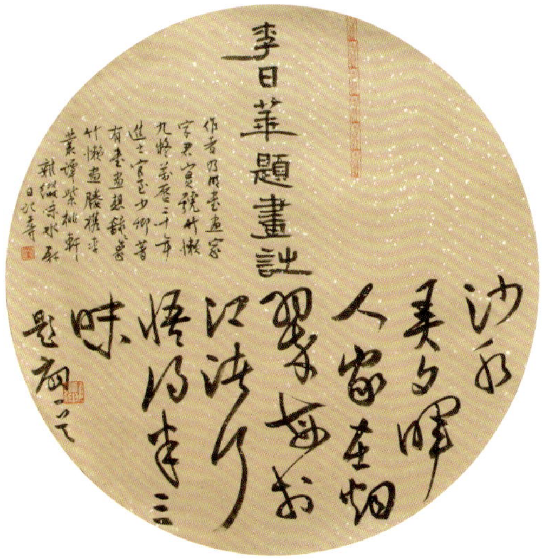

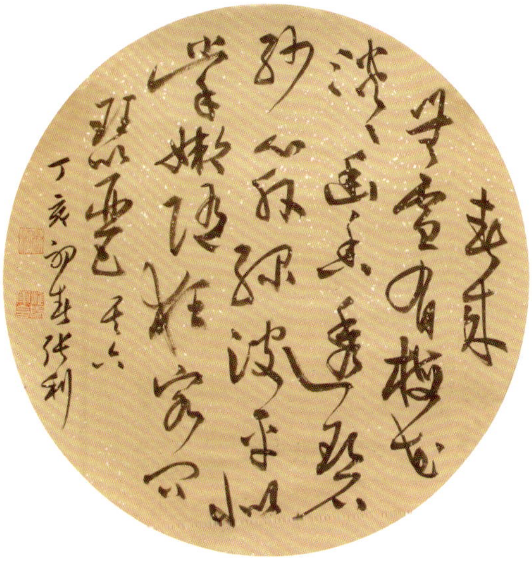

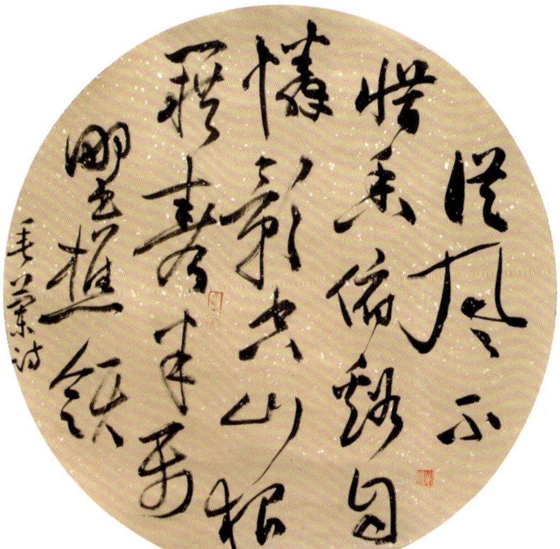

李日华诗　50cm×50cm×3cm

自作联　185cm×33cm

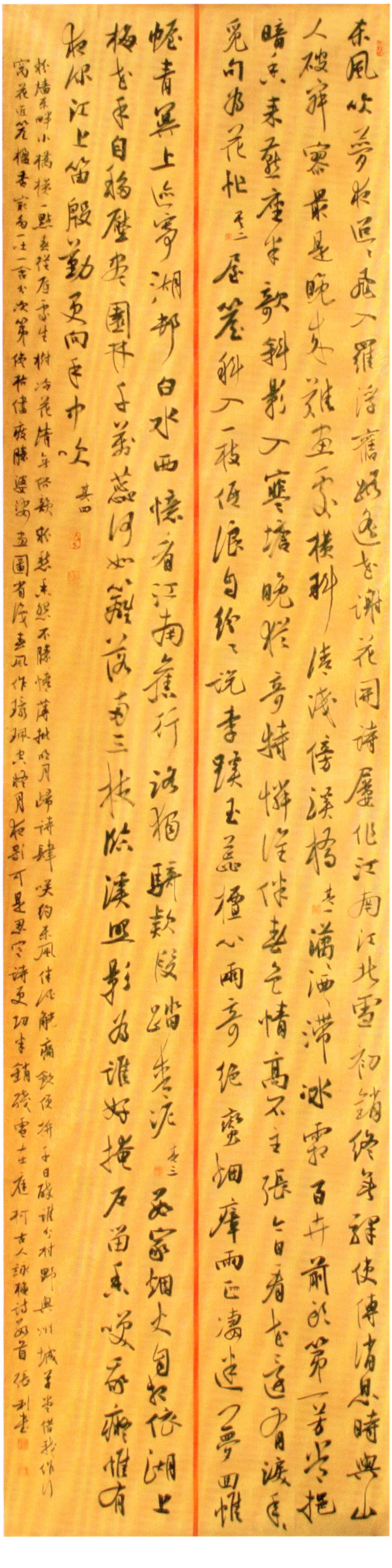

古咏梅诗　265cm×70cm

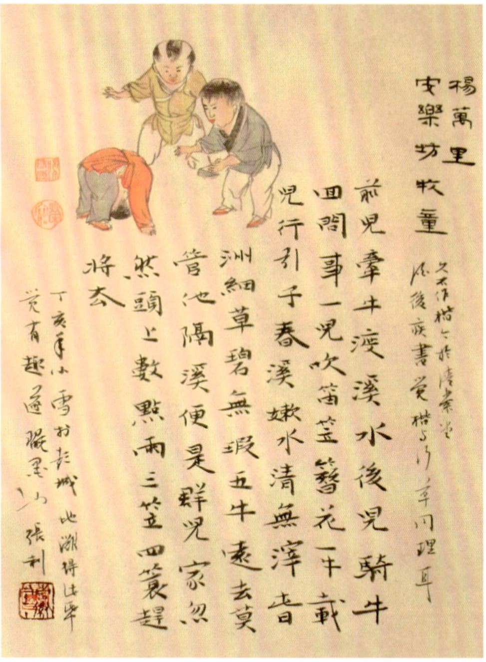

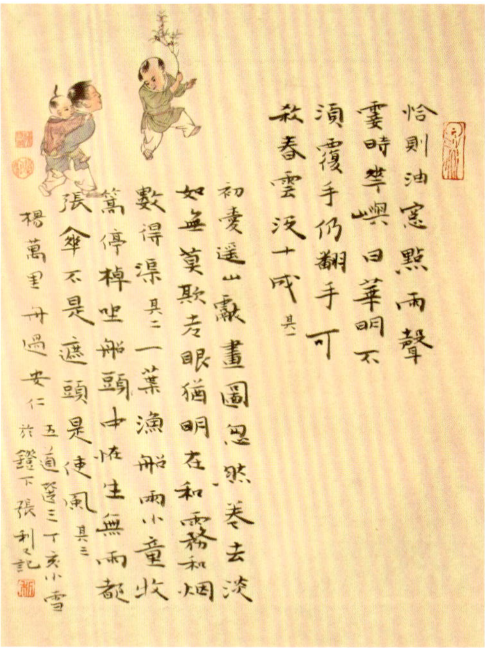

杨万里诗　30cm×22cm×2cm

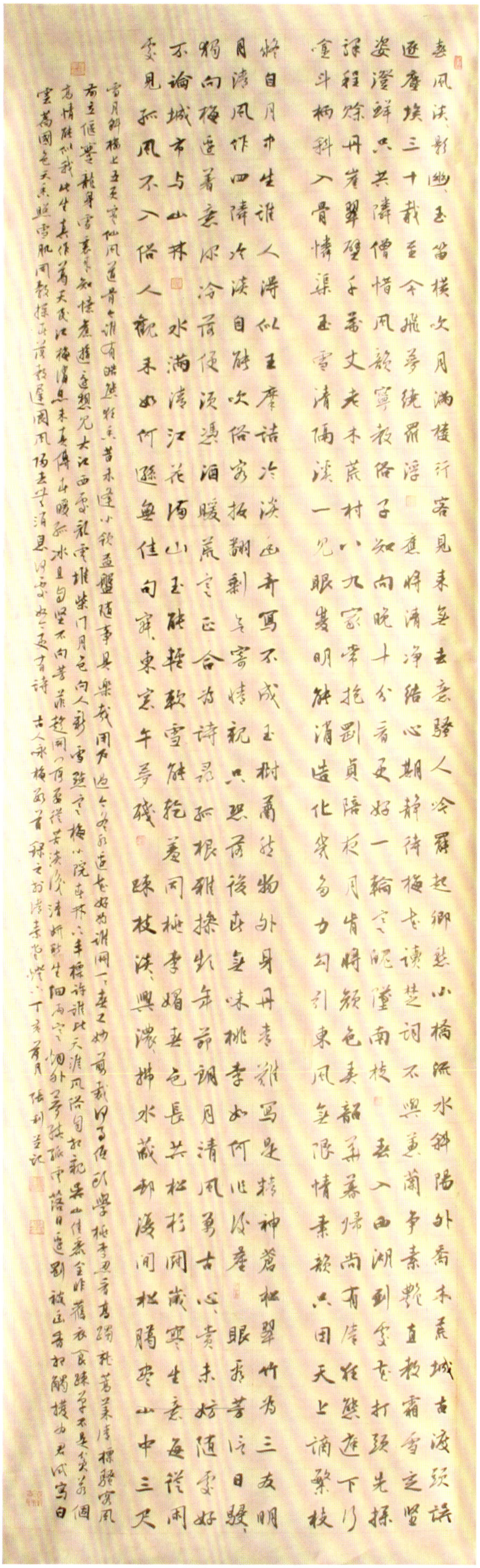

古人咏梅诗　250cm×76cm

自做联　185cm×21cm

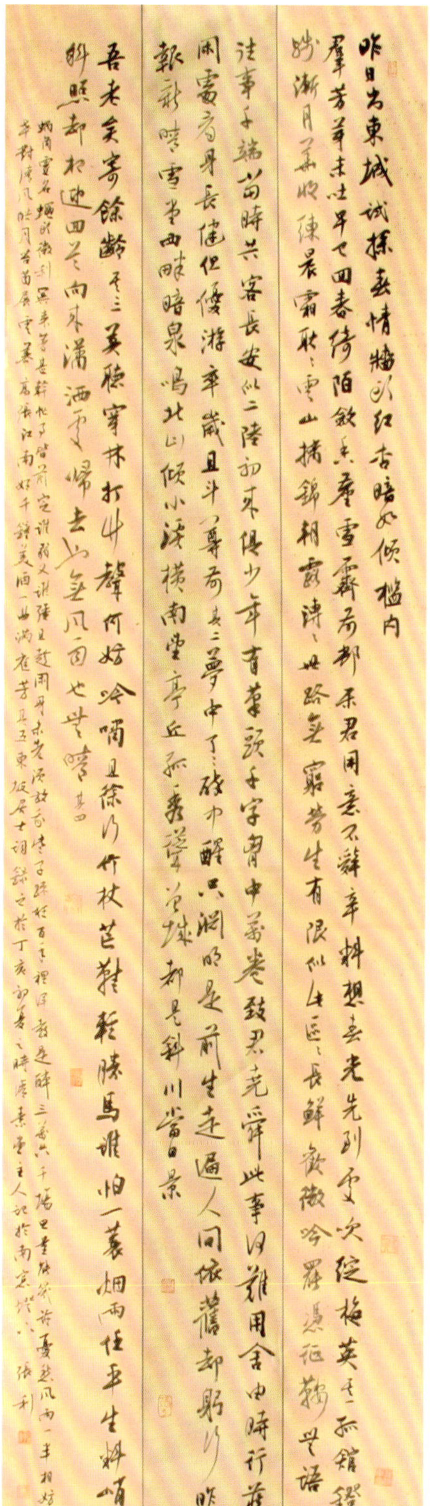

苏轼词抄 255cm×58cm

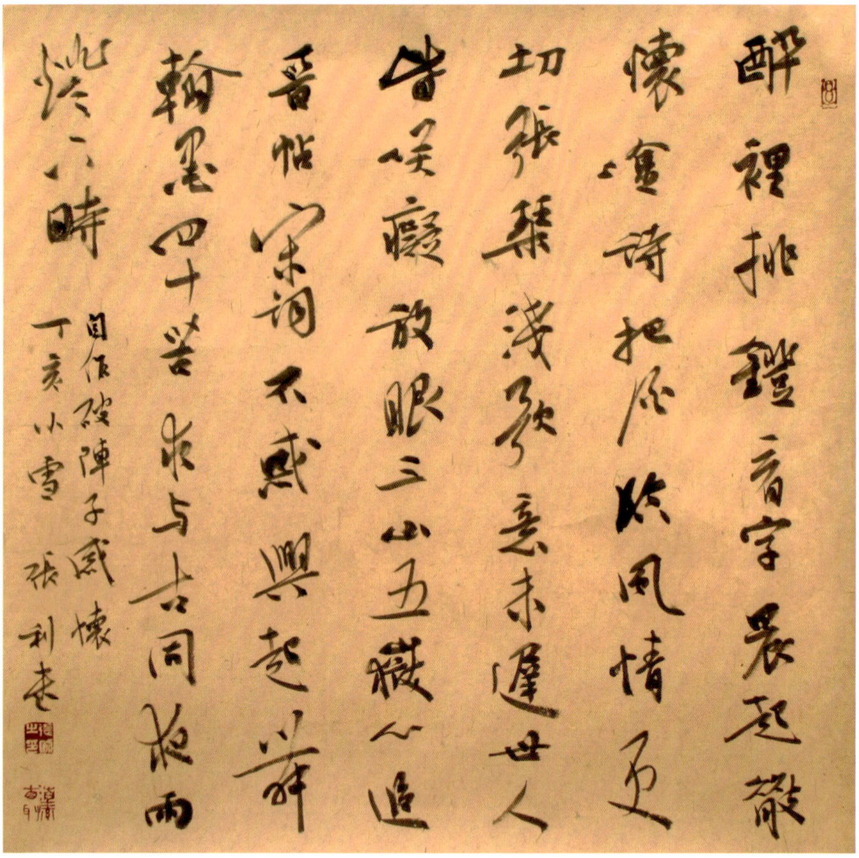

自作词 68cm×72cm

杨万里诗(册页局部) 25cm×35cm×22cm

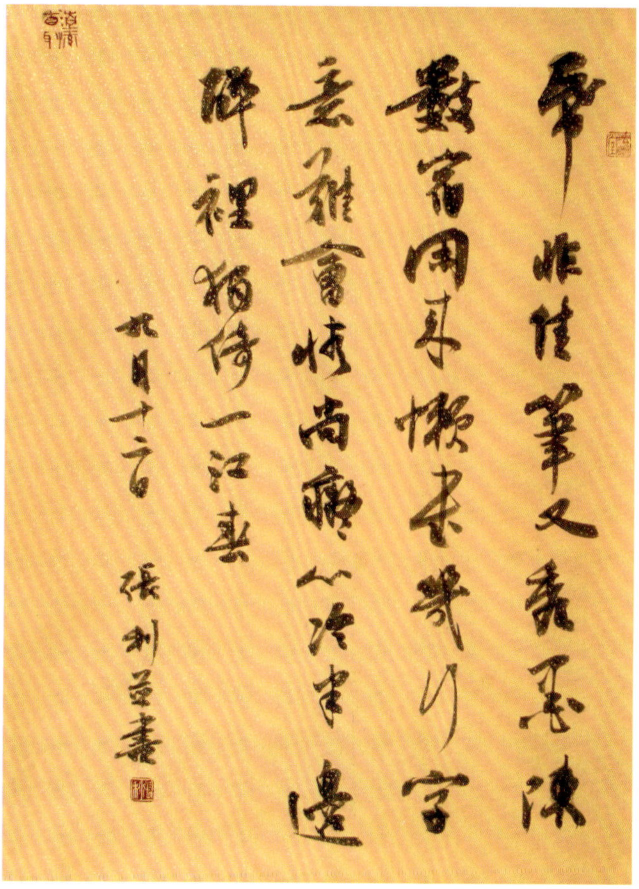

自作联 64cm×50cm

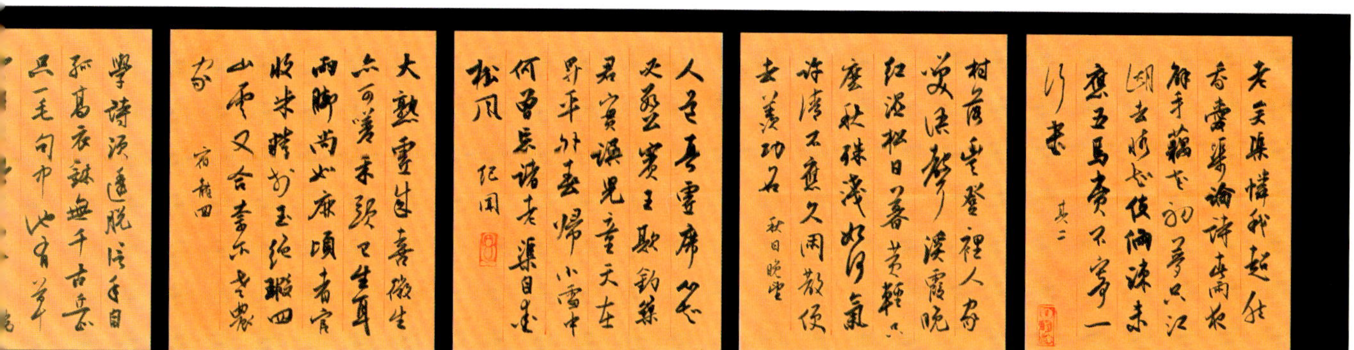

自作诗 10cm×16cm

来自李可染故乡的书画名家

LAIZI LIKERAN GUXIANG DE SHUHUA MINGJIA

耿广敏

GENGGUANGMIN

凤凰出版传媒集团
凤凰出版社

图书在版编目(CIP)数据

来自李可染故乡的书画名家 / 刘明主编.—南京:凤凰出版社,2008.5

ISBN 978-7-80729-176-3

Ⅰ.来… Ⅱ.刘… Ⅲ.①书法家—简介—徐州市—现代 ②画家—简介—徐州市—现代 Ⅳ.K825.72

中国版本图书馆 CIP 数据核字(2008)第 073992 号

书　　名	来自李可染故乡的书画名家
主　　编	刘　明
策　　划	徐州凤凰文化发展有限公司
责任编辑	高思源
出版发行	凤凰出版传媒集团
	凤凰出版社(原江苏古籍出版社)
	南京市中央路 165 号　邮编 210009
	发行部电话 025-83223462
集团网址	凤凰出版传媒网　http://www.ppm.cn
印　　刷	徐州市今日彩色印刷有限公司
	江苏省徐州市青年东路 62 号　邮编 221003
开　　本	889×1194 毫米　1/16
印　　张	48
字　　数	100 千字
版　　次	2008 年 5 月第 1 版　2008 年 5 月第 1 次印刷
标准书号	ISBN 978-7-80729-176-3
全套定价	288.00 元
	(凤凰出版社图书凡印装错误可向承印厂调换)

地域文化的光彩

——徐州书画现象(代序)

程大利

徐州,古为九州之一。它是长江、黄河之间的一片沃土,兼有南北地域文化的特征。黄河十三次改道流经此地,积淀泥沙的同时也积淀下了文化,一种坚忍耐劳、朴实敦厚的文化,一种崇文尚武、入世进取的文化,一种心思缜密而不流琐屑、不入极端但又是非分明的处世风习很容易造就一批高旷冲淡又豁达温厚、有情有义的文人,而这又是传统书画艺术家必备的品质。

地理的特殊影响着文化生态。5000年以来,这里留下先秦文化的光彩,更留下两汉文化的辉煌。已经开掘和没有开掘的汉墓,无疑给这块土地添上了许多故事,成为极为厚重的遗珍。画像石是造型艺术的最好教材,《大风歌》而下的诗文传统展现着酣畅淋漓的气度,多姿多彩的民间艺术陶冶了一代又一代的少年,优美的自然风光和千载不泯的民间传说,都为艺术家的成长铺就了温床。近百年来,这里走出了一批杰出人士。以书画为例,民国以来的张伯英、李可染、刘开渠、王子云、萧龙士、王肇民、朱德群、朱丹等书画家成为20世纪的一个现象,不同于江南的"松江派"、"华亭派"等等,却是风格各异地竞相峥嵘。在现代美术史上闪现着光辉,李可染在中国山水画上的贡献已成定论,在历史上留下了充实的一页。

中国传统艺术是中国文化现象。书画是传统文化的瑰宝,它既可以"成教化、助人伦",也可以"涤烦襟、破孤闷、迎静心、释燥气",是"祛病增寿的良药"。书画发达地方人们的心态会趋于平和,社会风气会趋于文明。书画家在徐州特别受尊敬也是"崇文"风尚使然,这促使着艺术家更趋努力,为家乡做出新贡献。

文化,因传承而厚重,书画文脉传到今天似乎更为壮丽,一代书画家产生了新的影响,有的人已成为当代艺术的领军人物。徐州的书画事业也从来没有像今天这样繁盛。许多理论家朋友已注意到徐州出书画家的现象,这一地域现象必将被展开并深入探讨。可染先生的"实者慧"形象地总结了自己,更为一代书画家开启了修炼的明灯。在中华民族艺术的大花园里,徐州书画的奇葩必将更为绚烂,徐州的书画事业前程似锦。是为序。

戊子初于京华

知学能思 技道两进

丛文俊

书所以缀法字者，明乎其技也。书法自古列在小学，明乎其源及功用也。是则为书者必有其学，为学者首在明道，而道之所存，不尽由乎技，斯理彰然矣。为书者自技而入，目有止限，上者所见不过十之四五，所得再削之，终昧于道，不知所以也。下者所见所得，吾不知矣。古之能技者不可计数，皆随纸墨泯泯，能在以道进乎技而传世者鲜，可不胜慨欤！吾辈可不慎诸。

古之为师者以传道、授业、解惑为务，吾课门生亦然。广敏入我门也晚，听讲亦罕，然能孜孜攻读，藉学术以入道，由道而观乎技，深合吾之宗旨也，吾所乐闻焉。广敏公职在身，馀暇固少，尚知学能思，矻矻以求进取，吾知其为人矣。古者志道修身，技道两进，所求者大，吾期于广敏者在此。值彼作品结集之际，为赘数言于耑，以勉之为是。

戊子元宵于丰草堂

自叙

耿广敏

家父兴龙公，曾习塾业，稍涉笔墨。余儿时眼观心受，斯心渐生。弱冠以前，苦于生计，匆匆十数年虚掷，终与书法无缘。自谋工职以后，辄于长夜习书。同侪或有不解，或予讥讽及压抑。得入小展后境遇始渐和缓，而用功益勤，志亦益笃焉。及至成家，借穴筑巢，六迁居所。辗转流离之日，书案难置，或于几、或于床、或于地，诸多不便，书事几于荒废。偶然间入徐州市十五青年书法展，向书之心复生，而终以政务，期愿难遂，又倏忽十年，已届不惑矣。新世纪伊始，旧业重操，再度问艺于笔墨之间，幸有名家王冰石、马奉信二位先生不弃，耳提面命，眼界遂开。间与彭城书坛俊秀交游，过从之间启心智，陶胸次，观摩切磋，颇得助力。

甲申初春，恩师丛先生文俊博士来徐。前生有缘，蒙先生垂爱，入室为徒。先生学识实非书道一途，于考古、于小学、于文献、于史论，无不精研有成。然而学生愚钝，纵然先生呕心沥血，学生终不得先生之万一，徒为先生添忧。先生尝于《汉画像石车马图跋》云："生徒受世风影响颇深，多重书写而轻忽读书，至于为文则无美可言，即使能够讲清楚学术问题，亦不足观玩矣。至于知识结构，率多偏狭，且不知所缺，更不知进取。呜呼，为师者之难，又不为人知矣，奈何！"余每读此文，如芒在背，虽不能悬梁刺股，然终不敢有辱师命。

吾于书法，初学柳公权、颜真卿，三年楷法，以酷肖为得意，是谓皮毛之学。后嫌其板滞，改学大爨、张迁，杂学宋黄庭坚、苏东坡，均不得要旨。复转学明张瑞图，自以为得之，实优孟衣冠，徒费年华耳。更有甚者，受世风影响，近流行而远传统，喜粗俗而厌经典，所谓"丑书"者是也。究其因由，以重拾笔墨，岁长而功浅，不免急迫，徒以技法为能事。内不知好恶，外不明是非，遂使技道两途。恩师解惑，棒喝当头；前辈斧正，去垢除顽。余辄以读书明理为要，留心学术，积才学、养性情、重感悟、承大统，以道进技，以技载道。心之所愿者：不与古人同，不与今人同。然则心虽佳，而智术短浅，尚未克大成。

有楹语云："虽有此不乐，既来之则安。"余于书道，虽说偶然，亦是必然，其心之所发、性之所在，终生难易也。断续学书，跬步积进，此番结集，回顾者也，小结者也。借用板桥所言，几件涂鸦，原不算得书法，有些好处，大家看看；如无好处，糊墙糊壁，覆瓿覆盎而已。戊子正月，广敏自题。

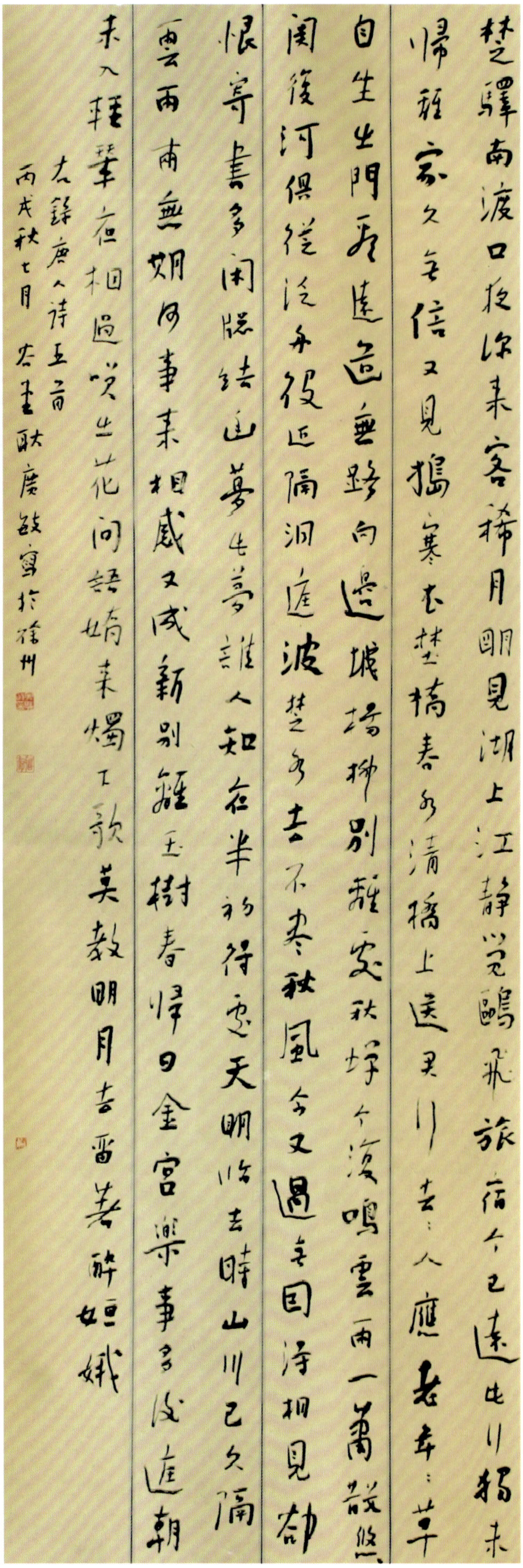

唐人诗选录
纸:原书纸
笔:兼毫
墨:红星墨液
尺寸:180cm×14.5cm×4

诸子妙语录

释语:君子乐得其道,小人乐得其欲

纸:毛边纸

笔:长锋羊毫

墨:红星墨液

尺寸:98cm×30cm

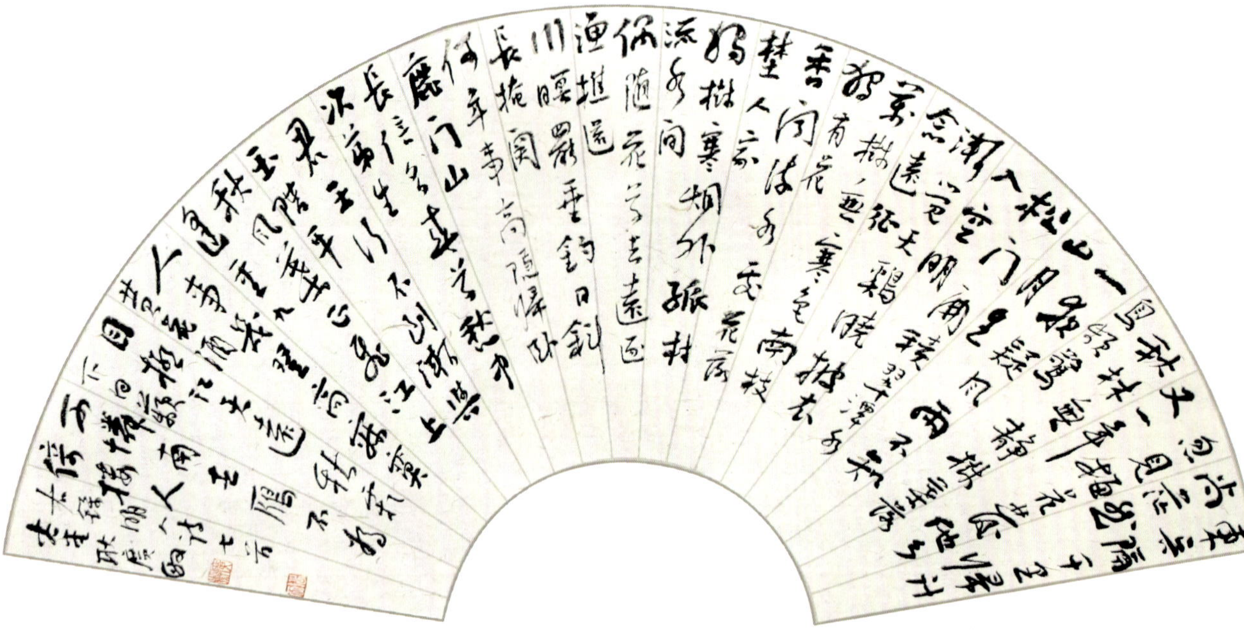

明人诗七首
纸:槽底纸
笔:兼毫
墨:红星墨液
尺寸:34cm×70cm

座对门听联
纸:印花瓦当洒金纸
笔:羊毫斗笔
墨:红星墨液
尺寸:138cm×37cm×2

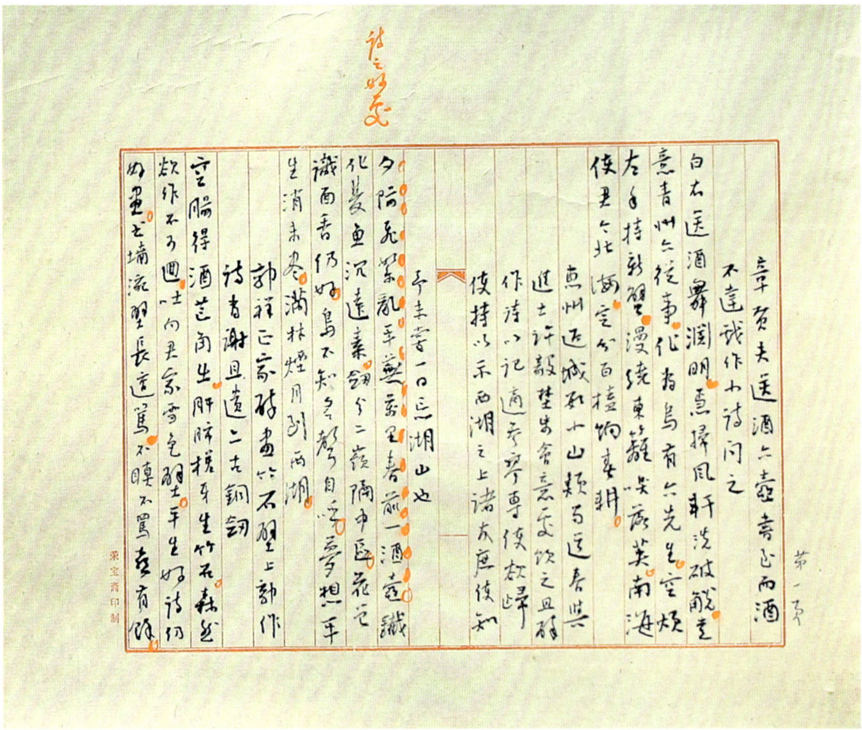

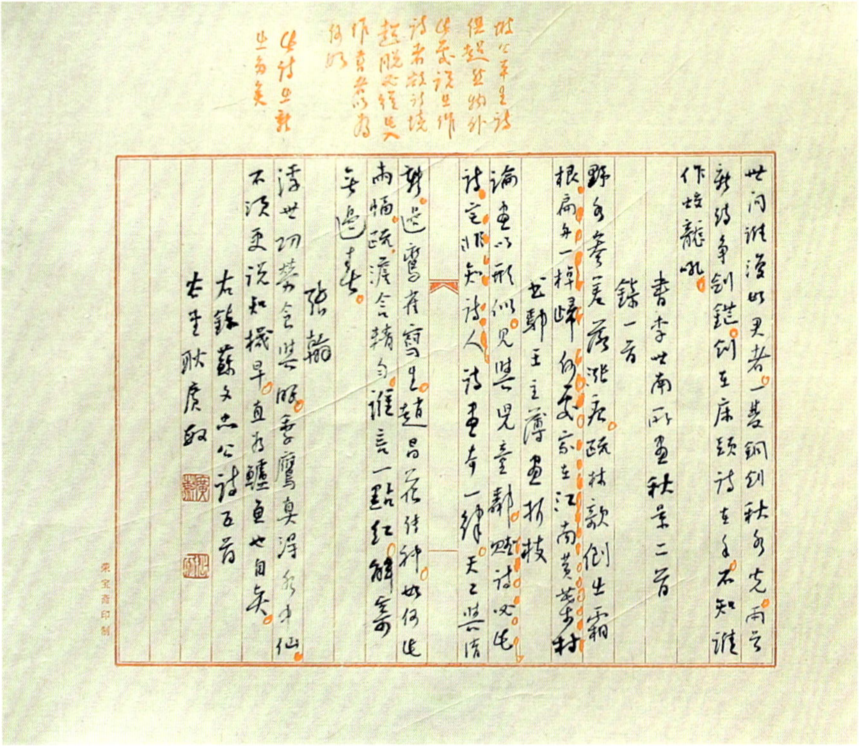

苏东坡诗选抄
纸：荣宝斋稿纸
笔：小狼毫笔
墨：红星墨液
尺寸：27cm×32cm×2

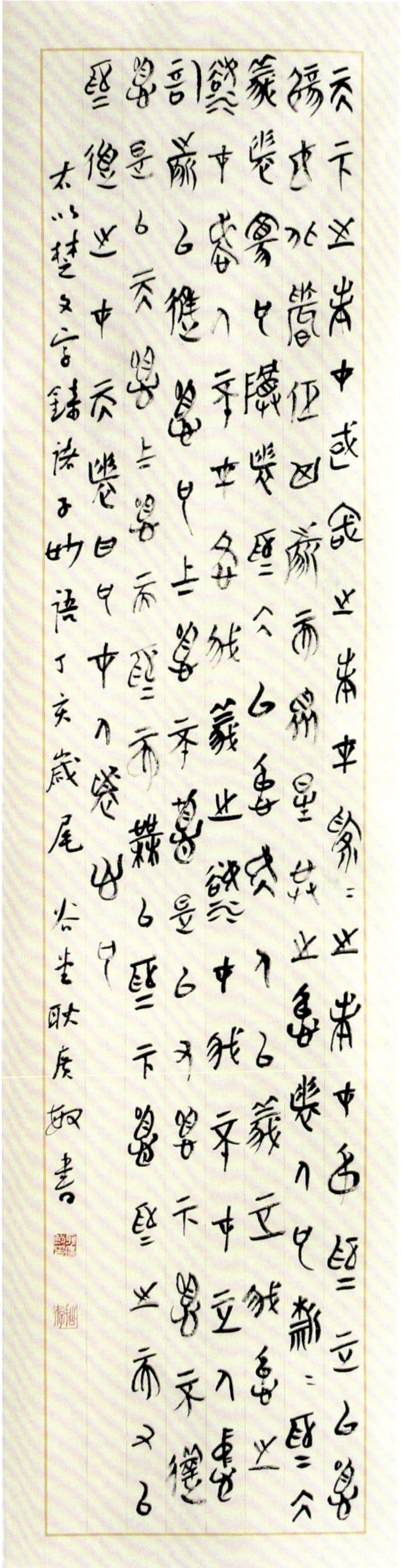

诸子妙语录

释语:天下之本在国,国之本在家,家之本在身。为政以德,譬如北辰,居其所而众星共之。仁者人也,亲亲为大;义者宜也,尊者为大。以仁安人,以义正我。仁之法在爱人,不在爱我;义之法在我,不在正人。忠信所以进德也。上德不德,是以有德;下德不失,是以天德;上德天为而无以为,下德为之而有以为。道之在天者,日也;在人者心也。

纸:描金乌丝栏宣纸。

笔:兼毫

墨:红星墨液

尺寸:138cm×37cm

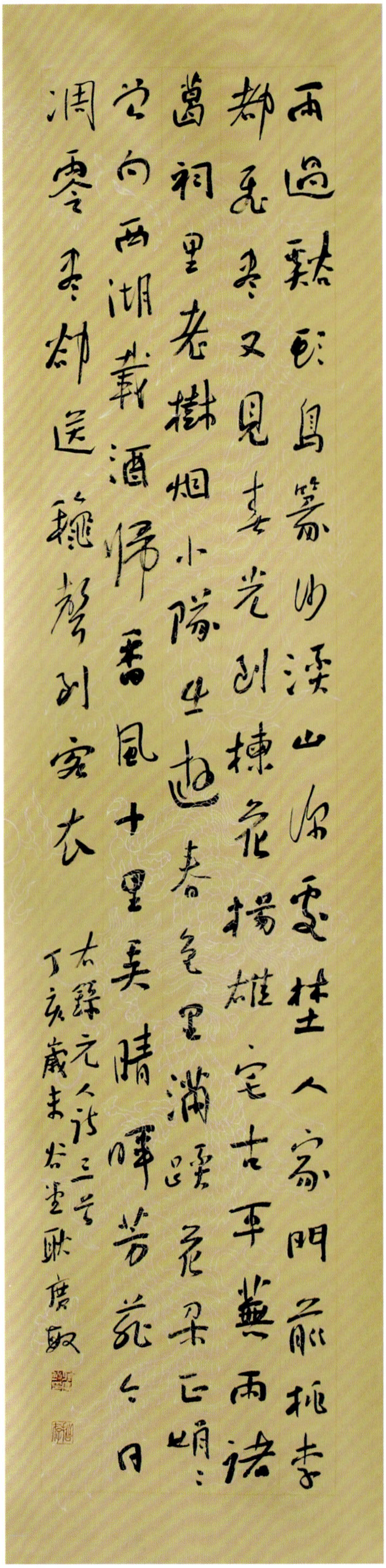

元人诗三首
纸:描银纸
笔:兼毫
墨:红星墨液
尺寸:138cm×37cm

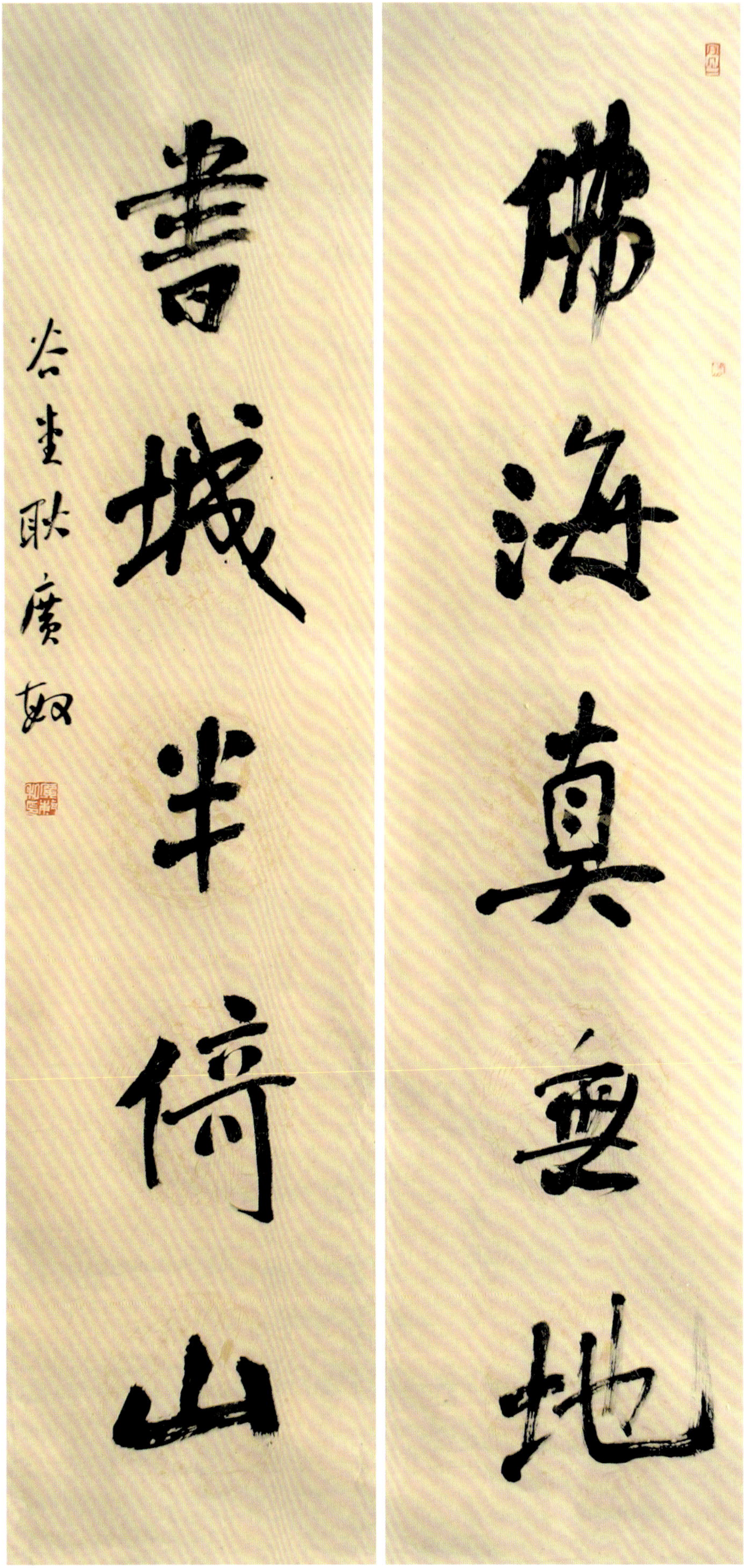

佛海书城联
纸:印花瓦当洒金纸
笔:羊毫斗笔
墨:红星墨液
尺寸:138cm×37cm×2

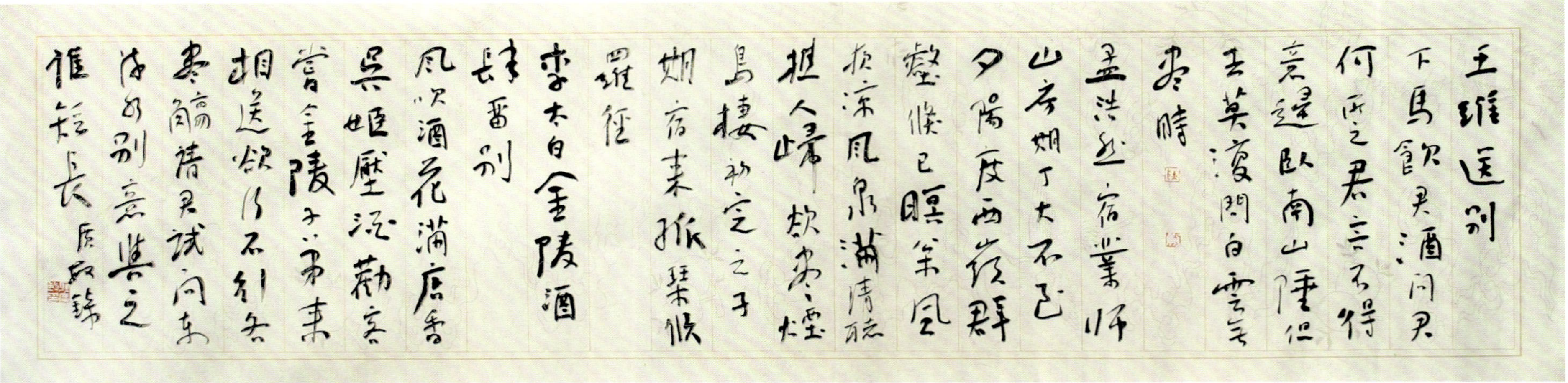

唐诗选录三首
纸:印花洒金纸
笔:兼毫笔
墨:红星墨液
尺寸:135cm×35cm

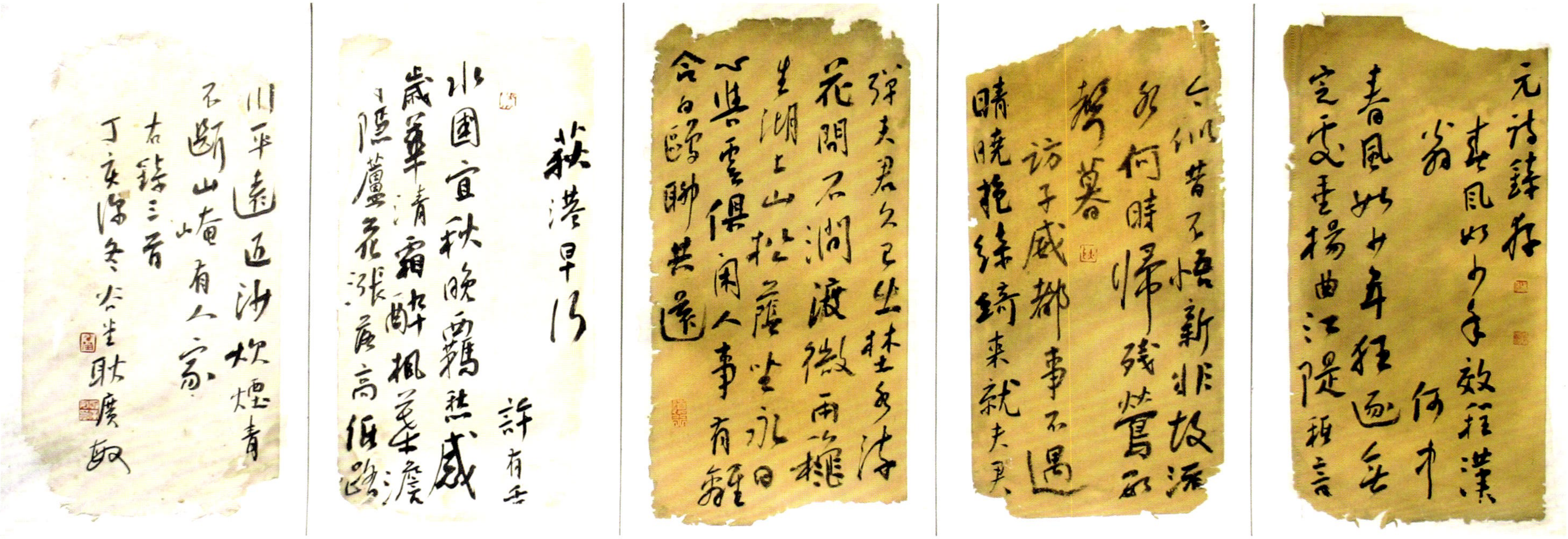

元人诗选录

纸:清代净皮、毛边纸

笔:小号兼毫笔

墨:红星墨液

尺寸:35cm×18.5cm×5

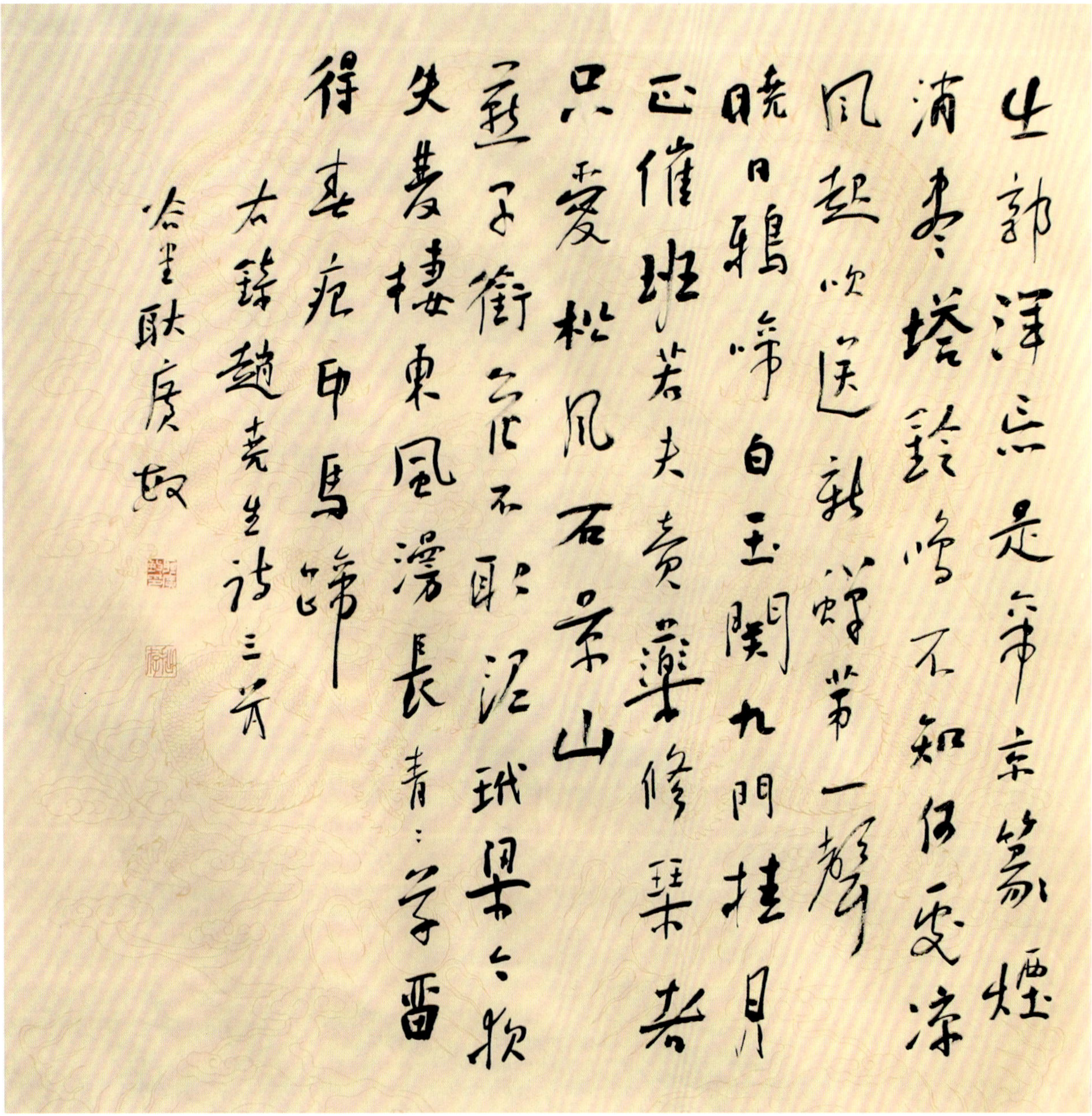

赵熙诗三首
纸:描金纸
笔:兼毫
墨:红星墨液
尺寸:68cm×68cm

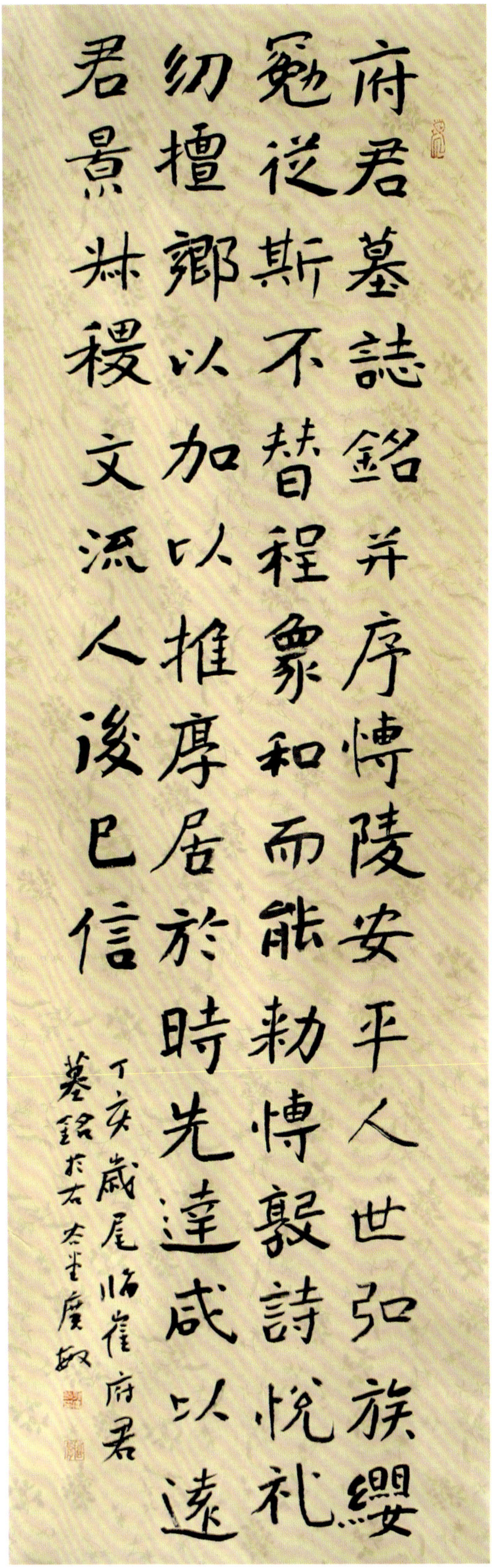

选临北魏崔府君墓志铭
纸:色宣
笔:兼毫
墨:红星墨液
尺寸:153cm×50cm

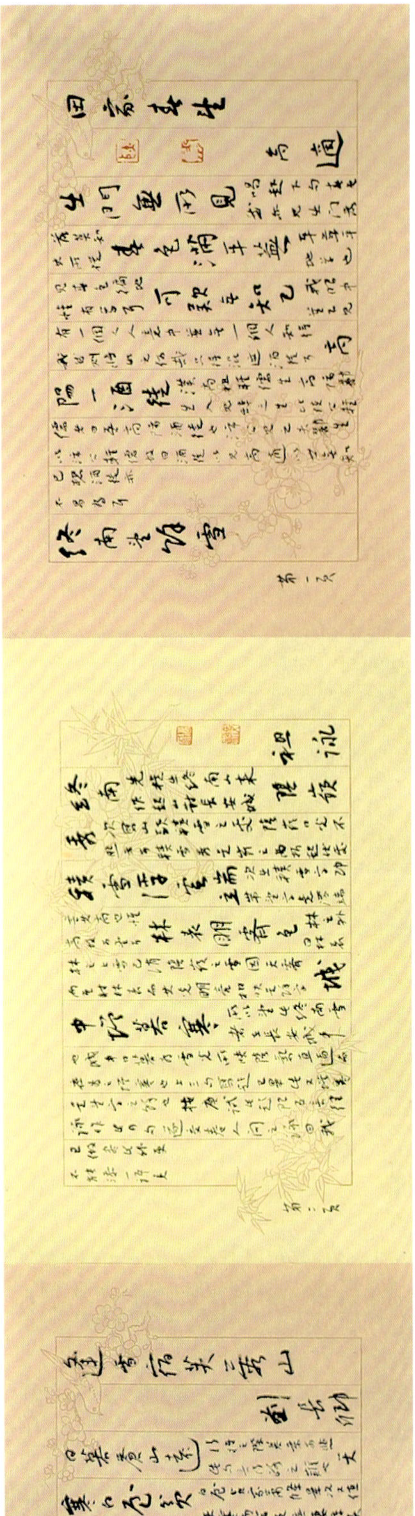

唐诗三首（夹注）
纸：花笺
笔：小狼毫
墨：红星墨液
尺寸：22cm×32cm×3

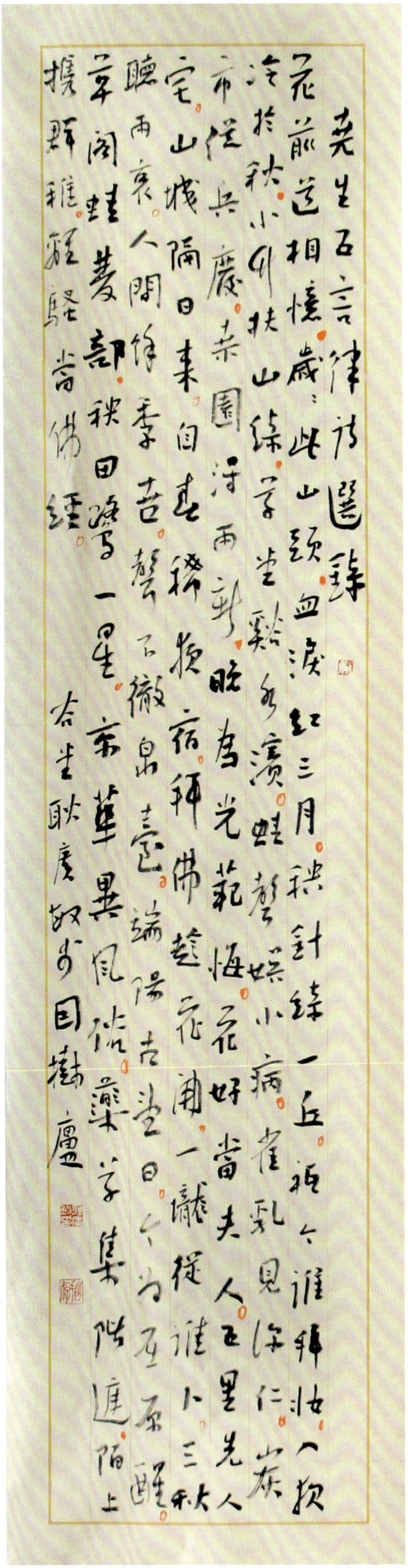

赵熙五言律诗选抄
纸:描金纸
笔:兼毫
墨:红星墨液
尺寸:138cm×37cm

诸子妙语录

释语：以天下与人易，为天下得人难。不闻不如闻之，闻之不如见之，见之不如知之，知之不如行之。不能知其民而能强其兵者，未之有也……

纸：描金乌丝栏宣纸。

笔：小号狼毫

墨：红星墨液

尺寸：34cm×70cm

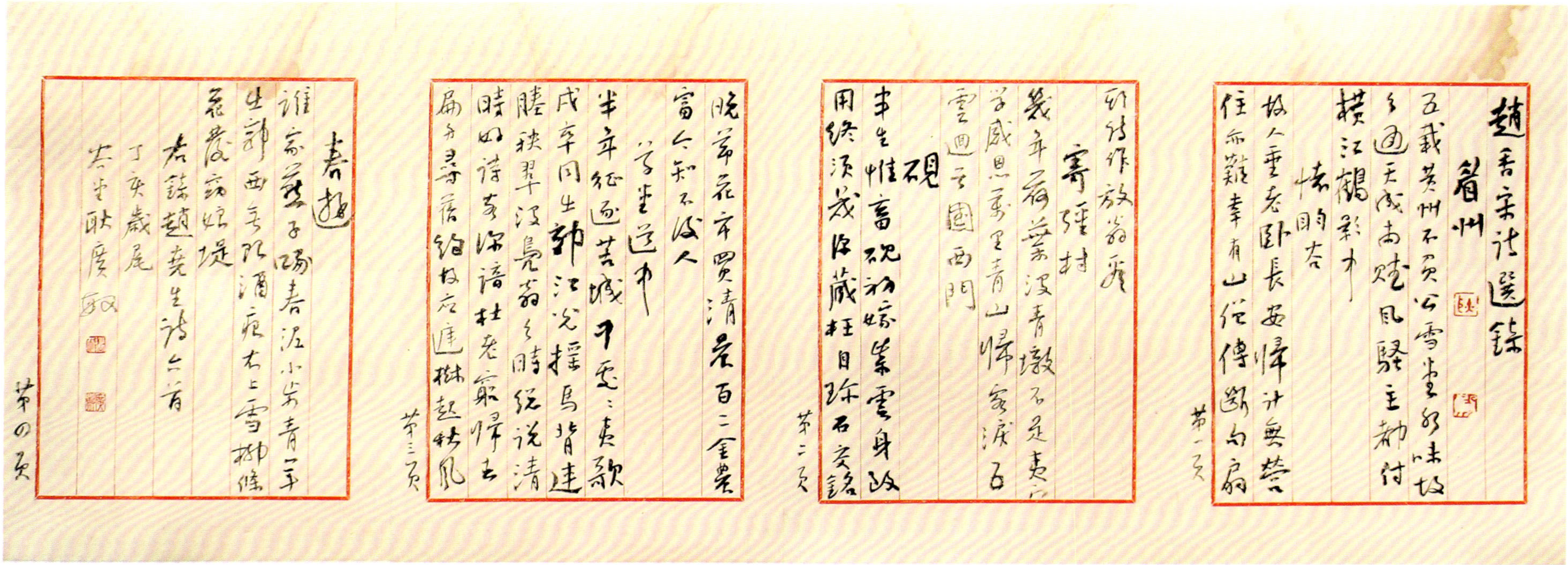

赵熙诗选抄
纸:八行笺
笔:小号狼毫
墨:红星墨液
尺寸:28cm×19×cm×4

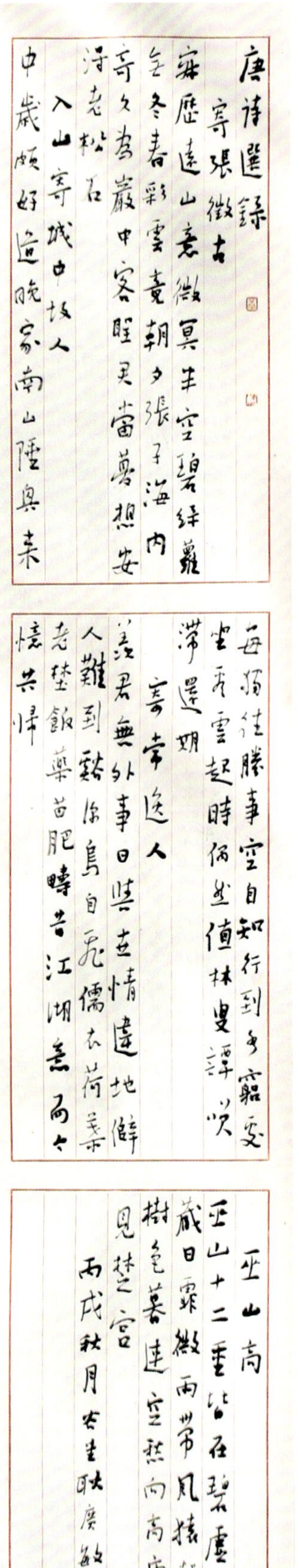

唐诗选抄
纸:玉版纸
笔:兼毫
墨:红星墨液
尺寸:63cm×33cm×3

来自李可染故乡的书画名家

LAIZI LIKERAN GUXIANG DE SHUHUA MINGJIA

赵守义

ZHAOSHOUYI

凤凰出版传媒集团
凤凰出版社

图书在版编目(CIP)数据

来自李可染故乡的书画名家 / 刘明主编.—南京:凤凰出版社,2008.5
ISBN 978-7-80729-176-3

Ⅰ.来… Ⅱ.刘… Ⅲ.①书法家—简介—徐州市—现代 ②画家—简介—徐州市—现代 Ⅳ.K825.72

中国版本图书馆 CIP 数据核字(2008)第 073992 号

书　　名	来自李可染故乡的书画名家
主　　编	刘　明
策　　划	徐州凤凰文化发展有限公司
责任编辑	高思源
出版发行	凤凰出版传媒集团 凤凰出版社(原江苏古籍出版社) 南京市中央路 165 号 邮编 210009 发行部电话 025-83223462
集团网址	凤凰出版传媒网　http://www.ppm.cn
印　　刷	徐州市今日彩色印刷有限公司 江苏省徐州市青年东路 62 号 邮编 221003
开　　本	889×1194 毫米 1/16
印　　张	48
字　　数	100 千字
版　　次	2008 年 5 月第 1 版 2008 年 5 月第 1 次印刷
标准书号	ISBN 978-7-80729-176-3
全套定价	288.00 元

(凤凰出版社图书凡印装错误可向承印厂调换)

地域文化的光彩

——徐州书画现象(代序)

程大利

徐州,古为九州之一。它是长江、黄河之间的一片沃土,兼有南北地域文化的特征。黄河十三次改道流经此地,积淀泥沙的同时也积淀下了文化,一种坚忍耐劳、朴实敦厚的文化,一种崇文尚武、入世进取的文化,一种心思缜密而不流琐屑、不入极端但又是非分明的处世风习很容易造就一批高旷冲淡又豁达温厚、有情有义的文人,而这又是传统书画艺术家必备的品质。

地理的特殊影响着文化生态。5000年以来,这里留下先秦文化的光彩,更留下两汉文化的辉煌。已经开掘和没有开掘的汉墓,无疑给这块土地添上了许多故事,成为极为厚重的遗珍。画像石是造型艺术的最好教材,《大风歌》而下的诗文传统展现着酣畅淋漓的气度,多姿多彩的民间艺术陶冶了一代又一代的少年,优美的自然风光和千载不泯的民间传说,都为艺术家的成长铺就了温床。近百年来,这里走出了一批杰出人士。以书画为例,民国以来的张伯英、李可染、刘开渠、王子云、萧龙士、王肇民、朱德群、朱丹等书画家成为20世纪的一个现象,不同于江南的"松江派"、"华亭派"等等,却是风格各异地竞相峥嵘。在现代美术史上闪现着光辉,李可染在中国山水画上的贡献已成定论,在历史上留下了充实的一页。

中国传统艺术是中国文化现象。书画是传统文化的瑰宝,它既可以"成教化、助人伦",也可以"涤烦襟、破孤闷、迎静心、释燥气",是"祛病增寿的良药"。书画发达地方人们的心态会趋于平和,社会风气会趋于文明。书画家在徐州特别受尊敬也是"崇文"风尚使然,这促使着艺术家更趋努力,为家乡做出新贡献。

文化,因传承而厚重,书画文脉传到今天似乎更为壮丽,一代书画家产生了新的影响,有的人已成为当代艺术的领军人物。徐州的书画事业也从来没有像今天这样繁盛。许多理论家朋友已注意到徐州出书画家的现象,这一地域现象必将被展开并深入探讨。可染先生的"实者慧"形象地总结了自己,更为一代书画家开启了修炼的明灯。在中华民族艺术的大花园里,徐州书画的奇葩必将更为绚烂,徐州的书画事业前程似锦。是为序。

戊子初于京华

学书在法　而妙在人

赵守义其人其书

耿广敏

国家历史文化名城徐州，钟灵毓秀，人杰地灵，历史悠久，深厚的文化积淀和前贤的文采风流，泽后相传，生生不息，也孕育了大批从事书法篆刻的人群，赵守义就是其中较出色的一位。

守义幼年，承家训，"字乃人之门面"得悟启示，以至好之不疲，乐而忘忧。孔子云"知之者不如好之者，好之者不如乐之者"，大凡好学而有成就者，莫不如此。若无昔年冥冥之志，何有今日昭昭之功。守义曾有过五年的军旅经历，锻养了其坚韧向上的品格，无论生活如何艰辛，他始终没有放弃对书艺的追求。他先后于中国书画函授大学，中国书法进修学院，中国书协培训中心学习进修，其中甘苦，由学而得苦中之乐。

守义书法正草隶篆无所不能，且格高不俗，实是难得。其学书从楷入手，早年取法颜、褚，上溯王羲之、钟繇及北魏刻石，后习元明赵孟頫、文徵明诸家。守义学书崇尚精之理，将所习碑帖写精写熟，达到碑帖的结体形态，笔法韵致，再横向博习其他，相互融汇，掺入己意，有所创造。他借鉴魏碑、行草笔意，一改正书之精道极致，强化书写的随意性，强调点线的映带，字态的稚拙。使其更具欣赏性。加之墨色燥润相间，作品更加鲜活多姿。守义学书路子正、学有法，吃透一家而博取百家，常践行，集众长，又保持宽容开放，严谨选择的艺术心态。思虑通审变为用，勤于探索，不断升华，学书视野深远而开阔。

守义行草书承二王一脉，古法中透出很多帖学信息，乃多师法古贤使然。其用笔劲健，下笔着力，提按适度。或轻重驾驭，或疾速利落。行笔中蕴积节奏，给人一种韵律美、力量美、震撼感。也能感受到其书写时那种高度集中的神情，心手双畅的乐感。清刘熙载《艺概书概》曰："书须兼备阴阳二气，大凡沉着屈郁，阴也，奇拔豪达，阳也。"古人论书以势为先，势乃型造，守义书法书字字体势独立，兼备二气，点画顾盼，开合夸张，气脉冲盈。行笔偶有映带，且畅达生动。造势、尚意、功力与性情并重，始终以自己独特的审美情怀去追寻传统书法的清雅与文气，诠释古典传统的古朴韵质。赏其作品，神清气朗，意真性明，通篇透析出俊逸率真，隽永灿烂的纯古，精致疏散的晋人风尚。笔法的精熟，用线的凝涩，用墨的鲜活，骨气的洞达，布陈的自然，通势的奇恣，都达到相当的高度，具有很高的艺术感染力，不难看出其独道的艺术语言及表现真、善、美的人格形象。显示了其人生的不凡经历和内心世界的自我写照，书为心画，字如其人，在这里书品与人品得到了和谐统一。

学书在法，而妙在人，守义的成功不仅是其学书善思重悟，也不仅仅是其连续数年在国家级重大展览中二十多次屡屡获奖入展，声名在外，令人企羡，更可贵的是其对书法艺术的苦学精神融入其事业，成为人生唯一的追求，于笔墨中彰显人生价值。其创作之余还从事书法的普及教学，他为人师表，忠厚做人，敏于思考，勤于实践，谆谆善诱，桃李无言，下自成蹊，赢得学生的衷心爱戴，十余年来培养了大批书法后学之才，有的成为国家级书协会员，有的考入高等院校书法专业，在皖北、鲁南、苏北享有盛誉。将为艺和职业紧密结合，走的是以书养书的职业书家之途。

书法之贵关乎书家品行，守义是只求苦学而不求闻达之人，平日交游甚少，淡泊平和，不事张扬，终日蜗居书斋，参悟书理，但也致其见闻稍欠，学不足、心欠安、艺难精。平静的心态，加之笃挚的性情，使其学有所成。若今后广其学识，在对传统文化精髓学习不断扬弃中，求新、求变，凸显自家艺术风格，相信守义会创作出更多更美的书法艺术佳作。

2008 年 3 月 2 日夜于因树庐

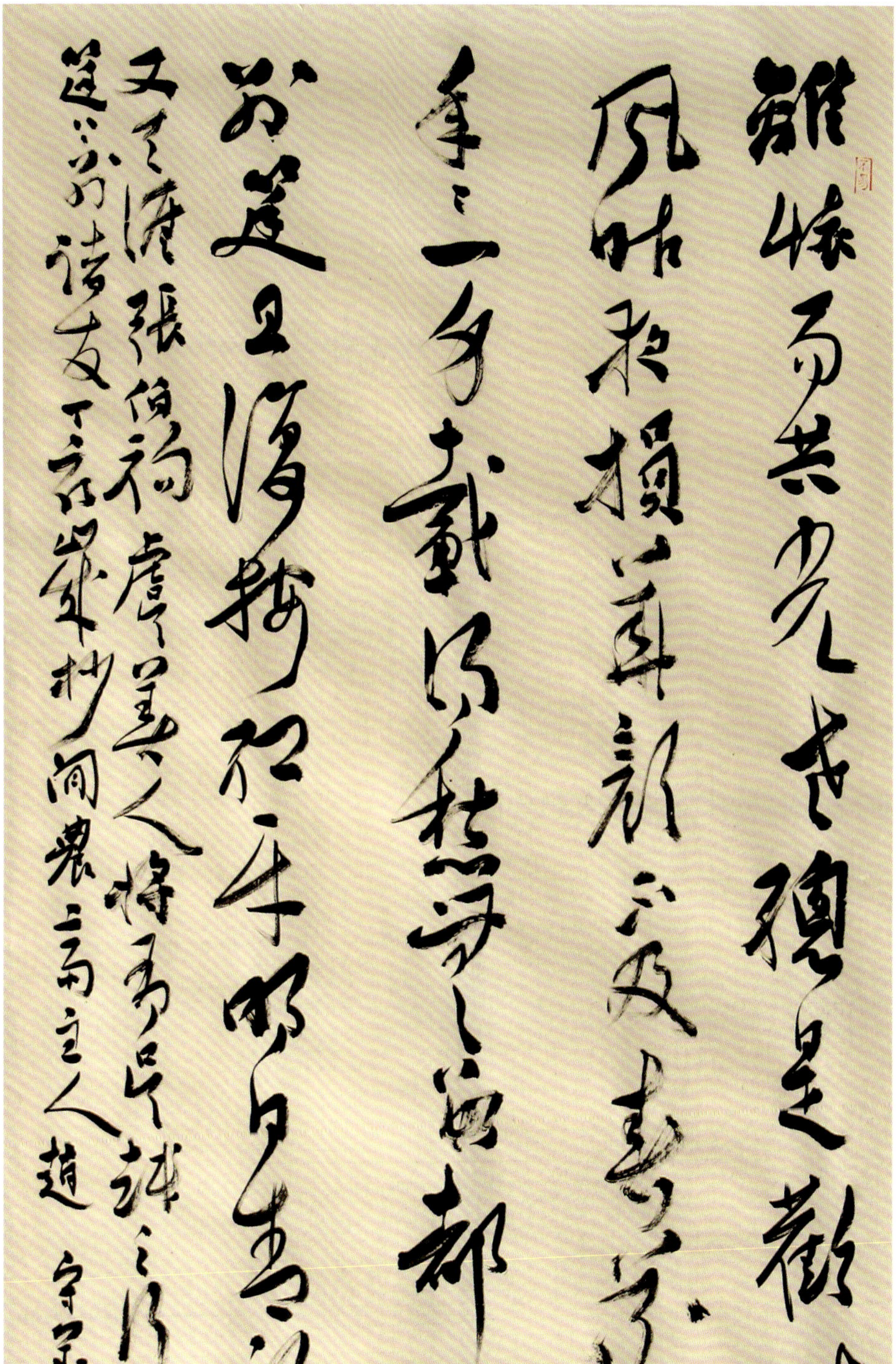

张伯驹词《虞美人》 134cm×67cm

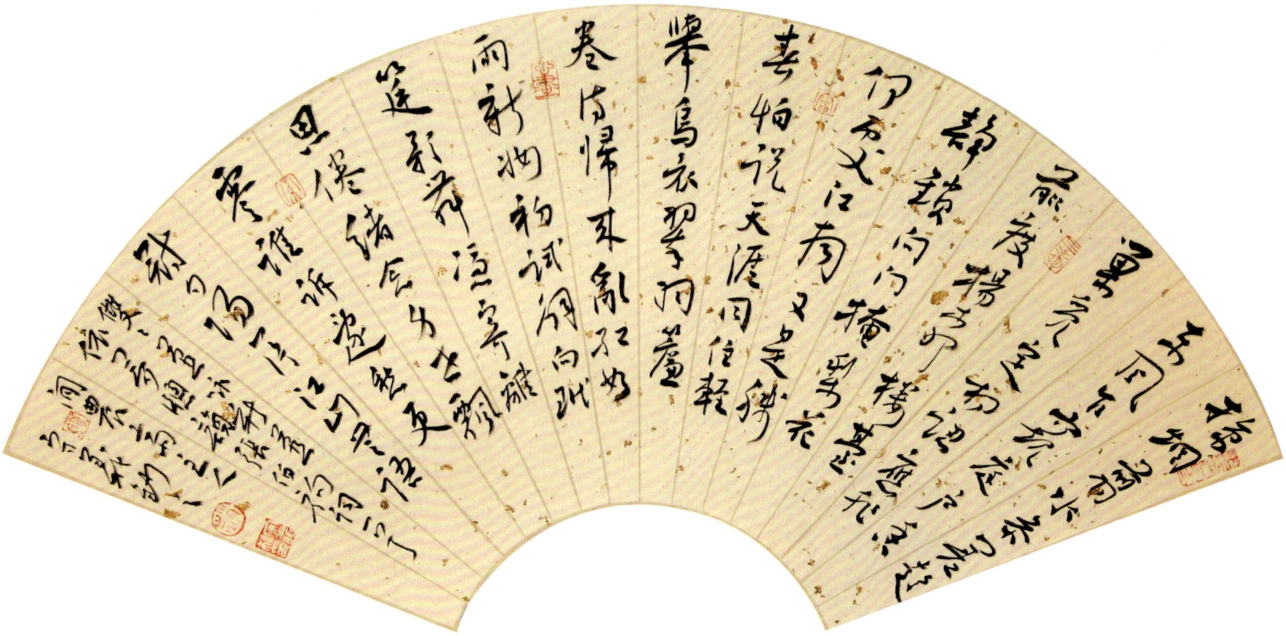

张伯驹词《双双燕·咏新燕》 57cm×27.5cm

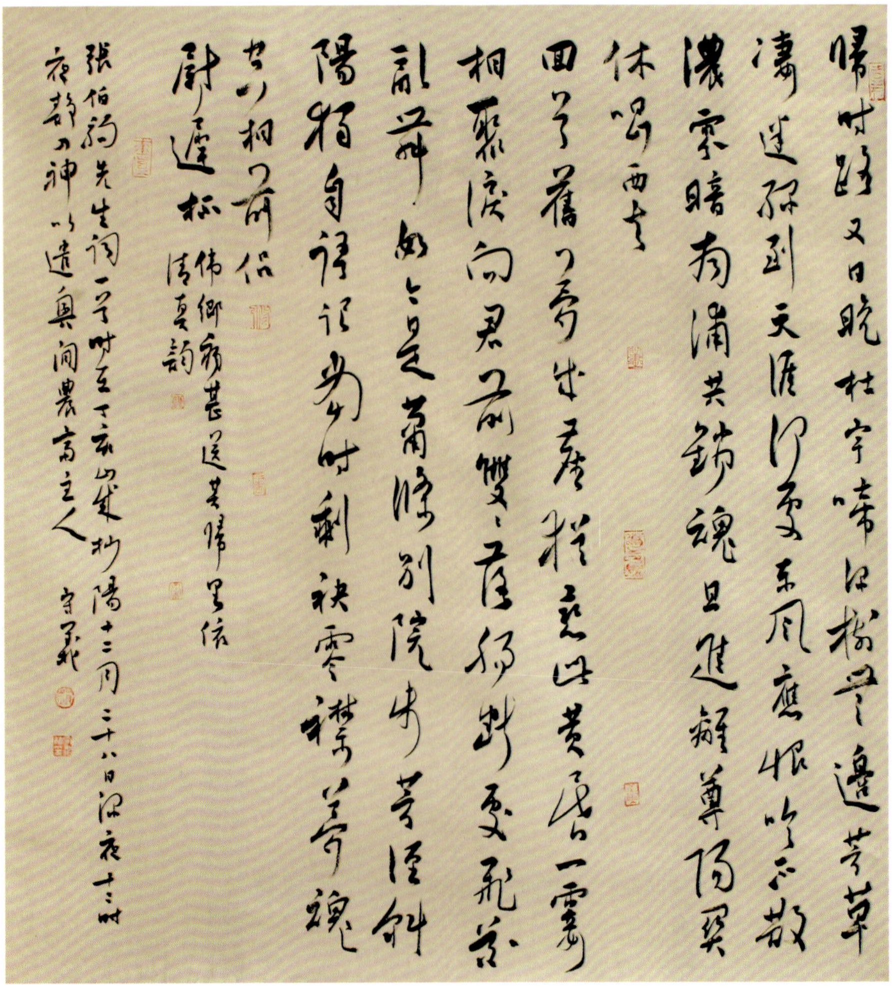

张伯驹词《尉迟杯》 67cm×67cm

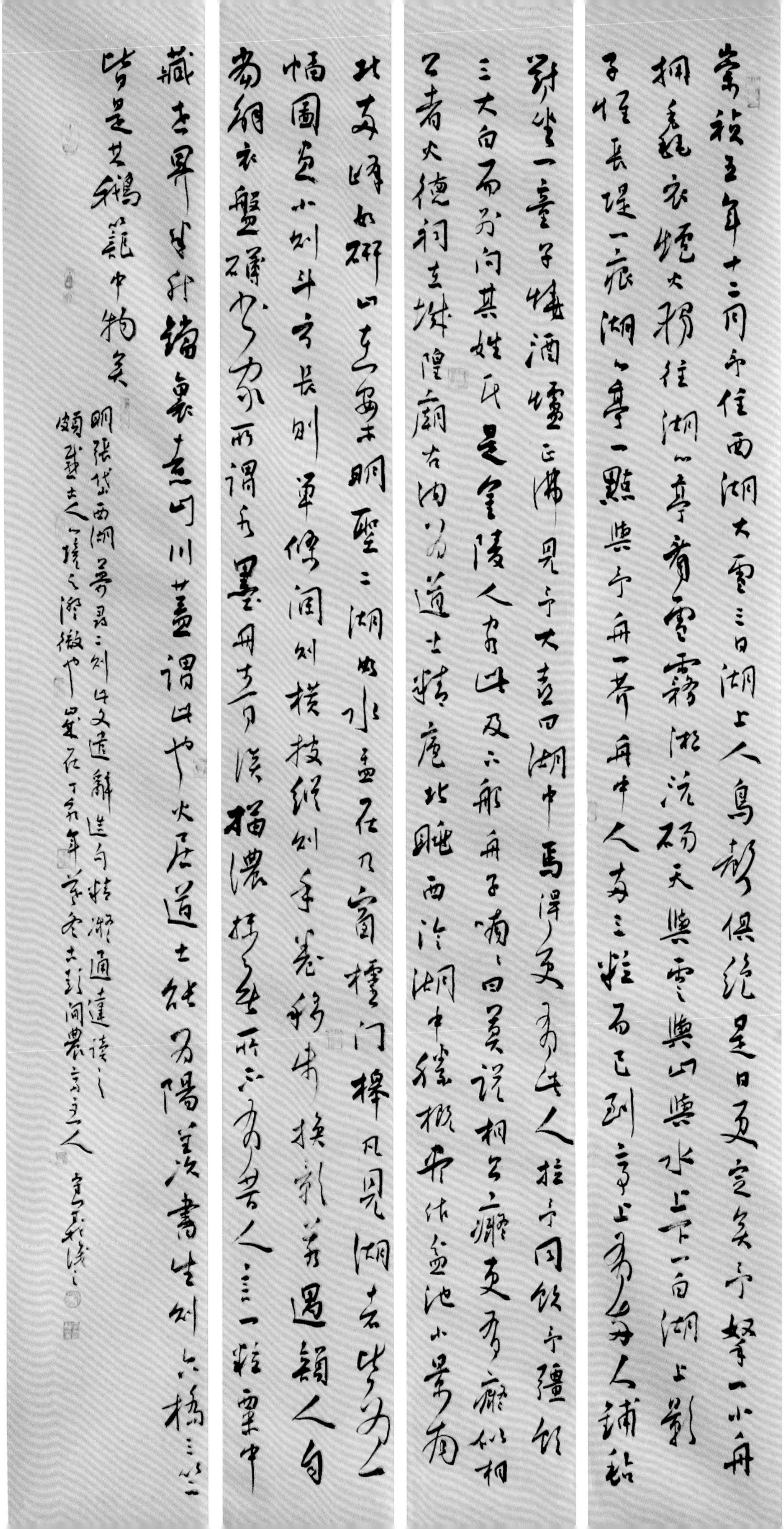

张岱《西湖梦寻》二则　134cm×16.7cm×4

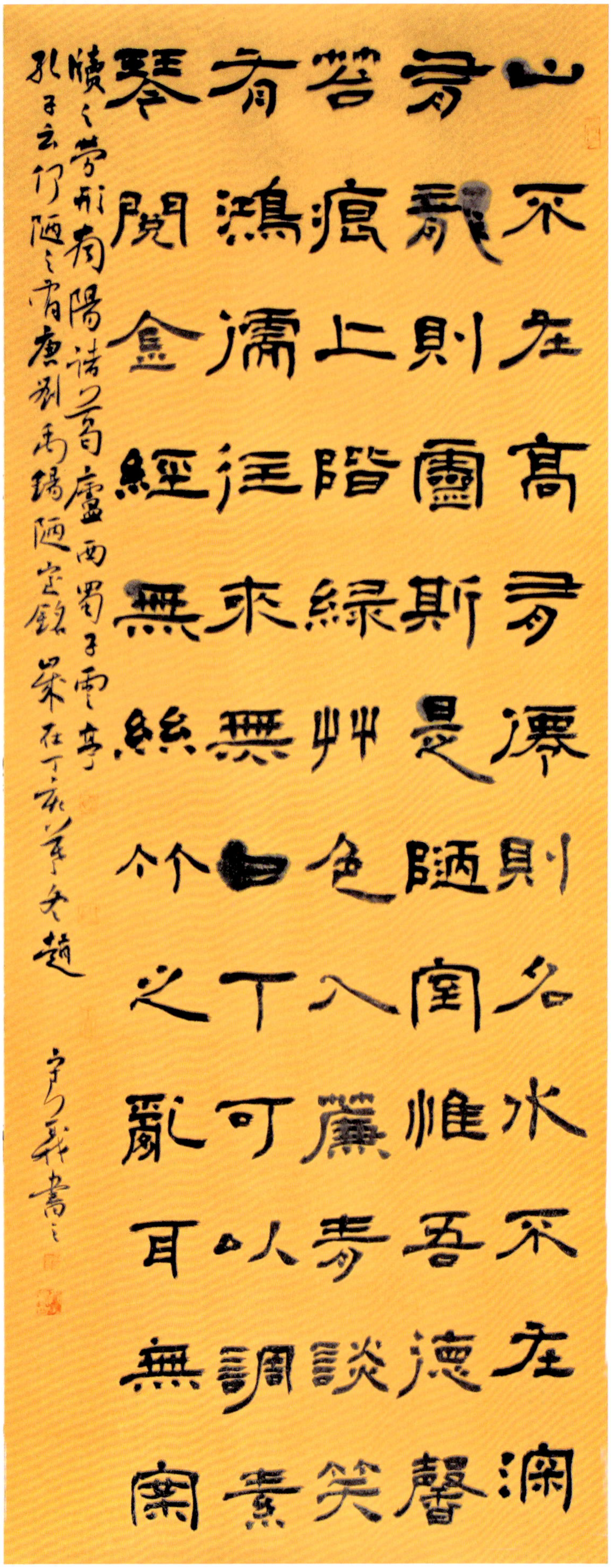

刘禹锡《陋室铭》 134cm×50cm

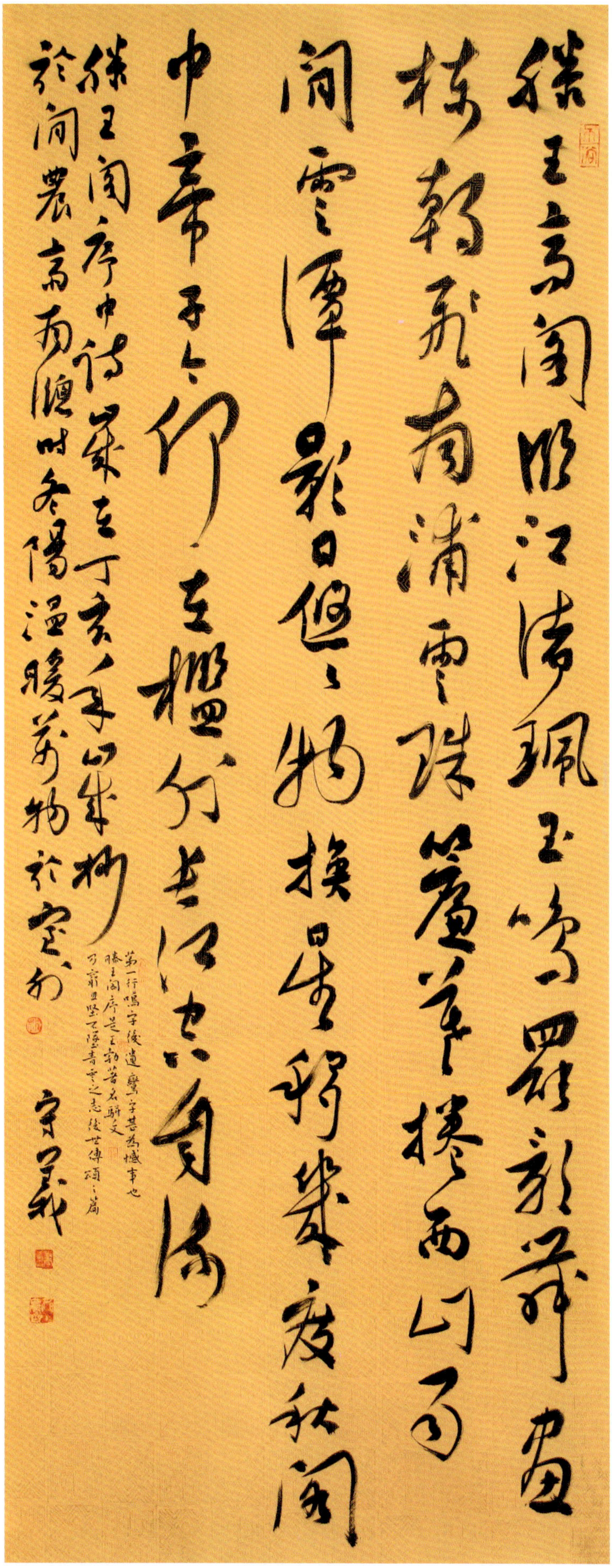

《滕王阁序》中诗　134cm×50cm

张伯驹词《鹧鸪天》 134cm×67cm

拂风鸣雷对联　134cm×33.5cm×2

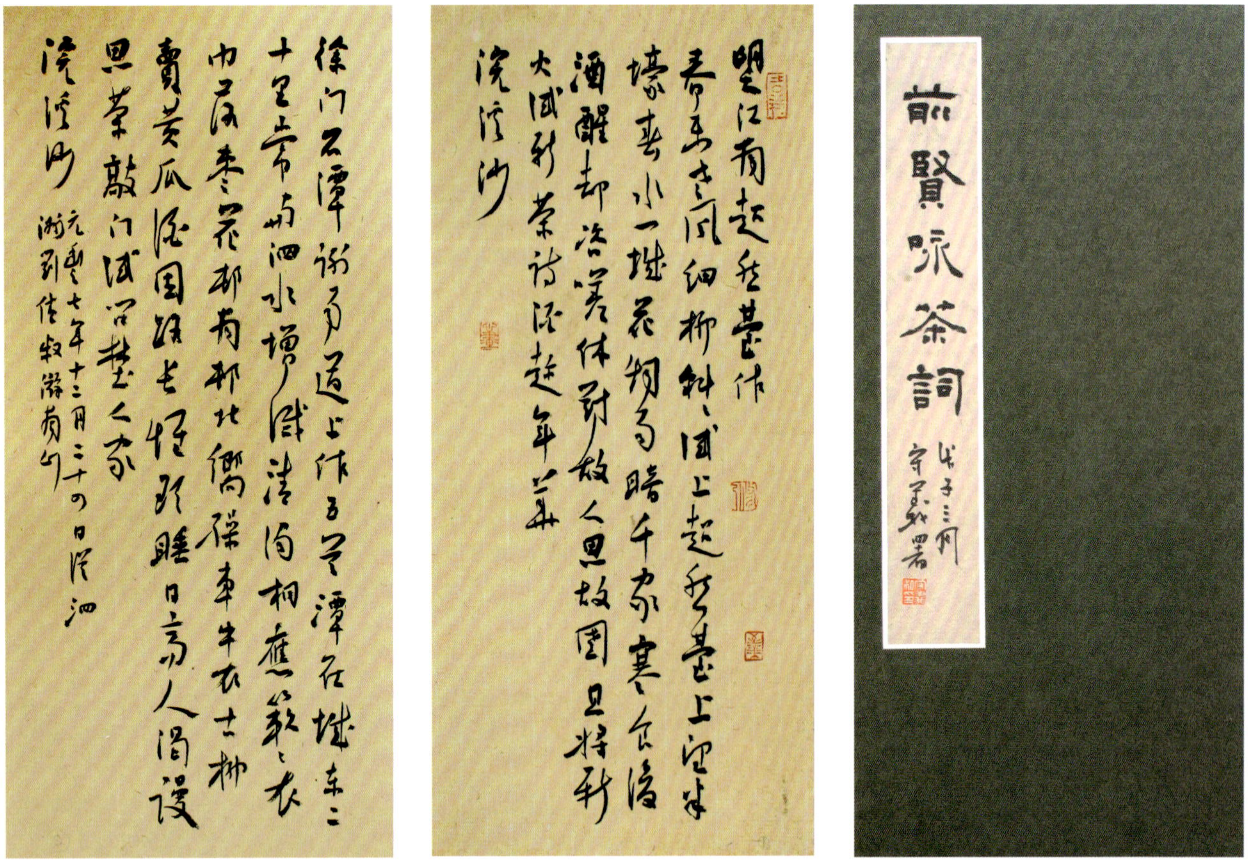

茶词(一)　20cm×45cm×20

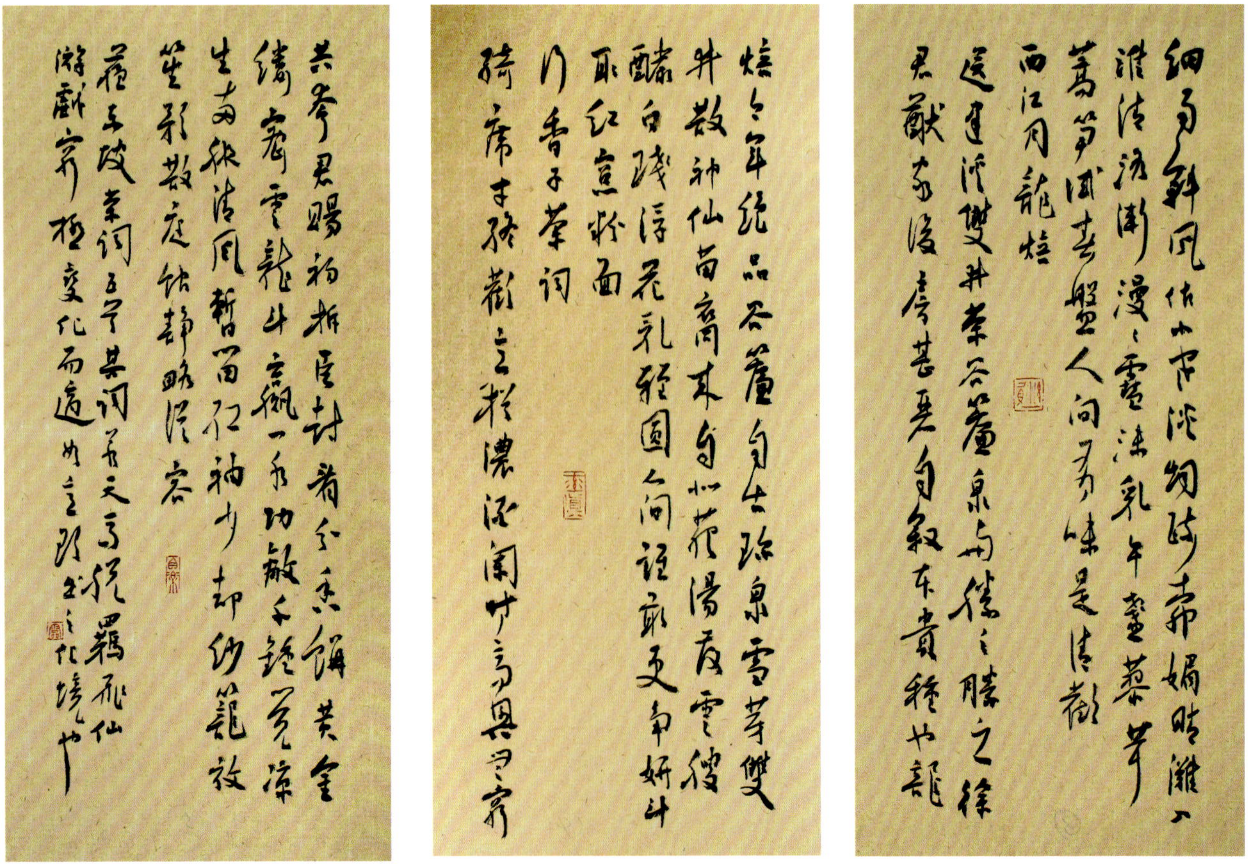

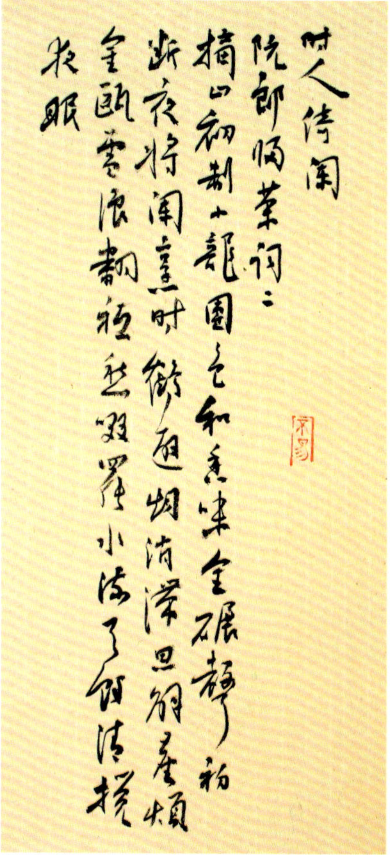

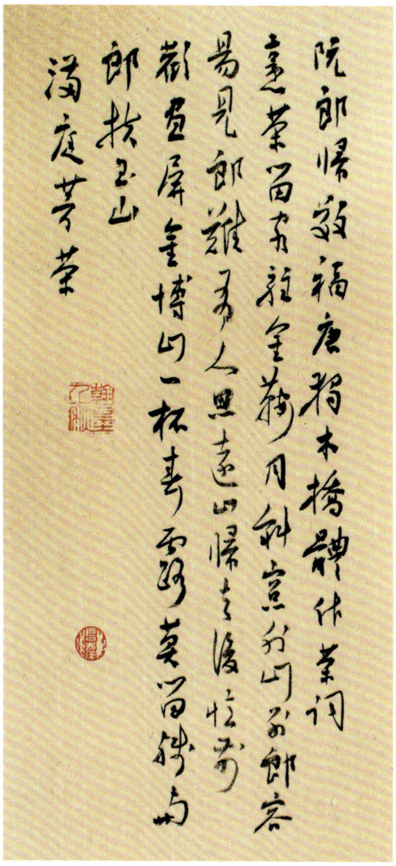

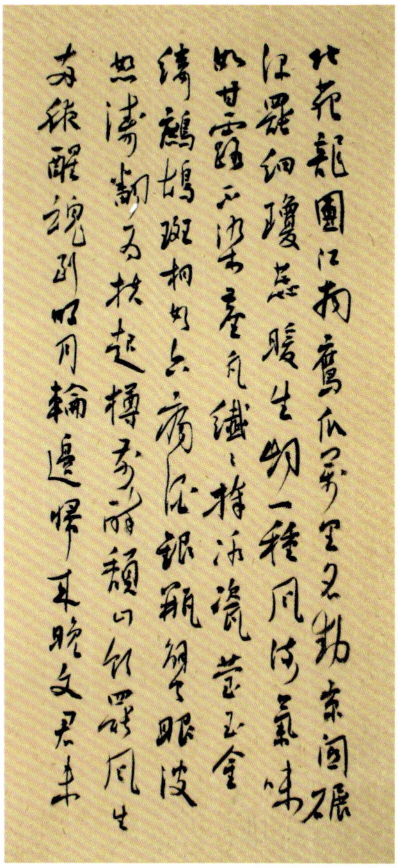

茶词(二)　20cm×45cm×20

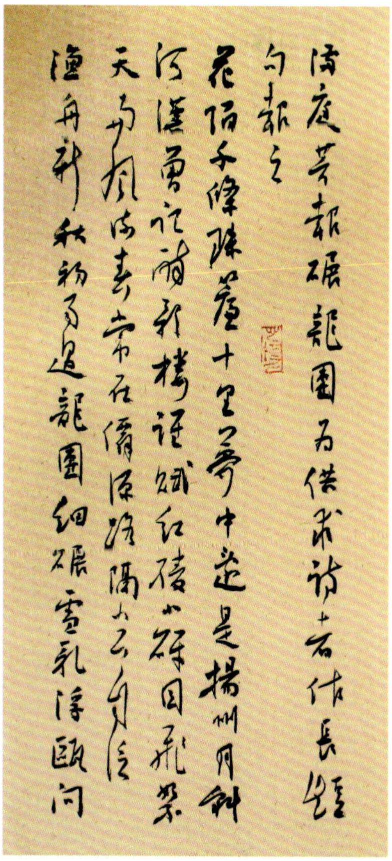

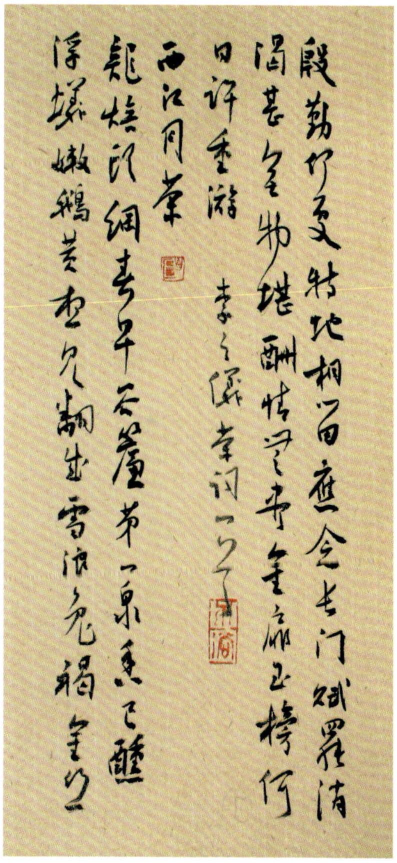

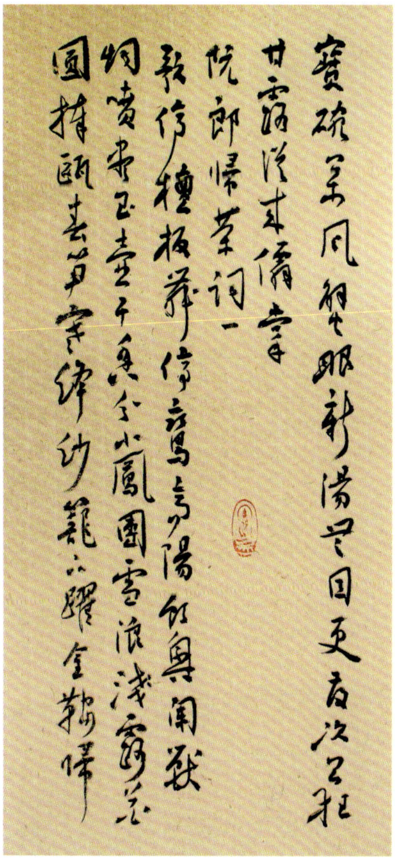

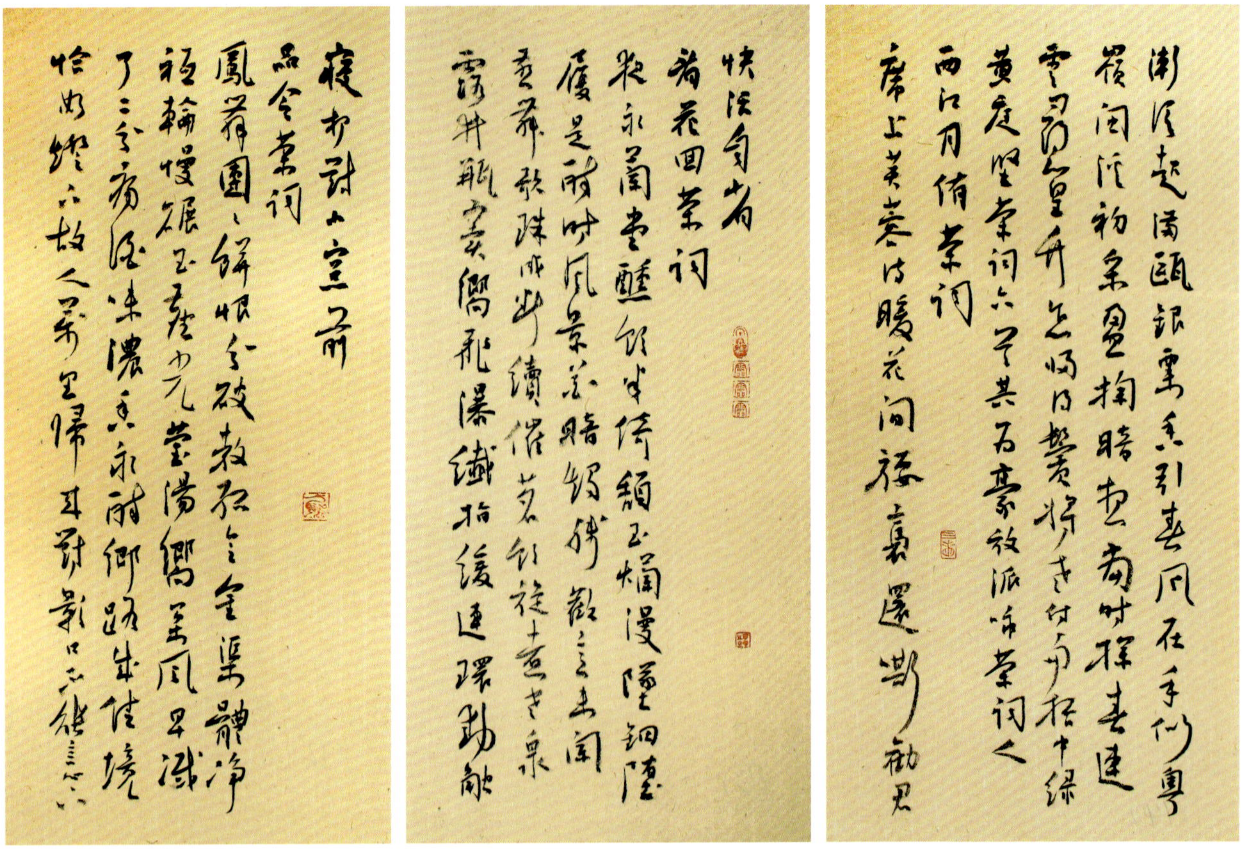

茶词(三)　20cm×45cm×20

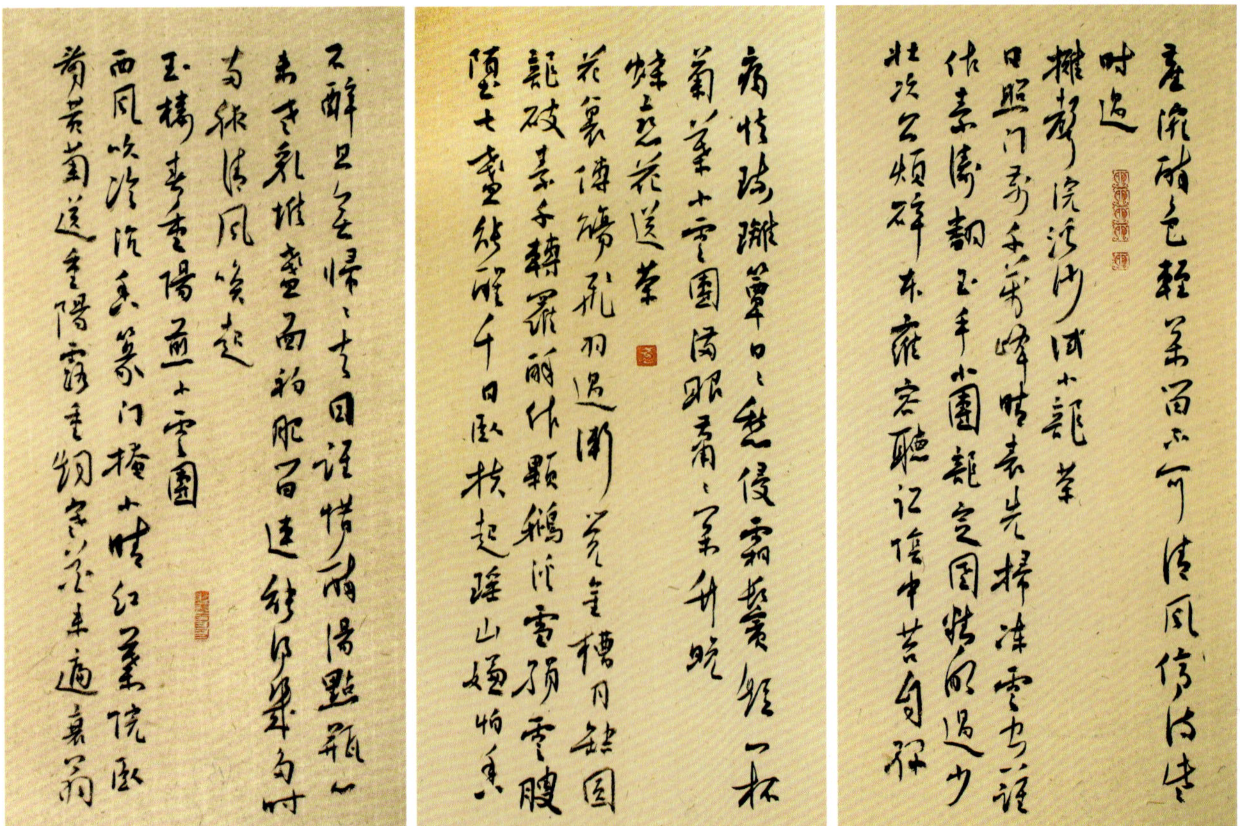

罗衣红

玉楼春 倚菊

淡银河映碧盘端篱照月一庭秋满院不知
陶菊总开无但见杜若新雨过去
年清露云万叠来来百年翠白云
小云白秋付年愁不在凤凰来来晚

毛泽东词五首 其词作自然闲执笔秀雅
飘逸 分楷清圆明润一格
录先贤咏菊词六首 菊词源于敦煌曲子
及晚唐五代词 发展于宋 鼎盛于清 士人文
人墨客留下不少咏菊佳作 为菊文化之宝
此千明东时节题

宗义钞之

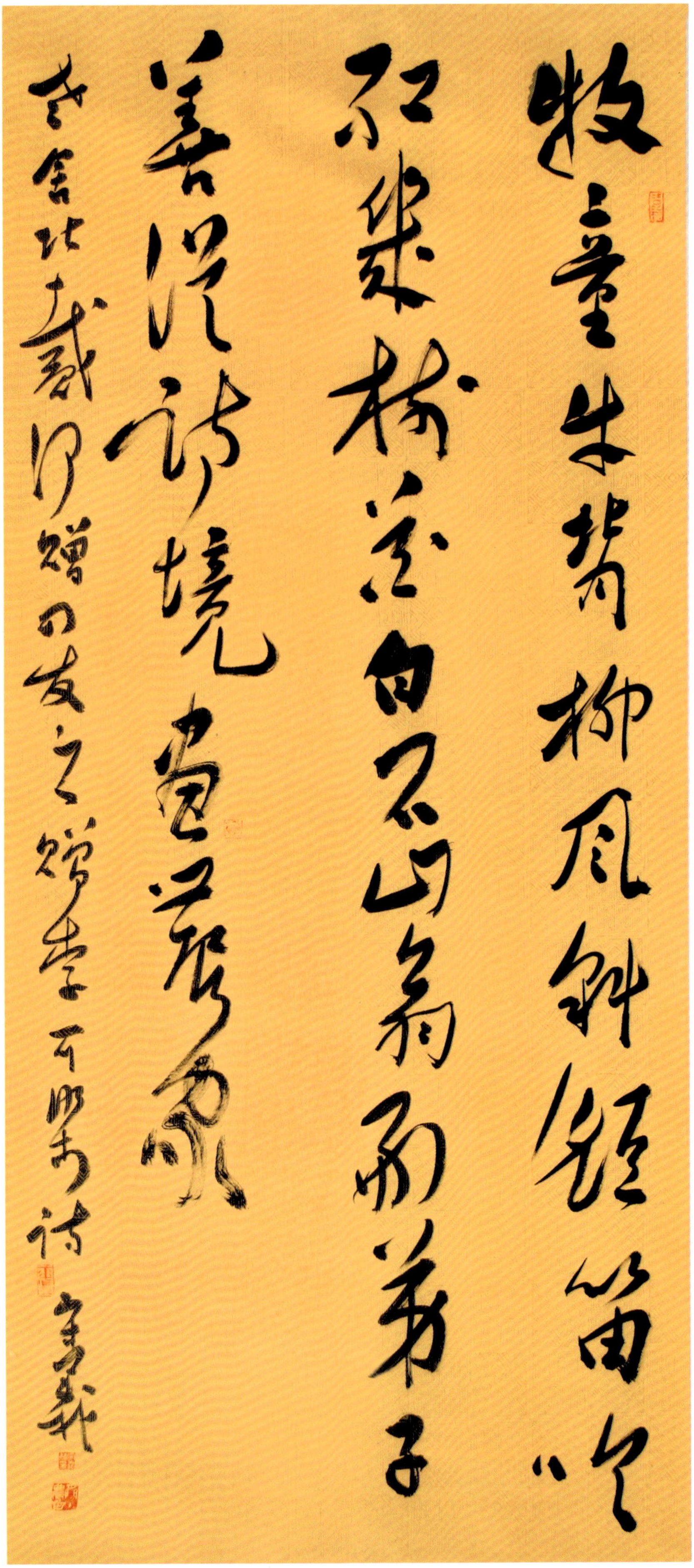

老舍诗　134cm×48cm

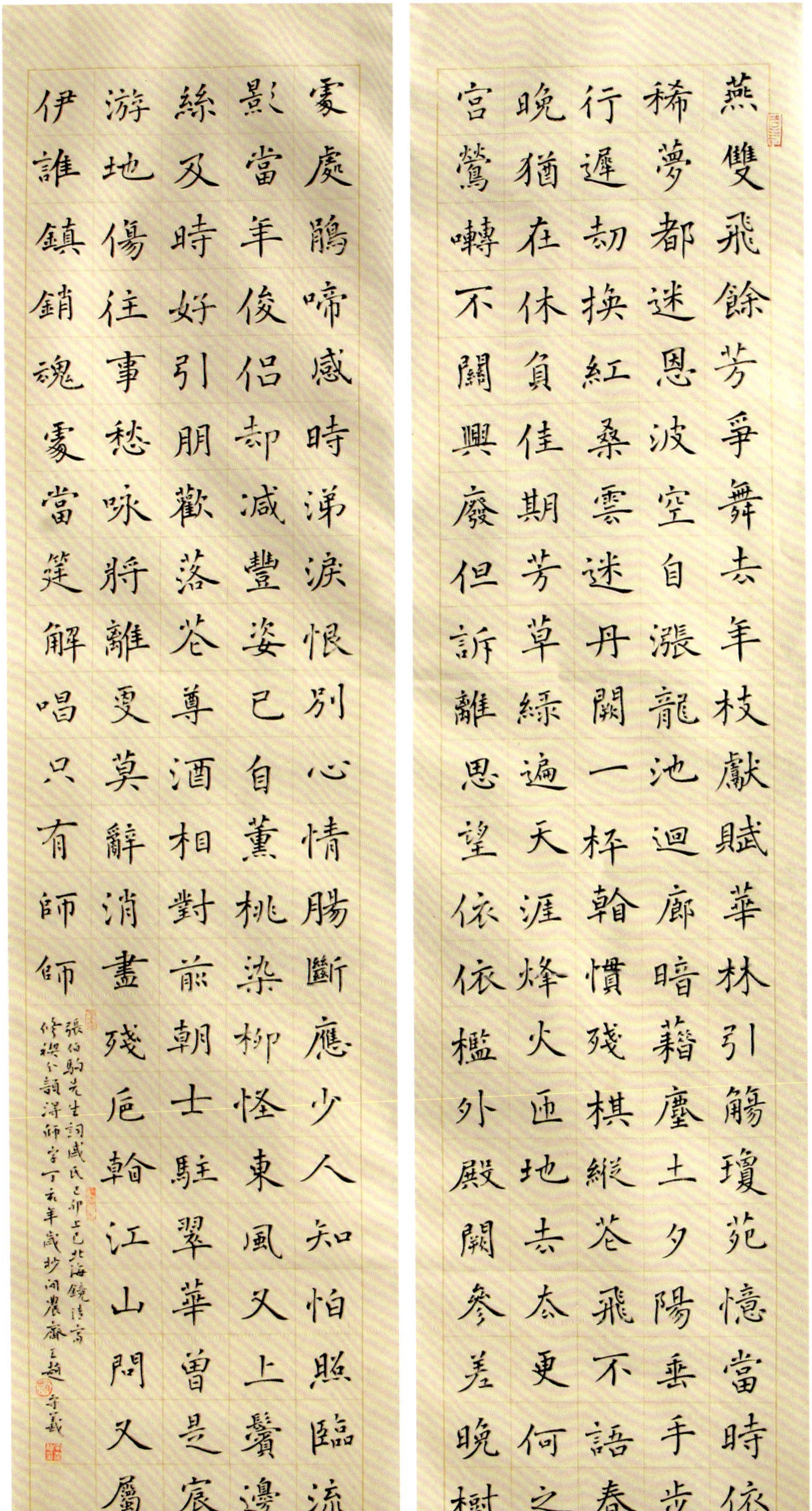

张伯驹词《戚氏》 134cm×30cm×2

早梅有感 宋王柏
新陽未復未十日爐外梅花已狼藉晴光烘
過冰雪融微風不動暗香來急呼清樽相
慰藉無數落英墮巾幘兒童但喜花開早
太早翻令我心慄年年寒色苦未老户户不
固洪鈞發造化不翕何以張不然生道幾於息
明年歲事未足言深憂南氣日馳北誰道

東君夜嶺來熏酒銀瓶薦嘉實
憶梅 宋段克己
姑射仙人冰雪肤昔年伴我向西湖別來幾
度春風換標格而今似舊無
劉仲尹墨梅詩三首 宋李龏
瘦損昭陽鏡裏春漢家公主奉烏孫淚
痕滴盡穹廬月誰道神香解返魂絕纓

人醉燭花殘主意方濃未厭歡十五瓊兒扶
況薄琵琶才許返廉禪
訪梅 宋徐璣
訪梅行近郊寒氣初淅瀝欲問未開時三點
兩點白清枝何蕭疏幽香況岑寂頗知天
姿殊絕似人有德逢君天一方歡然舊相識
和張矩臣水墨梅四首之一 宋陳與義

巧畫無鹽醜不除此花風韻更清姝從教變
白能為黑桃李依然是僕奴粲粲江南萬
玉妃別來幾度見春歸相逢京洛渾依舊
惟恨緇塵染素衣
紅梅 宋蘇軾詠梅三首
怕愁貪睡獨開遲自恐冰容不入時故作小紅
桃杏色尚餘孤瘦雪霜姿寒心未肯隨春

態酒暈無端上玉肌詩老不知梅格在更輸
綠葉與青枝雪裏開花卻是遲何如獨占
上春時也知造物含深意故與施朱發妙
姿細雨裛殘千顆淚輕寒瘦損一分肌不應
便雜夭桃杏半點微酸已著枝
幽人自恨探春遲不見檀心未吐時丹鼎奪胎
那是寶玉人頹頰更多姿抱叢暗蕊初含

子落盞穠香已透肌乞與徐熙畫新樣竹
間璀璨出斜枝
紅梅絕句二首 宋陸放翁
簿書山下越溪女戲作長安時世妝白白朱朱雖
小異斷知不是百花香雪裏溪頭已占春小
園又試曉妝新放翁老去風情在恰得梅花
醉似人 宋人詠梅詩數首 丙戌又之趙守義

宋人咏梅诗 20cm×23cm×6

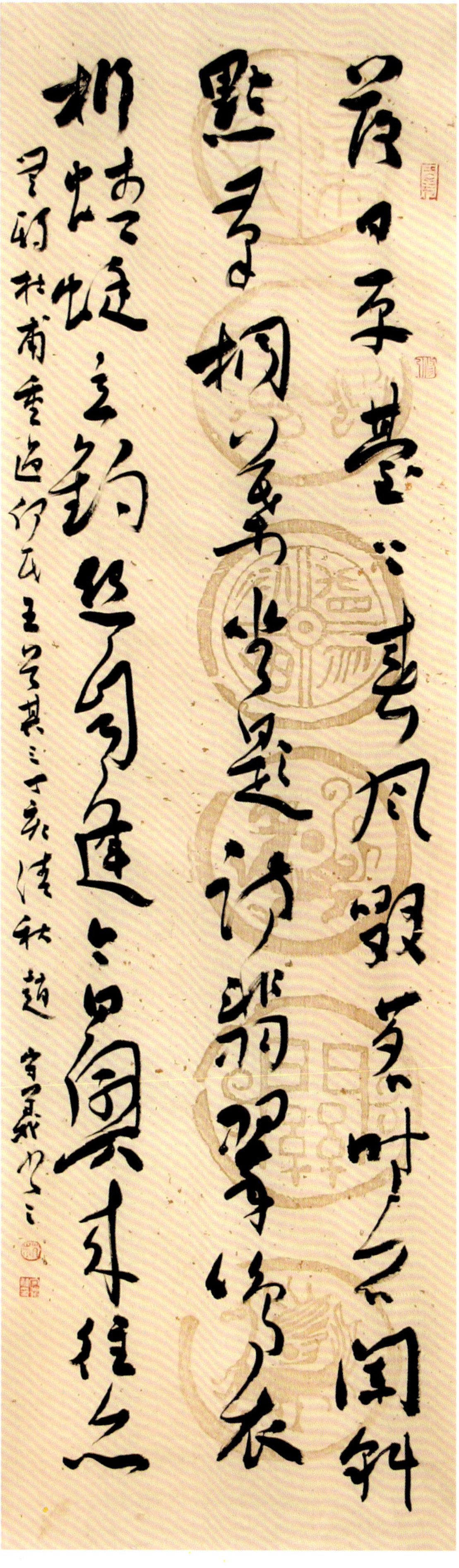

杜甫咏茶诗　100cm×20cm

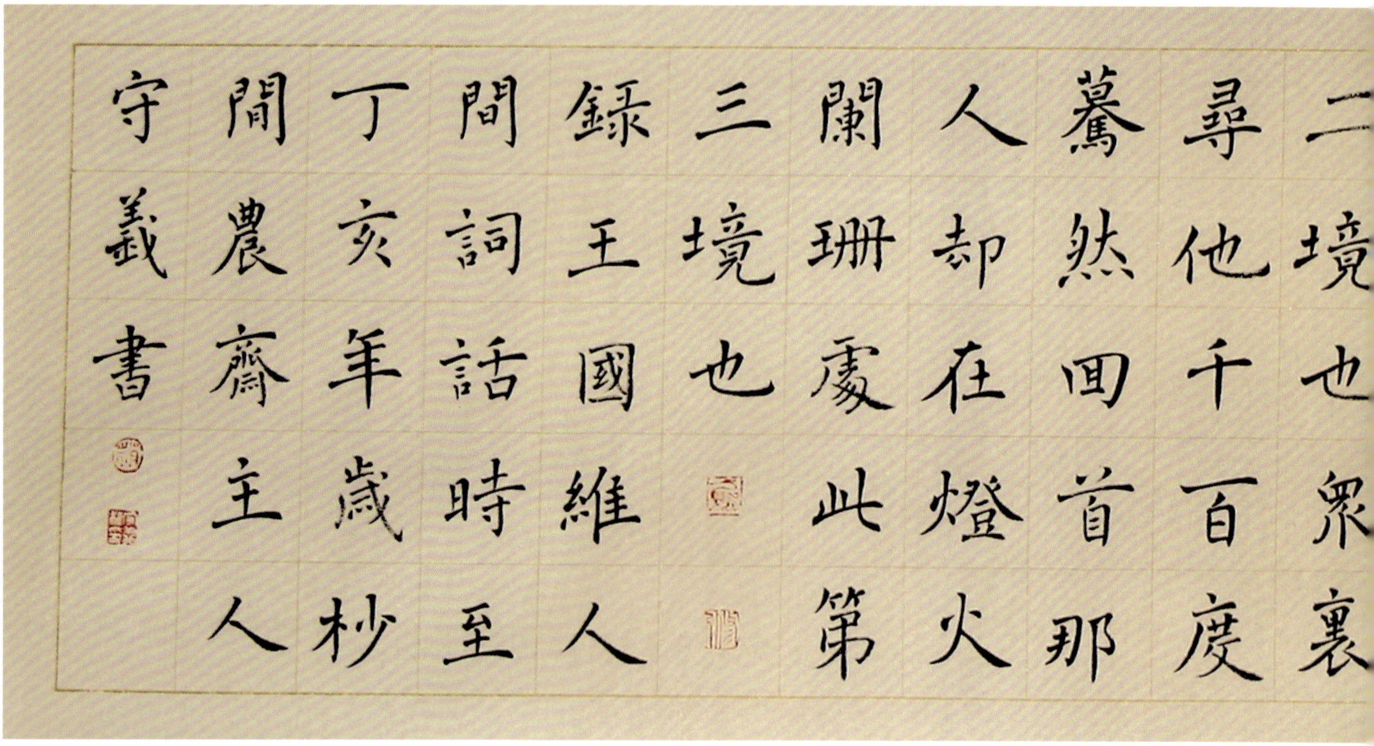

王国维人间词话　128cm×31cm

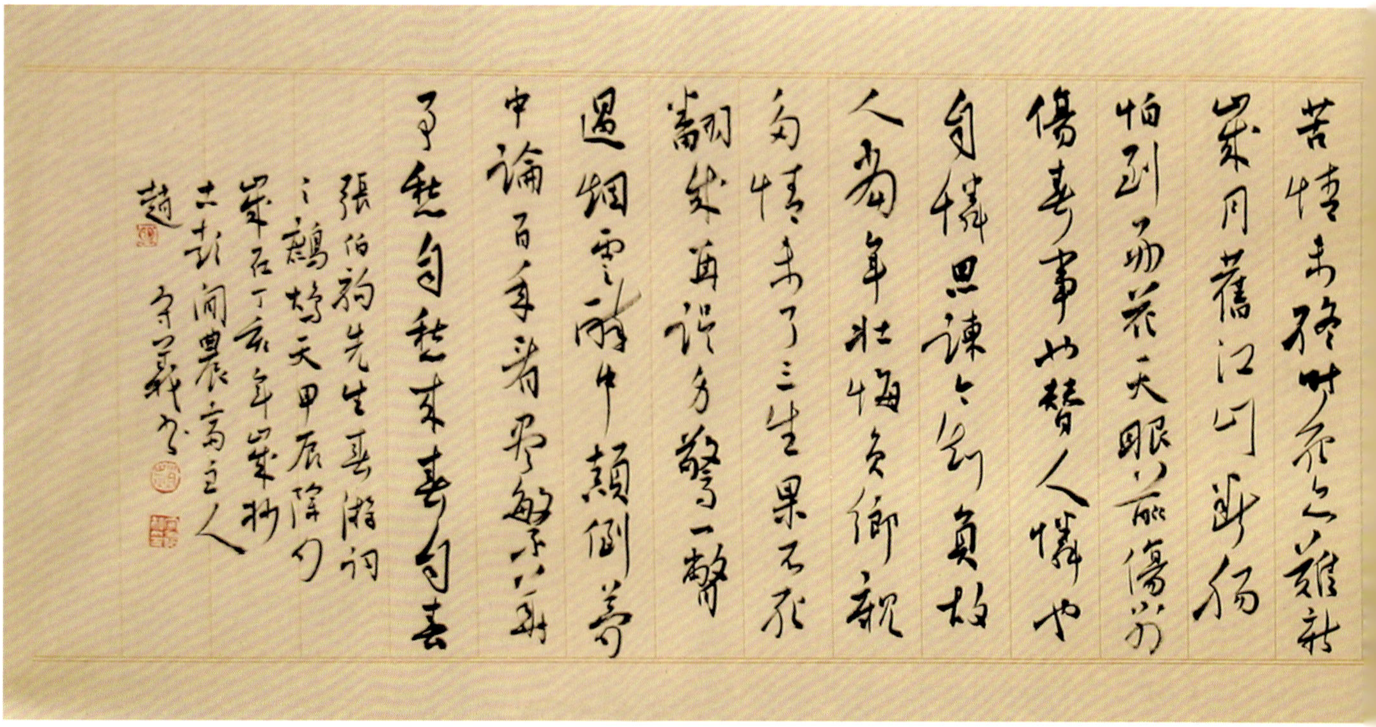

张伯驹词《鹧鸪天》　128cm×31cm

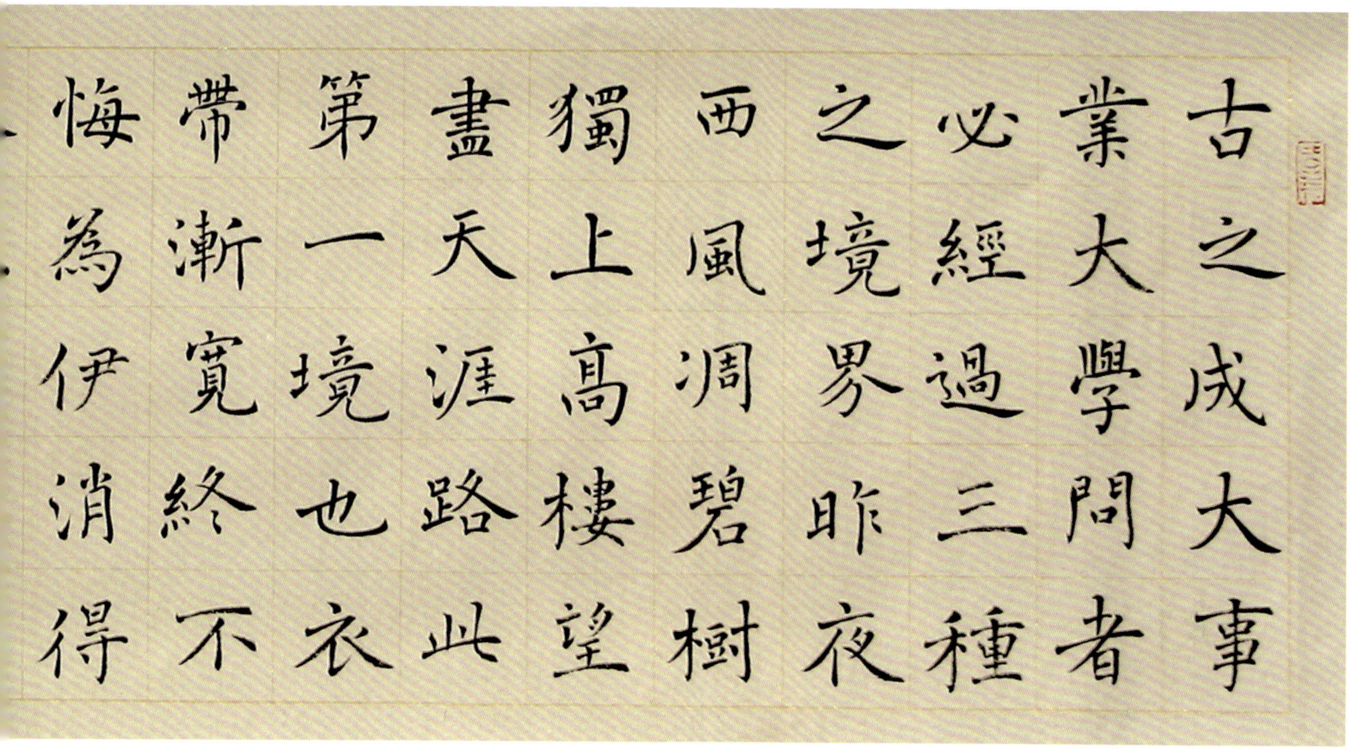
古之成大事
業大學問者
必經過三種
之境界昨夜
西風凋碧樹
獨上高樓望
盡天涯路此
第一境也衣
帶漸寬終不
悔為伊消得

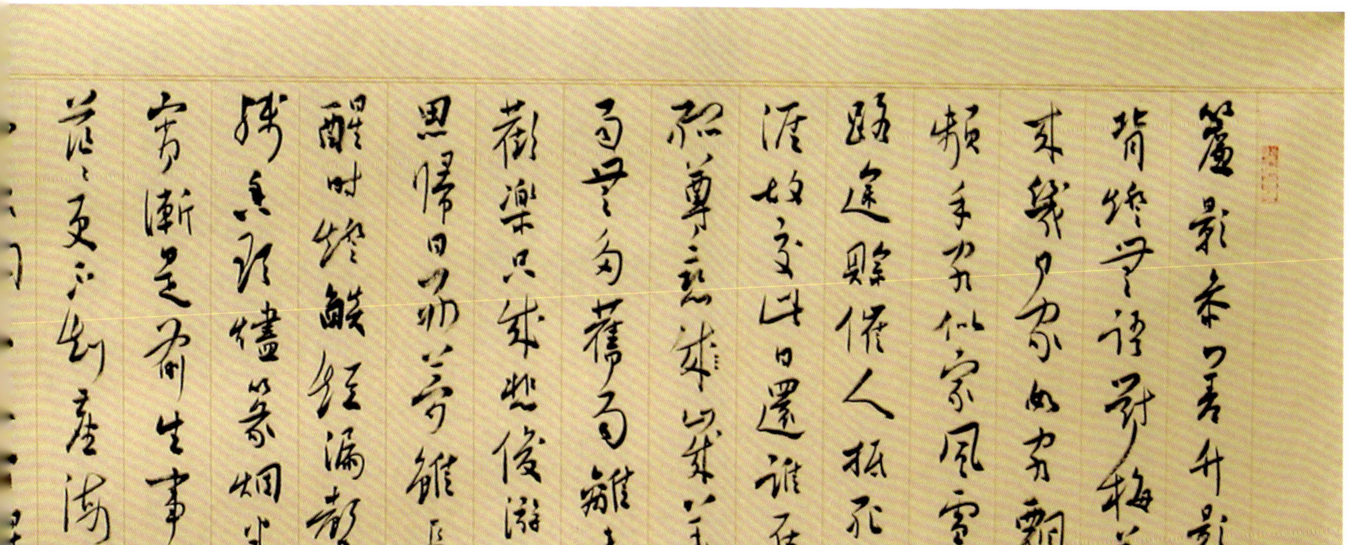

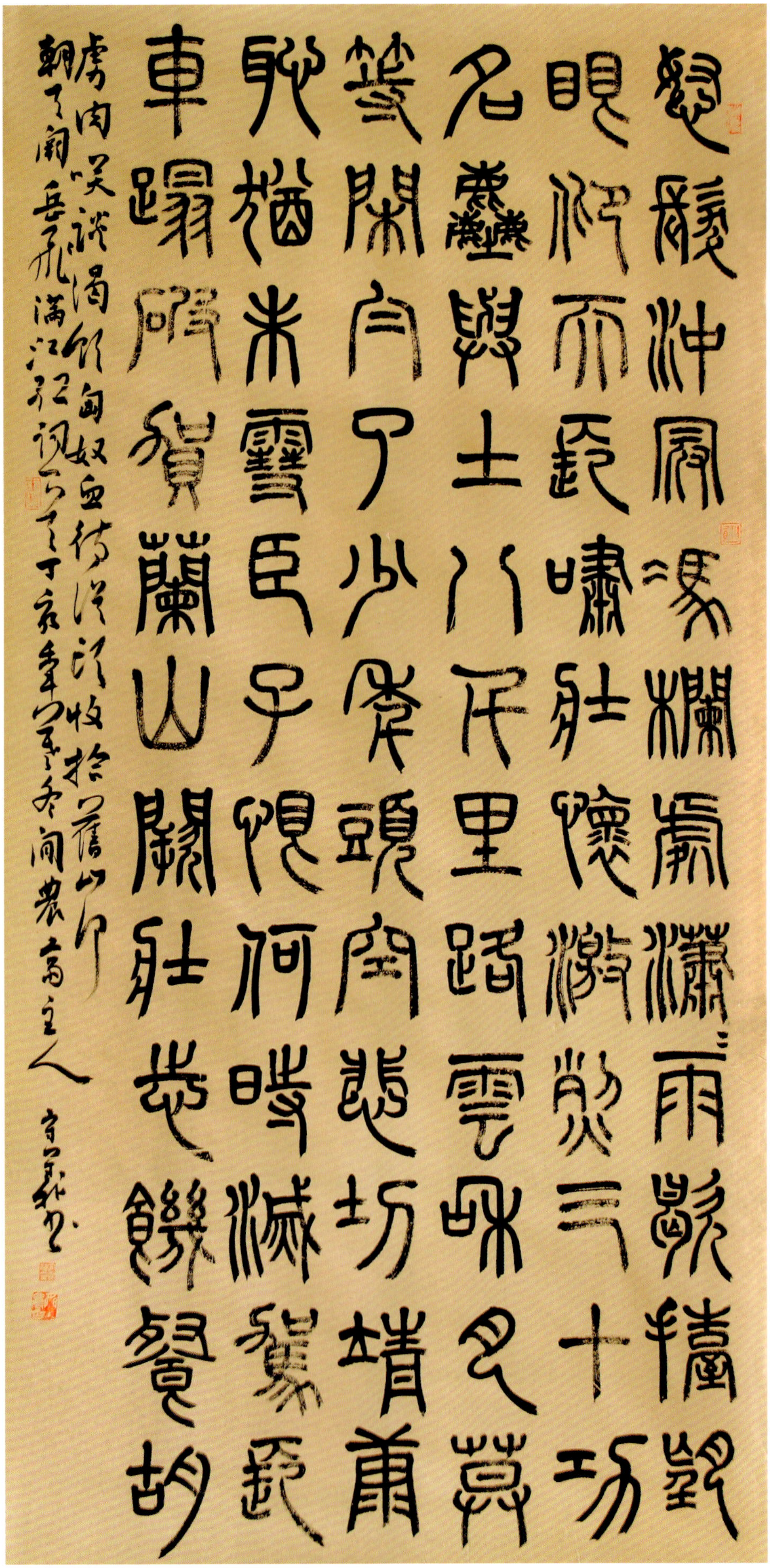

岳飞《满江红》 134cm×67cm

来自李可染故乡的书画名家

LAIZI LIKERAN GUXIANG DE SHUHUA MINGJIA

李志伟

LIZHIWEI

凤凰出版传媒集团
凤凰出版社

图书在版编目(CIP)数据

来自李可染故乡的书画名家 / 刘明主编.—南京:凤凰出版社,2008.5
ISBN 978-7-80729-176-3

Ⅰ.来… Ⅱ.刘… Ⅲ.①书法家—简介—徐州市—现代②画家—简介—徐州市—现代 Ⅳ.K825.72

中国版本图书馆 CIP 数据核字(2008)第 073992 号

书　　名	来自李可染故乡的书画名家
主　　编	刘　明
策　　划	徐州凤凰文化发展有限公司
责任编辑	高思源
出版发行	凤凰出版传媒集团 凤凰出版社(原江苏古籍出版社) 南京市中央路 165 号　邮编 210009 发行部电话 025-83223462
集团网址	凤凰出版传媒网　http://www.ppm.cn
印　　刷	徐州市今日彩色印刷有限公司 江苏省徐州市青年东路 62 号　邮编 221003
开　　本	889×1194 毫米　1/16
印　　张	48
字　　数	100 千字
版　　次	2008 年 5 月第 1 版　2008 年 5 月第 1 次印刷
标准书号	ISBN 978-7-80729-176-3
全套定价	288.00 元

(凤凰出版社图书凡印装错误可向承印厂调换)

地域文化的光彩

——徐州书画现象(代序)

程大利

徐州,古为九州之一。它是长江、黄河之间的一片沃土,兼有南北地域文化的特征。黄河十三次改道流经此地,积淀泥沙的同时也积淀下了文化,一种坚忍耐劳、朴实敦厚的文化,一种崇文尚武、入世进取的文化,一种心思缜密而不流琐屑、不入极端但又是非分明的处世风习很容易造就一批高旷冲淡又豁达温厚、有情有义的文人,而这又是传统书画艺术家必备的品质。

地理的特殊影响着文化生态。5000年以来,这里留下先秦文化的光彩,更留下两汉文化的辉煌。已经开掘和没有开掘的汉墓,无疑给这块土地添上了许多故事,成为极为厚重的遗珍。画像石是造型艺术的最好教材,《大风歌》而下的诗文传统展现着酣畅淋漓的气度,多姿多彩的民间艺术陶冶了一代又一代的少年,优美的自然风光和千载不泯的民间传说,都为艺术家的成长铺就了温床。近百年来,这里走出了一批杰出人士。以书画为例,民国以来的张伯英、李可染、刘开渠、王子云、萧龙士、王肇民、朱德群、朱丹等书画家成为20世纪的一个现象,不同于江南的“松江派”、“华亭派”等等,却是风格各异地竞相峥嵘。在现代美术史上闪现着光辉,李可染在中国山水画上的贡献已成定论,在历史上留下了充实的一页。

中国传统艺术是中国文化现象。书画是传统文化的瑰宝,它既可以“成教化、助人伦”,也可以“涤烦襟、破孤闷、迎静心、释燥气”,是“祛病增寿的良药”。书画发达地方人们的心态会趋于平和,社会风气会趋于文明。书画家在徐州特别受尊敬也是“崇文”风尚使然,这促使着艺术家更趋努力,为家乡做出新贡献。

文化,因传承而厚重,书画文脉传到今天似乎更为壮丽,一代书画家产生了新的影响,有的人已成为当代艺术的领军人物。徐州的书画事业也从来没有像今天这样繁盛。许多理论家朋友已注意到徐州出书画家的现象,这一地域现象必将被展开并深入探讨。可染先生的“实者慧”形象地总结了自己,更为一代书画家开启了修炼的明灯。在中华民族艺术的大花园里,徐州书画的奇葩必将更为绚烂,徐州的书画事业前程似锦。是为序。

戊子初于京华

志存高远

薛元明

我对于李志伟书法的了解有一个过程。最初的印象来源于报纸杂志刊载的对他的一些介绍。知道他主攻张伯英一路书风,是"徐州集团军"的佼佼者之一。当前些日子收到李志伟寄来的近作照片时,又一次改变了我的看法,有了更深更全面的印象。翻阅这些作品照片,仿佛经历一次小型展览,虽然有些作品尺幅大小只在咫尺之间,字里行间却能感觉到疏宕雅逸、奔放潇洒的气息。将他不同时间段的作品集中起来看,可以清晰地了解他书法追求的轨迹。人到中年,正是创作上的黄金期,经过岁月沉浮,积累升华,体验丰富。书作更加含蓄,耐人寻味,驰骋中而能尽意,奔放处不失法度,渐渐走向成熟。

李志伟学书,甘苦自知,自不待言。少时即得到父母师长的充分理解和支持,为他创造了一个相当优裕的学书环境,孜孜矻矻,临池不辍,打下扎实的基础。书法重在积累,不能一蹴而就。没有好的基础,盲目追求形式的新颖,初始或能凑效,时间一长,必定力不从心。对于志伟近日取得的成绩,一般人只注意到他目前的一些头衔,很少有人想到背后艰辛的付出,离不开家人的理解支持,离不开景大文老师的教育指导,更有赖于自身的勤奋和执着,几十年如一日,持之以恒的努力。

山水滋养诗文书画,颇多地方特色,志伟是土生土长的北方人,书风有豪放磅礴之气势,表现一种高韵情真的境界。他以"苦铁画气不画形"之理悟得气势变化之法,用笔大胆刚健,多见胆识,纯以气魄胜。用墨饱满鼓荡,酣畅淋漓,忽视小巧而满纸风云,尽显阳刚之气,喜用长锋羊毫,却能写出刚劲有力、朗朗风神的字迹。对联最适合李志伟书法创作,取张伯英碑版一路。重气势、尚苍劲、守浑厚,鄙纤巧柔媚,绝无浮华之气,亦无搔首弄姿之态,无墨守陈规之匠气。

除大幅楷书之外,我喜爱他的一些小品,多而不杂。书坛很多人追求形式,一旦功力不逮,就露出马脚,贻笑大方。所以,小作品更要求创作者的功力。如今我对小幅作品越来越表现出某种偏爱,大幅作品尽管有强烈的视觉冲击力,但是如果缺少细节,便失之粗糙。小作品细腻的笔触,就像有情人眉宇间传情,只在心领神会之间,一切尽不在言中。在他的一些行书创作中,可以看出他对于楚帛、汉简等多元风格作品的吸收应用,疏密夸张、纵敛有度,豪放不忘精微,常用篆隶之法来调节全篇节奏,使作品跌宕多姿,对比强烈。

李志伟是一个多面手,不仅表现在临摹碑帖的种类和数量上,没有浅尝辄止、聊备一格,他的成功在于多体间的博涉和融会贯通方面,得益于他在勤奋临池中锤炼出的扎实基本功,取精用弘,去粗存精。他对张伯英心领神会,多有借鉴。张伯英是民国时期彭城书坛巨擘。民国时期延续碑学余波。对于碑刻的误读主要表现在两类,一是求怪异,二是描摹失真以至刻板。张伯英楷书却大异于此二类,体现了正大阳刚气象,迥出时流自成一格。作为年轻一辈的书家,立足前贤,青眼有加,有一份乡情和默契。志伟多方面的努力有目共睹。书家取法应该立足于自身的审美喜好,不必一味盲从时流,也不一定如何怪异,以与众不同为出发点。唯有如此,才有对于个性的真实理解,才能真正确立自我面目。

如果将书家比拟成一个容器的话,器小易盈,如果想要装得更多更满,只有增大容器的容量。在书法创作中,必须通过临摹——创作——悟道来完成。一方面,通过勤奋临池,获得创作技巧,在技法上继续深化,乃至实现对于技法的深化;另一方面,也要提高自身各方面的修养,外师造化,中得心源。志伟所取得的成功已为书坛所瞩目,众多前辈和同道师友的嘉勉已无需我絮絮赘语再多加说明,志伟目前要考虑的应该是下一步如何走的问题,这本作品集的出版会是一个新的起点。

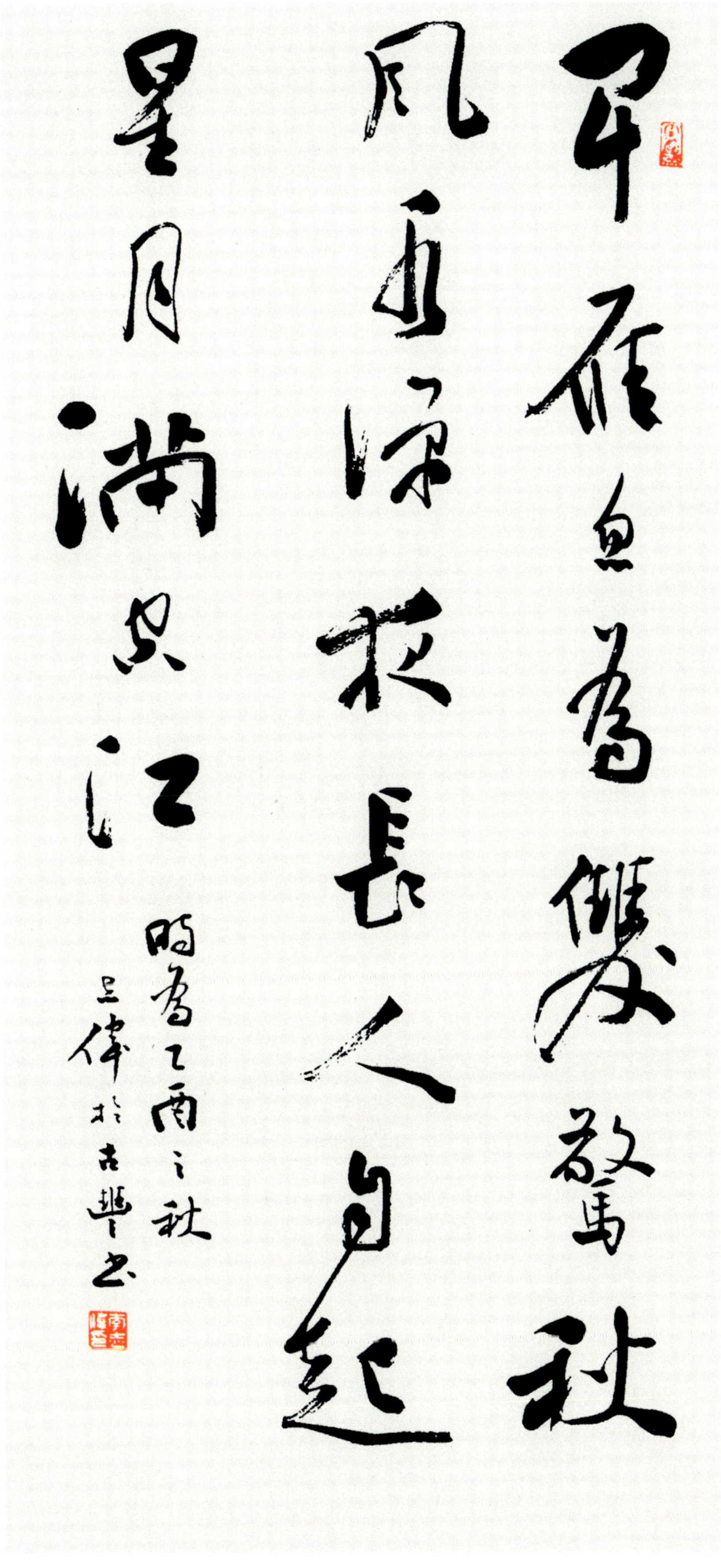

行书中堂　100cm×50cm

馬蹄踏水亂明霞醉袖迎風受落花怯見溪童出門望鵲聲先到我山家寂歷秋江漁火稀起看殘月映林微波光水鳥驚猶宿露冷流螢濕不飛

丙戌七月既望 志偉

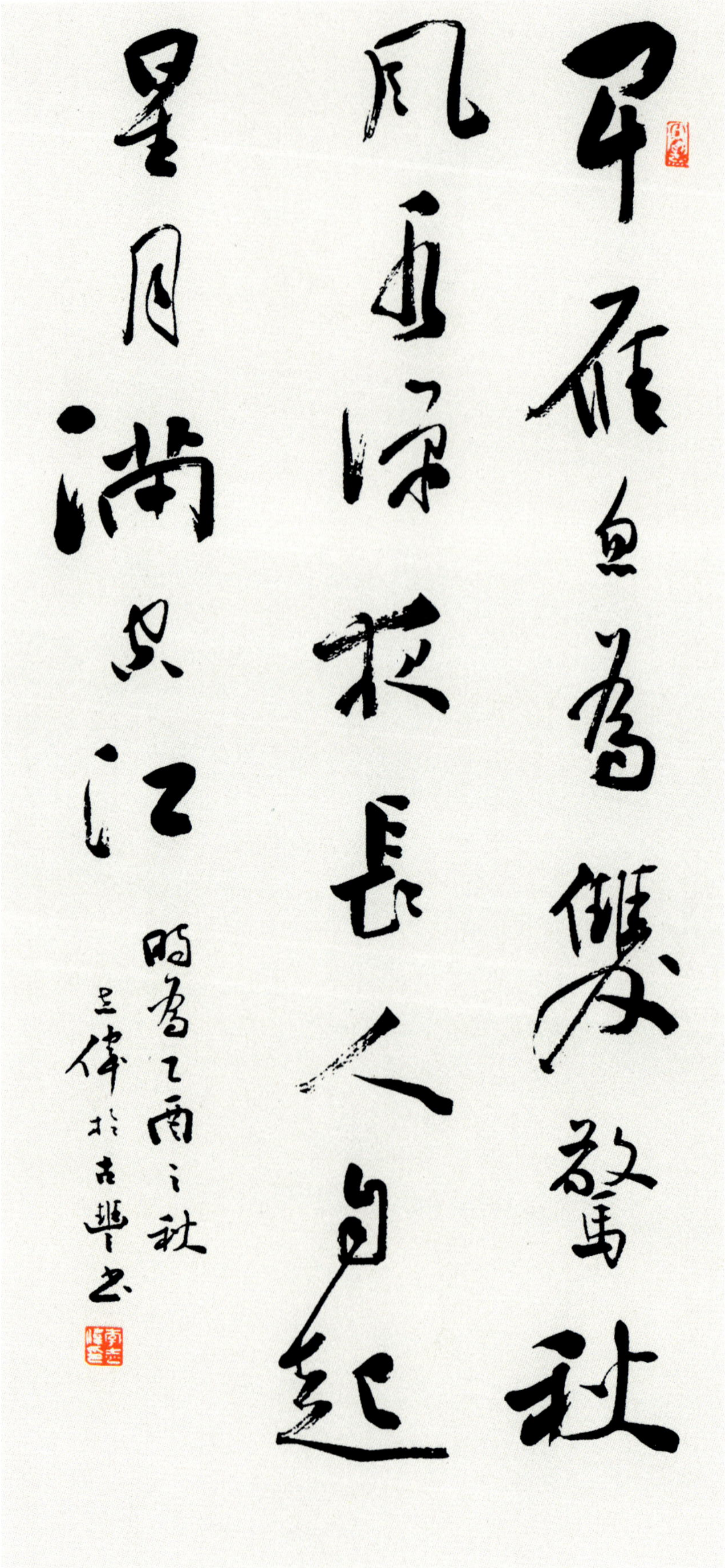

行书中堂　100cm×50cm

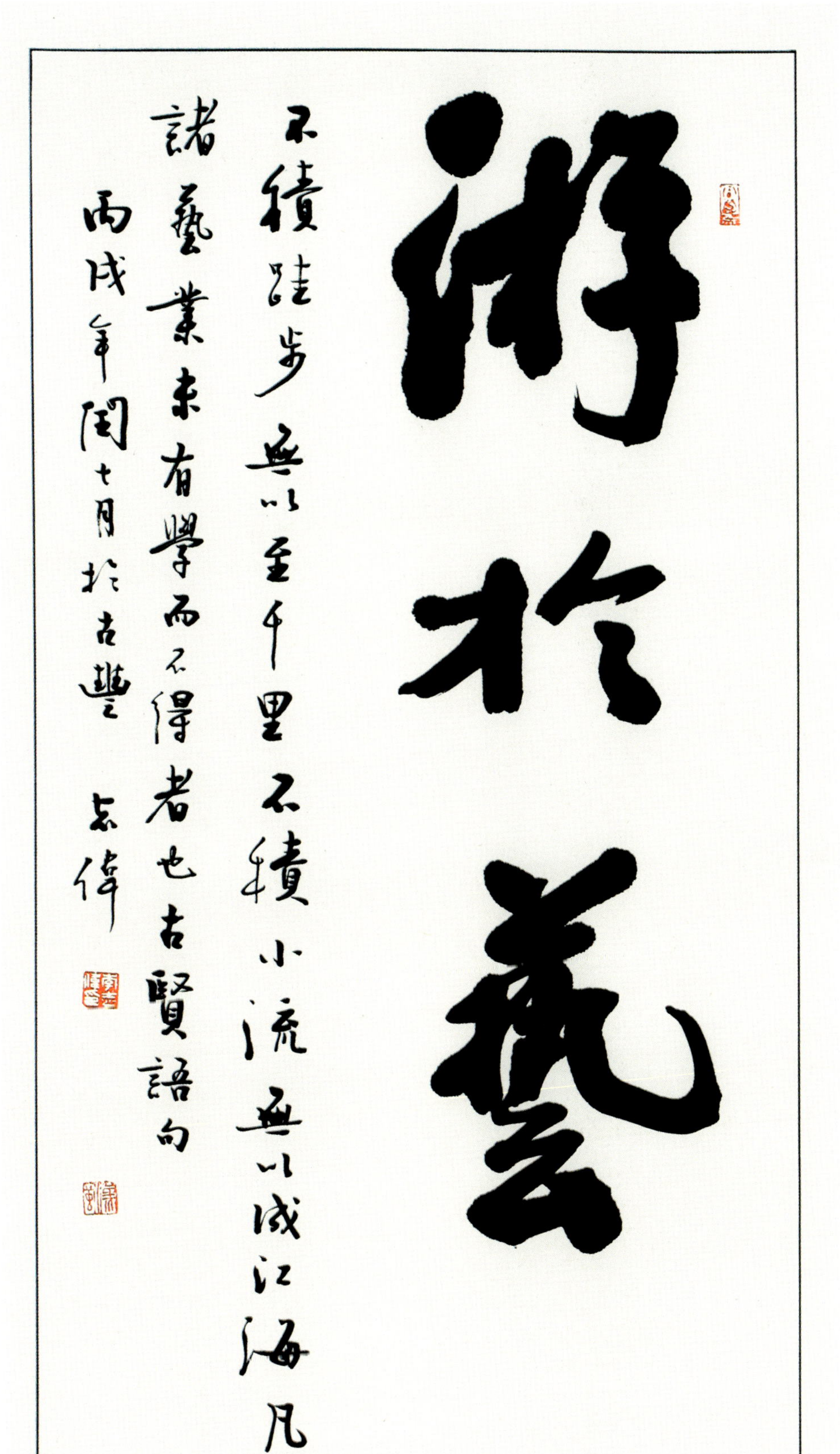

行书中堂　100cm×50cm

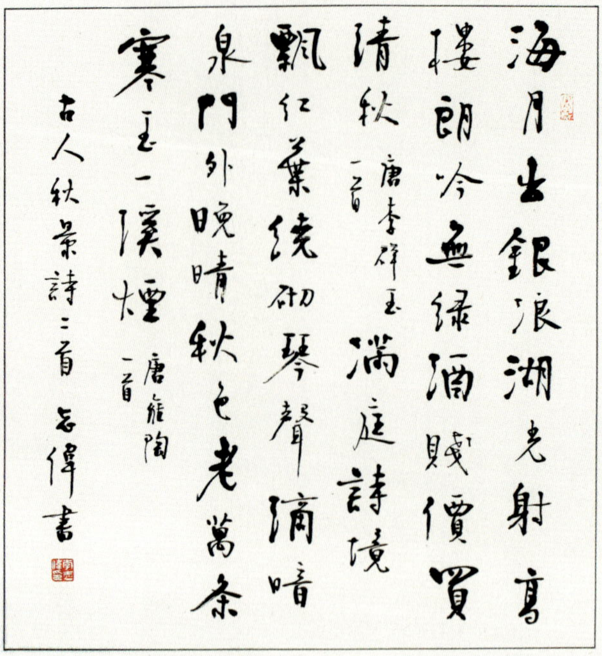

行书斗方　66cm×66cm

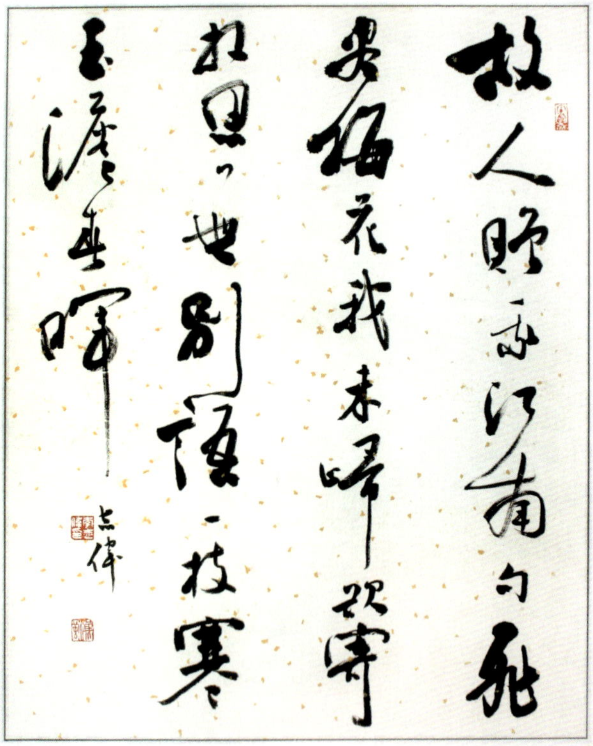

行书斗方　66cm×66cm

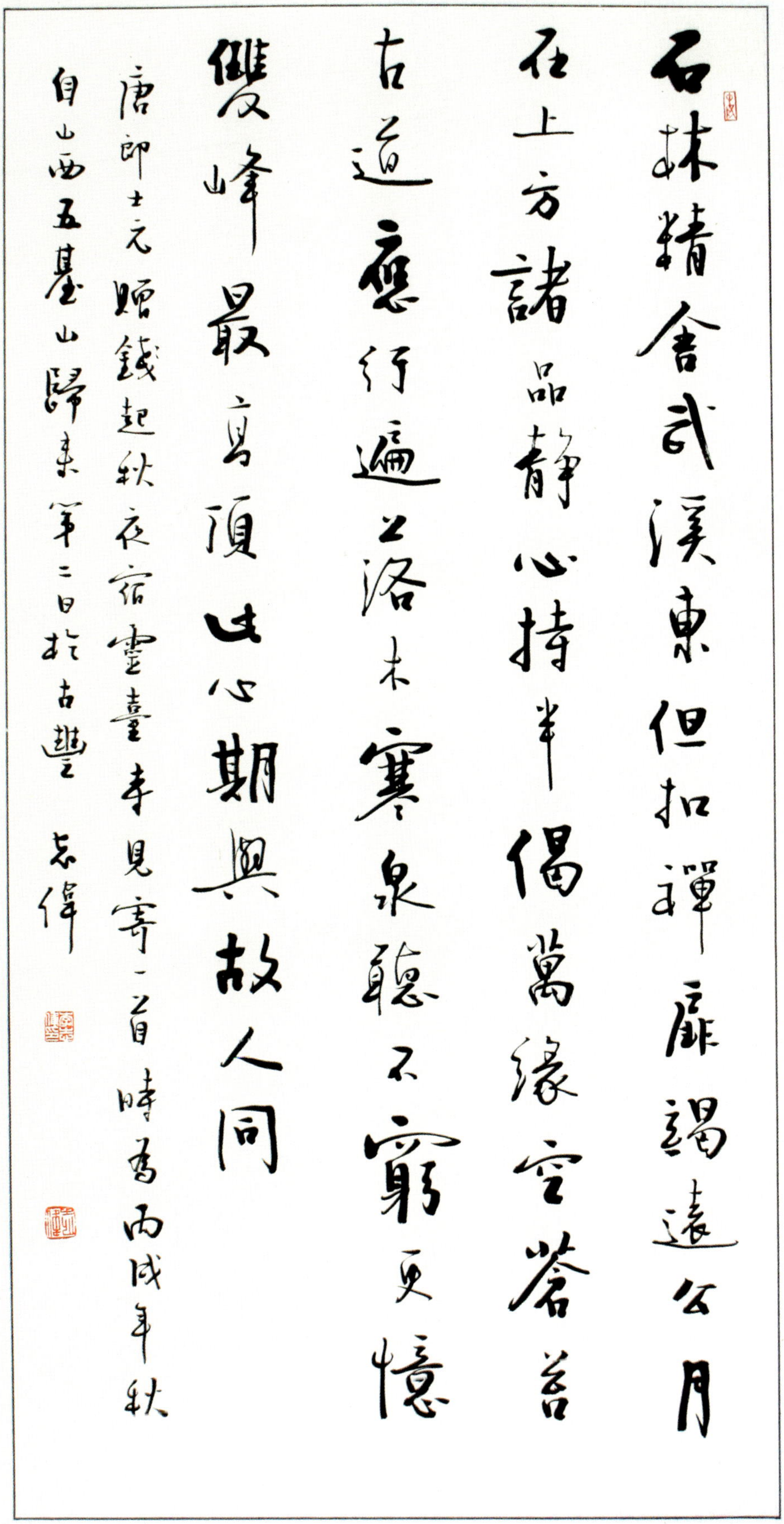

行书中堂　100cm×50cm

行书条幅　132cm×33cm

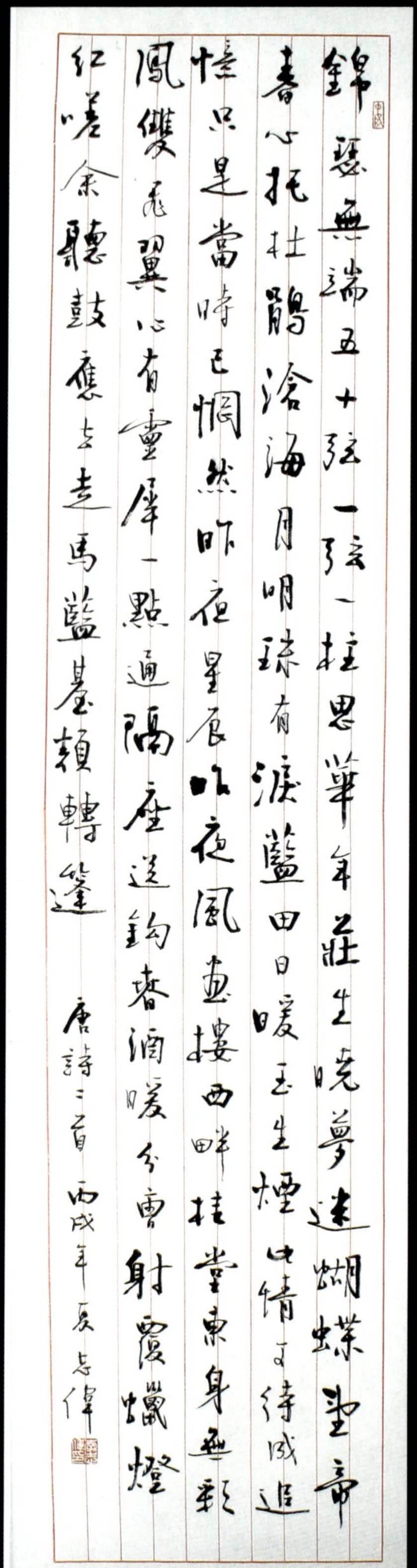

行书条幅　132cm×33cm

行书对联

133cm×33cm×2

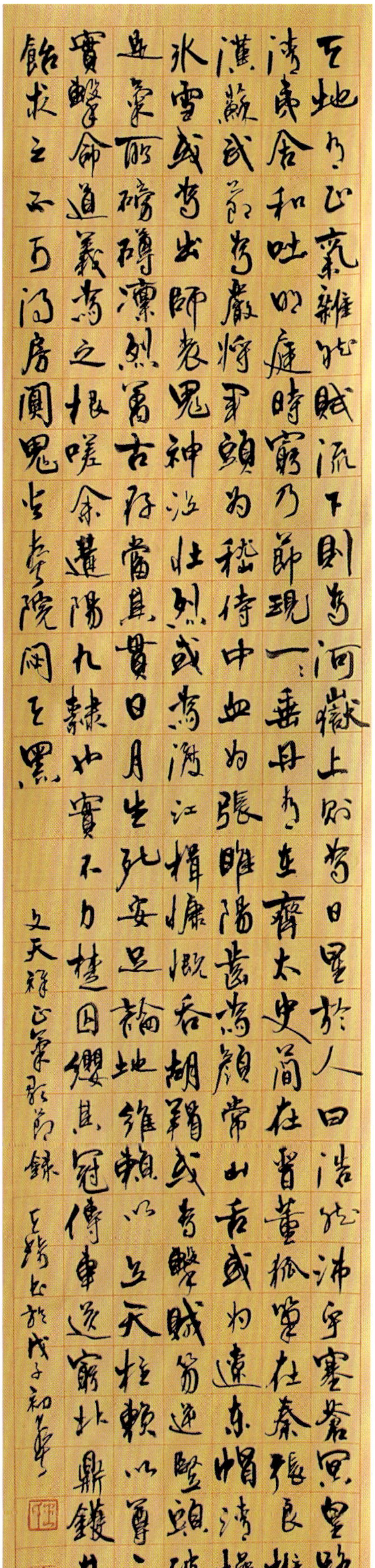

行书

文天祥《正气歌》节录

133cm×66cm

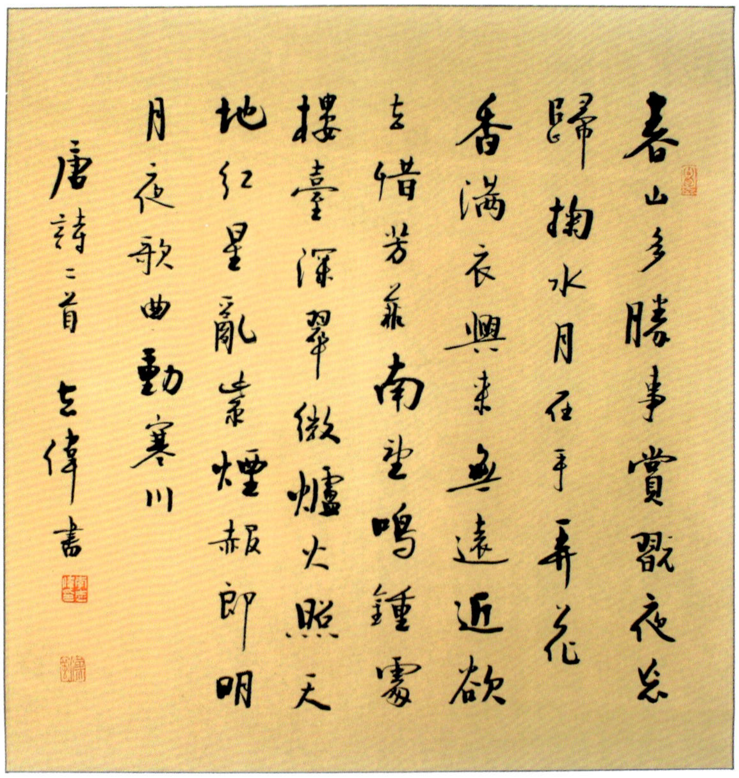

行书斗方　66cm×66cm

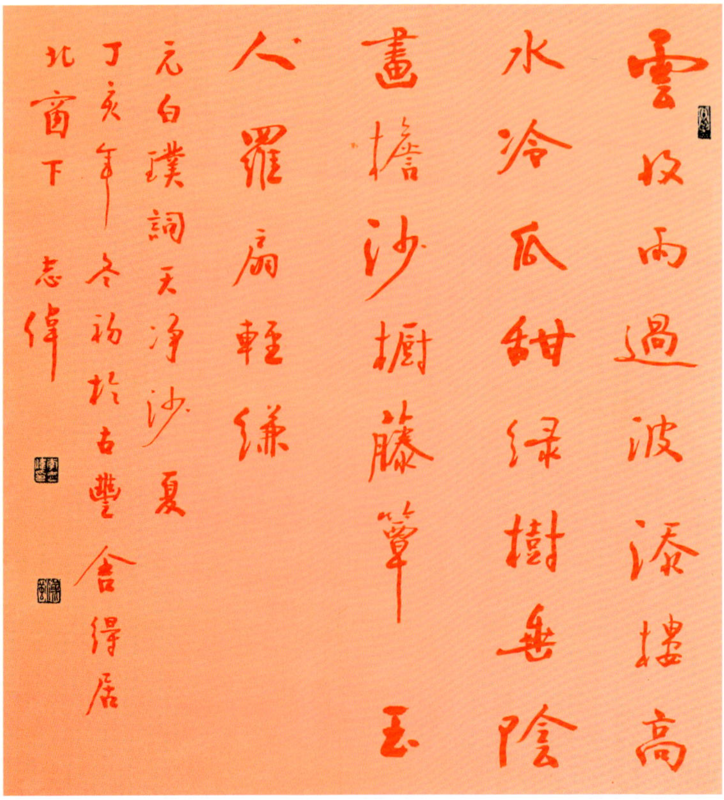

行书斗方　66cm×66cm

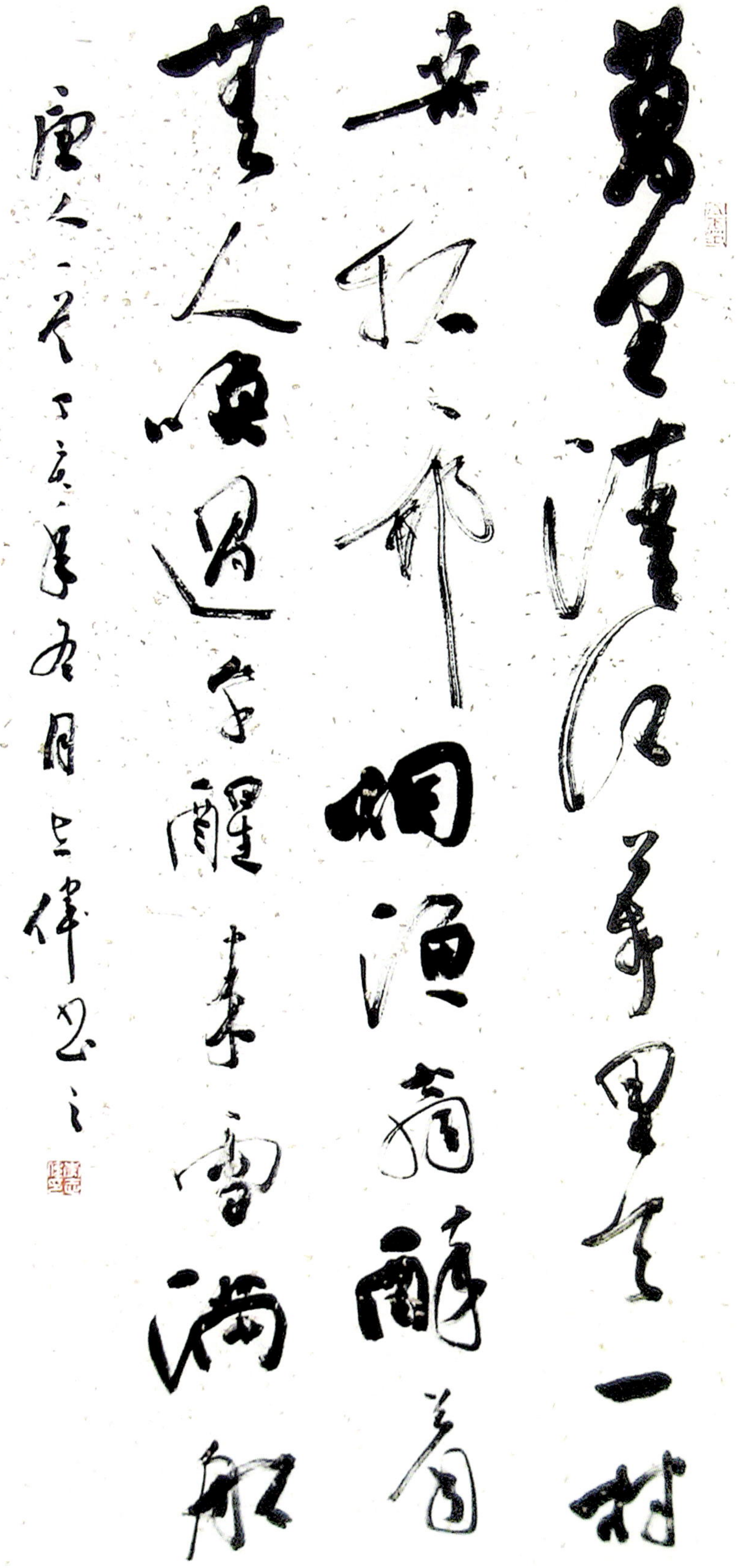

行草中堂　132cm×66cm

海宇
志偉

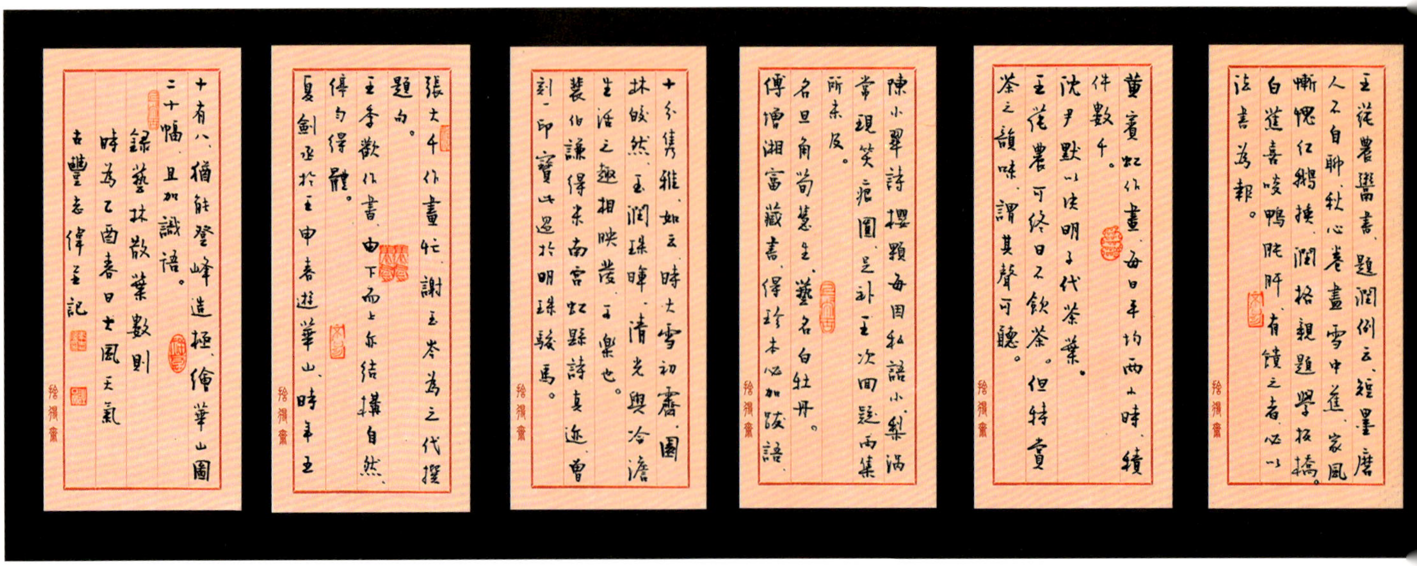

行书横幅　33cm×132cm

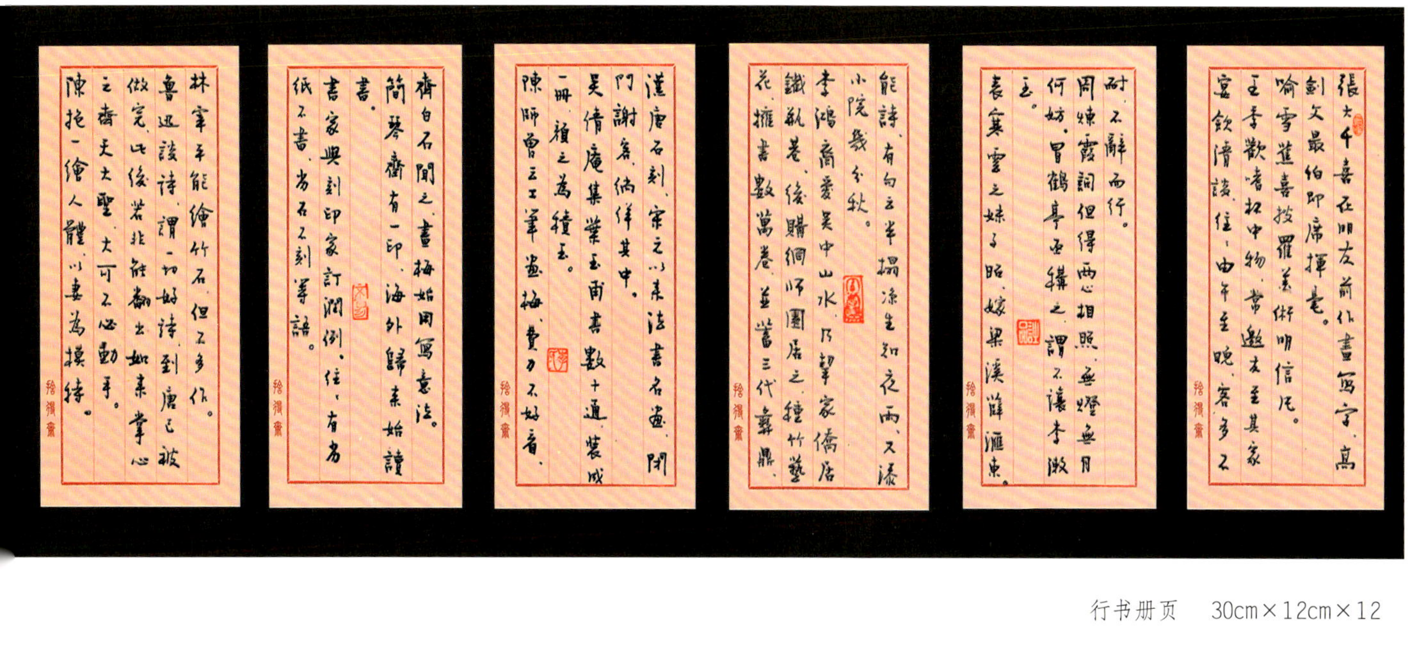

行书册页　30cm×12cm×12

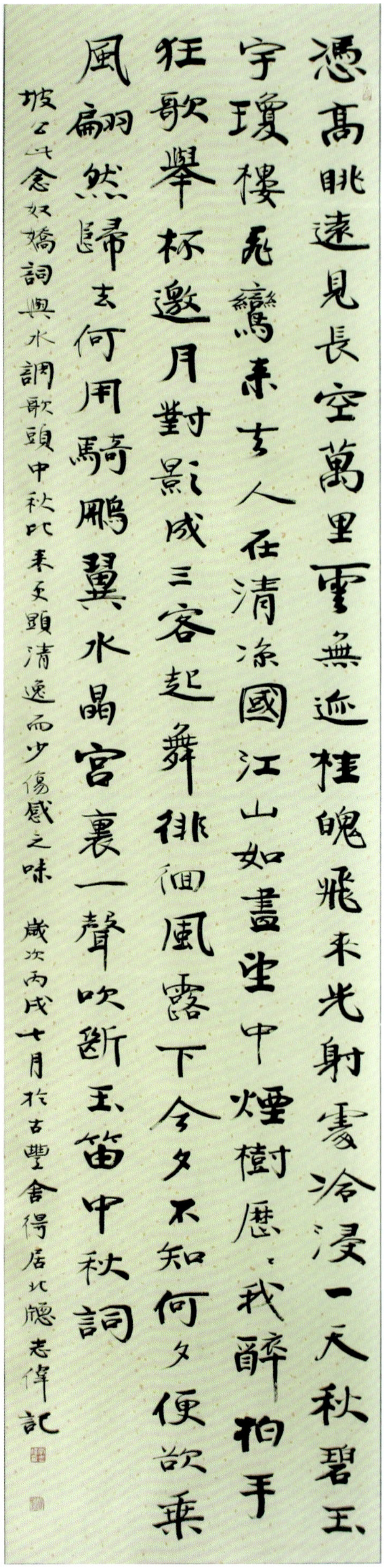

行书条幅　266cm×66cm

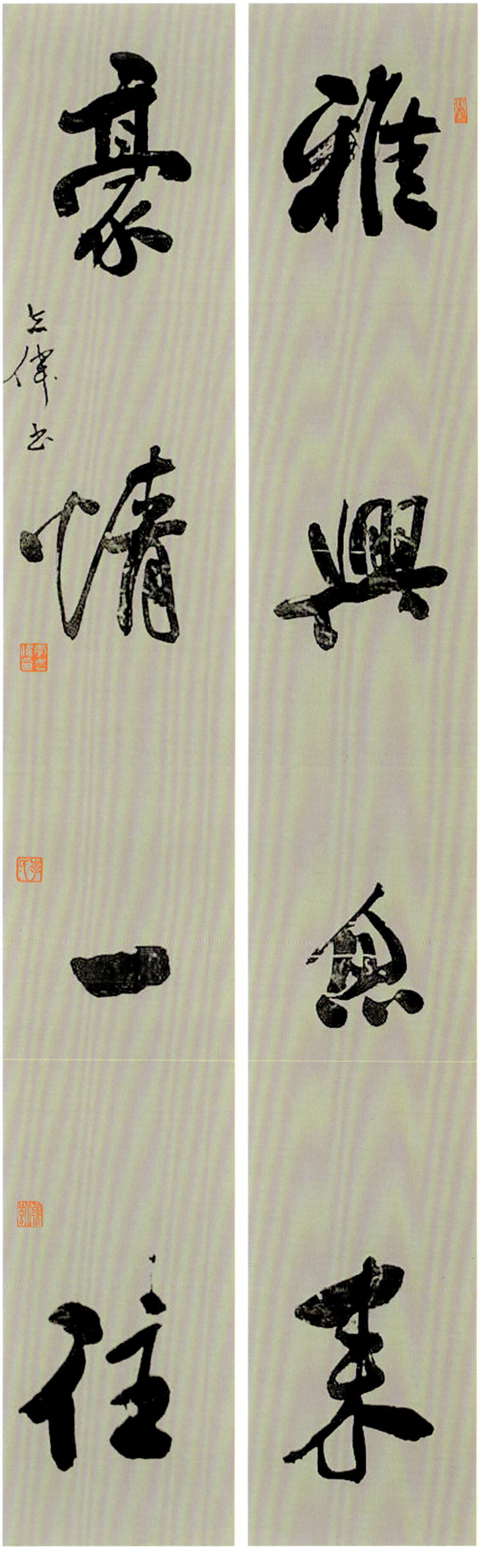

行书对联　266cm×33cm×2

楷书对联　132cm×33cm×2

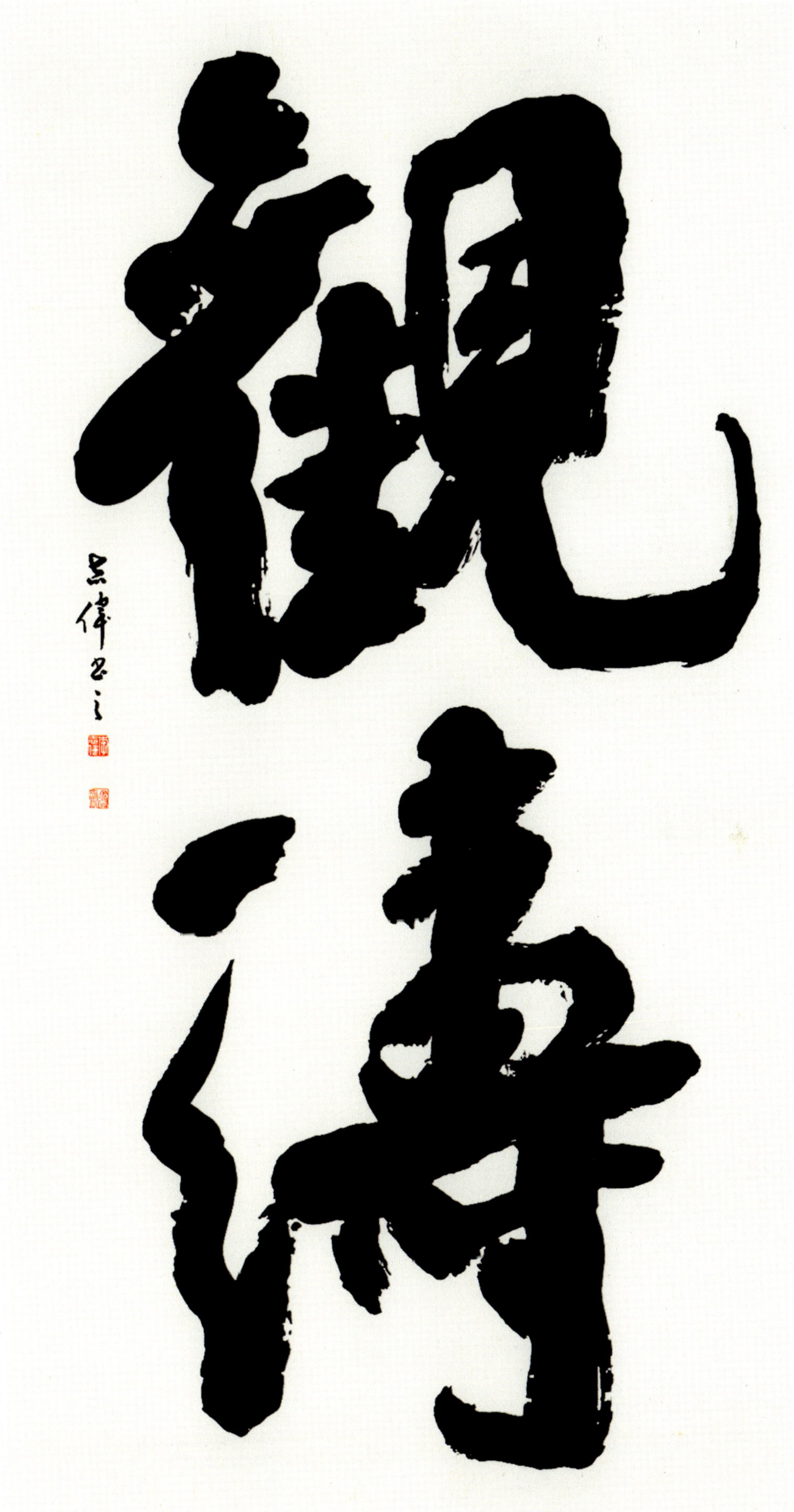

榜书　观涛　240cm×120cm

行书对联　266cm×50cm×2

行书对联　132cm×33cm×2

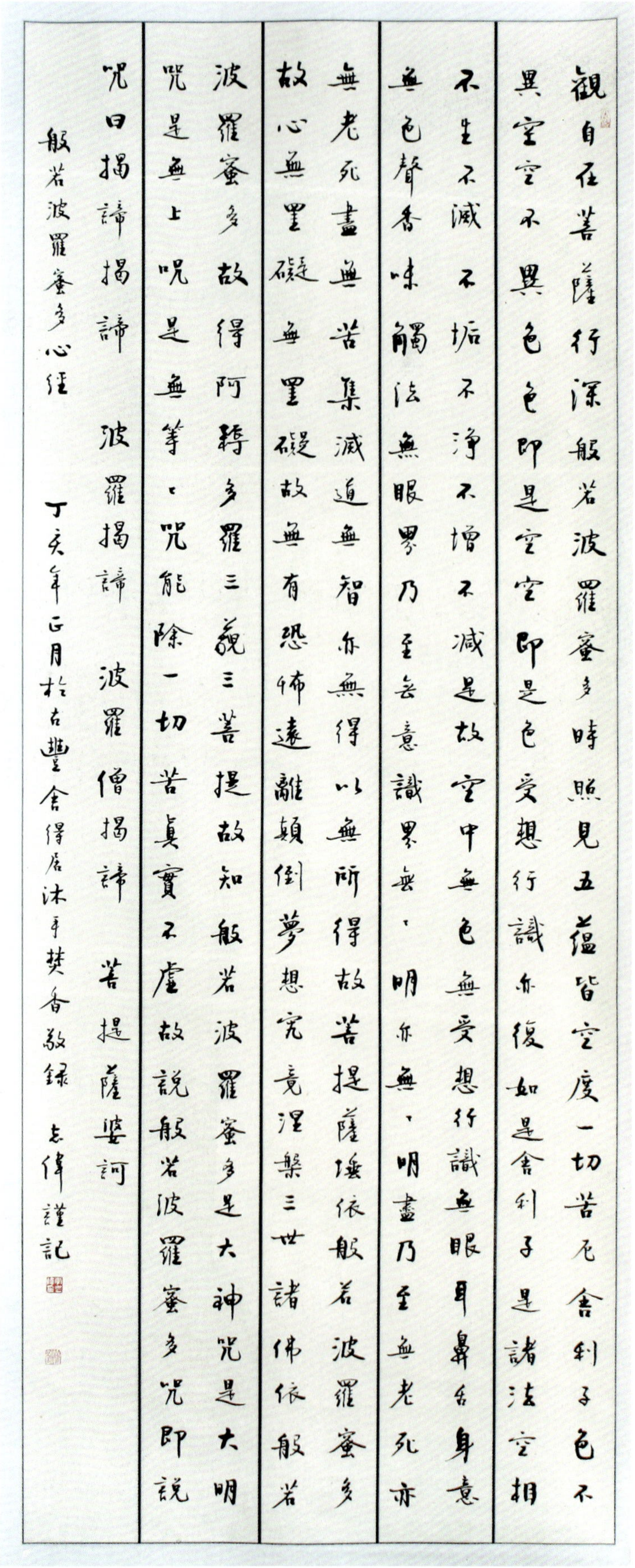

行书五条屏 260cm×26cm×5

来自李可染故乡的书画名家

LAIZI LIKERAN GUXIANG DE SHUHUA MINGJIA

王天琦

WANGTIANQI

凤凰出版传媒集团
凤凰出版社

图书在版编目(CIP)数据

来自李可染故乡的书画名家 / 刘明主编.—南京:凤凰出版社,2008.5

ISBN 978-7-80729-176-3

Ⅰ.来… Ⅱ.刘… Ⅲ.①书法家—简介—徐州市—现代 ②画家—简介—徐州市—现代 Ⅳ.K825.72

中国版本图书馆 CIP 数据核字(2008)第 073992 号

书　　名	来自李可染故乡的书画名家
主　　编	刘　明
策　　划	徐州凤凰文化发展有限公司
责任编辑	高思源
出版发行	凤凰出版传媒集团 凤凰出版社(原江苏古籍出版社) 南京市中央路 165 号 邮编 210009 发行部电话 025-83223462
集团网址	凤凰出版传媒网　http://www.ppm.cn
印　　刷	徐州市今日彩色印刷有限公司 江苏省徐州市青年东路 62 号 邮编 221003
开　　本	889×1194 毫米　1/16
印　　张	48
字　　数	100 千字
版　　次	2008 年 5 月第 1 版　2008 年 5 月第 1 次印刷
标准书号	ISBN 978-7-80729-176-3
全套定价	288.00 元

(凤凰出版社图书凡印装错误可向承印厂调换)

地域文化的光彩

——徐州书画现象(代序)

程大利

徐州,古为九州之一。它是长江、黄河之间的一片沃土,兼有南北地域文化的特征。黄河十三次改道流经此地,积淀泥沙的同时也积淀下了文化,一种坚忍耐劳、朴实敦厚的文化,一种崇文尚武、入世进取的文化,一种心思缜密而不流琐屑、不入极端但又是非分明的处世风习很容易造就一批高旷冲淡又豁达温厚、有情有义的文人,而这又是传统书画艺术家必备的品质。

地理的特殊影响着文化生态。5000年以来,这里留下先秦文化的光彩,更留下两汉文化的辉煌。已经开掘和没有开掘的汉墓,无疑给这块土地添上了许多故事,成为极为厚重的遗珍。画像石是造型艺术的最好教材,《大风歌》而下的诗文传统展现着酣畅淋漓的气度,多姿多彩的民间艺术陶冶了一代又一代的少年,优美的自然风光和千载不泯的民间传说,都为艺术家的成长铺就了温床。近百年来,这里走出了一批杰出人士。以书画为例,民国以来的张伯英、李可染、刘开渠、王子云、萧龙士、王肇民、朱德群、朱丹等书画家成为20世纪的一个现象,不同于江南的“松江派”、“华亭派”等等,却是风格各异地竞相峥嵘。在现代美术史上闪现着光辉,李可染在中国山水画上的贡献已成定论,在历史上留下了充实的一页。

中国传统艺术是中国文化现象。书画是传统文化的瑰宝,它既可以“成教化、助人伦”,也可以“涤烦襟、破孤闷、迎静心、释燥气”,是“祛病增寿的良药”。书画发达地方人们的心态会趋于平和,社会风气会趋于文明。书画家在徐州特别受尊敬也是“崇文”风尚使然,这促使着艺术家更趋努力,为家乡做出新贡献。

文化,因传承而厚重,书画文脉传到今天似乎更为壮丽,一代书画家产生了新的影响,有的人已成为当代艺术的领军人物。徐州的书画事业也从来没有像今天这样繁盛。许多理论家朋友已注意到徐州出书画家的现象,这一地域现象必将被展开并深入探讨。可染先生的“实者慧”形象地总结了自己,更为一代书画家开启了修炼的明灯。在中华民族艺术的大花园里,徐州书画的奇葩必将更为绚烂,徐州的书画事业前程似锦。是为序。

戊子初于京华

诗书为乐无意于佳乃佳几何时

王华超

在强势的徐州市书法家队伍中，王天琦先生是位别具风采的官员、学者型书法家。

文学是他的精神大厅，书法是他的后花园。有位文学前辈说："要想成为一名书家，最好先做一个作家。"王天琦现任睢宁县县长，从政之余，亦擅诗文、好书法。"诗书为乐"展示的是趣，"无意于佳乃佳"追求的是境，趣与境的谐合，成就了一个官员、文人书法家不凡的艺术形象。

王天琦自言"以诗书为乐"，这与宋代文坛领袖欧阳修的书学观点非常一致。苏子美曾言："明窗净几，笔砚纸墨，皆极精良，亦为人生一乐。然而能得此乐者甚稀，其不为外物移其好者，又特稀也。余晚知此趣，恨字体不工，不能到古人佳处，若以为乐，则自是有余。"欧阳修的以书为乐观将书法行为变成一种适意的放松状态，使其书法豁然回到自由自在、随意恬适的生活中去，书法变成生活中的一种自然的、自在的行为。读王天琦书法，能让人明显感受到"自由自在、随意恬适"的心态和情趣，随点画的跃动浪漫于纸上，无功利，无强求，无杂念，在笔墨线条中淘乐趣，非常难得。

"无意于佳乃佳"，体现了王天琦书法的审美追求。艺术贵在本真，它需要奔涌的激情、包容的心境、开放的情怀、敏锐的感悟力。在生活中要追求平常本真之道途，艺术上则要崇尚自然烂漫之回归。书法的本质特征就是"美"。书法是美的总汇，它能打动人的心弦，使人受到启示，受到教育，受到熏陶，得到美的享受。它不是诗，却充满了诗的激情；它不是画，却具有画的美感和妙趣；它不是舞，却饱含着美的节奏和舞姿；它不是音乐，却处处体现着音乐的旋律。中国书法是中国美学的灵魂。意趣超迈的书法表现出中国最潇洒、最灵动的自由精神，展示出历代书家空灵的艺术趣味和精神人格价值。正是书法艺术这一独特的魅力，使之在众多的东方艺术门类中，成为最集中、最精妙地体现了东方人精神追求的东方艺术。

书法是线条的艺术，对这条生命线无论怎么样强调都不为过分。如何使线条更美、更耐看，从根本上说来就是"文质"二字。文就是有内涵，有韧性，有节制，有学养；质就是有力感，有朴实，有个性，有天然。二者稍偏其一，便降一分品格。借用孔夫子的话就是"质胜文则野，文胜质则史。文质彬彬，然后君子"。书法线条如锻铁炼钢，从容有度，有君子之风，大家气派，应该是最理想的。如经典中王羲之的线条，你如何琢磨都韵味无穷，想象无际。文与质不是中庸，不是和事佬，也不是和稀泥，而是阴阳相济，法中求意，技近乎道。

"书法是中国文化核心的核心"，一位书法家曾经这样说过。在学书的过程中，王天琦非常注意以自己的知识，追求人格，追求涵养书法。"博学、德行、书翰、词藻"是历来书家追求的目标和成功之道。人才学家认为："任何一个人才都以学问为内涵。""不能绘画，不是画家。只能绘画，也不是画家。""不会写诗，不是诗人，只会写诗，也不是诗人。"（郭因《艺廊思絮·专与博》）此理对于书法家来说无疑是重要的。"书，如也。如其学，如其才，如其志，总之曰：如其人而已。"（刘熙载《艺概》）综观古今墨客书家，莫不以文、史、哲、德等博学精深的学识著称于世。故有诗如其人，文如其人，书如其人之说。

读王天琦书法，还能让人感受到他超人的艺术"悟性"。有人说，悟性是一种高层次、高境界的思维方式，悟性是学习的最高境界。悟性来源于经验，但不等于经验，悟性来自于知识，但不是知识，悟性来自于学问，但不是学问，悟性来自于聪明，但不是聪明，悟性来源于书本，但不是书本，悟性来自于逻辑，但不是逻辑。悟性超越了经验、知识、学问、聪明、书本、逻辑，幻化为不自觉的直觉、感觉、想象，最后是触类旁通。悟性，是一种超常的直觉。书法是高度个性化的艺术，"笔为心画"，人人都有独特的风格，因此在显示个人的创造追求方面具有极大的鲜明度。

潇洒去

“潇洒”是个极诱人的词，它意味着魅力、身价。在中国文化中，潇洒可以解释为闲散、清雅、飘逸。潇，水清深貌；洒，洒落、脱落。这种说法大约始于魏晋南北朝时期，一些文人雅士鄙薄仕途，优游山林，放浪形骸，像“竹林七贤”等等。他们之所以如此，大抵因为才艺精绝，为书为文，为琴为武，都令万众仰止，足以恃才傲物，离群出世。据说，那时不少“潇洒”之人喜食一种类似鸦片的“五石散”，人渐瘦而衣带渐宽，着木屐，一副冲淡、性灵、清雅的模样。西洋文化中“潇洒”的定义则有别于我们，在英文中，“潇洒”一词写作“Natural and unrestrained”，Natural是自然的、天生的；unrestrained是无限制的、自由的。我觉得这种定义更确切些，古人的潇洒是做出来的，这种潇洒则是一种纯自然状态，更真实，“俯拾即是，不取诸邻。俱道适往，着手成春。

《五灯会元》中记录了许多“公案”，其一，源律师问：“和尚修道还用功否？”师曰：“用功。”曰：“如何用功？”师曰：“饥来吃饭，困来即眠。”曰：“一切人总如是同师用功否？”师曰：“不同。”曰：“何故不同？”师曰：“他吃饭时不肯吃饭，百种须索；睡眠时不肯睡，千般计较。所以不同也。”这则公案讲得很有意思，烦恼也罢，苦闷也罢，大多是庸人自扰。

譬如习书法、写文章，除非为了功名利禄，通过文或字捞取什么。一般说来，总想在字里行间表达些真情实感，但真情实感又决非灵魂忏悔。许多感受可能是茶余饭后的海阔天空所触发的灵感，谁都不会浪漫到去索斯比拍卖自己隐私的地步。诗书理应是文人的潇洒，但在一些人眼中，你笔下的书法即是你本源人格，你写的文章就是你的自传，就是索骥的图。从字里行间着手进行索隐式的注解，似乎写妓女就嫖过娼，写军人就领过饷，去哭诉、去解释，都无益处。很多事情是越描越黑的，世事如棋局，不着得才是高手。我们让文字承载了太多太多的东西！真性情人的才艺成了负累，负累多的人常常难以走远，便颓然倒下。参透了玄机的人却讨了巧，他们把才情与世事分离，书文同人格分离。如此，书渐渐不真，文愈加不纯，以致和真美至美大美渐行渐远。记得王安石《题半山壁》中曰：“寒时暖处坐，热时冷处行。众生不异佛，佛即是众生。”这才是潇洒，真潇洒！傲啸山林，那是因为怀才不遇，依然是患得患失，患得患失如何潇洒？“得意处论地谈天，俱是水底捞月；拂意处吞冰啮雪，才为火中栽道。”许多失落是来自太多的期望，一颗新蕾抽出，不应该有太多的激动，扑面的春风属于每个人。但料峭的春寒却可能只毁掉你的新生憧憬！世事总如此，得到了且慢欢喜，说不定那东西本来就属于你；没得到也无须悲戚，那东西可能本来就不是你的。

煌煌人生，际遇万千，潮起潮落。能够成败不虑、荣辱不惊的有几人？每个人都活在别人的眼光里。慢慢地，似乎活着只是为别人活着了，其实心里很苦，却要强打精神，在别人面前作出一副悠然自得的样子。就像本篇的标题，“潇洒去”的本身已不潇洒，说去潇洒的人无非要把左肩的重担换在右肩。真正的潇洒应该是酣睡之后的呵欠，自然的放松、慵散的满足。别人会说你些什么并不重要，“辩不如默”，“不言则齐”，关键是自己别屈了自己。

有一对僧人对话。僧问：“如何是解脱？”师曰：“谁缚汝？”僧问：“如何是净土？”师曰：“谁诟汝？”

天籁阒寂，无我无他。

王天琦 戊子春于三不斋

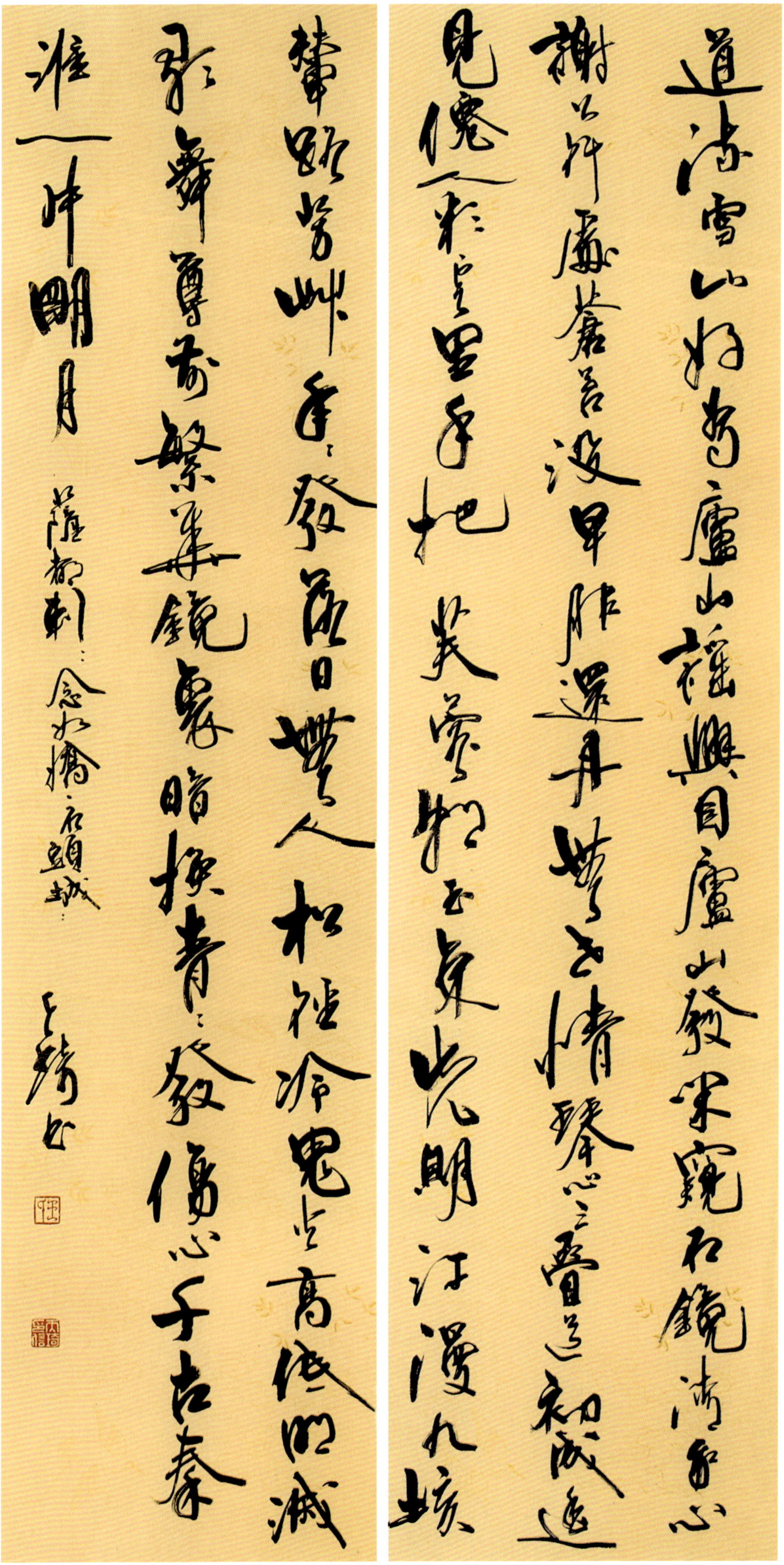

行草书
萨都剌《念奴娇·石头城》
133cm×33cm×4

我本楚狂人鳳歌笑孔丘手持綠玉杖朝別黃鶴樓
五嶽尋仙不辭遠一生好入名山遊廬山秀出南斗傍
屏風九疊雲錦張影落明湖青黛光金闕前開二
峰長銀河倒掛三石梁香爐瀑布遙相望迴崖沓
嶂凌蒼蒼翠影紅霞映朝日鳥飛不到吳天長登高
壯觀天地間大江茫茫去不還黃雲萬里動風色白波九

行书对联

133cm×33cm×2

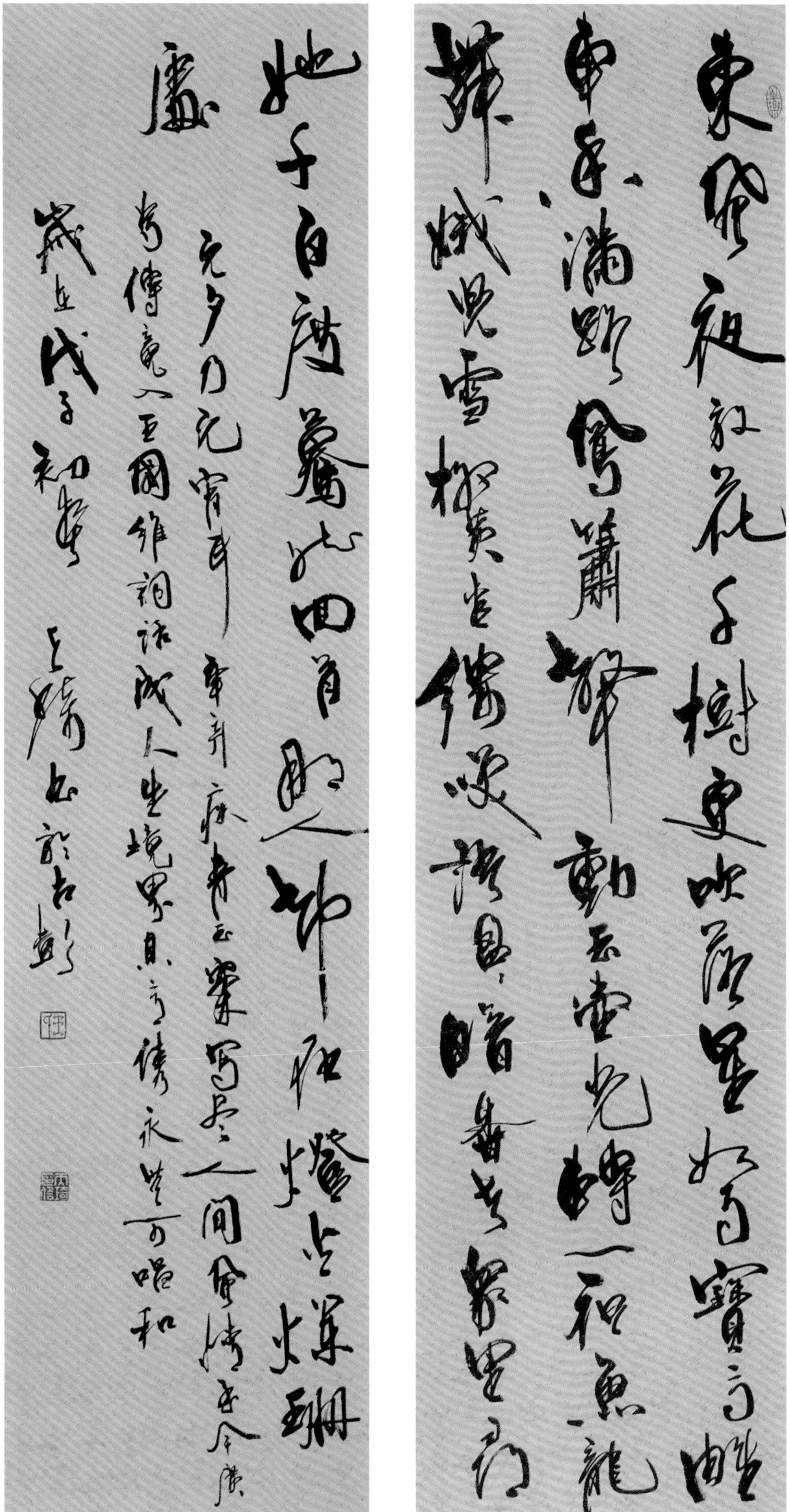

行草书
辛弃疾《青玉案·元夕》
133cm×33cm×2

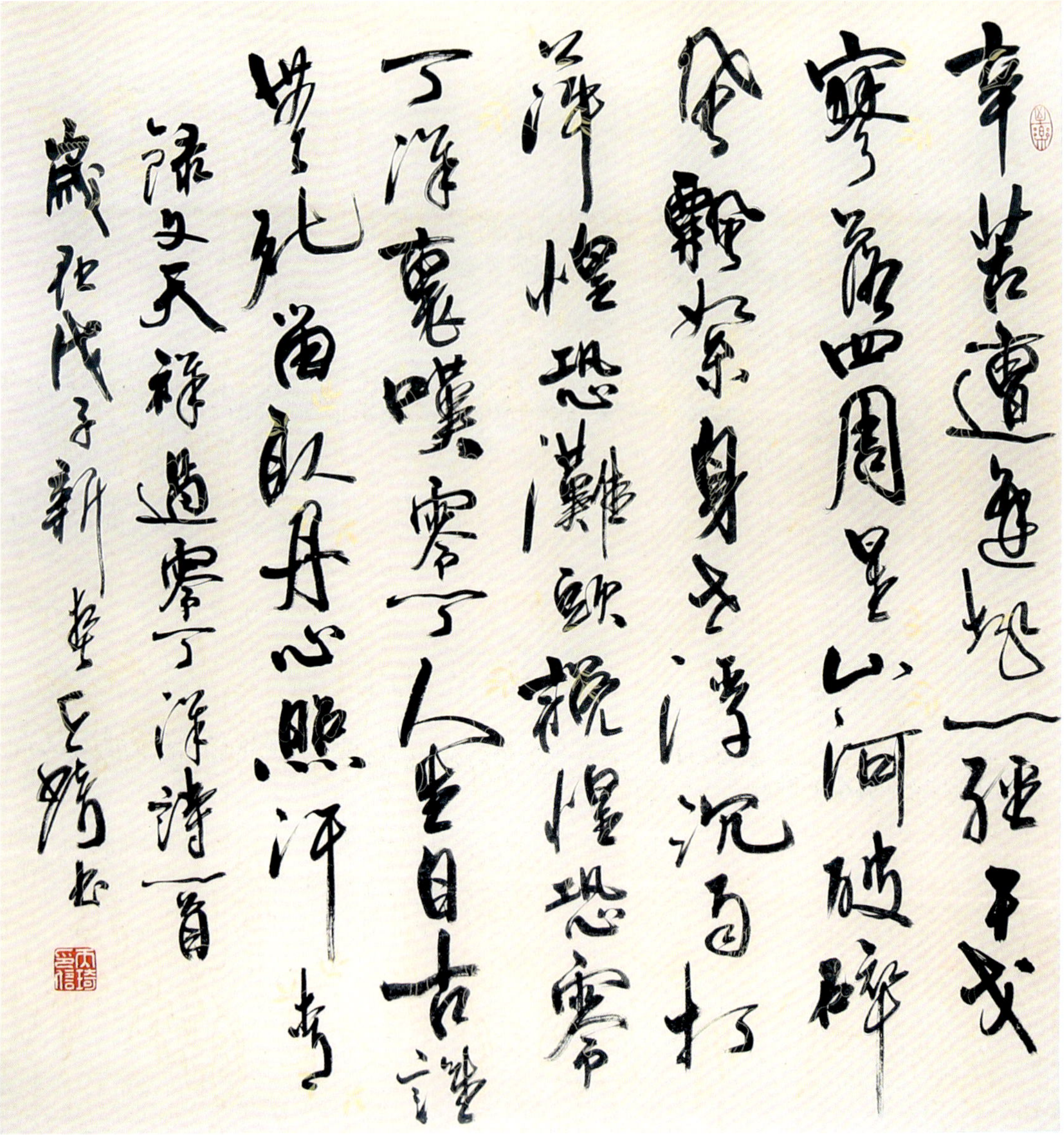

行书
文天祥《过零丁洋》
66cm×66cm

行书对联
133cm×33cm×2

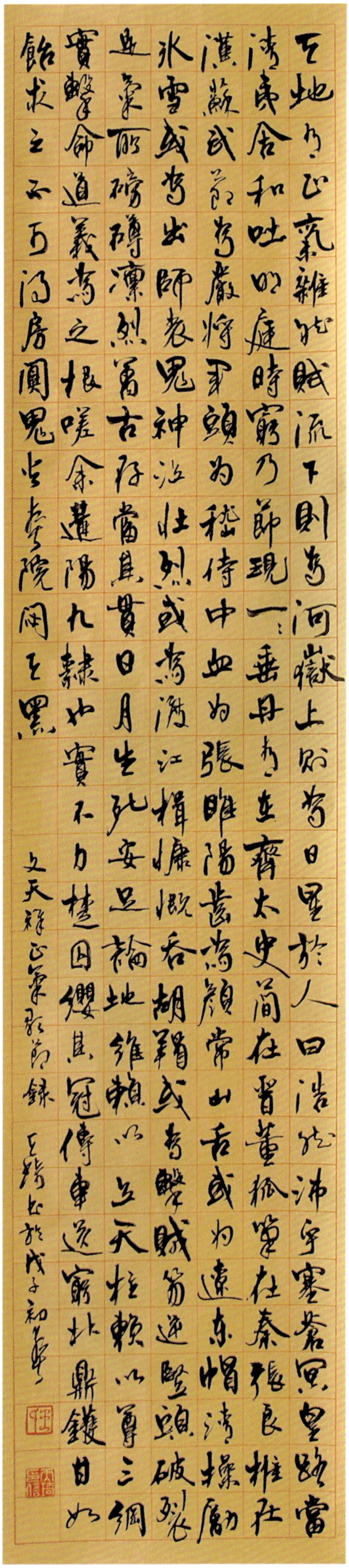

行书
文天祥《正气歌》节录
133cm×66cm

行书对联

133cm×33cm×2

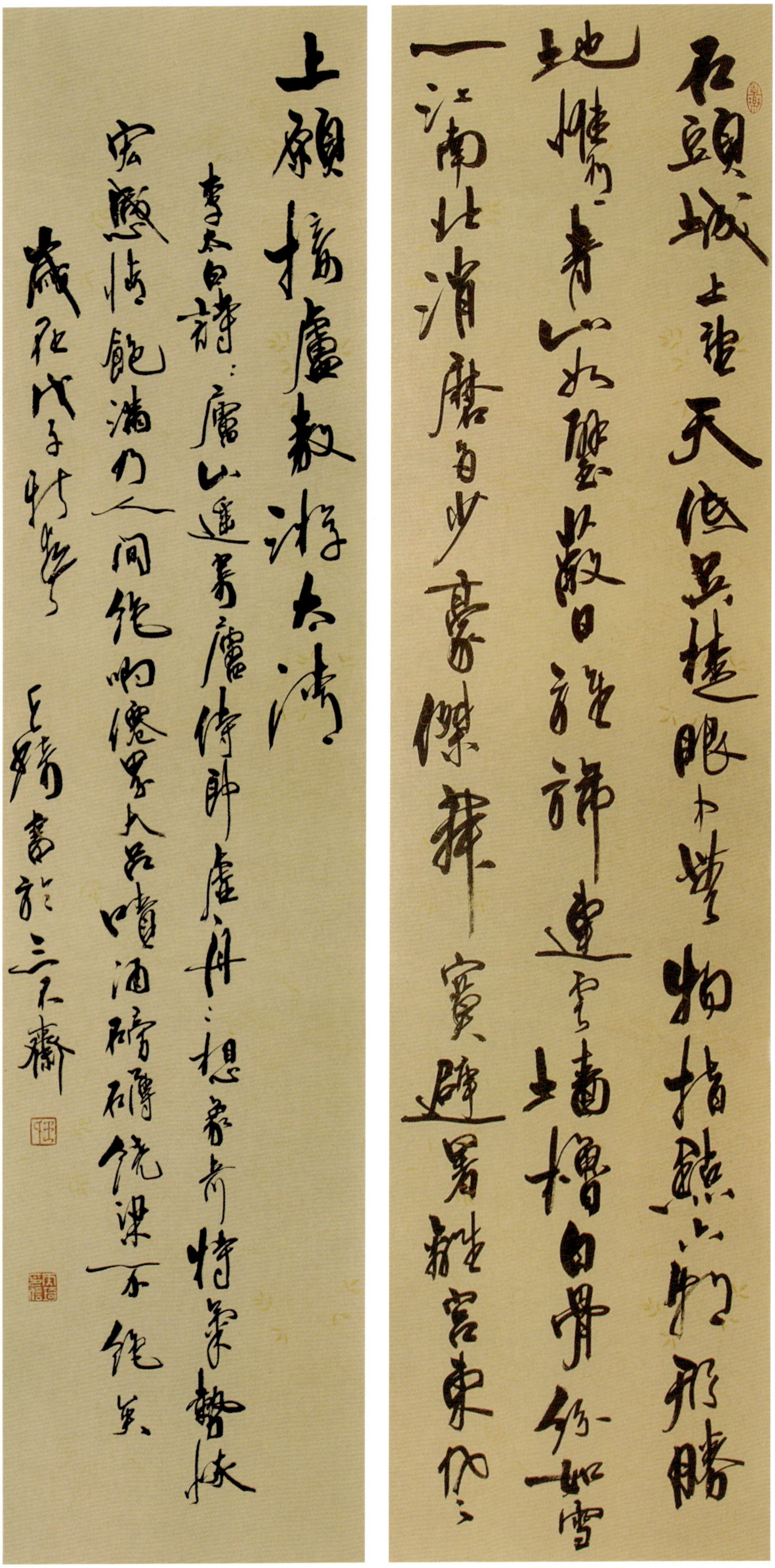

行草书

李白《过庐山遥寄卢氏郎虚舟》

133cm×33cm×2

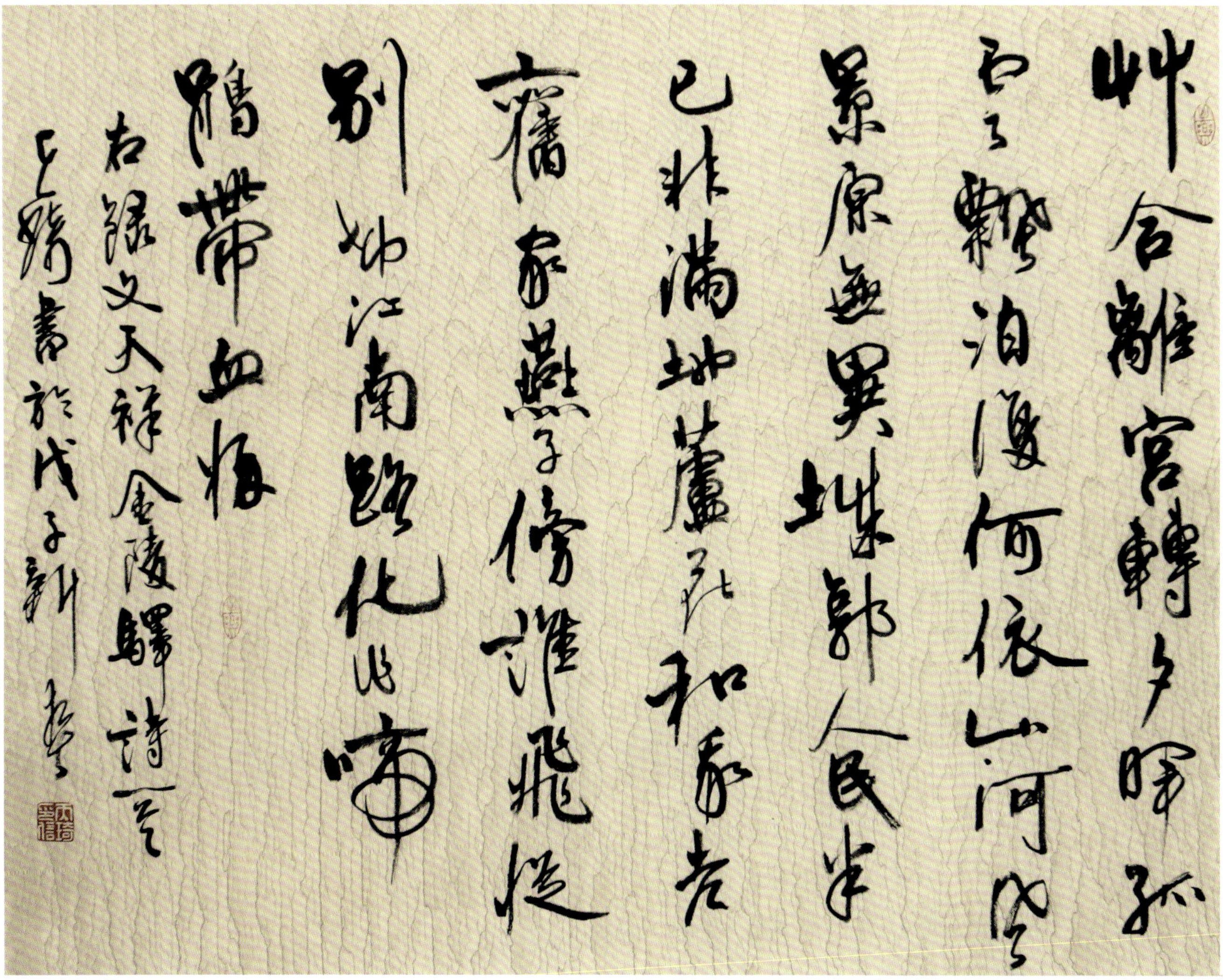

行草书
文天祥《金陵驿》
78cm×66cm

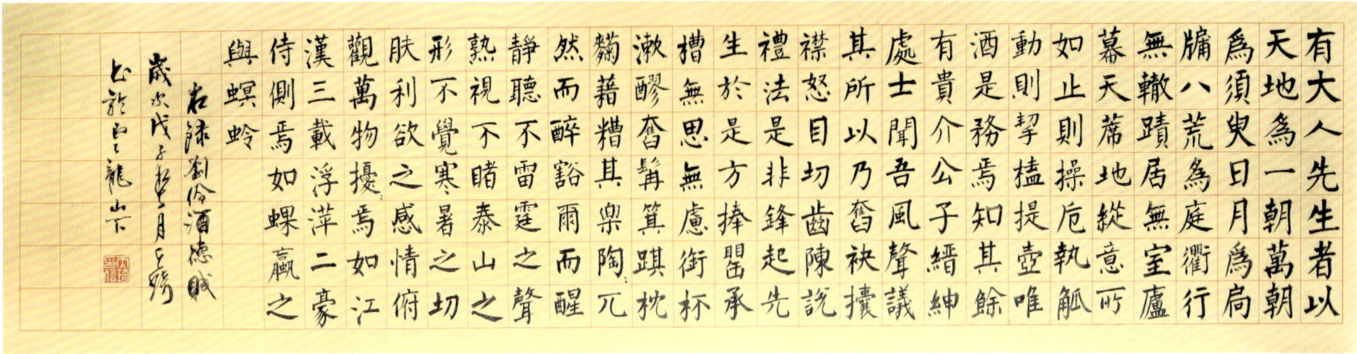

楷书

刘伶《酒德赋》

133cm×33cm

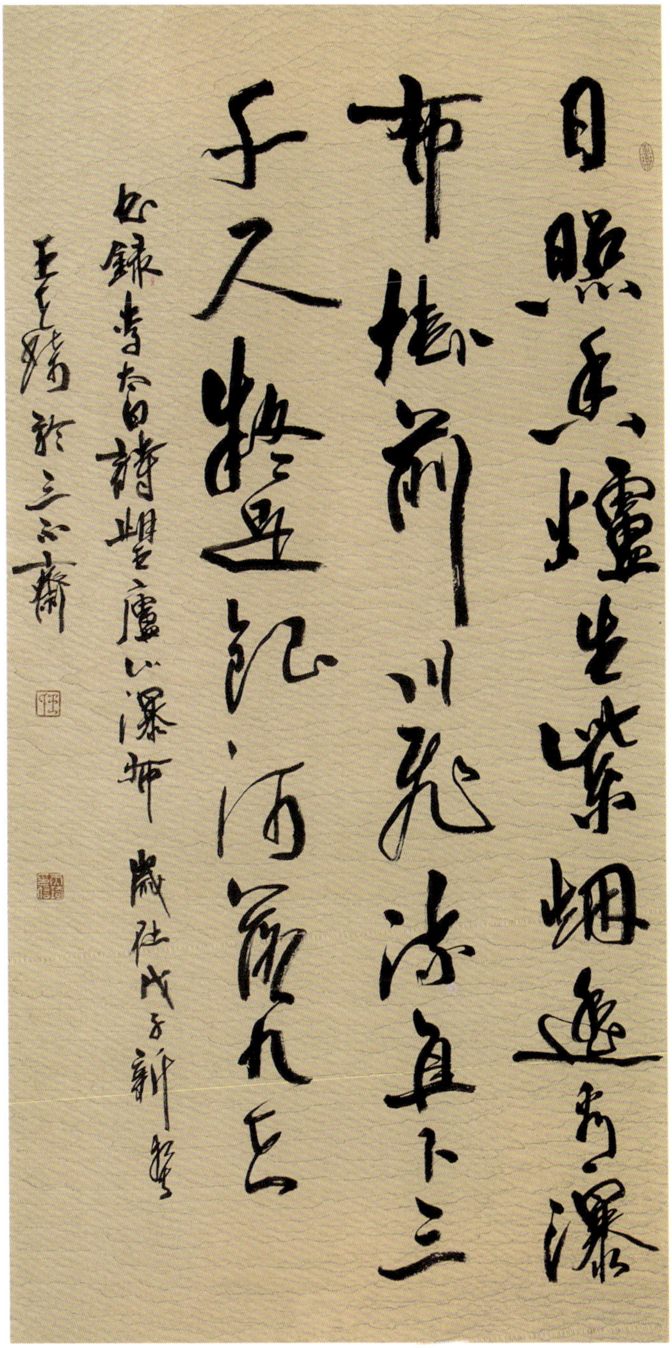

行草书

李白《望庐山瀑布》

133cm×66cm

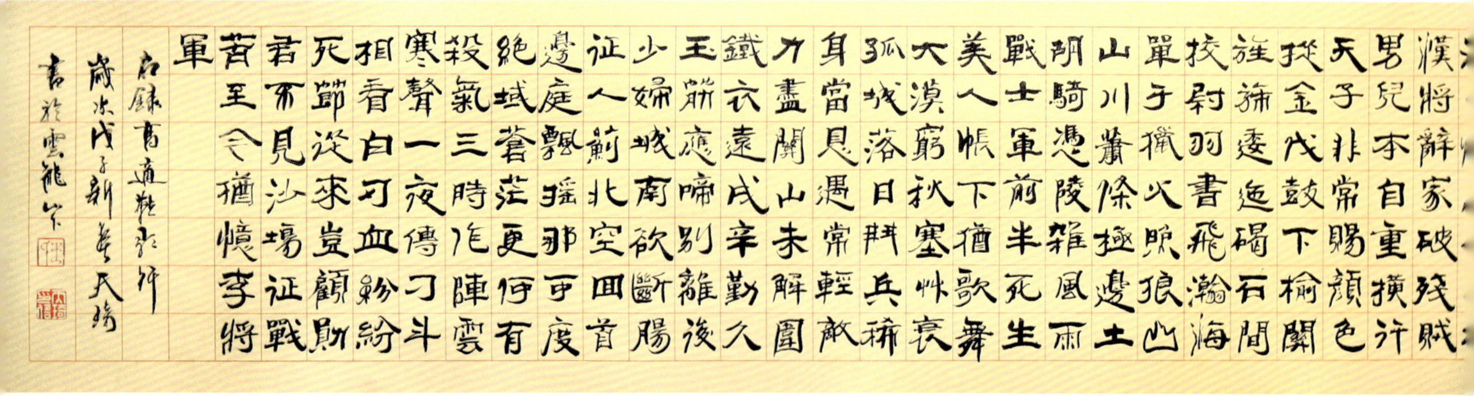

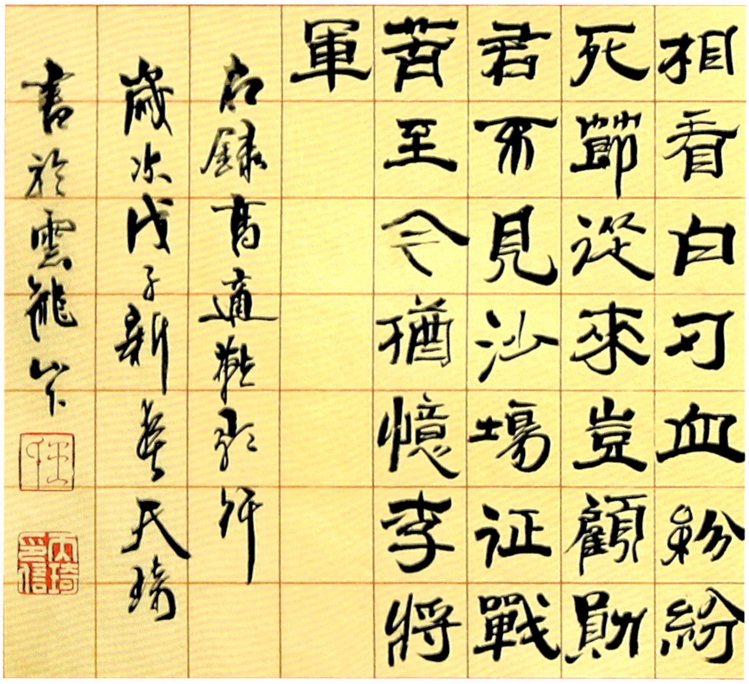

局部

隶书

高适《燕歌行》

133cm×33cm

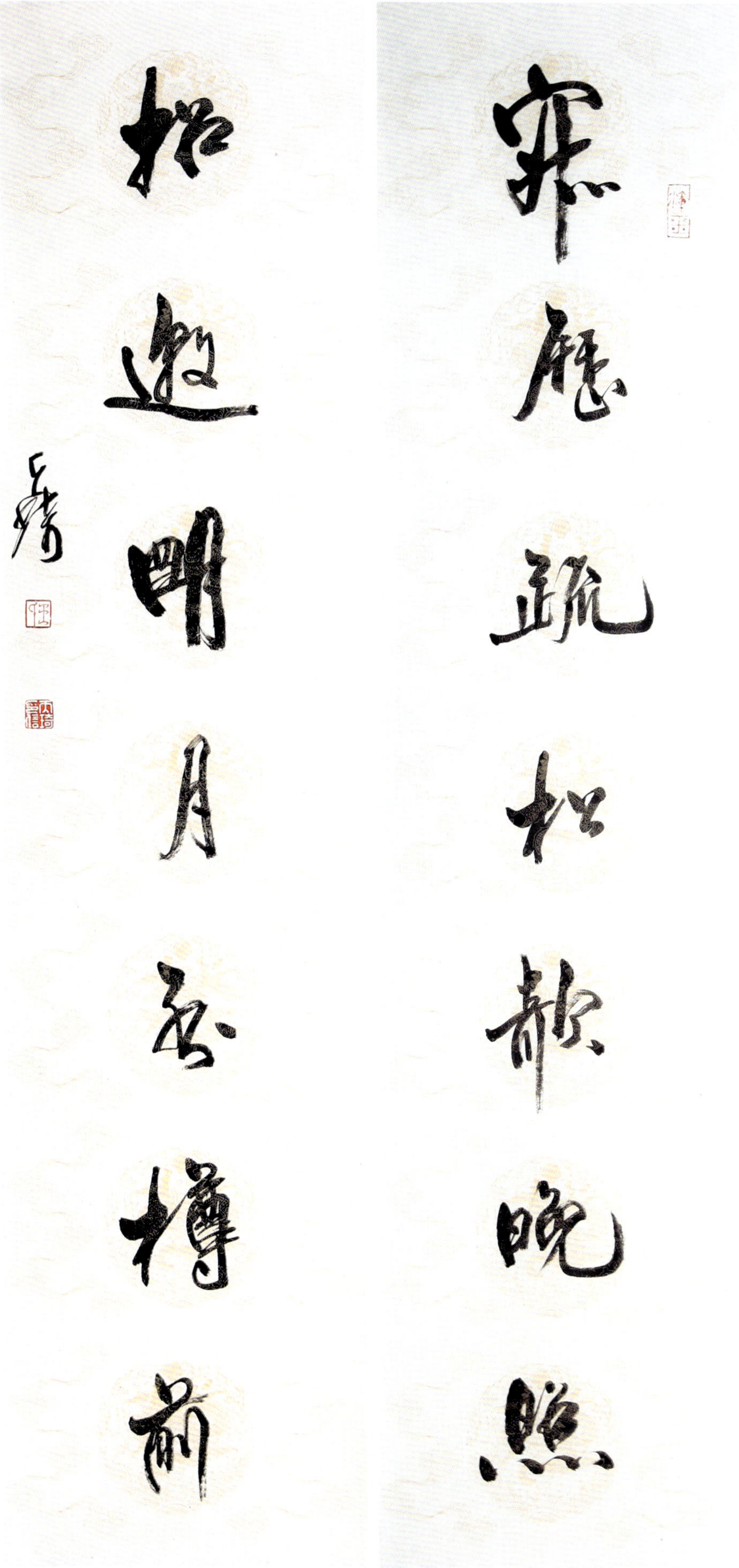

行草对联
133cm×33cm×2

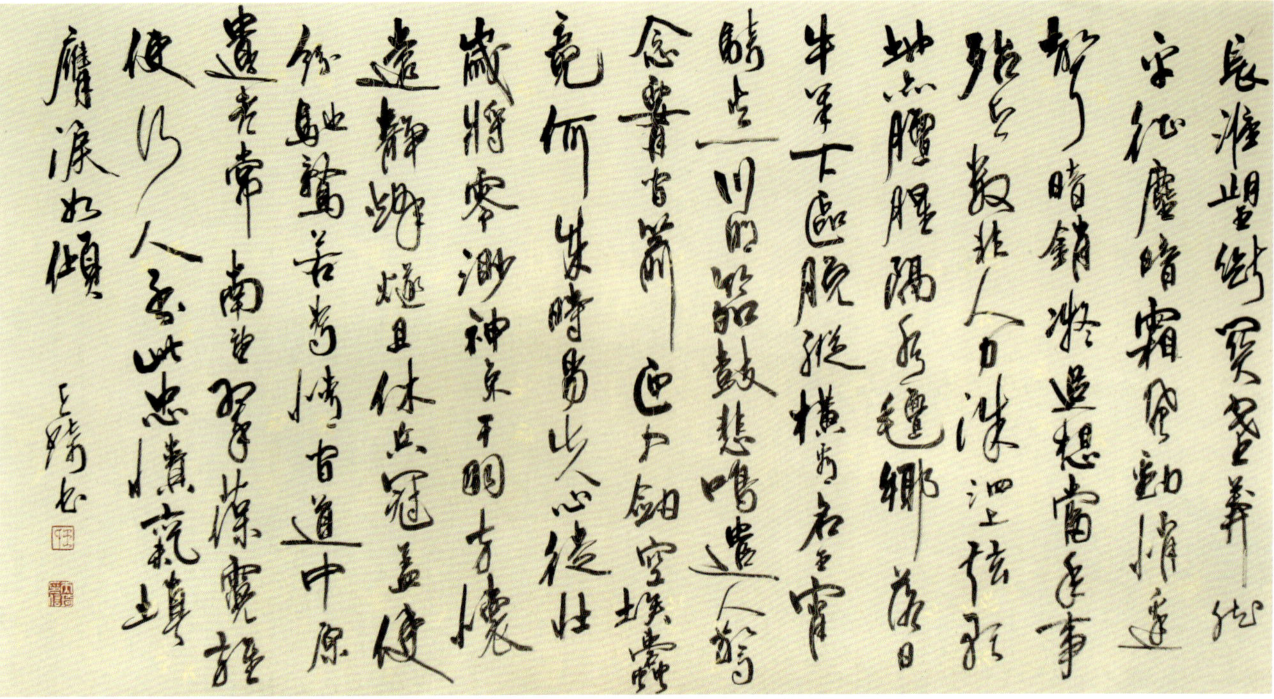

行书

张孝祥《六州歌头》

133cm×66cm

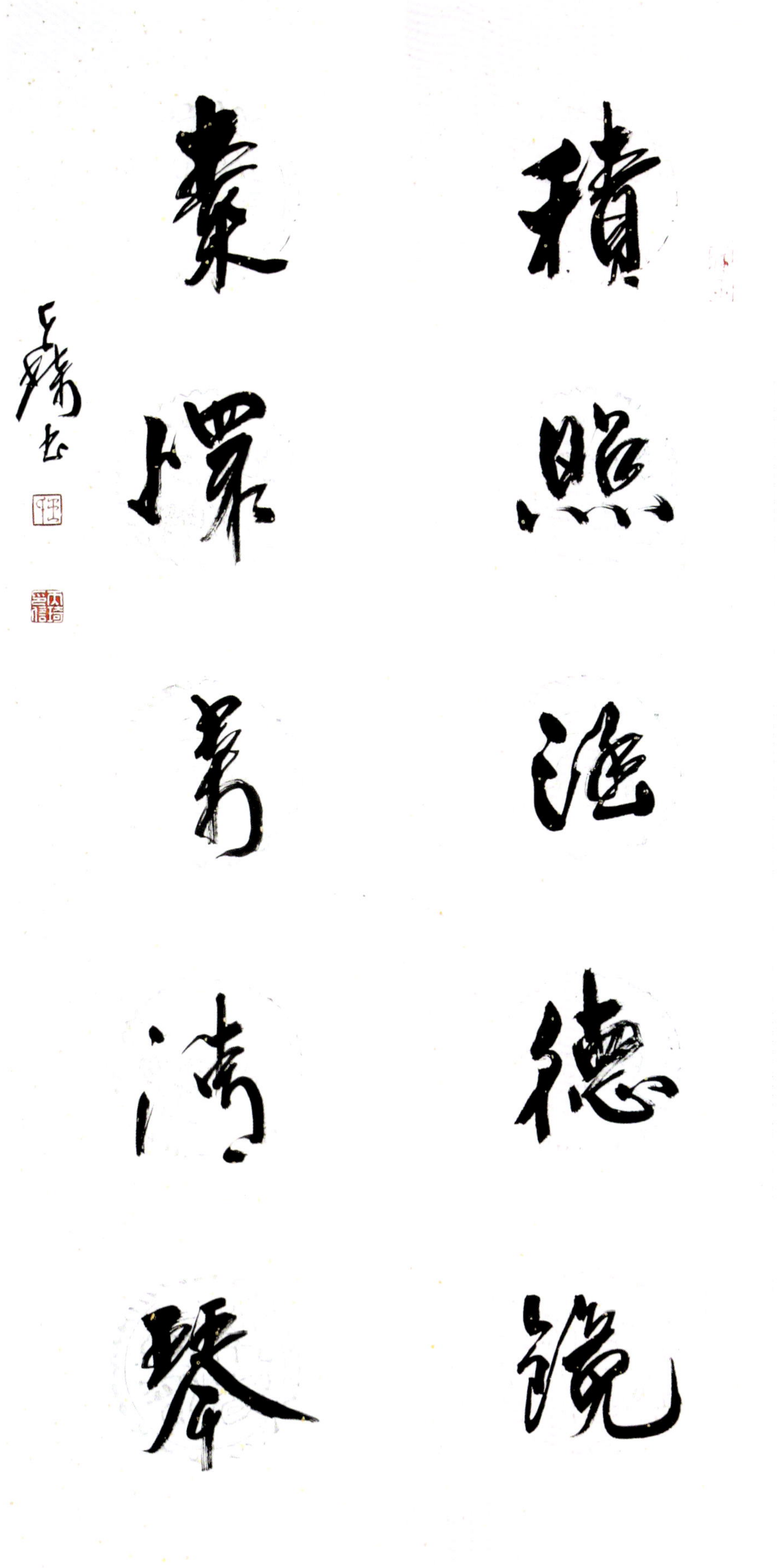

行草对联
133cm×33cm×2

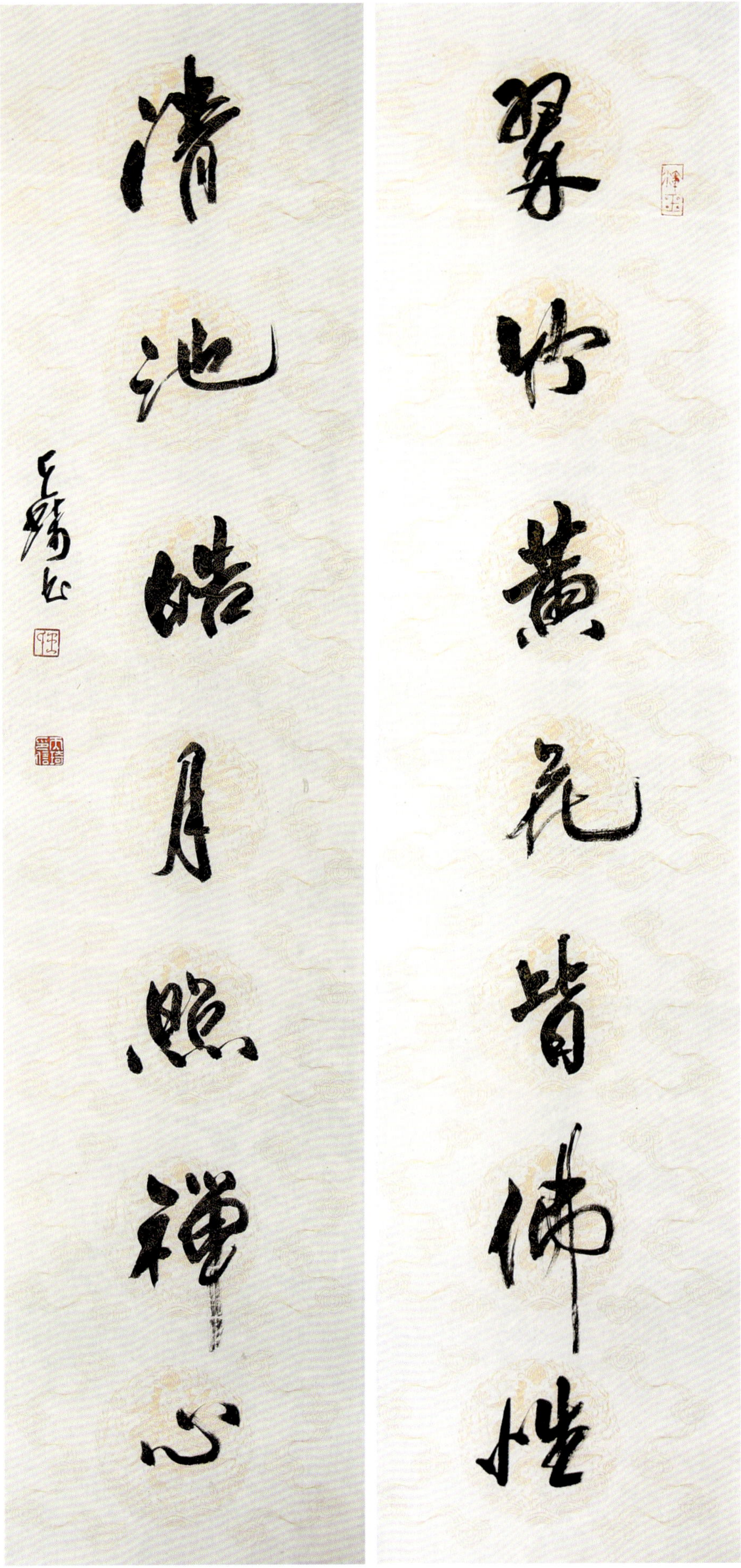

行草对联
133cm×33cm×2

来自李可染故乡的书画名家

LAIZI LIKERAN GUXIANG DE SHUHUA MINGJIA

余中元

YUZHONGYUAN

凤凰出版传媒集团
凤凰出版社

图书在版编目(CIP)数据

来自李可染故乡的书画名家 / 刘明主编.—南京:凤凰出版社,2008.5

ISBN 978-7-80729-176-3

Ⅰ.来… Ⅱ.刘… Ⅲ.①书法家—简介—徐州市—现代②画家—简介—徐州市—现代 Ⅳ.K825.72

中国版本图书馆 CIP 数据核字(2008)第 073992 号

书　　名	来自李可染故乡的书画名家
主　　编	刘　明
策　　划	徐州凤凰文化发展有限公司
责任编辑	高思源
出版发行	凤凰出版传媒集团 凤凰出版社(原江苏古籍出版社) 南京市中央路 165 号　邮编 210009 发行部电话 025-83223462
集团网址	凤凰出版传媒网　http://www.ppm.cn
印　　刷	徐州市今日彩色印刷有限公司 江苏省徐州市青年东路 62 号　邮编 221003
开　　本	889×1194 毫米　1/16
印　　张	48
字　　数	100 千字
版　　次	2008 年 5 月第 1 版　2008 年 5 月第 1 次印刷
标准书号	ISBN 978-7-80729-176-3
全套定价	288.00 元

(凤凰出版社图书凡印装错误可向承印厂调换)

地域文化的光彩

——徐州书画现象(代序)

程大利

徐州,古为九州之一。它是长江、黄河之间的一片沃土,兼有南北地域文化的特征。黄河十三次改道流经此地,积淀泥沙的同时也积淀下了文化,一种坚忍耐劳、朴实敦厚的文化,一种崇文尚武、入世进取的文化,一种心思缜密而不流琐屑、不入极端但又是非分明的处世风习很容易造就一批高旷冲淡又豁达温厚、有情有义的文人,而这又是传统书画艺术家必备的品质。

地理的特殊影响着文化生态。5000年以来,这里留下先秦文化的光彩,更留下两汉文化的辉煌。已经开掘和没有开掘的汉墓,无疑给这块土地添上了许多故事,成为极为厚重的遗珍。画像石是造型艺术的最好教材,《大风歌》而下的诗文传统展现着酣畅淋漓的气度,多姿多彩的民间艺术陶冶了一代又一代的少年,优美的自然风光和千载不泯的民间传说,都为艺术家的成长铺就了温床。近百年来,这里走出了一批杰出人士。以书画为例,民国以来的张伯英、李可染、刘开渠、王了云、萧龙士、王肇民、朱德群、朱丹等书画家成为20世纪的一个现象,不同于江南的“松江派”、“华亭派”等等,却是风格各异地竞相峥嵘。在现代美术史上闪现着光辉,李可染在中国山水画上的贡献已成定论,在历史上留下了充实的一页。

中国传统艺术是中国文化现象。书画是传统文化的瑰宝,它既可以“成教化、助人伦”,也可以“涤烦襟、破孤闷、迎静心、释燥气”,是“祛病增寿的良药”。书画发达地方人们的心态会趋于平和,社会风气会趋于文明。书画家在徐州特别受尊敬也是“崇文”风尚使然,这促使着艺术家更趋努力,为家乡做出新贡献。

文化,因传承而厚重,书画文脉传到今天似乎更为壮丽,一代书画家产生了新的影响,有的人已成为当代艺术的领军人物。徐州的书画事业也从来没有像今天这样繁盛。许多理论家朋友已注意到徐州出书画家的现象,这一地域现象必将被展开并深入探讨。可染先生的“实者慧”形象地总结了自己,更为一代书画家开启了修炼的明灯。在中华民族艺术的大花园里,徐州书画的奇葩必将更为绚烂,徐州的书画事业前程似锦。是为序。

戊子初于京华

采撷书法的风景

刘贤斌

余中元的书法追求是纯碎的，他一直为着自己的艺术理想在默默中积聚着跃动的力量。以其当下之情状，或不可誉其人其书已入化境和得于大道，但中元的执着与对书法的颖会是可以让我们存此期待的。

十多年来，中元一直在传统中沉潜探求，对二王一系的帖派书风倾情尤甚，是故其书以楷书及行草最为擅场。其楷书自魏晋至唐而迨于明季诸贤，可谓遍临百家。又以褚河南及文衡山为依傍，参渗化合，变通楷法。在对用笔与结构的悉心解构之后，成于应变随心。其楷书无论大字小字皆灵动自在，生动活脱而古意盎然。其中对诸如黄石斋、王雅宜结构变化的把握，还有对魏碑的融汇与提纯，及字间重心的调整等，皆能巧运衡平之理，成于慧心独运。由是我们可以直观地感受到中元在对楷书的心会之后，表现出的是自信与从容。

有了楷书的深厚功底，中元的行草书研习已无“不识起讫”之虞，线条的内质也不再是要锤练的问题了。因此他在着意于自己所钟情的二王及文衡山行草书中乘除加减，从粗细线的运用到连与断的感悟，从单字与行列的关系到墨色与节奏的变化，以他“职业书法家”的敬业和“专业书法教师”的勤苦与专攻，思虑通审而渐成风气。而今，其行草书既承晋人韵致，更有明清书法的奔放洒落。濡墨挥毫之际，纵获容与，境界叠生，能够让人凝神遐想以致情思游弋。

余中元还是一位优秀的书法教育家。在从事中小学生书法培训工作的十多年中，他用自己的辛勤劳动和心智的付出，在因人而异、因材施教的艺术教育理念下，总结出了独特的教学方法，形成了属于他自己的书法教学体系。在这个以硬笔书法、毛笔书法及对学生书法理论培养的实用体系里，科学地融合了书法传统与传承等多维度的美学观照，以致于能够在完全业余的时间里培训出以优异成绩考入全国高等学府书法专业的高材生。目前，余中元培养的学生有多名在中国美术学院书法系、浙江大学就读书法专业。这些成绩的取得绝不是虚妄自大者能够做到的，他以自己对中国书法的热爱和对书法教育的深度思考践行着一个书法家的精神追求。

仲尼云：“知之者不如好之者，好之者不如乐之者。”余中元既品味着书法追求的愉悦也享受着书法回馈的喜悦，还有桃李不言下自成蹊的收获与期待。书法让他遣兴而放怀，这是人生历程中的沿途风景，会赏优游，欣幸何如！……

悟者心性

——青年书法家余中元其人其书

周 永

对于目前的书坛，按照我个人的意愿，我更愿意将书家分为两类：以实力写字和以才情写字。重实力者，入传统，牢根基，功力深厚；注才情者，思敏捷，有震撼，个性独特。

而徐州青年书法家余中元我觉得二者兼而有之。余中元，这个国展的常客，多次蟾宫折桂，正越来越为众多人所熟知和喜欢。

和众多学书者一样，中元在唐楷的森严樊篱中打下了扎实的基础，欧的险劲刻厉，虞的圆润典雅，褚的灵动多变，鲁公的恢弘大气，少师的斩钉截铁……让中元无不为之倾迷。随着眼界的不断拓宽，中元的书法触角也是越伸越广：从二王到汉隶，从晋唐楷书到宋四家，从明清到当代……中元以“一种乡愁的感动，到处寻找自己的家园”。

古人学书，讲究师承，而中元没有老师，他的老师就是碑刻、墓志、古帖。因为没有老师，中元的字也就少了圆囿，故能熔铸各家逐渐显现自己的个性语言。看他的作品，会觉得有二王的意蕴，也有宋四家的笔法，有黄道周的遗风，还有董其昌的风骨。这是中元二十余年临帖的所获，也是一个书家成长的必经历程。

对于临帖，中元有着自己的理解和思考：临习古人的最终目的是为了找到自己的书法语言，从而形成自己的个性，要广而杂。我从不在一家一帖上死下功夫，那样会有一定的局限，书法应该是包容的，囿于一家一帖，只能让自己走进死胡同而丧失自我。不在一家一帖上下死功夫并非不深入，我希望能通过深入的领悟而找到自己可以汲取的营养，获得好的方法和途径。在临习过程中要充分发挥形象思维和感觉思维，形象思维是一个大的层面，而感觉思维却可以更加细腻、更加深入地引发我们的想象力。如《西狭颂》和《曹全碑》带给我们的感觉就截然不同，一粗犷，一秀逸，一如西北汉子放达，一似江南女儿娉婷。

的确如此，悟者心性，思考的学习是最有效的。“凡欲学书之人，工夫分作三段，初要专一，次要广大，三要脱化”，集众家成一家，“万卷山积，一篇吟成”，有选择的付出比没有方向的努力获得的结果是不可能一样的，王羲之的字未必适合所有人，适合自己的才是最关键的，而入帖不易，出帖更难，前者难在进入别人的思想，后者难在囿于别人的思想。能把握好火候的人不多，而中元无疑做到了。

中元深知，书法创作说白了就是一个二度创作的过程，书写内容不外乎有二：一是抄录别人文章，二是书写自己文章。无论哪种，窃以为当在创作之前熟悉原文作者之作文意图，否则仅是抄书而已，便不得神采，何来韵致可言？因而在每次创作之前，中元总是会花相当的时间做足准备的功课：深入领会文字作者的意图，确定书写风格和表现形式，用他自己的话说，一定要通过深入的悟性和思考将个性表现出来。

若是总结，我个人觉得中元的书法有着“静、真、变”的特点：

静：中元的书法作品传递给观者的是他在书法作品中所蕴涵的那种宁静而致远的幽静，是远离都市喧嚣的山林清远之气，“落花无言，人淡如菊”，有着陶令“采菊东篱下，悠然见南山”的闲散与超然；会让人觉得有入“茂林修竹，清流潺缓，惠风徐来，天朗气清”之感。在中元的作品中，看不到太盛的火气，有的是平和，有的是幽幽的馨香。

楷书和行书占据了中元创作的大部分，与前些年相比，其楷书已经明显地少了刻意的雕琢，隐蔽了匠心，格调高古，清新脱俗，机杼自出，风格独具。其行书从二王出，参以黄道周笔意，以楷入行，风味醇雅，耐人品味。可以感觉得到作者在书写时的心境是静的、平和的，一任笔尖在自己营造的氛围中挥洒漫舞：不徐不疾，不温不火，随意而不刻意，严谨而不失轻灵，飘逸俊秀，潇然淡远中见作者的才情和功力。

真：中元的作品给人的第一感觉是规矩，他的作品没有夸张的造型，没有流行书风的怪异，有的是平实和朴茂，不因时风而目眩神移，时刻保持自己独立的个性和思想，也正是这样独立的操守成就了其作品的真。

作家说我们有责任锻造我们的性灵，使其丰富，富有情感。没有情感的艺术是无法唤起观者的共鸣的，是无法打动人的心灵的。艺术作品应当有震撼力，应有心的跳动，血的澎湃。其实就是要在作品中融入情感，真感情就是好文章，没有情感是不行的，好的悟性其实说白了也就是作者的思考、作者的理解、作者思想感情的真实流露。托尔斯泰说过：文学就是借助于“外在的符号”传达作者的情感。登山则情满于山，观海则情溢于海，书法创作也是一样的道理，没有了情感流淌的作品最多是在写字，是在抄书，否则馆阁体也不会受到后人的否定和批判，它就是因为没有了情感，当然也就失去了独特的个性。

变：中元的书风在变，大量地涉猎先人前贤的作品使其眼界和见地逐渐提升，应当说他目前的书法创作已经到了一种高度，而这种变化的背后始终不变的是中元对书法的痴迷与坚守。古人说变则通，通则久。这种变不是随意的变，是在结合各家之长的基础上的变，是融合了传统的提炼，是个人面貌的显现。当今世界一切都是变化的，而唯一不变的就是变化本身，应变的唯一之道就不断学习。哲人说人不可能两次踏进同一条河流。说的就是一种变。

在中元的作品中：快和慢，徐和疾，曲和张，向和背。充满质感和力度的线条稳健中透着飘逸，俊秀中蕴含着灵动，绝不雷同。就其2006年和2007年的楷书而言，便有变化和不同：观其现在的楷书，驾驭线条的能力更见纯熟，以褚的面，参以碑的骨，糅杂隶书的古意，灵动率意，多变生姿，活而不呆，飘而不浮，无意中的放笔作波，隶意十足，令人叫绝。其行书融合了二王的笔法，米芾的天真，赵孟頫以及明人的旷达，严谨中有洒脱，放逸里见性情。中元的作品看似单纯，而作品中可以让人读出很多内容，书因文而发，文因书而熠熠生辉。

赏读中元的书法会让人完全沉浸在他的书法情绪之中，跟着他的思绪而享受书法带来的快感。浓郁的古韵气息，令人赏心悦目。一种浓厚的书卷气扑面而来，那种感觉就象是在品尝醇厚的美酒佳酿，让人在不知不觉中慢慢醉去，醉了还想醉。

中元曾对我说过，现在写字于他而言已经不是一种目的，而是生活的一种状态了。这话让我感动。是的，写字就是写字，创作就是创作，少点浮躁，多点宁静，多点思考，多点对书法的纯净的追求，无论是于人于己，我想都是好的。

透过一幅幅风格迥异、飘逸流畅的作品，我似乎看见中元在默默地思考着，行进着……

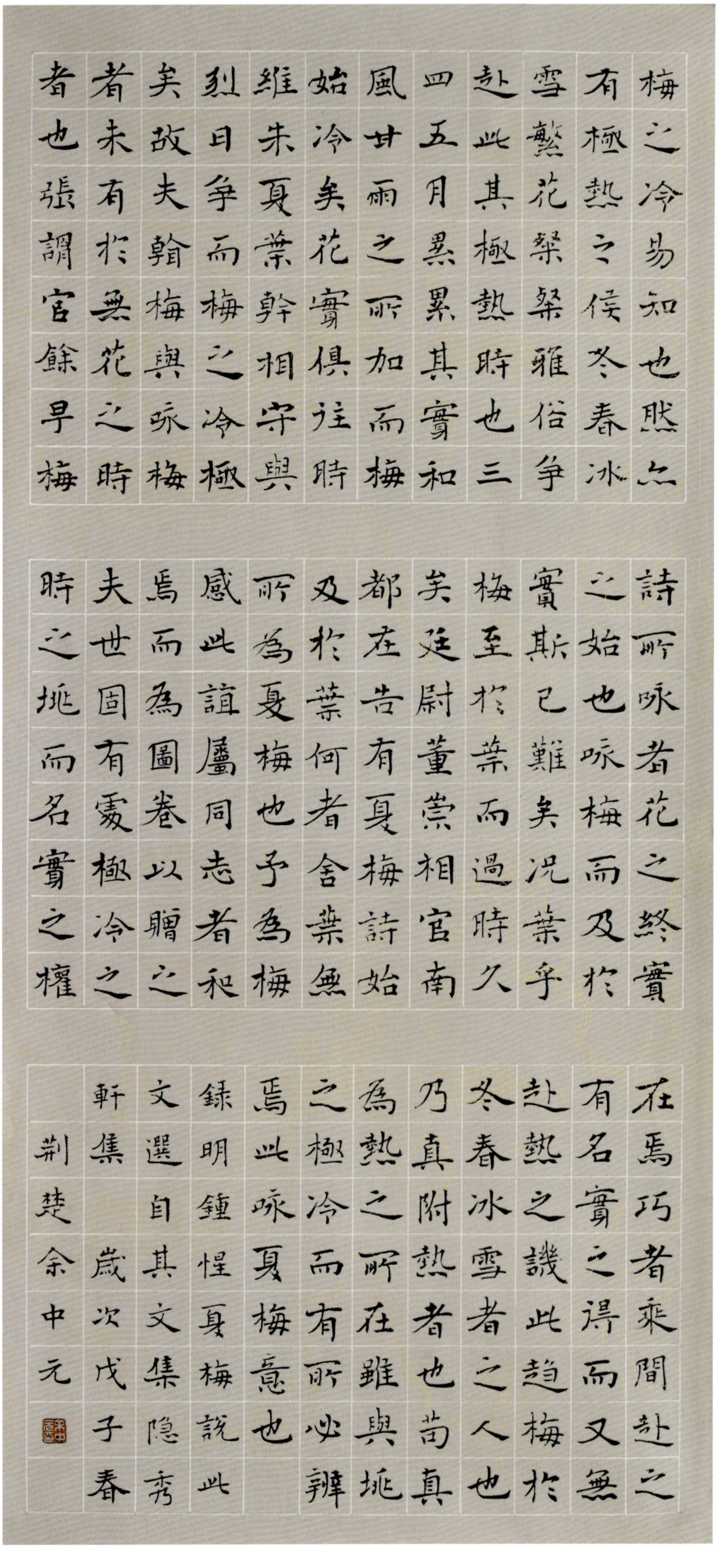
梅之冷易知也然亦
有極熱之候冬春冰
雪繁花粲粲雖俗爭
赴此其極熱時也三
四五月纍纍其實和
風甘雨之所加而梅
始冷矣花實俱往時
維朱夏葉幹相守與
烈日爭而梅之冷極
矣故夫翰梅與詠梅
者未有於無花之時
者也張謂官餘早梅
詩所咏者花之終實
之始也咏梅而及於
實斯已難矣况葉乎
梅至於葉而過時久
矣廷尉董崇相官南
都在告有夏梅詩始
及於葉何者舍葉無
所為夏梅也予為梅
感此誼屬同志者和
焉而為圖卷以贈之
夫世固有處極冷之
時之地而名實之權
在焉巧者乘間赴之
有名實之得而又無
赴熱之譏此趋梅於
冬春冰雪者之人也
乃真附熱者也苟真
為熱之所在雖與地
之極冷而有所必辨
焉此咏夏梅意也
錄明鍾惺夏梅說此
文選自其文集隱秀
軒集 歲次戊子春
荆楚余中元

69cm×34cm

永禅师书骨气深稳，体兼众妙，精能之至，反造疏淡。如观陶彭泽诗，初若散缓不收，反复不已，乃识其奇趣。今法帖中有云不具释智永白云，误收在逸少部中，然亦非禅师书也。云谨此代申，此乃唐末五代流俗之语耳，而书亦不工。

褚河南书清远萧散，微杂隶体。古之论书者，兼论其平生，苟非其人，虽工不贵也。河南固忠臣，但有谮杀刘洎一事，使人怏怏耳。余尝考其实，恐刘洎末年偏忿，实有伊霍之语，非谮也。若不然，马周明其无此语，太宗独诛洎而不问周，何哉？此殆天后朝许、李所诬，而史官不能辨也。

张长史草书，颓然天放，略有点画处，而意态自足，号称神逸。

今世称善草书者或不能真行，此大妄也。真生行，行生草，真如立，行如行，草如走，未有未能行立而能走者也。今长安犹有长史真书郎官石柱记，作字简远，如晋宋间人。

颜鲁公书雄秀独出，一变古法，如杜子美诗，格力天纵，奄有汉、魏、晋、唐以来风流，后之作者，殆难复措手。

柳少师书本出于颜，而能自出新意，一字百金，非虚语也。其言心正则笔正者，非独讽谏，理固然也。

世之小人书字虽工，而其神情终有睢盱侧媚之态，不知人情随想而见，如韩子所谓窃斧者乎，抑真尔也？然至使人见其书而犹憎之，则其人可知矣。

右录苏轼论书数则

岁次戊子春余中元于彭城

18cm×29cm×9

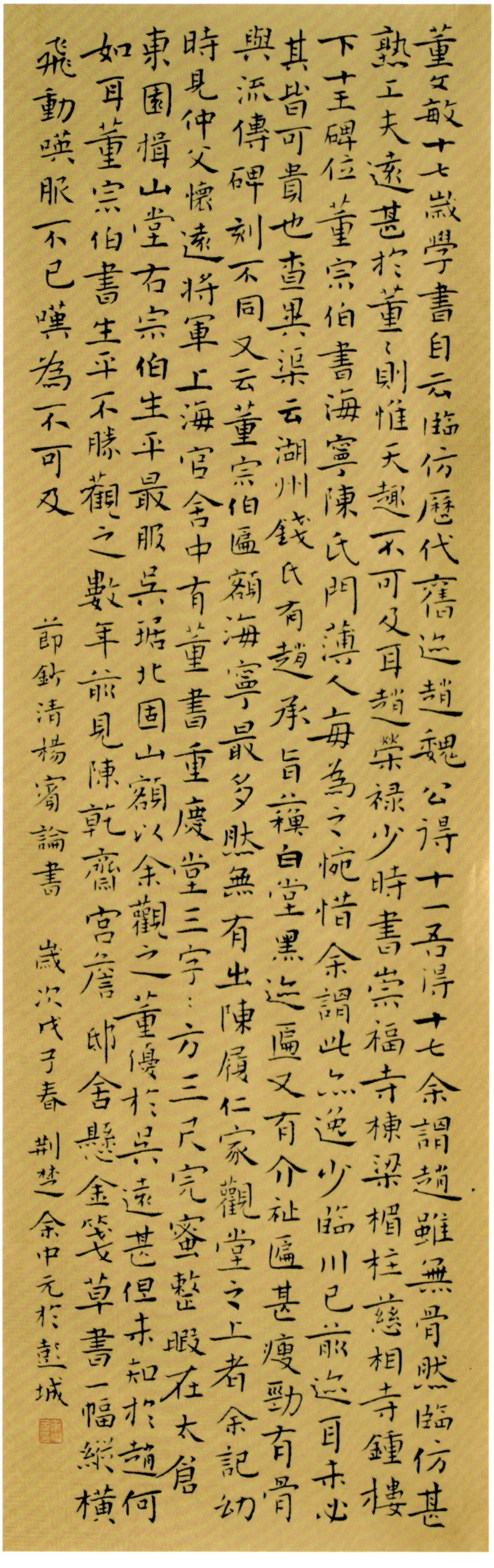
董文敏十七歲學書自云臨仿歷代舊迹趙魏公得十一吾得十七余謂趙雖無骨然臨仿甚
熟工夫遠甚於董董則惟天趣不可及耳趙榮祿少時書崇福寺棟梁楣柱慈相寺鍾樓
下土碑位董宗伯書海寧陳氏門簿人每爲之惋惜余謂此亦迹少臨川已前迹耳未必
其皆可貴也查異渠云湖州錢氏有趙承旨褲白堂黑迹匾又有介祉匾甚瘦勁有骨
與流傳碑刻不同又云董宗伯匾額海寧最多然無有出陳履仁家觀堂之上者余記幼
時見仲父懷遠將軍上海官舍中有董書重慶堂三字字方三尺完密整暇在太倉
東園揖山堂右宗伯生平最服吳琚北固山額以余觀之董優於吳遠甚但未知於趙何
如耳董宗伯書生平不勝觀之數年前見陳乾齋宮詹邸舍懸金箋草書一幅縱橫
飛動興服不已嘆爲不可及
節錄清楊賓論書
歲次戊子春 荊楚余中元於彭城

69cm×24.5cm

（局部）

264cm×33cm×4

66cm × 33cm

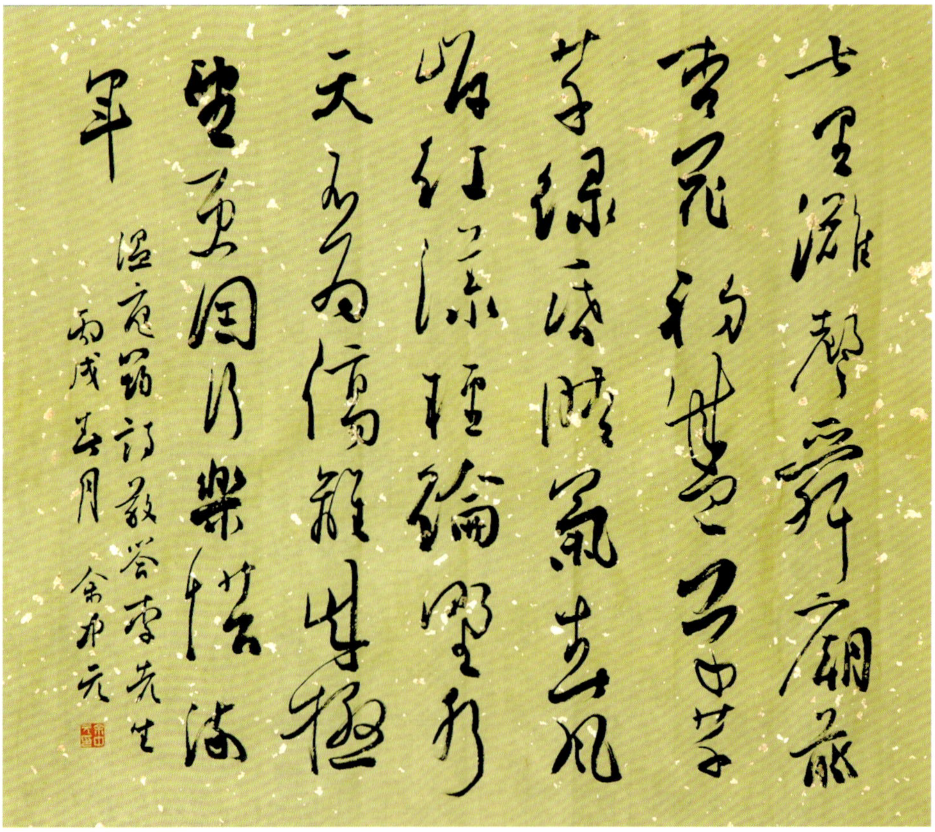

66cm × 66cm

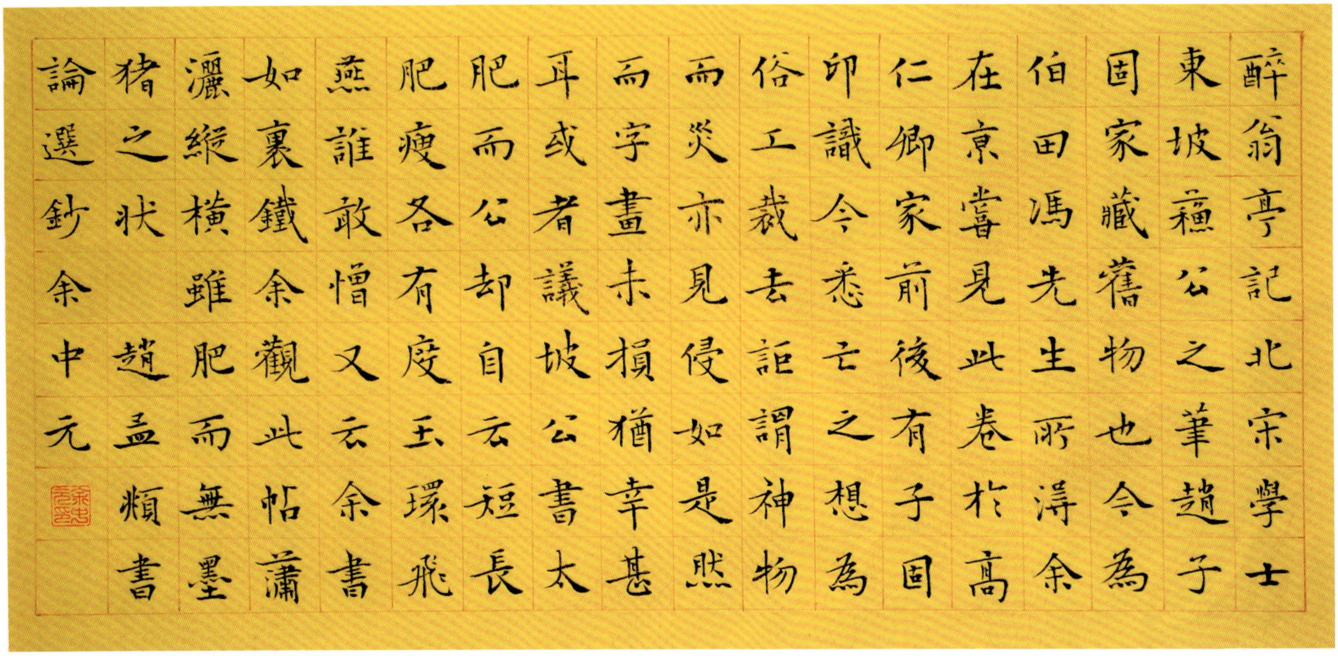

66cm×33cm

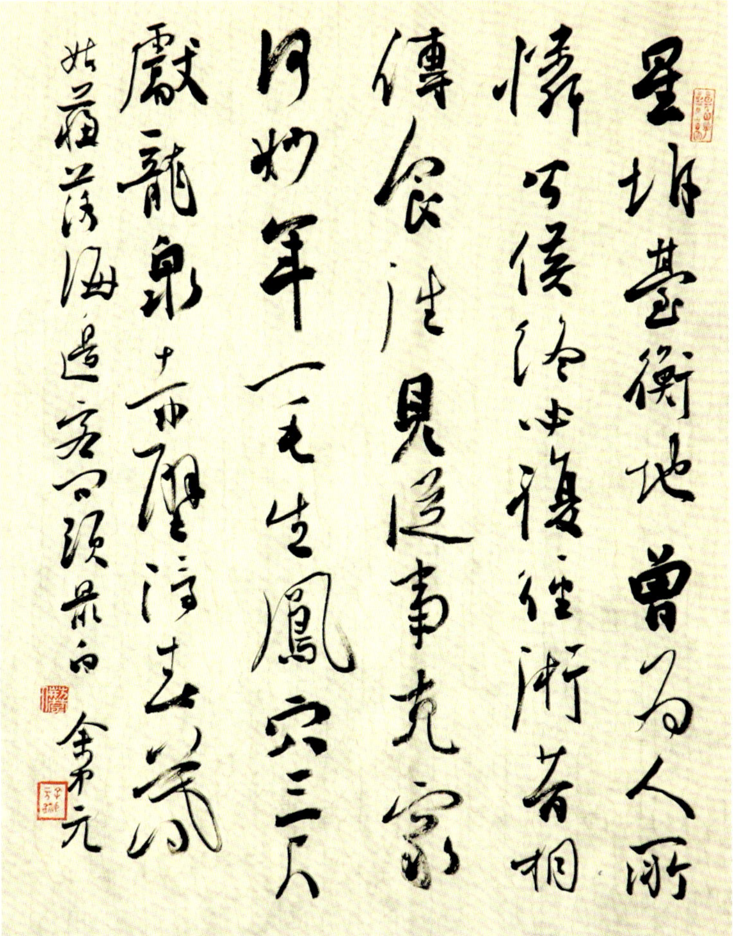

52cm×42cm

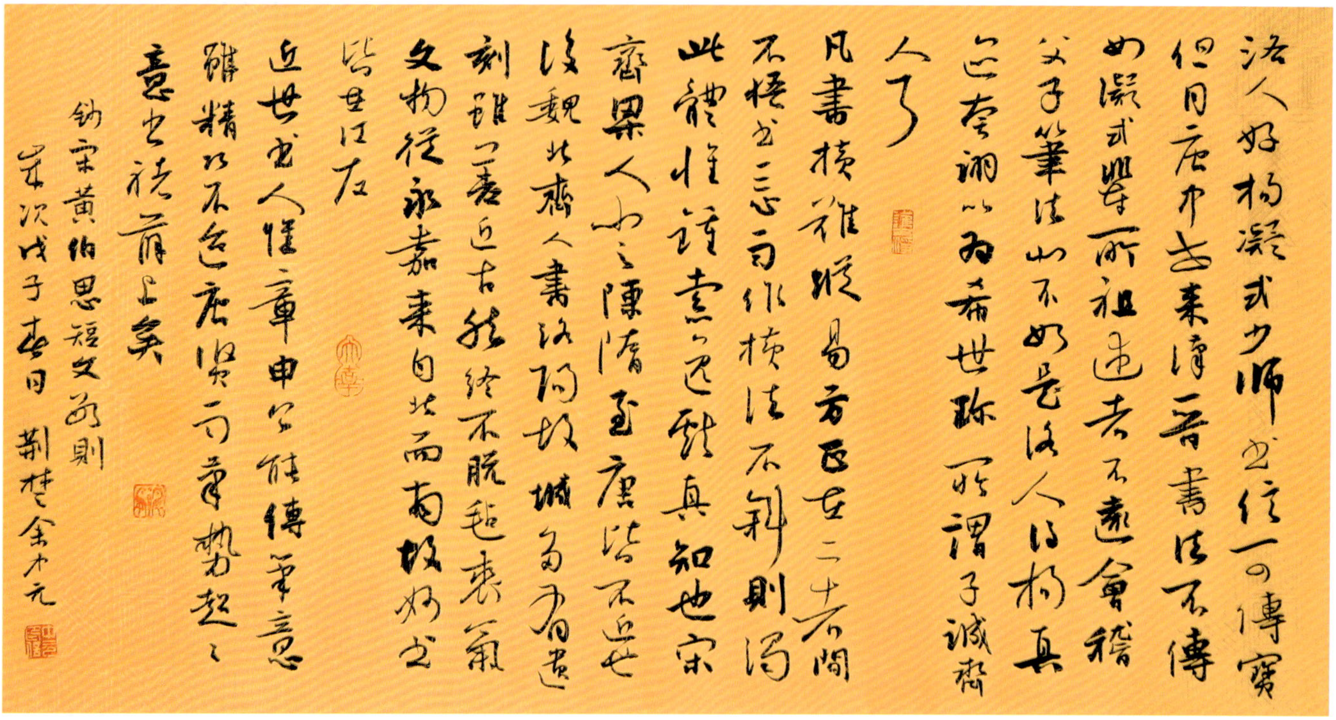

60cm × 32cm

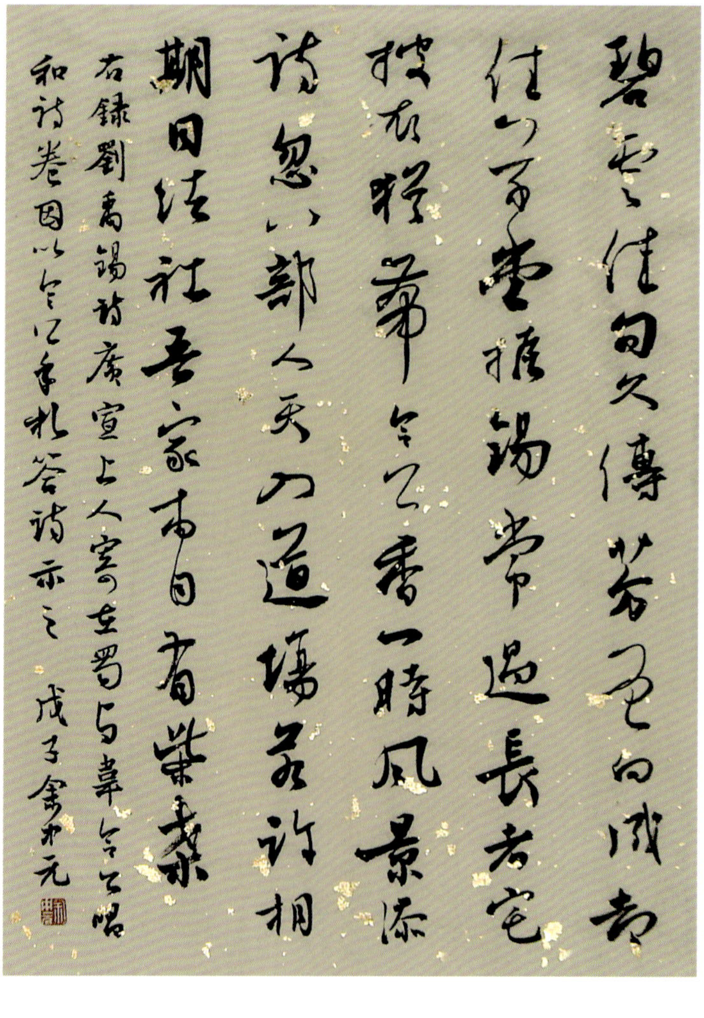

50cm × 34cm

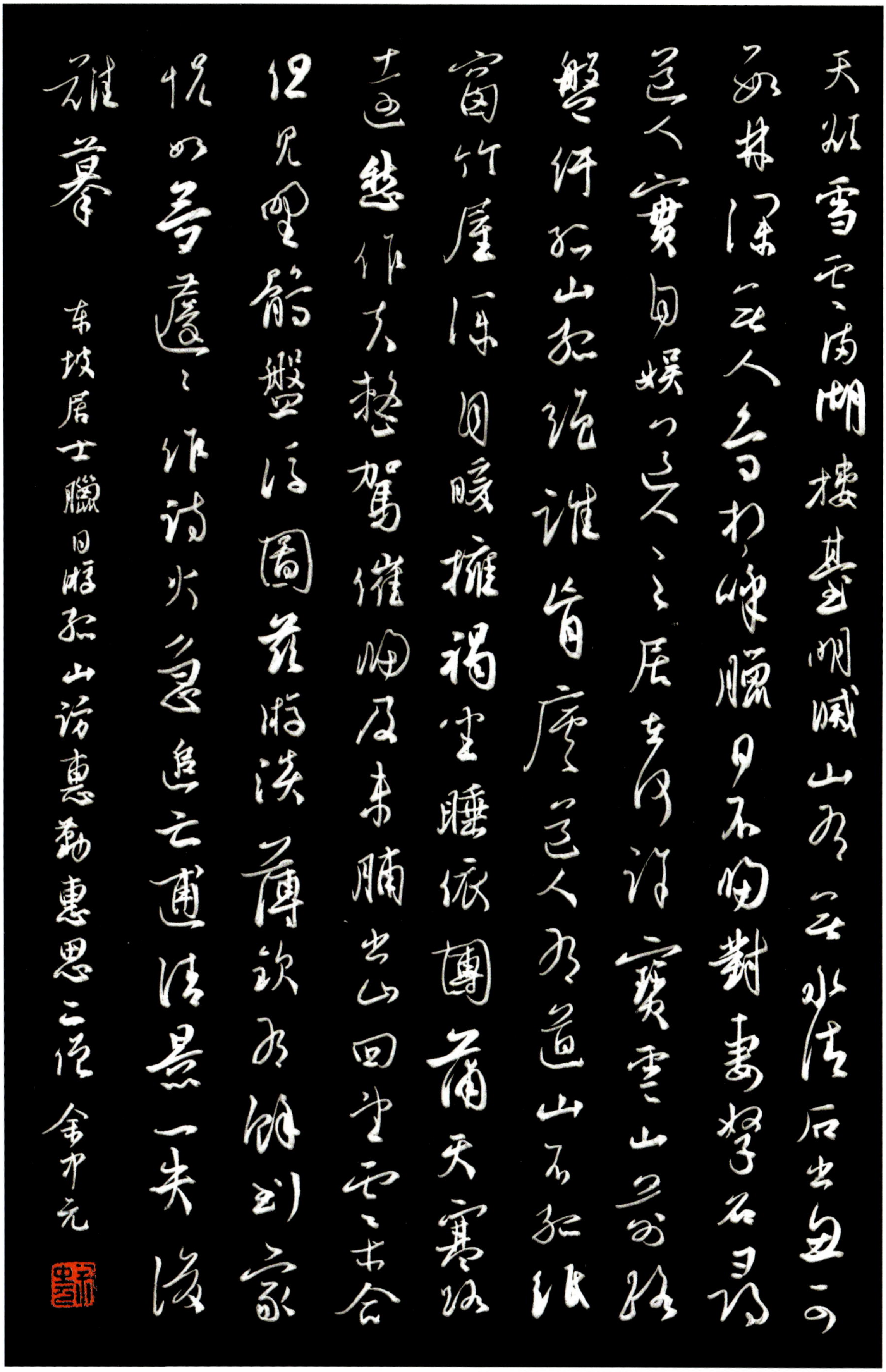
天欲雪云满湖楼台明灭山有无水清石出鱼可
数林深无人鸟相呼腊日不归对妻孥名寻
道人实自娱道人之居在何许宝云山前路盘
纡孤山孤绝谁肯庐道人有道山不孤纸
窗竹屋深自暖拥褐坐睡依团蒲天寒路
远愁仆夫整驾催归及未晡出山回望云木合
但见野鹘盘浮图兹游淡薄欢有余到家
恍如梦蘧蘧作诗火急追亡逋清景一失后
难摹
东坡居士腊日游孤山访惠勤惠思二僧 金中元

21cm×29.7cm

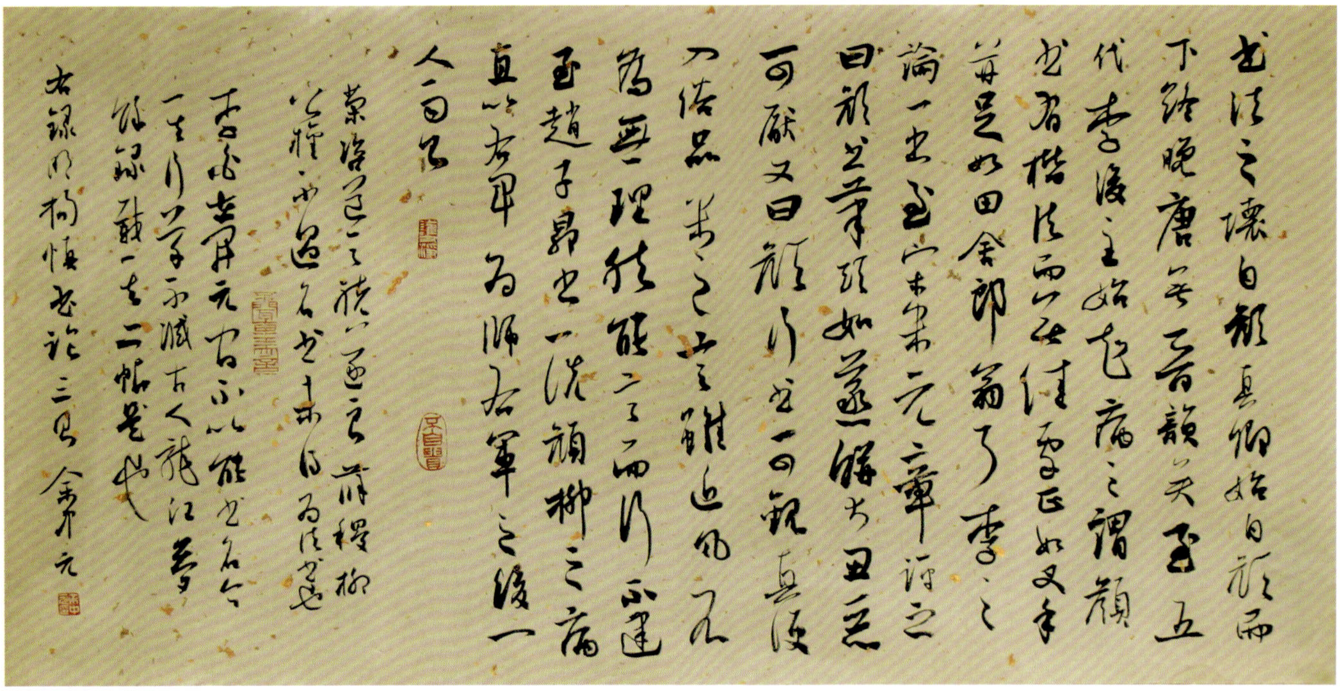

66cm × 33cm

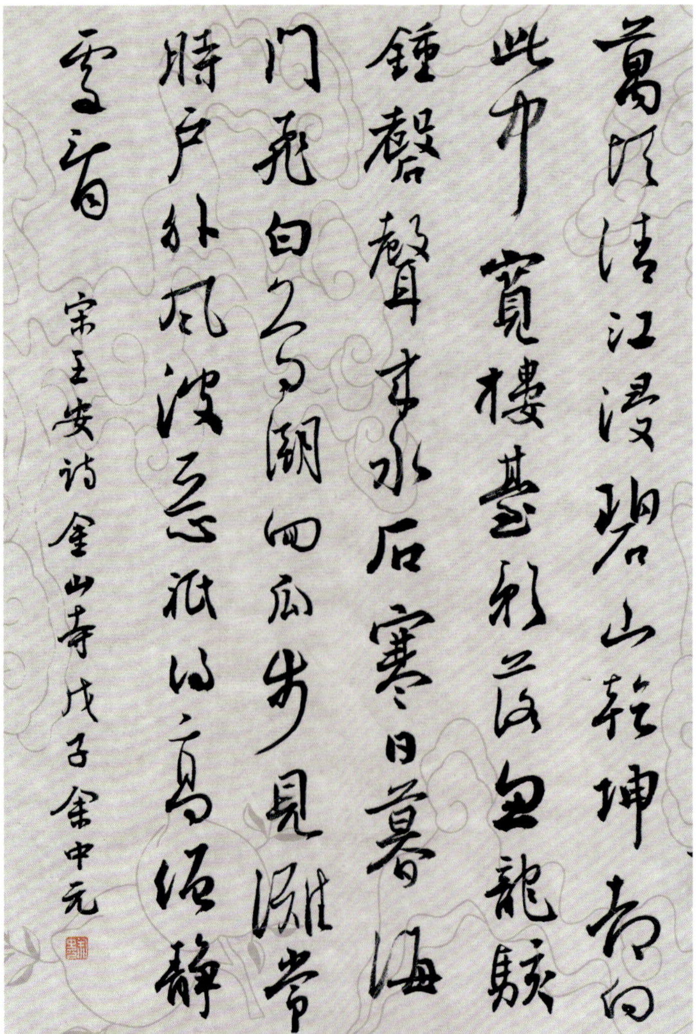

50cm × 34cm

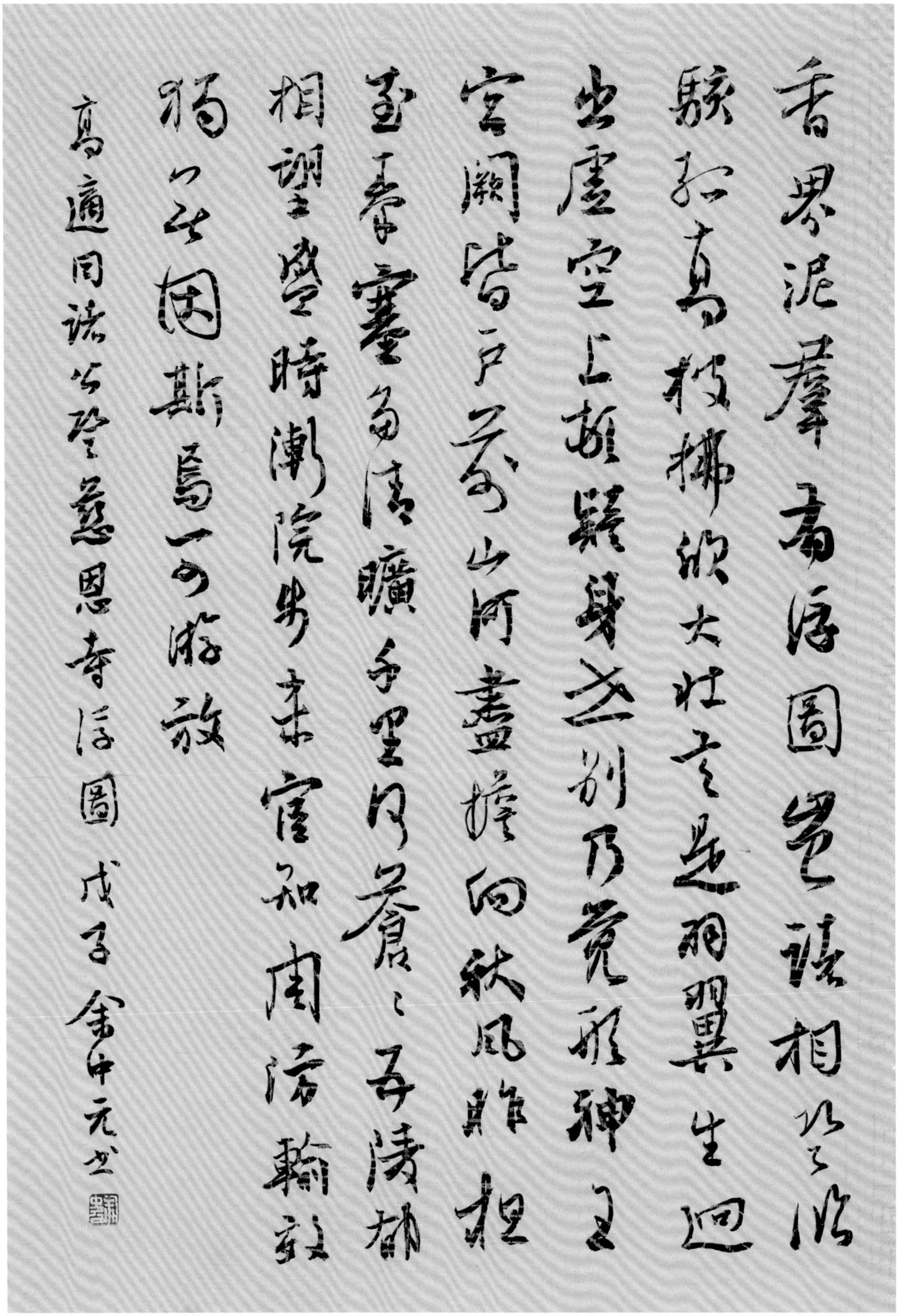

52cm × 33cm

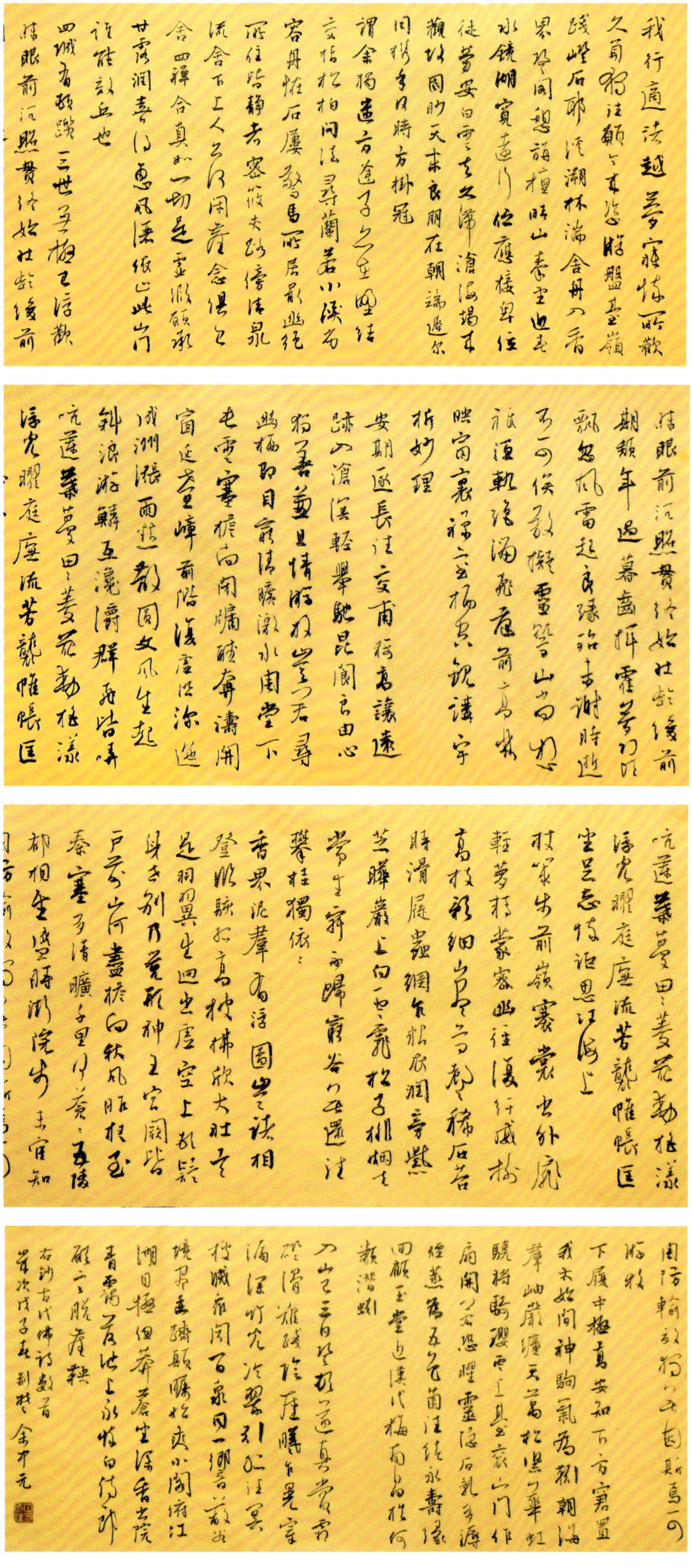

264cm×33cm

長松亭亭滿四山山間乳竇流清泉洄溪正在此山裏乳水松膏常灌田松膏乳水田肥良稻苗如蒲米粒長糜色如珈玉液酒酒熟猶聞松節香溪邊老翁年幾許長男頭白孫嫁女問言只食松田米無藥無方向人語活溪石下多泉源盛暑大寒冬大溫屠蘇宜在水中石洄溪一曲自當門吾今欲作洄溪翁誰能住我舍西東勿憚山深與地僻羅浮尚有葛仙翁

元結詩一首余中元書

21cm×29cm

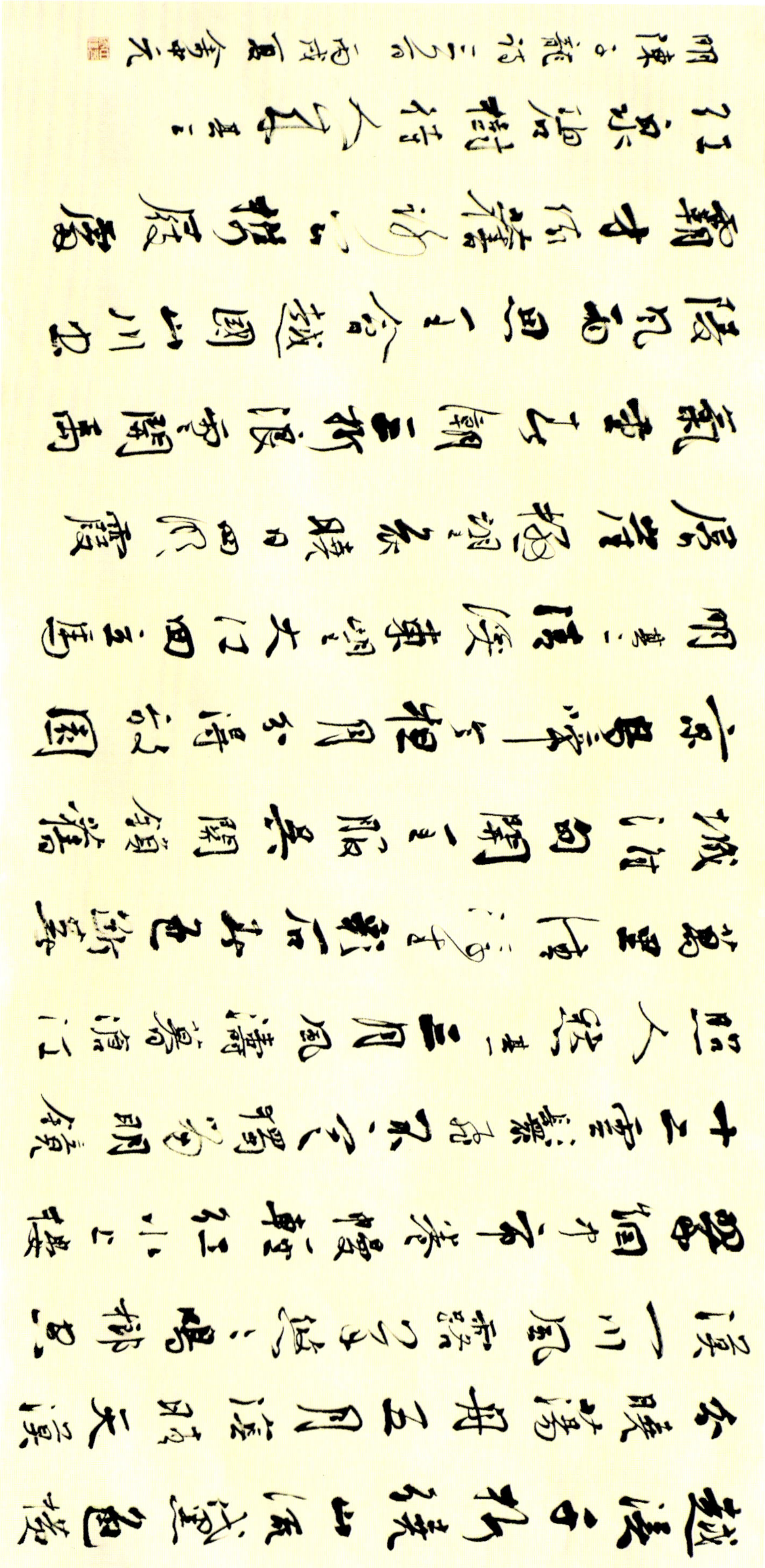

135cm × 66cm

180cm×30cm×2

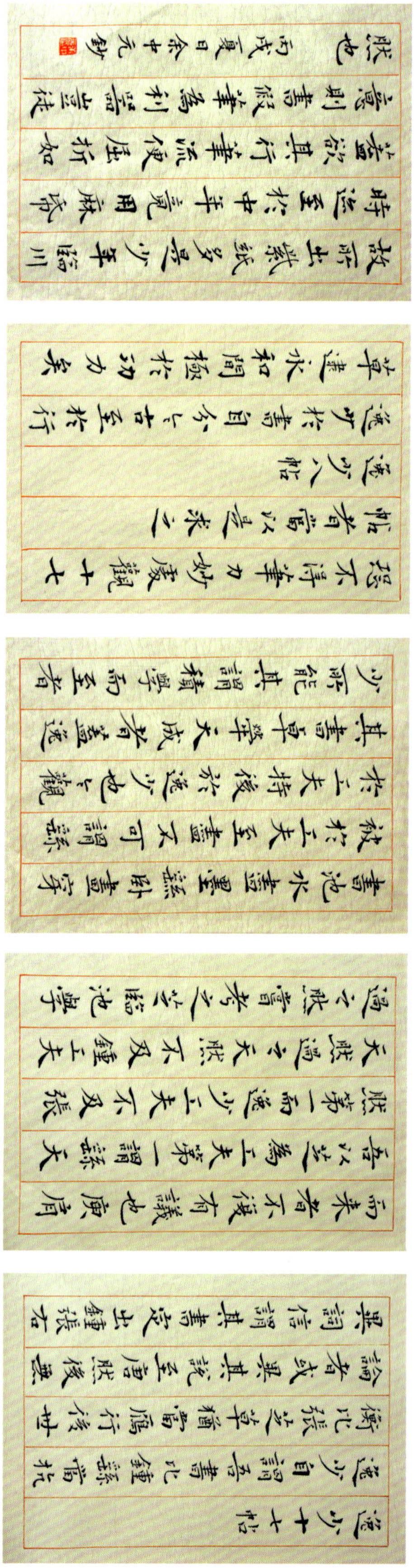

29cm×21cm×5

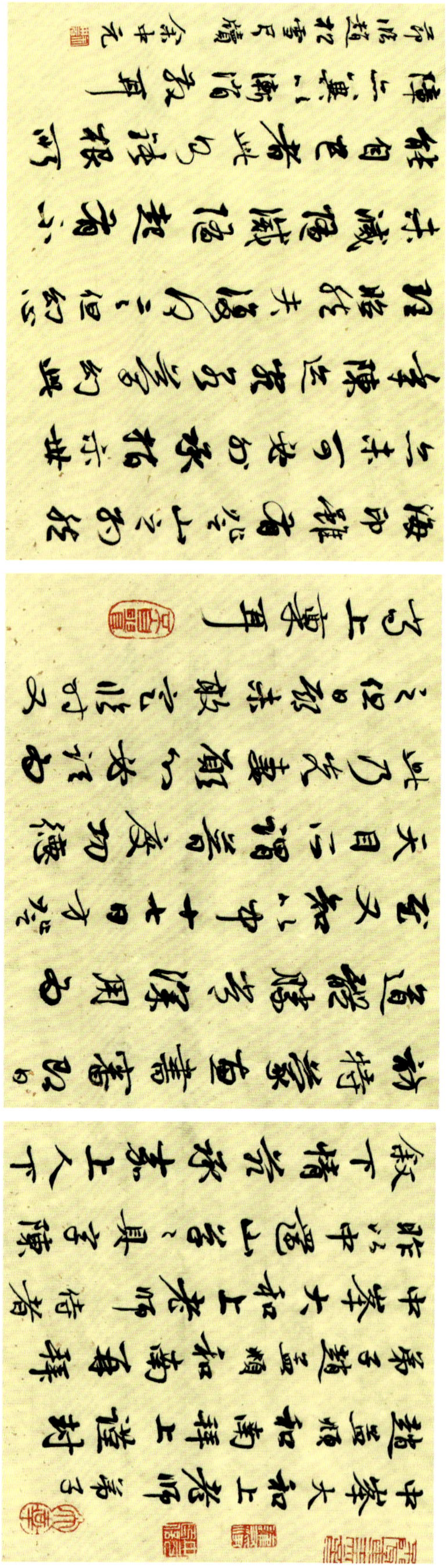

60cm×21cm

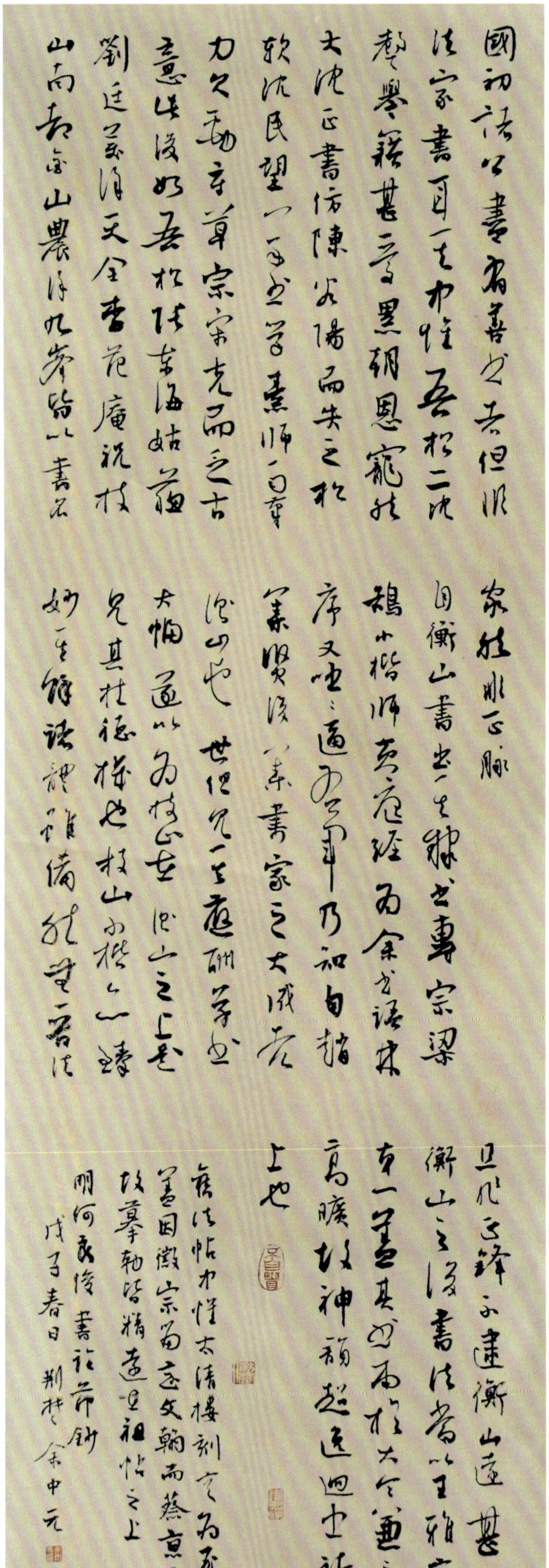

100cm×33cm

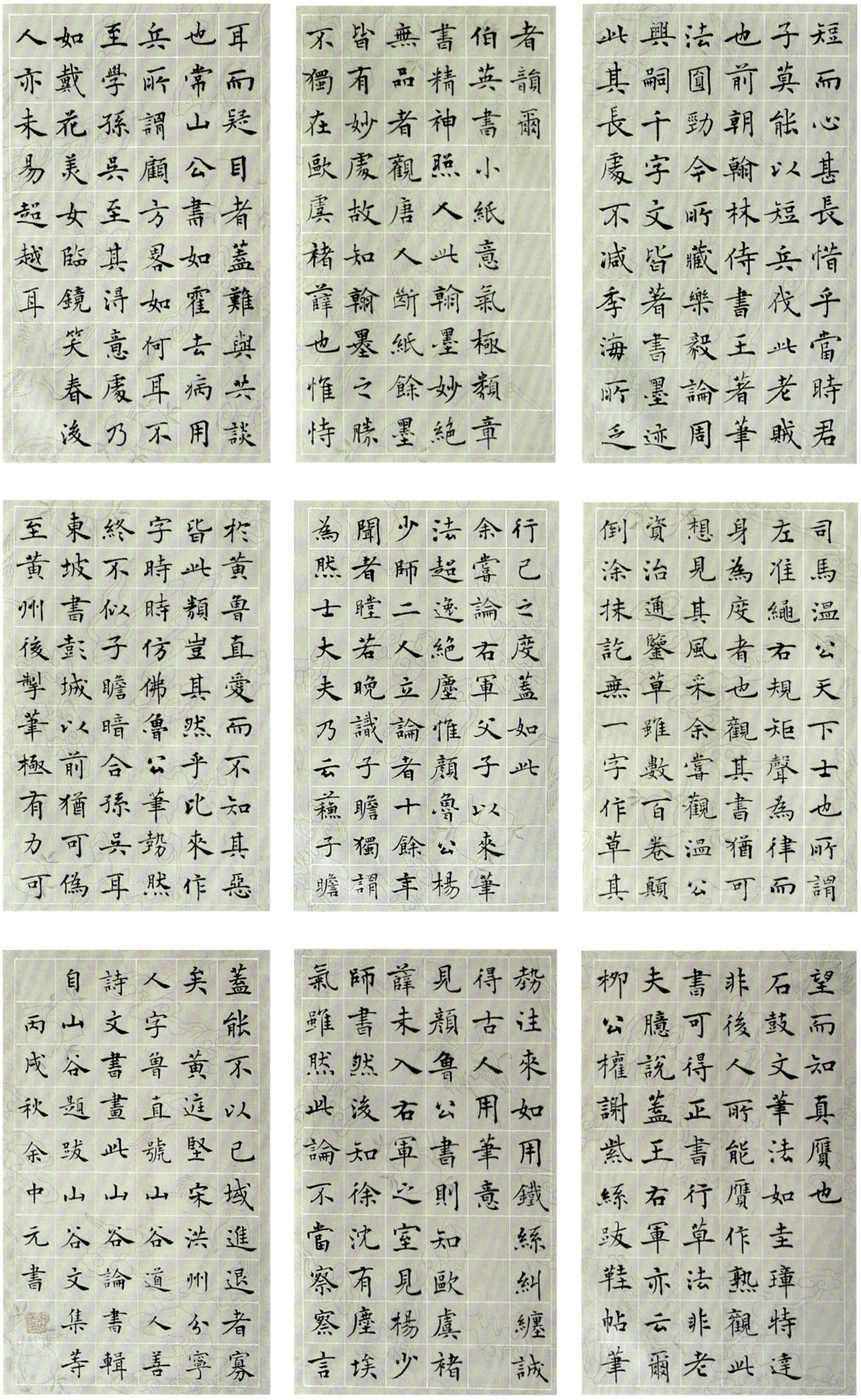

42cm×27cm×9(册页局部)